程军律师团队法律译丛

刚果民主共和国
《矿业法典》《矿业条例》
及相关法规汇编

TRADUCTION DU CODE MINIER,
DU RÈGLEMENT MINIER ET DE
RÈGLEMENTATIONS CONNEXES DE
LA RÉPUBLIQUE DÉMOCRATIQUE DU CONGO

程军律师团队/译

法律出版社
LAW PRESS · CHINA
北京

图书在版编目(CIP)数据

刚果民主共和国《矿业法典》《矿业条例》及相关法规汇编：汉法对照 / 程军律师团队译. -- 北京：法律出版社, 2023

ISBN 978 - 7 - 5197 - 8498 - 0

Ⅰ. ①刚… Ⅱ. ①程… Ⅲ. ①矿产资源法－法典－刚果民主共和－汉、法②矿产资源管理－条例－刚果民主共和－汉、法 Ⅳ. ①D946.326

中国国家版本馆 CIP 数据核字（2023）第 205583 号

刚果民主共和国《矿业法典》《矿业条例》及相关法规汇编
GANGGUO MINZHU GONGHEGUO《KUANGYE FADIAN》《KUANGYE TIAOLI》JI XIANGGUAN FAGUI HUIBIAN

程军律师团队 译

责任编辑 翁潇潇
装帧设计 鲍龙卉

出版发行 法律出版社
编辑统筹 法规出版分社
责任校对 冯高琼
责任印制 耿润瑜
经　　销 新华书店

开本 710 毫米×1000 毫米 1/16
印张 56 **字数** 1098 千
版本 2023 年 11 月第 1 版
印次 2023 年 11 月第 1 次印刷
印刷 北京虎彩文化传播有限公司

地址:北京市丰台区莲花池西里 7 号(100073)
网址:www.lawpress.com.cn
投稿邮箱:info@lawpress.com.cn
举报盗版邮箱:jbwq@lawpress.com.cn

销售电话:010 - 83938349
客服电话:010 - 83938350
咨询电话:010 - 63939796

书号:ISBN 978 - 7 - 5197 - 8498 - 0　　**定价**:198.00 元

凡购买本社图书,如有印装错误,我社负责退换。电话:010 - 83938349

程军律师是北京市中伦律师事务所权益合伙人，也是中伦能源与自然资源委员会负责人。在 1995 年获得中国律师执业资格后，程军律师被派往法国深造，获得了法国巴黎第一大学（又称索邦大学）博士学位，其博士学位论文获得最高评语。在法国期间，程军律师通过了巴黎上诉法院律师学校的考试，获得了法国律师资格，这使程军律师成为了全球华人中为数不多的拥有中法两国律师执业资格的律师。

程军律师的业务领域主要包括海外矿业、海外并购、海外能源以及海外基础设施，已连续 10 年被《钱伯斯亚太》以及《国际金融法律评论》评选为中国海外基础设施和能源投资领域以及公司并购领域的领先律师。他与国内众多大型国有银行、政策性银行以及中非发展基金进行长期合作，业务涵盖拉丁美洲、非洲、欧洲、中亚、东南亚以及北美和澳洲等大部分中国海外投资目的地。程军律师还是“一带一路”的法律专家，他积极响应国家“一带一路”政策，为中国企业在“一带一路”沿线国家的投资、合作、发展提供法律和智力支持。他还曾参与撰写《“一带一路”国家和地区投资法律实务指南》，并成功入选全国律师协会遴选的“一带一路”跨境律师人才库。

在程军律师领导的中伦海外投融资团队中，除了英语律师队伍和西班牙语律师队伍之外，还包括国内律所中规模最大的法语律师队伍，团队中的杨丽律师、周境宜律师、刘静律师和叶新远律师都精通法语，曾在法国和加拿大留学，团队的法国顾问 Thomas Helman 以法文为母语，在中国居住多年，法学功底深厚。团队律师和外国顾问均拥有丰富的非洲法语国家矿业项目经验，擅长为客户提供综合的全流程法律服务。

程军律师团队联系方式：overseas@zhonglun.com；+86 10 5087 2975

前　　言

刚果民主共和国是非洲矿产资源储量极其丰富的国家。近年来,无数中资企业(包括几十家大型央企)都在刚果民主共和国进行矿业投资,投资总额超过数百亿美元,中资企业在该国矿业领域的工程承包额和劳务输出人数居于非洲各国前列。了解和熟悉当地矿业领域的主要法律法规及政策,进而对项目风险进行更准确的评估和应对,对于中国企业在刚果民主共和国的矿业投资至关重要。

刚果民主共和国官方语言是法语,这对许多在刚果民主共和国进行矿业投资的中国企业了解当地矿业领域相关法律法规造成了一定的困难。为此,本书作者有针对性地选择刚果民主共和国现行适用的《矿业法典》《矿业条例》及相关法规进行翻译、编辑和整理。

《矿业法典》《矿业条例》对矿权取得、矿产冶炼和开采、下游分包、股权分红和转让、股权变更限制性要求、税基、税率、外汇、稳定性条款、过渡机制等作出了严格规定。具体而言,《矿业法典》《矿业条例》明确加强了国家对矿业收购项目的监管、提高国家干股及本地持股比例及出口收入汇回比例、强化本地化加工要求及精矿出口限制、将分包本地化要求嵌入矿业领域、全面调整税收制度(引入超额利润税、战略资源税等新概念)、取消海关制度的过渡期优惠政策、强调供应链上的透明度和可追溯性等,对矿业公司的生产经营具有重大影响。

此外,考虑到《矿业法典》《矿业条例》中所规定的矿业领域的分包活动须受制于《私营领域分包法》及其适用条例的规定,为了便利在刚果民主共和国的中资企业更好地理解全套法律制度,《私营领域分包法》及其适用条例也包括在本次法律编译的范围内,该等法规对中资企业在刚果民主共和国承揽矿业领域的分包活动提出了很高的合规性要求。

本书凝结了我们团队全部法语律师的心血，自从开展翻译工作以来，杨丽律师、周境宜律师、刘静律师、叶新远律师以及曾在我们团队实习的申雨坤、王宇华同学，均以谨慎、认真、严格、耐心的态度对待书中的每一个词语，在确定翻译时不厌其烦地字字甄别，以力求信达。此外，还要特别感谢法律出版社和编辑团队，正是由于他们提供的优质平台、专业知识和诸多努力，才使本书终于能够付诸出版。

本书的翻译与付梓不以营利为目的，只要能帮助在刚果民主共和国的中国企业了解该国矿业领域的重要法律制度，做到心中有数，避免由于不熟悉当地的法律法规而造成不必要的损失，让中国企业更好地“走出去”，我们就心满意足了。

对于法律原文中出现的部分非常明显的条款缺失或编号错误，我们进行了脚注提示，而对于其他错误，我们最大程度地尊重原文而不作修改。最后，欢迎社会各界人士对本书的不妥之处进行斧正！

北京市中伦律师事务所海外投资团队

程华

TABLE DES MATIÈRES

目　　录

RÉPUBLIQUE DÉMOCRATIQUE DU CONGO

LOI N°18/001 DU 09 MARS 2018 MODIFIANT ET COMPLÉTANT LA LOI N° 007/2002 DU 11 JUILLET 2002 PORTANT CODE MINIER

刚果民主共和国

2018 年 3 月 9 日第 18/001 号关于修订和补充 2002 年 7 月 11 日第 007/2002 号矿业法典的法律

TABLE DES MATIÈRES

目　　录

TITRE X：DE LA RÉGLEMENTATION DE CHANGE ET DES GARANTIES DE L'ETAT (*modifié et complété par l'article 10 de la Loi n° 18/001 du 09 mars 2018 modifiant et complétant la Loi n° 007/2002 du 11 juillet 2002 portant Code minier*)	第十编：外汇管理和国家担保（*由2018年3月9日第18/001号关于修订和补充2022年7月11日第007/2002号《矿业法典》的法律的第10条予以修订和补充*）
TITRE XI：DES RELATIONS DES TITULAIRES DES DROITS MINIERS ET/OU DE CARRIÈRES ENTRE EUX ET AVEC LES OCCUPANTS DU SOL	第十一编：矿权和/或采石权持有人之间的关系及其与土地占有人的关系
TITRE XII：DES MANQUEMENTS AUX OBLIGATIONS ADMINISTRATIVES, SOCIALES ET DES SANCTIONS (*modifié et complété par l'article 13 de la Loi n°18/001 du 09 mars 2018 modifiant et complétant la Loi n° 007/2002 du 11 juillet 2002 portant Code minier*)	第十二编：行政和社会义务的违反及其惩罚（*由修订和补充2002年7月11日关于《矿业法典》的第007/2002号法律的2018年3月9日第18/001号法律的第13条予以修订和补充*）
TITRE XIII：DES INFRACTIONS ET DES PÉNALITÉS	第十三编：违法行为与刑罚
TITRE XIV：DES RECOURS	第十四编：救济
TITRE XV：DES DISPOSITIONS DIVERSES	第十五编：其他条款
TITRE XVI：DES DISPOSITIONS TRANSITOIRES (*modifié et complété par l'article 16 de la Loi n°18/001 du 09 mars 2018 modifiant et complétant la Loi n° 007/2002 du 11 juillet 2002 portant Code minier*)	第十六编：过渡性条款（*由修订和补充2002年7月11日关于《矿业法典》的第007/2002号法律的2018年3月9日第18/001号法律的第16条予以修订和补充*）
TITRE XVII：DES DISPOSITIONS ABROGATOIRES ET FINALES	第十七编：废止条款和最终条款

TITRE PREMIER:DES GENERALITES	第一编:总则
Chapitre Premier : Des définitions des termes, du champ d'application et principes fondamentaux	**第一章:术语定义、适用范围和基本原则**
Section I: Des définitions des termes et du champ d'application	**第一节:术语定义和适用范围**
Article 1: Des Définitions (*modifié et complété par l'article 1er de la Loi n°18/001 du 09 mars 2018 modifiant et complétant la Loi n°007/2002 du 11 juillet 2002 portant*)	**第1条:定义**(*由修订和补充2002年7月11日关于《矿业法典》的第007/2002号法律的2018年3月9日第18/001号法律的第1条对本条予以修订和补充*)
Aux termes du présent Code, on entend par:	在本法典中,作出以下定义:
1.acheteur: tout employé agréé d'un comptoir d'achat, d'une entité de traitement d'or, de diamant et d'autres substances minérales d'exploitation artisanale, qui exerce ses activités conformément aux dispositions du présent Code;	**1.采购员**:根据本法典的规定进行活动,购买金矿、钻石矿和其他手工开采矿产的商行的被特许①的雇员;
1 bis. ACE Agence Congolaise de l'Environnement: établissement public à caractère technique et scientifique, créé par décret n° 14/030 du 18 novembre 2014 en vertu de la Loi portant principes fondamentaux relatifs à la protection de l'environnement et exerçant, sur toute l'étendue du territoire national, les activités d'évaluation et d'approbation de l'ensemble des études environnementales et sociales ainsi que le suivi de leur mise en œuvre et veillant à la prise en compte de la protection de l'environnement dans l'exécution des projets miniers;	**1(2)刚果(金)环境署,简称"ACE"**:根据环境保护基本原则的法律,通过2014年11月18日第14/030号法令设立的技术和科研性质的公共机构,其在国家整个领土范围内,实施对全部的环境和社会影响研究评估和批准的活动,跟踪环境和社会影响研究的实施,并且确保矿业项目②实施过程中的环境保护;

① 中伦注:特许的意思,是指被专门机构对符合一定条件的对象的认可,以使其获得某种专门的资质。

② 中伦注:根据定义部分42(3)中Projet Minier的定义,这里的矿业活动包括采石活动。

2. activités minières: tous services, fournitures ou travaux de l'art des mines directement liés à la recherche, à l'exploitation minières et au traitement et/ou transformation des substances minérales, y compris les travaux de développement, de construction et d'infrastructure;	**2.矿业活动**:与矿业勘探、开采、矿产处理和/或加工直接相关的服务、供应或矿业工程,其中包括开发工程、建设工程和基础设施工程;
3. administration des mines: ensemble des directions, divisions et autres services publics des mines et des carrières;	**3.矿业行政机关**:管理矿山和采石场的局、处和其他公共服务机构的统称;
3 bis.aire protégée: espace géographique clairement défini, reconnu, consacré et géré par tout moyen efficace, juridique ou autre, afin d'assurer à long terme la conservation de la nature ainsi que les services des écosystèmes et les valeurs culturelles qui lui sont associées conformément à l'article 2.1 de la Loi n° 14/003 du 11 février 2014 relative à la conservation de la nature;	**3(2)自然保护区**:通过任何有效、合法方式或其他方式明确地划定、认定、建立和管理的地理区域,以便长期确保自然和生态系统服务①以及依附于该等地理区域的文化价值得到保护,参见第2014年2月11日关于自然保护的第14/003号法律第2.1条的定义;
4.amodiation: un louage pour une durée déterminée ou indéterminée, sans faculté de sous-louage, de tout ou partie des droits attachés à un droit minier ou une autorisation de carrières moyennant une rémunération fixée par accord entre l'amodiant et l'amodiataire;	**4.租赁**:在固定期限或非固定期限内租赁矿权或采石许可项下的全部或部分权利,且承租人无权转租,出租人和承租人通过协议约定租金②;

① 中伦注:生态系统服务是指人类从生态系统获得的所有惠益,包括供给服务(如提供食物和水)、调节服务(如控制洪水和疾病)、文化服务(如精神、娱乐和文化收益)以及支持服务(如维持地球生命生存环境的养分循环)。

② 中伦注:此处对租赁的定义与第177条的定义不符,明显是新法修订时的遗漏,故应该以第177条的定义为准。

5. ayant-droit: toute personne physique de nationalité congolaise ayant la jouissance du sol en vertu du droit coutumier ou toute personne physique ou morale occupant le sol en vertu d'un titre foncier;	**5.权利人**:根据习惯法享有土地使用权的刚果(金)籍自然人,或根据土地权证占有土地的任何自然人或法人;
5 bis. bonus de signature: rémunération non remboursable exigée par l'offrant, l'Etat, et acceptée par le sollicitant au titre de droit d'accès, lors de la procédure d'appel d'offres, pour un gisement étudié, documenté ou travaillé appartenant à l'Etat, perçue par le Trésor public;	**5(2)签字费**:由国库收取的、在招标程序中对于已经进行研究、形成资料或已经进行相关工作的属于国家的矿床,国家作为招标人以准入费的名义要求且投标人同意支付的不可退还的费用,其由国库收取;
5 ter. carré: unité cadastrale minimum octroyable, de caractère indivisible, délimitée par les méridiens et les parallèles du système des coordonnées de la carte de retombes minières, ayant une superficie de **84,95 Ha**;	**5(3)区块**:根据矿区定位图坐标系经纬线所界定的不可分割的、可授予的最小地籍单元,面积为**84.95公顷**;
6. carrière: tout gisement des substances minérales classées en carrières exploitable à ciel ouvert et/ou toute usine de traitement de produits de cette exploitation se trouvant dans le Périmètre de carrière pour réaliser leur transformation en produits marchands, y compris les installations et les matériels mobiliers et immobiliers affectés à l'exploitation;	**6.采石场**:列为采石场类的矿产的可露天开采的矿床和/或位于采石场矿区之内的将该等开采的产品加工成商品的处理工厂,其中包括用于开采的固定或非固定的设施和设备;
7. carte d'exploitant artisanal: titre en vertu duquel l'exploitant artisanal se livre à l'exploitation artisanale;	**7.手工开采证**:允许手工开采者进行手工开采的证书;

8. carte de négociant: titre délivré conformément aux dispositions du présent Code, qui autorise la personne au nom de laquelle il est établi de se livrer aux opérations d'achat des substances minérales provenant de l'exploitation artisanale auprès des coopératives minières agréées et de les revendre aux comptoirs agréés et aux entités de traitement;	**8.批发许可证**:根据本法典的规定颁发的证书,该证书许可证书权利人从事向特许矿业合作社购买手工开采矿产并且将其转卖至特许商行和处理实体的活动;
9.carte de retombes minières ou carte cadastrale: une carte topographique officielle où sont indiquées les limites de chaque Périmètre minier ou de carrière en vigueur, ou dont la demande est en instance, maintenue à jour pour chaque province et zone par le Cadastre Minier conformément aux dispositions du chapitre II du titre Ier du présent Code;	**9.矿区定位图(又称为"地籍图")**:矿权登记局根据本法典第一编第二章的规定持续更新的各省、各区域的官方地形图,其中标明每个有效的或正在申请的矿山或采石场矿区的边界;
9 bis. CEEC, Centre d'Expertise, d'Evaluation et de Certification: établissement public à caractère technique régi par la Loi sur les établissements publics et ayant pour objet l'expertise, l'évaluation et la certification des substances minérales précieuses, semi-précieuses et pierres de couleur, les métaux précieux et semi-précieux, métaux rares ainsi que des substances minérales produites par l'exploitation artisanale;	**9(2)鉴定、评估和认证中心,简称"CEEC"**:受《公共机构法》规制的技术性质的公共机构,其目的为对珍贵和半珍贵矿产和有色宝石、贵金属和次贵金属、稀有金属以及手工开采的矿产进行鉴定、评估和认证;

9 ter. certificat environnemental: document administratif délivré par l'Agence Congolaise de l'Environnement à l'issue de l'instruction environnementale et sociale attestant que l'exécution du projet ainsi que l'exploitation de l'ouvrage se conforment aux principes de sauvegarde environnementale et sociale;	**9(3)环境证书**:在进行环境和社会审查后,刚果(金)环境署颁发的证实项目实施以及工程运营符合环境和社会保护原则的行政文件;
9 quater. certification: ensemble de mécanismes, procédures et procédés visant à établir la nature, les caractéristiques physiques et/ou chimiques, l'origine et la provenance légale et licite des substances minérales, et ce, conformément aux normes nationales, régionales et internationales en la matière, prenant en compte à la fois le suivi et la traçabilité des substances minérales tout au long de la chaine d'approvisionnement;	**9(4)认证**:根据国家的、区域的和国际的相关标准,同时考虑到矿产在整个供应链上的跟踪和可追溯性,用于确定矿产的性质、物理和/或化学特征、合法源头及来源的全部机制、程序和方法;
9 quinquies. communauté locale: population traditionnellement organisée sur la base de la coutume et unie par les liens de la solidarité clanique ou parentale qui fonde sa cohésion interne. Elle est caractérisée, en outre, par son attachement au territoire du projet minier;	**9(5)当地社区**:传统上根据习俗聚集的人群,并根据部落或血亲关系形成内部凝聚力的人口群落。此外,当地社区的特征为依附于矿业项目用地;
10. comptoir agréé: toute personne autorisée à acheter des substances minérales d'exploitation artisanale provenant des négociants ou des exploitants artisanaux, en vue de les revendre localement ou de les exporter conformément aux dispositions du présent Code;	**10.特许商行**:经许可购买来自批发商或手工开采者的手工开采矿产,并根据本法典的规定在当地予以转卖或出口的任何人;

10 bis. contribuable: titulaire d'un droit minier de recherches ou d'exploitation, d'une autorisation d'exploitation de carrières permanente ainsi que le sous-traitant préalablement agréé conformément à la loi sur la sous-traitance;	**10(2)纳税人**:探矿权或采矿权、永久性采石场开采许可的持有人以及根据分包法律经事前许可的分包商;
10 ter. coopérative minière: société coopérative régie par l'Acte Uniforme du 15 décembre 2010 relatif au droit des sociétés coopératives regroupant les exploitants artisanaux, agréée par le Ministre, et s'adonnant à l'exploitation artisanale de substances minérales ou de produits de carrières à l'intérieur d'une zone d'exploitation artisanale;	**10(3)矿业合作社**:2010年12月15日《合作社统一法》所规制的、汇集手工开采者的合作社,其经矿业部长特许,在手工开采区内进行矿产或采石场产品的手工开采;
11.date de commencement de l'exploitation effective:la date de l'expédition du premier chargement des produits marchands, quelle que soit la nature de la vente commerciale, exception faite des échantillons envoyés à l'étranger pour analyse et essai;	**11.开始实际运营之日**:第一批装运的商品发运之日,无论其商业销售的性质为何,但发送到国外用于分析和试验的样品除外;
12. détournement des minerais: tout changement de destination des substances minérales, appartenant à autrui, par n'importe quel moyen de locomotion;	**12.矿石挪用**:通过任何运输方式将属于他人的矿石转移到另外的地点;
13. développement et construction:toute activité par laquelle une personne se livre, à travers les travaux d'aménagement des terrains, de construction des infrastructures, de mise en place et des essais des matériels et des équipements, à mettre au point son projet d'exploitation minière ou de carrière, en vue d'assurer sa viabilité commerciale;	**13.开发和建设**:为确保商业可行性,自然人或法人通过土地整治、基础设施建设、设备和设施的安装和调试来开展其采矿或采石项目的活动;

14. droit minier: toute prérogative d'effectuer la recherche et/ou l'exploitation des substances minérales classées en mines conformément aux dispositions du présent Code. Le Permis de Recherches, le Permis d'Exploitation, le Permis d'Exploitation des Rejets et le Permis d'Exploitation de Petite Mine sont des droits miniers;	**14.矿权:**根据本法典的规定对归类为矿山类的矿产所实施的勘探和/或开采的特权。探矿证、采矿证、尾矿开采证和小矿山开采证均属矿权;
15. droit de carrières: toute prérogative d'effectuer la recherche et/ou l'exploitation des substances minérales classées en carrières conformément aux dispositions du présent Code. L'Autorisation de Recherches des Produits de Carrières, l'Autorisation d'Exploitation de Carrière Temporaire et l'Autorisation d'Exploitation de Carrière Permanente sont des droits de carrières;	**15.采石权:**根据本法典的规定对归类为采石场类的矿产所实施的勘探和/或开采的特权。采石场产品勘探许可、临时性采石场开采许可和永久性采石场开采许可均属采石权;
16. entité de traitement: toute entité économique constituée sous forme d'une entreprise individuelle, de société commerciale ou de coopérative minière qui, par des procédés miné ralurgiques et/ou métallurgiques obtient, à partir des minerais, un produit minier marchand sous forme d'un concentré ou de métal affiné ou raffiné;	**16.处理实体:**以个人企业、商事公司或矿业合作社的形式设立的任何经济实体,其通过选矿方法和/或冶金方法从矿石中以获得精矿、精炼金属或提炼金属的形式的商用矿产品;
17. entité de transformation: toute entité économique constituée sous forme d'une entreprise individuelle, de société commerciale ou de coopérative minière qui, par des procédés industriels, change la forme et la nature du concentré ou du métal affiné ou raffiné et en obtient les produits finis ou semi-finis commercialisables;	**17.加工实体:**以个人企业、商事公司或矿业合作社形式设立的任何经济实体,其通过工业方法改变精矿、精炼金属或提炼金属的形态和性质以获得可商业化的成品或半成品;

18. Etat：le Pouvoir central, la Province et l'Entité Territoriale Décentralisée；	**18.国家**：中央权力机关、省级权力机关和地方权力机关；
18 bis. étude de faisabilité：un rapport détaillé faisant état de la faisabilité de la mise en exploitation d'un gisement découvert dans le périmètre minier couvert par les droits de recherches et exposant le programme envisagé pour cette mise en exploitation lequel devra comprendre notamment：	**18(2)可行性研究**：证明探矿权覆盖矿区内探明的矿床的开采可行性详细报告，该报告须阐述拟议的开采方案，且应包括如下内容：
a. l'évaluation des réserves exploitables conformément aux normes internationalement admises；	a.根据国际认可的标准而进行的可采储量评估；
b.le choix de la méthode d'exploitation et sa justification；	b.开采方法的选择及其依据；
c.le choix du procédé de traitement et sa justification sur base des résultats des tests de traitement；	c.根据处理测试结果，处理方法的选择及其依据；
d.le planning de construction des installations principales de production et infrastructures connexes；	d.主要生产设施和附属性基础设施的建设规划；
e. le compte d'exploitation prévisionnel assorti des détails sur les coûts opératoires；	e.附随运营成本细节的预测运营账户；
f.le coût total d'investissement en ce compris, le coût en capital devant être exposé pour acquérir et installer toutes les machines, équipements nécessaires de production et infrastructures connexes；	f.投资总成本，其中包括购置和安装生产所需的全部机器和设备以及附属性基础设施所需要花费的资金成本；
g.les spécifications des produits à élaborer et tous les produits intermédiaires；	g.拟加工的产品和所有中间产品的规格；
h.le programme séquentiel des opérations d'exploitation au regard des objectifs de production；	h.根据生产目标而制定的开采作业日程计划；

i. le plan de commercialisation des produits et frais correspondants;	i.产品的商业化计划及相关费用;
j. le calendrier arrêté pour la mise en route de la production commerciale tenant compte de la période d'essais.	j.在考虑调试期间的前提下确定的商业投产的日程表。
19. EIES, Etude d'Impact Environnemental et Social: processus systématique d'identification, de prévision, d'évaluation et de réduction des effets physiques, écologiques, esthétiques et sociaux préalable au projet d'aménagement, d'ouvrage, d'équipement, d'installation ou d'implantation d'une exploitation minière ou de carrière permanente, ou d'une entité de traitement, et permettant d'en apprécier les conséquences directes ou indirects sur l'environnement;	**19.环境和社会影响研究:**在矿业开采或永久性采石场开采或处理实体的 、工程、设备、设施或选址永久性采矿或采石作业或加工实体之前,识别、预测、评估和减少物理、生态、美学和社会影响的系统化流程,其允许评估对环境的直接或间接影响;
19 bis. exploitant artisanal: toute personne physique majeure de nationalité congolaise détentrice d'une carte d'exploitant artisanal en cours de validité membre d'une coopérative minière qui se livre aux travaux d'exploitation artisanale des substances minérales à l'intérieur d'une zone d'exploitation artisanale;	**19(2)手工开采者:**持有有效的手工开采证、是矿业合作社成员的刚果(金)籍成年自然人,其在手工开采区内从事矿产的手工开采工作;
20. exploitation: toute activité par laquelle une personne morale se livre, à partir d'un gisement identifié, et au moyen des travaux de surface et/ou souterrains, à l'extraction des substances minérales d'un gisement ou d'un gisement artificiel, et éventuellement à leur traitement afin de les utiliser ou de les commercialiser;	**20.开采:**法人在已探明的矿床上以地表作业和/或地下作业的方式从矿床或人工矿床采掘矿产以及在需要时处理矿产以便使用或商业化矿产的活动;

21. exploitation artisanale: toute activité par laquelle un exploitant artisanal, se livre, dans une zone d'exploitation artisanale à l'extraction et à la concentration des substances minérales en utilisant des outils, des méthodes et des procédés non industriels conformément aux dispositions du présent Code;	**21.手工开采**:手工开采者根据本法典的规定使用非工业化的工具、方法和手段在手工开采区采掘和提炼矿产的活动;
22. exploitation minière à petite échelle ou de petite mine: toute activité par laquelle une personne morale se livre à une exploitation de petite taille et permanente, exigeant un minimum d'installations fixes, en utilisant des procédés semi-industriels ou industriels, après la mise en évidence d'un gisement;	**22.小规模或小矿山的矿业开采**:在探明矿床之后,法人利用半工业化或工业化的方法,以最基本的固定设施开展的小规模和永久性的开采活动;
23. exploitation des rejets des mines: toute activité par laquelle un tiers, personne morale, extrait d'un gisement artificiel des substances afin de les traiter éventuellement et de les utiliser ou de les commercialiser;	**23.尾矿开采**:第三人(法人)从人工矿床采掘物质以便将其处理(在需要时)、使用或商业化的活动;
23 bis. extinction d'un droit minier ou de carrières: fin de la validité d'un droit minier ou de carrières du fait de la caducité, de l'annulation, du retrait, de la renonciation et de l'expiration du droit, conformément aux dispositions du présent Code;	**23(2)矿权或采石权的灭失**:根据本法典的规定,因权利的失效、撤销、吊销、放弃和期限届满而导致矿权或采石权的效力终止;
24. installation classée de la catégorie 1A: source fixe ou mobile, quel que soit son propriétaire ou son affectation, susceptible d'entraîner des nuisances et porter atteinte à l'environnement, notamment aux ressources du sol, du sous-sol, en eau, à l'air et aux ressources forestières soumise à autorisation;	**24. 1A 类设施**:能够产生有害影响或对环境(尤其是对地表、底土、水、空气和森林资源)造成损害的且经许可的固定或非固定设施,无论该设施的所有权人或其用途为何;

25. gisement artificiel: tout gîte artificiel exploitable de manière rentable dans les conditions économiques du moment;	**25.人工矿床**:在目前经济条件下能够以可盈利的方式开采的人工矿层;
26. gîte artificiel: toute concentration artificielle des substances minérales à la surface provenant de l'exploitation des mines et/ou des rejets découlant des traitements minéralurgique et métallurgique;	**26.人工矿层**:来自矿山开采和/或来自选矿处理和冶金处理所产生的尾矿的人工聚集在地表的矿产;
27. gîte géothermique: tous gîtes minéraux naturels classés à haute ou basse température et dont on peut extraire de l'énergie sous forme thermique, notamment par l'intermédiaire des eaux chaudes et vapeurs souterraines qu'ils contiennent;	**27.地热层**:归类为低温或高温的天然矿层,可以以地热的形式(尤其是通过其包含的热水和地下蒸汽的方式)从中提取能量;
28. gîte minéral: toute concentration anormale et naturelle des substances minérales à la surface ou en profondeur de l'écorce terrestre;	**28. 矿层**:地表或地壳深处的矿产不规则的和自然的聚集;
28 bis. loi sur la protection de l'environnement: loi n°11/009 du 9 juillet 2011 portant principes fondamentaux relatifs à la protection de l'environnement;	**28(2)环境保护法**:2011 年 7 月 9 日关于环境保护基本原则的第 11/009 号法律;
28 ter. loi sur les établissements publics: loi n°08/009 du 07 juillet 2008 portant dispositions générales applicables aux établissements publics;	**28(3)公共机构法**:2008 年 7 月 7 日关于适用于公共机构的基本规定的第 08/009 号法律;
28 quater. matériaux de construction à usage courant: toutes substances minérales non métalliques de faible valeur, classées en carrières et utilisées dans l'industrie du bâtiment comme matériaux ordinaires non décoratifs, exploitées extensivement à petite échelle, tels qu'énumérés par voie règlementaire;	**28(4)常用建筑材料**:小规模广泛开采的价格低廉的非金属矿产,其归类为采石场类矿产并且在建筑业中用作非装饰性普通材料,其具体由法规规定;

28 quinquies. métaux de base: métaux qui s'oxydent, se ternissent ou se corrodent de manière relativement aisée quand ils sont exposés à l'air ou à l'humidité. Le cuivre, l'étain, l'aluminium, le nickel, le zinc et le plomb en font partie. Du fait de leur abondance naturelle dans la croûte terrestre, les métaux de base ont des prix de loin plus bas que ceux des métaux précieux tels l'or, le rhodium, le platine, le palladium, l'argent;	**28(5)基本金属**:当暴露于空气或潮湿环境中时,相对容易氧化、失去光泽或被腐蚀的金属。铜、锡、铝、镍、锌、铅是基本金属。由于其在地壳内的储量丰富,基本金属价格远远低于珍贵金属,如金、铑、铂、钯、银;
28 sexies. métaux ferreux:outre le fer et la fonte, les aciers dits au carbone et les aciers spéciaux;	**28(6)黑色金属**:铁、生铁、碳钢和特殊钢;
28 septies. métaux non-ferreux: métaux de base auxquels peuvent être ajoutés certains métaux rares et semi-précieux comme le titane, le cobalt, le vanadium et le molybdène. Ces métaux entrent dans la composition des alliages ne contenant que très peu ou pas de fer;	**28(7)有色金属**:其中可加入某些稀有金属和次贵金属(如钛、钴、钒、钼)的基本金属。有色金属是指不含铁或含极少量铁的合金;
29. mine:tout gisement exploitable à ciel ouvert ou en souterrain avec l'usine comprise de traitement ou de transformation des produits issus de cette exploitation et se trouvant dans le périmètre minier, y compris les installations et les matériels mobiliers et immobiliers affectés à l'exploitation;	**29.矿山**:可露天或地下开采的矿床,以及包括在矿区之内的负责将开采物进行处理或加工的工厂,其中包括用于开采的固定或非固定的设施和设备;

29 bis. mine distincte: mine distincte d'une autre mine existante et de ce fait nouvelle, qui fait l'objet d'un nouveau droit minier d'exploitation ou d'un contrat d'amodiation, dès lors qu'elle concerne un gisement distinct nécessitant des méthodes d'exploitation et des procédés de traitement séparés ainsi que des moyens de production nettement individualisés, ou du fait de leur éloignement ou de leurs conditions d'exploitation, nécessitant la création d'installations minières distinctes;	**29(2)独立矿山**:区分于现存矿山的独立矿山,由于该等矿山是新的矿山,其需要新的采矿权或租赁合同,独立矿山涉及的单独矿床需要单独的开采方法和处理方法以及专门的生产方法,或者由于其远离现存矿山或由于其开采条件的原因,其需要建设单独的矿业设施;
30. minerai: toute roche contenant un ou plusieurs minéraux possédant un ou plusieurs éléments chimiques ayant une valeur économique;	**30.矿石**:含有一种或多种矿物的岩石,该等矿物含有一种或多种具有经济价值的化学元素;
30 bis. minerais radioactif: toute roche contenant un ou plusieurs minéraux radioactifs possédant un ou plusieurs éléments chimiques ayant une valeur économique;	**30(2)放射性矿石**:含有一种或多种放射性矿物的岩石,该等放射性矿物含有一种或多种具有经济价值的化学元素;
31. minéral: l'ensemble d'éléments chimiques constituant un corps naturel, simple ou composé, inorganique ou organique, généralement à l'état solide, et dans quelques cas exceptionnels, à l'état liquide ou gazeux;	**31.矿物**:构成的天然产出的具有单质或化合物的形式的、无机的或有机的物体的全部化学元素,矿物一般为固体,在特殊情形下,其为液体或气体;
31 bis. minéraux industriels: substances et minéraux, non métalliques pour la plupart, se trouvant en concentrations variables dans divers types de roches naturelles et qui sont utilisées comme matières premières de base ou complémentaires dans les processus de fabrication de nombreux secteurs industriels. Ce sont essentiellement les argiles, la silice, le kaolin, le quartz, le gypse, le talc, le mica, le feldspath et l'andalousite;	**31(2)工业矿物**:存在于不同类型的天然岩石之中的不同品位的物质和矿物,大多数工业矿物不是金属,在很多工业部门制造流程中用作基础性原材料或补充性原材料。其主要包括黏土、硅石、高岭土、石英、石膏、滑石、云母、长石和红柱石;

32. ministre: Ministre du Gouvernement ayant les Mines et les Carrières dans ses attributions;	**32.矿业部长**:负责矿山和采石场的政府部门部长;
32 bis. ministre des Finances: Ministre du Gouvernement ayant les Finances dans ses attributions;	**32(2)财政部长**:负责财政的政府部门部长;
32 ter. ministre de l'environnement: Ministre du Gouvernement ayant l'Environnement et le Développement durable dans ses attributions;	**32(3)环境部长**:负责环境和可持续发展的政府部门部长;
32 quater. ministre provincial: Ministre du Gouvernement provincial ayant les mines et les carrières dans ses attributions;	**32(4)省级部长**:负责矿山和采石场的省级政府部门部长;
33. négociant: toute personne physique majeure de nationalité congolaise, détentrice d'une carte de négociant délivrée conformément aux dispositions du présent Code;	**33.批发商**:持有根据本法典的规定颁发的批发许可证的刚果(金)籍成年自然人;
34. non-résident: une personne qui n'a ni domicile ni résidence en République Démocratique du Congo;	**34.非居民**:在刚果(金)没有住所也没有居所的人;
35. opération minière: toute activité de recherche et/ou d'exploitation des substances minérales;	**35.矿业作业**:矿产的勘探活动和/或开采活动;
36. organisme spécialisé de recherches: établissement public placé sous la tutelle du ministre, créé par décret du Premier ministre, en vue de réaliser des activités d'investigation du sol ou du sous-sol dans le but d'améliorer la connaissance géologique du territoire national ou des provinces à des fins scientifiques ou d'amélioration et de promotion de l'information géologique;	**36.专业勘探机构**:由总理令设立的、受矿业部长监督的公共机构,其旨在实施地表或地下的调查活动以提升对国家级或省级地域的以科研为目的的地质认识或完善和优化地质信息;

36 bis. pas de porte: taxe non remboursable perçue par l'Etat, en cas d'appel d'offres, au titre de rémunération des efforts initialement consentis ou fournis par l'Etat ou une entreprise minière de son portefeuille pour découvrir un gisement considéré dès lors comme étudié, documenté et travaillé ou un gisement repris par l'Etat après extinction d'un droit minier d'exploitation, conformément aux dispositions du présent Code;	**36(2)入门费**:在招标情形下,由国家征收的且不可退还的行政费用,根据本法典的规定,入门费作为国家或国有矿业企业为了探明相关的矿床(其被认为已经进行研究、形成资料或已经进行相关工作的矿床)而前期作出的努力的回报,或作为探明由国家在采矿权灭失后收回的矿床而前期作出的努力的回报;
37. périmètre: une superficie délimitée en surface et indéfiniment en profondeur sur laquelle porte un droit minier ou un droit de carrière;	**37.矿区**:由矿权或采石权所划定的区域,其面积(表面)确定且深度无限制;
38. pierres précieuses: les substances minérales précieuses constituées d'un ou de plusieurs éléments chimiques et possédant les propriétés particulières qui leur donnent ainsi une valeur marchande élevée. Il s'agit notamment de: diamant, émeraude, rubis, saphir, chrysobéryl et topaze;	**38.宝石**:由一种或多种化学元素构成的珍贵矿产,宝石具有的特殊性质赋予其较高的商业价值;主要包括:钻石、祖母绿、红宝石、蓝宝石、金绿宝石、黄玉;
39. personne : une personne physique ou morale;	**39.人**:自然人或法人;
40. Plan d'Atténuation et de Réhabilitation, PAR en sigle: le plan requis pour les opérations en vertu d'un droit minier ou de carrières de recherches, ou d'une Autorisation d'Exploitation de Carrière Temporaire, consistant en l'engagement du titulaire de réaliser certaines mesures d'atténuation des impacts de son activité sur l'environnement ainsi que des mesures de réhabilitation du lieu de leur implantation, y compris l'engagement du titulaire, de fournir ou de constituer une sûreté financière pour assurer ou garantir le coût d'atténuation et de réhabilitation de l'environnement;	**40.环境减排和修复计划,简称"PAR"**:探矿权或采石场勘探权或临时性采石场开采许可涉及的作业所要求的计划,该计划包括持有人承诺采取措施以减轻其活动对环境的影响和修复环境,其中包括持有人承诺提供或设置财务担保以确保或保证环境减排和环境修复的成本(的覆盖);

41. PGES, Plan de Gestion Environnementale et Sociale: cahier des charges environnementales du projet minier consistant en un programme de mise en œuvre et de suivi des mesures envisagées par l'EIES pour supprimer, réduire et éventuellement compenser les conséquences dommageables du projet minier sur l'environnement;	**41.环境和社会管理计划,简称"PGES"**:矿业项目的环境任务书,其包括由环境和社会影响研究所设计的为消除、减轻以及在需要时弥补矿业项目对环境造成损害后果的措施的实施和跟踪计划;
41 bis. pleine concurrence: principe selon lequel les prix pratiqués pour des transactions entre sociétés affiliées ou toutes autres conditions convenues qui s'appliquent aux dites transactions, doivent être établis par référence aux prix pratiqués sur le marché par des entreprises indépendantes;	**41(2)完全竞争原则**:根据该原则,在关联公司之间的交易价格或适用于该等交易的其他约定条件,须参考不相关联的企业在市场上采用的(通行)价格而确定;
42. produit marchand: toute substance minérale commercialisable, légalement extraite de manière artisanale, semi-industrielle ou industrielle, ou tout produit élaboré dans des usines de concentration, d'extraction métallurgique ou de traitement, et ce, conformément à la nomenclature édictée par l'autorité compétente;	**42.商品**:列入主管机关编撰的名录中的以手工、半工业化或工业化的方式合法采掘的可商业化的矿产或者在选矿厂、冶金萃取厂或处理厂中生产的产品;
42 bis. produits radioactifs: tous produits issus du traitement et/ou de la transformation des substances radioactives;	**42(2)放射性产品**:来自放射性物质的处理和/或加工的产品;
42 ter. projet ou projet minier: tout projet mis sur pied par le titulaire, visant une ou plusieurs activités minières ou de carrières, en vue de la découverte ou de l'exploitation d'un gisement et la commercialisation des produits marchands;	**42(3)项目或矿业项目**:由持有人实施的涉及一项或多项矿业活动或采石活动的项目,其目的在于探明或开采矿床以及销售商品;

42 quater. projet minier d'exploitation: projet mis sur pied par le titulaire d'un droit minier d'exploitation visant l'exploitation soit d'une ou plusieurs mines se trouvant dans le même périmètre minier soit d'une mine distincte;	**42(4) 采矿项目**:采矿权持有人为开采位于同一矿区内一个或多个矿山、或开采一个独立矿山而实施的项目;
42 quinquies. projet minier de recherches: tout projet mis sur pied par le titulaire d'un ou de plusieurs droits miniers de recherches visant la recherche d'une ou plusieurs substances minérales;	**42(5) 探矿项目**:一个或多个探矿权持有人为勘探一种或多种矿产而实施的项目;
43.(*Abrogé par l'article 31 de la Loi n° 18/001 du 09 mars 2018 modifiant et complétant la Loi n°007/2002 du 11 juillet 2002 portant Code minier*);	**43.**(*由修订和补充2002年7月11日关于《矿业法典》的第007/2002号法律的2018年3月9日第18/001号法律第31条予以废除*);
44. recherche: toute activité par laquelle le titulaire d'un droit minier ou de carrière de recherche se livre, à partir d'indices de l'existence d'un gîte minéral, et au moyen des travaux de surface ou en profondeur, en utilisant notamment des techniques géologiques, géophysiques et géochimiques, y compris diverses méthodes telles que la télédétection, à mettre en évidence l'existence d'un gisement des substances minérales, à le délimiter, et à évaluer la qualité et la quantité des réserves ainsi que les possibilités techniques et commerciales de leur exploitation;	**44. 勘探**:探矿权或采石场勘探权持有人根据矿层存在的迹象,使用地质学技术、地球物理学技术和地球化学技术等(其中包括远距离探测等方法),通过地表作业或地下作业来证明矿产的矿床的存在、确定其范围、评估储量的质量和数量以及开采该等矿床的技术和商业可能性的活动;
44 bis. rayonnement ionisant: rayonnement capable de produire des paires d'ions dans la matière biologique;	**44(2) 电离辐射**:能够在生物物质中产生离子对的辐射;

45. règlement minier: ensemble des mesures d'exécution des dispositions du présent Code, prises par Décret du Premier ministre délibéré en Conseil des ministres;	**45.《矿业条例》**:为执行本法典规定的全部实施措施,其经部长委员会审议并经总理以法令的形式颁布;
46. rejets des mines: les stériles ou le remblai provenant de l'exploitation minière ou tout résidu solide ou liquide provenant du traitement minéralurgique ou métallurgique;	**46.尾矿**:矿业开采产生的脉石或废石或选矿或冶金处理过程中产生的固体或液体废弃物;
46 bis. requérant: toute personne qui sollicite l'obtention d'un titre minier ou de carrières;	**46(2)申请人**:矿权证或采石权证的申请人;
46 ter. SAEMAPE, Service d'Assistance et d'Encadrement de l'Exploitation Minière à Petite échelle: service public à caractère technique doté d'une autonomie administrative et financière, lequel a pour objet l'assistance et l'encadrement de l'exploitation artisanale et à petite échelle des substances minérales;	**46(3)小规模矿山开采协助和监管处,简称"SAEMAPE"**:具有行政自主权和财政自主权的技术性公共服务机构,其目的在于协助和监管矿产的手工开采和小规模开采;
47. société affiliée: toute société qui détient directement ou indirectement plus de 50% des droits de vote du titulaire ou celle dans laquelle des droits de vote sont détenus directement ou indirectement par le titulaire. Ce terme désigne également toutes les sociétés qui ont la caractéristique commune d'avoir plus de 50% de leurs droits de vote détenus directement ou indirectement par une société qui en détient ce pourcentage du titulaire, directement ou indirectement;	**47.关联公司**:直接或间接持有持有人50%以上表决权的公司或表决权直接或间接被持有人所持有的公司。该术语也指一种公司,其50%以上表决权直接或间接由持有持有人50%以上表决权的公司直接或间接持有;

48. sous-traitant: toute personne morale de droit congolais à capitaux congolais fournissant du matériel ou effectuant des travaux et/ou prestations des services nécessaires pour le compte du titulaire dans le cadre de ses activités minières en vertu de son titre minier et comprenant notamment la construction des infrastructures industrielles, administratives, socio-culturelles et autres nécessaires au projet ainsi que toutes autres prestations directement liées au projet minier;	**48.分包商**:在持有人根据其矿权证实施的矿业活动中为持有人的利益而供应设备或者实施工程和/或提供必要服务的刚果(金)资本的刚果(金)法律项下的法人,该等矿业活动包括但不限于工业、行政、社会文化方面的基础设施和项目所需的其他基础设施的建设以及与矿业项目直接相关的其他服务;
48 bis. substance radioactive: toute substance ou matière contenant des atomes radioactifs instables qui émettent du rayonnement ionisant lorsqu'ils se désintègrent;	**48(2)放射性物质**:包含不稳定放射性原子的物质或材料,该等物质或材料在衰变时发出电离辐射;
48 ter. substance réservée: toute substance minérale qui, pour des exigences liées à la nécessité d'assurer la sûreté nationale et/ou la sécurité des populations, est déclarée comme telle conformément aux dispositions du présent Code, notamment la substance radioactive;	**48(3)储备物质**:为了保障国家安全和/或人民安全的需要,根据本法典的规定被宣布为储备物质的矿产,尤其是放射性物质;
48 quater. substance stratégique: toute substance minérale qui, suivant la conjoncture économique internationale du moment, à l'appréciation du Gouvernement, présente un intérêt particulier au regard du caractère critique et du contexte géostratégique;	**48(4)战略物质**:根据当前的国际经济形势,由政府酌情决定,从关键特征和地缘战略环境来看具备特殊利益的矿产;
49. substance minérale: tout corps naturel inerte ou artificiel contenant un ou plusieurs minéraux sous forme amorphe ou cristalline, solide, liquide ou gazeuse ayant une valeur économique. Les produits des carrières sont des substances minérales au sens du présent Code;	**49.矿产**:包含一种或多种呈无定形或结晶态、固态、液态或气态形式的具有经济价值的天然产出或人工形成的物体。采石场产品是本法典项下的矿产;

49 bis.superprofits ou profits excé dentaires:profits supplémentaires au-delà des taux de rentabilité actuels et normaux, et dus à des conditions particulièrement favorables du marché;	**49(2)超额利润**:超出当时正常利润率的由非常有利的市场条件产生的额外利润;
49 ter. taxe:tout prélèvement autre que les impôts et les droits de douane, perçu soit au profit du Gouvernement, de la province, de l'Entité territoriale décentralisée soit au profit d'autres services publics personnalisés de tous niveaux;	**49(3)税**:政府、省和地方权力机关或各级别的具有法人资格的公共服务机构征收的款项,但税费①和关税除外;
50. territoire national:le sol, le sous-sol et les eaux constituant à la date du 30 juin 1960 le territoire de la République Démocratique du Congo dans ses limites du 1er août 1885, telles que modifiées par les conventions subséquentes, sa mer territoriale délimitée par la loi n°74-009 du 10 juillet 1974, sa zone économique exclusive ainsi que son plateau continental;	**50.国家领土**:构成 1960 年 6 月 30 日的刚果(金)领土的地表、底土和水域(领土的边界在 1885 年 8 月 1 日划定并且经随后的协议修订),以及 1974 年 7 月 10 日第 74-009 号法律所界定的刚果(金)的领海及其专属经济区和大陆架;
51. titres de carrières:les certificats officiels délivrés par le Cadastre Minier conformément aux dispositions du présent Code et constatant les Autorisations de Carrières. Le Certificat de Recherches de Produits de Carrières, le Certificat d'Exploitation de Carrière Permanente et le Certificat d'Exploitation de Carrière Temporaire sont des titres de carrières;	**51.采石权证**:矿权登记局根据本法典的规定颁发的官方证书,其为采石许可的证明。采石场产品勘探证书、永久性采石场开采证书、临时性采石场开采证书都属于采石权证;

① 中伦注:这里的税费指在法语中以 impôt 命名的各种税费。impôt 是为了支持国家预算而强制征收的税费,其用来为国家的运转和公共支出提供资金。

52. titres miniers: les certificats officiels délivrés par le Cadastre Minier conformément aux dispositions du présent Code et constatant les droits miniers. Le Certificat de Recherches, le Certificat d'Exploitation, le Certificat d'Exploitation des Rejets et le Certificat d'Exploitation de Petite Mine sont des titres miniers;	**52.矿权证:**矿权登记局根据本法典的规定颁发的官方证书,其为矿权的证明。探矿证书、采矿证书、尾矿开采证书和小矿山开采证书都属于矿权证;
53. titulaire: toute personne morale au nom de laquelle un droit minier ou de carrières est accordé et un titre minier ou un titre de carrières est établi, conformément aux dispositions du présent Code. Toutefois, l'amodiataire est assimilé au titulaire;	**53.持有人:**根据本法典的规定,在其名下授予和建立矿权或采石权的任何法人。但是,承租人被视为持有人;
53 bis. traçabilité: mécanisme mis en place pour assurer le suivi des étapes de la filière de production minière et de flux financiers subséquents depuis le site d'extraction des produits miniers jusqu'à leur exportation en passant par leur détention, transport, commercialisation, traitement et/ou transformation;	**53(2)可追溯性:**为监测采矿生产链的各个阶段以及随后从矿产品开采地直至出口的资金流动而建立的机制,包括其持有、运输、商业化、处理和/或加工;
54. traitement: procédé minéralurgique et/ou métallurgique qui aboutit à l'obtention d'une substance minérale commercialisable à partir des minerais extraits;	**54.处理:**通过选矿和/或冶金工艺从采掘的矿石获得可商业化的矿产的过程;
54 bis. transparence: ensemble de règles, mécanismes et pratiques rendant obligatoires les déclarations et les publications, de la part de l'Etat et des entreprises extractives, en particulier celles de l'industrie minière, des revenus et paiements de tout genre, comprenant, notamment les revenus des exploitations et des transactions minières, la publication des	**54(2)透明性:**一套规则、机制和实践,其强制国家和采掘企业(尤其是矿业部门的采掘企业)申报和公示任何种类的收入和支出(尤其是开采和矿业交易的收入)、公示生产和销售的数据、公示合同、披露矿业资产的实际所有权人、披露矿业部门的资源分配数据。其还包括矿权获得和转让的程序义务的遵守;

statistiques de production et de vente, la publication des contrats et la divulgation des propriétaires réels des actifs miniers ainsi que les données sur l'allocation des ressources provenant du secteur minier. Elle s'étend également au respect des obligations de procédures d'acquisition et d'aliénation des droits miniers;	
55. transformation: tout procédé industriel qui consiste à changer la forme et la nature d'une substance minérale traitée et à en obtenir les produits finis ou semi-finis commercialisables;	**55.加工**:改变经处理的矿产的形状和性质从而获得可商业化的成品或半成品的工业方法;
55 bis. valeur commerciale brute: valeur du produit marchand au moment de sa sortie des installations d'extraction ou de traitement pour expédition. Cette valeur est égale à la cotation moyenne du produit marchand sur le marché international pendant le mois précédant cette sortie ou, à défaut, tout autre indice fiable du marché;	**55(2)毛商业价值**:商品从采掘或加工设施中移出装运时的价值。该价值等于商品在移出装运之前的一个月的期间该商品在国际市场上的平均定价,或若不存在该平均定价,则该价值根据市场上其他可靠的指数而定;
56. zone d'exploitation artisanale: aire géographique délimitée en surface et en profondeur par le ministre.	**56.手工开采区**:由矿业部长在地表和地下划定的地理区域。
Article 2: Du champ d'application (*modifié et complété par l'article 1*^{er} *de la Loi n°18/001 du 09 mars 2018 modifiant et complétant la Loi n°007/2002 du 11 juillet 2002 portant Code minier*)	**第2条:适用范围**(*由修订和补充2002年7月11日关于《矿业法典》的第007/2002号法律的2018年3月9日第18/001号法律的第1条予以修订和补充*)
Les dispositions du présent Code s'appliquent, dans leur intégralité et dans leur ensemble, aux opérations de recherches, d'exploitation industrielle, semi-industrielle et artisanale ainsi que de traitement,	本法典的规定整体上全部适用于矿产的勘探和工业、半工业和手工开采作业以及矿产的处理、储存、持有、运输、商业化和出口。

de stockage, de détention, de transport, de commercialisation et d'exportation des substances minérales.	
Les activités de transformation des substances minérales et des produits des carrières extraits ou traités, effectuées par une personne autre que le titulaire d'un droit minier ou de carrière d'exploitation, sont régies par la législation et la règlementation générale sur l'industrie.	由采矿权或采石场开采权持有人以外的人实施的针对经采掘或经处理的矿产和采石场产品加工的活动由与行业相关的法律和法规规制。
Sont exclues du champ d'application du présent Code, la prospection, l'exploration et l'exploitation des hydrocarbures liquides ou gazeux ainsi que les activités ou opérations concernant les eaux thermales ou minérales qui sont régies par la loi portant régime général des hydrocarbures ou par les législations particulières, selon le cas.	液态或气态碳氢化合物的勘探、勘查和开采以及温泉水或矿泉水相关的活动或作业不属于本法典的适用范围,其根据情况由碳氢化合物基本制度法或者由特别法规制。
Section II : Des principes fondamentaux	**第二节:基本原则**
Article 3 : De la propriété des substances minérales (*modifié à son alinéa 1er par l'article 1er de la Loi n° 18/001 du 09 mars 2018 modifiant et complétant la Loi n° 007/2002 du 11 juillet 2002 portant Code minier*)	**第 3 条:矿产的所有权**(*由修订和补充 2002 年 7 月 11 日关于《矿业法典》的第 007/2002 号法律的 2018 年 3 月 9 日第 18/001 号法律的第 1 条修订其第 1 款*)
Les gîtes des substances minérales, y compris les gîtes artificiels, les eaux souterraines et les gîtes géothermiques se trouvant sur la surface du sol ou renfermés dans le sous-sol ou dans les cours d'eaux du territoire national sont la propriété exclusive, inaliénable et imprescriptible de l'Etat, fondée sur sa souveraineté sur les ressources naturelles.	基于国家对自然资源的主权,矿产的矿层(包括位于地表或埋藏于地下或位于国家领土内水流中的人工矿层、地下水和地热层)排他地、不可让与地、不受时效约束地归国家所有。

Toutefois, les titulaires de droit minier ou de carrières d'exploitation acquièrent la propriété des produits marchands en vertu de leur droit.	但是,采矿权或采石场开采权的持有人根据其权利获得商品的所有权。
La propriété des gîtes des substances minérales, y compris les eaux souterraines et les gîtes géothermiques dont question à l'alinéa 1er du présent article constitue un droit immobilier distinct et séparé des droits découlant d'une concession foncière. En aucune manière, le concessionnaire foncier ne peut se prévaloir de son titre pour revendiquer un droit de propriété quelconque sur les gîtes des substances minérales, y compris les eaux souterraines et les gîtes géothermiques que renfermerait sa concession.	矿产矿层的所有权(包括本条第 1 款所述的地下水和地热层)构成区别于土地特许权的单独的不动产权利。在任何情况下,土地特许权人不得利用其土地权证以对矿产的矿层(包括其特许权所覆盖的地下水和地热层)主张任何所有权。
Article 4: Du classement des gîtes minéraux(*modifié à ses alinéas 2 et 4 par l'article 1er de la Loi n°18/001 du 09 mars 2018 modifiant et complétant la Loi n°007/2002 du 11 juillet 2002 portant Code minier*)	**第 4 条:矿层的分类**(*由修订和补充 2002 年 7 月 11 日关于《矿业法典》的第 007/2002 号法律的 2018 年 3 月 9 日第 18/001 号法律的第 1 条修订其第 2 款和第 4 款*)
Les gîtes minéraux sont classés en mines et en carrières.	矿层划分为矿山类矿层和采石场类矿层。
Sont classés en mines, les gîtes ou gisements des substances minérales non classées en carrières, autres que les combustibles minéraux liquides ou gazeux.	未归类为采石场类的矿产的矿层或矿床归类为矿山类矿层或矿床,但液态或气态的矿物燃料除外。
Sont classés en carrières: les gîtes ou gisements des substances minérales non-métalliques utilisables comme matériaux de construction, d'empierrement et de viabilité,	采石场类矿层或矿床包括用作建筑、铺路、准备工程、陶瓷工业、土壤改良的材料的非金属类矿产的矿层或矿床,其包括沙、白垩、沙砾、石灰石及水泥、红土、

de l'industrie céramique, d'amendement pour la culture des terres, y compris notamment le sable, la craie, le gravier, les pierres à chaux et à ciment, la latérite, les terres à foulons et les argiles smectiques, les copals fossiles et les diatomites, à l'exception du marbre, du granite, des phosphates, des nitrates, des sels alcalins et d'autres sels associés qui sont classés en mines dans les mêmes gisements.	漂白土及漂土、树脂化石和硅藻土等,但同矿床中的大理石、花岗岩、磷酸盐、硝酸盐、碱性盐和被归类为矿山类的其他伴生的盐类除外。
Nonobstant la classification ci-dessus, le Premier ministre peut, par décret délibéré en Conseil des ministres, sur proposition du Ministre, après avis de l'organisme spécialisé de recherches, s'il y a opportunité, décider de classer, de déclasser ou de reclasser une substance des mines en produit de carrières et inversement.	尽管存在上述分类,总理可在矿业部长的提议下并在征求专业勘探机构的意见后,通过经部长委员会审议的法令来决定将被归类为矿的矿产归类(或重新归类)为采石场或将被归类为采石场的矿产归类(或重新归类)为矿。
Article 5 : De l'autorisation des opérations minières et/ou de carrières (*modifié et complété par l'article 1er de la Loi n°18/001 du 09 mars 2018 modifiant et complétant la Loi n°007/2002 du 11 juillet 2002 portant Code minier*)	**第 5 条:矿业作业和/或采石作业的许可** *(由修订和补充 2002 年 7 月 11 日关于《矿业法典》的第 007/2002 号法律的 2018 年 3 月 9 日第 18/001 号法律的第 1 条予以修订和补充)*
Toute personne morale est autorisée à se livrer à la recherche ou à l'exploitation non artisanale des substances minérales sur toute l'étendue du territoire national, à condition qu'elle soit titulaire d'un droit minier et/ou de carrières en cours de validité accordé par l'autorité compétente conformément aux dispositions du présent Code.	如果法人持有主管机关根据本法典规定授予其的有效矿权和/或采石权,则该等法人被许可有权在国家整个领土范围内从事矿产的非手工的勘探或开采。

Toute personne physique majeure de nationalité congolaise, excepté la femme enceinte, qui désire se livrer à l'exploitation artisanale des substances minérales sur toute l'étendue du territoire national, ne peut le faire que dans le cadre d'une coopérative minière agréée, conformément aux dispositions du présent Code et dont l'adhésion est subordonnée à la détention d'une carte d'exploitant artisanal.	希望在国家整个领土范围内从事矿产手工开采活动的任何刚果(金)籍成年自然人只有按照本法典规定加入经特许的矿业合作社(该加入以持有手工开采证为条件),方可实施手工开采活动,但怀孕的妇女不得进行该等矿产手工开采活动。
Sont autorisés à commercialiser les substances minérales:	被许可有权商业化矿产的主体为:
-les titulaires des droits miniers et/ou de carrières d'exploitation;	-采矿权和/或采石场开采权的持有人;
-les entités de traitement;	-加工实体;
-les comptoirs agréés;	-特许商行;
-les coopératives minières agréées;	-特许矿业合作社;
-les négociants.	-批发商。
Toutefois, ne peuvent exporter que les titulaires des droits miniers et/ou de carrières d'exploitation, les entités de traitement et les comptoirs agréés.	但是,只有采矿权和/或采石场开采权的持有人、加工实体和特许商行可以出口(矿产)。
L'exploitant détenteur d'une carte d'exploitant artisanal ne peut commercialiser les produits issus de l'exploitation artisanale que par le truchement de la coopérative minière à laquelle il a adhéré.	持有手工开采证的开采者只有通过其加入的矿业合作社才能将来自手工开采的产品予以商业化。
Article 5 bis: Des sondages, ouvrages souterrains, fouilles, levées géophysiques, travaux de terrassements, travaux d'utilité publique (*inséré par l'article 17 de la Loi n° 18/001 du 09 mars 2018 modifiant et complétant la Loi n° 007/2002 du 11 juillet 2002 portant Code minier*)	**第5(2)条:钻探、地下工程、挖掘、地质物理评测、土方工程及公共用途工程**(*由修订和补充2002年7月11日关于《矿业法典》的第007/2002号法律的2018年3月9日第18/001号法律的第17条予以新增*)

Toute personne titulaire de droits miniers ou de carrières, à l'extérieur du périmètre couvert par son droit, qui entreprend des travaux de recherches, notamment sondages, ouvrages souterrains, fouilles, quel qu'en soit l'objet, à l'exception des puits à usage domestique, dont la profondeur dépasse dix mètres, est tenue de faire une déclaration préalable auprès de la Direction de géologie.	任何矿权或采石权的持有人在其权利所覆盖的矿区范围外实施深度超过十米的勘探工程,特别是钻探、地下工程、挖掘,无论其目的为何(为挖掘家用水井之目的除外),均须向地质局进行事前申报。
Sans préjudice des dispositions du présent Code, toute personne qui désire faire des levées géophysiques ou toutes campagnes de prospection géochimique fait préalablement une déclaration auprès de la Direction de géologie et est tenue de communiquer à cette dernière les résultats de ces levées et campagnes qui sont couverts par la confidentialité en application de l'article 324 du présent Code.	在不影响本法典规定的实施的前提下,任何希望实施地质物理评测或任何地质化学评测的人均须向地质局进行事前申报,并向地质局提供评测和探矿活动的结果,该等评测和探矿活动的结果受本法典第 324 条保密规定的保护。
Toute personne titulaire de droits miniers ou de carrières à l'extérieur du périmètre couvert par ces droits, désireuse d'effectuer des travaux de terrassement, quel que soit le lieu ou l'objet, est tenue de solliciter et d'obtenir auprès de la Direction de géologie une autorisation préalable de terrassement avant ces travaux.	矿权或采石权的持有人希望在其矿权覆盖矿区范围外实施土方工程的,无论地点或目的为何,施工前均须向地质局申请并获得土方工程的事前许可。
Les travaux d'utilité publique font l'objet d'une déclaration préalable à la Direction de géologie.	公共用途工程须向地质局进行事前申报。

Les agents compétents de la Direction de géologie disposent du libre accès à tous sondages, ouvrages souterrains, travaux de fouilles, travaux de terrassement et travaux d'utilité publique organisés par le présent article et peuvent se faire remettre tous échantillons et se faire communiquer tous les documents et renseignements d'ordre géologique, géotechnique, hydrologique, topographique, chimique ou minier dans le respect des dispositions de l'article 324 du présent Code.	地质局的主管人员可以自由进入本条规定的钻探、地下工程、挖掘工程、土方工程和公共用途工程，并可以要求提供任何样品以及在遵守本法典第 324 条规定的前提下要求提供任何地质学、土工学、水文学、地形学、化学或采矿方面的文件和信息。
Les conditions et procédures afférentes aux déclarations visées à l'alinéa 1er, 2 et 4 du présent article ainsi que celles de la demande de l'autorisation de terrassement visée à l'alinéa 3 du présent article sont fixées par le Règlement minier.	本条第 1 款、第 2 款、第 4 款规定的申报的条件和程序以及本条第 3 款所规定的土方工程许可的申请条件和程序由《矿业条例》规定。
Article 6: Des zones interdites (*modifié et complété par l'article 1er de la Loi n° 18/001 du 09 mars 2018 modifiant et complétant la Loi n°007/2002 du 11 juillet 2002 portant Code minier*)	**第 6 条：禁区**（*由修订和补充 2002 年 7 月 11 日关于《矿业法典》的第 007/2002 号法律的 2018 年 3 月 9 日第 18/001 号法律的第 1 条予以修订和补充*）
Si la sûreté nationale, la sécurité publique, l'incompatibilité de l'activité minière et des travaux de carrières avec d'autres usages existants ou planifiés du sol ou du sous-sol, la protection de l'environnement ainsi que la préservation des sites touristiques l'exigent, le Premier ministre peut, sur proposition du ministre et des ministres ayant respectivement l'Aménagement du territoire, l'Environnement et le Tourisme dans leurs	出于国家安全、公共安全的考虑，或者矿业活动和采石工程与地表或地下现有的或规划的其他用途不能并存的要求，或者出于环境保护和旅游景点保护的需要，总理可在矿业部长、国土整治部长、环境部长和旅游部长或省长的提议下，在征求矿权登记局和专业勘探机构的意见后宣布禁止在某一区域进行矿业活动和/或采石工程。

attributions ou du Gouverneur de province, après avis du Cadastre minier et de l'organisme spécialisé de recherches, déclarer une zone interdite aux activités minières et/ou aux travaux de carrières.	
La déclaration de classement d'une zone interdite est faite sans limitation de durée par décret délibéré en Conseil des ministres.	由部长委员会审议的法令宣布某一区域被划为禁区,该划分没有期限限制。
Lorsque la conservation de la faune, de la flore, du sol, des eaux, et en général d'un milieu sensible présente un intérêt spécial nécessitant de les soustraire à toute intervention susceptible d'en altérer l'aspect, la composition et l'évolution, le Premier ministre peut, par décret délibéré en Conseil des ministres, sur proposition conjointe du ministre et des ministres ayant l'Environnement et la conservation de la nature ainsi que le Tourisme dans leurs attributions, délimiter une portion du territoire national en aire protégée, après avis du Cadastre minier et de l'organisme spécialisé de recherches.	若动物、植物、土壤、水和具有特殊利益的敏感环境的保护需要避免动物、植物、土壤、水和具有特殊利益的敏感环境的外观、组成和演化被任何活动改变,在矿业部长、环境和自然保护部长以及旅游部长的共同提议下,在征求矿权登记局和专业勘探机构的意见后,总理可通过部长委员会审议的法令将一部分国家领土划为自然保护区。
Le décret portant délimitation des aires protégées peut en déterminer la durée.	划定保护区的法令可规定被划为自然保护区的期限。
Il ne peut être octroyé de droits miniers ou de carrières dans une aire protégée ni y être érigé une zone d'exploitation artisanale.	自然保护区内不得授予矿权或采石权,也不得设立手工开采区。
Article 7: Des substances réservées (*modifié à ses alinéas 1er et 2 par l'article 1er de la Loi n° 18/001 du 09 mars 2018 modifiant et complétant la Loi n° 007/2002 du 11 juillet 2002 portant Code minier*)	**第 7 条:储备物质**(*由修订和补充 2002 年 7 月 11 日关于《矿业法典》的第 007/2002 号法律的 2018 年 3 月 9 日第 18/001 号法律的第 1 条对其第 1 款和第 2 款予以修订*)

Si la sécurité publique l'exige, le Premier ministre peut, par décret délibéré en Conseil des ministres, sur proposition du ministre, après avis du Cadastre minier et de l'Organisme spécialisé de recherches, déclarer une substance minérale substance réservée qu'il soumet à des règles spéciales.	如果公共安全需要,经矿业部长提议并征求矿权登记局和专业勘探机构的意见后,总理可以通过部长委员会审议的法令宣布某矿产为储备物质,储备物质应遵守特殊的规则。
Le décret classant une substance minérale en substance réservée précise les règles et les dispositions auxquelles est soumise cette substance.	将矿产归类为储备物质的法令明确该储备物质应遵守的规则和规定。
Les minerais d'uranium, de thorium et, d'une manière générale, tous les minerais radioactifs sont placés sous le régime des substances réservées prévu aux alinéas ci-dessus du présent article.	铀、钍的矿石及一般意义上全部放射性矿石均受到本条上述款所规定的储备物质的制度的规制。
Article 7 bis: Des substances minérales stratégiques (*inséré par l'article 17 de la Loi n°18/001 du 09 mars 2018 modifiant et complétant la Loi n°007/2002 du 11 juillet 2002 portant Code minier*)	**第 7(2)条:战略矿产**(*由修订和补充 2002 年 7 月 11 日关于《矿业法典》的第 007/2002 号法律的 2018 年 3 月 9 日第 18/001 号法律的第 17 条予以新增*)
Si la conjoncture économique nationale ou internationale le permet, le Premier ministre peut, par décret délibéré en Conseil des ministres, sur avis des ministres sectoriels concernés, déclarer certaines substances minérales substances stratégiques.	如果国家或国际经济形势允许,根据有关部门的部长的意见,总理可通过部长委员会审议的法令宣布某些矿产为战略物质。
L'accès, la recherche, l'exploitation et la commercialisation des substances stratégiques sont régis par des dispositions règlementaires particulières.	战略物质的获取、勘探、开采和商业化由特别规定规制。

Article 7 ter: De la transparence, la traçabilité et la certification (*inséré par l'article 17 de la Loi n° 18/001 du 09 mars 2018 modifiant et complétant la Loi n° 007/2002 du 11 juillet 2002 portant Code minier*)	**第7(3)条:透明性、可追溯性和认证**(*由修订和补充2002年7月11日关于《矿业法典》的第007/2002号法律的2018年3月9日第18/001号法律的第17条予以新增*)
Des mesures légales ou réglementaires particulières sont édictées en application des normes nationales, régionales et internationales en matière de transparence dans l'industrie minière, de traçabilité et de certification des substances minérales, notamment la divulgation et la publication des contrats et des bénéficiaires réels des actifs miniers ainsi que les déclarations de tous les impôts, taxes, droits et redevances dus et payés à l'Etat.	根据采矿工业的透明性、矿产的可追溯性和认证方面的国家、区域和国际标准,尤其是披露和公示合同和矿业资产的实际受益人以及申报已经或应当向国家支付的全部税费和使用费来制定具体的法律或法规措施。
Article 7 quater: De la publication (*inséré par l'article 17 de la Loi n°18/001 du 09 mars 2018 modifiant et complétant la Loi n° 007/2002 du 11 juillet 2002 portant Code minier*)	**第7(4)条:公示**(*由修订和补充2002年7月11日关于《矿业法典》的第007/2002号法律的2018年3月9日第18/001号法律的第17条予以新增*)
Les contrats miniers, leurs annexe et avenants sont publiés au Journal officiel et sur le site web du ministère de mines endéans soixante jours de la date de leur signature.	矿业合同及其附件和补充协议均须自其签署之日起六十日内在官方公报和矿业部网站上公示。
Chapitre II: Du rôle de l'Etat et de la répartition des compétences	**第二章:国家的角色和职权划分**
Section 1er: Du rôle de l'Etat (*inséré par l'article 17 de la Loi n°18/001 du 09 mars 2018 modifiant et complétant la Loi n° 007/2002 du 11 juillet 2002 portant Code minier*)	**第一节:国家的角色**(*由修订和补充2002年7月11日关于《矿业法典》的第007/2002号法律的2018年3月9日第18/001号法律的第17条予以新增*)

Article 8: De la promotion et de la régulation du secteur minier (*modifié et complété par l'article 17 de la Loi n°18/001 du 09 mars 2018 modifiant et complétant la Loi n°007/2002 du 11 juillet 2002 portant Code minier*)	**第 8 条:矿业部门的促进与调控**(*由修订和补充 2002 年 7 月 11 日关于《矿业法典》的第 007/2002 号法律的 2018 年 3 月 9 日第 18/001 号法律的第 17 条予以修订和补充*)
Le rôle principal de l'Etat est de promouvoir et de réguler le développement du secteur minier.	国家的主要角色是促进和调控矿业部门的发展。
L'Etat assure la mise en valeur des substances minérales dont il est propriétaire en faisant appel notamment à l'initiative privée conformément aux dispositions du présent Code.	根据本法典的规定,国家作为矿产所有权人,确保矿产价值得以开发利用,尤其是通过号召私营经济发挥积极性的方式。
A cet effet, il entreprend, à travers des organismes spécialisés créés à cet effet, à des activités d'investigation du sol ou du sous-sol dans le but d'améliorer la connaissance géologique du territoire national ou① à des fins scientifiques ou d'amélioration et de promotion de l'information géologique du pays ou de la province qui ne requièrent pas l'obtention d'un droit minier ou d'un droit de carrières.	为此,国家通过为此目的而设立的专业机构进行地表或地下的调查活动,从而提升国家级或省级范围内基于科研目的的地质认识或改善和优化国家和省的地质信息,进行该等调查活动无需获得矿权或采石权。
Article 8 bis: Du fonds minier pour les générations futures (*inséré par l'article 17 de la Loi n°18/001 du 09 mars 2018 modifiant et complétant la Loi n° 007/2002 du 11 juillet 2002 portant Code minier*)	**第 8(2)条:后代矿业基金**(*修订和补充 2002 年 7 月 11 日关于《矿业法典》的第 007/2002 号法律的 2018 年 3 月 9 日第 18/001 号法律的第 17 条予以新增*)

① 中伦注:根据定义部分第 36 条的定义,我们理解此处表述可能遗漏了 des provinces。

Il est institué un fonds minier pour les générations futures. Les ressources du fond minier pour les générations futures sont constituées d'une quotité de la redevance minière.	需为子孙后代设立矿业基金。后代矿业基金的资金来源于一定比例的矿产资源税。
Un décret du Premier ministre, délibéré en Conseil des ministres, crée et organise le fonds minier pour les générations futures.	经部长委员会审议的总理法令设立和组织后代矿业基金。
Section II:De la compétence du pouvoir central(*inséré par l'article 17 de la Loi n°18/001 du 09 mars 2018 modifiant et complétant la Loi n°007/2002 du 11 juillet 2002 portant Code minier*)	**第二节:中央权力机关的职权**(*由修订和补充2002年7月11日关于《矿业法典》的第007/2002号法律的2018年3月9日第18/001号法律的第17条予以新增*)
Article 9:Du Premier ministre (*modifié et complété par l'article 17 de la Loi n° 18/001 du 09 mars 2018 modifiant et complétant la Loi n°007/2002 du 11 juillet 2002 portant Code minier*)	**第9条:总理**(*由修订和补充2002年7月11日关于《矿业法典》的第007/2002号法律的2018年3月9日第18/001号法律的第17条予以修订和补充*)
Conformément aux dispositions du présent Code et des autres textes en la matière, le Premier ministre est compétent pour:	根据本法典及其他相关条文的规定,总理有权:
a.édicter ou modifier le Règlement minier pour l'application du présent Code;	a.制定或修订实施本法典的《矿业条例》;
b.classer, déclasser ou reclasser les substances minérales en mines ou en produits des carrières et inversement;	b.将被归类为矿的矿产归类(或重新归类)为采石场产品,或将被归类(或重新归类)为采石场产品的矿产归类为矿;
c.confirmer la réservation d'un gisement soumis à l'appel d'offres faite par arrêté duministre;	c.对通过矿业部长令作出的拟进行招标的矿床的预留进行确认;
d. déclarer une substance minérale substance minérale stratégique;	d.宣布某种矿产为战略矿产;
e.décréter une zone interdite aux travaux miniers, à l'activité minière ou aux travaux de carrières;	e.通过颁布法令宣布禁止进行矿业工程、矿业活动或采石工程的禁区;

f. déclarer le classement ou le déclassement d'une substance minérale en substance réservée;	f. 宣布将某种矿产归类为储备物质，或者宣布取消将某种矿产归类为储备物质；
g. délimiter ou classer une portion du territoire en aire protégée.	g. 将领土的某个部分划定或归类为自然保护区。
Le Premier ministre exerce les prérogatives ci-dessus par voie de décret, délibéré en Conseil des ministres sur proposition du ministre, et le cas échéant, des ministres compétents.	总理在矿业部长和主管部长（视情况）的提议下，通过部长委员会审议的法令行使上述特权。
L'exercice des prérogatives reconnues au Premier ministre au litera a de l'alinéa 1 du présent article n'est pas susceptible de délégation.	本条第 1 款第 a 项规定的总理的特权不能委托他人行使。
Article 10: Du Ministre (*modifié et complété par l'article 17 de la Loi n°18/001 du 09 mars 2018 modifiant et complétant la Loi n°007/2002 du 11 juillet 2002 portant Code minier*)	**第 10 条：矿业部长**（*由修订和补充 2002 年 7 月 11 日关于《矿业法典》的第 007/2002 号法律的 2018 年 3 月 9 日第 18/001 号法律的第 17 条予以修订和补充*）
Conformément aux dispositions du présent Code et aux autres textes en la matière, le ministre est compétent pour:	根据本法典及其他相关条文的规定，矿业部长有权：
a. octroyer ou refuser d'octroyer les droits miniers et/ou de carrières pour les substances minérales autres que les matériaux de construction à usage courant;	a. 针对常用建筑材料之外的矿产，授予或拒绝授予矿权和/或采石权；
b. déchoir le titulaire, retirer les droits miniers et/ou de carrières, donner acte aux déclarations de renonciation aux droits miniers et/ou de carrières et acter l'expiration des droits miniers et/ou de carrières, conformément aux dispositions du présent Code;	b. 根据本法典的规定，使持有人失权、吊销矿权和/或采石权、正式确认矿权和/或采石权的放弃声明以及将矿权和/或采石权期限届满记录在案；

c. autoriser, par dérogation, les exportations des minerais à l'état brut par arrêté interministériel délibéré en Conseil des ministres;	c.通过部长委员会审议的联合部长令特例许可原矿石的出口;
d. instituer les zones d'exploitation artisanale;	d.设立手工开采区;
e. agréer et retirer l'agrément des comptoirs d'achat des produits de l'exploitation artisanale, des coopératives minières ou des produits de carrières et des entités de traitement des substances minérales;	e.批准和吊销采购手工开采产品的商行、矿业合作社或采石产品合作社以及矿产处理实体的特许;
f. autoriser l'extension des travaux d'exploitation;	f.许可开采工程的扩建;
g. approuver les hypothèques minières;	g.批准矿业(权)抵押;
h. exercer la tutelle des Services publics spécialisés du ministère des Mines;	h.监督矿业部的专门公共服务机构;
i. réserver les gisements à soumettre à l'appel d'offres, à confirmer par le Premier ministre;	i.预留用于招标的矿床,预留须由总理确认;
j. accepter ou refuser l'extension d'un droit minier ou de carrières aux substances non associées;	j.接受或拒绝某矿权或采石权延展至非伴生矿产;
k. délivrer les autorisations de traitement des produits de l'exploitation artisanale;	k.颁发手工开采产品处理许可;
l. proposer au Premier ministre le classement, le reclassement ou le déclassement des substances réservées, des substances minérales classées en mines ou en produits de carrières et inversement ainsi que des zones interdites;	l.向总理建议对储备物质、被归类为矿山类或采石场类的矿产和禁区进行归类、重新归类或取消归类;

m. nommer, sur proposition desministres sectoriels concernés, les membres de la Commission Interministérielle chargée de sélectionner les offres relatives à l'exploitation d'un gisement soumis à l'appel d'offres ainsi que les membres de la Commission Interministérielle chargée d'examiner les listes des biens à importer pour les activités minières;	m.根据相关部门部长的提议,任命负责筛选进行招标的矿床开采相关的方案的部际委员会的成员,以及任命负责审查用于矿业活动的进口资产清单的部际委员会的成员;
n. agréer les mandataires en mines et carrières;	n.批准矿山代理人和采石场代理人;
o. agréer les laboratoires d'analyses des substances minérales;	o.批准矿产分析实验室(的设立);
p.agréer les bureaux d'études géologiques;	p.批准地质研究所(的设立);
q. approuver ou refuser les transferts des droits miniers;	q.批准或拒绝矿权的转让;
r.édicter, en collaboration avec les ministres ayant l'Economie et le Commerce extérieur dans leurs attributions, la nomenclature des produits marchands;	r.与经济部长与外贸部长合作颁布商品名录;
s.statuer sur les résultats des audits environnementaux conjointement avec le ministre ayant l'environnement dans ses attributions;	s.与环境部长共同审查并裁定环境审计结果;
t.approuver, conjointement avec le ministre ayant les Finances dans ses attributions, les listes des biens à importer sous le régime douanier privilégié;	t.与财政部长共同批准享有优惠海关制度的进口资产清单;
u. fixer, conjointement avec le ministre ayant les Finances dans ses attributions, les taux des droits, taxes et redevances à percevoir à l'initiative du Ministre en charge des mines.	u.与财政部长根据矿业部长提议共同确定待征收的各类税费和使用费的税/费率。

Article 10 bis: De l'Administration des mines (*inséré par l'article 17 de la Loi n°18/001 du 09 mars 2018 modifiant et complétant la Loi n°007/2002 du 11 juillet 2002 portant Code minier*)	**第10(2)条:矿业行政机关**(*由修订和补充2002年7月11日关于《矿业法典》的第007/2002号法律的2018年3月9日第18/001号法律的第17条予以新增*)
L'Administration des mines comprend le Secrétariat général, les directions, les divisions et autres services administratifs du ministèreen charge des mines, y compris ceux qui interviennent dans l'administration du Code minier et de toutes ses mesures d'application. Ils sont régis conformément aux textes légaux et réglementaires en vigueur relatifs à l'Administration publique.	矿业行政机关包含矿业部的秘书长、管理局、管理处和其他行政服务机构,其中包括参与管理《矿业法典》及其全部实施措施的机关。矿业行政机关受与国家行政机关相关的现行法律法规规制。
Les directions techniques qui interviennent dans le processus de l'octroi de droits miniers et/ou de carrières sont:	参与矿权和/或采石权授予过程的技术管理局有:
a) la Direction de géologie;	a) 地质局;
b) la Direction des mines;	b) 矿业局;
c) la Direction de protection de l'environnement minier.	c) 矿业环保局。
Le Règlement minier détermine les attributions de chacun des services de l'Administration des Mines.	《矿业条例》规定矿业行政机关的每个矿业行政机关的职权。
Section III: De la compétence de la province (*inséré par l'article 17 de la Loi n°18/001 du 09 mars 2018 modifiant et complétant la Loi n°007/2002 du 11 juillet 2002 portant Code minier*)	**第三节:省级(机关)的权限**(*由修订和补充2002年7月11日关于《矿业法典》的第007/2002号法律的2018年3月9日第18/001号法律的第17条予以新增*)
Article 11: Du Gouverneur de province (*modifié et complété par l'article 17 de la Loi n°18/001 du 09 mars 2018 modifiant et complétant la Loi n°007/2002 du 11 juillet 2002 portant Code minier*)	**第11条:省长**(*由修订和补充2002年7月11日关于《矿业法典》的第007/2002号法律的2018年3月9日第18/001号法律的第17条予以修订和补充*)

Sans préjudice des prérogatives lui reconnues notamment par la loi sur la libre administration des provinces et d'autres lois en la matière, le Gouverneur de province est, conformément aux dispositions du présent Code, compétent pour:	在不影响关于省级自治管理的法律和其他相关法律等赋予省长的特权的前提下,省长有权根据本法典的规定:
a.élaborer et proposer, conformément aux normes générales du planning national, à l'assemblée provinciale la politique provinciale relative aux programmes miniers, minéralogiques, industriels, énergétiques d'intérêt provincial;	a.根据国家规划的基本标准,编制并向省级议会提出涉及省级利益的有关矿业、矿物学、工业和能源方面的规划的省级政策;
b.superviser l'exécution par le gouvernement provincial desédits relatifs à la politique provinciale relative aux programmes miniers, minéralogiques, industriels, énergétiques d'intérêt provincial;	b.监督省政府实施涉及省级利益的矿业、矿物学、工业和能源方面规划的省级政策的命令;
c.proposer l'érection d'une zone interdite aux activités minières;	c.建议设立禁止矿业活动的禁区;
d. émettre un avis en cas d'institution d'une zone d'exploitation artisanale.	d.就手工开采区的设立发表意见。
Le Règlement minier organise les normes générales du planning national en matière minière, et fixe le cadre général des programmes miniers, minéralogiques, industriels et énergétiques d'intérêt provincial.	《矿业条例》规定矿业方面的国家规划的基本标准,并确定涉及省级利益的矿业、矿物学、工业及能源方面规划的基本框架。
Article 11 bis: Du ministre provincial *(inséré par l'article 17 de la Loi n°18/001 du 09 mars 2018 modifiant et complétant la Loi n°007/2002 du 11 juillet 2002 portant Code minier)*	**第11(2)条:省级矿业部长***(由修订和补充2002年7月11日关于《矿业法典》的第007/2002号法律的2018年3月9日第18/001号法律的第17条予以新增)*

Conformément aux dispositions du présent Code et sans préjudice des dispositions de la loi sur la libre administration des provinces, le ministre provincial est compétent, après avis de conformité du Chef de Division provinciale des mines, pour:	根据本法典的规定,且在不影响关于省级自治管理法律规定实施的前提下,在征求省矿业处处长的合规性意见后,省级矿业部长有权:
a. exécuter, sous la supervision du Gouverneur de province, et le cas échéant en concertation avec d'autres départements ministériels provinciaux impliqués, les édits relatifs à la politique provinciale relative aux programmes miniers, minéralogiques, industriels, énergétiques d'intérêt provincial;	a. 在省长的监督下,以及在需要时与其他相关的省级部门商议实施与涉及省级利益的矿业、矿物学、工业、能源方面的规划的省级政策有关的法令;
b. délivrer les cartes d'exploitant artisanal;	b. 颁发手工开采证;
c. délivrer les cartes des négociants des produits d'exploitation artisanale;	c. 颁发手工开采产品的批发许可证;
d. autoriser la détention des produits miniers par des bijoutiers, joailliers, artistes et dentistes;	d. 许可首饰商、珠宝商、艺术家及牙科医生持有矿产品;
e. exercer, en harmonie avec les services techniques du ministère des mines et des établissements sous tutelle du ministre, la supervision des activités des services du ministère des mines installés en province;	e. 与矿业部的技术部门及其他受矿业部长监督的机构一起监督矿业部省级行政部门的活动;
f. délivrer un récépissé au titulaire d'un droit minier ou de carrières avant le commencement de ses activités dans la province, conformément aux dispositions de l'article 215 du présent Code;	f. 根据本法典第 215 条的规定,在矿权或采石权持有人在省内开展其活动之前向矿权或采石权持有人签发收据;

g. accorder aux artistes agréés par le ministère en charge de la Culture et des Arts l'autorisation spéciale dont il est question à l'article 115 du présent Code;	g.根据本法典第115条的规定,向文化与艺术部特许艺术家授予特殊许可;
h.octroyer les autorisations de recherches des produits de carrières et les Autorisations d'exploitation de carrières de matériaux de construction à usage courant;	h.授予采石场产品勘探许可和常用建筑材料的采石场开采许可;
i.décider de l'ouverture des carrières pour les travaux d'utilité publique sur les terrains domaniaux.	i.决定在国有土地上开设用于公共用途工程的采石场。
Le Règlement minier détermine les procédures de la délivrance des cartes d'exploitant artisanal et de négociant ainsi que les règles de collaboration entre les services techniques du ministère en charge des mines et des établissements sous tutelle duministre.	《矿业条例》规定手工开采证、批发许可证的颁发程序以及矿业部技术部门与受矿业部长监督的机构之间的合作规则。
Article 11 ter: Du Chef de Division provinciale des mines (*inséré par l'article 17 de la Loi n°18/001 du 09 mars 2018 modifiant et complétant la Loi n° 007/2002 du 11 juillet 2002 portant Code minier*)	**第11(3)条:省矿业处处长**(*由修订和补充2002年7月11日关于《矿业法典》的第007/2002号法律的2018年3月9日第18/001号法律的第17条予以新增*)
Conformément aux dispositions du présent Code et sans préjudice d'autres prérogatives lui assignées par le cadre organique du ministère des mines, le Chef de Division provinciale des mines est compétent pour:	根据本法典的规定,且在不影响矿业部组织框架赋予的其他特权的前提下,省矿业处处长有权:
a. contrôler et surveiller les activités minières en province;	a.控制和监督省内矿业活动;

b. réceptionner les dépôts de demande d'agrément au titre des coopératives minières adressée auministre;	b.受理向矿业部长提交的批准矿业合作社的许可申请;
c. émettre des avis de conformité préalablement aux décisions et actes duministre provincial relativement à l'administration des dispositions du présent Code.	c.在省级矿业部长作出关于实施本法典规定的决定和行为之前出具合规性意见。
Section IV: Des Services techniques spécialisés (*inséré par l'article 17 de la Loi n°18/001 du 09 mars 2018 modifiant et complétant la Loi n°007/2002 du 11 juillet 2002 portant Code minier*)	**第四节:专业技术部门**(*由修订和补充2002年7月11日关于《矿业法典》的第007/2002号法律的2018年3月9日第18/001号法律的第17条予以新增*)
Article 12:Du Cadastre minier(*modifié et complété par l'article 17 de la Loi n° 18/001 du 09 mars 2018 modifiant et complétant la Loi n°007/2002 du 11 juillet 2002 portant Code minier*)	**第12条:矿权登记局**(*由修订和补充2002年7月11日关于《矿业法典》的第007/2002号法律的2018年3月9日第18/001号法律的第17条予以修订和补充*)
Le Cadastre minier est un établissement public chargé de la gestion du domaine minier ainsi que celle des titres miniers et des carrières et placé sous la tutelle duministre.	矿权登记局是负责管理矿业领域以及矿权证和采石权证的公共机构,其由矿业部长进行监管。
Pour couvrir ses frais de fonctionnement, le Cadastre minier est autorisé à percevoir et à gérer les frais de dépôt des dossiers et une quotité des droits superficiaires annuels par carré.	为覆盖其运行费用,矿权登记局有权收取和管理材料备案费和一定比例的区块年度面积税。
Un décret du Premier ministre, délibéré en Conseil des ministres, en fixe les statuts, l'organisation et le fonctionnement conformément au présent Code et à la loi n°08/008 du 7 juillet 2008 portant dispositions générales applicables aux établissements publics.	根据本法典和2008年7月7日关于适用于公共机构的一般规定的第08/008号法律,经部长委员会审议后的总理法令规定矿权登记局的章程、组织和运行。

Article 12 bis: De l'organisme spécialisé des recherches(*inséré par l'article 17 de la Loi n°18/001 du 09 mars 2018 modifiant et complétant la Loi n°007/2002 du 11 juillet 2002 portant Code minier*)	**第12(2)条:专业勘探机构**(*由修订和补充2002年7月11日关于《矿业法典》的第007/2002号法律的2018年3月9日第18/001号法律的第17条予以新增*)
Un décret du Premier ministre institue un organisme spécialisé chargé de la recherche dans le domaine minier.	通过总理法令设立负责在矿业领域中勘探的专业机构。
Il en détermine l'organisation et le fonctionnement.	该总理法令确定专业勘探机构的组织和运行。
Article 13:(*abrogé par l'article 31 de la loi n°18/001 du 09 mars 2018 modifiant et complétant la Loi n°007/2002 du 11 juillet 2002 portant Code minier*)	**第13条:**(*由修订和补充2002年7月11日关于《矿业法典》的第007/2002号法律的2018年3月9日第18/001号法律的第31条予以废除*)
Article 14: (*abrogé par l'article 31 de la loi n°18/001 du 09 mars 2018 modifiant et complétant la Loi n°007/2002 du 11 juillet 2002 portant Code minier*)	**第14条:**(*由修订和补充2002年7月11日关于《矿业法典》的第007/2002号法律的2018年3月9日第18/001号法律的第31条予以废除*)
Article 15:(*abrogé par l'article 31 de la loi n°18/001 du 09 mars 2018 modifiant et complétant la Loi n°007/2002 du 11 juillet 2002 portant Code minier*)	**第15条:**(*由修订和补充2002年7月11日关于《矿业法典》的第007/2002号法律的2018年3月9日第18/001号法律的第31条予以废除*)
Article 16: De la restriction de compétence(*modifié et complété par l'article 1er de la Loi n°18/001 du 09 mars 2018 modifiant et complétant la Loi n°007/2002 du 11 juillet 2002 portant Code minier*)	**第16条:职权的限制**(*由修订和补充2002年7月11日关于《矿业法典》的第007/2002号法律的2018年3月9日第18/001号法律的第1条予以修订和补充*)
Sans préjudice des dispositions de l'article 46 du présent Code et des dispositions du Règlement minier, en dehors des ministères en charge des Mines, de l'Environnement et des Finances, des gouvernements provinciaux, des services publics qui en dépendent ou qui en sont sous tutelle ainsi que des organes de l'Etat expressément	在不影响本法典第46条和《矿业条例》的规定实施的前提下,除矿业部、环境部、财政部、省政府、隶属于矿业部、环境部、财政部、省政府或受其监督的公共服务机构、本法典或《矿业条例》所明确规定的国家机构外,任何其他公共/国家机构或公共/国家部门均无权实施本法典的规定,亦不得直接在矿业领域内从事活动。

visés dans le Code ou dans le Règlement minier, aucun autre service ou organisme public ou étatique n'est compétent pour faire appliquer les dispositions du présent Code et agir directement dans le secteur minier.	
Article 16 bis: De la formation (*inséré par l'article 1er de la Loi n°18/001 du 09 mars 2018 modifiant et complétant la Loi n°007/2002 du 11 juillet 2002 portant Code minier*)	**第16(2)条:培训**(*由修订和补充2002年7月11日关于《矿业法典》的第007/2002号法律的2018年3月9日第18/001号法律的第1条予以新增*)
Le Gouvernement définit et met en œuvre la politique de l'emploi et de la formation des nationaux dans le secteur des mines.	政府确定并实施在矿业领域中雇佣和培训本国国民的政策。
Le Règlement minier fixe les modalités de l'application du présent article.	《矿业条例》规定本条的实施方式。
Chapitre III: De la prospection	**第三章:普查**
Article 17: (*abrogé par l'article 31 de la loi n°18/001 du 09 mars 2018 modifiant et complétant la Loi n°007/2002 du 11 juillet 2002 portant Code minier*)	**第17条:**(*由修订和补充2002年7月11日关于《矿业法典》的第007/2002号法律的2018年3月9日第18/001号法律的第31条予以废除*)
Article 18: (*abrogé par l'article 31 de la loi n°18/001 du 09 mars 2018 modifiant et complétant la Loi n°007/2002 du 11 juillet 2002 portant Code minier*)	**第18条:**(*由修订和补充2002年7月11日关于《矿业法典》的第007/2002号法律的2018年3月9日第18/001号法律的第31条予以废除*)
Article 19: (*abrogé par l'article 31 de la loi n°18/001 du 09 mars 2018 modifiant et complétant la Loi n°007/2002 du 11 juillet 2002 portant Code minier*)	**第19条:**(*由修订和补充2002年7月11日关于《矿业法典》的第007/2002号法律的2018年3月9日第18/001号法律的第31条予以废除*)
Article 20: (*abrogé par l'article 31 de la loi n°18/001 du 09 mars 2018 modifiant et complétant la Loi n°007/2002 du 11 juillet 2002 portant Code minier*)	**第20条:**(*由修订和补充2002年7月11日关于《矿业法典》的第007/2002号法律的2018年3月9日第18/001号法律的第31条予以废除*)

Article 21：（*abrogé par l'article 31 de la loi n°18/001 du 09 mars 2018 modifiant et complétant la Loi n°007/2002 du 11 juillet 2002 portant Code minier*）	**第 21 条**：（*由修订和补充 2002 年 7 月 11 日关于《矿业法典》的第 007/2002 号法律的 2018 年 3 月 9 日第 18/001 号法律的第 31 条予以废除*）
Article 22：（*abrogé par l'article 31 de la loi n°18/001 du 09 mars 2018 modifiant et complétant la Loi n°007/2002 du 11 juillet 2002 portant Code minier*）	**第 22 条**：（*由修订和补充 2002 年 7 月 11 日关于《矿业法典》的第 007/2002 号法律的 2018 年 3 月 9 日第 18/001 号法律的第 31 条予以废除*）
TITRE II：DES DISPOSITIONS COMMUNES	**第二编：通用规定**
Chapitre Permier：De l'éligibilité	**第一章：资格条件**
Article 23：De l'éligibilité aux droits miniers et de carrières（*modifié aux litteras a et b de son alinéa 1er par l'article 2 de la loi n°18/001 du 09 mars 2018 modifiant et complétant la Loi n°007/2002 du 11 juillet 2002 portant Code minier*）	**第 23 条：获得矿权和采石权的资格条件**（*由修订和补充 2002 年 7 月 11 日关于《矿业法典》的第 007/2002 号法律的 2018 年 3 月 9 日第 18/001 号法律的第 2 条修订其第 1 款第 a 项和第 b 项予以修订*）
Sans préjudice des dispositions de l'article 27 ci-dessous，sont éligibles aux droits miniers et de carrières：	在不影响下述第 27 条规定实施的前提下，如下人员有资格获得矿权和采石权：
a. toute personne morale de droit congolais qui a son siège social et administratif sur le territoire national et dont l'objet social porte exclusivement sur les activités minières；	a. 注册和办公地址在国家领土内的刚果（金）法律项下的法人，其经营范围仅为实施矿业活动；
b. toute personne morale de droit étranger dont l'objet social porte exclusivement sur les activités minières et qui se conforme aux lois de la République；	b. 经营范围仅为实施矿业活动的外国法人，且其遵守刚果（金）的法律；
c. tout organisme à vocation scientifique.	c. 科研机构。

Les personnes éligibles visées au litera b du présent article sont tenues d'élire domicile auprès d'un mandataire en mines et carrières établi dans le Territoire National et d'agir par son intermédiaire.	本条第 b 项中规定的有资格的法人应通过国家领土范围内的矿山代理人和采石场代理人选定住所地,并通过其行事。
Les personnes morales de droit étranger et les organismes à vocation scientifique cités aux litera b et c du présent article ne sont éligibles qu'aux droits miniers et/ou de carrières de recherches.	本条第 b 项和第 c 项所规定的外国法人和科研机构仅有资格获得探矿权和/或采石场勘探权。
Article 23 bis: De l'accès à l'exercice des droits miniers et de carrières *(inséré par l'article 18 de la loi n°18/001 du 09 mars 2018 modifiant et complétant la Loi n°007/2002 du 11 juillet 2002 portant Code minier)*	**第 23(2)条:矿权与采石权的准入** *(由修订和补充 2002 年 7 月 11 日关于《矿业法典》的第 007/2002 号法律的 2018 年 3 月 9 日第 18/001 号法律的第 18 条予以新增)*
Les personnes morales désireuses d'investir dans le secteur minier sont tenues de fournir les documents ci-après:	有意在矿业领域中投资的法人应提交下述文件:
a. l'attestation fiscale ou l'équivalent, en cours de validité délivrée par l'Institution compétente du pays d'origine du requérant;	a. 申请人原籍国主管机关所颁发的、有效的税务证明或同等文件;
b. l'attestation de bonne vie et mœurs et l'extrait du casier judiciaire en cours de validité pour les associés de la personne morale, délivrés par les autorités compétentes du pays d'origine;	b. 法人的股东的原籍国主管机关所颁发的有效的行为良好证明和无犯罪记录摘要;
c. l'engagement écrit de déclarer en République Démocratique du Congo les profits et revenus réalisés.	c. 在刚果(金)申报其获得的利润和收入的书面承诺。

Article 24: De l'élection de domicile	第 24 条:住所地的选择
L'élection de domicile dont question à l'article précédent est expresse et ne peut se faire que par écrit.	上条所规定的住所地的选择须明示作出,且只能通过书面形式作出。
Toutes significations, demandes et poursuites pour l'exécution d'un acte pour lequel le domicile a été élu, sont valablement faites à ce domicile.	选定住所地后,所有通知、请求及追诉送往该住所地后即为有效送达。
Article 25: Des mandataires en mines et carrières	**第 25 条:矿山代理人和采石场代理人**
Les mandataires en mines et carrières sont préalablement agréés par le Ministre en raison de leur honorabilité, moralité, compétences et connaissances approfondies dans la législation minière ou dans la gestion du domaine des mines ou de carrières.	矿山代理人和采石场代理人由矿业部长基于其在矿业法律领域中或矿山或采石场管理中的信誉、品德、能力和丰富知识而进行事前批准。
Outre la représentation, les mandataires en mines et carrières ont pour mission de conseiller et/ou d'assister toute personne intéressée dans l'octroi et l'exercice des droits miniers et de carrières ainsi que dans le contentieux y afférent.	除代表权外,矿山代理人和采石场代理人的职责为在矿权和采石权的授予和权利行使以及相关的争议中对任何利害关系人提供建议和/或协助。
L'Administration des Mines tient et publie la liste des mandataires agréés et l'actualise annuellement.	矿业行政机关记录和公布经批准的代理人名单,并每年更新该名单。
Le Règlement Minier fixe les conditions d'agrément des mandataires en mines et carrières.	《矿业条例》规定矿山代理人和采石场代理人的批准条件。
Article 26: De l'éligibilité à l'exploitation artisanale (*modifié à son alinéa 1er par l'article 2 de la loi n°18/001 du 09 mars 2018 modifiant et complétant la Loi n° 007/2002 du 11 juillet 2002 portant Code minier*)	**第 26 条:手工开采的资格**(*由修订和补充 2002 年 7 月 11 日关于《矿业法典》的第 007/2002 号法律的 2018 年 3 月 9 日第 18/001 号法律的第 2 条修改其第 1 款*)

Sans préjudice des dispositions de l'article 27 ci-dessous, seules les personnes physiques majeures de nationalité congolaise détentrices des cartes d'exploitant artisanal et affiliées aux coopératives minières ou des produits de carrières agréées sont éligibles à l'exploitation artisanale.	在不影响下述第 27 条规定适用的前提下,只有持有手工开采证且加入特许矿业合作社或采石合作社的刚果(金)籍成年自然人才有资格进行手工开采。
Sans préjudice des dispositions de l'article 27 ci-dessous, seules les personnes physiques majeures de nationalité congolaise peuvent acquérir et détenir les cartes de négociant.	在不影响下述第 27 条规定适用的前提下,仅刚果(金)籍成年自然人可以获得和持有批发许可证。
Dans le strict respect des dispositions de l'article 27 du présent Code, sont éligibles au titre de comptoir d'achat des substances minérales d'exploitation artisanale:	在严格遵守本法典第 27 条规定的前提下,下述人员有资格作为购买手工开采矿产的商行:
a) toute personne physique majeure de nationalité congolaise;	a)刚果(金)籍的成年自然人;
b) toute personne physique majeure de nationalité étrangère ayant un domicile dans le Territoire National;	b)在国家领土内有住所的外国籍成年自然人;
c) toute personne morale de droit congolais ayant son siège social et administratif dans le Territoire National et dont l'objet social porte sur l'achat et la vente des substances minérales d'exploitation artisanale.	c)注册和办公地址位于国家领土内且经营范围是买卖手工开采矿产的根据刚果(金)法律注册的法人。
Article 27: Des personnes non éligibles (*modifié et complété par l'article 2 de la loi n°18/001 du 09 mars 2018 modifiant et complétant la Loi n°007/2002 du 11 juillet 2002 portant Code minier*)	**第 27 条:不具有资格的人员**(*由修订和补充 2002 年 7 月 11 日关于《矿业法典》的第 007/2002 号法律的 2018 年 3 月 9 日第 18/001 号法律的第 2 条予以修订和补充*)

Ne sont pas éligibles pour solliciter et obtenir les cartes d'exploitant artisanal, de négociant, l'agrément au titre de coopérative minière ou des produits de carrières ainsi que l'agrément au titre de comptoir d'achat et de vente des substances minérales d'exploitation artisanale:	以下人员无资格申请和获得手工开采证、批发许可证、矿业合作社或采石合作社的设立批准以及买卖手工开采矿产商行的设立批准:
a) les agents et fonctionnaires de l'Etat, les magistrats, les membres des Forces Armées, les agents de la Police nationale et des Services de Sécurité, les employés des organismes publics habilités à procéder aux opérations minières.	a)国家公职人员、法官、军人、国家警察和安全机构的工作人员、有权进行矿业作业的公共机构的雇员。
Toutefois, cette incompatibilité ne concerne pas leur prise de participation dans le capital des sociétés minières.	然而,以上人员可在矿业公司中参股。
b) toute personne frappée d'incapacité juridique prévue à l'article 215 de la loi n° 87-010 du 01 août 1987 portant Code de la Famille, telle que modifiée à ce jour.	b)1987年8月1日关于《家庭法典》的第87-010号法律(以最新修订为准)第215条规定的无民事行为能力人。
c) toute personne frappée d'interdiction, notamment:	c)任何被禁止的人员,尤其是:
a. la personne condamnée par un jugement coulé en force de chose jugée pour des infractions à la législation minière et de carrières ou à celles se rapportant aux activités économiques de ses droits miniers et de carrières et de ses sociétés affiliées et ce, pendant dix ans;	a.在最近十年内,因违反矿业法律和采石业法律的规定或与其矿权和采石权及其关联公司的经济活动有关的违法行为而在生效判决中被定罪的人;
b. la personne à laquelle la carte d'exploitation artisanale ou de négociant a été retirée et ce, pendant trois ans;	b.在最近三年内,手工开采证或批发许可证被吊销的人;

c.la personne à laquelle l'agrément au titre des comptoirs d'achat et de vente dessubstances minérales d'exploitation artisanale a été retirée et ce, pendant cinq ans.	c.在最近五年内,买卖手工开采矿产的商行的设立批准被吊销的人。
Article 27 bis: De la remise en cause de l'éligibilité aux droits minier et de carrières (*inséré par l'article 18 de la loi n°18/001 du 09 mars 2018 modifiant et complétant la Loi n°007/2002 du 11 juillet 2002 portant Code minier*)	**第27(2)条:对获得矿权和采石权的资格提出质疑**(*由修订和补充2002年7月11日关于《矿业法典》的第007/2002号法律的2018年3月9日第18/001号法律的第18条予以新增*)
L'éligibilité du titulaire d'un droit minier ou de carrières ne peut être remise en cause et entraîner l'annulation dudit droit par le juge, conformément à l'article précédent du présent Code, à la diligence du Cadastre minier, l'officier du ministère public ou de tout tiers lésé, que dans les trois mois qui suivent la publication de cette loi au Journal Officiel ou à défaut, dans les trois mois qui suivent la date de la prise de connaissance de son existence.	根据本法典上条的规定,自本法律在官方公报公示之日起三个月内或如果未进行公示,则在知悉本法律存在之日起三个月内,经矿权登记局、检察官或任何受害第三人的主动提起,可对矿权或采石权的持有人的资格提出质疑,如果质疑成立,则法官有权撤销该权利。
Après le délai de trois mois dont question à l'alinéa précédent du présent article, à l'initiative du Cadastre minier, l'officier du ministère public ou de tout tiers lésé, l'inéligibilité du titulaire peut être constatée par une décision de justice, coulée enforce de chose jugée, laquelle est notifiée au Cadastre minier par l'officier du ministère public, le juge ou tout tiers lésé. Dans ce cas, le Cadastre minier prépare et envoie à l'autorité d'octroi, dans les dix jours qui suivent la notification, un projet d'arrêté du retrait dudit droit avec effet rétroactif au jour de la perte de l'éligibilité.	本条前款所规定的三个月期限届满后,经矿权登记局、检察官或任何受害第三人主动提起,持有人不符合资格可由生效的司法裁决予以确认。该司法裁决由检察官、法官或任何受害第三人通知矿权登记局。在此情形下,矿权登记局自收到该等通知之日起十日内编制并向授予机关发送一份吊销该权利的决定草案,该吊销具有溯及既往的效力,回溯至资格丧失之日。

Chapitre II: Des périmètres miniers et de carrières	**第二章:矿山和采石场的矿区**
Article 28: De la forme des Périmètres miniers et de carrières (*modifié à son alinéa 2 par l'article 2 de la loi n°18/001 du 09 mars 2018 modifiant et complétant la Loi n°007/2002 du 11 juillet 2002 portant Code minier*)	**第 28 条:矿山和采石场的矿区的形状** *(由修订和补充 2002 年 7 月 11 日关于《矿业法典》的第 007/2002 号法律的 2018 年 3 月 9 日第 18/001 号法律的第 2 条修订其第 2 款予以修订)*
Les droits miniers ou de carrières sont accordés pour des substances minérales à l'intérieur du Périmètre.	为矿区内的矿产授予矿权或采石权。
Le périmètre est en forme de polygone composé de carrés entiers contigus, sous réserve des limites imposables par les frontières du territoire national et celles se rapportant aux zones interdites et aires protégées telles que précisées dans le Règlement minier.	矿区是由毗邻的完整区块组成的多边形,但须遵守《矿业条例》规定的国家领土的边界以及禁区和保护区的边界施加的限制。
Le Territoire National fait l'objet d'un quadrillage cadastral minier selon le système des coordonnées appropriées précisé dans le Règlement Minier. Ce quadrillage définit les carrés uniformes et indivisibles dont les côtés sont orientés Nord-Sud et Est-Ouest.	根据《矿业条例》规定的合适的坐标系统,国家领土可划分为矿区网格图。该网格图界定同一形状且不可分割的区块,区块的每边均以南北向或东西向定向。
Le Périmètre ne comprend pas des carrés qui ne font pas partie du Périmètre faisant l'objet du droit minier ou de carrières.	矿区不包含不属于矿权或采石权覆盖矿区的区块。
Article 29: De la localisation des Périmètres miniers et de carrières	**第 29 条:矿山和采石场的矿区的定位**
La situation géographique du Périmètre est identifiée par les coordonnées du centre de chaque carré dont il est composé.	矿区的地理位置根据组成矿区的每个区块的中心坐标予以确定。

Les Périmètres sont indiqués sur des cartes à l'échelle 1/200.000 détenues par le Cadastre Minier.	矿区在由矿权登记局持有的1/200,000比例尺的地图上标示。
Le Règlement Minier fixe les modalités du quadrillage cadastral minier ainsi que les règles régissant l'identification des Périmètres miniers et de carrières.	《矿业条例》规定矿区网格图的绘制方式以及矿山和采石场的矿区识别规则。
Article 30: Des empiétements des Périmètres miniers et de carrières (*modifié et complété par l'article 2 de la loi n°18/001 du 09 mars 2018 modifiant et complétant la Loi n°007/2002 du 11 juillet 2002 portant Code minier*)	**第30条:矿山和采石场的矿区的重叠** (*由修订和补充2002年7月11日关于《矿业法典》的第007/2002号法律的2018年3月9日第18/001号法律的第2条予以修订和补充*)
Les Périmètres des droits miniers et de carrières ainsi que les zones d'exploitation artisanale sont exclusifs. Ils ne peuvent empiéter les uns sur les autres, sauf dans les cas suivants:	矿权和采石权的矿区以及手工开采区是排他性的,其不能互相重叠,除非在如下情形之下:
a) le Périmètre d'un droit minier de recherches peut être superposé sur le Périmètre d'un droit de carrières de recherches ou d'exploitation temporaire;	a)探矿权的矿区可以重叠于采石场勘探权或临时性采石场开采权的矿区之上;
b) le périmètre d'un droit minier d'exploitation peut être superposé sur le périmètre d'un droit de carrières de recherches ou d'exploitation temporaire. Le droit sur la partie du périmètre de l'Autorisation de recherches des produits de carrières sur laquelle le périmètre d'un droit minier d'exploitation est superposé, est éteint moyennant une juste indemnisation;	b)采矿权的矿区可以重叠于采石场勘探权或临时性采石场开采权的矿区之上。若采矿权覆盖矿区重叠于采石场产品勘探许可覆盖的部分矿区,则被重叠部分的采石场产品勘探许可覆盖矿区的权利灭失,但需支付一笔合理的赔偿金;

c) le périmètre d'une autorisation de recherches des produits de carrières peut être superposé sur le périmètre d'un droit minier de recherches, moyennant le consentement du titulaire du Permis de recherches;	c)采石场产品勘探许可覆盖矿区可以重叠在探矿权覆盖矿区之上,但需探矿证持有人同意;
d) le périmètre d'une autorisation de carrières d'exploitation peut être superposé sur le périmètre d'un droit minier de recherches ou, avec le consentement du titulaire, sur une partie du périmètre d'un Permis d'exploitation;	d)采石场开采许可覆盖矿区可以重叠在探矿权覆盖矿区之上,或经持有人的同意可以重叠在采矿证覆盖的部分矿区之上;
e) le périmètre d'une zone d'exploitation artisanale peut être superposé sur le périmètre d'un droit minier ou de carrières avec l'autorisation expresse et écrite du titulaire. Dans tous les cas, le titulaire est tenu de déposer concomitamment une demande de renonciation sur la partie du périmètre empiétée par la zone d'exploitation artisanale.	e)经持有人书面明示许可,手工开采区的矿区可以重叠在矿权或采石权覆盖的矿区之上。无论如何,针对手工开采区所覆盖的矿区部分,持有人应同时提交一份放弃申请。
Article 31: Du bornage des Périmètres miniers ou de carrières (*modifié à son dernier alinéa par l'article 2 de la loi n° 18/001 du 09 mars 2018 modifiant et complétant la Loi n°007/2002 du 11 juillet 2002 portant Code minier*)	**第 31 条:矿山或采石场的矿区的划界** *(由修订和补充 2002 年 7 月 11 日关于《矿业法典》的第 007/2002 号法律的 2018 年 3 月 9 日第 18/001 号法律第 2 条对其最后 1 款予以修改)*
Dans les deux mois suivant la délivrance d'un titre minier ou de carrières d'exploitation, le titulaire procède, à ses frais, au bornage de son Périmètre.	自采矿证或采石场开采证颁发之日起两个月内,持有人自费进行其矿区的划界。
Le bornage consiste en la pose d'une borne à chacun des sommets du Périmètre couvert par son titre en y installant un poteau permanent indiquant les mentions du nom du titulaire, du numéro de son titre et de celui de l'identification de la borne.	划界是指在采矿证或采石场开采证所覆盖的矿区各顶点树立界碑,即树立明确持有人的姓名、权证编号和界碑编号的永久界碑。

La nature et la forme de la borne ainsi que les modalités de réalisation du bornage sont déterminées par le Règlement minier.	界碑的性质和形状以及划界实施方式由《矿业条例》规定。
Chapitre III: De la procédure d'octroi des droits miniers et/ou de carrières et de la délivrance des titres miniers et/ou de carrières	**第三章:矿权和/或采石权的授予程序、矿权证和/或采石权证的颁发程序**
Article 32: Du principe de la transparence des procédures	**第32条:程序透明原则**
En vue d'assurer la transparence, l'objectivité, l'efficacité et la rapidité dans les processus de réception, d'instruction, de décision et de notification relatifs aux demandes d'octroi des droits miniers ou de carrières ainsi que dans la délivrance des titres octroyés y afférents, la procédure prévue dans le présent chapitre, s'applique, sous réserve des dispositions particulières à chaque droit minier et de carrières, à l'octroi des droits miniers et de carrières organisés dans le présent Code.	为确保在矿权或采石权授予申请的受理、审查、决定和通知的过程中以及颁发相应权证时的透明性、客观性、高效性和快捷性,本章规定的程序适用于本法典中的矿权和采石权的授予,但如果存在适用于每个矿权和采石权的特殊规定则从其规定。
La procédure d'octroi des droits miniers ou de carrières et de délivrance des titres y afférents est de stricte application.	矿权或采石权的授予程序和相应权证的颁发程序应严格实施。
Article 33: Des droits miniers et de carrières soumis à un appel d'offres (*modifié à ses alinéas 1er, 2, 3, 4 et 7 par l'article 2 de la loi n°18/001 du 09 mars 2018 modifiant et complétant la Loi n°007/2002 du 11 juillet 2002 portant Code minier*)	**第33条:需招标的矿权和采石权**(*由修订和补充2002年7月11日关于《矿业法典》的第007/2002号法律的2018年3月9日第18/001号法律的第2条对其第1款、第2款、第3款、第4款和第7款予以修改*)

Le Gouvernement, par le truchement duministre, soumet à l'appel d'offres, ouvert ou restreint, les droits miniers et de carrières portant sur tout gisement étudié, documenté ou éventuellement travaillé par l'Etat, à travers ses services.	政府通过矿业部长将由国家通过其行政部门已经进行研究、形成资料或已经进行相关工作的矿床对应的矿权和采石权进行公开或限制性招标。
Dans ce cas, leministre réserve, par arrêté, les droits miniers sur le gisement à soumettre à l'appel d'offres. Avant de réserver des autorisations des carrières pour l'appel d'offres, le Ministre consulte le Ministre provincial des mines et la communauté locale concernée dans le cadre d'une commission de consultation dont les modalités sont fixées par voie réglementaire.	在此情形下,矿业部长通过部长令的形式预留用于招标的矿床的矿权。在预留用于招标的采石许可前,矿业部长应咨询省级矿业部长和咨询委员会项下相关的当地社区,咨询方式由法规规定。
La réservation des droits miniers et/ou de carrières sur le gisement soumis à l'appel d'offres est confirmée par le Premier ministre dans les trente jours de l'entrée en vigueur de l'arrêté y relatif du Ministre.	进行招标的矿床对应的矿权和/或采石权的预留由总理自矿业部长作出的部长令生效之日起三十日内进行确认。
L'appel d'offres est conclu endéans neuf mois à compter de la réservation du gisement à soumettre à l'appel d'offres.	自将矿床预留用于进行招标之日起九个月内,应完成招标。
L'appel d'offres, précisant les termes et conditions des offres ainsi que la date et l'adresse auxquels les offres devront être déposées, est publié au Journal Officiel. Il peut également être publié dans les journaux locaux et internationaux spécialisés.	明确投标条款和条件及其提交日期和地址的招标(文件)应在官方公报上公布。其也可以在专业的当地刊物和国际刊物上公布。

Les offres déposées conformément aux termes et conditions de l'appel d'offres sont examinées promptement par une Commission Interministérielle dont les membres sont nommés et convoqués par le Ministre afin de sélectionner la meilleure offre sur la base de:	根据招标条款和条件所提交的投标文件由部际委员会尽快进行审查,部际委员会的成员由矿业部长进行任命和召集,以便在下述基础上选择最佳方案:
a) programme des opérations proposées et des engagements des dépenses financières y afférentes;	a) 所提议的作业的规划和与其相关的财务费用承诺;
b) ressources financières et techniques disponibles de l'offrant;	b) 投标人的可用的财务资源和技术资源;
c) l'expérience antérieure de l'offrant dans la conduite des opérations proposées;	c) 投标人在所提议的作业实施中的过往经验;
d) divers autres avantages socio-économiques pour l'Etat, la province et la communauté environnante, y compris lebonus de signature offert.	d) 为国家、省和周边社区提供的其他各种社会经济优惠,其中包括所提供的签字费。
L'appel d'offres se fait conformément à la procédure prévue par la législation congolaise en matière de passation des marchés publics et à celle généralement admise ou reconnue par la pratique minière internationale.	根据刚果(金)法律规定的关于公共合同缔结的程序以及国际矿业实践广泛承认或认可的程序来实施招标。
A la conclusion de la procédure de l'appel d'offres, le Ministre publie le résultat de la sélection et la levée de la réservation.	招标程序结束后,矿业部长公布中标结果并取消预留。
Le Règlement Minier détermine les modalités d'organisation et de fonctionnement de la Commission Interministérielle prévue à l'alinéa 6 du présent article.	《矿业条例》规定本条第6款规定的部际委员会的组织和运行方式。

Article 33 bis: De l'accès à l'exploitation d'un gisement étudié (*inséré par l'article 18 de la loi n°18/001 du 09 mars 2018 modifiant et complétant la Loi n°007/2002 du 11 juillet 2002 portant Code minier*)	**第33(2)条:已进行研究的矿床的开采准入**(*由修订和补充2002年7月11日关于《矿业法典》的第007/2002号法律的2018年3月9日第18/001号法律的第18条予以新增*)
L'accès à l'exploitation d'un gisement étudié, documenté ou travaillé appartenant à l'Etat, obtenu par appel d'offres, est conditionné par le versement d'un pas de porte à ce dernier, représentant 1% de la valeur en place dudit gisement. La valeur en place du gisement est définie comme étant le prix obtenu pour ledit gisement dans le cadre de l'appel d'offres.	通过招标的方式获得的已经进行研究、形成资料或已经进行相关工作的国家所有的矿床的开采须以向国家支付入门费为前提,入门费等于该等矿床价值的1%。矿床价值指招标中获得的矿床的价格。
Lorsque le gisement a été étudié, documenté ou travaillé par une société commerciale appartenant à l'Etat, le pas de porte revient à 100% à cette société.	如果矿床已经进行的研究、形成的资料或已经进行的相关工作是由国有商业公司完成的,则入门费的100%归于该公司。
Article 34: De la priorité d'instruction (*modifié à son alinéa 1er par l'article 2 de la loi n°18/001 du 09 mars 2018 modifiant et complétant la Loi n°007/2002 du 11 juillet 2002 portant Code minier*)	**第34条:审查的优先性**(*由修订和补充2002年7月11日关于《矿业法典》的第007/2002号法律的2018年3月9日第18/001号法律的第2条修订其第1款*)
Sans préjudice de l'octroi des droits miniers et/ou de carrières suivant la procédure d'appel d'offres prévue à l'article 33 du présent Code, et sauf si elles sont irrecevables, les demandes des droits miniers et/ou de carrières pour un périmètre donné sont inscrites dans l'ordre chronologique de leur dépôt.	在不影响根据本法典第33条规定的招标程序授予矿权和/或采石权的前提下,如果申请是可受理的,则对于某矿区的矿权和/或采石权申请根据提交时间顺序登记在案。

Tant qu'une demande est en instance, aucune autre demande concernant le même Périmètre, entièrement ou partiellement, ne peut être instruite.	若一个申请正在接受审查,对同一矿区的全部或部分提出的其他任何申请均不得被审查。
Article 35: De la demande des droits miniers ou de carrières (*modifié et complété par l'article 2 de la loi n°18/001 du 09 mars 2018 modifiant et complétant la Loi n°007/2002 du 11 juillet 2002 portant Code minier*)	**第 35 条:矿权或采石权的申请**(*由修订和补充 2002 年 7 月 11 日第 007/2002 号《矿业法典》的第 2018 年 3 月 9 日第 18/001 号的第 2 条予以修订和补充*)
Toute demande des droits miniers ou de carrières est rédigée sur un formulaire à retirer auprès du Cadastre minier pour le droit concerné et comprend des renseignements ci-après:	在从矿权登记局领取的表格上填写矿权或采石权的申请,申请包括如下信息:
a) les statuts, l'inscription au Registre de Commerce et de Crédit Mobilier, et la preuve de publication au Journal Officiel;	a)章程、在商事和动产信用登记簿上的登记和在官方公报上公布的证明;
b) les renseignements sur l'identifiant fiscal;	b)纳税人识别号信息;
c) la qualité et le pouvoir de la personne habilitée à engager la personne morale et l'identité de son mandataire si la demande est introduite par ce dernier;	c)法人授权代表的身份和权限,受托人的身份(如果申请由受托人作出);
d) l'adresse du siège social de la personne morale, ainsi que tous les changements ultérieurs;	d)法人的注册地址以及之后的全部地址变更情况;
e) le type de droit minier ou de carrières demandé;	e)申请的矿权或采石权的类型;
f) l'indication des substances minérales pour lesquelles le droit minier et/ou de carrières est sollicité;	f)申请的矿权和/或采石权对应的矿产的说明;
g) l'emplacement géographique du périmètre sollicité;	g)申请的矿区的地理位置;

h) le nombre de carrés constituant la superficie du périmètre requis;	h) 要求的构成矿区面积的区块数量;
i) l'identité des sociétés affiliées du requérant;	i) 申请人关联公司的身份信息;
j) la nature, le nombre et la superficie des périmètres de droit minier ou de carrières déjà détenus par le requérant et ses sociétés affiliées;	j) 申请人及其关联公司已经持有的矿权或采石权所对应矿区的性质、数量和面积;
k) la preuve de la capacité financière du requérant.	k) 申请人的财务能力证明。
Le dossier de demande comprend le formulaire de demande dûment rempli et signé, les pièces d'identité du requérant et les autres documents requis selon le type de droit postulé. Le requérant dépose le dossier de demande auprès du Cadastre Minier.	申请材料包括正式填写和签署的申请表格、申请人的身份文件和根据申请的权利类型要求的其他文件。申请人向矿权登记局提交申请材料。
Le Règlement Minier fixe le modèle du formulaire de demande de droit minier ou de carrières.	《矿业条例》确定矿权或采石权申请表格的模板。
Article 36: De la langue de la demande	**第 36 条: 申请语言**
La demande d'institution, de renouvellement, de mutation ou d'amodiation des droits miniers et/ou de carrières ou toute autre demande formulée dans l'exécution des dispositions du présent Code est rédigée en langue française.	矿权和/或采石权的设立申请、续期申请、移转申请、租赁申请或在本法典规定实施中提交的其他任何申请均应以法语提出。
Tous autres documents produits ou pièces jointes à la demande sont rédigés en langue française ou accompagnés d'une traduction en langue française dûment certifiée par un traducteur agréé auprès des tribunaux.	提交的其他任何文件或申请的附件应以法语编写或附随经法院批准的翻译员正式认证的法语翻译。

Article 37：Des frais de dépôt du dossier（*modifié à son alinéa 1er par l'article 2 de la loi n°18/001 du 09 mars 2018 modifiant et complétant la Loi n°007/2002 du 11 juillet 2002 portant Code minier*）	**第 37 条：材料提交费**（*由修订和补充 2002 年 7 月 11 日关于《矿业法典》的第 007/2002 号法律的 2018 年 3 月 9 日第 18/001 号法律的第 2 条修订其第 1 款*）
Il est perçu，en contrepartie de prestation，au titre des frais de dépôt，un montant à l'occasion du dépôt de chaque demande d'institution，de renouvellement，d'extension，de mutation ou d'amodiation d'un droit minier ou de carrières.	在提交矿权或采石权的设立申请、续期申请、延展申请、移转申请或租赁申请时，应支付提交费作为服务的对价。
Toute demande de cette nature doit，sous peine d'irrecevabilité，être accompagnée de la preuve du versement des frais de dépôt prévu à l'alinéa ci-dessus.	该等申请应附随前款规定的提交费的支付证明，否则不予受理。
Ces frais ne sont pas remboursables quelle que soit la suite réservée à la demande.	无论申请的结果为何，提交费不可退还。
Article 38：De la recevabilité de la demande（*modifié à ses litteras a，b et d par l'article 2 de la Loi n°18/001 du 09 mars 2018 modifiant et complétant la Loi n°007/2002 du 11 juillet 2002 portant Code minier*）	**第 38 条：申请的受理**（*由修订和补充 2002 年 7 月 11 日关于《矿业法典》的第 007/2002 号法律的 2018 年 3 月 9 日第 18/001 号法律的第 2 条修订其第 a 项、第 b 项和第 d 项*）
La demande de droit minier ou de carrières n'est recevable que si elle remplit les conditions suivantes：	矿权或采石权的申请需满足以下条件方可受理：
a）l'existence de tous les renseignements requis à l'article 35 du présent Code；	a）存在本法典第 35 条要求的全部信息；
b）la production de la preuve du paiement des frais de dépôt ainsi que celle du numéro fiscal，d'identification nationale et du Registre de Commerce et de Crédit Mobilier pour les personnes morales；	b）提供提交费的支付证明，如果是法人，提供法人的税号证明、国家编码证明和商事和动产信用登记簿的登记证明；

c) la conformité de la forme et de la localisation du Périmètre aux dispositions des articles 28 et 29 du présent Code;	c) 矿区的形状和定位符合本法典第 28 条和第 29 条的规定;
d) –l'existence de l'entièreté du périmètre demandé à l'intérieur du périmètre faisant l'objet du Permis de recherches ou de l'Autorisation de recherches des produits de carrières, s'il s'agit d'une demande des droits miniers ou celle d'exploitation de carrière permanente;	d) –若涉及矿权申请或永久性采石场开采许可申请,申请的矿区的全部存在于探矿证或采石场产品勘探许可覆盖矿区之内;
–la production de la preuve d'immatriculation du requérant au Registre du Commerce et de Crédit Mobilier s'il est légalement assujetti à cette obligation.	–提供申请人在商事和动产信用登记簿登记的证明(若申请人依法应履行该义务)。
Le Cadastre Minier se prononce sur la recevabilité de la demande au moment du dépôt du dossier.	矿权登记局在材料被提交时宣布申请是否可受理。
Si la demande est déclarée recevable, le Cadastre Minier délivre au requérant un récépissé indiquant les jour, heure et minute du dépôt, qui fait foi, et inscrit la demande dans le registre correspondant, avec mention des jour, heure et minute du dépôt.	若宣布申请可受理,则矿权登记局向申请人出具指明提交的日期、小时和分钟的收据以证明收讫,并在相应的登记簿上登记该申请,记录提交的日期、小时和分钟。
Article 39: De l'instruction de la demande	**第 39 条:申请的审查**
Conformément aux dispositions de l'article 34 du présent Code, l'instruction de la demande commence par l'instruction cadastrale suivie de l'instruction technique et de l'instruction environnementale.	根据本法典第 34 条的规定,先后对申请进行矿权登记审查、技术审查和环境审查。

Article 40: De l'instruction cadastrale (*modifié à ses alinéa 1er, 3 et 4 par l'article 2 de la Loi n°18/001 du 09 mars 2018 modifiant et complétant la Loi n°007/2002 du 11 juillet 2002 portant Code minier*)	**第 40 条:矿权登记审查**(*由修订和补充 2002 年 7 月 11 日关于《矿业法典》的第 007/2002 号法律的 2018 年 3 月 9 日第 18/001 号法律的第 2 条修订其第 1 款、第 3 款和第 4 款*)
Le Cadastre minier central ou provincial procède à l'instruction cadastrale dans un délai de vingt jours ouvrables au maximum à compter du dépôt de la demande.	中央或省级矿权登记局在自申请提交之日起最长二十个工作日期限内进行矿权登记审查。
Aux fins d'instruction, le Cadastre minier vérifie si:	为进行审查,矿权登记局核实:
a) le requérant est éligible pour le type de droit minier et/ou de carrières demandé;	a) 申请人是否有资格获得申请的矿权和/或采石权的类型;
b) les limites du nombre de droit minier et/ou de carrières, de la forme et de la superficie du Périmètre demandé ont été respectées;	b) 是否已经遵守矿权和/或采石权的数量限制、所申请矿区的形状和面积限制;
c) le périmètre demandé empiète sur un périmètre faisant l'objet d'un droit minier ou de carrière ou d'une demande en instance d'instruction, sauf empiétements autorisés à l'article 30 du présent Code.	c) 所申请的矿区是否与另一个矿权或采石权覆盖矿区重叠或与正在审查的申请的矿区重叠,但本法典第 30 条所允许的重叠除外。
Lors de l'instruction cadastrale des demandes des droits miniers et/ou de carrières, les règles suivantes s'appliquent en cas d'empiètements autres que ceux prévus à l'article 30 du présent Code:	在矿权和/或采石权申请的矿权登记审查时,如果出现了重叠情形,且其不属于本法典第 30 条规定的重叠情形,则须适用如下规则:
a) lorsqu'une demande des droits miniers et/ou de carrières de recherches porte sur un périmètre dont plus de 25% empiètent sur un autre périmètre minier ou de carrières en cours de validité ou est introduite pendant qu'une autre demande est en instruction, cette demande est rejetée;	a) 若申请的探矿权和/或采石场勘探权所覆盖的矿区的 25% 以上与另一个有效的矿山或采石场的矿区重叠,或申请的探矿权和/或采石权是在审查另一个申请期间提出,则驳回该申请;

b) lorsqu'une demande des droits miniers et/ou de carrières de recherches porte sur un périmètre dont 25% au maximum empiètent sur un autre périmètre minier ou de carrières en cours de validité ou est introduite pendant qu'une demande est en instruction, la situation est corrigée de façon à éliminer les empiètements.	b)若申请的探矿权和/或采石场勘探权所覆盖的矿区的25%及以下与另一个有效的矿山或采石场的矿区重叠,或申请的探矿权和/或采石场勘探权是在审查另一个申请的期间提出,则应通过消除重叠以纠正该情形。
Dans tous les cas, les demandes suivantes ne peuvent être rejetées pour cause d'empiétement lors de l'instruction cadastrale:	无论如何,在矿权登记审查之时,如下申请不得因为重叠而被驳回:
a) la demande de droits miniers ou de carrières d'exploitation du titulaire de droit minier ou de carrières de recherches sur le même périmètre;	a)同一矿区之上的探矿权或采石场勘探权的持有人所提出的采矿权或采石场开采权的申请;
b) la demande de transformation des droits miniers ou de carrières de recherches ou d'exploitation en plusieurs droits miniers ou de carrières de recherches ou d'exploitation sur le même périmètre;	b)同一矿区之上提出的将探矿/采矿权或采石场勘探/开采权转化为多个探矿/采矿权或采石场勘探/开采权;
c) la demande du Permis d'exploitation des rejets du titulaire du droit minier couvrant le périmètre sur lequel sont entreposés les rejets.	c)覆盖尾矿存储区域的矿权的持有人提出的尾矿开采证申请。
Article 41: De l'instruction technique	**第41条:技术审查**
Aux fins d'instruction technique, la Direction des Mines détermine si les conditions d'octroi du droit minier ou de carrière sollicité sont satisfaites. Elle transmet son avis technique au Cadastre Minier dans le délai d'instruction prescrit à chaque type de demande prévu dans le présent Code.	为了技术审查的目的,矿业局确定申请的矿权或采石权的授予条件是否已经满足。矿业局在本法典规定的各种申请的类型对应的审查期限内向矿权登记局转达其技术审查意见。

Dans un délai maximum de cinq jours ouvrables à dater de la réception de l'avis technique, le Cadastre Minier procède à:	自收到技术审查意见之日起最长五个工作日的期限内,矿权登记局应:
a) l'affichage du résultat de l'avis technique dans la salle de consultation de ses locaux. Une copie dudit avis est communiquée au requérant;	a)在矿权登记局的咨询大厅中张贴技术审查意见的结果,并向申请人发送技术审查意见的复印件;
b) la transmission du dossier de demande, avec l'avis cadastral et l'avis technique, à l'autorité compétente pour décision.	b)将申请材料、矿权登记审查意见和技术审查意见送交主管机关以供其作出决定。
Article 42: De l'instruction environnementale et sociale (*modifié et complété par l'article 2 de la Loi n°18/001 du 09 mars 2018 modifiant et complétant la Loi n°007/2002 du 11 juillet 2002 portant Code minier*)	**第 42 条:环境和社会审查**(*由修订和补充 2002 年 7 月 11 日关于《矿业法典》的第 007/2002 号法律的 2018 年 3 月 9 日第 18/001 号法律的第 2 条予以修订和补充*)
Conformément aux dispositions des articles 16 et 185 du présent Code et des dispositions concernant chaque type des droits miniers et/ou de carrières, l'Agence Congolaise de l'Environnement, le Fonds national de promotion et de service social, en collaboration avec la Direction chargée de la protection de l'environnement minier et, le cas échéant, tout autre organisme de l'Etat concerné, instruisent l'EIES et le PGES relatifs à la demande de droit minier d'exploitation ou de l'autorisation d'exploitation de carrière permanente, le PAR relatif à une demande d'autorisation d'exploitation de carrière temporaire, le dossier de la demande de transfert du droit minier ou de l'autorisation d'exploitation de carrières permanente, ainsi que le plan pour la contribution du projet au développement des communautés environnantes.	根据本法典第 16 条和第 185 条的规定以及与各类矿权和/或采石权相关的规定,刚果(金)环境署、国家促进和社会服务基金会与矿业环保局以及其他相关的国家机构合作审查与采矿权或永久性采石场开采许可申请相关的环境和社会影响研究以及环境和社会管理计划、与临时性采石场开采许可申请有关的环境减排和修复计划、矿权或永久性采石场开采许可的转让申请材料以及项目对周边社区发展的促进计划。

Une synthèse de l'EIES, du PGES ou du PAR, le cas échéant, est publiée au site web du ministère en charge des Mines dans les quinze jours après réception. Le demandeur du droit minier et/ou de carrières concerné est tenu de publier cette synthèse sur son propre site web, au cas où il en a un. L'Agence Congolaise de l'Environnement transmet, à la conclusion de l'instruction environnementale réalisée, son certificat environnemental, le cas échéant, au Cadastre minier dans le délai prescrit pour chaque type des droits miniers et/ou de carrières. Une copie du certificat environnemental est communiquée au requérant.	环境和社会影响研究、环境和社会管理计划或环境减排和修复计划(若适用)的综述应自收到之日起十五日内公示于矿业部网站。若矿权和/或采石权的申请人拥有网站,则其应将该综述在自己的网站上公布。在通过环境审查后,刚果(金)环境署在规定期限内向矿权登记局送交各类矿权和/或采石权的环境证书。环境证书的复印件应发送至申请人。
Dans un délai maximum de cinq jours ouvrables à compter de la réception du certificat environnemental, le Cadastre minier procède à:	自收到环境证书之日起最长五个工作日的期限内,矿权登记局应:
a) l'affichage du certificat environnemental de l'Agence Congolaise de l'Environnement dans la salle déterminée par le Règlement minier. Une copie du certificat environnemental est communiquée au requérant;	a) 在《矿业条例》规定的大厅内张贴刚果(金)环境署的环境证书,并向申请人发送环境证书的复印件;
b) la transmission du dossier de demande, avec l'avis cadastral, l'avis technique et le certificat environnemental, le cas échéant, à l'autorité compétente pour décision.	b) 将申请材料、矿权登记审查意见、技术审查意见和环境证书送交主管机关以供其作出决定。
L'Agence Congolaise de l'Environnement, en collaboration avec la Direction chargée de la protection de l'environnement minier instruit également le PAR soumis par le titulaire des droits miniers et/ou des carrières	刚果(金)环境署与矿业环保局合作审查探矿权和/或采石场勘探权持有人提交的环境减排和修复计划,并在审查结束后,在《矿业条例》规定的期限内将环境证书送交矿权登记局。

de recherches et transmet, à la conclusion, son certificat environnemental au Cadastre minier dans le délai prescrit dans le Règlement minier.	
Toute personne qui, pour les besoins d'une activité minière, est contrainte de déboiser une portion de forêt, est tenue au préalable d'obtenir à cet effet un permis de déboisement auprès de l'administration compétente.	为矿业活动的需要而必须砍伐部分森林的人,应事前获得主管机关颁发的砍伐许可证。
Article 43: De la décision d'octroi (*modifié et complété par l'article 2 de la Loi n°18/001 du 09 mars 2018 modifiant et complétant la Loi n°007/2002 du 11 juillet 2002 portant Code minier*)	**第 43 条:授予决定**(*由修订和补充 2002 年 7 月 11 日关于《矿业法典》的第 007/2002 号法律的 2018 年 3 月 9 日第 18/001 号法律的第 2 条予以修订和补充*)
A la réception du dossier de demande avec avis cadastral et, le cas échéant, technique, environnemental et social favorables, l'autorité compétente prend et transmet sa décision d'octroi au Cadastre minier dans le délai de décision prescrit pour chaque type de demande de droit minier ou de carrières.	自收到矿权登记审查意见以及肯定性的技术审查意见、环境和社会审查意见(若技术审查意见、环境和社会审查意见适用)的申请材料后,主管机关在每类矿权或采石权申请规定的期限内作出授予决定并向矿权登记局转达该决定。
Dans ce cas, le Cadastre Minier procède à l'inscription du droit accordé, à la notification de la décision d'octroi au requérant et à son affichage dans la salle déterminée par le Règlement Minier.	在此情形下,矿权登记局对所授予的权利进行登记、向申请人通知授予决定并将该决定张贴在《矿业条例》规定的大厅内。
Au cas où l'autorité compétente ne transmet pas sa décision conformément à l'alinéa 1er ci-dessus, la décision d'octroi du droit minier ou de carrières est réputée accordée.	若主管机关没有根据上述第 1 款的规定转达其决定,则矿权或采石权的授予决定视为已经作出。

Le requérant demande au Cadastre minier, dans les soixante jours de l'expiration du délai imparti à l'autorité compétente, de procéder à l'inscription de son droit et à la délivrance du titre y afférent. Passé ce délai, le droit est d'office renoncé.	自主管机关的决定期限届满之日起六十日内,申请人须申请矿权登记局进行权利的登记并颁发相应的权证。若该期限届满,则该权利视为自动放弃。
Le Règlement minier détermine les modalités de cette renonciation d'office.	《矿业条例》确定自动放弃该权利的方式。
Article 44: De la décision de refus d'octroi	**第 44 条:拒绝授予的决定**
A la réception du dossier de la demande avec avis cadastral, et le cas échéant, technique et environnemental défavorables, l'autorité prend et transmet sa décision de refus motivée au Cadastre Minier dans le délai prescrit pour chaque type de demande de droit minier ou de carrières.	自收到矿权登记审查意见以及非肯定性的技术审查意见、环境和社会审查意见(如适用)的申请材料后,主管机关在每类矿权或采石权申请规定的期限内作出附理由的拒绝授予决定,并向矿权登记局转达该决定。
Dans ce cas, le Cadastre Minier procède à l'inscription de la décision de refus d'octroi des droits sollicités, à la notification de la décision au requérant et son affichage dans la salle déterminée par le Règlement Minier.	在此情形下,矿权登记局对申请的权利的拒绝授予决定进行登记、向申请人通知拒绝授予决定并将该决定张贴在《矿业条例》规定的大厅内。
Au cas où l'autorité compétente ne transmet pas sa décision conformément à l'alinéa 1er du présent article, le Cadastre Minier radie, sans délai, l'inscription du Périmètre sur la carte cadastrale. L'acte de radiation est notifié au requérant.	若主管机关未根据本条第 1 款规定转达其决定,则矿权登记局应立即注销地籍图上的矿区登记。须通知申请人注销行为。
Article 45:Du délai de décision d'octroi ou de refus (modifié à son alinéa *1*^er^ par l'article *2* de la Loi n° *18/001* du *09* mars *2018* modifiant et complétant la Loi n°*007/2002* du *11* juillet *2002* portant Code minier)	**第 45 条:授予或拒绝授予决定的期限** *(由修订和补充 2002 年 7 月 11 日关于《矿业法典》的第 007/2002 号法律的 2018 年 3 月 9 日第 18/001 号法律的第 2 条修订其第 1 款)*

Le délai d'octroi ou de refus d'octroi de droit minier ou de carrières imparti à l'autorité compétente par les dispositions du présent Code commence à courir au jour de la réception du dossier transmis par le Cadastre minier avec les avis cadastral et, le cas échéant, technique, environnemental et social requis.	本法典规定的主管机关授予或拒绝授予矿权或采石权的期限自收到矿权登记局移交的附随矿权登记审查意见、技术审查意见、环境和社会审查意见(如适用)的材料之日开始起算。
La transmission du dossier à l'autorité compétente par le Cadastre minier se fait par courrier avec accusé de réception.	矿权登记局通过附回执信函的方式向主管机关移交材料。
La transmission du dossier à l'autorité compétente par le Cadastre Minier se fait par tout moyen de communication tel que le courrier électronique, la télécopie, le courrier recommandé à la poste ou par courrier au porteur avec accusé de réception.	矿权登记局可通过各种通讯方式(如电子邮件、传真、附回执的邮局挂号信或附回执的专人传递信函)向主管机关移交材料。
Dans tous les cas, le dossier transmis est censé être reçu au plus tard un jour ouvrable en cas de transmission par courrier électronique ou télécopie et huit jours ouvrables pour les autres moyens de communication.	无论如何,若通过电子邮件或传真的方式送交,则最晚在下一个工作日视为送交的材料已经收到;若通过其他通讯方式送交,则最晚经过八个工作日视为送交的材料已经收到。
Toutefois, il est censé être transmis avec accusé de réception le même jour en cas du courrier au porteur.	但是,若以附回执的专人传递信函的方式送交,则送交当日视为已经收到。
Le Cadastre Minier réserve une copie de la lettre de transmission du dossier au requérant.	矿权登记局须为申请人保留材料送交函的复印件。
L'autorité compétente saisie du dossier par le Cadastre Minier prend à son tour, dans les 30 jours ouvrables qui suivent la réception dudit dossier, la décision d'octroi ou de refus du droit sollicité et la notifie au requérant.	主管机关自收到矿权登记局送交材料之日起三十个工作日内作出授予或拒绝授予所申请的矿权的决定,并将决定通知申请人。

Article 46: De l'inscription par voie judiciaire (*modifié à ses alinéas 2 et 3 par l'article 2 de la Loi n°18/001 du 09 mars 2018 modifiant et complétant la Loi n°007/2002 du 11 juillet 2002 portant Code minier*)	**第 46 条:司法途径的登记**(*由修订和补充 2002 年 7 月 11 日关于《矿业法典》的第 007/2002 号法律的 2018 年 3 月 9 日第 18/001 号法律的第 2 条修订其第 2 款和第 3 款*)
Si le Cadastre Minier ne procède pas à l'inscription du droit minier ou de carrières conformément à l'alinéa 4 de l'article 43 du présent Code dans les cinq jours ouvrables à compter de la demande d'inscription, le requérant peut, par requête adressée au Président du Tribunal de Grande Instance territorialement compétent, avec copie et les éléments du dossier à l'Officier du Ministère Public près cette juridiction, obtenir un jugement valant titre minier ou de carrières selon le cas.	申请人提交矿权或采石权的登记申请,若矿权登记局自登记申请之日起五个工作日内未根据本法典第 43 条第 4 款的规定对矿权或采石权进行登记的,则申请人可以通过向辖区内有管辖权的大审法院院长提交申请、并将申请材料的复印件抄送至对应该法院的检察院的检察官,获得与矿权证或采石权证(视情况)具有同等法律效力的判决。
Dans les quarante-huit heures de la réception de la requête, le Président du Tribunal de Grande Instance territorialement compétent fixe l'affaire à la première audience utile de sa juridiction. Le Tribunal notifie, par voie d'huissier, le jour et l'heure de l'audience au requérant, au Cadastre minier et à l'Officier du Ministère public.	自收到申请之日起四十八小时内,辖区内有管辖权的大审法院的院长确定适用于管辖权的第一次庭审事宜。法院通过执达员向申请人、矿权登记局和检察官通知庭审的日期和时间。
Conformément aux dispositions de l'article 68 alinéa 2 et en dérogation de celles de l'article 69 alinéa 1er de la loi organique n°013/011-B du 11 avril 2013 portant organisation, fonctionnement et compétence des juridictions de l'ordre judiciaire, le Ministère public émet son avis verbalement sur les bancs lequel est acté au plumitif de l'audience.	根据第 68 条第 2 款的规定、作为 2013 年 4 月 11 日关于司法机关的组织、运作及管辖权的第 013/011-B 号法律第 69 条第 1 款的规定的例外,检察院在法庭上口头陈述意见,该意见作为庭审意见记录在案。

Sans qu'il y ait lieu à remise, l'affaire est appelée, instruite, plaidée et prise en délibéré à l'audience déterminée dans l'exploit de notification de date d'audience.	须在执达员送达的庭审日期通知中规定的庭审中进行传讯、预审、辩护和评议，并且不得延期。
Sous peine d'irrecevabilité, la requête dont question à l'alinéa précédent doit:	上款中的申请应符合如下条件，否则该申请不予受理：
a) être introduite dans un délai des huit jours ouvrables à compter de l'expiration du délai de cinq jours prévu à l'alinéa premier du présent article;	a) 自本条第1款所规定的五个工作日的期限届满起的八个工作日内提出申请；
b) contenir en original ou en copie certifiée conforme, outre les éléments de la demande prévus à l'article 35 du présent Code, le récépissé de sa demande, la preuve du paiement de frais de dépôt de sa demande et les copies des avis cadastral, technique et le cas échéant, environnemental requis.	b) 除本法典第35条所规定的申请材料外，申请还应包括申请收据、申请提交费支付证明和矿权登记审查意见、技术和环境审查意见(若适用)的原件或经认证与原件相符的复印件。
La décision du Tribunal intervient dans les 72 heures à compter de la prise en délibéré de l'affaire et doit:	法官自对案件进行评议之日起七十二小时内作出裁判，并应：
a) constater l'absence de la décision d'octroi de l'autorité compétente dans le délai de décision qui lui est imparti;	a) 证实主管机关在作出决定的期限内未作出授予决定；
b) déterminer le Périmètre sur lequel porte le droit minier ou de carrières postulé, sa localisation géographique ainsi que le nombre de carrés entiers constituant sa superficie;	b) 确定申请的矿权或采石权的矿区、地理位置以及其面积覆盖的完整区块的数量；
c) enjoindre le Cadastre Minier d'inscrire le dispositif du jugement dans ses registres et de délivrer le titre minier ou de carrières correspondant et de porter le Périmètre minier ou de carrière sur la Carte de retombes minières.	c) 命令矿权登记局在登记簿上登记判决主文，颁发相应的矿权证或采石权证，并在矿区定位图上标示矿山或采石场矿区。

En tout état de cause, le jugement obtenu vaut titre minier ou de carrières.	无论如何,获得的判决与矿权证或采石权证具有同等法律效力。
Article 47: De la délivrance du titre (*modifié et complété par l'article 2 de la Loi n°18/001 du 09 mars 2018 modifiant et complétant la Loi n°007/2002 du 11 juillet 2002 portant Code minier*)	**第 47 条:权证的颁发**(*由修订和补充 2002 年 7 月 11 日关于《矿业法典》的第 007/2002 号法律的 2018 年 3 月 9 日第 18/001 号法律的第 2 条予以修订和补充*)
En cas de décision d'octroi ou en cas de décision d'inscription par voie judiciaire prévue à l'article 46 du présent Code, le Cadastre minier délivre au requérant les titres miniers et/ou de carrières constatant les droits miniers ou des carrières octroyés, moyennant paiement des droits superficiaires annuels par carrés y afférents.	若作出授予决定或通过本法典第 46 条规定的司法途径作出登记决定,则矿权登记局向申请人颁发证实所授予矿权或采石权的矿权证和/或采石权证,申请人作为对价应支付相应矿权和/或采石权的年度区块面积税。
Aux fins de la délivrance du titre, le Cadastre minier s'assure de l'authenticité des preuves de paiement des droits superficiaires annuels par carré et inscrit le titre minier ou de carrières dans le registre correspondant.	为颁发权证,矿权登记局应核实年度区块面积税支付凭证的真实性,并在相应的登记簿上登记该矿权证或采石权证。
Sans préjudice des dispositions de l'article 198 du présent Code, les droits superficiaires annuels par carré sont payés, pour la première année, au plus tard trente jours ouvrables à compter de la notification de l'octroi du droit sollicité et des notes de débit afférentes aux droits superficiaires annuels par carré. Passé ce délai, le droit accordé devient d'office caduc.	在不影响本法典第 198 条规定的实施的前提下,第一年的年度区块面积税最晚自授予申请的权利和缴纳年度区块面积税的通知之日起三十个工作日内支付。若逾期未支付,则授予的权利自动失效①。

① 中伦注:《矿业条例》第 156 条和第 159 条的规定,如果矿权申请人没有在收到授予决定通知的三十个工作日内向国家转让规定的股权(如有),则该授予的矿权自动失效。

Article 48 : De la fin de l'instruction de la demande	**第 48 条：申请审查结束**
L'instruction de la demande des droits miniers et/ou de carrières prend fin au jour de la notification de la décision d'octroi au requérant ou de la décision du juge prévue à l'article 46 du présent Code au Cadastre Minier.	在通知申请人授予决定之日或法官向矿权登记局通知本法典第 46 条规定的裁判之日，矿权和/或采石权的申请审查结束。
En cas de décision de refus et sous réserve des dispositions des articles 313 et 314 du présent Code, l'instruction de la demande des droits miniers et/ou de carrières prend fin au jour de la notification de la décision au requérant.	若作出拒绝决定，在遵守本法典第 313 条和第 314 条的规定的前提下，矿权和/或采石权申请审查在向申请人通知该决定之日结束。
Après la délivrance du titre, les droits miniers et/ou de carrières accordés sont portés sur la carte des retombes minières.	权证颁发之后，所授予的矿权和/或采石权在矿区定位图上予以标示。
Article 48 bis : Du début de la durée de validité des droits miniers et/ou de carrières (*inséré par l'article 18 de la Loi n°18/001 du 09 mars 2018 modifiant et complétant la Loi n° 007/2002 du 11 juillet 2002 portant Code minier*)	**第 48(2)条：矿权和/或采石权有效期的开始**（*由修订和补充 2002 年 7 月 11 日关于《矿业法典》的第 007/2002 号法律的 2018 年 3 月 9 日第 18/001 号法律的第 18 条予以新增*）
La durée de validité des droits miniers et/ou de carrières commence à courir à compter du jour de la notification de la décision d'octroi au requérant, de la notification de l'inscription d'office ou de la signification de la décision du juge prévue à l'article 46 du présent Code.	矿权和/或采石权的有效期自向申请人通知授予决定、通知司法途径依职权登记或送达本法典第 46 条规定的法官裁判之日起计算。
Article 48 ter : De l'extinction des droits miniers et/ou de carrières (*inséré par l'article 18 de la Loi n° 18/001 du 09 mars 2018 modifiant et complétant la Loi n° 007/2002 du 11 juillet 2002 portant Code minier*)	**第 48(3)条：矿权和/或采石权的灭失**（*由修订和补充 2002 年 7 月 11 日关于《矿业法典》的第 007/2002 号法律的 2018 年 3 月 9 日第 18/001 号法律的第 18 条予以新增*）

Les droits miniers et/ou de carrières s'éteignent par:	矿权和/或采石权基于下述原因灭失:
a) la caducité;	a) 失效;
b) l'annulation;	b) 撤销;
c) l'expiration;	c) (有效期)届满;
d) la renonciation;	d) 放弃;
e) le retrait.	e) 吊销。
Les droits miniers et/ou de carrières deviennent caducs de plein droit en application de l'article 47 alinéa 2 du présent Code.	若违反本法典第 47 条第 2 款[①]的规定,则矿权和/或采石权自动失去法律效力。
Ils peuvent faire l'objet d'annulation, avec effet rétroactif, par décision du juge administratif saisi en annulation par un officier du ministère public ou un tiers lésé, dans les trois mois qui suivent la publication de la décision d'octroi au Journal Officiel ou à défaut, dans les trois mois qui suivent la date de la prise de connaissance de son existence, pour illégalité, en cas d'incompétence de l'autorité d'octroi, de vice de forme ou en cas de détournement de pouvoir par l'autorité d'octroi.	自授予决定在官方公报上公示之日起的三个月内或自知道其存在起的三个月内(如果未在官方公报上公示),检察官或受害第三人可以向行政法官以存在不合法情形(授予机关没有权限、形式要件瑕疵或授予权力机关权力滥用)提出撤销申请,矿权和/或采石权可由行政法官作出的裁判撤销,该撤销具有溯及既往的效力。
Les droits miniers et/ou de carrières expirent lorsqu'ils arrivent à terme, conformément aux articles 61, 78, 94, 106, 144 et 163 du présent Code.	根据本法典第 61 条、第 78 条、第 94 条、第 106 条、第 144 条和第 163 条的规定,矿权和/或采石权有效期届满后过期。

① 中伦注:此处原文的援引错误,应该是第 47 条第 3 款。

Ils s'éteignent par renonciation totale de leurs titulaires, conformément aux articles 60, 79, 96, 108, 145 alinéa 4 et 164 du présent Code. En cas de renonciation partielle, les droits miniers et/ou de carrières s'éteignent sur la partie du périmètre qui fait l'objet de ladite renonciation, conformément aux mêmes dispositions.	根据本法典第 60 条、第 79 条、第 96 条、第 108 条、第 145 第 4 款及第 164 条的规定,矿权和/或采石权可因持有人全部放弃而灭失。同样根据上述规定,在部分放弃的情形下,矿权和/或采石权被放弃的部分的权利灭失。
A l'issue de la déchéance du titulaire, le Permis de recherches, le Permis d'exploitation, le Permis d'exploitation des rejets et le Permis d'exploitation de petite mine, les autorisations d'exploitation de carrières permanente autres que celles des matériaux de construction d'usage courant sont retirés par le Ministre, et par le Ministre provincial de mines pour les Autorisations d'exploitation de carrières permanente, conformément à l'article 290 du présent Code.	根据本法典第 290 条的规定,持有人失权的,矿业部长吊销探矿证、采矿证、尾矿开采证、小矿山开采证、永久性采石场开采许可(除常用建筑材料之外),省级矿业部长吊销永久性采石场开采许可。
Les droits miniers et/ou de carrières peuvent être retirés ou rapportés, sans effet rétroactif, par l'autorité d'octroi en cas d'illégalité lors de l'octroi, dans les trois mois qui suivent la publication de la décision d'octroi au Journal Officiel ou à défaut, dans les trois mois qui suivent la date de la prise de connaissance de son existence, soit à la demande d'un tiers lésé, soit à l'initiative de l'autorité d'octroi.	若矿权和/或采石权的授予出现非法情形,则自授予决定在官方公报上公示之日起三个月内或如果未在官方公报上公示,则自知悉该授予决定之日起三个月内,经受害第三人申请或授予机关依职权提出,矿权和/或采石权可被吊销或归还,该吊销或归还的决定不具有溯及既往的效力。
Le Règlement minier détermine les modalités d'application de cet article.	《矿业条例》确定本条规定的实施方式。

Article 49: De la prorogation de la validité de droits miniers et/ou de carrières pendant l'instruction	**第 49 条:审查期间矿权和/或采石权有效期的延长**
Dans le cas où une demande de transformation d'un droit minier ou de carrières de recherches en celui d'exploitation ou celle de renouvellement d'un droit minier ou de carrières de recherches est en cours d'instruction au moment de son expiration, la validité de ce droit est prorogée tant qu'il n'a pas été statué sur ladite demande.	若探矿权或采石场勘探权期限届满时,将探矿权或采石场勘探权转化为开采类权利的申请审查或其续期审查正在进行,只要(主管机关)尚未对该申请作出裁决,则该等权利的有效期自动延长。
TITRE III: DES DROITS MINIERS	**第三编:矿权**
Chapitre Permier: De la recherche minière	**第一章:矿权勘探**
Article 50: De la portée du Permis de recherches (*modifié et complété par l'article 3 de la Loi n°18/001 du 09 mars 2018 modifiant et complétant la Loi n° 007/2002 du 11 juillet 2002 portant Code minier*)	**第 50 条:探矿证的范围**(*由修订和补充 2002 年 7 月 11 日关于《矿业法典》的第 007/2002 号法律的 2018 年 3 月 9 日第 18/001 号法律第 3 条予以修订和补充*)
Le Permis de recherches porte sur les substances minérales classées en mines pour lesquelles il a été accordé et sur les substances associées, si son titulaire en demande l'extension à ces dernières.	探矿证覆盖的是其被许可勘探的矿山类矿产,若探矿证的持有人申请矿产延展至伴生矿产,则探矿证覆盖的是其被许可勘探的矿山类矿产和伴生矿产。
Article 50 bis: Des droits conférés par le Permis de recherches (*inséré par l'article 19 de la Loi n° 18/001 du 09 mars 2018 modifiant et complétant la Loi n° 007/2002 du 11 juillet 2002 portant Code minier*)	**第 50(2)条:探矿证赋予的权利**(*由修订和补充 2002 年 7 月 11 日关于《矿业法典》的第 007/2002 号法律的 2018 年 3 月 9 日第 18/001 号法律的第 19 条予以新增*)

Le Permis de recherches confère à son titulaire le droit exclusif d'effectuer, à l'intérieur du Périmètre sur lequel il est établi et pendant la durée de sa validité, les travaux de recherches des substances minérales classées en mines pour lesquelles le permis est accordé et les substances associées, si le titulaire demande l'extension du permis à ces substances.	探矿证赋予其持有人在探矿证的矿区之内、在探矿证的有效期内对探矿证所指向的归类为矿的矿产以及伴生矿产(若其提出延展申请)实施勘探工程的排他性权利。
Toutefois, le titulaire du Permis de recherches ne peut initier des travaux sur le terrain sans avoir obtenu au préalable l'approbation de son PAR, conformément aux dispositions du présent Code.	但是,根据本法典的规定,探矿证持有人在未获得环境减排和修复计划的事前批准之前不得动工。
Le titulaire d'un Permis de recherches est autorisé à prélever des échantillons des substances minérales dans le Périmètre faisant l'objet de son Permis de recherches pour des analyses ou des essais industriels dans le laboratoire ou dans l'usine de son choix.	探矿证持有人有权在探矿证矿区内提取矿产样本,以在其所选定的实验室或工厂对矿产样本实施工业分析和试验。
Tout échantillon prélevé dans le cadre du Permis de recherches est propriété de l'État.	根据探矿证所提取的样品归国家所有。
Sans préjudice de la législation douanière, si le titulaire désire envoyer les échantillons prélevés à l'étranger pour analyse ou essais, il dépose préalablement une description desdits échantillons reprenant notamment leurs nombre, volume et poids auprès de la Direction de géologie et obtient le visa de ce service sur une copie de la description, qui vaut laissez-passer pour les échantillons prélevés.	在不影响关税立法规定的前提下,若持有人希望将提取的样品寄往国外用以分析和试验,其需要事先向地质局提交一份样品说明书并取得在说明书复印件上作出的该服务的检验章,该说明书需要记录样品的数量、体积和重量,检验章等同于提取样本的通行证。

Le Permis de recherches confère également à son titulaire le droit d'obtenir un Permis d'exploitation pour tout ou partie des substances minérales qui font l'objet du Permis de recherches et les substances associées à l'intérieur de la superficie couverte par le Permis de recherches s'il en découvre un gisement économiquement exploitable.	若探矿证持有人在矿区内探明有经济可开采性的矿床,则探矿证也赋予其持有人获得采矿证的权利,该采矿证对应的是探矿证覆盖矿区内的全部或部分矿产及伴生矿产。
Article 51: De la nature du Permis de Recherches	**第 51 条:探矿证的性质**
Le Permis de Recherches est un droit réel, immobilier, exclusif, cessible et transmissible conformément aux dispositions du présent Code.	根据本法典的规定,探矿证是可转让、可继受的排他性不动产物权。
Ce droit est constaté par un titre minier dénommé «Certificat de Recherches».	该权利由名为"探矿证书"的矿权证予以证实。
Article 52: De la Durée du Permis de Recherches (*modifié et complété par l'article 3 de la Loi n°18/001 du 09 mars 2018 modifiant et complétant la Loi n°007/2002 du 11 juillet 2002 portant Code minier*)	**第 52 条:探矿证的期限**(*由修订和补充 2002 年 7 月 11 日关于《矿业法典》的第 007/2002 号法律的 2018 年 3 月 9 日第 18/001 号法律的第 3 条予以修订和补充*)
La durée du Permis de recherches est de cinq ans renouvelable une fois pour la même durée pour toutes les substances minérales.	探矿证的期限为五年,可续期一次,续期期限为五年,适用于所有矿产。
Article 53: Des limitations	**第 53 条:限制**
La superficie du Périmètre faisant l'objet d'un Permis de Recherches ne peut pas dépasser un maximum de 400 km^2.	探矿证的矿区面积最大不得超出 400 平方千米。
Une personne et ses sociétés affiliées ne peuvent détenir plus de cinquante Permis de Recherches.	单个申请人及其关联公司最多持有五十个探矿证。

Dans tous les cas, la superficie leur accordée ne peut dépasser 20.000 Km^2 sur l'ensemble du Territoire National.	无论如何,国家领土范围内向单个申请人及其关联公司所授予的(矿区)面积不得超出 20,000 平方千米。
Article 54: De l'établissement, du dépôt, de la recevabilité et de la demande de Permis de Recherches	**第 54 条:探矿证申请的编制、提交和受理**
Le requérant doit établir sa demande du Permis de Recherches et la déposer auprès du Cadastre Minier pour son instruction conformément aux dispositions des articles 35 à 42 du présent Code.	根据本法典第 35 条至第 42 条的规定,申请人应编制探矿证的申请,提交至矿权登记局以供其审查。
Il est joint à la demande la preuve de la capacité financière minimum.	在申请中应附上最低财务能力的证明。
Article 55: De l'instruction technique et environnementale de la demande du Permis de Recherches	**第 55 条:探矿证申请的技术审查和环境审查**
La demande du Permis de Recherches ne peut faire l'objet des instructions technique et environnementale.	探矿证申请无需进行技术审查和环境审查。
Article 56: Des Conditions d'octroi du Permis de Recherches (*modifié et complété par l'article 3 de la Loi n°18/001 du 09 mars 2018 modifiant et complétant la Loi n°007/2002 du 11 juillet 2002 portant Code minier*)	**第 56 条:探矿证的授予条件** *(由修订和补充 2002 年 7 月 11 日关于《矿业法典》的第 007/2002 号法律的 2018 年 3 月 9 日第 18/001 号法律的第 3 条予以修订和补充)*
Pour obtenir un Permis de recherches, le requérant:	为获得探矿证,申请人应:
-apporte la preuve de la capacité financière et de la compétence technique nécessaires pour mener à bien les recherches afférentes au Permis sollicité;	-提供申请的探矿证项下勘探活动的良好实施所需的财务能力和技术能力证明;
-remplit les exigences formulées aux articles 23 bis et 38 du présent Code.	-满足本法典第 23(2)条和第 38 条所列明的要求。

Article 57: De l'octroi ou refus d'octroi du Permis de Recherches	**第 57 条:探矿证的授予或拒绝授予**
Sans préjudice des dispositions de l'article 46 du présent Code, le Permis de Recherches portant sur un Périmètre défini est octroyé ou refusé par le Ministre au requérant qui a réuni les conditions d'octroi du Permis dans un délai qui ne peut excéder trente jours ouvrables à compter de la date de la réception du dossier transmis par le Cadastre Minier.	在不影响本法典第 46 条规定的前提下,若申请人满足权证授予条件,则矿业部长应自收到矿权登记局所移交的材料之日起不超过三十个工作日作出探矿证的授予或拒绝授予的决定。
Tout refus d'octroi du Permis de Recherches est motivé et donne droit aux recours prévus par les dispositions des articles 313 et 314 du présent Code.	探矿证的拒绝授予需说明理由,并产生本法典第 313 条和第 314 条所规定的救济权。
Article 58: De la preuve de la capacité financière minimum (*modifié et complété par l'article 3 de la Loi n°18/001 du 09 mars 2018 modifiant et complétant la Loi n°007/2002 du 11 juillet 2002 portant Code minier*)	**第 58 条:最低财务能力的证明**(*由修订和补充 2002 年 7 月 11 日关于《矿业法典》的第 007/2002 号法律的 2018 年 3 月 9 日第 18/001 号法律的第 3 条予以修订和补充*)
Conformément à l'article 56 du présent Code, la capacité financière minimum est fonction du budget prévu pour l'exécution du programme de recherches.	根据本法典第 56 条的规定,最低财务能力依照勘探实施计划规定的预算而定。
Dans tous les cas, la capacité financière minimum ne peut être inférieure à cinquante fois le montant total des droits superficiaires annuels payables pour la dernière année de la première période de la validité du Permis de Recherches sollicité.	无论如何,最低财务能力不得低于所申请的探矿证第一个有效期最后一年应支付的年度区块面积税总额的五十倍。

Les fonds représentant cette capacité sont versés dans un compte ouvert auprès d'une banque congolaise agréée et sont bloqués pendant toute la période de l'examen du dossier.	代表该财务能力的资金将支付至在特许的刚果(金)银行开立的账户,并在整个材料审查期间冻结该资金。
Article 59: De l'extension du permis à d'autres substances	**第 59 条:探矿证延展至其他物质**
Avant de procéder à la recherche active des substances minérales autres que celles pour lesquelles son Permis de Recherches a été établi, le titulaire doit obtenir l'extension de son permis à ces autres substances. Une telle extension est de droit si:	在积极着手实施探矿证所包括的矿产以外矿产的勘探前,持有人应申请延展其探矿证范围至该等矿产。该延展申请应满足如下条件:
a) le Permis de Recherches est en cours de validité;	a)探矿证处于有效期内;
b) le titulaire décrit l'information qui lui fait croire à l'existence des substances minérales pour lesquelles l'extension du permis est demandée.	b)持有人提供所申请延展探矿证的标的矿产存在的证明。
Les modalités de la procédure d'extension sont déterminées par le Règlement Minier.	《矿业条例》规定延展申请的方式和程序。
Article 60: De la renonciation au Permis de Recherches (*modifié à l'alinéa 2 par l'article 3 de la Loi n°18/001 du 09 mars 2018 modifiant et complétant la Loi n°007/2002 du 11 juillet 2002 portant Code minier*)	**第 60 条:探矿证的放弃**(*由修订和补充 2002 年 7 月 11 日关于《矿业法典》的第 007/2002 号法律的 2018 年 3 月 9 日第 18/001 号法律的第 3 条修订其第 2 款*)
Le titulaire d'un Permis de Recherches peut renoncer à tout moment en tout ou en partie au droit couvrant son Périmètre.	探矿证的持有人可在任何时候放弃其矿区所覆盖的全部或部分权利。

La déclaration de renonciation partielle ou totale adressée au Ministre, déposée au Cadastre minier, précise les coordonnées du tout ou de la partie du périmètre renoncée et celle retenue. Elle prend effet au jour du donner acte du Ministre ou dans tous les cas, dans les trois mois à dater du dépôt de ladéclaration.	向矿业部长告知并向矿权登记局提交的全部或部分放弃声明明确所放弃的矿区和继续持有的矿区的全部或部分的坐标信息。该声明于矿业部长确认之日生效,或自声明提交之日起三个月内生效。
La partie du Périmètre faisant l'objet de renonciation doit être composée de carrés entiers.	放弃的矿区部分应由完整的区块所组成。
La partie du Périmètre restant doit respecter la forme d'un Périmètre minier prévue à l'article 28 du présent Code.	剩余的矿区部分应符合本法典第 28 条关于矿区形状的规定。
Le Périmètre couvert par le Permis de Recherches est libre en tout ou en partie selon le cas, de tout droit à compter du donner acte du Ministre.	自矿业部长确认之日起,探矿证所覆盖的全部或部分矿区之上不存在任何其他权利①。
La renonciation totale ou partielle n'ouvre droit à aucun remboursement des droits et frais payés à l'Etat pour l'octroi ou le maintien du permis. Elle ne dégage pas le titulaire de sa responsabilité relative à la protection de l'environnement.	全部或部分放弃时,(放弃人)无权向国家索求偿还其因权证授予或效力维持而已支付的任何税费和费用。该放弃不会免除持有人有关环境保护的责任。
Article 61: De l'expiration du Permis de Recherches (*modifié aux alinéas 3 et 4 par l'article 3 de la Loi n°18/001 du 09 mars 2018 modifiant et complétant la Loi n°007/2002 du 11 juillet 2002 portant Code minier*)	**第 61 条:探矿证的期限届满** (*由修订和补充 2002 年 7 月 11 日关于《矿业法典》的第 007/2002 号法律的 2018 年 3 月 9 日第 18/001 号法律的第 3 条修改其第 3 款和第 4 款*)

① 中伦注:此处系指矿业部长确认权利人的放弃行为后,该矿区之上不存在任何矿权,但所有权除外。

Le Permis de Recherches expire lorsqu'il arrive au dernier jour de sa dernière période de validité ou lorsqu'il n'a pas été renouvelé à la fin des premières périodes de validité, ni transformé en Permis d'Exploitation ou en Permis d'Exploitation de Petite Mine.	若探矿证到达最后一段有效期的最后一日或第一段有效期届满没有续期、也没有转化为采矿证或小矿山开采证,则探矿证期限届满。
Dans ce cas, le Périmètre couvert par le Permis de Recherches est libre de tout droit à compter de la date de l'expiration du Permis.	在此情形下,自探矿证期限届满之日起,探矿证所覆盖的矿区之上不存在任何权利。
A l'expiration du Permis de recherches, le Cadastre minier notifie immédiatement au titulaire l'expiration de son droit avec copie à l'Organisme spécialisé de recherches et à la Direction de géologie.	探矿证期限届满之时,矿权登记局立即通知持有人其权利期限届满,并将通知抄送专业勘探机构和地质局。
Toutefois, le titulaire n'est pas déchargé de ses responsabilités en matière de réhabilitation environnementale après l'expiration de son droit.	但是,持有人权利期限届满并不免除其在环境修复方面的责任。
Article 62: Des conditions du renouvellement du Permis de recherches (*modifié et complété par l'article 3 de la Loi n°18/001 du 09 mars 2018 modifiant et complétant la Loi n°007/2002 du 11 juillet 2002 portant Code minier*)	**第 62 条:探矿证的续期条件**(*由修订和补充 2002 年 7 月 11 日关于《矿业法典》的第 007/2002 号法律的 2018 年 3 月 9 日第 18/001 号法律的第 3 条予以修订和补充*)
Le Permis de recherches est renouvelable à condition que le titulaire:	探矿证是可续期的,续期条件是持有人:
a) n'ait pas failli à ses obligations de maintien de la validité du permis prévues aux articles 196 à 199 du présent Code, en présentant:	a) 未违反本法典第 196 条至第 199 条所规定的权证效力维持的义务,并呈递:
- la preuve de la certification de commencement des travaux dûment délivrée par le Cadastre minier;	-矿权登记局正式颁发的工程开工认证的证明;

-la preuve de paiement des droits superficiaires annuels par carré et de l'impôt sur la superficie des concessions minières et d'hydrocarbures;	-支付年度区块面积税、矿权和碳氢化合物地表税的证明;
b) dépose un rapport des travaux de recherches réalisés pendant la période antérieure de validité de son titre et les résultats obtenus;	b)提交一份权证有效期内所实施的勘探工程的报告及已获得的结果;
c) dépose un calendrier d'exécution des travaux de recherche;	c)提交一份勘探工程实施的日程表;
d) prouve l'ouverture effective d'un Centre de recherches dûment constaté par les autorités locales et la Division provinciale des mines;	d)证明实际设立经当地主管机关和省级矿业局合法认定的勘探中心;
e) n'ait pas failli à ses obligations fiscales, parafiscales et douanières;	e)未违反税收义务、准税收义务和关税义务;
f) détermine les phases restantes à réaliser pour arriver à l'étape finale de certification des réserves et l'élaboration des études de faisabilité;	f)确定为完成最终的储量确认和可行性研究编制的剩余阶段;
g) présente le budget complémentaire en rapport avec le programme des travaux de recherches correspondant aux phases restantes reprises ci-dessus.	g)提交与上述剩余阶段对应的勘探工程计划有关的补充预算。
La demande de renouvellement du Permis de recherches est adressée par le requérant au Cadastre minier au moins trois mois et pas plus de six mois avant la date de l'expiration du Permis, et doit contenir les renseignements ci-après:	探矿证续期的申请由申请人在探矿证期限届满之日至少三个月前、且不早于届满之日六个月前向矿权登记局提出,且该申请应包含如下信息:
a) les mentions prévues aux literas b et c de l'article 35 du présent Code;	a)本法典第35条第b项和第c项所规定的内容;
b) le nombre de carrés à renouveler et leur localisation;	b)待续期的区块数量及其位置;

c) l'identité des sociétés;	c)公司的身份信息;
d) la nature, le nombre et la superficie des périmètres des Permis de recherches détenus par le titulaire et ses sociétés affiliées.	d)持有人及其关联公司所持有的探矿证的性质、数量和矿区面积。
A l'occasion du renouvellement, le titulaire du Permis de recherches renonce d'office à au moins 50% du périmètre couvert par son permis et doit élaborer et obtenir l'approbation du Plan d'atténuation et de réhabilitation révisé pour l'activité proposée, avant de poursuivre les travaux de recherches minières.	续期之时,探矿证的持有人自行放弃其权证所覆盖的至少50%的矿区,且持有人应该在实施矿业探矿工程之前编制拟议活动的环境减排和修复计划(修订版)并获得审批。
Le Règlement minier détermine les modalités du dépôt, de la recevabilité ou de l'irrecevabilité, de l'instruction, de la décision du renouvellement du Permis de recherches ainsi que son inscription et affichage.	《矿业条例》规定了探矿证续期申请的提交、受理或不受理、审查、续期决定及其登记和张贴的细则。
Article 63: De la transformation partielle du Permis de Recherches en Permis d'Exploitation ou en Permis d'Exploitation de Petite Mine	**第63条:探矿证部分转化为采矿证或小矿山开采证**
Le titulaire d'un Permis de Recherches peut à tout moment demander la transformation partielle de celui-ci en Permis d'Exploitation ou en Permis d'Exploitation de Petite Mine pour une partie de la superficie couverte par son Permis de Recherches tout en maintenant ses droits exclusifs de recherches sur le reste de la superficie, à condition de respecter les dispositions des articles 28 et 29, 69 à 76 et 103 à 105 du présent Code.	在遵守本法典第28条、第29条、第69条至第76条和第103条至第105条的规定的条件下,探矿证的持有人可随时申请将其探矿证所覆盖的一部分矿区转化为采矿证或小矿山开采证,同时维持其在其他面积之上排他性的勘探权利。

Le titulaire d'un Permis de Recherches peut également demander un Permis d'Exploitation ou un Permis d'Exploitation de Petite Mine pour un Périmètre qui comprend les superficies de plusieurs Permis de Recherches.	探矿证的持有人也可以针对包含多个探矿证矿区面积的一个矿区申请采矿证或小矿山开采证。
Si c'est nécessaire, le titulaire d'un Permis de Recherches peut solliciter la transformation de son Permis de Recherches initial en multiples Permis de Recherches sur la partie du Périmètre non transformée en Permis d'Exploitation ou en Permis d'Exploitation de Petite Mine afin de se conformer aux dispositions du présent Code sur la forme du Périmètre de recherches. Le cas échéant, le titulaire doit respecter la limite sur le nombre de Permis de Recherches qu'une seule personne peut détenir.	若必要时,则探矿证的持有人可以申请将未转化为采矿证或小矿山开采证的原探矿证覆盖的矿区部分转化为多个探矿证或小矿山开采证以符合本法典关于勘探矿区形状的规定。必要时,持有人应遵守单个申请人所能持有的探矿证的数量限制。
La durée des multiples permis est égale à la durée non échue du permis initial.	多个权证的期限等于原权证剩余的有效期。
La partie du Périmètre non transformée reste soumise aux termes et conditions du Permis de Recherches en cours de validité.	未转化的剩余矿区部分受到有效的探矿证的条款和条件的约束。
Chapitre II: De l'exploitation minière	**第二章:矿业开采**
Article 64: De la portée du Permis d'Exploitation (*modifié et complété par l'article 3 de la Loi n°18/001 du 09 mars 2018 modifiant et complétant la Loi n° 007/2002 du 11 juillet 2002 portant Code minier*)	**第 64 条:采矿证的范围**(*由修订和补充 2002 年 7 月 11 日关于《矿业法典》的第 007/2002 号法律的 2018 年 3 月 9 日第 18/001 号法律的第 3 条予以修订和补充*)

Le Permis d'exploitation autorise son titulaire d'exploiter, à l'intérieur du périmètre qu'il couvre, les substances minérales pour lesquelles il est spécifiquement établi. Ces substances minérales sont celles que le titulaire a identifiées et dont il a démontré l'existence d'un gisement économiquement exploitable.	采矿证赋予其持有人在其所覆盖的矿区之内开采该采矿证所特定指向的矿产。该矿产是持有人曾识别的矿产且持有人证实矿产所在矿床存在经济可开采性。
Sans préjudice de l'article 33 du présent Code, la superficie du périmètre faisant l'objet du Permis d'exploitation est celle du Permis de recherches dont il découle ou celle de la partie du périmètre d'un ou plusieurs Permis de recherches transformée en Permis d'exploitation ou encore celle du périmètre du Permis d'exploitation en cas de la transformation d'un Permis d'exploitation en plusieurs autres Permis d'exploitation.	在不影响本法典第 33 条规定适用的前提下,采矿证的矿区面积等于原探矿证的矿区面积或转化为采矿证的一个或多个探矿证的部分矿区面积或一个采矿证转化为多个其他采矿证时采矿证的矿区面积。
Le Permis d'exploitation peut s'étendre aux substances associées ou non-associées conformément aux dispositions de l'article 77 du présent Code.	根据本法典第 77 条的规定,采矿证可以延展至伴生矿产或非伴生矿产。
Le Règlement minier détermine les conditions de ladite transformation.	《矿业条例》确定上述转化的条件。
Article 64 bis : Des droits conférés par le Permis d'exploitation (*inséré par l'article 19 de la Loi n° 18/001 du 09 mars 2018 modifiant et complétant la Loi n°007/2002 du 11 juillet 2002 portant Code minier*)	**第 64(2)条:采矿证赋予的权利**(*由修订和补充 2002 年 7 月 11 日关于《矿业法典》的第 007/2002 号法律的 2018 年 3 月 9 日第 18/001 号法律的第 19 条予以新增*)

Le Permis d'exploitation confère à son titulaire le droit exclusif d'effectuer, à l'intérieur du Périmètre sur lequel il est établi et pendant la durée de sa validité, les travaux de recherche, de développement, de construction et d'exploitation visant les substances minérales pour lesquelles le permis est établi et les substances associées ou non associées s'il en a demandé l'extension. Il permet en outre, sans limitation de:	采矿证赋予其持有人在采矿证覆盖的矿区和采矿证的有效期内对采矿证所指向的矿产以及伴生矿产或非伴生矿产(若其提出延展申请)实施勘探工程、开发工程、建设工程和开采工程的排他性权利。采矿证允许持有人(包括但不限于):
a) entrer dans le périmètre d'exploitation pour procéder aux opérations minières;	a)进入开采矿区进行矿业作业;
b) construire les installations et infrastructures nécessaires à l'exploitation minière;	b)建设矿业开采所需设施和基础设施;
c) utiliser les ressources d'eau et du bois se trouvant à l'intérieur du périmètre minier pour les besoins de l'exploitation minière, en se conformant aux normes définies dans l'EIES et le PGES;	c)在遵守环境和社会影响研究和环境和社会管理计划所确定标准的前提下,根据其矿业开采的需求使用矿区内水资源和林木资源;
d) disposer, transporter et commercialiser librement ses produits marchands provenant du Périmètre d'exploitation;	d)自由处置、运输其开采矿区内生产出的产品,对其进行商业化处理;
e) procéder aux opérations de concentration, de traitement métallurgique ou technique des substances minérales extraites du gisement à l'intérieur du Périmètre d'exploitation;	e)在开采矿区内对矿床中开采的矿产完成精炼、冶金或技术加工;
f) procéder aux travaux d'extension de la mine.	f)进行矿山扩建工程。
Le titulaire du Permis d'exploitation a l'obligation de traiter et de transformer sur le territoire congolais les substances minérales par lui exploitées.	采矿证持有人有义务在刚果(金)领土上处理或加工其开采的矿产。

Article 65: De la nature du Permis d'Exploitation	**第 65 条:采矿证的性质**
Le Permis d'Exploitation est un droit réel, immobilier, exclusif, cessible, transmissible et amodiable conformément aux dispositions du présent Code.	根据本法典的规定,采矿证是可转让、可继承、可租赁的具有排他性的不动产物权。
Ce droit est constaté par un titre minier dénommé Certificat d'Exploitation.	该权利由名为"采矿证书"的矿权证赋予。
Article 66: (*Abrogé par l'article 31 de la Loi n°18/001 du 09 mars 2018 modifiant et complétant la Loi n°007/2002 du 11 juillet 2002 portant Code minier*).	**第 66 条:**(*由修订和补充 2002 年 7 月 11 日关于《矿业法典》的第 007/2002 号法律的 2018 年 3 月 9 日第 18/001 号法律的第 31 条予以废除*)
Article 67: De la durée du Permis d'Exploitation (*modifié et complété par l'article 3 de la Loi n°18/001 du 09 mars 2018 modifiant et complétant la Loi n° 007/2002 du 11 juillet 2002 portant Code minier*)	**第 67 条:采矿证的期限**(*由修订和补充 2002 年 7 月 11 日关于《矿业法典》的第 007/2002 号法律的 2018 年 3 月 9 日第 18/001 号法律的第 3 条予以修订和补充*)
La durée de validité du Permis d'exploitation ne peut excéder vingt-cinq ans.	采矿证的有效期不得超过二十五年。
Il est renouvelable sur demande de son titulaire pour des périodes n'excédant pas quinze ans chacune.	根据持有人的申请,采矿证可续期,但每次续期不得超过十五年。
Article 68: Des limitations du Permis d'Exploitation	**第 68 条:采矿证的限制**
La superficie du Périmètre faisant l'objet du Permis d'Exploitation est celle du Permis de Recherches dont il découle ou celle de la partie du Périmètre du Permis de Recherches transformée en Permis d'Exploitation.	采矿证的矿区面积等于原探矿证矿区面积或转化为采矿证的探矿证的所覆盖的矿区面积。

Une personne et ses sociétés affiliées ne peuvent détenir plus de cinquante Permis d'Exploitation.	单个申请人及其关联公司最多持有五十个采矿证。
Article 69: De l'établissement de la demande du Permis d'Exploitation *(modifié à son littera f par l'article 3 de la Loi n°18/001 du 09 mars 2018 modifiant et complétant la Loi n°007/2002 du 11 juillet 2002 portant Code minier)*	**第 69 条:采矿证申请的编制** *(由修订和补充 2002 年 7 月 11 日关于《矿业法典》的第 007/2002 号法律的 2018 年 3 月 9 日第 18/001 号法律的第 3 条修订其第 f 项)*
Le requérant établit sa demande de Permis d'Exploitation et la dépose auprès du Cadastre Minier conformément aux articles 35 et 37 du présent Code.	根据本法典第 35 条和第 37 条的规定,申请人编制采矿证申请,并提交至矿权登记局。
Il est joint à la demande les documents ci-après:	在申请中应附上如下文件:
a) une copie du Certificat de Recherches en cours de validité;	a)有效的探矿证书复印件;
b) le rapport sur le résultat de recherches en ce qui concerne la nature, la qualité, le volume et la situation géographique de la ressource minérale identifiée;	b)关于已经确定的矿产资源的性质、质量、体积和地质状况勘探结果的报告;
c) l'étude de faisabilité de l'exploitation du gisement;	c)矿床开采的可行性研究报告;
d) le plan d'encadrement technique des travaux de développement, de construction et d'exploitation de la mine;	d)矿山开发工程、建设工程和开采工程的技术监督方案;
e) l'EIE et le PGEP pour le projet;	e)项目的环境和社会影响研究和环境和社会管理计划;
f) le rapport sur les consultations avec les communautés locales et leurs représentants en application notamment des dispositions de la loi portant principes fondamentaux relatifs à la protection de l'environnement;	f)按照环境保护基本原则相关法律,与当地社区及其代表磋商情况的报告;

g) le plan pour la contribution du projet au développement des communautés environnantes;	g)项目支持周边社区发展的规划方案;
h) le plan de financement avec identification des sources de financement visés;	h)明确融资来源的融资方案;
i) la preuve de paiement des frais de dépôt.	i)申请费用的支付证明。
Article 70: De la recevabilité et de l'instruction de la demande du Permis d'Exploitation	**第 70 条:采矿证申请的受理和审查**
La demande du Permis d'Exploitation est reçue et instruite aux conditions et procédures fixées par les dispositions des articles 38 à 45 telles que complétées par celles des articles 74 à 76 du présent Code.	采矿证申请按照第 38 条至第 45 条规定并经本法典第 74 条至第 76 条所补充的条件和程序受理和审批。
Article 71: Des conditions de l'octroi du Permis d'Exploitation (*modifié à son littera b, c, d, e, f, g et h par l'article 3 de la Loi n°18/001 du 09 mars 2018 modifiant et complétant la Loi n°007/2002 du 11 juillet 2002 portant Code minier*)	**第 71 条:采矿证的授予条件**(*由修订和补充 2002 年 7 月 11 日关于《矿业法典》的第 007/2002 号法律的 2018 年 3 月 9 日第 18/001 号法律的第 3 条修订其第 b 项、第 c 项、第 d 项、第 e 项、第 f 项、第 g 项和第 h 项*)
L'octroi du Permis d'Exploitation est subordonné aux conditions suivantes dans le chef du requérant:	采矿证的授予要求申请人应满足如下条件:
a) démontrer l'existence d'un gisement économiquement exploitable en présentant une étude de faisabilité, accompagnée d'un plan d'encadrement technique des travaux de développement, de construction et d'exploitation de la mine;	a)提交一份可行性研究报告并附随矿山开发工程、建设工程和开采工程的技术方案以证实存在经济可开采的矿床;

b) démontrer l'existence des ressources financières nécessaires pour mener à bien son projet selon un plan de financement des travaux de développement, de construction et d'exploitation de la mine ainsi que le plan de réhabilitation du site à sa fermeture. Ce plan précise chaque type de financement, les sources de financement visées et les justifications de leur disponibilité probable. Dans tous les cas, le capital social apporté par le requérant ne peut être inférieur à 40% desdites ressources;	b)证实存在按照矿山开发工程、建设工程和开采工程的融资方案以及项目关停后的修复计划来良好实施项目的必要资金来源。该方案明确各项融资类型、融资来源和融资可获取性的证据材料。申请人所提供的注册资本不得低于上述资金来源的40%;
c) obtenir au préalable l'approbation de l'EIES et du PGES du projet;	c)获得项目环境和社会影响研究和环境和社会管理计划的事前批准;
d) céder à l'Etat 10% des parts ou actions constitutives du capital social de la société requérante. Ces parts sont libres de toutes charges et non diluables;	d)向国家转让申请公司注册资本的创始股份的10%。该股权无任何权利负担,且不可稀释;
e) créer, à chaque transformation, dans le cadre d'une mine distincte ou d'un projet minier d'exploitation distinct, une société affiliée dans laquelle la société requérante détient au moins 51% des parts ou actions sociales;	e)在独立矿山或单独的采矿项目范围内,在每次转化之时,设立一家关联公司,其中申请公司持有至少51%股份或股权;
f) déposer un acte d'engagement de se conformer au cahier des charges définissant la responsabilité sociétalevis-à-vis des communautés locales affectées par les activités du projet;	f)提交一份符合《社会责任书》的承诺文件,其中明确受项目活动影响的当地社区的公司责任;
g) avoir respecté les obligations de maintien de la validité du permis prévues aux articles 196, 197, 198 et 199 du présent Code, en présentant:	g)遵守本法典第196条、第197条、第198条和第199条所规定的为维持矿权证效力需履行的义务:

-la preuve de la certification de commencement des travaux dûment délivrée par le Cadastre minier;	-矿权登记局正式颁发的工程开工认证的证明;
-la preuve de paiement des droits superficiaires annuels par carré et de l'impôt sur la superficie des concessions minières;	-支付年度区块面积税和支付矿权地表税的证明;
h) donner la preuve de la capacité de traiter et de transformer les substances minérales en République Démocratique du Congo et déposer un acte d'engagement de traiter et de transformer ces substances sur le territoire congolais.	h)有能力在刚果(金)进行矿产处理和加工的证明,并附随一份在刚果(金)领土范围内开采和加工该等矿产的承诺文书。
Article 71 bis: De la participation des personnes physiques de nationalité congolaise au capital social (*inséré par l'article 19 de la Loi n°18/001 du 09 mars 2018 modifiant et complétant la Loi n°007/2002 du 11 juillet 2002 portant Code minier*)	**第71(2)条:刚果(金)籍自然人的参股** *(由修订和补充2002年7月11日关于《矿业法典》的第007/2002号法律的2018年3月9日第18/001号法律的第19条予以新增)*
La participation des personnes physiques de nationalité congolaise est requise pour la constitution de capital social des sociétés minières.	矿业公司的注册资本中需要含有刚果(金)籍自然人参股份额。
Les personnes visées à l'alinéa précédent détiennent au moins 10% de capital social.	前款提及自然人至少持有10%的注册资本。
Article 72: De l'octroi du Permis d'Exploitation	**第72条:采矿证的授予**
Sans préjudice des dispositions de l'article 46 du présent Code, le Permis d'Exploitation est octroyé par le Ministre au titulaire du Permis de Recherches qui a réuni les conditions d'octroi du Permis dans un délai qui ne peut excéder trente jours ouvrables à compter de la date de la réception de la demande lui transmise par le Cadastre Minier.	在不影响本法典第46条规定适用的前提下,采矿证由矿业部长自收到矿权登记局向其移交的申请材料之日起不超过三十个工作日内向满足采矿证授予条件的探矿证持有人授予。

Tout refus d'octroi du Permis d'Exploitation est motivé et donne droit au recours prévu par les dispositions des articles 317 à 320 du présent Code.	拒绝授予采矿证应当说明理由，且产生本法典第 317 条至第 320 条所规定的救济权。
Article 73：Des justifications du refus de l'octroi du Permis d'Exploitation	**第 73 条：拒绝授予采矿证的原因**
Le Permis d'Exploitation ne peut être refusé que si：	仅在下述情形中，可拒绝授予采矿证：
a) l'étude de faisabilité est rejetée；	a) 可行性研究报告被驳回；
b) la capacité financière du requérant est insuffisante；	b) 申请人的财务能力不足；
c) l'EIES a été rejetée de façon définitive conformément aux dispositions ci-dessous.	c) 根据下述规定环境和社会影响研究被最终驳回。
L'étude de faisabilité ne peut être rejetée que pour les motifs suivants：	可行性研究报告仅可基于下述原因被驳回：
a) sa non-conformité à la directive du Ministère des Mines précisant son contenu conformément à la pratique internationale généralement reconnue；	a) 可行性研究报告不符合矿业部根据国际普遍认可的惯例制定的有关可行性研究报告内容指令的规定；
b) la présence d'une erreur manifeste；	b) 可行性研究报告出现明显的错误；
c) sa non-conformité à l'EIES.	c) 可行性研究报告不符合环境和社会影响研究。
La preuve de la capacité financière du requérant ne peut être rejetée que pour l'un des motifs suivants：	仅可基于下述任一原因驳回申请人的财务能力证明：
a) la non-conformité du plan de financement avec l'étude de faisabilité；	a) 融资方案与可行性研究不符；
b) l'insuffisance manifeste des justifications de la disponibilité probable du financement qui est obtenu auprès des sources identifiées par le requérant.	b) 申请人所确定的融资来源的可获取性证据明显不足。

La preuve de la capacité financière ne peut pas être rejetée si le requérant a produit, en cas de financement externe, des attestations des sources de financement identifiées prouvant la faisabilité du financement dans les paramètres envisagés par le requérant, et en cas de financement interne, les états financiers de la personne ou de la société certifiés par un Expert-Comptable ou un Comptable agréé par les tribunaux démontrant sa capacité d'autofinancement.	在下述情形下,不得驳回申请人的财务能力证明:对于外部融资,申请人提供明确的融资来源的证明,其证实在申请人预计的范围内的融资的可行性;对于内部融资,申请人提交了经法院批准的会计师或注册会计师审计且可证实自有资金融资能力的人或公司的财务报表。
Article 74: Du délai de l'instruction technique de la demande du Permis d'Exploitation	**第 74 条:采矿证申请的技术审查期限**
L'instruction technique de la demande du Permis d'Exploitation déclarée recevable est réalisée dans un délai qui ne peut excéder soixante jours ouvrables à compter de la date de réception du dossier de demande transmis par le Cadastre Minier à la Direction des Mines.	自收到矿权登记局向矿业局移交的申请材料之日起不超过六十个工作日内,对宣告可受理的采矿证申请实施技术审查。
Article 75: Du délai de l'instruction environnementale et sociale de la demande du Permis d'exploitation (*modifié et complété par l'article 3 de la Loi n°18/001 du 09 mars 2018 modifiant et complétant la Loi n°007/2002 du 11 juillet 2002 portant Code minier*)	**第 75 条:采矿证申请的环境和社会审查期限**(*由修订和补充 2002 年 7 月 11 日关于《矿业法典》的第 007/2002 号法律的 2018 年 3 月 9 日第 18/001 号法律的第 3 条予以修订和补充*)
L'instruction environnementale et sociale de l'EIES et du PGES afférente à une demande de Permis d'exploitation déclarée recevable est réalisée dans les six mois à compter de la date de transmission du dossier de demande par le Cadastre minier à l'Agence Congolaise de l'Environnement et le Fonds	根据环境保护方面的法律法规,自矿权登记局向刚果(金)环境署和国家促进和社会服务基金会移交材料之日起六个月内在矿业环保局的协助下对宣告可受理的采矿证申请相关的环境和社会影响研究和环境和社会管理计划实施环境和社会审查。

national de promotion et de service social, en collaboration avec la Direction chargée de la protection de l'environnement minier, conformément à la réglementation en matière de protection de l'environnement.	
Article 76: De la décision du Ministre (*modifié et complété par l'article 3 de la Loi n°18/001 du 09 mars 2018 modifiant et complétant la Loi n°007/2002 du 11 juillet 2002 portant Code minier*)	**第76条:矿业部长的决定**(*由修订和补充2002年7月11日关于《矿业法典》的第007/2002号法律的2018年3月9日第18/001号法律的第3条予以修订和补充*)
Si lesavis cadastral, technique, environnemental et social à la suite de l'instruction de la demande du Permis d'exploitation sont favorables, le Ministre prend sa décision d'octroi dans un délai de trente jours ouvrables à compter de la date de la réception du dossier de demande lui transmis par le Cadastre minier.	若采矿证的申请审查后作出的对登记审查、技术审查、环境和社会审查的意见为批准意见,则矿业部长自收到矿权登记局向其移交的申请材料之日起三十个工作日内作出授予采矿证的决定。
Si l'avis cadastral sur une demande de Permis d'exploitation est défavorable, le Ministre prend sa décision de rejet de la demande dans le délai de trente jours ouvrables à compter de la date de réception du dossier de demande lui transmis par le Cadastre minier.	若采矿证申请的登记审查意见为拒绝意见,则矿业部长自收到矿权登记局向其移交的申请材料之日起三十个工作日内作出驳回该等申请的决定。
Si l'avis technique sur une demande de Permis d'exploitation est défavorable mais l'avis cadastral favorable, le Ministre prend sa décision de rejet dans un délai de trente jours ouvrables à compter de la date de réception du dossier de demande lui transmis par le Cadastre minier.	若采矿证申请的技术审查意见为拒绝意见,但是登记审查意见为批准意见,则矿业部长自收到矿权登记局向其移交的申请材料之日起三十个工作日内作出驳回该等申请的决定。

Si les avis cadastral et technique à la suite de l'instruction de la demande du Permis d'exploitation sont favorables mais le certificat environnemental est défavorable, le Ministre prend sa décision de refus dans un délai de trente jours ouvrables à compter de la date de la réception du dossier de demande lui transmis par le Cadastre minier.	若采矿证申请审查后的登记审查意见和技术审查意见是批准意见，但是环境证书是拒绝意见，则矿业部长自收到矿权登记局向其移交的申请材料之日起三十个工作日内作出驳回该等申请的决定。
Si les avis cadastral et technique à la suite de l'instruction de la demande du Permis d'exploitation sont favorables mais le certificat environnemental n'est pas encore émis, le Ministre prend une décision d'approbation préliminaire et conditionnelle dans un délai de vingt jours ouvrables à compter de la date de la réception du dossier de demande lui transmis par le Cadastre minier et diffère sa décision finale d'octroi ou de rejet du Permis d'exploitation jusqu'à la réception du certificat environnemental.	若采矿证申请审查后的登记审查意见、技术审查意见是批准意见，但是环境证书尚未颁发，则矿业部长自收到矿权登记局向其移交的申请材料之日起二十个工作日内作出附条件的预先批准决定，并直至收到环境证书之日起作出授予或拒绝授予采矿证的最终决定。
La décision d'approbation préliminaire et conditionnelle du Ministre a pour effet d'entériner de façon définitive les avis cadastral et technique. Elle conditionne sa décision finale d'octroi à la réception d'un certificat environnemental favorable.	矿业部长作出的有条件的预先批准决定具有最终批准登记审查意见和技术审查意见的效果。只要收到环境证书的批准意见，就可作出最终的授予决定。
Le Ministre prend et transmet la décision d'octroi ou de rejet motivé du Permis d'exploitation au Cadastre minier pour exécution dans un délai de trente jours à compter de la date de réception du certificat environnemental lui transmis par le Cadastre minier.	矿业部长自收到矿权登记局向其移交的环境证书之日起三十日内作出授予或拒绝授予（须说明理由）采矿证的决定并向矿权登记局移交该决定。

Article 77: De l'extension aux substances minérales associées (*modifié et complété par l'article 3 de la Loi n°18/001 du 09 mars 2018 modifiant et complétant la Loi n°007/2002 du 11 juillet 2002 portant Code minier*)	**第 77 条:延展至伴生矿产**(*由修订和补充 2002 年 7 月 11 日关于《矿业法典》的第 007/2002 号法律的 2018 年 3 月 9 日第 18/001 号的法律条予以修订和补充*)
Avant de procéder aux activités de recherches ou d'exploitation visant des substances minérales autres que celles pour lesquelles son Permis d'exploitation a été établi, le titulaire est tenu d'obtenir l'extension de son permis à ces autres substances associées.	在实施采矿证覆盖的矿产以外的矿产的勘探活动或开采活动之前,持有人应将申请延展采矿证允许开采的范围以包含该等伴生矿产。
Dans le cas où le titulaire du Permis d'exploitation ne sollicite pas une telle extension, la Direction des mines le met en demeure de la solliciter dans un délai de soixante jours.	若采矿证持有人没有提出延展申请,则矿业局可催告其在六十日的期限内进行申请。
A l'expiration de ce délai, les dispositions de l'article 299 du présent Code s'appliquent au titulaire s'il continue à exploiter ces substances.	该期限届满后,若持有人继续开采该等矿产,则本法典第 299 条适用于持有人。
Toute substance minérale associée découverte etrenoncée par le titulaire du Permis d'exploitation dans le cadre de l'extension, devient d'office propriété de l'Etat.	采矿证持有人在延展范围内所探明和放弃的任何伴生矿产都自动成为国家财产。
Article 77 bis: De l'exploitation des substances minérales non-associées (*inséré par l'article 19 de la Loi n°18/001 du 09 mars 2018 modifiant et complétant la Loi n°007/2002 du 11 juillet 2002 portant Code minier*)	**第 77(2)条:非伴生矿产的开采**(*由修订和补充 2002 年 7 月 11 日关于《矿业法典》的第 007/2002 号法律的 2018 年 3 月 9 日第 18/001 号法律的第 19 条予以新增*)

Le titulaire d'un Permis d'exploitation qui désire exploiter les substances minérales non-associées est obligé de demander un droit minier d'exploitation distinct sur ces substances, conformément aux dispositions du présent Code.	根据本法典的规定,希望开采非伴生矿产的采矿证持有人应针对该非伴生矿产申请单独的采矿权。
Dans le cas où le titulaire du Permis d'exploitation ne sollicite pas une telle extension, la Direction des mines le met en demeure de la solliciter dans un délai de soixante jours.	若采矿证的申请人没有提出该等延展申请,则矿业局催告其须在六十日的期限内进行申请。
Le titulaire qui ne sollicite pas l'octroi d'un nouveau titre, alors qu'il exploite lesdites substances dans le contexte d'une mine distincte, se fait appliquer les dispositions del'article 299 du présent Code.	如果持有人没有申请新的权证,而在单独的矿山中开采该等矿产,则对其适用本法典第 299 条的规定。
Le Règlement minier détermine les modalités de cette exploitation.	《矿业条例》规定该等开采的方式。
Article 77 ter: De l'extension des travaux d'exploitation (*inséré par l'article 19 de la Loi n°18/001 du 09 mars 2018 modifiant et complétant la Loi n°007/2002 du 11 juillet 2002 portant Code minier*)	**第 77(3)条:开采工程的扩建**(*由修订和补充 2002 年 7 月 11 日关于《矿业法典》的第 007/2002 号法律的 2018 年 3 月 9 日第 18/001 号法律的第 19 条予以新增*)
Le titulaire d'un Permis d'exploitation qui désire procéder à l'extension de ses travaux est tenu de solliciter l'autorisation du Ministre.	希望实施扩建工程的采矿证持有人应向矿业部长申请许可。
A cet effet, il présente une étude de faisabilité additionnelle intégrant les opérations requises pour ladite extension.	为此,采矿证持有人提交一份包括该扩建工程所需操作的补充可行性研究。
Le dépôt, la recevabilité et l'instruction de la demande d'extension sont soumis aux conditions prévues aux articles 37, 38, 39, 40, 41 et 42 du présent Code.	扩建申请的提交、受理和审查应根据本法典第 37 条、第 38 条、第 39 条、第 40 条、第 41 条以及第 42 条规定的条件进行。

Article 78: De l'expiration du Permis d'Exploitation	**第 78 条:采矿证的期限届满**
Le Permis d'Exploitation expire à la fin d'une période de validité non suivie de renouvellement conformément aux dispositions du présent Code ou lorsque le gisement est épuisé.	若采矿证的有效期届满且未根据本法典的规定进行续期,或者矿床资源枯竭的,则采矿证期限届满。
A l'expiration du Permis d'Exploitation, le Cadastre Minier notifie immédiatement au titulaire l'expiration de son titre en réservant copie à la Direction des Mines.	采矿证期限届满,则矿权登记局立即通知持有人其采矿证期限届满,并将通知复印件抄送矿业局。
Dans ce cas, le Périmètre couvert par le Permis d'Exploitation est libre de tout droit à compter de la date de l'expiration du permis.	在此情形下,采矿证覆盖矿区自采矿证期限届满之日起即不存在任何权利①。
Article 79: De la renonciation au Permis d'Exploitation	**第 79 条:采矿证的放弃**
Le titulaire d'un Permis d'Exploitation peut, par déclaration adressée au Ministre, renoncer à tout moment en tout ou en partie au droit couvrant son Périmètre.	采矿证持有人通过向矿业部长作出的声明可随时全部或部分地放弃其采矿证覆盖矿区的权利。
La déclaration de renonciation partielle précise les coordonnées de la partie du Périmètre renoncée et celles de la partie retenue. Elle prend effet au jour du donner acte du Ministre ou dans tous les cas, dans les trois mois à compter du dépôt de la déclaration.	部分放弃声明明确矿区拟放弃部分的坐标和保留部分的坐标。部分放弃声明自矿业部长批准之日生效,或在任何情况下,自提交声明之日起三个月内生效。
La partie du Périmètre faisant objet de renonciation doit être composée de carrés entiers.	矿区被放弃的部分应由完整的区块所组成。

① 中伦注:此处系指,采矿权期限届满后,则原采矿权所覆盖的矿区之上不存在"采矿权",但所有权除外。

La partie du Périmètre restant doit respecter la forme d'un Périmètre minier prévue à l'article 28 du présent Code.	矿区保留部分应符合本法典第 28 条所规定的矿区形状的规定。
Le Périmètre couvert par le Permis d'Exploitation est libre, en tout ou en partie selon le cas, de tout droit à compter du donner acte du Ministre.	采矿证所覆盖的全部或部分矿区(视情况)之上自矿业部长书面确认之日起不存在任何权利①。
La renonciation totale ou partielle ne donne droit à aucun remboursement des droits et frais payés à l'Etat pour l'octroi ou le maintien du permis. Elle ne dégage pas le titulaire de sa responsabilité relative à la protection de l'environnement et de ses engagements envers la communauté locale.	全部或部分放弃时,(放弃人)不能向国家要求偿还其因采矿证的授予或效力维持而已支付的任何税费和费用。该放弃不会免除持有人有关环境保护的责任和对当地社区的义务。
Article 80: Des conditions du renouvellement du Permis d'exploitation (*modifié et complété par l'article 3 de la Loi n°18/001 du 09 mars 2018 modifiant et complétant la Loi n°007/2002 du 11 juillet 2002 portant Code minier*)	**第 80 条:采矿证的续期条件**(*由修订和补充 2002 年 7 月 11 日关于《矿业法典》的第 007/2002 号法律的 2018 年 3 月 9 日第 18/001 号法律的第 3 条予以修订和补充*)
Le Permis d'exploitation est renouvelable à condition que le titulaire:	采矿证是可续期的,条件是持有人:
a) n'ait pas failli à ses obligations de maintien de la validité du permis prévues aux articles 196 à 199 du présent Code;	a) 未违反本法典第 196 条至第 199 条所规定的为维持采矿证效力需要履行的义务;
b) présente une nouvelle étude de faisabilité qui démontre l'existence de réserves exploitables;	b) 提交一份新的可行性研究报告,以证实存在可开采的储量;

① 中伦注:此处系指矿业部长确认权利人的放弃行为后,该矿区之上不存在任何矿权,但所有权除外。

c) démontre l'existence des ressources financières nécessaires pour continuer à mener à bien son projet selon le plan de financement des travaux d'exploitation de la mine ainsi que le plan de réhabilitation du site à sa fermeture. Ce plan précise chaque type de financement visé et les justifications de leur disponibilité probable;	c)证实存在必要的财务资源以根据矿山开采工作的融资方案良好开展项目并完成项目关停后的修复计划。该方案明确融资类型、融资来源和融资可获取性的证据材料;
d) obtienne l'approbation de la mise à jour de l'EIES et du PGES;	d)获得更新的环境和社会影响研究和环境和社会管理计划的批准;
e) souscrive un engagement de continuer activement son exploitation;	e)签署一份积极实施开采活动的承诺书;
f) démontre l'entrée en phase de rentabilité du projet;	f)证实进入项目盈利阶段;
g) démontre la mise en valeur régulière et ininterrompue du gisement;	g)证实合法且不间断地开发矿床;
h) cède à l'Etat à chaque renouvellement 5% des parts ou actions du capital social de la société en sus de celles cédées précédemment;	h)除此前所转让的股份外,每次续期需向国家转让公司5%的注册资本对应的股份或股权;
i) n'ait pas failli à ses obligations fiscales, parafiscales et douanières;	i)未违反其税收义务、准税收义务和海关义务;
j) dépose un acte d'engagement de se conformer au cahier des charges définissant la responsabilité sociétale vis-à-vis des communautés locales affectées par les activités du projet.	j)提交一份符合《社会责任书》的承诺书,《社会责任书》中规定公司对于受项目活动影响的当地社区的责任。
La demande de renouvellement du Permis d'exploitation est adressée par le titulaire du Permis d'exploitation au Cadastre minier au moins un an et pas plus que cinq ans avant la date d'expiration du Permis d'exploitation. Cette demande comprend les renseignements ci-après:	采矿证的续期申请由采矿证持有人自采矿证届满之日前至迟一年且不早于届满之日前五年内提交至矿权登记局。该申请包含如下信息:

a) les mentions prévues aux litera a, b et c de l'article 35 du présent Code;	a) 本法典第 35 条第 a 项、第 b 项和第 c 项所规定的内容;
b) l'identité des sociétés affiliées;	b) 关联公司的身份信息;
c) la nature, le nombre et la superficie du périmètre détenu par le titulaire et ses sociétés affiliées.	c) 持有人及其关联公司持有的矿区的性质、数量和面积。
Le Règlement minier fixe les modalités de l'établissement, du dépôt, de la recevabilité ou de l'irrecevabilité, de l'instruction cadastrale, technique, environnementale et sociale de la demande de renouvellement du Permis d'exploitation ainsi que de la décision de renouvellement, de son inscription, notification et affichage.	《矿业条例》制定了采矿证续期申请的编制、提交、可受理性或不可受理性、登记审查、技术审查、环境和社会审查的具体规定以及采矿证的续期决定以及登记、通知和公示决定的具体规定。
Article 80 bis: De la transformation du Permis d'exploitation en plusieurs Permis d'exploitation (*inséré par l'article 19 de la Loi n°18/001 du 09 mars 2018 modifiant et complétant la Loi n°007/2002 du 11 juillet 2002 portant Code minier*)	**第 80(2) 条:一个采矿证转化为多个采矿证**(*由修订和补充 2002 年 7 月 11 日关于《矿业法典》的第 007/2002 号法律的 2018 年 3 月 9 日第 18/001 号法律的第 19 条予以新增*)
En cas de nécessité et si les conditions techniques le permettent, le titulaire d'un Permis d'exploitation peut solliciter la transformation de son Permis d'exploitation initial en multiples Permis d'exploitation sur tout ou partie du Périmètre de son Permis en se conformant aux dispositions des articles 28, 29 et 68 à 76 du présent Code.	在必要的情况下,且在技术条件允许的情况下,采矿证持有人可根据本法典第 28 条、第 29 条和第 68 条至第 76 条的规定申请将其原始采矿证转化为在其原始采矿证的全部或部分矿区之上的多个采矿证。
La durée des multiples Permis d'exploitation issus de la transformation du Permis d'exploitation initial est égale à la durée non échue du Permis d'exploitation initial.	由原始采矿证转化成的多个采矿证的期限为原始采矿证剩余的期限。

Le Règlement minier détermine les modalités de transformation du Permis d'exploitation en plusieurs Permis d'exploitation.	《矿业条例》规定一个采矿证转化为多个采矿证的方式。
Article 81：Du droit d'effectuer le traitement ou transformation des substances minérales	**第 81 条：处理或加工矿产的权利**
Sous réserve des dispositions prévues à l'article 10, litera j, le traitement ou la transformation des substances minérales peut être réalisée soit par le titulaire d'un Permis d'Exploitation, soit par une Entité de traitement ou une Entité de transformation.	在适用第 10 条第 j 项的前提下，采矿证持有人可对矿产进行处理或加工，处理实体或加工实体也可对矿产进行处理或加工。
Article 82：De l'autorisation de traitement ou de Transformation	**第 82 条：处理或加工许可**
Toute personne qui se propose de se livrer uniquement à la transformation des substances minérales doit requérir et obtenir une autorisation de traitement ou de transformation qui relève d'une législation particulière.	任何希望仅仅实施矿产加工的人均须申请并获得处理或加工许可，该许可适用特别法律规定。
Article 83：(*Abrogé par l'article 31 de la Loi n°18/001 du 09 mars 2018 modifiant et complétant la Loi n°007/2002 du 11 juillet 2002 portant Code minier*).	**第 83 条：**(*由修订和补充 2002 年 7 月 11 日关于《矿业法典》的第 007/2002 号法律的 2018 年 3 月 9 日第 18/001 号法律的第 31 条予以废除*)
Article 84：(*Abrogé par l'article 31 de la Loi n°18/001 du 09 mars 2018 modifiant et complétant la Loi n°007/2002 du 11 juillet 2002 portant Code minier*)	**第 84 条：**(*由修订和补充 2002 年 7 月 11 日关于《矿业法典》的第 007/2002 号法律的 2018 年 3 月 9 日第 18/001 号法律的第 31 条予以废除*)
Article 85：De la commercialisation des produits d'exploitation minière (*modifié et complété par l'article 3 de la Loi n° 18/001 du 09 mars 2018 modifiant et complétant la Loi n°007/2002 du 11 juillet 2002 portant Code minier*)	**第 85 条：矿业开采产品的商业化**(*由修订和补充 2002 年 7 月 11 日关于《矿业法典》的第 007/2002 号法律的 2018 年 3 月 9 日第 18/001 号的法律第 3 条予以修订和补充*)

La commercialisation des produits miniers qui proviennent des Périmètres d'exploitation est libre. Le titulaire d'un Permis d'exploitation peut vendre ses produits aux clients de son choix à des prix librement négociés.	对来自开采矿区的矿产品可自由进行商业化处理。采矿证持有人可与其选定的顾客自由地对矿产品协商价格并向其销售矿产品。
Chapitre III: De l'exploitation des rejets des mines	**第三章:尾矿的开采**
Article 86: De l'accès à l'exploitation des rejets des mines	**第 86 条:尾矿开采的准入**
Le Permis d'Exploitation emporte le droit d'exploiter les gisements artificiels situés dans le Périmètre minier couvert par le permis, à moins que ce Permis d'Exploitation n'exclue expressément l'exploitation des gisements artificiels.	采矿证赋予开采其覆盖矿区之内人工矿床的权利,除非采矿证明确禁止对人工矿床进行开采。
Le titulaire d'un Permis d'Exploitation peut céder le droit d'exploiter des gisements artificiels situés dans son Périmètre minier au tiers tout en gardant sesdroits sur le sous-sol.	采矿证持有人在保留其对于其矿区地下的权利的同时,可向第三人转让在其矿区之内的人工矿床的采矿权。
Dans ce cas, il sollicite la transformation partielle de son Permis d'Exploitation en Permis d'Exploitation des Rejets des Mines ainsi que le transfert de ce permis au cessionnaire.	在此情况下,采矿证持有人需申请将其采矿证部分转化为尾矿开采证,并且将尾矿开采证转让至受让人。
Le Ministre peut également octroyer un Permis d'Exploitation des Rejets sur un gisement artificiel qui ne fait pas l'objet d'un Permis d'Exploitation.	矿业部长也可针对没有采矿证对应的人工矿床授予尾矿开采证。
Article 87: Des Périmètres d'exploitation des rejets des mines	**第 87 条:尾矿开采矿区**
La superficie constituant le Périmètre sur lequel porte le Permis d'Exploitation des Rejets doit se conformer aux dispositions de l'article 28 du présent Code.	尾矿开采证覆盖矿区的面积应符合本法典第 28 条的规定。

La situation géographique du Périmètre minier faisant l'objet du Permis d'Exploitation des Rejets est identifiée conformément aux dispositions de l'article 29 du présent Code.	尾矿开采证覆盖矿区的地理位置根据本法典第 29 条的规定而确定。
Article 88: De la portée du Permis d'Exploitation des Rejets (*modifié et complété par l'article 3 de la Loi n°18/001 du 09 mars 2018 modifiant et complétant la Loi n°007/2002 du 11 juillet 2002 portant Code minier*)	**第 88 条:尾矿开采证的范围**(*由修订和补充 2002 年 7 月 11 日关于《矿业法典》的第 007/2002 号法律的 2018 年 3 月 9 日第 18/001 号法律的第 3 条予以修订和补充*)
Le Permis d'exploitation des rejets porte sur les substances minérales pour lesquelles il est spécifiquement établi. Le Permis d'exploitation des rejets peut s'étendre à d'autres substances minérales conformément aux dispositions de l'article 77 du présent Code.	尾矿开采证针对特定的矿产。根据《矿业法典》第 77 条的规定,尾矿开采证可延展至其他矿产。
Article 88 bis: Des droits conférés par le Permis d'exploitation des rejets (*inséré par l'article 19 de la Loi n°18/001 du 09 mars 2018 modifiant et complétant la Loi n°007/2002 du 11 juillet 2002 portant Code minier*)	**第 88(2)条:尾矿开采证赋予的权利**(*由修订和补充 2002 年 7 月 11 日关于《矿业法典》的第 007/2002 号法律的 2018 年 3 月 9 日第 18/001 号法律的第 19 条予以新增*)
Le Permis d'exploitation des rejets confère à son titulaire les mêmes droits que ceux conférés au titulaire du Permis d'exploitation par l'article 64 bis du présent Code.	尾矿开采证赋予其持有人的权利与本法典第 64(2)条赋予采矿证持有人的权利相同。
Toutefois, les droits conférés au titulaire du Permis d'exploitation des rejets se limitent à la surface qu'il couvre et ne s'étendent pas en profondeur.	但是,赋予尾矿开采证持有人的权利仅限于对尾矿开采证项下的地表尾矿的权利,其不能向地下深处延伸。
Le Règlement minier détermine les modalités d'application de l'alinéa précédent.	《矿业条例》规定前款规定的适用方式。

Article 89: De la nature du Permis d'Exploitation des Rejets	**第 89 条:尾矿开采证的性质**
Le Permis d'Exploitation des Rejets est un droit réel, immobilier, exclusif, cessible, transmissible et amodiable conformément aux dispositions du présent Code.	根据本法典的规定,尾矿开采证是可转让、可转移、可租赁的具有排他性的不动产物权。
Ce droit est constaté par un titre minier dénommé Certificat d'Exploitation des Rejets.	该权利由名为"尾矿开采证书"的矿权证予以证明。
Article 90: De la durée du Permis d'Exploitation des Rejets	**第 90 条:尾矿开采证的期限**
La durée du Permis d'Exploitation des Rejets est de cinq ans renouvelable plusieurs fois pour la même durée.	尾矿开采证的期限为五年,可多次续期,每次续期期限也为五年。
Article 91: De l'établissement, dépôt, de la recevabilité et de l'instruction de la demande du Permis d'Exploitation des Rejets (*modifié à son alinéa 2 par l'article 3 de la Loi n°18/001 du 09 mars 2018 modifiant et complétant la Loi n°007/2002 du 11 juillet 2002 portant Code minier*)	**第 91 条:尾矿开采证申请的编制、提交、受理和审查**(*由修订和补充 2002 年 7 月 11 日关于《矿业法典》的第 007/2002 号法律的 2018 年 3 月 9 日第 18/001 号法律的第 3 条修订其第 2 款*)
Le requérant d'un Permis d'Exploitation des Rejets établit la demande de son Permis et la dépose auprès du Cadastre Minier pour son instruction conformément aux dispositions des articles 38 à 42 et 45 telles que complétées par celles des articles 74 à 76 du présent Code.	尾矿开采证的申请人根据本法典第 38 条至第 42 条以及第 45 条的规定,以及第 74 条至第 76 条的补充规定编制申请并向矿权登记局提交以供其审查。
Sans préjudice des dispositions de l'alinéa précédent, le requérant cessionnaire partiel d'un Permis d'exploitation présente l'acte de cession partielle au Cadastre minier pour enregistrement auquel est jointe sa demande de Permis d'exploitation des rejets.	在不影响前款规定的前提下,采矿证部分受让申请人向矿权登记局提交部分转让文书以进行注册,并附随其尾矿开采证的申请。

Article 92: Des conditions d'octroi et l'octroi du Permis d'Exploitation des Rejets	**第 92 条:尾矿开采证的授予条件和授予**
Les conditions d'octroi des Permis d'Exploitation des Rejets et l'octroi de celui-ci sont régies par les dispositions des articles 71 et 72 du présent Code.	尾矿开采证的授予条件和授予应遵守本法典第 71 条和第 72 条的规定。
Article 93: Du refus d'octroi du Permis d'Exploitation des Rejets	**第 93 条:尾矿开采证的拒绝授予**
Les conditions de refus d'octroi du Permis d'Exploitation des Rejets sont déterminées par les dispositions de l'article 73 du présent Code.	尾矿开采证的拒绝授予条件由本法典第 73 条的规定明确。
Article 94: De l'expiration du Permis d'Exploitation des Rejets	**第 94 条:尾矿开采证的届满**
Le Permis d'Exploitation des Rejets expire dans les mêmes conditions que celles du Permis d'Exploitation prévues à l'article 78 du présent Code.	尾矿开采证的届满条件与本法典第 78 条所规定采矿证的届满条件相同。
Article 95: Du renouvellement du Permis d'Exploitation des Rejets (*modifié et complété par l'article 3 de la Loi n° 18/001 du 09 mars 2018 modifiant et complétant la Loi n°007/2002 du 11 juillet 2002 portant Code minier*)	**第 95 条:尾矿开采证的续期**(*由修订和补充 2002 年 7 月 11 日关于《矿业法典》的第 007/2002 号法律的 2018 年 3 月 9 日第 18/001 号法律的第 3 条予以修订和补充*)
Les dispositions de l'article 80 du présent Code s'appliquent au dépôt, à l'instruction de la demande ainsi qu'à l'octroi ou au refus du renouvellement du Permis d'exploitation des rejets.	本法典第 80 条的规定适用于尾矿开采证申请的提交、审查以及续期的批准或拒绝批准。

Article 96: De la renonciation au Permis d'Exploitation des Rejets	**第 96 条:尾矿开采证的放弃**
Le titulaire d'un Permis d'Exploitation des Rejets peut renoncer à tout moment, en tout ou en partie, au Périmètre faisant l'objet de son permis conformément aux dispositions de l'article 79 du présent Code.	根据本法典第 79 条的规定,尾矿开采证持有人可随时放弃尾矿开采证覆盖的全部或部分矿区。
Chapitre IV: De l'exploitation minière à petite échelle	**第四章:小规模矿业开采**
Article 97: De l'accès à l'exploitation minière à petite échelle (*modifié et complété par l'article 3 de la Loi n°18/001 du 09 mars 2018 modifiant et complétant la Loi n°007/2002 du 11 juillet 2002 portant Code minier*)	**第 97 条:小规模矿业开采的准入**(*由修订和补充 2002 年 7 月 11 日关于《矿业法典》的第 007/2002 号法律的 2018 年 3 月 9 日第 18/001 号法律的第 3 条予以修订和补充*)
Sans préjudice des dispositions de l'article 23 litera a du présent Code, les personnes morales qui se proposent d'exploiter à petite échelle une mine peuvent solliciter et obtenir un Permis d'exploitation de petite mine.	在不影响本法典第 23 条第 a 项规定适用的前提下,希望进行小规模矿业开采的法人可申请并获得小矿山开采证。
Article 98: Des gisements d'exploitation minière à petite échelle	**第 98 条:小规模矿业开采的矿床**
Lorsque les conditions techniques caractérisant certains gisements des substances minérales ne permettent pas d'en faire une exploitation à grande échelle économiquement rentable, mais permettent une exploitation minière de petite taille avec un minimum d'installations fixes utilisant des procédés semi-industriels ou industriels, ceux-ci sont considérés comme gisements d'exploitation minière à petite échelle.	若矿产所在矿床的技术条件不允许对其实施大规模的具有经济可采性的开采,但是允许通过搭建最少的固定设施采用工业化或半工业化方法进行小规模开采,则该等矿床可视为进行小规模矿业开采的矿床。

Ces gisements d'exploitation minière à petite échelle peuvent résulter des travaux de recherches entrepris par le titulaire d'un Permis de Recherches ou par des travaux réalisés par l'Etat conformément à l'article 8 alinéa 2 du présent Code.	该等进行小规模矿业开采的矿床可由探矿证持有人实施的勘探作业或国家根据本法典第 8 条第 2 款实施的勘探作业而确定。
Les gisements d'exploitation minière à petite échelle résultant des travaux de recherches entrepris par l'Etat sont soumis à l'appel d'offres conformément à l'article 33 du présent Code.	根据本法典第 33 条的规定,由国家实施勘探作业确定的进行小规模矿业开采的矿床应进行招标。
Le Périmètre dans lequel se trouve le gisement d'exploitation minière à petite échelle est celui du Permis de Recherches dont il découle ou celui de la partie du Périmètre du Permis de Recherches transformée en Permis d'Exploitation de Petite Mine.	进行小规模矿业开采的矿床所在的矿区是探矿证覆盖矿床所在的矿区,或者是由探矿证转化成的小矿山开采证覆盖的矿区部分。
Si le gisement d'exploitation minière à petite échelle résulte des travaux de recherche entrepris par l'Etat, le Périmètre couvert par le Permis d'Exploitation de Petite Mine est celui déterminé par l'Etat. Il doit être de nature à permettre l'exploitation minière.	若进行小规模矿业开采的矿床是由国家实施勘探工作而确定,则小矿山开采证覆盖矿区是国家(勘探)确定的矿区。该等矿区在性质上应允许实施矿业开采。
La forme et la localisation des Périmètres contenant le gisement d'exploitation minière à petite échelle sur lequel porte le Permis d'Exploitation de Petite Mine sont régies par les dispositions des articles 28 et 29 du présent Code.	包含小矿山开采证覆盖的进行小规模矿业开采的矿床的矿区形状和位置应符合本法典第 28 条和第 29 条的规定。
Le Règlement Minier fixe les paramètres qui caractérisent l'exploitation minière à petite échelle, notamment le volume des réserves, le niveau d'investissement, la capacité de production, le nombre d'employés, la plus-value annuelle et le degré de mécanisation.	《矿业条例》确定小规模矿业开采的参数,尤其是储量、投资水平、生产能力、雇员数量、年度增值和机械化等级。

Article 99: De la portée du Permis d'Exploitation de Petite Mine (*modifié et complété par l'article 3 de la Loi n°18/001 du 09 mars 2018 modifiant et complétant la Loi n°007/2002 portant Code minier*)	**第 99 条:小矿山开采证的范围**(*修订和补充 2002 年 7 月 11 日关于《矿业法典》的第 007/2002 号法律的 2018 年 3 月 9 日第 18/001 号法律的第 3 条予以修订和补充*)
Les dispositions de l'article 64 du présent Code s'appliquent au Permis d'exploitation de petite mine.	本法典第 64 条的规定适用于小矿山开采证。
Article 99 bis: Des Droits conférés par le Permis d'exploitation de petite mine (*inséré par l'article 19 de la Loi n°18/001 du 09 mars 2018 modifiant et complétant la Loi n°007/2002 portant Code minier*)	**第 99(2)条:小矿山开采证赋予的权利**(*修订和补充 2002 年 7 月 11 日关于《矿业法典》的第 007/2002 号法律的 2018 年 3 月 9 日第 18/001 号法律的第 19 条予以新增*)
Le Permis d'exploitation de petite mine confère à son titulaire les mêmes droits qu'au titulaire d'un Permis d'exploitation prévu à l'article 64 bis du présent Code.	小矿山开采证赋予其持有人的权利与本法典第 64(2)条赋予采矿证持有人的权利相同。
Le titulaire d'un Permis d'exploitation de petite mine peut transformer ce dernier en Permis d'exploitation si les conditions techniques de l'exploitation le justifient.	若开采的技术条件满足相关要求,则小矿山开采证持有人可以将小矿山开采证转化为采矿证。
De même, le titulaire d'un Permis d'exploitation peut transformer ce dernier en Permis d'exploitation de petite mine.	同样,采矿证持有人也可以将采矿证转化为小矿山开采证。
Le Règlement minier fixe les conditions dont question aux alinéas 2 et 3 du présent article.	《矿业条例》确定本条第 2 款、第 3 款规定事项的实施条件。
Article 100: De la nature du Permis d'Exploitation de Petite Mine	**第 100 条:小矿山开采证的性质**
Le Permis d'Exploitation de Petite Mine est un droit réel, immobilier, exclusif, cessible, amodiable et transmissible conformément aux dispositions du présent Code.	根据本法典的规定,小矿山开采证是可转让、可继承、可租赁的具有排他性的不动产物权。

Ce droit est constaté par un titre minier dénommé Certificat d'Exploitation de Petite Mine.	该权利由名为"小矿山开采证书"的矿权证赋予。
Article 101: De la durée du Permis d'Exploitation de Petite Mine (*modifié et complété par l'article 3 de la Loi n° 18/001 du 09 mars 2018 modifiant et complétant la Loi n° 007/2002 portant Code minier*)	**第 101 条:小矿山开采证的有效期**(*由修订和补充 2002 年 7 月 11 日关于《矿业法典》的第 007/2002 号法律的 2018 年 3 月 9 日第 18/001 号法律的第 3 条予以修订和补充*)
La durée de validité du Permis d'exploitation de petite mine est de cinq ans renouvelable une fois pour la même durée.	小矿山开采证的有效期为五年,可续期一次,续期期限为五年。
Toutefois, à la demande du titulaire et après avis favorable de la Direction des mines, le Ministre peut proroger la durée d'un Permis d'exploitation de petite mine au-delà de dix ans, suivant le cas et pour les substances dont l'exploitation dépasse dix ans.	但是,在持有人提交申请并且在矿业局给予批准意见后,对于开采超过十年的矿产,矿业部长可以根据情况将小矿山开采证的期限延长至超过十年。
Article 102: (*Abrogé par l'article 31 de la Loi n°18/001 du 09 mars 2018 modifiant et complétant la Loi n°007/2002 portant Code minier*)	**第 102 条:**(*由修订和补充 2002 年 7 月 11 日关于《矿业法典》的第 007/2002 号法律的 2018 年 3 月 9 日第 18/001 号法律的第 31 条予以废除*)
Article 103: De l'établissement, du dépôt, de la recevabilité et de l'instruction de la demande du Permis d'Exploitation de Petite Mine	**第 103 条:小矿山开采证申请的编制、提交、受理和审查**
L'établissement, le dépôt, la recevabilité et l'instruction de la demande du Permis d'Exploitation de Petite Mine sont régis par les dispositions des articles 69, 70, 74 à 76 du présent Code.	小矿山开采证申请的编制、提交、受理和审查由本法典第 69 条、第 70 条、第 74 条至第 76 条规制。

Article 104: Des conditions de l'octroi du Permis d'Exploitation de Petite Mine (*modifié à son alinéa 1er par l'article 3 de la Loi n°18/001 du 09 mars 2018 modifiant et complétant la Loi n° 007/2002 portant Code minier*)	**第 104 条:小矿山开采证授予条件**(*由修订和补充 2002 年 7 月 11 日关于《矿业法典》的第 007/2002 号法律的 2018 年 3 月 9 日第 18/001 号法律的第 3 条修改其第 1 款*)
En sus des conditions prévues aux litera b à g de l'article 71 du présent Code, nul ne peut obtenir un Permis d'exploitation de petite mine s'il ne démontre pas l'existence d'un gisement dont les facteurs techniques ne permettent pas une exploitation industrielle rentable en présentant une étude de faisabilité accompagnée d'un plan d'encadrement technique de développement, de construction et d'exploitation de la mine.	除需要满足本法典第 71 条第 b 项至第 g 项所规定的条件外,若申请人提交的一份可行性研究及附随的一份矿山开发、建设和开采的技术监督方案不能证明可对矿山进行可盈利的工业化开采,则其不能获得小矿山开采证。
En plus des conditions énumérées ci-dessus, toute personne de nationalité étrangère doit créer une société de droit congolais en association avec une ou plusieurs personnes de nationalité congolaise dont la participation ne peut être inférieure à 25% du capital social.	除需要满足以上列举的条件外,所有外国籍人应与一个或多个刚果(金)籍人设立刚果(金)法项下的公司,且刚果(金)籍人在注册资本中的参股比例不得低于 25%。
Article 105: De l'octroi et du refus d'octroi du Permis d'Exploitation de Petite Mine	**第 105 条:小矿山开采证的授予和拒绝授予**
L'octroi ou le refus d'octroi du Permis d'Exploitation de Petite Mine sont régis par les dispositions des articles 72 et 73 du présent Code.	小矿山开采证的授予和拒绝授予受本法典第 72 条和第 73 条规制。

Article 106: De l'expiration du Permis d'Exploitation de Petite Mine	**第 106 条:小矿山开采证的期限届满**
Le Permis d'Exploitation de Petite Mine expire dans les mêmes conditions que celles du Permis d'Exploitation prévues à l'article 78 du présent Code.	小矿山开采证期限届满的条件与本法典第 78 条规定的采矿证期限届满的条件相同。
Article 107: Des conditions du renouvellement du Permis d'exploitation de petite mine (*modifié et complété par l'article 3 de la Loi n°18/001 du 09 mars 2018 modifiant et complétant la Loi n° 007/2002 portant Code minier*)	**第 107 条:小矿山开采证的续期条件**(*由修订和补充 2002 年 7 月 11 日关于《矿业法典》的第 007/2002 号法律的 2018 年 3 月 9 日第 18/001 号法律的第 3 条予以修订和补充*)
La demande de renouvellement du Permis d'exploitation de petite mine adressée au Ministre est déposée au Cadastre minier au plus tôt un an et au plus tard six mois avant la date d'expiration dudit Permis. Cette demande comprend les renseignements énumérés à l'article 80 alinéa 2 in fine du présent Code.	被提交至矿业部长的小矿山开采证的续期申请应自该小矿山开采证期限届满之日之前的一年和六个月之间提交至矿权登记局。该申请包括本法典第 80 条第 2 款所规定的信息。
Le Permis d'exploitation de petite mine est renouvelable à condition que le titulaire:	小矿山开采证是可续期的,条件是持有人:
a) n'ait pas failli à ses obligations de maintien de la validité du permis prévues aux articles 196 à 199 du présent Code;	a) 未违反本法典第 196 条至第 199 条所规定的维持采矿权效力的义务;
b) présente une nouvelle étude de faisabilité qui démontre l'existence de réserves exploitables;	b) 提交新的证明存在可开采储量的可行性研究;
c) démontre l'entrée en phase de rentabilité du projet;	c) 证明项目进入盈利阶段;
d) démontre la mise en valeur régulière et ininterrompue du gisement;	d) 证明矿床被合法且不中断地开发;

e) démontre l'existence des ressources financières nécessaires pour continuer à mener à bien son projet selon le plan de financement des travaux d'exploitation de la mine ainsi que le plan de réhabilitation du site à sa fermeture. Ce plan précise chaque type de financement visé et les justifications de leur disponibilité probable;	e)证明存在必要融资来源,允许按照矿山开采工作的融资方案开展项目,并在项目关停时按照项目修复计划完成修复。该方案包括拟采用的融资的类型以及证明融资可获取性的证明材料;
f) obtienne l'approbation de la mise à jour de l'EIES et du PGES;	f)获得环境和社会影响研究和环境和社会管理计划的更新的批准;
g) souscrive un engagement de continuer activement son exploitation;	g)签署承诺积极实施开采活动的承诺书;
h) n'ait pas failli à ses obligations fiscales, parafiscales et douanières.	h)未违反其税收义务、准税收义务和关税义务。
Le Règlement minier fixe les modalités de l'établissement, du dépôt, de la recevabilité ou de l'irrecevabilité, de l'instruction cadastrale, technique et environnementale de la demande de renouvellement du Permis d'exploitation de petite mine ainsi que de la décision de renouvellement, de son inscription, de sa notification et de son affichage.	《矿业条例》包含小矿山开采证续期申请的编制、提交、可受理性或不可受理性、登记审查、技术和环境审查的具体规定以及续期决定、登记、通知和公示决定的具体规定。
Article 108: De la renonciation au Permis d'Exploitation de Petite Mine	**第 108 条:小矿山开采证的放弃**
Les dispositions de l'article 79 du présent Code sur la renonciation au Périmètre d'exploitation s'appliquent à la renonciation de tout ou partie du Périmètre d'exploitation minière à petite échelle par le titulaire.	本法典第 79 条关于开采矿区放弃的规定适用于持有人对小规模矿业开采的全部或部分矿区的放弃。

Chapitre V: De l'Industrialisa-tion du secteur minier(*inséré par l'article 19 de la Loi n°18/001 du 09 mars 2018 modifiant et complétant la Loi n°007/2002 portant Code minier*)	**第五章:矿业部门的工业化**(*由修订和补充2002年7月11日关于《矿业法典》的第007/2002号法律的2018年3月9日第18/001号法律的第19条予以新增*)
Article 108 bis: De l'obligation du titulaire d'effectuer le traitement des substances minérales sur le Territoire national (*inséré par l'article 19 de la Loi n°18/001 du 09 mars 2018 modifiant et complétant la Loi n°007/2002 portant Code minier*)	**第108(2)条:在国家领土内处理矿产的义务**(*由修订和补充2002年7月11日关于《矿业法典》的第007/2002号法律的2018年3月9日第18/001号法律的第19条予以新增*)
Sans préjudice des articles 64 alinéa 1er littera e, 88, 99 et 146 du Code minier, le titulaire d'un droit minier d'exploitation ou d'une Autorisation d'exploitation de carrière permanente est tenu de traiter ou de faire traiter les substances minérales en produits marchands dans ses propres installations ou auprès des entités de traitement agréées établies sur le territoire national.	在不影响适用本法典第64条第1款第e项①、第88条、第99条②和第146③条的规定的情况下,采矿权持有人或永久性采石场开采许可持有人需在其自己的设施内或在国家领土之内的特许处理实体处将矿产处理成商品。
Tout titulaire d'un droit minier d'exploitation ou d'une autorisation d'exploitation de carrière permanente est tenu de présenter à la Direction des mines son plan d'industrialisation contenant un programme de traitement des produits miniers extraits de son périmètre dans ses propres installations ou auprès des entités de traitement agréées établies sur le territoire national.	任何采矿权持有人或永久性采石场开采许可持有人均需向矿业局提交其工业化规划,该规划需包含在其自己的设施内或在国家领土之内的特许处理实体处加工其矿区开采出矿产品的方案。

① 中伦注:此处援引错误,应该是第64(2)条。

② 中伦注:此处援引错误,应该是第99(2)条。

③ 中伦注:此处援引错误,应该是第146(2)条。

Le Règlement minier fixe le contenu du plan d'industrialisation ainsi que ses modalités de dépôt, d'instruction, d'approbation et de suivi.	《矿业条例》规定工业化规划的内容及其提交、审查、批准和跟踪的方式。
Article 108 ter : Du traitement exceptionnel des substances minérales brutes à l'extérieur du territoire national (*inséré par l'article 19 de la Loi n° 18/001 du 09 mars 2018 modifiant et complétant la Loi n° 007/2002 portant Code minier*)	**第 108(3)条:在国家领土外实施原矿处理的例外情况**(*由修订和补充 2002 年 7 月 11 日关于《矿业法典》的第 007/2002 号法律的 2018 年 3 月 9 日第 18/001 号法律的第 19 条予以新增*)
Par dérogation aux dispositions de l'article précédent, le titulaire d'un droit minier d'exploitation peut être autorisé, pour une durée d'une année, à faire traiter ses produits miniers à l'extérieur du territoire national par un arrêté interministériel du ministre ainsi que de celui ayant le commerce extérieur dans ses attributions, délibéré en Conseil des ministres, moyennant le paiement de la taxe y afférente.	作为上条规定的例外,采矿权持有人可被许可在一年期限内将其矿产品在国家领土外加工,该许可由矿业部长和外贸部长的联合部长令作出,该部长令需经部长委员会审议通过,采矿权持有人须缴纳相关的税费。
L'autorisation n'est accordée que si le titulaire démontre à la fois :	在采矿权持有人同时满足如下全部条件时,方可对其授予许可:
a. l'inexistence d'une possibilité de traitement dans le territoire national à un coût économiquement rentable pour le projet minier ;	a. 不存在以可盈利的经济成本在国家领土范围内处理的可能性;
b. l'existence d'un contrat de traitement à façon des produits miniers à l'extérieur du territoire national conclu avec une firme établie à l'étranger ;	b. 存在与在外国成立的企业签署的在刚果(金)领土外处理矿产品的处理合同;
c. son acceptation que les statistiques du métal produit à l'issue du traitement à l'étranger seront comptabilisées en exportation pour le compte de la République Démocratique du Congo ;	c. 其接受在国外处理所生产的金属的统计数据计入刚果民主共和国"出口"项下记录;

d.son acceptation d'être assujetti aux droits et taxes dus au Trésor public en rapport avec le traitement exceptionnel des substances minérales brutes à l'étranger.	d.同意支付因其例外性地在国外处理原矿而需向国库缴纳的相关税费。
Le Règlement minier détermine les modalités de demande, de délivrance et de renouvellement de l'autorisation de traitement exceptionnel des substances minérales brutes à l'extérieur du territoire national.	《矿业条例》确定例外性地在国外处理原矿许可的申请、颁发及续期方式。
Article 108 quater: De l'entité de traitement et de l'usine de transformation (*inséré par l'article 19 de la Loi n°18/001 du 09 mars 2018 modifiant et complétant la Loi n° 007/2002 portant Code minier*)	**第108(4)条:处理实体与加工厂**(*由修订和补充2002年7月11日关于《矿业法典》的第007/2002号法律的2018年3月9日第18/001号法律的第19条予以新增*)
a. De l'entité de traitement	a.处理实体
Toute personne non détentrice d'un titre minier d'exploitation qui se propose de se livrer uniquement au traitement des substances minérales requiert et obtient une autorisation de traitement auprès du ministre conformément aux dispositions du présent Code et du Règlement minier.	希望仅从事矿产处理活动的且不持有采矿证的人应根据本法典及《矿业条例》的规定向矿业部长申请并获得处理许可。
b. De l'usine de transformation	b.加工厂
Toute personne qui se propose de se livrer uniquement à la transformation des substances minérales, se conforme à la législation en la matière.	希望仅从事矿产加工活动的人应遵守相关法律规定。
Toute personne non détentrice d'un titre minier d'exploitation qui se propose de se livrer uniquement au traitement des substances minérales réserve au moins 50% du capital social aux Congolais.	希望从事矿产处理活动且不持有采矿证的人应预留50%的股份给刚果(金)籍人。

Article 108 quinquies: De la sous-traitance (*inséré par l'article 19 de la Loi n°18/001 du 09 mars 2018 modifiant et complétant la Loi n°007/2002 portant Code minier*)	**第 108(5)条:分包**(*由修订和补充 2002 年 7 月 11 日关于《矿业法典》的第 007/2002 号法律的 2018 年 3 月 9 日第 18/001 号法律的第 19 条予以新增*)
Les activités de sous-traitance déterminées à l'article 1 point 48 du présent Code sont exercées conformément à la Loi n° 17/001 du 08 février 2017 fixant les règles applicables à la sous-traitance dans lesecteur privé.	本法典第 1 条第 48 点所规定的分包活动需根据 2017 年 2 月 8 日关于私营领域分包适用规则的第 17/001 号法律实施。
Chapitre VI: De la detention, du transport, de l'entreposage, du stockage, de la commercialisation et de l'exportation des produits miniers (*inséré par l'article 19 de la Loi n°18/001 du 09 mars 2018 modifiant et complétant la Loi n°007/2002 du 11 juillet 2002 portant Code minier*)	**第六章:矿产品的持有、运输、仓储、储存、商业化和出口**(*由修订和补充 2002 年 7 月 11 日关于《矿业法典》的第 007/2002 号法律的 2018 年 3 月 9 日第 18/001 号法律的第 19 条予以新增*)
Article 108 sexies: De la détention du Produit Minier (*inséré par l'article 19 de la Loi n° 18/001 du 09 mars 2018 modifiant et complétant la Loi n°007/2002 du 11 juillet 2002 portant Code minier*)	**第 108(6)条:矿产品的持有**(*由修订和补充 2002 年 7 月 11 日关于《矿业法典》的第 007/2002 号法律的 2018 年 3 月 9 日第 18/001 号法律的第 19 条予以新增*)
Sans préjudice des dispositions de l'article 5 alinéa 3 du présent Code, les établissements de crédit régulièrement installées sur le territoire national, le Trésor public, l'Administration des mines et certaines universités et institutions de recherche sont autorisés à détenir les produits miniers.	在不影响本法典第 5 条第 3 款规定适用的情况下,在国家领土内合法设立的信贷机构、国库、矿业行政机关和特定大学和研究机构可持有矿产品。
La détention des produits miniers par des bijoutiers, joailliers, artistes et dentistes est subordonnée à l'autorisation délivrée par le Gouverneur de province.	首饰商、珠宝商、艺术家和牙医需经省长颁发许可方可持有矿产品。

Toutefois, la Division provinciale des mines accorde aux artistes agréés par le ministère en charge de la Culture et des Arts l'autorisation spéciale visée à l'article 115 du présent Code.	但是，省级矿业局可向文化及艺术部许可的艺术家授予本法典第115条①所规定的特别许可。
Article 108 septies : Du transport et de l'entreposage des produits miniers *(inséré par l'article 19 de la Loi n°18/001 du 09 mars 2018 modifiant et complétant la Loi n°007/2002 du 11 juillet 2002 portant Code minier)*	**第108(7)条：矿产品的运输与仓储** *(由修订和补充2002年7月11日关于《矿业法典》的第007/2002号法律的2018年3月9日第18/001号法律的第19条予以新增)*
Les personnes citées à l'article 5 alinéa 3 du présent Code ont le droit de transporter ou de faire transporter par le transporteur de leur choix, les produits miniers qui proviennent de leurs sites d'exploitation, usines, comptoirs ou points d'achat pour les négociants, selon le cas. Dans ce cas, elles sont tenues, en conformité avec l'article 7 ter du présent Code, de faire identifier leur transporteur.	根据不同情况，本法典第5条第3款所规定的人有权对来源于其开采场地、工厂、商行或贸易点的矿产品自行运输或委托其选定的运输方运输至批发商。在此情况下，该等人须根据本法典第7(3)条的规定提供运输人的信息。
Elles ont, en outre, le droit d'entreposer ou de stocker leurs produits miniers dans des sites clôturés, aménagés à cette fin, situés aux alentours des lieux de chargement, à condition de respecter la réglementation sur la sécurité du site et sur le contrôle de la pollution industrielle.	此外，该等人有权仓储或储存其矿产品，仓储或储存地需要是封闭的、专用于仓储或储存的、在装卸地附近的场地，且需要遵守场地安全规范以及工业污染监管规范。
Le Règlement minier fixe les conditions et modalités d'identification des transporteurs, du transport et de l'entreposage des produits miniers.	《矿业条例》规定矿产品的运输方的确定、运输和仓储的条件和方式。

① 中伦注：该处援引错误，因为原第115条的第二段已经被删除。

Article 108 octies: De la commercialisation et de l'exportation des produits miniers(*inséré par l'article 19 de la Loi n°18/001 du 09 mars 2018 modifiant et complétant la Loi n°007/2002 du 11 juillet 2002 portant Code minier*)	**第 108(8)条:矿产品的商业化与出口**(*由修订和补充 2002 年 7 月 11 日关于《矿业法典》的第 007/2002 号法律的 2018 年 3 月 9 日第 18/001 号法律的第 19 条予以新增*)
La commercialisation des produits miniers qui proviennent des Périmètres d'exploitation ou des entités de traitement ou de transformation agréées s'effectue conformément aux lois et règlements en vigueur en République Démocratique du Congo. Le titulaire d'un Permis d'exploitation peut vendre ses produits aux clients de son choix au prix juste par rapport aux conditions du marché.	来源于矿区或经批准的处理或加工实体的矿产品根据刚果民主共和国现行法律法规的规定进行商业化。采矿证持有人根据市场情况按照合理的价格将其产品销售给其选择的顾客。
Toutefois, en cas de vente locale, il ne peut vendre ses produits qu'à une personne morale exerçant l'activité minière ou à des manufactures ayant un lien avec l'activité minière.	但是,在本地销售时,其只能将其产品销售给从事矿业活动的法人或与矿业活动相关的手工工厂。
Les produits miniers marchands sont conformes à la nomenclature telle que fixée par la règlementation en la matière.	商用矿产品应列于该商用矿产品相关法规所确定的名录之中。
TITRE IV: DE L'EXPLOITATION ARTISANALE DES MINES ET CARRIERES (***modifié et compété par l'article 4 de la Loi n°18/001 du 09 mars 2018 modifiant et complétant la Loi n°007/2002 du 11 juillet 2002 portant Code minier***)	**第四编:矿山和采石场的手工开采** (***由修订和补充 2002 年 7 月 11 日关于《矿业法典》的第 007/2002 号法律的 2018 年 3 月 9 日第 18/001 号法律的第 4 条予以修订和补充***)
Chapitre I: De l'exploitation artisanale proprement dite (*modifié et compété par l'article 4 de la Loi n°18/001 du 09 mars 2018 modifiant et complétant la Loi n°007/2002 du 11 juillet 2002 portant Code minier*)	**第一章:狭义的手工开采**(*由修订和补充 2002 年 7 月 11 日关于《矿业法典》的第 007/2002 号法律的 2018 年 3 月 9 日第 18/001 号法律的第 4 条修改和补充*)

Article 109: De l'institution d'une zone d'exploitation artisanale (*modifié et compété par l'article 4 de la Loi n°18/001 du 09 mars 2018 modifiant et complétant la Loi n°007/2002 du 11 juillet 2002 portant Code minier*)	**第 109 条:手工开采区的设立**(*由修订和补充 2002 年 7 月 11 日关于《矿业法典》的第 007/2002 号法律的 2018 年 3 月 9 日第 18/001 号法律的第 4 条予以修订和补充*)
Lorsque les facteurs techniques et économiques qui caractérisent certains gîtes des substances minérales classées en mines ou carrières ne permettent pas d'en assurer une exploitation industrielle ou semi-industrielle, mais permettent une exploitation artisanale, de tels gîtes sont érigés, dans les limites d'une aire géographique couvrant maximum deux carrés, en zone d'exploitation artisanale.	如果某些被列为矿山或采石场的矿产的矿层相关的技术和经济因素不允许进行工业化开采或半工业化开采,但是允许进行手工开采,则该等矿层在最多覆盖两个区块的地理区域内设立手工开采区。
L'institution d'une zone d'exploitation artisanale est faite par voie d'arrêté du Ministre après avis de l'Organisme spécialisé de recherches, du Gouverneur de province, du Chef de Division provinciale des mines, de l'autorité de l'entité territoriale décentralisée et du Cadastre minier.	在征求专业勘探机构、省长、省级矿业局局长、地方权力机关和矿权登记局的意见后以矿业部长令的形式设立手工开采区。
Un périmètre minier ou de carrières faisant l'objet d'un titre minier ou de carrières en cours de validité ne peut être transformé en zone d'exploitation artisanale. Un tel périmètre est expressément exclu des zones d'exploitation artisanale instituées conformément aux dispositions de ce chapitre.	处于有效期内的矿权证或采石权证对应的矿区或采石区不能转化为手工开采区。该等矿区或采石区明确排除在根据本章的规定设立的手工开采区之外。

L'institution d'une zone d'exploitation artisanale est notifiée par le Secrétaire général aux mines au SAEMAPE pour l'encadrement et l'assistance des exploitants artisanaux affiliés à une coopérative minière agréée et au Cadastre minier qui la porte sur la carte de retombes minières. Tant qu'une zone d'exploitation artisanale existe, aucun titre minier ou de carrières ne peut y être octroyé.	手工开采区的设立由矿业秘书长通知小规模矿山开采协助和监管处以便其负责监管和协助加入经特许的矿业合作社的手工开采者,并通知矿权登记局方便其在矿区定位图上标注。若存在某个手工开采区,则不得在其之上授予任何矿权证或采石权证。
Sur la base des données pertinentes sur la minéralisation et la gîtologie d'une zone d'intérêt identifiée par l'organisme spécialisé de recherches, le SAEMAPE peut requérir l'institution d'une zone d'exploitation artisanale.	小规模矿山开采协助和监管处可以根据专业勘探机构所确定的相关区域的矿化和矿床学数据而要求成立手工开采区。
Toutefois, l'organisme spécialisé de recherches peut à tout moment procéder aux travaux de prospection et de recherches dans les zones d'exploitation artisanale.	但是,专业勘探机构可以随时在手工开采区内实施勘查和勘探工作。
Article 110:De la fermeture d'une zone d'exploitation artisanale (*modifié et compété par l'article 4 de la Loi n°18/001 du 09 mars 2018 modifiant et complétant la Loi n°007/2002 du 11 juillet 2002 portant Code minier*)	**第 110 条:手工开采区的关闭**(*由修订和补充 2002 年 7 月 11 日关于《矿业法典》的第 007/2002 号法律的 2018 年 3 月 9 日第 18/001 号法律的第 4 条予以修订和补充*)
Lorsque les facteurs qui ont justifié l'institution d'une zone d'exploitation artisanale ont cessé d'exister ou qu'un nouveau gisement ne relevant pas de l'exploitation artisanale vient à être découvert, le Ministre, sur avis de l'organisme spécialisé de recherches, du SAEMAPE et du Gouverneur de la province concernée, procède à la fermeture de la zone d'exploitation artisanale.	若证实设立的手工开采区的因素已经不存在或(原手工开采区之上)探明不具备手工开采特征的新矿床,则矿业部长在征求专业勘探机构、小规模矿山开采协助和监管处和省长的意见之后,可以关闭手工开采区。

La fermeture d'une zone d'exploitation artisanale est notifiée par le Secrétaire général aux mines à la Division provinciale des mines du ressort, au Cadastre minier et au SAEMAPE. Ce dernier en informe les coopératives minières ou des produits de carrières agréées, selon le cas, et se charge éventuellement de la relocalisation dans une autre zone d'exploitation artisanale légalement instituée. Dans ce cas, les coopératives minières ou des produits de carrières agréées sont tenues de libérer la zone d'exploitation artisanale dans les soixante jours à compter de la notification de la décision de fermeture.	手工开采区的关闭由矿业秘书长通知该手工开采区所属辖区的省级矿业局局长、矿权登记局和小规模矿山开采协助和监管处。小规模矿山开采协助和监管处通知经特许的矿业合作社或采石场产品合作社,并且根据情况,负责搬迁至合法成立的另一个手工开采区。在此情形下,经特许的矿业合作社或采石场产品合作社应自关闭决定通知之日起六十日内从手工开采区撤离。
La coopérative minière ou de produits de carrières agréée travaillant dans la zone d'exploitation artisanale concernée dispose d'un droit de préemption pour solliciter un Permis en vue d'une exploitation à petite échelle conformément aux dispositions du présent Code.	在相关手工开采区作业的经特许的矿业合作社或采石场产品合作社享有优先根据本法典的规定申请小矿山开采证的优先权。
Cette coopérative minière ou de produits de carrières agréée dispose d'un délai de cent quatre-vingt jours, à compter de la notification de fermeture par le Secrétaire général aux mines, pour faire connaître si elle entend faire jouer son droit de préemption conformément aux dispositions du présent Code.	该等经特许的矿业合作社或采石场产品合作社有权自矿业秘书长作出关闭通知之日起一百八十日内表示其是否希望根据本法典的规定行使其优先权。
La coopérative minière ou de produits de carrières agréée se conforme, dans le délai de préemption lui imparti, aux conditions fixées à l'article 69 du présent Code pour l'obtention d'un Permis d'exploitation ou d'exploitation de petite mine.	经特许的矿业合作社或采石场产品合作社在其优先权的行使期限内按照本法典第 69 条的规定以取得采矿证或小矿山开采证。

L'établissement, le dépôt, la recevabilité et l'instruction de la demande du Permis d'exploitation de petite mine sont régis par les dispositions de l'article 103 du présent Code.	小矿山开采证申请的编制、提交、受理和审查应遵守本法典第 103 条的规定。
Article 111: De l'accès à la zone d'exploitation artisanale (*modifié et compété par l'article 4 de la Loi n°18/001 du 09 mars 2018 modifiant et complétant la Loi n°007/2002 du 11 juillet 2002 portant Code minier*)	**第 111 条:手工开采区的准入**(*由修订和补充 2002 年 7 月 11 日关于《矿业法典》的第 007/2002 号法律的 2018 年 3 月 9 日第 18/001 号法律的第 4 条予以修订和补充*)
Dans la zone d'exploitation artisanale, seuls les membres des coopératives minières ou des produits de carrières agréées sont autorisés à y accéder pour exploiter toute substance minérale classée en mines ou produits de carrières.	仅经特许的矿业合作社或采石场产品合作社的成员被许可进入手工开采区,以开采被归类为矿山类或采石场类产品的矿产。
Les modalités de cette autorisation sont définies dans le Règlement minier.	该许可的具体规定参见《矿业条例》。
Article 111 bis: De la carte d'exploitant artisanal des mines et/ou des produits de carrières(*inséré par l'article 20 de la Loi n°18/001 du 09 mars 2018 modifiant et complétant la Loi n°007/2002 du 11 juillet 2002 portant Code minier*)	**第 111(2)条:矿山和/或采石场产品的手工开采证**(*由修订和补充 2002 年 7 月 11 日关于《矿业法典》的第 007/2002 号法律的 2018 年 3 月 9 日第 18/001 号法律的第 20 条予以新增*)
Les cartes d'exploitant artisanal des mines et/ou des produits de carrières sont délivrées par le Ministre provincial des mines du ressort aux personnes éligibles et qui s'engagent à respecter la réglementation en matière de protection de l'environnement, de l'hygiène et de la sécurité dans les zones d'exploitation artisanale, conformément aux modalités fixées par le Règlement minier, après en avoir pris connaissance.	由所在辖区的省级矿业部长向具备资格的人员颁发矿山和/或采石场产品的手工开采证,该等具备资格的人员承诺在了解《矿业条例》后,根据《矿业条例》规定的方式遵守其中关于在手工开采区中的环境保护、卫生及安全的规定。

Un droit fixe dont le montant est déterminé par voie réglementaire est perçu lors de la délivrance de chaque carte.	手工开采证的颁发之时应收取一笔金额由法规规定的定额税。
La durée de la carte d'exploitant artisanal est d'un an, renouvelable pour la même durée sans limitation.	手工开采证的期限为一年,可以多次续期,每次续期期限为一年。
En cas de perte, de destruction ou de vol de la carte d'exploitant artisanal, aucun duplicata ne sera délivré. Le détenteur est tenu de faire opposition, avant d'en solliciter une nouvelle.	若手工开采证遗失、损毁或被盗,不发放采矿证副本。持有人应在申请新的手工开采证之前进行挂失。
Le Règlement minier fixe les modalités d'établissement de la carte d'exploitant artisanal.	《矿业条例》规定手工开采证的制定方式。
Article 112: Des obligations du détenteur de la carte d'exploitant artisanal (*modifié à son alinéa 1er par l'article 4 de la Loi n° 18/001 du 09 mars 2018 modifiant et complétant la Loi n° 007/2002 du 11 juillet 2002 portant Code minier*)	**第 112 条:手工开采证持有人的义务**(*由修订和补充 2002 年 7 月 11 日关于《矿业法典》的第 007/2002 号法律的 2018 年 3 月 9 日第 18/001 号法律的第 4 条修改其第 1 款*)
La coopérative minière ou des produits de carrières et l'exploitant artisanal des mines, chacun en ce qui le concerne, respectent les normes en matière de sécurité, d'hygiène, d'utilisation de l'eau et de protection de l'environnement qui s'appliquent à son exploitation conformément à la réglementation en vigueur.	矿业合作社或采石场产品合作社和矿山的手工开采者应根据现行规定,遵守适用于其开采活动的安全、卫生、水资源使用、环境保护方面的标准。
Le Règlement Minier fixe les modalités d'exécution des normes en matière de sécurité publique, de santé publique et d'environnement.	《矿业条例》规定公共安全、公共健康和环境标准的实施方式。

Article 113: De la transformation des produits de l'exploitation artisanale (*modifié et compété par l'article 4 de la Loi n°18/001 du 09 mars 2018 modifiant et complétant la Loi n°007/2002 du 11 juillet 2002 portant Code minier*)	**第 113 条:手工开采产品的加工**(*由修订和补充 2002 年 7 月 11 日关于《矿业法典》的第 007/2002 号法律的 2018 年 3 月 9 日第 18/001 号法律的第 4 条予以修订和补充*)
L'agrément au titre de coopérative minière ou des produits de carrières n'autorise passon détenteur de transformer les produits de l'exploitation artisanale.	矿业合作社或采石场产品合作社的经营许可并不允许其持有人加工手工开采的产品。
Toutefois, la transformation des produits par la coopérative minière ou des produits de carrières agréée peut se faire moyennant une autorisation préalable accordée par le Ministre.	但是,经矿业部长事先授予许可后,矿业合作社或采石场产品合作社方可加工上述产品。
Article 114: Du retrait de la carte d'exploitant artisanal des mines ou des produits de carrières (*modifié et compété par l'article 4 de la Loi n°18/001 du 09 mars 2018 modifiant et complétant la Loi n°007/2002 du 11 juillet 2002 portant Code minier*)	**第 114 条:矿山或采石场产品的手工开采证的吊销**(*由修订和补充 2002 年 7 月 11 日关于《矿业法典》的第 007/2002 号法律的 2018 年 3 月 9 日第 18/001 号法律的第 4 条予以修订和补充*)
La carte d'exploitant artisanal des mines ou des produits de carrières peut être retirée par le Ministre provincial des mines qui l'a émise, après une mise en demeure de trente jours sans remédier à la situation par la personne qui détient la carte, pour tout manquement aux obligations prévues à article 112 du présent Code.	若持有人未履行本法典第 112 条所规定的任何义务,并且在被催告后三十日内仍未补救的,则矿山或采石场产品的手工开采证可由颁发该证的省级矿业部长吊销。
Le cas échéant, la personne à laquelle la carte a été retirée n'est pas éligible pour obtenir une nouvelle carte d'exploitant artisanal des mines ou des produits de carrières pendant trois ans.	手工开采证被吊销的人员在三年内根据情况不得获得新的手工开采证。

Le retrait de la carte d'exploitant artisanal des mines ou des produits de carrières donne droit aux recours prévus dans les dispositions des articles 315 et 316 du présent Code.	矿山或采石场产品手工开采证的吊销产生本法典第 315 条和第 316 条所规定的救济权。
Article 114 bis: De la coopérative minière et/ou des produits de carrières agréée (*inséré par l'article 20 de la Loi n°18/001 du 09 mars 2018 modifiant et complétant la Loi n°007/2002 du 11 juillet 2002 portant Code minier*)	**第 114(2)条:特许矿业和/或采石场产品合作社**(*由修订和补充 2002 年 7 月 11 日关于《矿业法典》的第 007/2002 号法律的 2018 年 3 月 9 日第 18/001 号法律的第 20 条予以新增*)
La coopérative minière et/ou des produits de carrières agréée est autorisée à exploiter toute substance minérale exploitable artisanalement et à la commercialiser localement conformément aux dispositions du présent Code et de ses mesures d'application.	特许矿业和/或采石场产品合作社被许可根据本法典及其实施规则的规定开采任何可手工开采的矿产并在当地完成矿产的商业化。
Un droit fixe dont le montant est déterminé par voie règlementaire est perçu lors de l'agrément.	在批准时,由法规规定的定额税需被收取。
La demande d'agrément au titre de coopérative minière et/ou des produits de carrières adressée au Ministre est déposée auprès de la Division provinciale des mines du ressort.	发送至矿业和/或采石场产品合作社的特许申请应提交至所在辖区的省级矿业局局长。
A la demande sont joints les éléments suivants:	申请时应附随提交如下文件:
a) les statuts dûment notariés de la coopérative d'exploitants artisanaux signés par les fondateurs;	a) 经发起人签署的且经有效公证的手工开采合作社的章程;
b) la liste reprenant les noms et adresses des fondateurs;	b) 包含发起人姓名和住址的清单;

c) la photocopie certifiée conforme de la carte d'exploitant artisanal de chaque membre;	c)与每个成员的手工开采证一致的经认证的复印件；
d) le procès-verbal de l'assemblée générale constitutive;	d)成立股东大会的会议记录；
e) les noms, adresse et profession des dirigeants;	e)管理层人员的姓名、住址和职业；
f) la preuve de l'adhésion libre de chaque membre au groupement d'exploitants artisanaux;	f)手工开采者小组中每个成员的自愿加入证明；
g) la preuve que les conditions d'adhésion au groupement ne sont pas prohibitives;	g)证明加入开采组的条件不是被法律禁止的；
h) les preuves de versements effectués au titre de souscription au capital social;	h)认缴注册资本的实缴证明；
i) les moyens techniques et financiers ainsi que les ressources humaines que la coopérative entend mettre en oeuvre pour la réalisation de ses objectifs.	i)合作社为实现其目标而规划的技术和财务条件以及人力资源。
L'obtention de l'agrément au titre de coopérative minière et/ou des produits de carrières, est subordonnée aux conditions suivantes:	获得矿业和/或采石场产品合作社的特许须符合如下条件：
a) être constituée conformément à l'Acte uniforme sur le droit de sociétés coopératives;	a)根据《合作社统一法》的规定成立；
b) être composée au minimum de vingt personnes physiques majeures de nationalité congolaise détentrices des cartes d'exploitant artisanal des mines et/ou des produits de carrières valable pour une province donnée;	b)由至少二十名持有在某一省份有效的手工采矿和/或采石证的刚果(金)籍成年自然人组成；

c) avoir pour objet social, principalement les activités minières et/ou des produits de carrières.	c)经营范围主要涉及矿业和/或采石场产品活动。
L'agrément au titre de coopérative minière et/ou des produits de carrière est accordé ou refusé par le Ministre.	矿业合作社和/或采石场产品合作社的特许资格由矿业部长授予或拒绝授予。
La décision d'octroi ou de refus est notifiée par le Secrétaire général aux mines au SAEMAPE et au Cadastre minier.	授予或拒绝授予的决定应由矿业秘书长通知小规模矿山开采协助和监管处以及矿权登记局。
Tout refus est motivé et donne droit au recours, conformément aux dispositions des articles 313 et 316 du présent Code.	任何拒绝授予的决定应说明理由,且产生本法典第313条和第316条所规定的救济权。
Sous peine du retrait d'agrément par le Ministre, la coopérative minière et/ou des produits de carrières agréée est tenue, en sus des obligations prévues à l'article 112 du présent Code, de transmettre mensuellement au SAEMAPE les statistiques de sa production et d'indemniser les exploitants agricoles pour tout dommage engendré par son activité.	除本法典第112条规定的义务外,经特许的矿业和/或采石场产品合作社还应每月向小规模矿山开采协助和监管处提交其生产资料的统计并赔偿农民因其活动遭受的任何损害,否则矿业部长将撤销特许。
Le Règlement minier fixe les conditions et modalités de l'instruction de la demande d'agrément au titre de coopérative minière et/ou de produits de carrières.	《矿业条例》规定矿业合作社和/或采石场产品合作社的特许申请的审查条件和方式。
Chapitre II: De la détention, du transport et de la commercialisation des produits d'exploitation artisanale (*modifié et compété par l'article 4 de la Loi n°18/001 du 09 mars 2018 modifiant et complétant la Loi n°007/2002 du 11 juillet 2002 portant Code minier*)	**第二章:手工开采产品的持有、运输和商业化**(*由修订和补充2002年7月11日关于《矿业法典》的第007/2002号法律的2018年3月9日第18/001号法律的第4条予以修订和补充*)

Article 115: De la détention et du transport des produits de l'exploitation artisanale(*modifié et compété par l'article 4 de la Loi n° 18/001 du 09 mars 2018 modifiant et complétant la Loi n° 007/2002 du 11 juillet 2002 portant Code minier*)	**第 115 条：手工开采产品的持有和运输**（*由修订和补充 2002 年 7 月 11 日关于《矿业法典》的第 007/2002 号法律的 2018 年 3 月 9 日第 18/001 号法律的第 4 条予以修订和补充*）
Sans préjudice des dispositions de l'alinéa 2 ci-dessous, à l'intérieur de l'ensemble du territoire national, mais en dehors des Périmètres faisant l'objet des titres miniers exclusifs, nul ne peut détenir ou transporter les produits de l'exploitation artisanale des substances minérales:	在不影响实施下述第 2 款①规定的前提下，在国家领土范围内、在排他性矿权覆盖矿区之外，以下人员不得持有或运输手工开采的矿产：
1) s'il n'a pas la carte d'exploitant artisanal et n'agit pas au nom et pour le compte d'une coopérative minière ou des produits de carrières;	1）若其无手工开采证且并非以矿业合作社或采石场产品合作社的名义并为其利益而行动；
2) s'il n'a pas la carte de négociant en cours de validité;	2）其未持有处于有效期内的批发许可证；
3) s'il n'est pas acheteur agréé au service d'un comptoir d'achat, d'une entité de traitement ou de transformation agréé;	3）其并非经特许的商行、经批准的加工或处理实体的经特许的采购员；
4) s'il n'est pas gérant ou préposé d'une coopérative minière.	4）其并非矿业合作社的管理人或工作人员。
Article 116: De la commercialisation des produits de l'exploitation artisanale	**第 116 条：手工开采产品的商业化**
Les exploitants artisanaux ne peuvent vendre leurs produits miniers qu'aux négociants, aux marchés boursiers, aux comptoirs ou organismes agréés ou créés par l'Etat.	手工开采者只能向批发商、证券交易市场、国家批准或设立的商行或机构出售其矿产品。

① 中伦注：本条款不存在第 2 款，故此处援引错误。

Ils peuvent également vendre leurs produits miniers aux artistes agréés par le Ministère de la Culture et des Arts, dans les limites des autorisations visées à l'alinéa 2 de l'article 115 du présent Code.	在本法典第 115 条第 2 款[1]规定的许可限制内，手工开采者也可以将其矿产品出售给经文化与艺术部特许的艺术家。
Les négociants agréés ne peuvent vendre les produits de l'exploitation artisanale qu'aux comptoirs ou aux organismes agréés ou créés par l'Etat ainsi qu'aux marchés boursiers.	特许批发商只能将手工开采的产品出售给国家特许或设立的商行或机构以及证券交易市场。
Les artistes agréés ne peuvent vendre les produits de l'exploitation artisanale non travaillés qu'en vertu d'une autorisation spéciale obtenue pour les cas exceptionnels de liquidation des stocks excessifs.	特许艺术家只能在为清空过剩库存且获得特别许可的情况下出售未经加工的手工开采产品。
Le Règlement Minier fixe les modalités d'établissement de l'autorisation spéciale.	《矿业条例》规定特别许可的批准方式。
Article 117 : Des négociants des produits de l'exploitation artisanale (*modifié à son alinéa 2 par l'article 4 de la Loi n° 18/001 du 09 mars 2018 modifiant et complétant la Loi n°007/2002 du 11 juillet 2002 portant Code minier*)	**第 117 条：手工开采产品批发商**（*由修订和补充 2002 年 7 月 11 日关于《矿业法典》的第 007/2002 号法律的 2018 年 3 月 9 日第 18/001 号法律的第 4 条修改其第 2 款*）
Les détenteurs de la carte de négociant pour une zone d'exploitation artisanale en cours de validité sont autorisés à acheter l'or, le diamant ou toute autre substance minérale exploitable artisanalement auprès des personnes qui détiennent les cartes d'exploitant artisanal.	在有效期内的手工开采区的手工开采产品批发许可证持有人可以向手工开采证持有人购买黄金、钻石和其他可以手工开采的矿产。

① 中伦注：第 115 条不存在第 2 款，故此处援引错误。

La carte de négociant est délivrée par le Ministre provincial à la personne majeure de nationalité congolaise qui la demande. Le requérant d'une carte de négociant produit, à l'appui de sa demande, son attestation de nationalité et la preuve de sa déclaration ou de son immatriculation au Registre de Commerce et de Crédit Mobilier.	批发许可证由省级矿业部长向提出申请的刚果(金)国籍成年人颁发。批发许可证的申请人应该在申请中附随国籍证明及其在商事和动产信用登记簿申报或登记的证明。
Un droit fixe dont le montant est déterminé par voie réglementaire est perçu lors de la délivrance de chaque carte.	在颁发每个权证时,应缴纳金额由法规规定的定额税。
La durée de la carte de négociant est d'un an. Elle est renouvelable pour la même durée et sans limitation.	批发许可证的有效期为一年,每次续期期限为一年,可多次续期。
En cas de perte, de destruction ou de vol de la carte de négociant, le détenteur est tenu de faire opposition. Cependant, ce dernier peut en solliciter une nouvelle.	在批发许可证遗失、损毁或被盗的情况下,其持有人应进行挂失。在挂失期间,持有人可申请新的手工开采证。
Le Règlement Minier fixe les modalités d'établissement de la carte de négociant.	《矿业条例》规定批发许可证的批准方式。
Article 118: Des obligations des détenteurs des cartes de négociant	**第 118 条:批发许可证持有人的义务**
Le négociant agréé doit vendre aux comptoirs ou aux organismes agréés ou créés par l'Etat ainsi qu'aux marchés boursiers agréés par l'Etat les produits de l'exploitation artisanale qu'il achète. Il doit également fournir les rapports de son activité conformément à la réglementation en la matière.	经特许的批发商应向国家批准或设立的商行或机构及国家批准的证券交易市场出售其购买的手工开采的产品。经批准的批发商同样需要根据相关规定提供其经营活动报告。

Article 119: Du retrait de la carte de négociant (*modifié à son alinéa 1er par l'article 4 de la Loi n°18/001 du 09 mars 2018 modifiant et complétant la Loi n° 007/2002 portant Code minier*)	**第 119 条:批发许可证的吊销**(*由修订和补充 2002 年 7 月 11 日关于《矿业法典》的第 007/2002 号法律的 2018 年 3 月 9 日第 18/001 号法律的第 4 条修改其第 1 款*)
La carte de négociant peut être retirée par le Ministre provincial qui l'a émise si, après une mise en demeure de trente jours, le négociant n'a pas remédié au manquement afférent lui incombant en vertu de l'article 118 du présent Code. Le cas échéant, la personne à laquelle la carte a été retirée n'est pas éligible pour obtenir une nouvelle carte de négociant pendant trois ans.	若批发商未履行本法典第 118 条规定的义务,且在被催告后三十日内仍未补救的,则批发许可证可由颁发该证的省级矿业部长吊销。根据情况,批发许可证被吊销的人员在三年内不得获得新的批发许可证。
Le retrait de la carte de négociant donne droit aux recours précisés dans les articles 315 et 316 du présent Code.	批发许可证的吊销赋予本法典第 315 条和第 316 条规定的救济权。
Article 120: Des comptoirs agréés (*modifié à son alinéa 4 par l'article 4 de la Loi n°18/001 du 09 mars 2018 modifiant et complétant la Loi n°007/2002 portant Code minier*)	**第 120 条:经特许的商行**(*由修订和补充 2002 年 7 月 11 日关于《矿业法典》的第 007/2002 号法律的 2018 年 3 月 9 日第 18/001 号法律的第 4 条修改其第 4 款*)
Les comptoirs agréés sont autorisés à acheter, à vendre et à exporter les substances minérales d'exploitation artisanale conformément aux dispositions du présent Code et de ses mesures d'application.	经批准的商行可以根据本法典及其适用规则的规定购买、出售和出口手工开采的矿产。
L'agrément au titre de comptoir d'achat et de vente des substances minérales d'exploitation artisanale est accordé par le Ministre.	购买和销售手工开采矿产的商行的许可由矿业部长授予。
L'agrément au titre de comptoir d'achat et de vente des substances minérales d'exploitation artisanale est valable pour une durée d'un an, renouvelable sans limitation.	购买和销售手工开采矿产的商行的许可的有效期为一年,可以多次续期。

Une redevance dont le montant est déterminé par voie réglementaire est perçue au profit du Trésor public lors de l'agrément et à chaque renouvellement.	在许可授予和每次续期之时，国库将收取一笔金额由法规规定的权益金。
Le requérant à l'agrément au titre de comptoir est tenu de constituer une caution conformément aux modalités de versement fixées par voie règlementaire.	商行许可的申请人应根据法规规定的付款方式设立保证金。
Article 121: Du nombre des comptoirs agréés	**第 121 条：特许商行的数量**
Le nombre de comptoirs agrées d'achat de l'or, de diamant et d'autres substances minérales d'exploitation artisanale dans le Territoire National est illimité.	对在国家领土内购买黄金、钻石和其他手工开采矿产的特许商行的数量不做限制。
Toutefois, le nombre d'acheteurs par comptoir est limité par voie réglementaire.	但是，每个商行的采购员数量由法规进行限制。
Article 122: Des acheteurs des comptoirs agréés (*modifié et compété par l'article 4 de la Loi n°18/001 du 09 mars 2018 modifiant et complétant la Loi n° 007/2002 du 11 juillet 2002 portant Code minier*)	**第 122 条：特许商行的采购员**（*由修订和补充 2002 年 7 月 11 日关于《矿业法典》的第 007/2002 号法律的 2018 年 3 月 9 日第 18/001 号法律的第 4 条予以修订和补充*）
L'acheteur d'un comptoir agréé exerce ses activités conformément à la réglementation en vigueur.	特许商行的采购员根据现行规定实施活动。
Article 123: De la demande d'agrément au titre de comptoir d'achat et de vente des substances minérales d'exploitation artisanale (*modifié à son alinéa 1er par l'article 4 de la Loi n°18/001 du 09 mars 2018 modifiant et complétant la Loi n° 007/2002 du 11 juillet 2002 portant Code minier*)	**第 123 条：购买和销售手工开采矿产的商行的许可的申请**（*由修订和补充 2002 年 7 月 11 日关于《矿业法典》的第 007/2002 号法律的 2018 年 3 月 9 日第 18/001 号法律的第 4 条修改其第 1 款*）

La demande d'agrément au titre de comptoir d'achat et de vente des substances minérales d'exploitation artisanale est adressée, par toute personne éligible conformément à l'alinéa 2 de l'article 25 du présent Code, à la Direction des Mines et comporte les éléments ci-après:	购买和销售手工开采矿产商行的许可申请由符合本法典第 25 条[①]第 2 款所规定的有资格的人员向矿业局提出，且须包含如下内容：
a) la preuve de l'inscription au Registre de Commerce et de Crédit Mobilier;	a)在商事和动产信用登记簿登记的证明；
b) les statuts notariés, s'il s'agit d'une personne morale;	b)若申请人是法人，则须提供经公证的章程；
c) l'extrait de casier judiciaire de la première résidence datant de trois mois au plus et l'attestation de bonne conduite, vie et moeurs, s'il s'agit d'une personne physique;	c)若申请人是自然人，其主要居住地法院在三个月内出具的无犯罪记录摘要和良好行为证明；
d) le numéro d'Identification Nationale;	d)国家编码号；
e) le numéro impôt;	e)税号；
f) la preuve de détention d'un compte ouvert au nom du requérant dans une banque agréée;	f)申请人在经特许的银行持有其名下开立账户的证明；
g) la lettre d'immatriculation à la Banque Centrale du Congo et le numéro Import-Export.	g)在刚果(金)中央银行注册的函件及进出口号。
Article 124: De l'instruction de la demande d'agrément au titre de comptoir d'achat et de vente des substances minérales d'exploitation artisanale *(modifié à son alinéa 3 par l'article 4 de la Loi n°18/001 du 09 mars 2018 modifiant et complétant la Loi n°007/2002 portant Code minier)*	**第 124 条：购买和销售手工开采矿产商行的许可申请审查** *（由修订和补充 2002 年 7 月 11 日关于《矿业法典》的第 007/2002 号法律的 2018 年 3 月 9 日第 18/001 号法律的第 4 条修改其第 3 款）*

① 中伦注：该处援引错误。

La Direction des Mines accuse réception de la demande, l'inscrit sur un registre ad hoc, l'instruit et s'assure qu'elle est régulière quant à la forme, la fait rectifier ou la compléter pour autant que de besoin. Elle peut provoquer toute enquête nécessaire.	矿业局告知其收到申请,将申请登记到专用登记簿,进行审查并确保申请符合形式要求,对其进行必要的修改或补充。矿业局可以进行任何有必要的调查。
En cas d'enquête, elle requiert des informations utiles sur l'authentification des documents annexés auprès de services publics qui les ont émis.	在调查时,矿业局向出具附随文件的公共服务机构要求提供证明文件真实性的有用信息。
Dans tous les cas, l'instruction de la demande ne peut excéder trente jours à compter de la date du dépôt de la demande d'agrément. Passé ce délai, l'avis favorable de la Direction des mines est réputé acquis et ce, sans préjudice des dispositions de l'article 123 ci-dessus.	在一切情况下,申请的审查不得超过自提交许可申请之日起的三十日。在不影响上述第 123 条规定实施的前提下,若该期限届满,则视为已经获得矿业局的肯定性审查意见。
Après instruction, la Direction des Mines transmet le dossier avec avis au Ministre pour décision. La Direction des Mines notifie au requérant son avis et sa transmission au Ministre.	在审查后,矿业局将材料与审批意见一并移交给矿业部长供其决策。矿权局通知申请人其审批意见以及上述移交情况。
Article 125: De l'agrément et du refus de l'agrément	**第 125 条:许可与拒绝许可**
Si l'avis de la Direction des Mines est favorable, le Ministre prend la décision dans un délai qui ne peut excéder trente jours ouvrables.	如果矿业局的审批意见是肯定性审批意见,矿业部长将在不超过三十个工作日的期限内作出决定。
Passé ce délai, le requérant a droit à un recours conformément aux dispositions des articles 313 et 314 du présent Code.	该期限届满后,申请人根据本法典第 313 条与第 314 条享有救济权。

Si l'avis de la Direction des Mines est défavorable, le Ministre prend la décision de refus d'agrément dans un délai qui ne peut excéder quinze jours ouvrables à compter de la date de la réception du dossier transmis par la Direction des Mines.	若矿业局作出拒绝性审批意见,矿业部长将自收到矿业局向其移交的文件之日起不超过十五个工作日的期限内作出拒绝许可的决定。
La décision de refus est motivée et donne droit aux recours prévus par les dispositions des articles 313 et 314 du présent Code.	拒绝决定需说明理由,且产生本法典第313条和第314条所规定的救济权。
Article 126: Des obligations des comptoirs agréés (*modifié et compété par l'article 4 de la Loi n°18/001 du 09 mars 2018 modifiant et complétant la Loi n° 007/2002 portant Code minier*)	**第126条:特许商行的义务**(*由修订和补充2002年7月11日关于《矿业法典》的第007/2002号法律的2018年3月9日第18/001号法律的第4条予以修订和补充*)
Les comptoirs agréés doivent, d'une part, se soumettre au contrôle lors de l'achat et de la vente des produits de l'exploitation artisanale par l'Administration des Mines et par un organisme public chargé de l'expertise, et d'autre part, fournir les rapports de leurs activités conformément au présent Code et ses mesures d'application.	特许商行应在购买和出售手工开采产品时接受矿业行政机关和负责鉴定的公共机构的监管,并根据本法典及其适用规则的规定提供其经营活动报告。
Les comptoirs agréés sont également tenus aux obligations ci-après:	特许商行应履行如下义务:
a) communiquer au Ministre et à la Banque Centrale du Congo à dater de l'agrément, les emplacements fixes et contrôlables des bureaux d'achat de l'or, du diamant et des autres substances minérales d'exploitation artisanale;	a) 在许可之日,向矿业部长和刚果(金)中央银行通报黄金、钻石或其他手工开采矿产的固定和可控(移动)的商行位置;

b) acheter l'or, le diamant et autres substances minérales d'exploitation artisanale présentés aux comptoirs agréés quelles que soient leurs grosseur, quantité et qualité;	b)在特许商行处购买黄金、钻石和其他手工开采矿产,而无论其体积、数量和质量的情况为何;
c) payer les impôts et taxes relatifs à leurs activités;	c)支付与其经营活动相关的各种税费;
d) disposer en propriété d'au moins un immeuble en matériaux durables dans chaque centre d'activités endéans une année;	d)在一年的期限内,在每个经营活动中心中至少具有一套不动产的所有权;
e) avoir au sein de la société une participation de 25% au moins du capital social réservée aux congolais.	e)公司至少25%的股权保留给刚果(金)籍人。
Article 127: Du retrait de l'agrément au titre de comptoir d'achat et de vente des substances minérales d'exploitation artisanale (*modifié à son alinéa 1er par l'article 4 de la Loi n°18/001 du 09 mars 2018 modifiant et complétant la Loi n° 007/2002 portant Code minier*)	**第127条:购买和销售手工开采矿产的商行的许可的撤销**(*由修订和补充2002年7月11日关于《矿业法典》的第007/2002号法律的2018年3月9日第18/001号法律的第4条修改其第1款*)
L'agrément au titre de comptoir d'achat et de vente des substances minérales d'exploitation artisanale peut être retiré par le Ministre, après mise en demeure de trente jours faite par la Direction des mines, si le comptoir agréé concerné n'a pas remédié à tout manquement aux obligations lui incombant en vertu des dispositions de l'article 126 du présent Code. Le cas échéant, le comptoir déchu de ses droits n'est pas éligible à l'agrément comme comptoir pendant cinq ans.	若特许商行违反本法典第126条所规定的义务,且在矿业局催告后三十日内仍未补救的,则购买和销售手工开采矿产的商行的许可可由矿业部长吊销,被吊销许可的商行在五年的期限内无资格申请新的许可。

Le retrait de l'agrément au titre de comptoir d'achat et de vente des substances minérales d'exploitation artisanale donne droit aux recours prévus par les dispositions des articles 313 et 314 du présent Code.	购买和销售手工开采矿产商行的许可的吊销赋予本法典第 313 条和第 314 条规定的救济权。
Article 128: Des marchés boursiers (*modifié à ses alinéa 1er et 2 par l'article 4 de la Loi n°18/001 du 09 mars 2018 modifiant et complétant la Loi n° 007/2002 portant Code minier*)	**第 128 条:证券交易市场**(*由修订和补充 2002 年 7 月 11 日关于《矿业法典》的第 007/2002 号法律的 2018 年 3 月 9 日第 18/001 号法律的第 4 条修改其第 1 款和第 2 款*)
Aucun marché boursier d'achat et vente des autres substances minérales d'exploitation artisanale ne peut opérer sur le territoire national sans agrément préalable de la Banque Centrale du Congo et du Ministre.	在刚果(金)中央银行和矿业部长未作出事先许可的情况下,任何手工开采矿产的证券交易市场不得在国家领土范围内营业。
Le Règlement Minier précise les modalités d'agrément, d'organisation et de financement des marchés boursiers.	《矿业条例》规定证券交易市场的许可、组织和融资的具体方式。
TITRE V:DES DROITS DE CARRIERES	**第五编:采石权**
Chapitre I:Des généralités	**第一章:通则**
Article 129: Des autorisations des opérations de carrières	**第 129 条:采石场作业的相关许可**
Les opérations de recherches des produits de carrières et d'exploitation de carrières sont autorisées par l'Etat dans les conditions précisées au présent titre.	国家根据本编规定的条件批准采石场产品勘探活动和采石场开采活动。
Le Chef de Division Provinciale des Mines est compétent pour octroyer les autorisations de recherches de carrières et les autorisations d'exploitation de carrières des matériaux de construction à usage courant.	省级矿业局局长有权授予采石场勘探许可和常用建筑材料的开采许可。

Seul le Ministre est compétent pour octroyer les autorisations d'exploitation de carrières pour les autres substances de carrières.	仅矿业部长有权对采石场的其他物质授予采石场开采许可。
Le Cadastre Minier est compétent pour délivrer les titres aux requérants qui ont obtenu des autorisations de carrières sollicitées.	矿权登记局有权向已经获取所申请的采石许可的申请人颁发权证。
Article 130: De la portée des autorisations de carrières	**第 130 条:采石许可的范围**
Les droits du titulaire d'une autorisation de carrières porte sur les substances de carrières qui peuvent se trouver sur le sol ou dans le sous-sol sous une superficie dont la forme est conforme aux dispositions de l'article 28 du présent Code.	采石许可的持有人的权利对应位于在某区域的地表或地下的采石场物质,该等区域的形状符合本法典第 28 条的规定。
Article 131: Du changement de classement d'une substance minérale	**第 131 条:矿产分类的变化**
En cas de changement du classement d'une substance des mines en substance de carrières, le titulaire d'un titre minier établi pour la substance en cause, conserve tous les droits attachés à son titre en relation avec la substance jusqu'à l'expiration de son titre.	当归类为矿产的物质变更为归类为采石场的物质时,该等物质的矿权证持有人保留其矿权证项下关于该物质的全部权利直至其矿权证期限届满。
En cas de classement d'un produit de carrières qui fait l'objet d'une Autorisation d'Exploitation de Carrière Permanente dans la catégorie de produits miniers, le titulaire de l'Autorisation d'Exploitation a le droit à l'institution d'un permis d'exploitation de la substance à son nom, sous réserve de le demander dans un délai d'un an après la date de changement de classement.	若永久性采石场开采许可对应的采石场产品被归类为矿产品,永久性采石场开采许可持有人有权获得以其名义颁发的针对该物质的开采许可,条件是在分类变更起的一年内申请。
Toutefois, son Autorisation d'Exploitation reste en vigueur.	但是,永久性采石场开采许可持有人的开采许可仍然有效。

Article 132 : Du classement des carrières	**第 132 条 : 采石场的分类**
Les carrières sont classées en quatre catégories :	采石场分为四类：
a) les carrières permanentes ouvertes soit sur un terrain domanial, soit sur un Périmètre faisant l'objet d'un titre foncier détenu par un tiers pour l'exploitation commerciale par des personnes privées ;	a)位于公有土地之上的或位于第三人所持有的用于私人商业开发的土地权证覆盖的矿区之上设立的永久性采石场；
b) les carrières ouvertes de façon temporaire, soit sur un terrain domanial soit sur un Périmètre faisant l'objet d'un titre foncier détenu par un tiers pour l'exploitation commerciale par des privés ;	b)位于公有土地之上或位于第三人持有的用于私人商业开发的土地权证覆盖的矿区之上的临时性采石场；
c) les carrières ouvertes de façon temporaire sur un terrain domanial pour les travaux d'utilité publique ;	c)位于公共土地之上的，用于实施公共用途工程的临时性采石场；
d) les carrières ouvertes de façon temporaire par l'occupant régulièrement autorisé ou le propriétaire d'un terrain pour l'exploitation non commerciale ou exclusivement à son propre usage domestique.	d)经正式批准的土地占有人或土地所有权人为了非商业性开采的用途或仅用于其家庭用途的临时性采石场。
L'exploitation de chaque type de carrières est soumise à une forme distincte d'autorisation précisée ci-dessous.	开采各类型采石场都应获得下述所明确的不同形式的许可。
Article 133 : De l'autorisation d'ouverture de carrières pour les travaux d'utilité publique	**第 133 条 : 用于公共用途工程的采石场开设许可**
Après avis conforme du service compétent du Ministère des Affaires Foncières et avis des Autorités administratives provinciales ou communales concernées ainsi que celui du Cadastre Minier, le Gouverneur de province peut ouvrir, sur un terrain domanial qui ne fait	在土地事务部主管服务部门出具批复并且有关的省级或市镇级行政机关和矿权登记局出具意见后，省长可以在采矿证未覆盖的公有土地上开设用于公共用途工程的采石场。

pas l'objet d'un Permis d'Exploitation Minière, une carrière pour les travaux d'utilité publique.	
L'Arrêté provincial d'ouverture d'une carrière d'utilité publique précise:	开设用于公共用途工程的采石场的省级法令规定:
a) l'autorité et le service public responsables des travaux d'exploitation;	a) 负责开采工程的公权力机关和公共服务机构;
b) l'entreprise privée à laquelle les travaux sont confiés par ledit service;	b) 被公共服务机构授予实施工程的私营企业;
c) l'emplacement de la carrière conformément aux dispositions de l'article 29 du présent Code;	c) 符合本法典第 29 条的规定的采石场的位置;
d) les substances dont l'extraction est autorisée;	d) 允许采掘的物质;
e) les conditions d'accès à la carrière;	e) 进入采石场的条件;
f) le plan d'extraction;	f) 采掘计划;
g) la durée des travaux et les modalités de remise en état des lieux après exploitation.	g) 工期及开采完毕后复原场地的方式。
Lorsque l'exécution des travaux d'utilité publique est confiée à une entreprise privée, celle-ci est soumise au paiement de la taxe d'extraction conformément aux dispositions du droit commun.	当公共用途工程委托给一家私营企业实施时,该私营企业应根据一般法的规定缴纳采掘税。
Article 134: De l'autorisation d'exploitation non commerciale de carrières à usage domestique	**第 134 条:采石场的家用非商业性开采许可**
L'exploitation de carrières ouvertes de façon temporaire par l'occupant régulièrement autorisé ou le propriétaire d'un terrain pour l'exploitation non commerciale exclusivement à son propre usage domestique ne nécessite ni autorisation ni déclaration préalable.	经合法批准的土地占有人或土地所有权人在临时开设的采石场上进行的仅为其家庭用途的非商业性开采,不需要获得批准或事前申报。

Toutefois, cette activité reste strictement soumise à la réglementation en matière de sécurité et de protection de l'environnement.	但是,此活动应严格遵守安全和环境保护方面的规定。
Article 135: De l'autorisation de recherches et d'exploitation commerciale de carrières	**第 135 条:采石场勘探许可和商业性开采许可**
La recherche et l'exploitation commerciale de carrières sont autorisées conformément aux dispositions des chapitres suivants du présent titre.	采石场勘探许可和商业性开采许可将根据本编此后章节的规定进行授予。
Tout ramassage des matériaux sur le terrain du domaine foncier national ou leurs dépendances à usage autre que domestique est considéré comme une exploitation de carrières et est soumis aux mêmes conditions que l'exploitation de carrières permanente.	在国家公有土地或非民用附属建筑物上采集原料被视为采石场开采,应遵守与永久性采石场开采相同的条件。
Chapitre II: De la recherche des produits de carrières	**第二章:采石场产品的勘探**
Article 136: De la portée de l'Autorisation de Recherches des Produits de Carrières (*modifié et compété par l'article 5 de la Loi n°18/001 du 09 mars 2018 modifiant et complétant la Loi n°007/2002 portant Code minier*)	**第 136 条:采石场产品勘探许可的范围**(*经 2018 年 3 月 9 日第 18/001 号关于修订和补充第 007/2002 号《矿业法典》的法律的第 5 条予以修订和补充*)
L'Autorisation de recherches des produits de carrières porte sur les substances minérales classées en carrières pour lesquelles elle a été accordée.	采石场产品勘探许可针对的是被归类为采石场类的矿产。
Article 136 bis: Des droits conférés par l'Autorisation de recherches des produits de carrières (*inséré par l'article 21 de la Loi n°18/001 du 09 mars 2018 modifiant et complétant la Loi n° 007/2002 portant Code minier*)	**第 136(2)条:采石场产品勘探许可授予的权利**(*经 2018 年 3 月 9 日第 18/001 号关于修订和补充第 007/2002 号《矿业法典》的法律的第 21 条予以新增*)

L'Autorisation de recherches des produits de carrières confère à son titulaire le droit d'obtenir une Autorisation d'exploitation de carrières pour tout ou une partie des substances minérales qui font l'objet de l'autorisation de recherches à l'intérieur de la superficie couverte par l'Autorisation de recherches, s'il en découvre un gisement.	如果采石场产品勘探许可持有人在勘探许可覆盖的采石区内探明矿床,采石场产品勘探许可授予其持有人在勘探许可覆盖的采石区内开采全部或部分矿产的权利。
Toutefois, un droit minier peut être accordé dans un Périmètre qui fait l'objet d'une autorisation de recherches des produits de carrières.	但是,可在采石场产品勘探许可覆盖的矿区内授予矿权。
Lorsqu'un Périmètre fait l'objet d'une Autorisation de recherches des produits de carrières, aucune demande d'Autorisation de carrières sur le même Périmètre n'est recevable, hormis la demande d'Autorisation d'exploitation de carrières sollicitée par le titulaire de ladite Autorisation de recherches.	若某矿区是采石场产品勘探许可的覆盖矿区,在该矿区内的任何采石许可申请均不予受理,但由该采石场产品勘探许可的持有人提出的采石场开采许可申请除外。
Si un Permis d'exploitation est octroyé sur la superficie qui fait l'objet d'une Autorisation de recherches des produits de carrières, cette dernière est éteinte d'office. Dans ce cas, le titulaire de l'Autorisation de recherches des produits de carrières éteinte, a droit à une juste indemnisation.	若授予采矿证的矿区上已经存在采石场产品勘探许可,则采石场产品勘探许可自行失效。在该情况下,失效的采石场产品勘探许可持有人有权获得一笔合理的补偿金。
Article 137: De la nature de l'Autorisation de Recherches des Produits de Carrières	**第 137 条:采石场产品勘探许可的性质**
L'Autorisation de Recherches de Produits de Carrières est un droit réel immobilier, exclusif, non cessible, non transmissible et non amodiable.	采石场产品勘探许可是不可转让、不可转移、不可租赁的具有排他性的不动产物权。

Ce droit est constaté par un titre de carrières dénommé, Certificat de Recherches des Produits de Carrières.	该权利由名为"采石场产品勘探证书"的权证予以证明。
Article 138:De la durée de l'Autorisation de Recherches des Produits de Carrières	**第 138 条:采石场产品勘探许可的有效期**
La durée de l'Autorisation de Recherches de Produits de Carrières est d'un an, renouvelable une fois pour la même durée.	采石场产品勘探许可的有效期为一年,可以续期一次,续期期限为一年。
Article 139: Des limitations (*modifié à ses alinéa 1er et 3 par l'article 5 de la Loi n°18/001 du 09 mars 2018 modifiant et complétant la Loi n° 007/2002 portant Code minier*)	**第 139 条:限制**(*经 2018 年 3 月 9 日第 18/001 号关于修订和补充第 007/2002 号《矿业法典》的法律的第 5 条修改其第 1 款和第 3 款*)
La superficie du périmètre faisant l'objet d'une Autorisation de recherches des produits de carrières ne peut pas dépasser un maximum de 4 carrés.	采石场产品勘探许可覆盖的矿区面积不能超过四个区块。
Le Périmètre de recherches des produits de carrières ne peut pas être superposé sur une superficie qui fait déjà l'objet d'un Permis d'Exploitation Minière. L'existence d'un Périmètre de recherches minières n'empêche pas l'établissement sur le même terrain d'un Périmètre derecherches des produits de carrières.	采石场产品勘探许可覆盖的矿区不能与采矿证覆盖的矿区重叠。但不妨碍在探矿证覆盖矿区的同一地块上设立采石场产品勘探许可覆盖的矿区。
Une personne morale et les sociétés affiliées ne peuvent détenir plus de dix autorisations de recherches des produits de carrières.	一个法人和其关联公司所持有的采石场产品勘探许可不得超过十个。
Article 140:De la demande d'Autorisation de Recherches des Produits de Carrières	**第 140 条:采石场产品勘探许可的申请**

Le requérant doit établir sa demande d'Autorisation de Recherches des Produits de Carrières et la déposer auprès du Cadastre Minier pour son instruction conformément aux dispositions des articles 34 à 42 du présent Code.	申请人需要根据本法典第 34 条至第 42 条的规定编制采石场产品勘探许可申请材料,并将申请材料提交至矿权登记局审查。
Article 141 : Des conditions d'octroi de l'Autorisation de Recherches des Produits de Carrières	**第 141 条:采石场产品勘探许可的授予条件**
Sans préjudice des articles 23 à 25 et 27, l'octroi de l'Autorisation de Recherches des Produits de Carrières est subordonné à la justification par le requérant de sa capacité financière minimum.	在不影响第 23 条至第 25 条及第 27 条规定的情况下,采石场产品勘探许可的授予需要申请人证明其具备最低财务能力。
Article 142 : De l'octroi de l'Autorisation de Recherches des Produits de Carrières	**第 142 条:采石场产品勘探许可的授予**
Sans préjudice des dispositions de l'article 46 du présent Code, l'Autorisation de Recherches des Produits de Carrières est octroyée ou refusée par le Chef de Division Provinciale des Mines, dans un délai qui ne peut excéder vingt jours ouvrables à compter de la date de la réception du dossier.	在不影响本法典第 46 条规定的情况下,省级矿业局局长自收到材料之日起二十个工作日内授予或拒绝授予采石场产品勘探许可。
Tout refus d'autorisation de recherches des produits de carrières est motivé et ouvre la voie aux recours prévus par les articles 313 et 314 du présent Code.	所有拒绝授予采石场产品勘探许可的决定需要说明理由,并产生本法典第 313 条和第 314 条所规定的救济权。
Article 143 : De la preuve de la capacité financière minimum (*modifié à son alinéa 1er par l'article 5 de la Loi n°18/001 du 09 mars 2018 modifiant et complétant la Loi n° 007/2002 portant Code minier*)	**第 143 条:最低财务能力证明** (*由 2018 年 3 月 9 日第 18/001 号关于修订和补充第 007/2002 号《矿业法典》的法律的第 5 条修改其第 1 款*)

La capacité financière minimum requise doit correspondre au montant global du budget prévu pour l'exécution du programme de recherches.	所需的最低财务能力应符合勘探计划实施预算的总金额。
Dans tous les cas, elle ne peut être inférieure à cinquante fois le montant total des droits superficiaires annuels par carré payables pour la période de la validité de l'Autorisation de recherches des produits de carrières demandée.	无论如何,该金额不得低于所申请的采石场产品勘探许可有效期内所应支付的年度区块面积税总额的五十倍。
La preuve de la capacité financière minimum est établie conformément aux dispositions de l'article 58 alinéas 2 à 4 du présent Code.	根据本法典第 58 条第 2 款至第 4 款的规定编制最低财务能力证明。
Article 144: Expiration de l'Autorisation de Recherches des Produits de Carrières (*modifié à son dernier alinéa par l'article 5 de la Loi n°18/001 du 09 mars 2018 modifiant et complétant la Loi n° 007/2002 portant Code minier*)	**第 144 条:采石场产品勘探许可期限的届满**(*由 2018 年 3 月 9 日第 18/001 号关于修订和补充第 007/2002 号《矿业法典》的法律的第 5 条修改其最后一款*)
L'Autorisation de Recherches des Produits de Carrières expire lorsqu'elle arrive au dernier jour de sa dernière période de validité ou lorsqu'elle n'a pas été renouvelée à la fin de la première période de validité, ou lorsqu'elle n'a pas été transformée en Autorisation d'Exploitation de carrière ou encore lorsqu'un Permis d'Exploitation est accordé dans le Périmètre de recherches des produits de carrières.	采石场产品勘探许可在如下情形中期限届满:采石场产品勘探许可在其到达最后一个有效期的最后一日;或第一个有效期结束未续期;或其未被转化为采石场开采许可;或采石场产品勘探许可的矿区上被授予一个采矿证。

A l'expiration de l'Autorisation de recherches des produits de carrières, le Cadastre minier notifie immédiatement au titulaire l'expiration de son droit avec copie à la Direction des mines. Dans ce cas, sauf si un Permis d'exploitation est accordé, le périmètre sur lequel porte l'Autorisation de recherches est libre de tout droit à compter de la date de l'expiration du permis.	在采石场产品勘探许可期限届满之时,矿权登记局立即告知持有人其权利的届满,并抄送矿业局。在此情形下,除非授予采矿证,否则自届满之日起,采石场产品勘探许可的矿区之上权利灭失。
Article 145: Du renouvellement et de la renonciation de l'Autorisation de Recherches des Produits de Carrières	**第 145 条:采石场产品勘探许可的续期与放弃**
L'Autorisation de Recherches de Produits de Carrières est renouvelable une fois pour une période d'un an, si aucun Permis d'Exploitation n'a été accordé sur le Périmètre de recherches de carrières.	若采石场勘探许可覆盖的矿区上未被授予任何采矿证,则采石场产品勘探许可仅可续期一次,续期期限为一年。
La demande de renouvellement doit être déposée au moins soixante jours, et pas plus de nonante jours, avant la date d'expiration de l'Autorisation de Recherches des Produits de Carrières. Toute demande de renouvellement dûment déposée dans ce délai qui ne fait pas l'objet d'un refus notifié au demandeur dans un délai de trente jours, après la date de dépôt de la demande, est réputée accordée.	续期申请需要在采石场产品勘探许可期限届满前不晚于六十日且不早于九十日的期间内提交。在前述期限内正式提交续期申请的申请人自申请提交之日起三十日内未收到拒绝通知的,该申请视为被接受。
Tout refus de renouvellement d'une Autorisation de Recherches est motivé et donne droit aux recours prévus par les articles 313 et 314 du présent Code.	拒绝勘探许可续期申请的决定应说明理由,并产生本法典第 313 条和第 314 条规定的救济权。
La renonciation à l'Autorisation de Recherches des Produits de Carrières obéit aux mêmes règles que celles du Permis de Recherches prévues à l'article 60 du présent Code.	采石场产品勘探许可的放弃同样适用本法典第 60 条规定的放弃探矿证的规则。

Chapitre III: De l'exploitation de carrières	**第三章:采石场的开采**
Article 146: De la portée des Autorisations d'exploitation de carrières (*modifié et compété par l'article 5 de la Loi n°18/001 du 09 mars 2018 modifiant et complétant la Loi n° 007/2002 portant Code minier*)	**第146条:采石场开采许可的范围**(*由2018年3月9日第18/001号关于修订和补充第007/2002号《矿业法典》的法律的第5条予以修订和补充*)
L'Autorisation d'exploitation de carrières permanente ou temporaire porte sur les produits de carrières pour lesquels elle est spécifiquement établie. Ces produits de carrières sont ceux que le titulaire a identifiés et dont il a démontré l'existence d'un gisement économiquement exploitable.	永久性或临时性采石场开采许可授予其持有人在所覆盖的矿区之内开采该采石许可特别注明的采石场产品。该采石场产品是持有人已经识别和证实存在可进行商业性开采的矿床。
La superficie des périmètres faisant l'objet des Autorisations d'exploitation de carrières est celle des Autorisations de recherches dont elles découlent ou celle des parties des périmètres des Autorisations de recherches des produits de carrières transformées en Autorisations d'exploitation de carrières, sous réserve des dispositions de l'article 150, alinéa 2 du présent Code.	在适用本法典第150条第2款规定的前提下,采石场开采许可覆盖的矿区面积是其所源于的石料勘探许可的矿区面积,或转化为采石场开采许可的采石场产品勘探许可的部分矿区。
L'Autorisation d'exploitation de carrières permanente ou temporaire peut s'étendre à d'autres substances de carrières conformément à l'article 162 du présent Code.	永久性或临时性采石场开采许可根据本法典第162条的规定延展至其他采石场物质。
Article 146 bis: Des droits conférés par l'Autorisation d'exploitation de carrières (*inséré par l'article 21 de la Loi n°18/001 du 09 mars 2018 modifiant et complétant la Loi n° 007/2002 portant Code minier*)	**第146(2)条:采石场开采许可授予的权利**(*由2018年3月9日第18/001号关于修订和补充第007/2002号《矿业法典》的法律的第21条予以新增*)

L'Autorisation d'exploitation de carrières permanente ou temporaire confère à son titulaire le droit exclusif d'effectuer, à l'intérieur du Périmètre sur lequel elle est établie et pendant la durée de sa validité, les travaux de recherche, de développement, de construction et d'exploitation visant les substances de carrières pour lesquelles l'Autorisation est établie et les autres substances s'il en a demandé l'extension.	永久性或临时性采石场开采许可授予其持有人在许可有效期内,在许可覆盖的矿区内针对许可范围内的采石场物质以及申请延展的其他物质实施勘探、开发、建设和开采工程的排他性权利。
Elle permet en outre, sans limitation, de:	此外,采石场开采许可允许(包括但不限于):
a) accéder au Périmètre couvert par l'Autorisation d'exploitation pour procéder aux opérations de carrières;	a)进入开采许可所覆盖的矿区进行采石作业;
b) construire les installations et infrastructures nécessaires à l'exploitation de carrières;	b)建设采石场开采所需的设施和基础设施;
c) utiliser les ressources d'eau et du bois se trouvant à l'intérieur du Périmètre de carrière pour les besoins de l'exploitation, en se conformant aux normes définies dans l'EIES et le PGES ou le PAR selon qu'il s'agit de carrière permanente ou temporaire;	c)在遵守环境和社会影响研究、环境和社会管理计划或《环境减排和修复计划》所规定的规范(取决于是永久性采石场还是临时性采石场)的情况下,为开采之需使用采石场区域内的水资源和林木资源;
d) disposer, transporter et commercialiser librement ses produits marchands provenant du Périmètre d'exploitation;	d)自由处置、运输和商业化来源于开采区域的商品;
e) procéder aux opérations de traitement ou de transformation des substances de carrières extraites du gisement à l'intérieur du Périmètre d'exploitation;	e)对开采区域内从矿床提取的采石场物质进行处理或加工作业;
f) procéder aux travaux d'extension de la carrière.	f)进行采石场扩建工程。

Article 147 : Des limitations de l'Autorisation d'exploitation de carrières temporaire (*modifié et compété par l'article 5 de la Loi n°18/001 du 09 mars 2018 modifiant et complétant la Loi n°007/2002 portant Code minier*)	**第 147 条：临时性采石场开采许可的限制**（*由 2018 年 3 月 9 日第 18/001 号关于修订和补充第 007/2002 号《矿业法典》的法律的第 5 条予以修订和补充*）
Sans préjudice des dispositions de l'article 146 bis ci-dessus, l'autorisation d'exploitation de carrières temporaire fixe la quantité des substances à extraire, les conditions d'occupation des terrains nécessaires aux prélèvements et aux activités connexes et indique les taxes à payer. Elle précise également les obligations du bénéficiaire notamment en ce qui concerne l'environnement et la remise en état des lieux après prélèvement.	在不影响上述第 146(2)条规定的前提下，临时性采石场开采许可应确定待采掘物质的数量、取样和附属活动所需土地的占用条件并说明待缴税费，也应明确受益人的义务，尤其是在取样后环境义务和场地恢复原状的义务。
Toutefois, une quantité excédentaire au volume fixé par l'autorisation d'exploitation est à signaler au service en charge des carrières et des matériaux de construction pour faire objet d'une taxation supplémentaire au profit du Trésor public sous peine d'être confisquée.	但是，开采数量超出开采许可所确定的开采数量的，需告知采石场和建筑材料服务中心，以便国库征收额外的税费，否则超出开采数量的部分将被没收。
Article 148 : De la nature des autorisations d'exploitation	**第 148 条：开采许可的性质**
L'Autorisation d'Exploitation de Carrières Permanente constitue un droit réel, immobilier, exclusif, cessible, transmissible et amodiable conformément aux dispositions du présent Code.	根据本法典的规定，永久性采石场开采许可是可转让、可转移、可租赁的具有排他性的不动产物权。
Ce droit est constaté par un titre de carrière dénommé, Certificat d'Exploitation de Carrières Permanente.	该权利由名为"永久性采石场开采证书"的权证予以证明。

L'Autorisation d'Exploitation de Carrières Temporaire constitue un droit réel immobilier, exclusif, cessible, transmissible et amodiable.	临时性采石场开采许可是可转让、可转移、可租赁的具有排他性的不动产物权。
Ce droit est constaté par un titre de carrière dénommé, Certificat d'Exploitation de Carrières Temporaire.	该权利由名为"临时性采石场开采证书"的权证予以证明。
Article 149: De la durée des Autorisations d'exploitation de carrières (*modifié et compété par l'article 5 de la Loi n°18/001 du 09 mars 2018 modifiant et complétant la Loi n° 007/2002 portant Code minier*)	**第 149 条:采石场开采许可的期限**(*由 2018 年 3 月 9 日第 18/001 号关于修订和补充第 007/2002 号《矿业法典》的法律的第 5 条予以修订和补充*)
La durée de validité de l'Autorisation d'exploitation des produits de carrière permanente est de cinq ans renouvelable plusieurs fois pour la même durée.	永久性采石场产品开采许可的有效期为五年,可多次续期,每次续期五年。
La durée de validité de l'Autorisation d'exploitation des produits de carrière temporaire est d'un an non renouvelable. Toutefois, son titulaire a le droit de demander une nouvelle Autorisation d'exploitation temporaire pour le même Périmètre qui prendrait effet à l'échéance de l'autorisation en cours. Pendant la durée de son Autorisation d'exploitation de carrières temporaire, seul le titulaire a le droit de déposer une demande d'une nouvelle Autorisation d'exploitation sur le même périmètre.	临时性采石场产品开采许可的有效期为一年,不可续期。但是,其持有人有权对同一矿区申请新的临时性采石场开采许可,该许可自现行有效的许可失效之日生效。在临时性采石场开采许可的期限内,仅其持有人有权对同一矿区申请新的开采许可。
Article 150: Des Périmètres des Autorisations d'exploitation des carrières (*modifiéà ses alinéa 1er, 2, 3, 5 et 7 par l'article 5 de la Loi n°18/001 du 09 mars 2018 modifiant et complétant la Loi n° 007/2002 portant Code minier*)	**第 150 条:采石场开采许可的矿区**(*由 2018 年 3 月 9 日第 18/001 号关于修订和补充第 007/2002 号《矿业法典》的法律的第 5 条修改其第 1 款、第 2 款、第 3 款、第 5 款和第 7 款*)

Une Autorisation d'exploitation de carrières permanente ou temporaire peut être accordée sur la totalité du Périmètre qui fait l'objet de l'Autorisation de recherches des produits de carrière en cours de validité octroyée au requérant ou sur une partie de périmètre conformément aux dispositions de l'article 28 du présent Code.	根据本法典第 28 条的规定,可将永久性或临时性采石场开采许可授予持有效采石场产品勘探许可的申请人,开采许可覆盖的矿区为勘探许可覆盖的全部或部分矿区。
Si le Périmètre n'a pas fait l'objet d'une autorisation de recherches de carrières, il doit être conforme aux dispositions relatives à la forme prévue à l'article 28 du présent Code et ne pas dépasser un maximum de quatre carrés.	若(开采许可)覆盖的矿区未被任何采石场勘探许可覆盖,则应遵守本法典第 28 条关于形状方面的规定,且不能超出四个区块。
Le Périmètre d'une Autorisation d'exploitation de carrières ne peut pas être superposé sur une superficie qui fait l'objet d'une autorisation de recherches de carrières ni d'un droit minier d'exploitation détenu par un tiers qui n'a pas donné son consentement écrit.	无第三人书面同意的前提下,采石场开采许可的矿区不得与第三人所持有的采石场勘探许可或采矿权的矿区重叠。
L'existence d'un Périmètre de recherches minières n'empêche pas l'établissement sur le même terrain d'un Périmètre d'exploitation de carrières.	采石场的开采矿区可设立在探矿权的矿区上。
Toutefois, le Ministre peut autoriser l'établissement d'un périmètre d'exploitation de carrières sur un périmètre faisant l'objet d'un Permis d'exploitation ou d'un Permis d'exploitation de petite mine si le titulaire du Permis a refusé de donner son consentement de mauvaise foi. Le cas échéant, la demande est instruite et fait l'objet d'un contentieux administratif auquel le titulaire et le requérant participent si ce dernier fournit, avec sa demande, des preuves que le titulaire a refusé de donner son consentement de mauvaise foi.	但是,若矿权持有人已经恶意拒绝,矿业部长可(决定)在采矿证或小矿山开采证之矿区上设置采石场开采许可的矿区。视情况,若申请人在申请之时提供矿权持有人恶意拒绝提供其同意的证据,则该申请需进行审查并可能产生行政诉讼,诉讼双方为矿权持有人和申请人。

Les modalités de cette procédure sont précisées dans le Règlement Minier.	该程序的实施方式由《矿业条例》明确。
Une personne morale et ses affiliés ne peuvent détenir qu'un maximum de dix Autorisations d'exploitation permanente des produits de carrières.	单个法人及其关联公司最多可持有十个永久性采石场产品开采许可。
Article 151 : De la demande de l'Autorisation d'Exploitation de Carrières	**第 151 条：采石场开采许可的申请**
Le requérant rédige sa demande d'Autorisation d'Exploitation de Carrières Permanente et la dépose auprès du Cadastre Minier conformément aux articles 35 à 37 du présent Code. Il est joint à la demande les documents indiqués à l'article 69 du présent Code.	申请人根据本法典第 35 条至第 37 条的规定编制永久性采石场开采许可的申请材料并将申请材料提交至矿权登记局。申请人应在申请中附随本法典第 69 条所规定的文件。
Le contenu de la demande de l'Autorisation d'Exploitation de Carrières Temporaire ainsi que les documents à joindre sont précisés dans le Règlement Minier.	临时性采石场开采许可申请的内容和附随文件由《矿业条例》规定。
Article 152 : De la recevabilité et de l'instruction de la demande de l'Autorisation d'Exploitation de Carrières Permanente et Temporaire	**第 152 条：永久性和临时性采石场开采许可申请的受理与审查**
La demande d'Autorisation d'Exploitation de Carrières Permanente ou Temporaire est reçue et instruite conformément aux dispositions des articles 38 à 42 telles que complétées par les articles 156 à 158 du présent Code.	永久性或临时性采石场开采许可的申请应根据本法典第 38 条至第 42 条的规定和第 156 条至第 158 条的规定予以受理和审查。
Article 153 : De l'autorité compétente	**第 153 条：主管机关**
L'Autorisation d'Exploitation de Carrières Permanente ou Temporaire est octroyée ou refusée par décision de :	授予或拒绝授予永久性或临时性采石场开采许可的决定由如下主管机关作出：

a. Chef de Division Provinciale de Mines pour les matériaux de construction à usage courant;	a.针对常用建筑材料,由省级矿业局局长作出决定;
b. Ministre sur avis technique de la Direction des Mines et après avis conforme du service compétent du Ministère des Affaires Foncières ainsi que celui des autorités administratives locales pour les autres substances de carrières.	b.针对其他采石场物质,在矿业局出具技术审批意见以及土地事务部主管服务部门和地方行政机关出具批复之后,由矿业部长作出决定。
Article 154: Des conditions de l'octroi de l'Autorisation d'Exploitation de Carrières Permanente (*modifié et compété par l'article 5 de la Loi n°18/001 du 09 mars 2018 modifiant et complétant la Loi n°007/2002 portant Code minier*)	**第154条:永久性采石场开采许可的授予条件**(*由2018年3月9日第18/001号关于修订和补充第007/2002号《矿业法典》的法律的第5条予以修订和补充*)
Sans préjudice des articles 34 à 42, l'octroi de l'Autorisation d'Exploitation de Carrières Permanente est subordonné aux conditions suivantes:	在不影响第34条至第42条规定的前提下,永久性采石场开采许可的授予须满足如下条件:
a) démontrer l'existence d'un gisement en présentant une étude de faisabilité accompagnée d'un plan d'encadrement technique des travaux de développement, de construction et d'exploitation de la carrière;	a)提交一份可行性研究并附随采石场开发工程、建设工程和开采工程的技术监督方案以证实矿床存在;
b) prouver l'existence de ressources financières nécessaires pour mener à bien le projet selon le plan de financement des travaux de développement, de construction et d'exploitation de la carrière ainsi que de réhabilitation du site à sa fermeture. Ce plan précise chaque type de financement, les sources de financement visées et les justifications de leur disponibilité probable;	b)证实存在根据采石场开发工程、建设工程和开采工程以及项目关停后的场地修复工程的融资方案良好实施所需的融资来源。该方案应明确融资的每种类型、计划的融资来源和融资可用性的证明材料;

c) obtenir au préalable l'approbation de l'EIES et du PGES du projet;	c)事先获得项目的环境和社会影响研究和环境和社会管理计划的批准;
d) apporter une déclaration de vacance des terres établie par le Conservateur des titres immobiliers du ressort ou la preuve du consentement du concessionnaire foncier, si la superficie qui fait l'objet de la demande de l'autorisation d'exploitation de la carrière est située dans le Périmètre foncier de ce dernier;	d)提供所在辖区不动产权证管理部门所编制的土地空置声明或土地特许权人同意的证明(若采石场开采许可申请覆盖的区域位于土地特许权人的土地区域之内);
e) apporter, si le Périmètre demandé est compris dans le Périmètre d'un droit minier d'Exploitation en cours de validité, la preuve du consentement du titulaire de ce droit ou établir que son consentement a été refusé par mauvaise foi;	e)若申请的矿区位于仍在有效期的采矿权的矿区内,则需要提交证明采矿权持有人同意或其恶意拒绝的证明;
f) déposer un acte d'engagement de se conformer au cahier des charges définissant la responsabilité sociétale vis-à-vis des communautés locales affectées par les activités du projet.	f)提交一份遵守《社会责任书》的承诺书,其中明确对于受项目活动影响的当地社区所承担的社会责任。
Article 155: Des justifications du refus de l'octroi	**第155条:拒绝授予的理由**
L'Autorisation d'Exploitation de Carrières Permanente ne peut être refusée que si:	仅在如下情形下,方可拒绝授予永久性采石场开采许可:
a) l'étude de faisabilité est rejetée;	a)可行性研究被驳回;
b) la capacité financière du requérant est insuffisante;	b)申请人的财务能力不足;
c) l'EIES a été rejetée de façon définitive;	c)环境和社会影响研究最终被驳回;
d) le propriétaire du titre foncier refuse de bonne foi de donner son consentement à l'ouverture de la carrière; ou si le titulaire d'un droit minier d'exploitation a refusé de bonne foi de donner son consentement à l'ouverture de la carrière.	d)土地权证的所有权人(善意)拒绝开设采石场;或采矿权持有人(善意)拒绝开设采石场。

L'étude de faisabilité pour les Autorisations d'Exploitation de Carrières Permanente ne peut être rejetée qu'aux motifs de non-conformité à la directive du Ministère des Mines précisant son contenu conformément à la pratique généralement reconnue dans la région, de la présence d'une erreur manifeste, ou de la non-conformité avec l'EIES.	永久性采石场开采许可的可行性研究只能基于下述原因驳回:不符合矿业部长根据地区的良好实践规定的关于可行性研究内容的指令;出现明显错误;不符合环境和社会影响研究。
La preuve de la capacité financière du requérant ne peut être rejetée que pour la non-conformité du Plan de Financement avec l'étude de faisabilité ou pour l'insuffisance manifeste des justifications de la disponibilité du financement obtenu auprès des sources identifiées par le requérant.	申请人的财务能力证明仅可基于下述原因而被驳回:融资方案与可行性研究不相符;申请人从明确的来源获得的融资可用性证明(力)不足。
La preuve de la capacité financière ne peut pas être rejetée si le requérant a produit, en cas de financement externe, des attestations des sources de financement identifiées de la faisabilité du financement dans les paramètres envisagés par le requérant, et en cas de financement interne, les états financiers de la personne ou de la société, certifiés par un commissaire aux comptes agréé, démontrant sa capacité d'autofinancement.	在下述情形下,申请人的财务能力证明不得被驳回:在外部融资的情形下,申请人提供了明确的融资来源,以证明在其计划融资的参数范围内提供融资的可行性;在内部融资的情形下,申请人提供了证明自然人或公司自行融资能力的,并经批准的稽核员认证的财务报表。
Article 156: Du délai de l'instruction technique de la demande	**第 156 条:申请的技术审查期限**
L'instruction technique d'une demande d'Autorisation d'Exploitation de Carrières Permanente est réalisée dans un délai qui ne peut pas excéder quarante-cinq jours à compter de la date de la réception du dossier de la demande transmis par le Cadastre Minier à la Direction des Mines.	永久性采石场开采许可申请的技术审查自收到矿权登记局向矿业局移交的材料之日起四十五日内完成。

Article 157: Du délai de l'instruction environnementale de la demande	**第 157 条:申请的环境审查期限**
L'instruction environnementale de l'EIES et du PGES afférente à une demande d'Autorisation d'Exploitation de Carrières Permanente est réalisée dans un délai qui ne peut pas excéder cent quatre-vingt jours à compter de la date de la réception du dossier de la demande transmis au service chargé de la Protection de l'Environnement Minier transmis par le Cadastre Minier.	永久性采石场开采许可申请相关的环境和社会影响研究、环境和社会管理计划的环境审查自矿业环保局的服务部门收到矿权登记局移交的申请材料之日起一百八十日内完成。
Article 158: De la décision de l'Autorité Compétente (*modifié et compété par l'article 5 de la Loi n°18/001 du 09 mars 2018 modifiant et complétant la Loi n° 007/2002 portant Code minier*)	**第 158 条:主管机关的决定**(*由 2018 年 3 月 9 日第 18/001 号关于修订和补充第 007/2002 号《矿业法典》的法律的第 5 条予以修订和补充*)
Si les avis cadastral, technique, environnemental, suite à l'instruction de la demande de l'autorisation d'exploitation de carrières permanente, sont favorables, l'autorité compétente prend une décision d'octroi de l'autorisation d'exploitation de carrières permanente.	若审查永久性采石场开采许可申请后作出的矿权登记审查意见、技术审查意见和环境审查意见是肯定意见,则主管机关作出授予永久性采石场开采许可的决定。
Si l'avis cadastral sur une demande d'Autorisation d'exploitation de carrières permanente est défavorable, l'autorité compétente rend sa décision de refus de la demande dans le délai de quinze jours ouvrables à compter de la date de réception du dossier de la demande lui transmis par le Cadastre minier.	若永久性采石场开采许可申请的登记审查意见为否定意见,则主管机关自收到矿权登记局向其移交的申请材料之日起十五个工作日内作出拒绝申请的决定。

Si l'avis technique sur une demande d'Autorisation d'exploitation de carrières permanente est défavorable, l'autorité compétente prend sa décision de refus dans un délai de trente jours ouvrables à compter de la date de réception du dossier de la demande lui transmis par le Cadastre minier.	若永久性采石场开采许可申请的技术审查意见为否定意见,则主管机关自收到矿权登记局向其移交的申请材料之日起三十个工作日内作出拒绝决定。
Si les avis cadastral et technique, suite à l'instruction de la demande de l'Autorisation d'exploitation de carrières permanente, sont favorables, mais que le certificat environnemental est défavorable, l'autorité compétente prend une décision de refus d'octroi de l'Autorisation d'exploitation de carrières permanente.	若在审查永久性采石场开采许可申请后作出的矿权登记审查意见和技术审查意见为肯定意见,但是环境证书是否定意见,则主管机关作出拒绝授予永久性采石场开采许可的决定。
Si les avis cadastral et technique, suite à l'instruction de la demande de Permis d'exploitation①, sont favorables, mais que le certificat environnemental n'est pas encore rendu, l'autorité compétente prend une décision d'approbation préliminaire et conditionnelle dans un délai de vingt jours ouvrables à compter de la date de transmission du dossier de la demande par le Cadastre minier et diffère sa décision finale d'octroi ou de refus de l'Autorisation d'exploitation de carrières permanente jusqu'à la réception du certificat environnemental.	若永久性采石场开采许可申请审查后作出的矿权登记审查意见和技术审查意见为肯定意见,但是尚未收到环境证书,主管机关自收到矿权登记局向其移交的申请材料之日起二十个工作日内作出附条件的预审批决定,并延期至收到环境证书之日作出授予或拒绝授予永久性采石场开采许可的最终决定。

① 中伦注:此处原文错误,应为"永久性采石场开采许可"。

La décision d'approbation préliminaire et conditionnelle de l'autorité compétente a pour effet d'entériner de façon définitive les avis cadastral et technique favorables. Elle conditionne sa décision finale d'octroi à la réception d'un certificat environnemental favorable.	附条件的预审批决定为主管机关对矿权登记审查意见和技术审查意见的最终认可,收到肯定意见的环境证书(才)是主管机关最终作出授予决定的条件。
L'autorité compétente prend et transmet sa décision d'octroi ou sa décision de refus motivé de l'Autorisation d'exploitation de carrières permanente ou temporaire au Cadastre minier dans un délai de trente jours à compter de la date de réception du certificat environnemental lui transmis par le Cadastre minier.	主管机关自收到矿权登记局向其移交的环境证书之日起三十日内作出授予或拒绝(附随理由)授予永久性或临时性采石场开采许可的决定并向矿权登记局移交该决定。
Article 159: Des conditions d'octroi de l'Autorisation d'Exploitation de Carrières Temporaire	**第 159 条:临时性采石场开采许可的授予条件**
L'Autorisation d'Exploitation de Carrières Temporaire est octroyée à la première personne éligible qui dépose une demande recevable conformément aux dispositions des articles 34 à 40 du présent Code, et qui remplit les conditions suivantes:	根据本法典第 34 条至第 40 条的规定,将临时性采石场开采许可授予有资格且最先提交可受理申请,并满足如下条件的申请人:
a. démontrer l'existence d'un gisement économiquement exploitable en présentant un plan d'encadrement technique des travaux d'exploitation de la carrière et un PAR y afférent;	a.提交一份采石场开采工程的技术监督方案和相关的环境减排和修复计划以证明存在可商业化开采的矿床;
b. présenter, si la carrière est située sur un Périmètre faisant l'objet d'un titre foncier détenu par un tiers, le consentement écrit de celui-ci à l'ouverture de la carrière;	b.若采石场位于第三人持有土地权证覆盖的矿区内,提交第三人同意开设采石场的书面同意;

c. présenter, si la carrière est située sur un Périmètre faisant l'objet d'un Permis d'Exploitation détenu par un tiers, le consentement écrit de celui-ci à l'ouverture de la carrière, ou la preuve que le consentement a été refusé de mauvaise foi.	c.若采石场位于第三人持有的采矿证覆盖的矿区内,提交第三人同意开设采石场的书面同意或其恶意拒绝的证明。
Article 160: Du délai des instructions technique et environnementale de la demande	**第 160 条:申请的技术审查和环境审查的期限**
Les instructions technique et environnementale d'une demande d'Autorisation d'Exploitation de Carrières Temporaire sont réalisées dans un délai qui ne peut pas excéder quinze jours à compter de la date de transmission du dossier de la demande aux services compétents du Ministère des Mines.	临时性采石场开采许可申请的技术审查和环境审查自矿业部主管服务部门收到材料之日起十五日内完成。
Article 161: Du délai de décision (*modifié à son alinéa 1er par l'article 5 de la Loi n° 18/001 du 09 mars 2018 modifiant et complétant la Loi n° 007/2002 portant Code minier*)	**第 161 条:决定的期限**(*由 2018 年 3 月 9 日第 18/001 号关于修订和补充第 007/2002 号《矿业法典》的法律的第 5 条修改其第 1 款*)
L'Autorité compétente prend et transmet sa décision d'octroi ou de refus motivée de l'autorisation d'exploitation de Carrières permanente ou temporaire au Cadastre minier dans un délai de quarante-cinq jours à compter de la date de la réception du dossier de la demande lui transmis par le Cadastre minier.	主管机关自收到矿权登记局向其移交的申请材料之日起四十五日内作出授予或拒绝授予(需说明理由)永久性或临时性采石场开采许可的决定并向矿权登记局移交该决定。
Passé ce délai, l'autorisation sollicitée est, sous réserve des dispositions de l'article 159 ci-dessus, réputée accordée et les alinéas 2 et 4 de l'article 43 du présent Code sont d'application.	该期限届满后,在遵守上述第 159 条规定的前提下,根据本法典第 43 条第 2 款和第 4 款规定,该许可申请被视为同意授予。

Le requérant peut, en cas de besoin, recourir à l'inscription par voie judiciaire conformément aux dispositions de l'article 46 du présent Code.	必要时,申请人可根据本法典第 46 条的规定通过司法途径进行登记。
Article 162: De l'extension à d'autres substances	**第 162 条:延展至其他物质**
Avant de procéder aux activités de recherches ou d'exploitation visant des substances de carrières autres que celles pour lesquelles son Autorisation d'Exploitation est établie, le titulaire est tenu d'obtenir l'extension de son autorisation à ces autres substances. Une telle extension est de droit si le titulaire la demande conformément aux dispositions du présent article.	在实施开采许可未覆盖的采石场物质的勘探或开采的活动前,持有人应获得将其许可延展至该等物质的批准。若持有人根据本条规定提出申请,则该等延展申请自动获得批准。
Pour obtenir l'extension de son autorisation à des substances autres que celles pour lesquelles l'autorisation est établie, le titulaire doit suivre la même procédure que celle prévue pour l'institution de son Autorisation d'Exploitation en cours de validité.	为将其许可延展至许可覆盖以外的其他物质,持有人应遵循与其所持有的尚在有效期内的开采许可同样的授予程序。
L'extension est accordée pour la période non échue de la durée de l'Autorisation d'Exploitation du titulaire.	延展的期限等于持有人开采许可剩余的期限。
Article 163: De l'expiration de l'Autorisation d'Exploitation de Carrières Permanente	**第 163 条:永久性采石场开采许可的期限届满**
L'Autorisation d'Exploitation de Carrières Permanente expire dans les mêmes conditions que le Permis d'Exploitation telles que prévues à l'article 78 du présent Code.	永久性采石场开采许可期限届满的条件与本法典第 78 条规定的采矿证期限届满的条件相同。

Article 164: De la renonciation à l'Autorisation d'Exploitation de Carrières Permanente (*modifié à ses alinéas 1er, 3 et 4 par l'article 5 de la Loi n°18/001 du 09 mars 2018 modifiant et complétant la Loi n°007/2002 portant Code minier*)	**第 164 条:永久性采石场开采许可的放弃**(*由 2018 年 3 月 9 日第 18/001 号关于修订和补充第 007/2002 号《矿业法典》的法律的第 5 条修改其第 1 款、第 3 款和第 4 款*)
Le titulaire d'une Autorisation d'exploitation de carrières permanente peut renoncer à tout moment en tout ou en partie au droit relatif à la superficie faisant l'objet de son autorisation. La déclaration de renonciation est adressée à l'autorité qui a octroyé l'autorisation.	永久性采石场开采许可的持有人可在任何时候放弃其许可覆盖区域的全部或部分的权利。放弃声明提交至授予许可的主管机关。
La lettre de renonciation précise les coordonnés de la partie renoncée et de la partie retenue.	放弃函需明确放弃区域和保留区域的坐标。
La partie renoncée doit être composée de carrés entiers, et la partie retenue doit respecter les conditions sur la forme d'un Périmètre d'exploitation précisées par le présent Code.	放弃区域应由完整的区块组成,保留部分须符合本法典规定的开采矿区的形状条件。
La déclaration de renonciation, établie sur un formulaire à retirer et à déposer au Cadastre minier, précise les coordonnées de la partie concernée et celles de la partie retenue.	放弃声明在矿权登记局领取的表格上编制后提交至矿权登记局,其中应明确放弃区域和保留区域的坐标。
La renonciation prend effet trois mois après la date de réception de la déclaration de renonciation par l'autorité compétente.	放弃自主管机关收到放弃声明之日起三个月后生效。
La renonciation totale ou partielle ne donne droit à aucun remboursement des droits et des frais payés à l'Etat pour l'octroi ou le maintien de l'autorisation. Par ailleurs, la renonciation ne dégage pas le titulaire de sa responsabilité en ce qui concerne le paiement des frais et des	全部或部分放弃许可时,(放弃人)不能向国家要求偿还其因许可的授予或效力维持而已支付的任何税费和费用。此外,放弃并不免除持有人在放弃前须缴纳的与开采许可相关的各种税费、环境保护和对当地社区承诺的相关责任。

impôts en relation avec l'exploitation autorisée pendant la période qui précède la renonciation, la protection de l'environnement, ni ses engagements envers la communauté locale.	
Article 165 : Du renouvellement de l'Autorisation d'exploitation de carrières permanente ou temporaire (*modifié à ses alinéas 4, 5 et 8 par l'article 5 de la Loi n°18/001 du 09 mars 2018 modifiant et complétant la Loi n° 007/2002 portant Code minier*)	**第 165 条：永久性或临时性采石场开采许可的续期**（*由 2018 年 3 月 9 日第 18/001 号关于修订和补充第 007/2002 号《矿业法典》的法律的第 5 条修改其第 4 款、第 5 款和第 8 款*）
L'Autorisation d'Exploitation de Carrières Permanente est renouvelable de droit pour des périodes successives de cinq ans si le titulaire n'a pas failli à ses obligations de maintien de la validité de l'autorisation prévue aux articles 196 à 199 du présent Code.	若持有人遵守本法典第 196 条至第 199 条规定的维持许可有效性的义务，永久性采石场开采许可可自动续期，每次续期五年。
Le titulaire doit déposer à l'appui de sa demande de renouvellement une mise à jourde l'étude de faisabilité qui démontre le non épuisement du gisement ainsi que son engagement à continuer à l'exploiter activement.	持有人应为其续期申请提交更新后的证明矿床未枯竭的可行性研究以及其将继续积极开采的承诺。
L'instruction du dossier est réalisée conformément aux dispositions des articles 39 à 42 du présent Code.	对材料的审查应根据本法典第 39 条至第 42 条的规定进行。
L'étude du document technique fourni par le requérant est limitée à la vérification de la mise à jour de l'étude de faisabilité initiale et un engagement souscrit. Le renouvellement de l'Autorisation d'exploitation de carrières permanente ou temporaire ne peut être refusé que pour les mêmes raisons que pour l'octroi d'une Autorisation d'exploitation de carrières permanente. Toutefois, le titulaire obtient l'approbation	申请人所提供的技术文件的研究仅限于核查初始可行性研究的更新以及所签署的承诺书。永久性或临时性采石场开采许可的续期仅可因为与拒绝授予永久性采石场开采许可相同的原因而被拒绝。但是，持有人获得其环境和社会影响研究和环境和社会管理计划的更新的批准以在超出原许可的期限内继续作业，并提交符合规定对受项目活动影响的当地社区的社会责任的《社会责任书》的承诺书。

d'une mise à jour de son EIES et de son PGES pour continuer ses travaux au-delà du terme de l'Autorisation initiale et déposer un acte d'engagement de se conformer au cahier des charges définissant la responsabilité sociale vis-à-vis des communautés locales affectées par les activités du projet.	
Le titulaire d'une Autorisation d'exploitation de carrières temporaire qui arrive à l'expiration a le droit de demander, pour le même périmètre, une nouvelle Autorisation qui prend effet à l'échéance de l'Autorisation initiale.	临时性采石场开采许可期限届满后,其持有人有权在同一矿区上申请一个新的许可,该许可自原许可失效之日起生效。
Le renouvellement dont la demande est dûment déposée dans ce délai et qui ne fait pas l'objet d'un refus notifié au demandeur dans un délai de nonante jours après la date du dépôt de la demande, est réputé accordée.	若续期申请是在该等期限内根据规定提交且自申请提交之日起九十日内申请人未收到拒绝通知,则视为已授予续期。
Tout refus de renouvellement d'une Autorisation d'Exploitation de Carrières Permanente est motivé et donne droit aux recours prévus par le présent Code.	永久性采石场开采许可续期的拒绝应说明理由,并产生本法典所规定的救济权。
Pendant la durée de son Autorisation d'exploitation de carrières temporaire, seul le titulaire a le droit de déposer une demande de nouvelle Autorisation d'exploitation sur le même périmètre.	在临时性采石场开采许可的有效期内,仅其持有人有权在同一矿区上提交新的开采许可申请。
Chapitre IV: Du transport, de l'entreposage et de la commercialisation des produits de carrières	**第四章:采石场产品的运输、仓储和商业化**
Article 166: Du transport et de l'entreposage des produits de carrières	**第 166 条:采石场产品的运输和仓储**

Le titulaire d'une Autorisation d'Exploitation de Carrières a le droit de transporter, ou de faire transporter par le transporteur de son choix, les produits de carrières qui font l'objet de son autorisation et qui proviennent de son Périmètre d'exploitation.	采石场开采许可持有人有权自行或通过其选择的承运人运输其开采许可对应的且源自其开采矿区的采石场产品。
Il a, en outre, le droit d'entreposer ses produits de carrières dans des sites clôturés, aménagés à cette fin, situés aux alentours des lieux de chargement, à condition de respecter la réglementation sur la sécurité du site et sur le contrôle de la pollution industrielle.	此外,采石场开采许可持有人有权将其采石场产品仓储在装载地周边专用的封闭场地内,前提是须遵守关于场地安全和工业污染监管方面的规定。
Article 167: De la commercialisation	**第 167 条:商业化**
La commercialisation des produits marchands qui proviennent des Périmètres faisant l'objet d'Autorisation d'Exploitation des mêmes produits est libre. Le titulaire d'une Autorisation d'Exploitation peut vendre ses produits aux clients de son choix à des prix librement négociés.	来源于开采许可覆盖矿区内的产品可以自由商业化。开采许可持有人可选择与顾客自由协商价格并出售产品。
TITRE VI: DES SURETES	**第六编:担保**
Chapitre I: Des hypothèques	**第一章:抵押**
Article 168: Des biens susceptibles d'hypothèques	**第 168 条:可以抵押的资产**
Sont susceptibles d'hypothèques au sens du présent Code:	根据本法典的规定,可以抵押的资产包括:
a. le Permis d'Exploitation, le Permis d'Exploitation de Rejets, le Permis d'Exploitation de Petite Mine et l'Autorisation d'Exploitation de Carrières Permanente, en tout ou en partie;	a.采矿证、尾矿开采证、小矿山开采证和永久性采石场开采许可的全部或部分;

les immeubles par incorporation situés dans le Périmètre d'exploitation minière, notamment les usines, les installations et les machines construites pour la concentration, le traitement et la transformation des substances minérales contenues dans les gisements ou dans les gisements artificiels;	归并入矿业开采矿区的建筑物,尤其是为提炼、处理和加工包含在矿床或人工矿床中的矿产而建造的工厂、设施和机械;
b. les immeubles par destination affectés à l'exploitation minière.	b.用于矿业开采的不动产添附物。
Article 169: De la procédure d'approbation de l'hypothèque (*modifié à ses alinéas 5, 6 et 7 par l'article 6 de la Loi n°18/001 du 09 mars 2018 modifiant et complétant la Loi n°007/2002 portant Code minier*)	**第 169 条:抵押批准程序**(*由 2018 年 3 月 9 日第 18/001 号关于修订和补充第 007/2002 号《矿业法典》的法律的第 6 条修改其第 5 款、第 6 款和第 7 款*)
Tout contrat d'hypothèque portant sur l'un des biens repris à l'article 168 du présent Code doit préalablement être agréé par le Ministre sur demande du créancier hypothécaire ou du titulaire.	本法典第 168 条所罗列资产的抵押合同须由矿业部长根据抵押权人或持有人的申请批准。
La demande d'approbation de l'hypothèque est adressée au Cadastre Minier. Il y est joint les éléments ci-après:	抵押批准申请须向矿权登记局提出。在抵押批准申请中应附随如下材料:
a) l'acte ou le contrat d'hypothèque indiquant le montant ou l'estimation de la créance garantie par l'hypothèque;	a)注明被担保主债权的金额或估算金额的抵押文书或抵押合同;
b) une copie certifiée conforme du titre minier ou des carrières dont le droit est concerné par l'hypothèque.	b)经公证与原件一致的被抵押的矿权或采石权权证的复印件;
Sous réserve des alinéas ci-dessous, la demande d'approbation de l'hypothèque est instruite conformément aux articles 40 et 41 du présent Code.	在遵守下述条款的前提下,抵押批准申请应根据本法典第 40 条和第 41 条的规定进行审查。

Le Cadastre Minier réalise l'instruction cadastrale de la demande dans un délai maximum de sept jours ouvrables. Cette instruction cadastrale consiste à vérifier l'existence éventuelle d'une ou de plusieurs hypothèques antérieures, l'authenticité de l'acte d'hypothèque faisant objet de la demande et la validité du titre constatant le droit minier ou de carrières couvrant le Périmètre faisant l'objet d'hypothèque.	矿权登记局在七个工作日内对申请进行矿权登记审查。矿权登记审查核实是否已存在一个或多个抵押、抵押批准申请中抵押文书的真实性以及被抵押矿区所对应矿权或采石权权证的有效性。
La Direction des mines transmet son avis technique au Ministre et au Cadastre minier dans un délai de dix jours ouvrables à compter de la réception du dossier lui transmis par le Cadastre minier.	自收到矿权登记局移交的材料之日起十个工作日内,矿业局向矿业部长和矿权登记局移交其技术审查意见。
Le Ministre prend et transmet sa décision d'approbation ou de refus motivée au Cadastre minier dans un délai de quarante-cinq jours à compter de la date de réception du dossier lui transmis par ce dernier.	自收到矿权登记局向其移交的材料之日起四十五日内,矿业部长作出并向矿权登记局移交其批准或拒绝(需说明理由)的决定。
Passé ce délai, l'approbation est réputée acquise.	该期限届满后,则视为获得批准。
Sans préjudice des dispositions de l'article 46, le Cadastre Minier procède à l'inscription de l'hypothèque dans un délai de cinq jours qui suivent la transmission de la décision d'approbation du Ministre.	在不影响第46条规定的前提下,矿权登记局自向矿业部长移交其批准决定之日起五日内进行抵押登记。
Le Responsable du Cadastre Minier ou son préposé a pouvoir de notaire en matière d'authentification des contrats d'hypothèque.	矿权登记局负责人或行使该职权的工作人员有权行使公证抵押合同的公证员的职权。

Article 170: Des motifs du refus de l'approbation de l'hypothèque	**第 170 条:拒绝批准抵押的理由**
Le Ministre ne peut refuser d'approuver la constitution d'une hypothèque que lorsque:	仅在下述情形下,矿业部长才能拒绝批准抵押:
a) la valeur de l'hypothèque est inférieure à la créance garantie. En cas d'hypothèque antérieure, le contrat ne peut porter que sur la partie du bien non grevé;	a)抵押的价值低于被担保债权的金额。如果存在(在先)抵押,则抵押合同只能针对所涉资产未设置抵押的部分;
b) l'hypothèque garantit des créances n'ayant aucun rapport avec l'activité minière pour laquelle elle est consentie;	b)抵押担保的是与抵押涉及的矿业活动无关的债权;
c) le montant du financement obtenu est insignifiant;	c)可获得的融资金额很少;
d) le créancier hypothécaire est frappé d'interdiction de détenir des droits miniers et/ou de carrières;	d)抵押权人是禁止持有矿权和/或采石权的人;
e) le droit minier ou de carrières d'exploitation du titulaire n'est plus en cours de validité.	e)持有人的采矿权或采石场开采权已经不在有效期内。
Tout refus d'approbation d'hypothèque doit être motivé et donne droit à l'exercice des recours prévus aux dispositions des articles 313 et 314 du présent Code.	任何拒绝批准抵押的决定应说明理由,此类决定产生本法典第 313 条和第 314 条的规定的救济权。
Article 171: De l'enregistrement et de l'opposabilité des actes d'hypothèque (*modifié à ses alinéas 1er et 3 par l'article 6 de la Loi n°18/001 du 09 mars 2018 modifiant et complétant la Loi n° 007/2002 portant Code minier*)	**第 171 条:抵押文书的登记和对抗效力** (*由 2018 年 3 月 9 日第 18/001 号关于修订和补充第 007/2002 号《矿业法典》的法律的第 6 条修改其第 1 款和第 3 款*)

L'hypothèque est enregistrée moyennant paiement, au profit du Trésor public, d'un droit d'enregistrement équivalent en francs congolais, dont le taux applicable, suit le palier dégressif ci-après:	抵押的登记需要向国库支付一笔等值的刚果法郎的登记税,该登记税适用如下递减税率:
- 0,5% : de 1 à 100.000.000 USD	- 0.5% : 1 美元至 100 000 000 美元;
- 0,3% : de 100.000.001 à 500.000.000 USD	- 0.3% : 100 000 001 美元至 500 000 000 美元;
- 0,2% : de 500.000.001 à 1.000.000.000 USD	- 0.2% : 500 000 001 美元至 1 000 000 000 美元;
- 0,1% : au-delà de 1.000.000.000 USD	- 0.1% : 超过 1 000 000 000 美元。
Pour être opposable aux tiers, toute hypothèque approuvée par le Ministre est obligatoirement inscrite au dos du titre minier ou de carrières avant d'être portée dans un registre établi et gardé à cet effet au Cadastre Minier conformément à la procédure prévue par le Règlement Minier.	为了产生对抗第三人的(效力),任何经矿业部长批准的抵押需登记在矿权证或采石权证背后,之后矿权登记局才能根据《矿业条例》规定的程序将抵押载入为此设立和保存的登记册。
Le Règlement minier fixe les modalités d'enregistrement de l'hypothèque et du paiement du droit d'enregistrement visé au premier alinéa du présent article.	本条上述第一款所规定的抵押登记和登记税支付由《矿业条例》具体规定。
Article 172: De la réalisation de l'hypothèque (*modifié à son alinéa 2 par l'article 6 de la Loi n°18/001 du 09 mars 2018 modifiant et complétant la Loi n°007/2002 portant Code minier*)	**第 172 条:抵押的实现**(*由 2018 年 3 月 9 日第 18/001 号关于修订和补充第 007/2002 号《矿业法典》的法律的第 6 条修改其第 2 款*)
En cas de constat de défaillance du titulaire de ses obligations envers le créancier hypothécaire à l'échéance convenue et fixée dans l'acte d'hypothèque, celui-ci peut engager la procédure de l'exécution forcée conformément au droit commun.	若在抵押文书中约定和确定的到期日确定持有人违反其对抵押权人的义务,则抵押权人可以根据一般法的规定实施强制执行程序。

Toutefois, le créancier hypothécaire peut se substituer au débiteur défaillant et requérir ainsi la mutation partielle ou totale du droit minier ou de carrières à son propre nom s'il réunit les conditions d'éligibilité prévues à l'article 23 du présent Code.	但是,若抵押权人满足本法典第 23 条所规定的资格要件时,抵押权人可替代债务人并且要求将矿权或采石权的全部或部分转让至抵押权人名下。
La lettre de demande de mutation du droit en faveur du créancier hypothécaire est adressée au Cadastre Minier. Elle doit:	向抵押权人移转权利的申请信须向矿权登记局提交。该申请应:
a) être accompagnée d'une copie certifiée conforme de l'acte d'hypothèque;	a) 附随经公证的与抵押文书原件一致的复印件;
b) certifier que le créancier hypothécaire est éligible au droit minier ou de carrières concerné par l'hypothèque à réaliser;	b) 证明抵押权人有资格持有待实现抵押的矿权或采石权;
c) contenir son engagement à assumer les droits et obligations qui découlent du droit minier ou de carrières concerné par l'hypothèque à réaliser. Si le créancier hypothécaire n'est pas éligible aux droits miniers et/ou de carrières, il lui est accordé un délai de six mois, soit pour se conformer aux règles de l'éligibilité, soit pour se faire substituer par une autre personne éligible aux droits miniers ou de carrières concernés par l'hypothèque.	c) 包含承担待实现抵押的矿权或采石权产生的权利和义务的承诺。如果抵押权人无资格持有矿权和/或采石权,则将给予其六个月期限,或者要求其在该期限内符合与资格相关的规则,或者在该期限内由其他有资格持有待实现抵押的矿权或采石权的人将其代替。
Article 173: De l'instruction cadastrale en vue de la mutation	**第 173 条:移转的矿权登记审查**
Sous réserve des dispositions ci-dessous, le Cadastre Minier procède à l'instruction cadastrale conformément aux dispositions de l'article 40 du présent Code.	在遵守下述规定的前提下,矿权登记局根据本法典第 40 条的规定实施登记审查。

A la conclusion de l'instruction cadastrale, le Cadastre Minier procède:	登记审查完成之时,矿权登记局:
a) à l'inscription provisoire du droit minier ou de carrières concerné par l'hypothèque sur la carte cadastrale. Cette inscription est valable pendant toute la durée de l'instruction;	a)在地籍图上对与抵押相关的矿权或采石权进行预登记。该登记在整个审查期间内有效;
b) à l'affichage du résultat de l'instruction dans une salle déterminée par le Règlement Minier. Une copie de l'avis est remise au requérant;	b)在《矿业条例》规定的大厅中张贴审查结果。将审查意见的复印件发送至申请人;
c) au rejet de la demande en cas d'avis défavorable et à la notification de la décision de rejet au requérant.	c)若出具的审查意见为否定意见,则驳回申请,并(将驳回决定)通知申请人。
En cas d'avis favorable, le Cadastre Minier procède à l'inscription de la mutation et à la délivrance d'un nouveau titre établi au nom du créancier hypothécaire ou du tiers substitué dans un délai de cinq jours.	若出具的审查意见为肯定意见,则矿权登记局在五日的期限内进行移转登记,并将新权证颁发给相应的抵押权人或替代抵押权人的第三人。
La validité du nouveau titre correspond à la période de validité non échue du titre initial.	新权证的有效期为原始权证的剩余有效期限。
Passé le délai de cinq jours prévu à l'alinéa 3 du présent article, le créancier hypothécaire ou le tiers substitué peut se prévaloir des dispositions de l'article 46 du présent Code.	在本条第 3 款规定的五日期限届满后,抵押权人或替代的第三人可以适用本法典第 46 条的规定。
La mutation du droit minier ou de carrières au nom du créancier hypothécaire ou du tiers substitué est opérée dans un délai d'un mois à compter de la réception de la demande.	向抵押权人或替代的第三人移转矿权或采石权,自收到申请后的一个月内办理完成。
Article 174: De l'effet de la mutation	**第 174 条:移转的效力**

En cas de réalisation de l'hypothèque et de mutation du droit minier ou des carrières à leur profit, le créancier hypothécaire ou le tiers substitué sont tenus d'assumer toutes les obligations découlant du titre initial vis-à-vis de l'Etat et des tiers.	在实现抵押并向抵押权人或替代的第三人移转矿权或采石权时,抵押权人或替代的第三人须承担原权证项下对国家和第三人应承担的一切义务。
Article 175: Des hypothèques légales (*modifié et compété par l'article 6 de la Loi n°18/001 du 09 mars 2018 modifiant et complétant la Loi n°007/2002 portant Code minier*)	**第 175 条:法定抵押**(*由 2018 年 3 月 9 日第 18/001 号关于修订和补充第 007/2002 号《矿业法典》的法律的第 6 条予以修订和补充*)
Par dérogation aux articles 169 et 170 du présent Code, les dispositions des articles 253, 254 et 255 de la loi n°73-021 du 20 juillet 1973 portant régime général des biens, régime foncier et immobilier et régime des sûretés telle que modifiée et complétée à ce jour relatives aux hypothèques du Trésor et du sauveteur ainsi que celles des articles 210 et 212 de l'Acte uniforme portant organisation des sûretés relatives aux hypothèques de masses de créanciers et des architectes, entrepreneurs et autres personnes employées pour édifier, réparer ou reconstruire des bâtiments, sont inscrites et enregistrées conformément aux dispositions du présent Code.	作为本法典第 169 条和第 170 条规定的例外,1973 年 7 月 20 日关于资产的基本制度、土地和不动产制度、担保制度的第 73-021 号法律的第 253 条、第 254 条和第 255 条的规定及其此后对国库和救助者抵押的修订和补充内容和关于组织债权人集团、建筑师、企业家和建造、修复或重建房屋的其他被雇佣的人员的抵押的担保制度的《统一法》第 210 条和第 212 条的规定,应根据本法典的规定进行登记和注册。
Chapitre II: Du gage	**第二章:质押**
Article 176: Des gages des produits marchands (*modifié à ses alinéa 2 et 3 par l'article 6 de la Loi n°18/001 du 09 mars 2018 modifiant et complétant la Loi n°007/2002 portant Code minier*)	**第 176 条:商品的质押**(*由 2018 年 3 月 9 日第 18/001 号关于修订和补充第 007/2002 号《矿业法典》的法律的第 6 条修改其第 2 款和第 3 款*)
Les produits marchands provenant des gisements ou des gisements artificiels sont susceptibles de gage.	来源于矿床或人工矿床的商品可以质押。

Le gage portant sur les produits marchands est régi par les dispositions des articles 92, 93, 94, 95, 96, 97, 98, 99, 100, 101, 102, 103, 104, 105, 106, 107, 108, 109, 110, 111, 112, 113, 114, 115, 116, 117, 118, 119, 120, 121, 122, 123 et 124 de l'Acte Uniforme portant organisation des sûretés.	商品的质押受到《担保统一法》第 92 条、第 93 条、第 94 条、第 95 条、第 96 条、第 97 条、第 98 条、第 99 条、第 100 条、第 101 条、第 102 条、第 103 条、第 104 条、第 105 条、第 106 条、第 107 条、第 108 条、第 109 条、第 110 条、第 111 条、第 112 条、第 113 条、第 114 条、第 115 条、第 116 条、第 117 条、第 118 条、第 119 条、第 120 条、第 121 条、第 122 条、第 123 条和第 124 条的规定的规制。
Le créancier gagiste des produits marchands avec dépossession est responsable des taxes, impôts et des obligations environnementales découlant du fait de la possession desdits produits dont il détient le droit de stocker, détenir, manutentionner, transporter, commercialiser et d'exporter.	占有商品的质押权人承担因持有上述产品而应缴纳的各种税费和环境义务，并且其享有对该等产品的储存权、持有权、装卸权、运输权、买卖权和出口权。
TITRE VII : DE L'AMODIATION ET DES MUTATIONS	**第七编：租赁与移转**
Chapitre I : De l'amodiation	**第一章：租赁**
Article 177 : Du contrat d'amodiation (*modifié à son alinéa 1er par l'article 7 de la Loi n° 18/001 du 09 mars 2018 modifiant et complétant la Loi n° 007/2002 portant Code minier*)	**第 177 条：租赁合同**（*由 2018 年 3 月 9 日第 18/001 号关于修订和补充第 007/2002 号《矿业法典》的法律的第 7 条修改其第 1 款*）
L'amodiation consiste en un louage pour une durée fixe ou indéterminée, sans faculté de sous louage, de tout ou partie d'un droit minier d'exploitation ou d'Autorisation d'exploitation de carrières permanente, moyennant une rémunération fixée par accord entre l'amodiant et l'amodiataire.	租赁系指以出租人和承租人通过订立租赁协议约定报酬以租赁全部或部分采矿权或永久性采石场开采许可，租期可为定期或不定期，承租人无转租权。

Les droits miniers et/ou de carrières de recherche ne peuvent pas faire l'objet d'amodiation.	探矿权和/或采石场勘探权不得租赁。
Tout contrat d'amodiation doit comporter, sous peine de nullité, une clause résolutoire:	任何租赁合同应包含解除条款,否则租赁合同无效,解除原因为:
a) pour non paiement par l'amodiataire des impôts, taxes et redevances dus à l'Etat;	a) 因承租人未向国家缴纳各种税费和权益金;
b) pour non observation des lois et règlements pouvant entraîner des conséquences financières ou administratives préjudiciables à l'amodiant.	b) 因未遵守法律法规可能导致对出租人有不利的财务或行政后果。
Tout contrat d'amodiation doit comporter, sous peine de nullité, des clauses fixant les conditions d'entretien et de réinvestissement nécessaires à l'exploration et au développement raisonnables du gisement.	任何租赁合同应包含规定矿床的合理勘查和开发所需的维护和再投资条件,否则租赁合同无效。
Tout contrat d'amodiation comporte la responsabilité solidaire et indivisible de l'amodiant et de l'amodiataire vis à vis de l'Etat. L'amodiataire est, nonobstant toute clause contraire, redevable des impôts, taxes et redevances dus en vertu du titre minier ou de carrières. Toutefois, en cas de défaillance de l'amodiataire, l'amodiant est responsable vis à vis de l'Etat, sous réserve de son droit de recours contre l'amodiataire défaillant.	任何租赁合同应规定出租人与承租人共同向国家承担连带且不可分的责任。即便存在相反条款,承租人应根据矿权或采石权的类型缴纳各种税费和权益金。但是,在承租人违约的情况下,出租人须对国家承担责任,且不影响其针对违约的承租人行使的救济权。
Article 178: De l'instruction de la demande d'amodiation	**第 178 条:租赁申请的审查**
Sous réserve des dispositions ci-dessous, le Cadastre Minier procède à l'instruction cadastrale conformément aux dispositions de l'article 40 du présent Code.	在遵守下述规定的前提下,矿权登记局根据本法典第 40 条的规定实施登记审查。

A la conclusion de l'instruction cadastrale, le Cadastre Minier procède:	登记审查完成时,矿权登记局负责:
a) à l'inscription provisoire du Permis concerné par l'amodiation sur la carte cadastrale. Cette inscription est valable pendant toute la durée de l'instruction;	a)在地籍图中对租赁的权证进行预登记。该预登记在整个审查期间内均有效;
b) à l'affichage du résultat de l'instruction dans une salle déterminée par le Règlement Minier. Une copie de l'avis est remise aurequérant;	b)在《矿业条例》规定的大厅内张贴审查结果。审查意见的复印件将发送至申请人;
c) au rejet de la demande en cas d'avis défavorable et à la notification de la décision de rejet au requérant.	c)若审查意见为否定意见,则驳回申请并将(驳回)决定通知申请人。
En cas d'avis favorable, le Cadastre Minier procède à l'enregistrement du contrat d'amodiation dans un délai de cinq jours conformément aux dispositions de l'article 171 du présent Code.	若审批意见为肯定意见,矿权登记局在五日内根据本法典第 171 条的规定办理租赁合同的登记。
Passé ce délai, l'amodiataire peut se prévaloir des dispositions de l'article 46 du présent Code.	该期限届满后,承租人可以主张适用本法典第 46 条的规定。
La validité du contrat d'amodiation correspond à la période de validité non échue du titre de l'amodiant.	租赁合同的有效期为出租人持有权证的剩余有效期。
Article 179: De l'enregistrement du contrat d'amodiation (*modifié à son alinéa 4 par l'article 7 de la Loi n°18/001 du 09 mars 2018 modifiant et complétant la Loi n° 007/2002 portant Code minier*)	**第 179 条:租赁合同的登记**(*由 2018 年 3 月 9 日第 18/001 号关于修订和补充第 007/2002 号《矿业法典》的法律的第 7 条修改其第 4 款*)
Préalablement à la conclusion du contrat, l'amodiataire doit démontrer qu'il est éligible au droit minier ou à l'autorisation des carrières concernés par son contrat.	在签订合同之前,承租人须证明其具备持有合同所涉矿权或采石许可的资格。

Pour être opposable aux tiers, tout contrat d'amodiation doit être enregistré dans un registre établi et gardé à cet effet au Cadastre Minier conformément à la procédure prévue par le Règlement Minier.	为产生对抗第三人的效力,任何租赁合同都应根据《矿业条例》规定的程序,在矿权登记局专门设立和保管的登记册中登记。
L'enregistrement du contrat d'amodiation n'est soumis qu'au contrôle de l'éligibilité de l'amodiataire par l'Administration des Mines selon la procédure prévue par le Règlement Minier.	租赁合同的登记仅受到矿业行政机关根据《矿业条例》规定的程序对承租人资格进行的监管。
Le contrat d'amodiation est enregistré par le Cadastre minier moyennant paiement, au profit du Trésor public, d'une taxe pour enregistrement dont le montant est déterminé par voie réglementaire.	租赁合同由矿权登记局予以登记,并且需要向国库缴纳一笔登记税。登记税金额由法规确定。
Article 180:Des droits de l'amodiant	**第 180 条:出租人的权利**
L'amodiant peut nonobstant toute clause contraire, exercer, soit personnellement soit par tout expert de son choix dûment mandaté par lui, un droit de surveillance et d'inspection des travaux de l'amodiataire.	即使存在矛盾的约定,出租人仍有权亲自或选择并正式委托专家对承租人的工程进行监督和监察。
La Direction des Mines communique à l'amodiant les observations qu'elle adresse à l'amodiataire et doit lui faire prendre connaissance de ses rapports d'inspection.	矿业局将其向承租人传达的意见通知出租人,并使得出租人知悉其监察报告。
Article 181:De l'exonération de responsabilité de l'amodiataire	**第 181 条:承租人责任的豁免**
Sans préjudice des dispositions du dernier alinéa de l'article 177 du présent Code, l'amodiataire est responsable civilement et pénalement vis-à-vis des tiers.	在不违反本法典第 177 条最后一款规定的前提下,承租人对第三人承担民事与刑事责任。
Toutefois, l'amodiataire peut être dégagé de toute responsabilité s'il prouve que:	但是,若承租人能证实存在如下情况,可免于承担任何责任:

a) le dommage est survenu avant l'existence du contrat d'amodiation;	a)在租赁合同生效之前,损害已经发生;
b) le fait dommageable est intervenu après l'existence du contrat d'amodiation, mais avant l'occupation effective du lieu d'exploitation par lui;	b)损害行为在租赁合同生效之后出现,但是在承租人实际占有开采地之前发生;
c) le dommage est causé par une exploitation frauduleuse faite soit par l'amodiant soit par un tiers.	c)损害由出租人或第三人实施的非法开采造成。
Chapitre II: Des mutations	**第二章:移转**
Section I: De la cession	**第一节:转让**
Article 182: De l'acte de cession (*modifié et complété par l'article 7 de la Loi n°18/001 du 09 mars 2018 modifiant et complétant la Loi n°007/2002 portant Code minier*)	**第182条:转让合同**(*由2018年3月9日第18/001号关于修订和补充第007/2002号《矿业法典》的法律的第7条予以修订和补充*)
Les droits miniers et les Autorisations d'exploitation de carrière permanente en cours de validité peuvent faire l'objet d'une cession totale ou partielle. Cette cession est définitive et irrévocable dès l'endossement du titre. En l'absence de dispositions contraires, le droit commun sur la cession s'applique.	可以全部或部分转让在有效期内的矿权和永久性采石场开采许可。权证一经背书,转让即最终确定且不可撤销。若不存在相反规定,适用与转让有关的一般法的规定。
L'acte de cession contient le prix du transfert du droit ainsi que l'engagement du cessionnaire à assumer toutes les obligations du titulaire vis-à-vis de l'Etat qui découlent du droit de recherches ou d'exploitation, notamment celui de céder à l'Etat les parts ou actions prévues au litera d de l'article 71 du présent Code.	转让文书中应包含权利转让的对价以及由受让人承担所有因勘探权或开采权产生的持有人对国家的义务的承诺,特别是本法典第71条第d项规定的向国家转让公司股份或股权的承诺。

Nonobstant ce qui précède, le cessionnaire n'est pas tenu d'assumer les obligations de protection de l'environnement pour lesquelles le cédant est responsable avant la cession, en application de l'article 185 alinéas 3 et 4 du présent Code.	尽管存在上述规定,根据本法典第 185 条第 3 款和第 4 款的规定,受让人无需承担在转让之前应由出让人承担的环境保护义务。
Lorsqu'une entreprise du portefeuille de l'Etat fait apport d'un gisement minier, soit à une société existante, soit en vue de la constitution d'une nouvelle société, la participation de ladite entreprise au capital de la société existante ou à constituer est fixée en fonction de la valeur réelle du gisement minier faisant l'objet de l'apport.	当国有企业以矿床出资入股到一个现存的公司或者新成立的公司中时,则该等企业在现存公司或新成立的公司的注册资本中的参股根据出资入股的矿床的实际价值确定。
L'évaluation du gisement est faite conformément aux dispositions de l'Acte Uniforme relatif au Droit des sociétés commerciales et du groupement d'intérêt économique.	矿床的估值将根据《OHADA 商事公司及经济利益集团统一法》的相关规定进行。
Article 182 bis: Des conditions de cession(*inséré par l'article 21 de la Loi n° 18/001 du 09 mars 2018 modifiant et complétant la Loi n° 007/2002 portant Code minier*)	**第 182(2)条:转让的条件**(*由 2018 年 3 月 9 日第 18/001 号关于修订和补充第 007/2002 号《矿业法典》的法律的第 21 条予以新增*)
La cession des droits miniers et des autorisations d'exploitation de carrières permanente est subordonnée aux conditions suivantes:	矿权和永久性采石场开采许可的转让应满足如下条件:
1. Pour le cessionnaire:	1.受让方须满足:
a) être préalablement une personne éligible à requérir et à détenir les droits miniers ou les autorisations d'exploitation de carrière permanente conformément à l'article 23 du présent Code;	a)根据本法典第 23 条的规定,转让之前有资格申请和持有矿权和永久性采石场开采许可;

b) justifier, en cas de cession d'un permis de recherche, de la capacité financière prévue aux articles 56 et 58 du présent Code;	b)在转让探矿证时,证实其具备本法典第 56 条和第 58 条所规定的财务能力;
c) remplir, en cas de cession d'un droit minier d'exploitation, la condition prévue à l'article 71 litera d, 71 bis et l'article 104 alinéa 2 du présent Code;	c)在转让采矿权时,满足本法典第 71 条第 d 项、第 71(2)条或[①]第 104 条第 2 款所规定的条件;
d) respecter, en cas de cession partielle, les dispositions des articles 28 et 29 du présent Code.	d)在部分转让时,遵守本法典第 28 条和第 29 条的规定。
2. Pour le cédant: avoir respecté ses obligations de protection de l'environnement prévues par le plan environnemental approuvé.	2.出让方须满足:已履行其经批准的环境计划规定的环境保护义务。
Article 183: De l'instruction de la demande de cession (*modifié et complété par l'article 7 de la Loi n°18/001 du 09 mars 2018 modifiant et complétant la Loi n°007/2002 portant Code minier*)	**第 183 条:转让申请的审查**(*由 2018 年 3 月 9 日第 18/001 号关于修订和补充第 007/2002 号《矿业法典》的法律的第 7 条予以修订和补充*)
L'instruction de la demande de cession se fait conformément aux dispositions des articles 40, 41, 42 et 178 du présent Code.	转让申请的审查应根据本法典第 40 条、第 41 条、第 42 条和第 178 条的规定进行。
Article 184: De la cession partielle (*modifié et complété par l'article 7 de la Loi n°18/001 du 09 mars 2018 modifiant et complétant la Loi n°007/2002 portant Code minier*)	**第 184 条:部分转让**(*由 2018 年 3 月 9 日第 18/001 号关于修订和补充第 007/2002 号《矿业法典》的法律的第 7 条修订和补充*)

① 中伦注:法语表述为"和"但是这两个条文分别对应的是两种不同的开采矿权,故"或"更合理。

La cession partielle de droit minier de recherches, de droit minier d'exploitation ou de l'Autorisation d'exploitation de carrière permanente est enregistrée au moment de l'octroi du nouveau droit par l'autorité compétente, et le Cadastre minier en délivre un nouveau titre minier.	探矿权、采矿权和永久性采石场开采许可的部分转让由主管权力机关在授予新的权利时进行登记,并由矿权登记局颁发相应的新的矿权证。
Article 185: De l'instruction technique et de l'audit environnemental (*modifié et complété par l'article 7 de la Loi n° 18/001 du 09 mars 2018 modifiant et complétant la Loi n° 007/2002 portant Code minier*)	**第 185 条:技术审查与环境审计** (*由 2018 年 3 月 9 日第 18/001 号关于修订和补充第 007/2002 号《矿业法典》的法律的第 7 条予以修订和补充*)
Sans préjudice des dispositions des articles 40, 41, 42 et 178 du présent Code, l'instruction technique du dossier de la demande de transfert du droit minier ou de l'Autorisation d'exploitation de carrières permanente au nom du cessionnaire est réalisée dans un délai de vingt jours ouvrables à compter de la date de transmission du dossier de la demande à la Direction des mines par le Cadastre minier.	在不影响本法典第 40 条、第 41 条、第 42 条和第 178 条的规定的前提下,矿权或永久性采石场开采许可转让至受让人名下的申请材料的技术审查自矿权登记局向矿业局移交申请材料之日起二十个工作日内完成。
L'instruction technique consiste à:	技术审查包括:
a) vérifier la capacité financière du cessionnaire;	a) 确定受让人的财务能力;
b) vérifier la prise en charge par le cessionnaire des obligations liées au droit minier ou à l'Autorisation d'exploitation de carrières permanente et vérifier la prise en charge des obligations du cédant par le cessionnaire;	b) 确认受让人是否承担与矿权或永久性采石场开采许可相关的义务以及受让人是否承担出让人的应尽义务;

c) déterminer, le cas échéant, que tout changement que le cessionnaire propose d'effectuer dans les documents initiaux sur la base desquels le droit minier ou l'Autorisation d'exploitation de carrières permanente a été octroyé ne modifie pas les conclusions techniques sur le projet.	c)必要时,确定受让人提出的对原始申请材料(矿权或永久性采石场开采许可根据原始申请材料而被授予)的修改并不影响项目的技术审查的结论。
Un audit environnemental in situ est réalisé par l'Agence Congolaise de l'Environnement en collaboration avec la Direction chargée de la protection de l'environnement minier dans un délai de trente jours ouvrables à compter de la date de transmission du dossier de la demande par le Cadastre minier à l'Agence Congolaise de l'Environnement afin de vérifier le respect des obligations de protection de l'environnement souscrites par le cédant dans le plan de gestion environnementale et sociale approuvé.	为确定出让人是否遵守了其在经批准的环境和社会管理计划中约定的环境保护义务,自矿权登记局向刚果(金)环境署移交申请材料之日起三十个工作日内,刚果(金)环境署与矿业环保局共同在现场进行环境审计。
Une attestation de libération des obligations environnementales est émise et transmise au Cadastre minier.	一份环境义务履行证明将被出具并移交至矿权登记局。
Article 185 bis: De la décision d'approbation ou de refus du transfert du droit(*inséré par l'article 22 de la Loi n°18/001 du 09 mars 2018 modifiant et complétant la Loi n° 007/2002 portant Code minier*)	**第185(2)条:批准或拒绝权利转让的决定**(*由2018年3月9日第18/001号关于修订和补充第007/2002号《矿业法典》的法律的第22条予以新增*)

A la réception du dossier de demande avec avis cadastral, technique, environnemental et social favorables ou défavorables, lui transmis par le Cadastre minier, l'autorité compétente prend et transmet sa décision d'approbation ou de refus du transfert du droit au Cadastre minier dans un délai de dix jours ouvrables.	在收到矿权登记局移交的、附随肯定或否定的登记审查意见、技术审查意见、环境和社会意见的申请材料后,主管权力机关应于十个工作日内作出批准或拒绝批准权利转让的决定并将该等决定移交至矿权登记局。
En cas de décision d'approbation du transfert, le Cadastre minier procède à l'enregistrement de la cession dans un délaide cinq jours ouvrables, conformément aux dispositions de l'article 171 du présent Code et notifie la décision au requérant.	若作出批准转让的决定,矿权登记局按照本法典第 171 条的规定在五个工作日内进行转让登记,并将决定通知申请人。
Passé ces délais, le cessionnaire peut se prévaloir des dispositions des articles 43 et 46 du présent Code.	该期限届满后,受让人可主张适用本法典第 43 条和第 46 条的规定。
En cas de refus du transfert, le Cadastre minier notifie la décision de refus au requérant.	若拒绝批准转让,则矿权登记局将拒绝批准的决定通知申请人。
Article 185 ter: De l'enregistrement et de l'opposabilité de l'acte de cession (*inséré par l'article 22 de la Loi n°18/001 du 09 mars 2018 modifiant et complétant la Loi n° 007/2002 portant Code minier*)	**第 185(3) 条:转让文书的登记和对抗效力**(*由 2018 年 3 月 9 日第 18/001 号关于修订和补充第 007/2002 号《矿业法典》的法律的第 22 条予以新增*)
Pour être opposable aux tiers, la cession totale ou partielle est enregistrée par le Cadastre minier contre le paiement au profit du Trésor public, d'un droit d'enregistrement de 1% du prix de la cession immédiatement exigible.Le prix peut, le cas échéant, faire l'objet d'un contrôle à posteriori par les services compétents.	为使转让具备对抗第三人的效力,全部或部分转让须由矿权登记局予以登记,并立即向国库缴纳转让价格的 1%的登记税。如有必要,转让价格可由主管服务机关进行事后监管。

Le Règlement minier détermine les modalités d'expertise du bien cédé, en vue d'en déterminer le juste prix.	《矿业条例》规定转让资产的鉴定方式,以确定合理的转让价格①。
Article 185 quater: Du transfert du droit(*inséré par l'article 22 de la Loi n° 18/001 du 09 mars 2018 modifiant et complétant la Loi n° 007/2002 portant Code minier*)	**第 185(4)条:权利的转让**(*由 2018 年 3 月 9 日第 18/001 号关于修订和补充第 007/2002 号《矿业法典》的法律的第 22 条予以新增*)
Le transfert du droit minier ou de l'Autorisation d'exploitation de carrières permanente est inscrit au registre approprié tenu par le Cadastre minier conformément à l'article 172, immédiatement après la notification de la décision d'approbation du transfert au cédant et au cessionnaire.	根据第 172 条②,矿权或永久性采石场开采许可的转让应在批准转让的决定通知出让人和受让人后立即在矿权登记局持有的登记册上登记。
Le transfert ne peut porter que sur les droits miniers ou les Autorisations d'exploitation de carrières permanentes en cours de validité.	转让仅针对在有效期内的矿权或永久性采石场开采许可。
Article 186: Des obligations du cédant après cession	**第 186 条:转让后出让人的义务**
Nonobstant toute clause contraire, le transfert ne dégage pas le titulaire initial de ses obligations vis-à-vis de l'Etat pour le paiement des frais et charges en rapport avec son titre minier ou de carrières pendant la période où il en était titulaire, ni de ses obligations de réhabilitation de l'environnement.	即使存在矛盾的条款,转让并不免除原持有人在其作为持有人期间的对国家应承担的支付与其矿权证或采石权证相关的各种税费的义务,也不免除其环境修复义务。

① 中伦注:根据《矿业条例》第 380(2)条的规定,在涉嫌做低价格时,由矿业服务机关委派代表组成的委员会将对矿床的价值进行评估并汇报矿业部长,并可以修正让与对价。

② 中伦注:这里第 172 条应有误。

Section II:De la transmission	第二节:移转
Article 187: Des actes de transmission (*modifié et complété par l'article 7 de la Loi n°18/001 du 09 mars 2018 modifiant et complétant la Loi n°007/2002 portant Code minier*)	**第 187 条:移转行为**(*由 2018 年 3 月 9 日第 18/001 号关于修订和补充第 007/2002 号《矿业法典》的法律的第 7 条予以修订和补充*)
Les droits miniers et les Autorisations d'exploitation de carrières permanentes sont susceptibles de transmission en tout ou en partie pour cause de décès, dans le cas d'une société unipersonnelle, en vertu de la fusion, de la scission ou de l'apport partiel d'actifs.	一人公司股东死亡、公司合并、分立或股份股权转让的,矿权和永久性采石场开采许可可以部分或全部移转。
En l'absence des dispositions contraires, le droit commun sur les mutations ainsi que l'Acte Uniforme du 30 janvier 2014 relatif au droit des sociétés commerciales et du groupement d'intérêt économique s'appliquent.	若不存在相反的法律规定,则适用关于移转的一般法和 2014 年 1 月 30 日的《商事公司及经济利益集团统一法》。
La personne en faveur de laquelle la transmission est faite remplit les conditions prévues à l'article 182 bis applicables à la transmission.	移转的受益人须满足本法典第 182(2)条关于移转的条件。
Article 188:De la transmission partielle (*modifié et complété par l'article 7 de la Loi n°18/001 du 09 mars 2018 modifiant et complétant la Loi n°007/2002 portant Code minier*)	**第 188 条:部分移转**(*由 2018 年 3 月 9 日第 18/001 号关于修订和补充第 007/2002 号《矿业法典》的法律的第 7 条予以修订和补充*)
En cas de transmission partielle de droit minier de recherches, le Cadastre minier délivre un nouveau titre minier.	若探矿权部分移转,矿权登记局颁发新的矿权证。

En cas de transmission partielle de droit d'exploitation ou d'autorisation d'exploitation de carrière permanente, la cession partielle est enregistrée au moment de l'octroi du nouveau droit.	若采矿权或永久性采石场开采许可部分移转,转让的部分在新的权利授予之时进行登记。
La transmission partielle des droits miniers et des Autorisations d'exploitation de carrières permanentes est faite dans le respect des dispositions des articles 28 et 29 du présent Code.	移转部分矿权和永久性采石场开采许可应遵守本法典第 28 条和第 29 条的规定。
Article 189: De l'instruction de la demande de transmission	**第 189 条:移转申请的审查**
L'instruction de la demande de transmission des droits miniers ou de carrières est faite conformément aux dispositions des articles 40 et 178 du présent Code.	根据本法典第 40 条和第 178 条的规定,对矿权和采石权的移转申请进行审查。
Article 190: De l'enregistrement et de l'opposabilité des actes de transmission	**第 190 条:移转文书的登记和对抗效力**
Pour être opposable aux tiers, l'enregistrement des actes de transmission se fait conformément aux dispositions des articles 171 et 184 du présent Code.	为使移转文书具备对抗第三人的效力,移转文书须根据本法典第 171 条和第 184 条的规定予以登记。
Article 191: De l'acte de transmission en vertu d'un contrat de fusion et pour cause de décès	**第 191 条:因公司合并和死亡而发生的移转**
Les conditions et procédures de recevabilité et d'instruction des actes de transmission en vertu d'un contrat de fusion et pour cause de décès sont celles prévues pour les actes de cession des droits miniers organisés par le présent Code.	基于公司合并和(股东)死亡的移转文书的受理和审查的条件和程序适用本法典关于矿权转让的条件和程序。
Article 192: Des obligations du bénéficiaire de la transmission	**第 192 条:移转受益人的义务**

Nonobstant toute clause contraire, la personne en faveur de laquelle la transmission est faite reste redevable vis-à-vis de l'Etat et des tiers de toutes les obligations du titulaire initial du droit minier ou d'Autorisation d'Exploitation de Carrière Permanente.	即使存在相反的约定,移转受益人对国家和第三人承担应由原始矿权或永久性采石场开采许可持有人承担的全部义务。
Section III：Du contrat d'option	**第三节：期权合同**
Article 193：Du contrat d'option(*modifié et complété par l'article 7 de la Loi n° 18/001 du 09 mars 2018 modifiant et complétant la Loi n° 007/2002 portant Code minier*)	**第 193 条：期权合同**(*由 2018 年 3 月 9 日第 18/001 号关于修订和补充第 007/2002 号《矿业法典》的法律的第 7 条予以修订和补充*)
Le Permis de recherches peut faire l'objet d'un contrat d'option. Celui-ci est conclu librement entre parties et donne à son bénéficiaire le droit d'obtenir une participation dans la jouissance du droit minier d'exploitation découlant du Permis de recherches ou lors de la transformation totale ou partielle de celui-ci s'il réalise un certain investissement et/ou un travail dans le cadre des activités minières concernant le Permis de Recherches en cause.	探矿证可作为期权合同的标的。此合同可以由当事人自由订立,如果受益人对探矿证的矿业活动实施了某些投资和/或作业,则期权合同授予受益人在来自该探矿证的采矿权行使过程中享有参股的权利,或者在该探矿权全部或部分转化为采矿权的过程中享有参股的权利。
Le contrat d'option peut aussi se conclure pour les travaux de recherches entrepris dans un périmètre couvert par un Permis d'exploitation.	期权合同也可就采矿证所覆盖的矿区上实施的勘探作业而订立。
Article 194: De l'enregistrement des contrats d'option	**第 194 条：期权合同的登记**
L'enregistrement des contrats d'option se fait conformément aux dispositions de l'article 171 du présent Code.	期权合同应根据本法典第 171 条的规定予以登记。

Article 195 : Du transfert du droit	**第 195 条：权利的转让**
Les dispositions applicables à la cession du droit minier trouvent application pour le transfert du droit minier en cas d'option.	期权合同项下权利的转让应遵照矿权转让的相关条款执行。
TITRE VIII : DES OBLIGATIONS DES TITULAIRES DES DROITS MINIERS ET DE CARRIERES	**第八编：矿权和采石权持有人的义务**
Chapitre Premier : Des obligations relatives à la validité du droit minier ou de carrières	**第一章：矿权或采石权效力相关的义务**
Article 196 : Des obligations du maintien de la validité du droit (*modifié et complété par l'article 7 de la Loi n° 18/001 du 09 mars 2018 modifiant et complétant la Loi n° 007/2002 portant Code minier*)	**第 196 条：维持权利有效性的义务**（*由 2018 年 3 月 9 日第 18/001 号关于修订和补充第 007/2002 号《矿业法典》的法律的第 7 条予以修订和补充*）
Afin de maintenir la validité de son droit minier ou de carrières, le titulaire doit :	为了维持其矿权或采石权的有效性，持有人应：
a) commencer les travaux dans le délai précisé à l'article 197 du présent Code ;	a) 在本法典第 197 条规定的期限内开工；
b) payer le droit superficiaire par carré afférent à son titre chaque année avant la date limite fixée à l'article 199 du présent Code ;	b) 在本法典第 199 条规定的期限之前缴纳其权证相关的年度区块面积税；
c) respecter ses engagements vis-à-vis des obligations sociales conformément au chronogramme repris dans le cahier des charges.	c) 根据《社会责任书》的时间表遵守社会义务相关的承诺。

Le manquement par le titulaire aux obligations énumérées au chapitre II du présent Titre est sanctionné par des amendes et/ou éventuellement, par un ordre de suspendre les opérations ou, en cas d'infractions, par des poursuites judiciaires.	持有人不履行本编第二章规定义务的,将视情况被处以罚金和/或勒令暂停作业的惩罚,或涉及犯罪的,将追究其法律责任。
Article 197: De l'obligation de commencer les travaux (*modifié à ses alinéas 1er, 4, 5, 6 et 7 par l'article 7 de la Loi n°18/001 du 09 mars 2018 modifiant et complétant la Loi n° 007/2002 portant Code minier*)	**第 197 条:开工义务**(*由 2018 年 3 月 9 日第 18/001 号关于修订和补充第 007/2002 号《矿业法典》的法律的第 7 条修改其第 1 款、第 4 款、第 5 款、第 6 款和第 7 款*)
Le titulaire d'un Permis de recherches est tenu de commencer les travaux de recherches dans un délai d'un an à compter de la délivrance du titre constatant son droit.	自颁发确定权利的权证之日起一年内,探矿证持有人应启动勘探作业。
Le titulaire d'un Permis d'Exploitation est tenu de commencer les travaux de développement et de construction dans un délai de trois ans à compter de la délivrance du titre constatant son droit.	自颁发确定权利的权证之日起三年内,采矿证持有人应启动开发和建设工程。
Le titulaire d'un Permis d'Exploitation de Petite Mine ou d'un Permis d'Exploitation des Rejets est tenu de commencer les travaux de développement et de construction dans un délai d'un an à compter de la délivrance du titre constatant son droit.	自颁发确定权利的权证之日起一年内,小矿山开采证或尾矿开采证持有人应启动开发和建设工程。
Le titulaire d'une Autorisation d'exploitation de carrières permanente doit commencer les travaux dans un délai d'un an à compter de la délivrance du titre constatant son droit.	自颁发确定权利的权证之日起一年内,永久性采石场开采许可持有人应开工。

Le titulaire d'un droit minier et de carrières repris aux alinéas précédents est également tenu avant de commencer leurs travaux, d'ouvrir un centre de recherches ou d'exploitation dans les délais prévus pour chaque type des droits mentionnés ci-dessus.	前款规定的矿权和采石权的持有人也应在上述所提及的各类权利所规定的期限内并在开工之前设立勘探中心或开采中心。
Le titulaire de droit minier de recherches doit joindre à son attestation de commencement de travaux, déposée au Cadastre minier, un calendrier d'exécution des travaux.	探矿权持有人向矿权登记局提交开工证明时须附随工程实施时间表。
Le titulaire d'un droit minier d'exploitation est tenu de construire un bâtiment abritant son siège social selon les normes des standards internationaux au chef-lieu de la province d'exploitation dans les cinq ans à dater de la délivrance du titre.	自颁发权证之日起五年内,采矿权持有人应根据国际标准建设其公司总部的建筑,该建筑的建设地应在开采所在地的省会城市。
Article 198: De l'obligation de payer le droit superficiaire annuel par carré	**第 198 条:年度区块面积税的支付义务**
Pour la couverture des coûts des prestations et de la gestion des droits constatés par les titres miniers, il est perçu des droits superficiaires annuels par carré sur chaque titre minier ou de carrières délivré, au profit du Cadastre Minier qui en rétribue une quotité aux services du Ministère des Mines chargés de l'administration du présent Code.	为覆盖服务和矿权管理成本,矿权登记局对每个颁发的矿权证和采石权证收取年度区块面积税,矿权登记局将重新分配一部分年度区块面积税给本法典所规定的隶属于矿业部的主管服务机构。

Le titulaire des Permis de Recherches, des Permis d'Exploitation, des Permis d'Exploitation des Rejets, des Permis d'Exploitation de Petite Mine, de l'Autorisation de Recherches des Produits de Carrières et de l'Autorisation d'Exploitation de Carrières Permanente paient les droits superficiaires pour la première année au moment de la délivrance du titre minier ou de carrières.	探矿证、采矿证、尾矿开采证、小矿山开采证、采石场产品勘探许可和永久性采石场开采许可的持有人于矿权证或采石权证颁发之时缴纳第一年的年度区块面积税。
Le titulaire s'acquitte des droits superficiaires annuels par carré pour chaque année suivante avant la fin du premier trimestre de l'année civile. Toutefois, les droits superficiaires annuels sont payés par carré au prorata temporis à la délivrance du titre initial ou à la dernière année de la période de validité du titre.	此后每年的年度区块面积税均在该自然年第一季度末前缴纳。但是,年度区块面积税在原始权证颁发时或权证有效期最后一年根据时间比例支付。
Les droits superficiaires annuels par carré sont payés au guichet du Cadastre Minier qui a délivré le titre minier ou de carrière. Ce dernier en donne quittance au titulaire au moment du paiement.	年度区块面积税在颁发矿权证或采石权证的矿权登记局收费处缴纳。支付时,该收费窗口应向持有人出具收据。
Le Règlement Minier fixe les modalités de recouvrement des droits superficiaires annuels par carré pour chaque année.	《矿业条例》规定年度区块面积税的征收方式。
Article 199: Des modalités des droits superficiaires annuels par carré	**第 199 条:年度区块面积税的缴纳方式**
Les montants des droits superficiaires annuels par carré sont fixés par le Règlement Minier de façon qu'ils soient les équivalents approximatifs des montants prévus aux alinéas ci-dessous par hectare.	年度区块面积税的金额由《矿业条例》规定,其应与下款规定的每公顷的金额大致相当。

Le titulaire d'un Permis de Recherches paie au titre des droits superficiaires annuels par carré la somme en Francs Congolais équivalent à 0,03 USD par hectare pour les deux premières années de la première période de validité, en Francs Congolais équivalent à 0, 31 USD par hectare pour le reste des années de la première période de validité, en Francs Congolais équivalent à 0, 51 USD par hectare pour la deuxième période de validité, en Francs Congolais équivalent à 1,46 USD par hectare pour la troisième période de validité de son titre.	探矿证持有人用刚果法郎支付年度区块面积税,首个有效期的前两年按照 0.03 美元/公顷缴纳,首个有效期的剩余期限按照 0.31 美元/公顷缴纳,第二个有效期按照 0.51 美元/公顷缴纳,第三个有效期按照 1.46 美元/公顷缴纳。
Le titulaire d'un Permis d'Exploitation paie au titre des droits superficiaires annuels par carré la somme en Francs Congolais équivalent à 5,00 USD par hectare quelle que soit la période de validité de son titre.	无论其权证的有效期为何,采矿证持有人以等值于 5.00 美元/公顷的刚果法郎缴纳年度区块面积税。
Le titulaire d'un Permis d'Exploitation des Rejets paie au titre des droits superficiaires annuels par carré la somme en Francs Congolais équivalent à 8,00 USD par hectare quelle que soit la période de validité de son titre.	无论其权证的有效期为何,尾矿开采证持有人以等值于 8.00 美元/公顷的刚果法郎缴纳年度区块面积税。
Le titulaire d'un Permis d'Exploitation de Petite Mine paie au titre des droits superficiaires annuels par carré la somme en Francs Congolais équivalent à 2,30 USD par hectare quelle que soit la période de validité de son titre.	无论其权证的有效期为何,小矿山开采证持有人以等值于 2.30 美元/公顷的刚果法郎缴纳年度区块面积税。

Le titulaire d'une Autorisation de Recherches des Produits de Carrières paie au titre des droits superficiaires annuels par carré la somme en Francs Congolais équivalent à 0,05 USD par hectare à la délivrance de son titre et à la date de son renouvellement éventuel.	权证颁发之时和可能的续期之日,采石场产品勘探许可持有人以等值于 0.05 美元/公顷的刚果法郎缴纳年度区块面积税。
Le titulaire d'une Autorisation d'Exploitation de Carrières Permanente paie au titre des droits superficiaires annuels la somme en Francs Congolais équivalent à 2,00 USD par hectare quelle que soit la période de validité de son titre.	无论其权证的有效期为何,永久性采石场开采许可持有人以等值于 2.00 美元/公顷的刚果法郎缴纳年度区块面积税。
Article 200:De l'obligation de payer les droits superficiaires annuels par carré en cas de transformation partielle d'un droit minier	**第 200 条:矿权部分转化之时的年度区块面积税的缴纳义务**
Dans le cas où le titulaire sollicite une transformation partielle du Périmètre qui fait l'objet de son Permis de Recherches en Périmètre d'un droit minier d'exploitation, les carrés concernés suivent, après la transformation, le régime des taux applicables aux droits superficiaires annuels par carrés dus pour ce permis.	如果持有人申请将其探矿证覆盖矿区部分转化为采矿权覆盖矿区,转化后,相关区块须遵守该采矿权证所对应的年度区块面积税制度。
Article 201:Paiement des droits Superficiaires annuels par carré en cas de décision préliminaire et conditionnelle	**第 201 条:在预先性和附条件决定的情况下的年度区块面积税的缴纳**
En cas de décision préliminaire et conditionnelle prévue aux articles 76 et 158 du présent Code, le titulaire d'un droit minier ou de carrières de recherches paie les droits superficiaires annuels par carré en vertu de son titre de recherche.	在作出本法典第 76 条和第 158 条所规定的预先性和附条件决定的情况下,探矿权或采石场勘探权的持有人根据其勘探证书适用的费率缴纳年度区块面积税。

Toutefois, en cas d'octroi d'un droit minier ou de carrières d'exploitation, il paie les droits superficiaires annuels par carré au taux prévu pour un tel droit en suppléant éventuellement aux droits payés antérieurement pour le titre minier ou de carrières de recherches à concurrence du montant restant dû pour la couverture des droits superficiaires annuels découlant de la délivrance du titre d'exploitation.	但是,在授予了采矿权或采石场开采权的情况下,探矿权或采石场勘探权的持有人根据该权利对应的税率支付年度区块面积税的,即在此前针对探矿证书或采石场勘查证书而缴纳的面积税的基础上补足差额,以覆盖因颁发开采证书所产生的年度区块面积税。
Chapitre II: Des obligations relatives aux opérations en vertu du titre minier ou de carrières ou d'agrément au titre d'entité de traitement ou de transformation(*modifié et complété par l'article 8 de la Loi n° 18/001 du 09 mars 2018 modifiant et complétant la Loi n° 007/2002 portant Code minier*)	**第二章:矿业或采石业作业的相关义务或颁发处理或加工实体的许可的相关义务**(*由 2018 年 3 月 9 日第 18/001 号关于修订和补充第 007/2002 号《矿业法典》的法律的第 8 条予以修订和补充*)
Section I: De la Protection de l'Environnement	**第一节:环境保护**
Article 202: (*Abrogé par l'article 31 de la Loi n°18/001 du 09 mars 2018 modifiant et complétant la Loi n°007/2002 portant Code minier*)	**第 202 条:**(*由 2018 年 3 月 9 日第 18/001 号关于修订和补充第 007/2002 号《矿业法典》的法律的第 31 条予以废除*)
Article 203: Pendant les recherches	**第 203 条:勘探期间**
Avant de commencer les travaux de recherches minières ou des produits de carrières, le titulaire d'un Permis de Recherches ou d'une Autorisation de Recherches des Produits de Carrières doit élaborer et obtenir l'approbation d'un PAR pour l'activité proposée.	在启动矿业勘探作业或采石场产品勘探作业之前,探矿证或采石场产品勘探许可持有人应为希望从事的活动编制一份环境减排和修复计划并获得批准。
Les modalités du PAR et de son approbation sont fixées par voie réglementaire.	环境减排和修复计划的具体规定及其批准方式通过法规规定。

L'approbation du PAR relève de la compétence du service chargé de la protection de l'environnement au sein du Ministère des Mines en collaboration avec le ministre de l'environnement.	矿业部的环境保护服务机关与环境部长一同对环境减排和修复计划进行批准。
Article 204 : Pendant l'exploitation	**第 204 条：开采期间**
Tout demandeur d'un Permis d'Exploitation, d'un Permis d'Exploitation des Rejets, d'un Permis d'Exploitation de Petite Mine ou d'Autorisation d'Exploitation de Carrières est tenu de présenter une étude d'impact environnemental① accompagnée d'un plan de gestion environnementale du projet② et d'obtenir l'approbation de son EIES et PGES ainsi que de mettre en oeuvre le PGES.	采矿证、尾矿开采证、小矿山开采证或采石场开采许可申请人应提交环境和社会影响研究，并随附项目环境和社会管理计划③，获得环境和社会影响研究和环境和社会管理计划的批准，并实施环境和社会管理计划。
L'étude d'impact environnemental④ présente une description de l'écosystème avant les opérations minières, y compris la faune et la flore ; les sols et la topographie ; la qualité de l'air, des eaux souterraines et de surface. Elle en précise les aspects qui peuvent être affectés qualitativement et quantitativement par l'activité minière ou l'exploitation de carrières.	环境和社会影响研究应包含矿业作业前的生态系统的描述，其中包括动植物；土壤和地形(学)；空气质量，地下水和地表水。环境和社会影响研究明确指出在质量上和数量上受矿业活动或采石场开采活动影响的方面。
Elle contient en outre, les mesures envisagées pour la protection de l'environnement, l'élimination ou la limitation des pollutions et la reconstitution des sites ainsi que pour vérifier l'efficacité envisagée desdites mesures.	此外，环境和社会影响研究包含用于保护环境、消除或限制污染和重建场地的措施以及核实该等措施是否有效的评估办法。

① 中伦注：此处应为环境和社会影响研究，简称"EIES"。

② 中伦注：此处应为环境和社会管理规划，简称"PGES"。

③ 中伦注：立法机关遗漏修改第 204 条规定中的"环境影响研究"和"项目环境管理规划"，应为"环境和社会影响研究"和"项目环境和社会管理规划"。

④ 中伦注：此处应为环境和社会影响研究，简称"EIES"。

Le titulaire des droits miniers et de carrières est tenu de fournir une sûreté pour garantir l'accomplissement de leurs obligations environnementales pendant la recherche et/ou l'exploitation. En outre, le titulaire des droits miniers, est autorisé à constituer une provision pour la réhabilitation du site conformément aux dispositions de l'article 258 du présent Code.	矿权和采石权的持有人应提供担保以保证其在勘探和/或开采期间履行其环境义务。此外，矿权持有人可根据本法典第 258 条的规定设置场地修复准备金。
Les modalités d'application de cette disposition y compris la sûreté financière sont fixées par le Règlement Minier.	本条的规定（包括财务担保）的适用方式由《矿业条例》规定。
Section II: De la Protection du Patrimoine Culturel	**第二节：文化遗产的保护**
Article 205: De la déclaration des indices archéologiques	**第 205 条：考古遗迹的申报**
Le titulaire d'un droit minier ou de carrières est tenu d'informer l'autorité administrative locale et l'autorité chargée de la Culture, Arts et Musées, de la découverte des indices archéologiques si ces travaux de recherches ou d'exploitation révèlent l'existence de ces indices.	如果勘探工程或开采工程中发现考古遗迹，矿权或采石权的持有人应将考古遗迹的发现告知当地行政机关和负责文化、艺术和博物馆的权力机关。
Article 206: De la découverte des éléments du patrimoine culturel national	**第 206 条：国家文化遗产的发现**
En cas de mise à jour des éléments du patrimoine culturel national, biens meubles et autres, il est interdit au titulaire de déplacer ces objets. Dans ce cas, il en informe, par écrit et sans délai, l'autorité administrative locale et l'autorité chargée de la Culture, Arts et Musées.	若发现国家文化遗产、动产和其他物品，持有人不得将其移动。在此情形下，持有人立即书面通知当地行政机关和负责文化、艺术和博物馆的权力机关。

Le titulaire est tenu d'enlever, de sécuriser et de conserver, selon le cas, ces éléments du patrimoine culturel national à charge et pour le compte de l'Etat, si l'autorité administrative locale et l'autorité chargée de la Culture, Arts et Musées concernée ne les enlève ni ne les sécurise dans un délai de soixante jours après l'avis notifiant la découverte.	自被通知(考古)发现之日起六十日内,如果当地行政机关和负责文化、艺术和博物馆的权力机关既未将其搬走也未将其保管,则持有人可为国家的利益、在国家承担费用的基础上视情况将该等国家文化遗产搬走、保管和保留。
Section III: De la Sécurité et de l'Hygiène	**第三节:安全与卫生**
Article 207: Des règlements spéciaux	**第 207 条:特别规定**
L'exploitation des mines est soumise aux mesures de sécurité, d'hygiène et de protection édictées par des règlements spéciaux.	矿山开采应遵守专门规定的安全、卫生和保护的措施。
Article 208: De la compétence de l'Administration des Mines	**第 208 条:矿业行政机关的职权**
Le titulaire des droits miniers et/ou de carrières doit se conformer aux mesures qui sont ordonnées par l'Administration des Mines en vue de prévenir ou de faire disparaître les causes des dangers que les travaux font courir à la sécurité et à la salubrité publiques, à la conservation des gisements, aux sources et aux voies publiques.	矿权和/或采石权持有人应遵守矿业行政机关为预防或消除因工程引起的对公共安全和公共卫生、矿床保护、水源和公共道路的危险因素的而制定的措施。
En cas d'urgence ou de refus par les intéressés de se conformer à ces mesures, celles-ci sont prises et exécutées d'office aux frais des intéressés.	在紧急情况中或当事方拒绝遵守该等措施时,该等措施由行政机关自行作出和执行(代履行),并由当事方承担费用。

En cas de péril imminent, les agents de l'Administration des Mines habilités à cet effet prennent immédiatement les mesures nécessaires pour écarter le danger et peuvent, s'il y a lieu, adresser à cet effet toutes réquisitions utiles aux autorités locales et aux exploitants.	在出现紧急危险的情形下,矿业行政机关正式授权的官员可以立即采取必要的措施以排除危险,并(如果需要)可以向当地权力机关或开采者要求进行任何必要的征用。
Les agents de l'Administration des Mines, dûment habilités, ont qualité d'Officier de Police Judiciaire pour rechercher et constater toutes infractions au présent Code et à ses mesures d'exécution.	经正式授权的矿业行政机关官员拥有调查和证实任何违反本法典及其实施细则所规定的犯罪行为的司法警察的身份。
Article 209: De la déclaration d'accident survenu dans une mine ou une carrière	**第 209 条:矿山或采石场内发生事故的申报**
Tout accident grave ou mortel survenu dans une mine ou une carrière ou dans ses dépendances, doit être porté, sans délai et par les moyens de communication les plus rapides, à la connaissance de la Direction des Mines et des autorités administratives et judiciaires du ressort.	所有发生在矿山或采石场及其附属建筑物中的严重事故或造成死亡的事故须立即且以最快捷的通讯方式告知矿业局和所在辖区的行政和司法机关。
Article 210: De la publication des consignes de sécurité	**第 210 条:安全须知的公示**
Tout titulaire d'un droit minier ou de carrières d'exploitation est tenu de publier les consignes de sécurité au regard des conditions particulières de son exploitation. Ces consignes sont transmises à la Direction des Mines et portées à la connaissance de son personnel et du public pouvant accéder à son site d'exploitation.	采矿权或采石场开采权的持有人须根据其开采的特定条件公示安全须知。安全须知须移交矿业局并使其员工及有可能进入其开采场地的公众知晓。
Le Règlement Minier détermine les modalités de publication des consignes de sécurité.	《矿业条例》规定安全须知的公示方式。

Article 211: De l'usage des produits explosifs	**第 211 条:爆炸物的使用**
Tout titulaire d'un titre minier ou de carrières faisant usage des produits explosifs est soumis à une réglementation spéciale sur ces produits annexée au Règlement Minier.	使用爆炸物的矿权或采石权的持有人须遵守在《矿业条例》附件中的关于爆炸物的特别规定。
Section IV: Des Infrastructures	**第四节:基础设施**
Article 212: De l'autorisation de construction et de la planification des infrastructures	**第 212 条:基础设施建设和规划许可**
Le titulaire de droits miniers ou d'Autorisations d'Exploitation des Carrières Permanente est tenu de construire et de maintenir toutes les infrastructures nécessaires aux activités liées aux titres ou à l'autorisation environnementale afférente conformément aux dispositions du présent chapitre.	矿权或永久性采石场开采许可的持有人须根据本章的规定建设和维护与权证或环境许可相关的活动所需的全部的基础设施。
Toute infrastructure à construire par le titulaire fait l'objet d'un plan soumis à l'autorité compétente de l'administration pour visa, après consultation de l'autorité locale territorialement compétente.	在咨询当地有管辖权的权力机关后,任何持有人就拟建设的基础设施均应制定相应的方案并提交至主管行政机关审批。
Article 213: De l'utilisation des infrastructures du projet	**第 213 条:项目基础设施的使用**
Les voies de communication créées par le titulaire à l'intérieur ou à l'extérieur du Périmètre minier ou de carrières peuvent être utilisées, lorsqu'il n'en résulte aucun obstacle par l'exploitation et sous réserve de l'accord du titulaire, parles services des établissements miniers, industriels et	临近的矿业、工业和商业单位向持有人申请后可以使用持有人在矿区或采石场矿区内外铺设的交通道路,前提是持有人同意,且使用不会对开采产生任何阻碍,支付各方共同确定的合理补偿金,且使用人还应参与对该等道路的维护。

commerciaux voisins sur leur demande, moyennant une juste compensation fixée de commun accord entre parties, et comportant une participation des intéressés à l'entretien desdites voies.	
Les voies de communication créées à l'extérieur et à l'intérieur du Périmètre peuvent être ouvertes au public dans les conditions prévues à l'alinéa précédent moyennant une juste compensation à convenir entre le titulaire et la commune ou l'entité cadastrale locale dont les habitants utilisent ces voies de communication.	在前款规定的条件下,矿区内外铺设的交通道路可以对公众开放,前提是支付持有人和市镇或使用该等交通道路的居民所在当地地籍管理实体共同商定的合理补偿金。
Article 214: Du droit de l'Etat sur les Infrastructures	**第 214 条:国家对基础设施拥有的权利**
Sauf accord contraire exprès et écrit entre le titulaire et l'Etat, toute infrastructure d'utilité publique construite par le titulaire d'un droit minier ou de carrières qui reste en place à l'expiration ou à la cessation de la validité de son droit, tombe dans le domaine public de l'Etat.	除非国家和持有人作出了明确相反的书面约定,否则矿权或采石权持有人所建设的公用基础设施,在其权利有效期届满或有效性终止后依然保留在原地的,归属于国家公共领域。
Section V: Des Obligations diverses	**第五节:其他义务**
Article 215: Des rapports avec les autorités locales	**第 215 条:与地方权力机关的关系**
Avant de commencer ses activités, le titulaire d'un droit minier ou de carrières a l'obligation de se présenter aux autorités locales du ressort et de leur remettre, contre récépissé, une copie de son titre minier ou de carrières.	在启动(矿业)活动之前,矿权或采石权的持有人有义务前往主管地方权力机关并向其提交一份其矿权证或采石权证的复印件,主管地方权力机关须出具回执。

Article 216: Des registres, rapports et publications (*modifié et complété par l'article 7 de la Loi n°18/001 du 09 mars 2018 modifiant et complétant la Loi n° 007/2002 portant Code minier*)	**第 216 条:登记簿、报告和公示** *(由 2018 年 3 月 9 日第 18/001 号关于修订和补充第 007/2002 号《矿业法典》的法律的第 7 条修订和补充)*
Le titulaire des titres miniers ou de carrières et le détenteur d'un agrément au titre de comptoir ou d'entité de traitement ont l'obligation de tenir les registres, d'élaborer et de déposer les rapports de leurs activités conformément au Règlement minier.	矿权证或采石权证的持有人、商行许可或处理实体许可的持有人有义务根据《矿业条例》的规定记录登记簿、制作并提交其活动报告。
En outre, les titulaires des droits miniers ou de carrières d'exploitation est tenu de publier à la fin de chaque mois sur un formulaire *ad hoc*, les quantités produites, vendues ou exportées des substances minérales, leurs qualités, leurs valeurs, les montants de divers impôts, droits, taxes et redevances dus et payés au profit du Trésor public, aux entités territoriales décentralisées et aux organismes de l'Etat.	此外,采矿权或采石场开采权持有人每个月末均须公示表格,该表格载明出产、销售或出口的矿产的数量、质量、价值以及应缴纳给国库、地方权力机关及国家机构的各种税收、税金、税费和资源税。
Article 217: Des inspections	**第 217 条:监察**
Le titulaire des titres miniers ou de carrières doit se soumettre aux inspections effectuées par les agents chargés de l'inspection des opérations minières ou de carrières.	矿权证或采石权证的持有人应接受矿业或采石场作业监察员的监察。
Dans tous les cas, ces inspections ont lieu pendant les heures d'ouverture des bureaux, ateliers ou chantiers.	在任何情况下,该等监察应在办公室、车间或工地的工作时间内进行。
Le Règlement Minier détermine les modalités de réalisation de ces inspections.	《矿业条例》规定该等监察的实施方式。

Article 218: De l'ouverture et de la fermeture d'un centre de recherches ou d'exploitation (*modifié et complété par l'article 7 de la Loi n°18/001 du 09 mars 2018 modifiant et complétant la Loi n° 007/2002 portant Code minier*)	**第 218 条：勘探或开采中心的设立与关闭**（*由 2018 年 3 月 9 日第 18/001 号关于修订和补充第 007/2002 号《矿业法典》的法律的第 7 条予以修订和补充*）
Toute ouverture ou fermeture d'un centre de recherches ou d'exploitation minière ou de carrières permanente est effectuée dans le délai prévu à l'article 197 du présent Code et déclarée à l'Administration des mines selon les modalités fixées par le Règlement minier.	勘探或开采中心的设立与关闭应在本法典第 197 条规定的期限内进行，并根据《矿业条例》规定的方式向矿业行政机关申报。
TITRE IX: DU RÉGIME FISCAL ET DOUANIER POUR LES MINES (***modifié et complété par l'article 9 de la Loi n°18/001 du 09 mars 2018 modifiant et complétant la Loi n° 007/2002 portant Code minier***)	**第九编：矿业的税收和海关制度** ***（由 2018 年 3 月 9 日第 18/001 号关于修订和补充第 007/2002 号《矿业法典》的法律的第 9 条予以修订和补充）***
Chapitre I: Des dispositions générales	**第一章：一般规定**
Article 219: Des contribuables visés (*modifié et complété par l'article 9 de la Loi n°18/001 du 09 mars 2018 modifiant et complétant la Loi n°007/2002 portant Code minier*)	**第 219 条：纳税人**（*由 2018 年 3 月 9 日第 18/001 号关于修订和补充第 007/2002 号《矿业法典》的法律的第 9 条予以修订和补充*）
Le titulaire est soumis au régime fiscal, douanier et de recettes non fiscales défini dans le présent titre pour toutes ses activités minières réalisées sur le territoire national.	持有人在国家领土上实施的所有矿业活动都要遵守本编所规定的税收、海关及非税收入制度。
Jouissent également du bénéfice de l'ensemble du régime fiscal, douanier et de recettes non fiscales, prévu par le présent Code:	（如下实体）享有本法典所规定的税收、海关及非税收入制度的优惠：

a) les sous-traitants conformément à la loi n°17/001 du 8 février 2017 fixant les règles applicables à la sous-traitance dans le secteur privé;	a) 2017年2月8日第17/001号《私营领域分包法》规定的分包商;
b) le titulaire d'une autorisation d'exploitation de carrières permanente, autre que celle des matériaux de construction d'usage courant;	b) 常用建筑材料以外的永久性采石场开采许可的持有人;
c) les détenteurs des agréments au titre des entités de traitement agréés.	c) 处理实体许可的持有人。
Les titulaires des autorisations de recherches des produits de carrières et d'exploitation de carrières temporaire, celles d'exploitation de carrières permanente non visées au litera b ci-dessus sont assujetties au régime fiscal, douanier et de recettes non fiscales de droit commun.	上述b项未提及的采石场产品勘探许可、临时性采石场开采许可和永久性采石场开采许可的持有人适用一般法所规定的税收、海关和非税收入制度。
Article 220: Du régime fiscal, douanier et des taxes exclusif et exhaustif (*modifié et complété par l'article 9 de la Loi n°18/001 du 09 mars 2018 modifiant et complétant la Loi n°007/2002 portant Code minier*)	**第220条:完整和专属的税收、海关和税费制度**(*由2018年3月9日第18/001号关于修订和补充第007/2002号《矿业法典》的法律的第9条予以修订和补充*)
Sans préjudice des dispositions de l'article 221 du présent Code, le régime fiscal, douanier et des taxes applicable aux activités minières du titulaire sur le territoire national est celui défini exclusivement et exhaustivement au titre IX du présent Code.	在不影响适用本法典第221条规定的前提下,适用于持有人在国家领土内的矿业活动的税收、海关和税费制度由本法典第九编进行了专属且详尽的规定。
Ce régime concerne les impôts, taxes, droits, redevances et autres prélèvements parafiscaux perçus tant au profit du Gouvernement qu'à celui des provinces et des entités territoriales décentralisées.	该制度涉及由中央、省级及其他地方权力机关征收的各种税费、税收、税金、资源税和其他准税的预扣。

Toutefois, le Premier ministre peut, par décret délibéré en Conseil des ministres, accorder un certain nombre des mesures incitatives à l'endroit de provinces souffrant de déficit d'infrastructures pour booster leur essor économique à partir des ressources minières.	但是,总理也可以通过部长委员会审议通过的法令批准一些激励措施,以便在基础设施匮乏的省份利用矿业资源推动当地经济发展。
Article 220 bis: Du régime des impôts, taxes, droits et redevances et autres prélèvements parafiscaux à percevoir au profit du Pouvoir central (*inséré par l'article 23 de la Loi n° 18/001 du 09 mars 2018 modifiant et complétant la Loi n°007/2002 portant Code minier*)	**第220(2)条:为中央权力机关的利益而征收的各种税收、税费、税金、资源税以及其他准税预扣制度**(*由2018年3月9日第18/001号关于修订和补充第007/2002号《矿业法典》的法律的第23条予以新增*)
Le contribuable visé est soumis, au profit du Pouvoir central, dans le cadre de ses activités minières:	为中央权力机关的利益,相关纳税人在其矿业活动中应:
a. Aux impôts, taxes, droits et redevances suivant les modalités du présent Code:	a.按照本法典的规定缴纳各种税收、税费、税金、资源税:
1. impôt sur les bénéfices et profits;	1.企业所得税;
2. impôt professionnel sur les prestations de services rendus par des personnes physiques ou morales non établies en République Démocratique du Congo;	2.非在刚果民主共和国设立的自然人或法人提供服务的专业税;
3. impôt sur les revenus des capitaux mobiliers ou impôt mobilier;	3.资本利得税或动产税;
4. l'impôt professionnel sur les rémunérations;	4.职业薪酬税;
5. l'impôt exceptionnel sur les rémunérations des expatriés;	5.外籍雇员薪酬特别税;
6. droits d'entrée;	6.进口税;
7. droits d'accises;	7.消费税;

8.droit proportionnel pour approbation et enregistrement des hypothèques;	8.抵押的批准和登记的比例税;
9.droit proportionnel pour approbation et enregistrement des cessions;	9.转让的批准和登记的比例税;
10.droit proportionnel pour approbation et enregistrement d'amodiation, de contrat d'option et de transmission;	10.租赁、期权合同和移转的批准和登记的比例税;
11.droits superficiaires annuels par carré;	11.年度区块面积税;
12. droits proportionnels pour la cession des parts et actions sociales;	12.股份和股权转让的比例税;
13.redevance minière;	13.矿产资源税;
14.redevance sur les carburants terrestres et lubrifiants;	14.陆用燃料和润滑剂的资源税;
15. bonus de signature;	15.签字费;
16. pas de porte.	16.入门费。
b. Aux impôts, taxes, droits et redevances suivant les modalités du droit commun:	b.按照一般法的方式缴纳的各种税收、税费、税金和资源税:
1. taxe sur la Valeur Ajoutée, en sigle TVA;	1.增值税,简称 TVA;
2. taxe sur l'autorisation de minage temporaire;	2.临时爆破许可税;
3. taxe sur les exportations des échantillons destinés aux analyses et essais industriels lorsque ceux-ci sont exportés en violation de l'article 50 alinéa 3 du Code minier; vendus aux tiers au profit ou par le fait du titulaire avant ou après analyse ou essai, et enfin en cas d'exportation qui revêt un caractère commercial;	3.用于工业分析和测试的样品出口税,前提是样品的出口违反《矿业法典》第 50 条第 3 款①的规定,或者样品在分析或测试之前或之后卖给第三方使其持有人获利或由其持有人卖给第三方,以及在出口时具有商业性质的样品;

① 中伦注:本《矿业法典》不具有第 50 条第 3 款。

4.taxe d'implantation et taxe rémunératoire annuelle de l'environnement;	4.安装税和年度环境补偿税;
5.taxe de déboisement;	5.砍伐税;
6.droit d'octroi de la carte de travail pour étranger;	6.外国人工作证的授予税;
7.taxes sur la télécommunication;	7.通信税;
8. taxe d'agrément des dépôts des explosifs;	8.爆炸物仓储许可税;
9.droit d'enregistrement desdragues;	9.挖泥机的登记税;
10.redevance annuelle et caution pour les entités de traitement de toutes les catégories et tailleries;	10.全部类别(矿产)和宝石的处理实体和加工实体的年度资源税和保证金;
11. agrément de boutefeux.	11.爆炸物引线许可。
Article 220 ter:Du régime des impôts et taxes d'intérêts communs, à percevoir au profit des provinces et autres entités décentralisées(*inséré par l'article 23 de la Loi n°18/001 du 09 mars 2018 modifiant et complétant la Loi n°007/2002 du 11 juillet 2002 portant Code minier*)	**第220(3)条:为各省和其他地方主管机关的利益而征收的共同利益税制度**(*由2018年3月9日第18/001号关于修订和补充第007/2002号《矿业法典》的法律的第23条予以新增*)
Le titulaire est soumis, au profit des provinces et autres entités décentralisées, dans le cadre de ses activités minières:	为各省和其他地方权力机关的利益,持有人在实施矿业活动中应:
a. Aux impôts suivants:	a.缴纳如下税费:
1. impôt foncier;	1.土地税;
2. impôt sur les véhicules;	2.车辆税;
3. impôt sur les revenus locatifs.	3.租金所得税。
b. Aux taxes d'intérêts communs suivants:	b.缴纳如下共同利益税:
1.la taxe spéciale de circulation routière;	1.道路交通特别税;

2. la taxe de superficie sur les concessions minières.	2.矿业特许权地表面积税。
Les impôts, droits, taxes et redevances prévus dans le présent article, sont perçus conformément à la législation sur les recettes des provinces et des entités territoriales décentralisées.	本条规定的各种税收、税费、税金、资源税应按照各省和地方权力机关的税收立法进行征收。
Article 220 quater: Du régime des taxes, droits et redevances applicables aux activités autres qu'activités minières du titulaire(*inséré par l'article 23 de la Loi n° 18/001 du 09 mars 2018 modifiant et complétant la Loi n°007/2002 du 11 juillet 2002 portant Code minier*)	**第 220(4)条:适用于持有人矿业活动以外的活动的各种税收、税费、资源税的制度**(*由 2018 年 3 月 9 日第 18/001 号关于修订和补充第 007/2002 号《矿业法典》的法律的第 23 条予以新增*)
Sans préjudice des dispositions de l'article 234 alinéa 3 du présent Code, le titulaire est soumis, dans le cadre de l'exercice des activités autres que ses activités minières, aux autres droits, taxes et redevances de la compétence du Pouvoir central et de celui des provinces et des entités territoriales décentralisées prévus par les lois fixant nomenclature ainsi qu'aux redevances et taxes rémunératoires qui contribuent aux frais de fonctionnement des services publics personnalisés.	在不影响本法典第 234 条第 3 款的规定适用的前提下,持有人在进行其矿业活动以外的其他活动时,须按照设立税则名录的法律规定,向主管的中央权力机关、省级和地方权力机关缴纳其他各种税金、税收和资源税,以及专门用于支付个性化公共服务机构的运行所需的使用费和薪酬税。
Article 221: Des modifications du régime fiscal et douanier	**第 221 条:税务和海关制度的变更**
Sous réserve des dispositions de l'article 222 ci-dessous, le régime fiscal et douanier défini dans le présent Code ne peut être modifié que conformément aux dispositions de l'article 276 du présent Code.	在遵守下述第 222 条①的规定的前提下,本法典规定的税务和海关制度仅可根据本法典第 276 条的规定予以变更。

① 中伦注:应删除该表述,因为本法典中已经不存在第 222 条了。

Article 222: (*Abrogé par l'article 31 de la Loi n°18/001 du 09 mars 2018 modifiant et complétant la Loi n°007/2002 du 11 juillet 2002 portant Code minier*)	**第 222 条:** (*由 2018 年 3 月 9 日第 18/001 号关于修订和补充第 007/2002 号《矿业法典》的法律的第 31 条予以废除*)
Article 223: (*Abrogé par l'article 31 de la Loi n°18/001 du 09 mars 2018 modifiant et complétant la Loi n°007/2002 portant du 11 juillet 2002 Code minier*)	**第 223 条:** (*由 2018 年 3 月 9 日第 18/001 号关于修订和补充第 007/2002 号《矿业法典》的法律的第 31 条予以废除*)
Article 224: De la procédure fiscale et douanière (*modifié par l'article 9 de la Loi n°18/001 du 09 mars 2018 modifiant et complétant la Loi n°007/2002 du 11 juillet 2002 portant Code minier*)	**第 224 条:税收和关税的程序** (*由 2018 年 3 月 9 日第 18/001 号关于修订和补充第 007/2002 号《矿业法典》的法律的第 9 条予以修改*)
Sans préjudice des dispositions du présent Code, la procédure fiscale et douanière applicable est celle du droit commun.	在不影响本法典规定适用的前提下,税收和海关程序适用一般法规定的程序。
Chapitre II: Du régime douanier	**第二章:海关制度**
Section I: Des Généralités	**第一节:总则**
Article 225: De la liste des biens bénéficiant du régime privilégié (*modifié à son alinéa 1er par l'article 9 de la Loi n° 18/001 du 09 mars 2018 modifiant et complétant la Loi n°007/2002 du 11 juillet 2002 portant Code minier*)	**第 225 条:享受优惠制度的资产清单** (*由 2018 年 3 月 9 日第 18/001 号关于修订和补充第 007/2002 号《矿业法典》的法律的第 9 条修改其第 1 款*)
Avant de commencer les travaux, le titulaire d'un droit minier de recherche ou d'exploitation, le titulaire d'une autorisation d'exploitation de carrières permanente, autre que celle des matériaux de construction d'usage courant, le détenteur d'un agrément au titre de l'entité de traitement et/ou de transformation agréée, présentent la liste comprenant le nombre et la valeur des biens mobiliers, des équipements, des	在开工之前,探矿证、采矿证、永久性采石场开采许可(常用建筑材料除外)、处理和/或加工实体许可的持有人需提交一份能适用本法所规定优惠制度的动产、设备、与矿业技术、矿藏采掘作业直接相关的引擎的清单并列明其数量和价值。此清单需要由矿业部与财政部的联合部长令事先批准,审批须自矿业部收到批准申请函起六十个工作日内作出。

engins directement liés aux techniques minières et opérations extractives minérales et intrants qui rentrent dans le champ d'application du régime privilégié prévu dans la présente loi. La liste est préalablement approuvée par arrêté conjoint des Ministres ayant les Mines et les Finances dans leurs attributions dans les soixante jours ouvrables suivant la réception de la lettre de demande d'approbation au ministère en charge des Mines.	
Si au terme de ce délai, aucune réponse n'est donnée, la liste est réputée approuvée, le récépissé de dépôt faisant foi. Dans ce cas, les autorités compétentes sont tenues de délivrer l'Arrêté d'approbation, endéans sept jours francs.	该期限届满无任何回应的,则视为批准该清单,以提交清单的回执为凭据。在此情形下,主管权力机关应在七个自然日内颁发批准部长令。
En cas de refus d'approbation de la liste, la décision doit être écrite et motivée.	若拒绝批准该清单,则须出具书面决定且说明理由。
Cette liste indique les catégories des matériels, des biens et des équipements non obsolètes, nécessaires respectivement à la phase de la recherche, de la construction et du développement ainsi qu'à la phase de l'exploitation du projet bénéficiaire du régime douanier défini ci-dessous.	该清单列明分别在项目的勘探阶段、建设阶段、开发阶段和开采阶段中所需的、能享受下述海关优惠的非废弃的材料、资产和设备的类别。
Les provisions en consommables, réactifs et celles en produits d'entretien nécessaires à l'usage quotidien, mais non directement liées à l'activité minière, sont exclues desdites listes.	耗材、反应剂和日常用途所需的维护产品,但与矿业活动无直接关联的,不得列入清单范围。
L'importation par le titulaire ou ses sous-traitants des matériels, biens, équipements et autres biens qui ne figurent pas sur les listes approuvées, est soumise aux dispositions du régime de droit commun.	持有人或其分包商进口的在清单之外的材料、资产、设备和其他物资需遵守一般法制度的规定。

Le Règlement Minier fixe les modalités d'organisation et de fonctionnement de la Commission Interministérielle appelée à assister les Ministres dont question à l'alinéa 1er ci-dessus.	参与上述第1款提及的矿业部长和财政部长的部际委员会的组织和运作方式，将在《矿业条例》予以规定。
Article 226: De l'exportation des échantillons (*modifié et complété par l'article 9 de la Loi n°18/001 du 09 mars 2018 modifiant et complétant la Loi n° 007/2002 portant Code minier*)	**第226条:样品的出口**(*由2018年3月9日第18/001号关于修订和补充第007/2002号《矿业法典》的法律的第9条予以修订和补充*)
Dans le cadre du projet, l'exportation par le titulaire des échantillons destinés aux analyses et essais industriels est exonérée de tout droit de douane ou autre contribution, de quelque nature que ce soit, à la sortie du Territoire National.	在项目的范围内,持有人为进行工业分析和测试而出口样品的,在离境时免于缴纳任何性质的关税和税费。
Nonobstant les dispositions de l'article 234 du présent Code, les échantillons exportés en violation de l'article 50 alinéa 3 du présent Code sont soumis à toute imposition de droit commun.	尽管存在本法典第234条的规定,违反本法典第50条第3款进行的样品出口需按一般法的规定纳税。
Les échantillons vendus aux tiers au profit ou par le fait du titulaire, avant ou après analyse, sont imposables au taux de droit commun.	在分析测试前后为持有人的利益出售的样品或由持有人对第三人出售的样品需根据一般法的税率缴税。
Est également imposable, toute exportation d'échantillons qui revêt un caractère commercial. Il en est ainsi notamment des échantillons exportés en quantité exorbitante par rapport aux besoins raisonnables d'analyse.	商业性质的样品出口也需要征税,特别是出口样品的数量远远超出分析测试的合理需求时。
Sans préjudice des dispositions du présent article, les exportations des échantillons visées aux alinéas 2, 3 et 4 du présent article sont soumises au paiement d'une taxe sur exportation des échantillons.	在不影响本条规定适用的前提下,本条第2款、第3款和第4款所指的样品出口需要缴纳样品出口税。

Article 227：（*Abrogé par l'article 31 de la Loi n°18/001 du 09 mars 2018 modifiant et complétant la Loi n°007/2002 du 11 juillet 2002 portant Code minier*）	**第 227 条**：（*由 2018 年 3 月 9 日第 18/001 号关于修订和补充第 007/2002 号《矿业法典》的法律的第 31 条予以废除*）
Article 228：De la mise en consommation sur le Territoire National des biens importés	**第 228 条：进口物资在国内的消费**
Les matériels, les biens et les équipements importés sous le régime privilégié en matière douanière ne peuvent être cédés sur le Territoire National sans l'autorisation de l'Administration des douanes. Le contrevenant à cette disposition s'expose aux pénalités édictées par la réglementation des douanes. La mise en consommation desdits matériels, biens et équipements est subordonnée au paiement des droits et taxes restant dus, au taux en vigueur à la date de la cession, calculés sur la base de la valeur résiduelle réactualisée établie à partir des éléments de la déclaration d'importation initiale.	未经海关部门的同意，享受优惠关税制度进口的材料、资产和设备不得在国家领土范围内转让。若违反该规定，则应按海关规定进行处罚。如需消费该等材料、物资和设备，应按照转让之日的现行税率、根据原进口申报内容的剩余价值计算而出的剩余应缴纳的各种税收和税费补缴税款。
Article 229：Des conséquences de l'arrêt du projet à/ou avant terme（*modifié à son alinéa 2 par l'article 9 de la Loi n°18/001 du 09 mars 2018 modifiant et complétant la Loi n°007/2002 du 11 juillet 2002 portant Code minier*）	**第 229 条：项目按时或提前关停的后果**（*由 2018 年 3 月 9 日第 18/001 号关于修订和补充第 007/2002 号《矿业法典》的法律的第 9 条修改其第 2 款*）
Dans le cas où le projet est Arrêté à/ou avant terme, les matériels, biens et équipements qui ont bénéficié du régime privilégié en matière douanière doivent, soit être réexportés, soit être mis en consommation sur le Territoire National après ajustement du régime douanier par le paiement des droits et taxes restant dus calculés sur	若项目按时或提前关停，享受优惠关税制度的材料、资产和设备在由税务制度调整后——在该等材料、资产和设备应按照根据原进口申报的内容重新确定其剩余价值后所计算出的剩余的各种税收和税费被缴纳后，或者须再出口，或者须在国家领土上补征税款。

la base de la valeur résiduelle réactualisée établie à partir des éléments de la déclaration d'importation initiale.	
La déclaration de l'arrêt des travaux est immédiatement faite aux Administrations des douanes, des recettes non fiscales, des impôts et des mines.	停止作业的,应立即向海关部门、非税收入部门、税务部门及矿业行政机关申报。
Article 230: Du transfert des biens, matériels et/ou équipements	**第 230 条:资产、材料和/或设备的转让**
En cas de pluralité de titres miniers détenus par le titulaire et/ou la société d'exploitation, le transfert des biens, matériels et/ou équipements d'un projet à l'autre doit faire l'objet d'une information écrite préalable à l'administration des douanes.	当一个持有人和/或开采公司持有多个矿权证时,一个项目的资产、材料和/或设备转让至另外一个项目须事先书面通知海关部门。
Dans le cas d'un transfert des matériels utilisés dans le cadre d'un titre minier donné, sur le projet afférent à un autre titre minier appartenant à un titulaire différent, ce titulaire cessionnaire, doit bénéficier d'un régime douanier similaire à celui de la partie cédante et celle-ci doit, pour ce faire, obtenir par écrit l'autorisation préalable de l'Administration des douanes.	若在某矿权证项下使用的材料转让至另外一个持有人所持有的另一个矿权证的项目,则受让持有人应该享受类似的海关制度,为此,其需要获得海关部门的事先书面同意。
Article 231: De l'importation en franchise temporaire	**第 231 条:临时性免税的进口**
Les biens, équipements et matériels introduits par le titulaire sur le Territoire National et destinés à être réexportés sont admis temporairement en franchise de droits de douane sur autorisation de l'Administration douanière pour un délai de six mois. Ce délai peut être prorogé	由持有人进口到国家领土上的、用于再出口的资产、设备和材料在获取海关部门许可的情形下可以在六个月内临时免税。因独立于持有人意志以外的原因导致其不能遵守该期限的,该期限可以续期两次,每次续期均为六个月。

deux fois pour la même durée si pour des raisons indépendantes de la volonté du titulaire, il ne peut être respecté.	
Section II: Des Régimes applicables aux différentes phases du Projet	**第二节:适用于项目不同阶段的制度**
Article 232: Des droits d'entrée aux taux préférentiels (*modifié et complété par l'article 9 de la Loi n°18/001 du 09 mars 2018 modifiant et complétant la Loi n°007/2002 du 11 juillet 2002 portant Code minier*)	**第 232 条:优惠税率的进口税** (*由 2018 年 3 月 9 日第 18/001 号关于修订和补充第 007/2002 号《矿业法典》的法律的第 9 条予以修订和补充*)
Avant la date de commencement de l'exploitation effective de la mine constatée conformément aux dispositions du présent Code et du Règlement minier, tous les biens d'équipements à vocation strictement minière importés par le titulaire d'un droit minier, le titulaire d'une Autorisation d'exploitation de carrière permanente, autre que celle des matériaux de construction d'usage courant, le détenteur d'un agrément au titre d'entité de traitement et/ou de transformation agréée et le sous-traitant sont soumis à un droit d'entrée au taux de **2%**, pour autant que ces biens figurent sur la liste prévue à l'alinéa premier de l'article 225 du présent Code.	在根据本法典和《矿业条例》而确定的矿山的实际开采开始之日前,矿权持有人、永久性采石场开采许可(常用建筑材料开采许可除外)持有人、经批准的处理和/或加工实体的许可持有人和分包商仅为矿业开采而进口的所有设备资产,只要其属本法典第 225 条第 1 款规定的清单内的资产,则适用 **2%**的进口税率。
A partir de la date de commencement de l'exploitation effective, constatée conformément aux dispositions du présent Code et du Règlement minier, pendant une période se terminant à la fin de la troisième année à compter de la date de la première production, tous les biens à vocation strictement minière, importés par le titulaire d'un droit minier, le titulaire d'une Autorisation d'exploitation de	在根据本法典和《矿业条例》确定的实际开采之日直至首次生产之日起的第三年结束的这段期间内,矿权持有人、永久性采石场开采许可(常用建筑材料开采许可除外)的持有人、经批准的处理和/或加工实体的许可的持有人和分包商为矿业开采而进口的所有设备资产,只要其属本法典第 225 条第 1 款规定的清单内的资产,则适用 **5%**的进口税率。

carrière permanente, autre que celle des matériaux de construction d'usage courant, le détenteur d'un agrément au titre d'entité de traitement et/ou de transformation agréée et le sous-traitant sont soumis au taux unique de **5%**, à condition que ces biens figurent sur la liste prévue à l'alinéa premier de l'article 225 du présent Code.	
Tous les biens intermédiaires et autres consommables sont taxés au taux de **10%** de droits de douane.	所有的中间产品及其他耗材(消耗品)适用 **10%**的关税税率。
Dans tous les cas, les carburants et lubrifiants destinés aux activités minières sont soumis au taux de **5%**.	在任何情况下,用于矿业活动的燃料及润滑油的关税税率为 **5%**。
Les droits d'accises sont perçus conformément au droit commun.	消费税按照一般法征收。
Sans préjudice des dispositions de l'article 233 du présent Code, le titulaire d'un Permis d'exploitation, d'une Autorisation d'exploitation de carrières permanente, autre que celle des matériaux de construction d'usage courant qui entrent en phase de production, cessent de bénéficier du régime douanier préférentiel à partir de la sixième année à compter de la date de l'octroi du titre. Les entités de traitement agréées, les détenteurs des agréments au titre des entités de traitement agréés et les sous-traitants cessent de bénéficier du régime douanier préférentiel à partir de la sixième année à compter de la date de l'agrément.	在不影响本法典第 233 条的规定适用的前提下,进入生产阶段的采矿证、永久性采石场开采许可(常用建筑材料开采许可除外)的持有人,自权证授予之日起的第六年起不再享受优惠海关制度。经批准的处理实体、经批准的处理实体的许可持有人和分包商自许可之日起的第六年起不再享受优惠海关制度。

Article 233: Des importations dans le cadre des travaux d'extension sur un même périmètre (*modifié et complété par l'article 9 de la Loi n°18/001 du 09 mars 2018 modifiant et complétant la Loi n°007/2002 du 11 juillet 2002 portant Code minier*)	**第 233 条:在同一矿区内扩建工程中的进口**(*由 2018 年 3 月 9 日第 18/001 号关于修订和补充第 007/2002 号《矿业法典》的法律的第 9 条予以修订和补充*)
Le titulaire d'un titre minier qui réalise un investissement d'extension après la mise en exploitation de la mine, le titulaire d'une Autorisation d'exploitation de carrières permanente, autre que celle des matériaux de construction d'usage courant et l'entité de traitement et/ou de transformation agréée peuvent pour le matériel, les équipements et les intrants à importer dans ce cadre, bénéficier du régime douanier préférentiel prévu aux alinéas 2, 3 et 4 de l'article 232 du présent Code pour autant qu'il introduise une demande auprès du Cadastre minier et démontre que les travaux à réaliser ont pour objet l'augmentation de la capacité de production de la mine ou de l'entité de traitement et/ou de transformation agréée en question d'au moins 30%.	矿山开始开采后的矿权持有人、永久性采石场开采许可(常用建筑材料开采许可除外)持有人及经批准的处理和/或加工实体的持有人在矿山开采后,如为了增加投资扩大生产规模需要进口材料、设备和投入,可以享受本法典第 232 条第 2 款、第 3 款和第 4 款中规定的优惠海关制度,但须向矿权登记局提交申请,并证明准备实施的工程是为了提高矿山、经批准的处理和/或加工实体至少 30% 的产能。
La demande indique la date à laquelle seront achevés les travaux d'extension.	申请还要说明扩建工程的完工之日。
Dans l'hypothèse où les travaux d'extension ne sont pas achevés de la manière ou dans le délai indiqué au moment de la demande visée à l'alinéa 1er ci-dessus et/ou dans l'hypothèse où la capacité de production n'augmente pas effectivement de 30% et ce, conformément aux modalités fixées par	若扩建工程未能根据上述第 1 款所述的申请中指定的方式或在其指定的期限内完工并且/或者若产能未能实际提高 30%,则持有人根据《矿业条例》所规定的方式按照适用于开采阶段的税率补缴进口税。

le Règlement minier, le titulaire est rétroactivement redevable, sur les importations réalisées, des droits d'entrée au taux applicable en phase d'exploitation.	
Toutefois, en cas de fraude sur la déclaration lors de l'importation en rapport avec la présente disposition, le titulaire est passible des droits d'entrée et de la Taxe sur la Valeur Ajoutée à l'importation au taux du droit commun.	但是,若本条所规定的进口申报中存在欺诈,持有人将按一般法的税率缴纳进口税及进口增值税。
Article 234:Du droit de sortie (*modifié à son alinéa 3 par l'article 9 de la Loi n° 18/001 du 09 mars 2018 modifiant et complétant la Loi n°007/2002 du 11 juillet 2002 portant Code minier*)	**第 234 条:出口税** (*由 2018 年 3 月 9 日第 18/001 号关于修订和补充第 007/2002 号《矿业法典》的法律的第 9 条第 3 款予以修订*)
Sans préjudice des dispositions de l'article 226 alinéa 2 à 4 du présent Code, le titulaire est totalement exonéré à la sortie, pour ses exportations en rapport avec le projet minier, de tous droits de douane et autres contributions, de quelque nature que ce soit.	在不影响本法典第 226 条第 2 款至第 4 款的规定适用的前提下,持有人在出口时完全免缴与矿业项目相关的出口税、任何关税和其他任何性质的捐税。
Toutefois, outre l'application de l'imposition de droit commun, les exportations frauduleuses et irrégulières réalisées par le titulaire sont soumises aux amendes et pénalités prévues dans la législation douanière.	但是,持有人进行的欺诈性出口和违规出口,除适用一般法的税制外,还将处以海关法所规定的罚款和处罚。
Les redevances et frais en rémunération des services rendus à l'exportation des produits marchands ou des biens à l'exportation temporaire pour perfectionnement ne peuvent excéder 1% de leur valeur commerciale brute.	以改善为目的临时出口的商品或资产办理出口服务的,所收取的资源税和服务费不超过其净商业价值的 1%。
Article 235: Des droits de consommation et d'accises	**第 235 条: 消费税**

Le titulaire est redevable de droits de consommation et d'accises conformément au droit commun, excepté les huiles minérales désignées à l'article 7 de l'O.L. n°68/010 du 6 janvier 1968 destinées et exclusivement liées à l'activité minière.	持有人按一般法的规定缴纳消费税,但1968年1月6日第68/010号法令第7条所列的仅用于矿业活动的矿物油除外。
Chapitre III:Du régime fiscal	**第三章:税收制度**
Section I: Des impôts réels (*modifié et complété par l'article 9 de la Loi n°18/001 du 09 mars 2018 modifiant et complétant la Loi n°007/2002 du 11 juillet 2002 portant Code minier*)	**第一节: 属物税** (*由2018年3月9日第18/001号关于修订和补充第007/2002号《矿业法典》的法律的第9条予以修订和补充*)
Article 236:De l'impôt foncier (*modifié et complété par l'article 9 de la Loi n°18/001 du 09 mars 2018 modifiant et complétant la Loi n°007/2002 du 11 juillet 2002 portant Code minier*)	**第236条: 土地税** (*由2018年3月9日第18/001号关于修订和补充第007/2002号《矿业法典》的法律的第9条予以修订和补充*)
Le titulaire est redevable de l'impôt foncier conformément au droit commun uniquement sur les immeubles pour lesquels l'impôt sur la superficie des concessions minières n'est pas dû.	持有人仅针对无需缴纳矿业特许权地表面积税的不动产,根据一般法的规定缴纳土地税。
Article 237:De l'impôt sur les véhicules (*modifié et complété par l'article 9 de la Loi n°18/001 du 09 mars 2018 modifiant et complétant la Loi n°007/2002 du 11 juillet 2002 portant Code minier*)	**第237条:车辆税** (*由2018年3月9日第18/001号关于修订和补充第007/2002号《矿业法典》的法律的第9条予以修订和补充*)
Le titulaire est redevable de l'impôt sur les véhicules conformément au droit commun. Toutefois, l'impôt sur les véhicules n'est pas dû sur les véhicules de transport de personnes ou de matériaux, de manutention ou de traction, utilisés exclusivement dans l'enceinte du périmètre minier.	持有人须根据一般法的规定缴纳车辆税,但针对仅在矿区范围内使用的客运或货运车辆、装卸或牵引车则免征车辆税。

Article 238 : De la taxe de superficie sur les concessions minières (*modifié et complété par l'article 9 de la Loi n°18/001 du 09 mars 2018 modifiant et complétant la Loi n°007/2002 du 11 juillet 2002 portant Code minier*)	**第 238 条：矿业特许权地表面积税**（*由 2018 年 3 月 9 日第 18/001 号关于修订和补充第 007/2002 号《矿业法典》的法律的第 9 条予以修订和补充*）
Le titulaire d'un Permis de Recherches est redevable de la taxe de superficie sur les concessions minières aux taux en francs congolais équivalant à **0,2 USD** par hectare pour la première année, en francs congolais équivalent à **0,3 USD** par hectare pour la deuxième année, en francs congolais équivalant à **0,35 USD** par hectare pour la troisième année et en francs congolais équivalant à **0,4 USD** par hectare pour les autres années suivantes.	勘探证书持有人须缴纳矿业特许权地表面积税，标准为：第一年为每公顷 **0.2 美元**的等值刚果法郎；第二年为每公顷 **0.3 美元**的等值刚果法郎；第三年为每公顷 **0.35 美元**的等值刚果法郎；以后年度为每公顷 **0.4 美元**的等值刚果法郎。
Le titulaire d'un droit minier d'exploitation est redevable de la taxe de superficie sur les concessions minières aux taux en francs congolais équivalant à **0,4 USD** par hectare pour la première année, en francs congolais équivalant à **0,6 USD** par hectare pour la deuxième année, en francs congolais équivalant à **0,7 USD** par hectare pour la troisième année et en francs congolais équivalant à **0,8 USD** par hectare pour les autres années suivantes.	采矿权持有人须缴纳矿业特许权地表面积税，标准为：第一年为每公顷 **0.4 美元**的等值刚果法郎；第二年为每公顷 **0.6 美元**的等值刚果法郎；第三年为每公顷 **0.7 美元**的等值刚果法郎；以后年度为每公顷 **0.8 美元**的等值刚果法郎。
Article 238 bis : Des taxes et redevances du secteur forestier et protection de l'environnement (*inséré par l'article 23 de la Loi n°18/001 du 09 mars 2018 modifiant et complétant la Loi n°007/2002 du 11 juillet 2002 portant Code minier*)	**第 238(2)条：森林和环境保护方面的税费和资源税**（*由 2018 年 3 月 9 日第 18/001 号关于修订和补充第 007/2002 号《矿业法典》的法律的第 9 条予以新增*）

Le titulaire des droits miniers et des carrières est assujetti, sans préjudice des dispositions des articles 257 et 258 du présent Code, au paiement des taxes et redevance ci-après:	在不影响本法典第 257 条和第 258 条的规定的适用的前提下,矿权和采石权的持有人应缴纳下列税费和资源税:
-taxe de déboisement;	-砍伐税;
-taxe d'implantation, sur les installations classées de la catégorie 1A;	-1A 类设施的安装税;
-taxe rémunératoire annuelle sur les installations classées de la catégorie 1A;	-1A 类设施的年度补偿税;
- taxe de pollution sur les installations classées de la catégorie 1A.	-1A 类设施的污染税。
Article 239: De la taxe spéciale de circulation routière	**第 239 条: 道路交通特别税**
Le titulaire est redevable de la taxe spéciale de circulation routière conformément au droit commun.	持有人须按一般法的规定缴纳道路交通特别税。
Article 239 bis: De l'impôt sur les revenus locatifs (*inséré par l'article 23 de la Loi n°18/001 du 09 mars 2018 modifiant et complétant la Loi n° 007/2002 du 11 juillet 2002 portant Code minier*)	**第 239(2)条: 租赁所得税** (*由 2018 年 3 月 9 日第 18/001 号关于修订和补充第 007/2002 号《矿业法典》的法律的第 23 条予以新增*)
Le titulaire est redevable de l'impôt sur les revenus locatifs conformément au droit commun.	持有人须按一般法的规定缴纳租赁所得税。
Section II: De la Redevance Minière	**第二节:矿产资源税**
Article 240: De l'assiette de la redevance minière (*modifié et complété par l'article 9 de la Loi n°18/001 du 09 mars 2018 modifiant et complétant la Loi n° 007/2002 du 11 juillet 2002 portant Code minier*)	**第 240 条:矿产资源税的税基** (*由 2018 年 3 月 9 日第 18/001 号关于修订和补充第 007/2002 号《矿业法典》的法律的第 9 条予以修订和补充*)

Le titulaire du Permis d'exploitation, du Permis d'exploitation des rejets, du Permis d'exploitation de petite mine, de l'Autorisation d'exploitation de carrières permanente, autres que celles des matériaux de construction d'usage courant, et l'entité de traitement et/ou de transformation agréée sont assujettis à une redevance minière dont l'assiette est calculée sur la base de la valeur commerciale brute.	采矿证、尾矿开采证、小矿山开采证、永久性采石场开采许可(常用建筑材料开采许可除外)的持有人和经批准的处理和/或加工实体须缴纳矿产资源税,应税基数根据净商业价值计算。
Les titulaires visés à l'alinéa précédent du présent article sont redevables de cette redevance sur tout produit marchand, à compter de la date de commencement de l'exploitation effective.	自实际开始开采之日起,本条前款所述的持有人需对其任何商品缴纳矿产资源税。
La redevance minière est calculée et due au moment de la sortie du produit marchand du site de l'extraction ou des installations de traitement pour expédition.	矿产资源税自商品离开采掘场地或处理设施以供发运时计算并征收。
Article 241: Des taux de la redevance minière (*modifié et complété par l'article 9 de la Loi n°18/001 du 09 mars 2018 modifiant et complétant la Loi n° 007/2002 du 11 juillet 2002 portant Code minier*)	**第 241 条:矿产资源税的税率** (*由 2018 年 3 月 9 日第 18/001 号关于修订和补充第 007/2002 号《矿业法典》的法律的第 9 条予以修订和补充*)
Les taux de la redevance minière sont de:	矿产资源税的税率为:
a. **0%** pour les matériaux de construction d'usage courant;	a.常用建筑材料 **0%**;
b. **1%** pour les minéraux industriels, les hydrocarbures solides et autres substances non citées;	b.工业矿物、固态碳氢化合物和其他未列举的物质 **1%**;
c. **1%** pour le fer et les métaux ferreux;	c.铁及黑色金属 **1%**;

d. **3,5%** pour les métaux non ferreux et/ou de base;	d.有色金属和/或基础金属 **3.5%**;
e. **3,5%** pour les métaux précieux;	e.贵重金属 **3.5%**;
f. **6%** pour les pierres précieuses et de couleur;	f.宝石和有色宝石 **6%**;
g. **10%** pour les substances stratégiques.	g.战略物质 **10%**。
Le Règlement minier précise les éléments concernés par la classification ci-dessus.	《矿业条例》对以上分类予以详细规定。
Article 241 bis: Des modalités de recouvrement de la redevance minière (*inséré par l'article 23 de la Loi n°18/001 du 09 mars 2018 modifiant et complétant la Loi n°007/2002 du 11 juillet 2002 portant Code minier*)	**第241(2)条:矿产资源税的征收方式** *(由2018年3月9日第18/001号关于修订和补充第007/2002号《矿业法典》的法律的第23条予以新增)*
Les modalités de recouvrement de la redevance minière sont déterminées par les textes légaux fixant la nomenclature des droits, taxes et redevances du Pouvoir central, et portant réforme des procédures relatives à l'assiette, au contrôle et aux modalités de recouvrement de recettes non fiscales.	矿产资源税的征收方式,由中央权力机关颁布的关于税费、税收和资源税的税则目录,以及非税收收入的税基、管控和征收方式的程序改革的法规规定。
Article 242: De la répartition de la redevance minière (*modifié et complété par l'article 9 de la Loi n°18/001 du 09 mars 2018 modifiant et complétant la Loi n°007/2002 du 11 juillet 2002 portant Code minier*)	**第242条:矿产资源税的分配** *(由2018年3月9日第18/001号关于修订和补充第007/2002号《矿业法典》的法律的第9条予以修订和补充)*
La redevance minière est versée par le titulaire du titre minier d'exploitation à raison de:	采矿证持有人按照下述比例缴纳矿产资源税:
-**50%** acquis au Pouvoir central;	-**50%**支付给中央权力机关;

-**25%** versés sur un compte désigné par l'Administration de la province où se trouve le projet;	-**25%**支付给项目所在地的省级权力机关指定的账户;
-**15%** sur un compte désigné par l'entité territoriale décentralisée dans le ressort de laquelle s'opère l'exploitation;	-**15%**支付给开采所在地的地方权力机关指定的账户;
-**10%** au Fonds minier pour les générations futures.	-**10%**支付给后代矿业基金。
Article 243: (*abrogé par l'article 31 de la Loi n°18/001 du 09 mars 2018 modifiant et complétant la Loi n°007/2002 du 11 juillet 2002 portant Code minier*)	**第 243 条**:(*由 2018 年 3 月 9 日第 18/001 号关于修订和补充第 007/2002 号《矿业法典》的法律的第 31 条予以废除*)
Section III: Des Impôts sur les Revenus (*modifié et complété par l'article 9 de la Loi n°18/001 du 09 mars 2018 modifiant et complétant la Loi n°007/2002 du 11 juillet 2002 portant Code minier*)	**第三节:所得税**(*由 2018 年 3 月 9 日第 18/001 号关于修订和补充第 007/2002 号《矿业法典》的法律的第 9 条予以修订和补充*)
Article 244: De l'Impôt professionnel sur les rémunérations (*modifié et complété par l'article 9 de la Loi n°18/001 du 09 mars 2018 modifiant et complétant la Loi n°007/2002 du 11 juillet 2002 portant Code minier*)	**第 244 条:职业薪酬税**(*由 2018 年 3 月 9 日第 18/001 号关于修订和补充第 007/2002 号《矿业法典》的法律的第 9 条予以修订和补充*)
Letitulaire est le redevable légal de l'Impôt professionnel sur les rémunérations à charge des employés au taux de droit commun.	持有人是职业薪酬税的法定纳税人,该税适用一般法规定的税率。
Article 244 bis: De l'Impôt exceptionnel sur les rémunérations versées au personnel expatrié (*inséré par l'article 23 de la Loi n° 18/001 du 09 mars 2018 modifiant et complétant la Loi n° 007/2002 du 11 juillet 2002 portant Code minier*)	**第 244(2)条:外籍雇员薪酬特别税**(*由 2018 年 3 月 9 日第 18/001 号关于修订和补充第 007/2002 号《矿业法典》的法律的第 9 条予以新增*)

Le titulaire est redevable de l'impôt exceptionnel sur les rémunérations versées au personnel expatrié à la moitié du taux fixé par le droit commun pour les dix premières années du projet et au taux du droit commun pour les années suivantes. Il est déductible de l'impôt sur les bénéfices et profits.	持有人需缴纳外籍雇员薪酬特别税，在项目的前十年按照一般法规定的税率的百分之五十缴纳，在之后的年度按照一般法的税率缴纳。该税可从企业所得税的税基中扣除。
Article 245 : De l'Impôt sur les revenus locatifs (*modifié et complété par l'article 9 de la Loi n°18/001 du 09 mars 2018 modifiant et complétant la Loi n°007/2002 du 11 juillet 2002 portant Code minier*)	**第 245 条：租金所得税**（*由 2018 年 3 月 9 日第 18/001 号关于修订和补充第 007/2002 号《矿业法典》的法律的第 9 条予以修订和补充*）
Le titulaire est redevable de l'Impôt sur les revenus locatifs conformément au droit commun.	持有人根据一般法的规定缴纳租金所得税。
Article 246 : De l'impôt mobilier	**第 246 条：动产税**
Le titulaire est redevable de l'impôt sur les revenus mobiliers conformément au droit commun, à l'exception des revenus suivants :	持有人须根据一般法的规定缴纳动产税，但下述收入除外：
a. Les intérêts payés par le titulaire en vertu des emprunts contractés en devises à l'étranger qui sont exonérés de l'impôt mobilier ;	a. 持有人对在国外签署的外币借款合同而支付的利息免缴动产税；
b. Les intérêts payés par le titulaire à des affiliés en vertu des emprunts contractés à l'étranger ne sont exonérés de l'impôt mobilier que si les taux d'intérêts et les autres conditions d'emprunt destinées à la réalisation des projets sont établis conformément au principe de pleine concurrence ;	b. 持有人根据在国外签署的借款合同支付给关联公司的利息，仅在利率和拟用于项目实施的其他贷款条件符合正常交易原则的情形下免缴动产税；
c. Les dividendes et autres distributions versés par le titulaire à ses actionnaires	c. 持有人向股东支付的红利及其他分配款项按 10% 的税率[①]征收动产税。

① 中伦注：一般法下的动产税税率为 20%。

qui sont assujettis à l'impôt mobilier au taux de **10%**.	
Article 246 bis: De l'impôt professionnel sur les prestations de services (*inséré par l'article 23 de la Loi n°18/001 du 09 mars 2018 modifiant et complétant la Loi n°007/2002 du 11 juillet 2002 portant Code minier*)	**第 246(2)条:专业服务税** (*由 2018 年 3 月 9 日第 18/001 号关于修订和补充第 007/2002 号《矿业法典》的法律的第 23 条予以新增*)
Le titulaire est redevable de l'impôt professionnel sur les prestations de services pour les sommes payées en rémunérations des services de toute nature lui rendus par des personnes physiques ou morales, non établies en République Démocratique du Congo, au taux de **14%**.	持有人对非刚果民主共和国籍的自然人或未在刚果民主共和国设立的法人向其提供的任何性质的服务而支付的报酬都应缴纳专业服务税,税率为 **14%**。
Article 247: De l'Impôt sur les bénéfices et profits	**第 247 条:企业所得税**
Le titulaire est redevable de l'impôt sur les bénéfices et profits au taux de **30%**.	持有人应缴纳企业所得税,税率为 **30%**。
Article 247 bis: (*inséré par l'article 23 de la Loi n°18/001 du 09 mars 2018 modifiant et complétant la Loi n°007/2002 du 11 juillet 2002 portant Code minier*)	**第 247(2)条** (*由 2018 年 3 月 9 日第 18/001 号关于修订和补充第 007/2002 号《矿业法典》的法律的第 23 条予以新增*)
Les dispositions relatives au droit commun en matière d'impôt sur les bénéfices et profits non visées sont de pleine application suivant leurs libellés à la date de la promulgation du présent Code.	自本法典颁布之日起,本法典未涉及的一般法中关于企业所得税的规定仍然遵照其内容执行。
Section IV: De la détermination du bénéfice imposable	**第四节:应税利润的确定**
Article 248: Du bénéfice imposable (*modifié et complété par l'article 9 de la Loi n°18/001 du 09 mars 2018 modifiant et complétant la Loi n°007/2002 du 11 juillet 2002 portant Code minier*)	**第 248 条:应税利润** (*由 2018 年 3 月 9 日第 18/001 号关于修订和补充第 007/2002 号《矿业法典》的法律的第 9 条予以修订和补充*)

Les bénéfices nets de l'exploitation imposables à l'Impôt sur les Bénéfices et Profits sont déterminés conformément au plan comptable, à la législation fiscale en vigueur et aux dispositions des articles 249, 250, 251, 252, 253, 254, 255, 256, 257 et 258 du présent Code.	企业所得税的计算基数为经营净利润，根据会计科目表、现行税法及本法典第249条、第250条、第251条、第252条、第253条、第254条、第255条、第256条、第257条及第258条的规定确定。
Dans tous les cas, les états de synthèses ainsi que les livres sont tenus en français.	在任何情况下，年度财报及账簿需用法语书写。
Article 249: De l'amortissement (*modifié et complété par l'article 9 de la Loi n°18/001 du 09 mars 2018 modifiant et complétant la Loi n°007/2002 du 11 juillet 2002 portant Code minier*)	**第249条：折旧**（*由2018年3月9日第18/001号关于修订和补充第007/2002号《矿业法典》的法律的第9条予以修订和补充*）
Les règles applicables en matière d'amortissement sont celles de l'amortissement linéaire.	折旧的适用规则为线性折旧规则。
Article 250: De l'amortissement différé	**第250条：延迟折旧**
Les amortissements effectués en période déficitaire sont réputés différés. Ils peuvent être cumulés et reportés sans limitation dans le temps sur les exercices subséquents jusqu'à concurrence du revenu imposable.	亏损期间的折旧视为延迟折旧，不受限制地累计递延到后续的会计年度，直至达到应税收入。
Article 251: Du report déficitaire (*modifié et complété par l'article 9 de la Loi n°18/001 du 09 mars 2018 modifiant et complétant la Loi n°007/2002 du 11 juillet 2002 portant Code minier*)	**第251条：亏损结转**（*由2018年3月9日第18/001号关于修订和补充2022年7月11日第007/2002号《矿业法典》的法律的第9条予以修订和补充*）

Les pertes professionnelles d'un exercice comptable peuvent être déduites des bénéfices réalisés au cours des exercices suivants jusqu'au cinquième qui suit l'exercice déficitaire, conformément aux modalités d'imputation définies par le droit commun.	根据一般法规定的入账方式,某一年度的业务亏损可以在后续会计年度的利润中进行抵扣,直至出现亏损后的第五个会计年度。
Article 251 bis: De l'impôt spécial sur les profits excédentaires (*inséré par l'article 23 de la Loi n°18/001 du 09 mars 2018 modifiant et complétant la Loi n°007/2002 du 11 juillet 2002 portant Code minier*)	**第 251(2)条:超额利润特别税** (*由 2018 年 3 月 9 日第 18/001 号关于修订和补充 2022 年 7 月 11 日第 007/2002 号《矿业法典》的法律的第 23 条予以新增*)
Par profits excédentaires ou super profits, il faut entendre les bénéfices réalisés lorsque les cours des matières ou des commodités connaissent un accroissement exceptionnel, supérieur à **25%** par rapport à ceux repris dans l'étude de faisabilité bancable du projet.	超额利润是指,在材料或大众商品的价格发生大幅上涨时,致使实现的利润高出该项目的经济性可行性研究所述的利润的 **25%**以上。
Le super profit est déterminé à partir de l'excédent brut d'exploitation dégagé de la comptabilité du titulaire. Pour la détermination des profits excédentaires, les dispositions de l'article 252 ne s'appliquent pas.	超额利润根据持有人账目中的总经营利润确定,而第 252 条的规定不适用于超额利润的认定。
L'impôt spécial sur les profits excédentaires est imposable au taux de **50%**. Le revenu soumis à l'impôt spécial sur le profit excédentaire n'est pas imposable à l'impôt sur les bénéfices et profits.	超额利润特别税的税率为 **50%**。对已经征收了超额利润特别税的收入,不再征收企业所得税。
Le Règlement minier fixe les modalités pratiques de détermination des profits excédentaires.	《矿业条例》规定超额利润的实际认定方式。

Article 252：Des dépenses de recherches et de développement	**第 252 条：勘探和开发的费用**
Le montant des dépenses de recherches et de développement réalisées par le titulaire, autres que celles liées à l'acquisition d'immobilisations, est actualisé au jour de l'octroi d'un Permis d'Exploitation et amorti par la société d'exploitation pendant les deux exercices suivants en raison de 50% l'an.	除去购置不动产的支出外，持有人的勘探和开发费用的金额可以在颁发采矿权证时核算调整，并由开采公司在后两个会计年度按每年 50%折旧完毕。
La perte professionnelle d'un exercice comptable résultant de l'application des dispositions de l'alinéa précédent est reportée sans limitation dans le temps sur les exercices subséquents.	因适用前款规定而造成的会计年度的业务亏损，可以不受时间限制递延到后续会计年度。
Article 253：Des plus-values et moins-values sur cession des titres miniers (*modifié et complété par l'article 9 de la Loi n°18/001 du 09 mars 2018 modifiant et complétant la Loi n°007/2002 du 11 juillet 2002 portant Code minier*)	**第 253 条：矿权证转让的增值和减值**（*由 2018 年 3 月 9 日第 18/001 号关于修订和补充 2022 年 7 月 11 日第 007/2002 号《矿业法典》的法律的第 9 条予以修订和补充*）
Le titulaire intègre la plus-value ou la moins-value réalisée à l'occasion de la cession d'un titre minier dans l'assiette de l'impôt sur les bénéfices et profits.	矿权证转让中产生的增值或减值应计入（原）持有人企业所得税的税基中。
Si la cession se fait entre entités affiliées, le prix et les conditions de la cession doivent être au moins égaux à ceux qui se seraient appliquées à une cession en pleine concurrence.	如果转让是在关联公司之间进行的，则转让价格与条件应至少等于完全竞争条件下所实施转让所能获得的价格与条件。
Si le cédant a acquis le titre d'une personne autre que celle ayant engagé les dépenses de recherches et de développement, la plus-value ou la moins-value professionnelle est égale à la différence entre le prix total de cession et le coût d'acquisition.	如果出让人从某人处获取权证，而此人并不是承担勘探和开发费用的人，则增值或减值等于转让总价与购置成本之间的差额。

La plus-value ou la moins-value professionnelle ainsi réalisée est égale à la différence entre le prix total de cession et le montant non amorti des dépenses de recherches et de développement.	矿权证转让发生的增值和减值应等于转让总价与勘探和未折旧的勘探和开发费用金额之间的差额。
Le cessionnaire d'un titre minier amortit le prix d'acquisition du titre minier acquis comme charge à étaler.	矿权证的受让人将矿权证的购买价款进行摊销。
Article 253 bis : De l'impôt spécial sur les plus-values de cession d'actions ou de parts sociales (*inséré par l'article 23 de la Loi n°18/001 du 09 mars 2018 modifiant et complétant la Loi n°007/2002 du 11 juillet 2002 portant Code minier*)	**第 253(2)条:股份或股权转让溢价特别税**(*由 2018 年 3 月 9 日第 18/001 号关于修订和补充 2022 年 7 月 11 日第 007/2002 号《矿业法典》的法律的第 23 条予以新增*)
Toute cession d'actions ou de parts sociales d'une personne morale titulaire d'un titre minier ou de carrières est taxée selon le régime des plus-values.	持有矿权证或采石权证的法人的任何股份或股权转让须根据溢价制度进行征税。
La plus-value sur la cession d'une action ou part sociale est constituée par la différence entre le prix de cession de l'action ou de la part sociale et la valeur nette comptable de cette action ou part sociale.	股份或股权转让的溢价部分是指股份或股权转让价格与该股份或股权的账面净值之间的差额。
Cette plus-value constatée au niveau de la personne morale ayant cédé les actions ou parts sociales est réputée être de source congolaise dans la mesure où les actifs de la personne morale dont les actions ou parts sociales cédées sont situées en République Démocratique du Congo. Lorsque les actifs sont situés dans plusieurs juridictions, la plus-value n'est calculée que sur la valeur des actifs appartenant à la filiale de droit congolais.	若转让股份或股权的法人的资产位于刚果民主共和国,则转让股份或股权的法人层面所确认的溢价被认为来源于刚果民主共和国。若转让股份或股权的法人资产位于多个法域,则仅根据刚果民主共和国法律设立的子公司的资产价值计算溢价。

L'impôt est retenu à la source par la personne morale cessionnaire qui le reverse suivant les modalités de paiement des impôts dus au Trésor public. Cette retenue à la source est exigible au moment de l'encaissement ou de la mise à disposition du revenu de la cession d'actions ou de parts sociales. Toute opération de conversion ou d'échange d'actions ou de parts sociales est assimilée à un encaissement de revenu de cession d'actions ou de parts sociales initiales.	该溢价税实行源泉扣缴，由受让法人按照向国库缴纳税款的方式进行缴纳。在股份或股份转让所得入账时进行源泉扣缴。任何换股交易按原股份或股权转让收入的入账对待。
Aux fins de l'application du présent article, tout projet de cession des parts sociales ou d'actions est préalablement notifié à la société détentrice des titres et aux associés ou actionnaires.	为了适用本条款，任何转让股份或股权的计划均须提前通知持有权证的公司和股东。
Les règles concernant les modalités de calcul, de déclaration et de règlement de cet impôt sont précisées par voie règlementaire.	关于该等税收的计算、申报和缴纳方式的规则由法规予以明确。
Article 254 : De la déduction des intérêts payés à l'étranger (*modifié et complété par l'article 9 de la Loi n°18/001 du 09 mars 2018 modifiant et complétant la Loi n° 007/2002 du 11 juillet 2002 portant Code minier*)	**第 254 条：向境外支付利息的扣减**（*由 2018 年 3 月 9 日第 18/001 号关于修订和补充 2022 年 7 月 11 日第 007/2002 号《矿业法典》的法律的第 9 条予以修订和补充*）
Les intérêts payés par le titulaire à l'étranger en vertu des emprunts extérieurs ne sont déductibles de l'impôt sur les bénéfices et profits que si :	持有人因境外借贷所支付的利息不能抵扣企业所得税，除非：
– ces emprunts ont été effectivement destinés à la réalisation du projet minier ;	–借贷的实际目的是实施矿业项目；

-le taux d'intérêt ne dépasse pas la moyenne annuelle des taux effectifs pratiqués par les établissements de crédit du pays où est établie l'entreprise prêteuse selon les données fournies par la Banque Centrale du Congo.	-根据刚果中央银行提供的数据，利率未超过放款企业设立地的信贷机构的实际平均年利率。
Article 255：De la déduction de la redevance minière (*modifié et complété par l'article 9 de la Loi n°18/001 du 09 mars 2018 modifiant et complétant la Loi n° 007/2002 du 11 juillet 2002 portant Code minier*)	**第 255 条：矿产资源税的扣减** *(由 2018 年 3 月 9 日第 18/001 号关于修订和补充 2022 年 7 月 11 日第 007/2002 号《矿业法典》的法律的第 9 条予以修订和补充)*
La redevance minière versée par le titulaire d'un droit minier d'exploitation, l'entité de traitement ainsi que le titulaire d'une Autorisation d'exploitation de carrières permanente qui procède à la transformation des produits de carrières est déductible de la base imposable à l'impôt sur les bénéfices et profits.	采矿权持有人、处理实体及自己实施采石场产品加工的永久性采石场开采许可持有人所支付的矿产资源税可以在企业所得税的税基中抵扣。
Article 256：Des charges professionnelles déductibles (*modifié à ses alinéas 1er, litteras a, c, e et j; alinéa 2 litteras a, b, c et d et alinéa 3 par l'article 9 de la Loi n°18/001 du 09 mars 2018 modifiant et complétant la Loi n°007/2002 du 11 juillet 2002 portant Code minier*)	**第 256 条：可抵扣的业务费用** *(由 2018 年 3 月 9 日第 18/001 号关于修订和补充 2022 年 7 月 11 日第 007/2002 号《矿业法典》的法律的第 9 条对该条第 1 款第 a 项、第 c 项、第 e 项和第 j 项；第 2 款第 a 项、第 b 项、第 c 项和第 d 项以及第 3 款予以修订)*
Sans préjudice des dispositions du présent Code, sont notamment considérées comme dépenses professionnelles déductibles des revenus imposables：	在不影响本法典的规定适用的前提下，视为可从应税收入扣除的业务费用包括：

a) Le loyer réellement échu et les charges locatives afférents aux immeubles ou parties d'immeubles affectés à l'exercice de la profession et tous frais généraux résultant notamment de leur entretien et éclairage. Toutefois, la valeur locative des immeubles ou parties d'immeubles dont le redevable est propriétaire n'est pas considérée comme un loyer ou comme une charge locative;	a)用于实施业务的不动产的全部或部分的实际已到期的租金、租赁杂费以及因不动产的维修和照明等产生的任何一般性费用。但是,若纳税人是不动产的所有权人,则不动产的全部或部分的租赁价值不能认定为租金或者租赁杂费;
b) Les frais généraux résultant de l'entretien du matériel et des objets mobiliers affectés à l'exploitation;	b)用于开采的设备(材料)和动产物品的维修所产生的一般性费用;
c) Les traitements, les salaires, les gratifications et les indemnités des employés et des ouvriers au service de l'exploitation, les avantages en nature pour autant qu'ils aient été ajoutés aux rémunérations;	c)从事开采业务的雇员和工人的待遇、工资、奖金和津贴以及附加于报酬之上的实物福利;
d) Les intérêts des capitaux empruntés à des tiers et engagés dans l'exploitation et toutes charges, rentes ou redevances analogues relatives à celle-ci.	d)从第三方处借入并用于开采的资本的利息以及与该开采有关的全部费用、利息以及类似的费用。
Ne sont pas considérés comme tiers les associés dans les sociétés autres que par actions.	股份公司外的股东不得被视为第三方。
En aucun cas, les intérêts des créances hypothécaires sur des immeubles donnés en location, en tout ou en partie, ne peuvent être considérés comme dépenses professionnelles déductibles.	在任何情况下,全部或部分出租的不动产的抵押债权利息不得被视为可抵扣的业务费用;

e) Les frais de transport, d'assurance, de courtage, de commissions. Toutefois, les dépenses consistant en commissions, courtages, ristournes commerciales ou autres, vacations, honoraires occasionnels ou non, gratifications et autres rétributions quelconques ne sont admises en déduction que s'il en est justifié par l'indication exacte du nom et du domicile des bénéficiaires ainsi que de la date des paiements et des sommes allouées à chacun d'eux. Toutefois, les frais de transport sur vente des substances minérales ne sont pas admis comme dépenses déductibles;	e) 交通费、保险费、经纪费和佣金。但是,佣金、经纪费、商业回扣或其他回扣、在计划内或不在计划内的酬金、奖金或其他奖励,必须有凭据注明受益人姓名、住址以及支付日期和具体金额,否则不允许扣除。但是,因矿产销售产生的运输费不能作为可扣除费用;
f) Le montant du bénéfice réparti entre les membres du personnel de l'entreprise;	f) 向公司雇员分配的利润;
g) les traitements alloués dans les sociétés par actions aux membres du Conseil d'Administration lorsqu'il est justifié qu'ils correspondent à des appointements normaux en rapport avec la nature des fonctions réelles et permanentes exercées dans la société sur le Territoire National;	g) 股份公司给予董事会成员的薪金;但须证明,该薪金相当于与境内公司实际常设职位相关的正常工资的水平;
h) les amortissements des immobilisations servant à l'exercice de la profession;	h) 用于经营活动的固定资产折旧费;
i) L'impôt réel ayant le caractère d'une charge d'exploitation acquittée dans le délai, pour autant qu'elle n'ait pas été établie d'office.	i) 在规定期限内缴纳的、具有经营费用性质的属物税,只要此类经营费用尚未被自动列出。

Les sommes versées par le titulaire à une personne physique ou morale de droit étranger avec laquelle elle est liée, soit par la voie d'une participation directe dans son capital, soit par l'intermédiaire de participations détenues par une ou plusieurs autres entreprises du même groupe, en rémunération d'un service rendu, ne sont susceptibles d'être admises dans les charges professionnelles de l'entreprise qu'à la quadruple condition que:	持有人支付给国外自然人或法人的作为其提供服务的报酬的款项,若持有人是其关联方,包括直接入股或者通过一个或多个同属于一个集团的公司间接持股的,则在同时满足下列四项条件时,方可将此类款项列入经营费用:
a. la qualité du service rendu soit clairement démontrée;	a. 明确证明其服务的(优秀)质量;
b. le service en cause ne puisse être rendu sur le territoire national;	b. 相关服务在国家领土之内不能提供;
c. le montant de la rémunération corresponde à la valeur réelle du service rendu;	c. 给予的薪酬与服务的实际价值是相称的;
d. le bénéficiaire ne soit établi dans un territoire à fiscalité privilégiée.	d. 受益人并非在税收优惠的区域内设立。
Par territoire à fiscalité privilégiée, il faut entendre, le territoire où le taux de prélèvement sur les bénéfices et profits ou de l'impôt sur les revenus des personnes physiques est inférieur de **30%** par rapport à celui pratiqué en République Démocratique du Congo.	所谓税收优惠的区域,是指企业所得税或个人所得税的税率比刚果民主共和国实施的相应税率低**30%**的区域。
Article 257: De la provision pour reconstitution de gisement (*modifié et complété par l'article 9 de la Loi n°18/001 du 09 mars 2018 modifiant et complétant la Loi n°007/2002 du 11 juillet 2002 portant Code minier*)	**第 257 条:矿床复原准备金**(*由 2018 年 3 月 9 日第 18/001 号关于修订和补充 2022 年 7 月 11 日第 007/2002 号《矿业法典》的法律的第 9 条予以修订和补充*)

Le titulaire est autorisé à constituer, en franchise de l'impôt sur les bénéfices et profits, une provision pour reconstitution de gisement dont le montant maximal est égal à **0,5%** du chiffre d'affaires de l'exercice au cours duquel elle est constituée.	持有人有权设置矿床复原准备金,最高金额为其设置当年的财政年度营业额的**0.5%**,该准备金免缴企业所得税。
Cette provision est utilisée dans ses activités de recherches sur le territoire national avant l'expiration d'un délai de trois ans à compter de la clôture de l'exercice au cours duquel la provision a été constituée.	自矿床复原准备金设置当年的财政年度结束之日起三年期限届满前,该准备金须用于国家领土范围内的勘探活动。
Faute d'avoir été utilisée dans les conditions définies à l'alinéa précédent, la provision pour reconstitution de gisement est réintégrée dans le bénéfice imposable au titre du quatrième exercice suivant celui au cours duquel elle a été constituée.	若该准备金未在前款所述的条件下使用的,则矿床复原准备金将被计入其设置当年的财政年度之后的第四个财政年度的应税利润。
Article 258: De la provision pour réhabilitation du site (*modifié et complété par l'article 9 de la Loi n°18/001 du 09 mars 2018 modifiant et complétant la Loi n°007/2002 du 11 juillet 2002 portant Code minier*)	**第 258 条:场地修复准备金**(*由 2018 年 3 月 9 日第 18/001 号关于修订和补充第 007/2002 号《矿业法典》的法律的第 9 条予以修订和补充*)
Le titulaire est tenu de constituer, en franchise de l'impôt sur les bénéfices et profits, une provision pour réhabilitation du site sur lequel sont conduites les opérations minières.	持有人应设置用于恢复已经实施矿业活动的场地的准备金,该准备金免缴企业所得税。
Le montant maximal de la dotation au titre de cette provision est égal à 0,5% du chiffre d'affaires au titre de l'exercice au cours duquel elle est effectuée.	场地修复准备金的最高金额为设置当年的财政年度营业额的 0.5%。

Il est tenu au respect de la directive sur l'EIES telle que prévue dans le Règlement minier.	持有人应遵守《矿业条例》规定的与环境和社会影响研究相关的指令。
Dans l'hypothèse où le titulaire est tenu de constituer une provision ou de remplir d'autres obligations financières en application de la réglementation sur la protection de l'environnement, le montant de cette seconde provision ou de ces obligations, est déduit du montant maximal autorisé pour la dotation au titre de provision pour la réhabilitation du site.	若持有人应根据环境保护法规设置准备金或履行其他财务义务,则该等准备金或财务义务的金额可从场地修复准备金的最高额中以场恢复准备金的名义扣除。
Cette provision doit être utilisée avant l'expiration d'un délai de dix ans à compter de la clôture de l'exercice au cours duquel elle a été constituée. Le solde de cette provision non utilisée est réintégré dans le bénéfice imposable au titre du onzième exercice suivant celui au cours duquel ladite provision a été constituée.	场地修复准备金应在设置当年的会计年度结束之日起十年届满前使用。未使用的准备金余额计入至该等准备金提取当年财会计度后第十一个财政年度的应税利润。
Le solde de cette provision non utilisé à la clôture du dernier exercice du projet est réintégré dans le bénéfice imposable au titre de cet exercice.	项目最后一个财政年度的未使用的场地修复准备金的余额计入至该会计年度的应税利润。
Article 258 bis: De la dotation pour contribution aux projets de développement communautaire (*modifié et complété par l'article 9 de la Loi n°18/001 du 09 mars 2018 modifiant et complétant la Loi n°007/2002 du 11 juillet 2002 portant Code minier*)	**第258(2)条:支持社区发展项目的捐赠基金**(*由2018年3月9日第18/001号关于修订和补充2022年7月11日第007/2002号《矿业法典》的法律的第9条予以修订和补充*)

Le titulaire de droit minier d'exploitation ou d'autorisation d'exploitation des carrières permanente est tenu de constituer, en franchise de l'impôt sur les bénéfices et profits, une dotation pour contribution aux projets de développement communautaire dont le montant minimal est égal à **0,3%** du chiffre d'affaires de l'exercice au cours duquel elle est constituée.	采矿权或永久性采石场开采许可的持有人应设置一笔捐赠基金以支持社区发展项目,最低额度等于该等基金设置当年的财政年度营业额的**0.3%**,该捐赠基金免缴企业所得税。
La dotation doit être entièrement mise à disposition des communautés locales avant l'expiration de l'exercice suivant celui au cours duquel elle a été constituée.	在捐赠基金设置的当年的财政年度届满之日前,该等捐赠必须全部提供给当地社区。
Section V: De l'application de la Taxe sur la Valeur Ajoutée (*modifié et complété par l'article 9 de la Loi n°18/001 du 09 mars 2018 modifiant et complétant la Loi n°007/2002 du 11 juillet 2002 portant Code minier*)	**第五节:增值税的适用**(*由2018年3月9日第18/001号关于修订和补充2022年7月11日第007/2002号《矿业法典》的法律的第9条予以修订和补充*)
Article 259: De la Taxe sur la Valeur Ajoutée	**第259条:增值税**
Les titulaires des droits miniers et/ou des carrières sont assujettis à la Taxe sur la Valeur Ajoutée conformément au droit commun.	矿权和/或采石权的持有人需根据一般法的规定缴纳增值税。
Section VI: Des modalités de recouvrement des recettes non fiscales (*inséré par l'article 23 de la Loi n°18/001 du 09 mars 2018 modifiant et complétant la Loi n°007/2002 du 11 juillet 2002 portant Code minier*)	**第六节:非税收入的征收方式**(*由2018年3月9日第18/001号关于修订和补充2022年7月11日第007/2002号《矿业法典》的法律的第23条予以新增*)

Article 260: Des droits, taxes et redevances (*inséré par l'article 23 de la Loi n°18/001 du 09 mars 2018 modifiant et complétant la Loi n°007/2002 du 11 juillet 2002 portant Code minier*)	**第 260 条:税金、税费和资源税** (*由 2018 年 3 月 9 日第 18/001 号关于修订和补充 2022 年 7 月 11 日第 007/2002 号《矿业法典》的法律的第 23 条予以新增*)
Les modalités de recouvrement des droits, taxes et redevances prévus dans le présent Code, sont fixées par les textes qui régissent les procédures relatives à l'assiette, au contrôle et au recouvrement des recettes non fiscales.	本法典所规定的税金、税费和资源税的征收方式,在规制非税收入的税基、监管和征收的条文中予以确定。
Chapitre IV: Du régime fiscal et douanier applicable à l'exploitation artisanale et à l'exploitation minière à petite échelle	**第四章:适用于手工开采和小规模矿业开采的税务和海关制度**
Article 261: De l'exploitation artisanale	**第 261 条:手工开采**
Le régime fiscal et douanier applicable aux exploitants artisanaux, aux négociants et aux comptoirs agréés est régi par voie réglementaire conformément aux modalités fixées par le Règlement Minier.	适用于手工开采者、批发商和特许商行的税务和海关制度由法规根据《矿业条例》的规定另行制定。
Article 262: De l'exploitation minière à petite échelle (*modifié à son alinéa 4 par l'article 9 de la Loi n°18/001 du 09 mars 2018 modifiant et complétant la Loi n°007/2002 du 11 juillet 2002 portant Code minier*)	**第 262 条:小规模矿业开采** (*由 2018 年 3 月 9 日第 18/001 号关于修订和补充 2022 年 7 月 11 日第 007/2002 号《矿业法典》的法律的第 9 条对该条第 4 款予以修订*)
L'exploitation minière à petite échelle est soumise au régime douanier prévu aux articles 225 à 235 du présent Titre.	小规模矿业开采适用本编第 225 条至第 235 条所规定的海关制度。

Sans préjudice des dispositions du droit commun, l'exploitation minière à petite échelle relève du régime fiscal de taxation unique en ce qui concerne les contributions pour lesquelles le titulaire du titre minier est redevable et ce, en rapport avec les activités minières.	在不影响一般法规定的适用的前提下，小规模矿业开采活动中，矿权持有人就矿业活动应缴纳的捐税适用单一税制。
Le taux de l'imposition unique pour les activités d'exploitation minière à petite échelle est fixé à 10% du chiffre d'affaires résultant de la valeur de vente des produits marchands.	小规模矿业开采活动的单一税的税率为商品销售所产生的营业额的10%。
Le paiement de l'imposition forfaitaire prévue à l'alinéa précédent exempte le titulaire du paiement de la redevance minière, de l'impôt mobilier, de l'impôt sur les bénéfices et profits, de l'impôt exceptionnel sur les rémunérations des expatriés.	若缴纳前款规定的包干税，则持有人免缴资源税、动产税、企业所得税和外籍雇员薪酬特别税。
L'imposition forfaitaire est due au moment de la vente.	包干税在销售之时开始征收。
La quotité de la redevance minière à répartir est déterminée conformément aux dispositions des articles 240 à 242 du présent Code.	矿产资源税的分配份额应根据本法典第240条至第242条的规定予以确定。
Les modalités de perception des droits prévues aux alinéas précédents sont fixées par le Règlement Minier.	前述几款规定的税费的征收方式由《矿业条例》规定。
L'exploitant de la mine à petite échelle peut opter soit de demeurer dans le régime de taxation unique soit d'être régi par les dispositions des chapitres 1 et 3 du présent Titre.	小规模矿山开采者可以选择单一税制或者本编第一章和第三章规定的税制纳税。
L'option ainsi faite est irrévocable.	据此作出的选择是不可撤回的。

TITRE X: DE LA RÉGLEMENTATION DE CHANGE ET DES GARANTIES DE L'ETAT (***modifié et complété par l'article 10 de la Loi n°18/001 du 09 mars 2018 modifiant et complétant la Loi n° 007/2002 du 11 juillet 2002 portant Code minier***)	**第十编:外汇管理和国家担保** ***(由2018年3月9日第18/001号关于修订和补充2022年7月11日第007/2002号《矿业法典》的法律的第10条予以修订和补充)***
Chapitre Premier: De la réglementation du change (*modifié et complété par l'article 10 de la Loi n° 18/001 du 09 mars 2018 modifiant et complétant la Loi n° 007/2002 du 11 juillet 2002 portant Code minier*)	**第一章:外汇管理** *(由2018年3月9日第18/001号关于修订和补充2022年7月11日第007/2002号《矿业法典》的法律的第10条予以修订和补充)*
Section I: De la conversion des devises en francs congolais	**第一节:外币兑换为刚果法郎**
Article 263: De la liberté de conversion au taux du marché	**第263条:按市场汇率自由兑换**
Le titulaire des droits miniers bénéficie de la liberté de convertir en francs congolais les apports en capital, les fonds avancés par les actionnaires, les tirages sur emprunts et les recettes en devises provenant de la vente des produits, au meilleur taux de change offert par les banques agréées au jour de l'opération de conversion.	矿权持有人有权按兑换之日特许银行的最优惠的汇率,将出资额、股东预支款、贷款额、销售所得外币收入自由兑换成刚果法郎。
Toutefois, le titulaire de droits miniers peut recourir, pourle change de la monnaie fiduciaire, aux intermédiaires agréés non bancaires autres que les messageries financières.	但是,矿权持有人也可以通过其他特许非银行机构(信汇[1]除外)兑换信用货币。

① 信汇(messageries financières/ mail transfer, M/T),贸易术语,是国际贸易的付款方式之一。信汇的方式为,汇款人委托银行将信汇委托书寄给汇入银行,以授权解付一定金额给收款人。信汇与电汇、票汇相比,费用较低,但时间较迟。

Section II: Des transferts des fonds vers l'étranger	**第二节:向国外转移资金**
Article 264: Des règlements des biens et services, des transferts des revenus primaires et secondaires ainsi que les transferts en capital et opérations financières (*modifié à son alinéa 1er par l'article 10 de la Loi n°18/001 du 09 mars 2018 modifiant et complétant la Loi n°007/2002 du 11 juillet 2002 portant Code minier*)	**第264条:物资和服务的结算、初次和二次收入的转移以及资本转移和金融操作**(*由2018年3月9日第18/001号关于修订和补充2022年7月11日第007/2002号《矿业法典》的法律的第10条对该条第1款予以修订*)
Sans préjudice des dispositions des alinéas 2, 3 et 4 du présent article, le titulaire des droits miniers est autorisé à réaliser au profit des non-résidents et vice versa, après paiement des taxes et contributions dues, des règlements des biens et services, des transferts des revenus primaires et secondaires ainsi que les transferts en capital et les transferts en raison des opérations financières ci-après en relation directe avec les opérations autorisées en vertu de son droit minier:	在不影响本条第2款、第3款和第4款的规定的适用的前提下,在缴纳应缴纳的税款和捐税后,矿权持有人可为非居民的利益(反之亦然)实施与其矿权项下被许可的活动直接相关的:货物和服务的结算;初次收入和二次收入的转移;资本转移;以及根据以下金融活动而进行的资金转移:
a) le paiement des biens et services auprès des fournisseurs étrangers s'il n'a pas pu trouver les mêmes biens et/ou services à quantité, qualité et prix égal ainsi qu'à des conditions de livraisons identiques sur le marché local;	a)向外国供货商支付货物和服务(的价款),前提是矿权持有人不能在本地市场上找到同等数量、质量、价格以及交付条件的货物和/或服务;
b) l'acquisition ou la location de l'équipement importé;	b)进口设备的采购或租赁;
c) le paiement des commissions aux tiers pour des services rendus à l'étranger;	c)向第三方支付在国外提供的服务的佣金;
d) le paiement des honoraires aux personnes résidant à l'étranger, pour des services rendus;	d)因提供的服务而向居住在国外的人员支付费用;

e) le paiement des «royalties» afférents aux droits accordés au titulaire par des tiers étrangers;	e)支付外国第三方授予至持有人权利相关的“权益金”;
f) la formation à l'étranger des employés congolais et les charges sociales des employés expatriés notamment les primes, les assurances professionnelles, les frais de transport et de déménagement;	f)刚果雇员在国外的培训费和外籍雇员的福利费,主要指奖金、职业保险、交通费和搬家费;
g) les fonds correspondant aux dividendes dûment et légalement déclarés, destinés à être distribués aux actionnaires ou associés non-résidents du titulaire;	g)向持有人的非居民股东分配的经过合法和正式申报的红利的资金;
h) les fonds correspondant aux recettes de la vente des actions et toute somme provenant de la cession ou de la liquidation des actifs de la société, ainsi que toute indemnité d'expropriation;	h)出售股份的收入、公司资产转让或清算所产生的收入以及任何征收赔偿金;
i) le remboursement des avances en compte courant d'associés ou d'actionnaires, à condition de ne pas amener le ratio des fonds empruntés aux fonds propres au-dessus de 75:25.	i)活期账户中股东预支款的偿还,但贷款与自有资本比例不得超过 75 : 25。
Par ailleurs, il est garanti au personnel étranger résidant sur le Territoire National, employé par le titulaire d'un titre minier, la libre conversion et le libre transfert de tout ou partie des sommes qui leur sont dues, sous réserve que les intéressés se soient acquittés de leurs impôts et cotisations diverses conformément à la législation en vigueur en République Démocratique du Congo.	此外,在相关方根据刚果民主共和国的现行法律缴纳各种税费和分摊费的前提下,矿权持有人雇佣的居住在国家领土内的外籍人员有权自由兑换和转移其全部或部分合法收入。

Le transfert des fonds nécessaires aux opérations énumérées ci-dessus doit se faire uniquement par le canal d'une banque agréée moyennant la souscription d'un document de change.	上述所列举的操作所需的资金转移只能通过特许银行进行,并须签署一份汇兑文件。
Tout autre transfert vers l'étranger est soumis à la réglementation de change en vigueur.	向外国进行的任何其他资金转移须遵守现行外汇法规的规定。
Article 265: Du contrôle des transferts au bénéfice des sociétés affiliées(*modifié à son alinéa 2 par l'article 10 de la Loi n°18/001 du 09 mars 2018 modifiant et complétant la Loi n°007/2002 du 11 juillet 2002 portant Code minier*)	**第 265 条:向关联公司转账的监管**(*由 2018 年 3 月 9 日第 18/001 号关于修订和补充 2022 年 7 月 11 日第 007/2002 号《矿业法典》的法律的第 10 条对该条第 2 款予以修订*)
Nonobstant les dispositions de l'article 264, les transferts au bénéfice des sociétés affiliées du titulaire en paiement des biens fournis ou services rendus doivent être justifiés par rapport aux prix pratiqués sur le marché pour des biens ou services similaires.	尽管存在第 264 条的规定,但是因清偿提供的货物或服务而向持有人的关联公司转账的,须证明其价格与类似货物或服务于的市场价格相当。
Toute opération commerciale entre sociétés affiliées se déroule selon le principe de pleine concurrence.	关联公司之间的所有商业操作应根据完全竞争的原则进行。
Chapitre II: De la gestion des recettes des ventes à l'exportation	**第二章:出口销售收入的管理**
Article 266: De l'exportation des produits miniers (*modifié à ses alinéas 1er et 3 par l'article 10 de la Loi n°18/001 du 09 mars 2018 modifiant et complétant la Loi n° 007/2002 du 11 juillet 2002 portant Code minier*)	**第 266 条:矿产品的出口**(*由 2018 年 3 月 9 日第 18/001 号关于修订和补充 2022 年 7 月 11 日第 007/2002 号《矿业法典》的法律的第 10 条对该条第 1 款和第 3 款予以修订*)

Le titulaire est autorisé à exporter et à commercialiser sa production au prix du marché, sous réserve du droit pour l'Etat de déterminer la quotité de production à exporter en fonction des besoins de l'industrie locale. Les recettes en devises y relatives sont encaissées dans les quarante-cinq jours calendrier à dater de la sortie des biens du territoire national pour un pays africain et de l'embarquement à partir du territoire national ou d'un pays africain, sauf si le contrat de vente comporte des dispositions particulières concernant le délai de paiement.	在不影响国家根据当地工业需求而确定出口额度的权利的情况下,持有人有权以市场价格出口或销售其产品。除非销售合同对支付期限另有约定,否则与持有人相关的外汇收入应自货物从刚果(金)国内出口至某一非洲国家或自货物在刚果(金)国内或某一非洲国家装运之日起四十五个日历日内入账。
Le titulaire a l'obligation de souscrire, pour toutes ses opérations d'exportation, un document de change conformément à la réglementation de change en vigueur.	持有人有义务根据现行外汇规定对其出口操作签署汇兑文件。
Le Règlement minier fixe la quotité ainsi que les modalités d'application de la réserve émise à l'alinéa 1er du présent article.	《矿业条例》对出口额度以及本条第 1 款所述限制的实施方式予以规定。
Article 267 : Du compte principal et des comptes de service de la dette étrangère	**第 267 条:主要账户和境外债务偿还账户**
Par dérogation aux dispositions des articles 1 à 9 de l'Ordonnance-Loi n°67/272 du 23 juin 1967 relative aux pouvoirs réglementaires de la Banque Centrale du Congo en matière de réglementation de change et ses mesures d'application, le titulaire qui exporte les produits des mines autorisés a le droit ainsi que l'obligation de :	作为 1967 年 6 月 23 日第 67/272 号关于刚果(金)中央银行的外汇管制条例及其适用措施的法令第 1 条至第 9 条的例外情形,出口经许可的矿产品的持有人享有如下权利并应承担如下义务:

a) ouvrir un compte en devises appelé «Compte Principal» auprès d'une banque étrangère de réputation internationale qui aura des relations d'affaires avec un correspondant pour la gestion des fonds qu'il est autorisé à tenir en dehors du Territoire National;	a)在国际知名且与刚果(金)中转行有业务往来的外国银行开立一个名为"主要账户"的外币账户,以便利其管理在国家领土之外经许可持有的资金;
b) communiquer à la Banque Centrale du Congo et dans les moindres détails, toutes les coordonnées du compte principal;	b)将该主要账户的全部信息均告知刚果(金)中央银行;
c) verser les recettes d'exportation qu'il est autorisé à tenir en dehors du Territoire National conformément aux dispositions de l'article 269 ci-dessous dans son compte principal étranger avant toute redistribution;	c)根据下述第269条的规定,在任何再分配前,将其经许可在境外持有的出口收入存入其外国主要账户;
d) payer à partir du compte principal le service de sa dette étrangère, y compris le principal, les intérêts, les commissions et les pénalités selon les conventions d'emprunt conclues avec les bailleurs de fonds étrangers;	d)从主要账户划账支付境外服务的债务,其中包括根据与外国融资银行所缔结的贷款协议而应支付的本金、利息、佣金和罚金;
e) communiquer les conventions d'emprunt conclues avec les bailleurs de fonds étrangers à l'Administration des Mines pour confirmer si les conventions d'emprunt correspondent au plan de financement d'une exploitation minière dûment autorisée. Dans le cas des conventions d'emprunt entre des sociétés affiliées, elle confirme également que les conditions d'emprunt ne sont pas moins favorables au titulaire que les termes d'un marché entre parties non affiliées. Elle en avise la Banque Centrale.	e)将与外国融资银行所缔结的贷款协议发送至矿业行政机关,以确认该等贷款协议是否符合经正式批准的矿业开采融资计划。若贷款协议是和其关联公司签署的,(矿业管理机关)还应证明贷款条件不劣于市场上其他非关联公司贷款的条件。矿业行政机关也要将上述协议通知刚果(金)中央银行。

Le titulaire est autorisé à ouvrir des comptes en devises auprès des banques étrangères de réputation internationale où il gère ou fait gérer les fonds versés de son compte principal nécessaires pour le service de sa dette étrangère, ainsi que pour les provisions et réserves légales, statutaires et libres.	持有人有权在国际知名的外国银行开立外币账户,以管理或委托管理从主要账户汇出的用于偿还境外债务的资金以及提取法定的、章程规定的和自由约定的准备金和储备金。
Article 268: Des comptes en devises (*modifié à son alinéa 2 par l'article 10 de la Loi n° 18/001 du 09 mars 2018 modifiant et complétant la Loi n° 007/2002 du 11 juillet 2002 portant Code minier*)	**第 268 条:外币账户** (*由 2018 年 3 月 9 日第 18/001 号关于修订和补充 2022 年 7 月 11 日第 007/2002 号《矿业法典》的法律的第 10 条对该条第 2 款予以修订*)
Le titulaire qui exporte les produits des mines peut ouvrir et détenir un compte ou un groupe de comptes en devises étrangères auprès des banques commerciales agréées, dont le siège social est en République Démocratique du Congo, pour gérer les recettes et les dépenses en devises du projet qu'il exploite à bien en vertu de son droit minier. Il bénéficie de la liberté de garder en devises toutes les recettes des ventes à l'exportation des produits du projet sans obligation de les convertir en monnaie nationale.	出口矿产品的持有人可在注册地址位于刚果民主共和国境内特许商业银行开立并持有一个或多个外币账户,以便管理其矿权项下经营的项目下的外币收入和支出。持有人有权持有其项目产品的出口销售的全部收入的外汇,而无需兑换成本国货币。
S'il a ouvert plusieurs comptes auprès du système bancaire national, le titulaire d'un droit minier a l'obligation de rapatrier les recettes d'exportation dans le compte ouvert dans une banque agréée auprès de laquelle l'exportation a été domiciliée.	若矿权持有人在本国银行系统里开立了多个账户,则其有义务将出口收入汇回至其在出口地批准的银行开立的账户。

Article 269 : Du rapatriement des recettes des exportations (*modifié et complété par l'article 10 de la Loi n°18/001 du 09 mars 2018 modifiant et complétant la Loi n°007/2002 du 11 juillet 2002 portant Code minier*)	**第 269 条:出口收入的汇回**(*由 2018 年 3 月 9 日第 18/001 号关于修订和补充 2022 年 7 月 11 日第 007/2002 号《矿业法典》的法律的第 10 条予以修订和补充*)
Le titulaire qui, en phase d'amortissement de son investissement, exporte les produits marchands des mines est :	在其投资逐步收回阶段,出口其商用矿产品的持有人:
a. autorisé à garder et à gérer dans son compte principal et ses comptes de service de la dette étrangère les recettes de ses ventes à l'exportation à concurrence de 40%. Les modalités de l'approvisionnement des comptes destinés au service de la dette étrangère, ainsi que les modalités de paiement du service de la dette étrangère du titulaire, sont établies dans les conventions d'emprunt conclues par l'emprunteur avec ses bailleurs de fonds étrangers ;	a. 经许可在其主要账户及境外债务偿还账户中保留并支配 40% 的出口销售收入。境外债务偿还账户的资金注入方式以及持有人境外债务偿还的支付方式,均在借款人与其外国融资银行所缔结的贷款协议中确定;
b. tenu de rapatrier obligatoirement dans son compte tenu en République Démocratique du Congo, 60% des recettes d'exportation dans les quinze jour à dater de l'encaissement au compte principal prévu à l'article 267 du présent Code.	b. 在出口收入存入其根据本法典第 267 条的规定而开立的主要账户后十五日内,有义务向其在刚果民主共和国开立的账户汇回出口收入的 60%。
En cas d'amortissement de son investissement, il est tenu de rapatrier 100% des recettes de ses ventes à l'exportation dans son compte national principal en République Démocratique du Congo dans le délai prescrit au litera b de l'alinéa précèdent.	在投资完成收回的情况下,持有人有义务在前款第 b 项所规定的期限内将 100% 的出口销售收入汇回至其在刚果民主共和国开立的国内主要账户。

Ne peut garder une quotité des recettes d'exportation ou des préfinancements à l'étranger que le titulaire des droits miniers qui a communiqué les coordonnées bancaires et qui transmet trimestriellement à la Banque Centrale du Congo le rapport de ses activités enregistrées dans le compte principal, tel que disposé à l'article 271 du présent Code.	根据本法典第 271 条的规定,矿权持有人不得在境外持有任何出口收入或者预供资金,除非其已向刚果(金)中央银行提交其银行账户信息且每季度提交其主要账户中记录的业务流水报告。
La quotité rapatriée est destinée à couvrir les dépenses domestiques en faveur des résidents et ne peut servir à financer les transactions reprises à l'article 264 du présent Code.	汇回份额是用来覆盖支付给本国居民的国内开销,且不得用于本法典第 264 条所述的操作。
Article 270: Du paiement de la redevance de suivi de change (*modifié et complété par l'article 10 de la Loi n°18/001 du 09 mars 2018 modifiant et complétant la Loi n°007/2002 du 11 juillet 2002 portant Code minier*)	**第 270 条:外汇监管费的支付**(*由 2018 年 3 月 9 日第 18/001 号关于修订和补充 2022 年 7 月 11 日第 007/2002 号《矿业法典》的法律的第 10 条予以修订和补充*)
Le titulaire est tenu de payer à la Banque Centrale du Congo la redevance de suivi de change de 2/1000 sur les opérations suivantes:	持有人须对于如下操作向刚果(金)中央银行支付 2‰的外汇监管费:
a. tout paiement vis-à-vis de l'étranger effectué par les banques agréées sur les comptes en banque du titulaire en République Démocratique du Congo, aussi bien en recette qu'en dépense, à l'exception des rapatriements des recettes qui proviennent du compte principal;	a.持有人通过特许银行在刚果民主共和国境内银行账户向国外支付的任何款项,其中包括收入和支出,但是主要账户的收入汇回除外;

b. toute opération de débit ou de crédit effectuée sur son compte principal à l'exception des transferts en faveur de comptes de service de la dette étrangère, les paiements effectués de ces comptes de service de la dette étrangère sont également exonérés de la redevance de suivi de change.	b. 主要账户的所有借记和贷记操作，向境外债务偿还账户的转账除外，这些境外债务偿还账户的支付也免除外汇监管费。
Le titulaire des droits miniers est tenu de payer à la Banque Centrale du Congo ou à toute personne mandatée par cette dernière une redevance de suivi de change de **2‰** sur la totalité de **100%** du montant de toute exportation réalisée. Cette redevance est calculée sur la totalité des recettes d'exportation et est prélevée sur la quotité rapatriée.	矿权持有人应向刚果(金)中央银行或刚果(金)中央银行委托的任何人支付实施的任何出口总额的 **100%**的 **2‰**的外汇监管费。该外汇监管费按出口收入总额计算，并从汇回份额中提取。
Article 271 : Du contrôle des opérations du compte principal local et extérieur (*modifié et complété par l'article 10 de la Loi n°18/001 du 09 mars 2018 modifiant et complétant la Loi n°007/2002 du 11 juillet 2002 portant Code minier*)	**第 271 条：国外及国内主要账户操作的监管**（*由 2018 年 3 月 9 日第 18/001 号关于修订和补充 2022 年 7 月 11 日第 007/2002 号《矿业法典》的法律的第 10 条予以修订和补充*）
Le titulaire doit soumettre un rapport mensuel sur les mouvements des fonds versés dans le compte principal en devises à l'étranger, ainsi que les références des dossiers d'exportation sur les recettes versées dans ce compte. Ce rapport, accompagné d'une copie du relevé bancaire dudit compte est soumis à la Direction des Mines et à la Banque Centrale du Congo, pour contrôle de conformité avec les dispositions du présent chapitre.	持有人须提交汇入到其境外外币主要账户的资金移动的月度报告，并提供与汇入到该账户内的收入相关的出口文件证明以供参考。月度报告应附随账户的银行对账单，并提交至矿业局和刚果(金)中央银行，以便按本章要求进行合规审核。

Toutefois, la Banque Centrale conserve le droit de dépêcher ses délégués pour vérifier la régularité des opérations inscrites sur le compte principal après en avoir préalablement informé par écrit le titulaire.	但是,在事先书面通知持有人后,刚果(金)中央银行有权派遣代表核查持有人的主要账户所记载的操作的合规性。
Pour ce faire, le titulaire des droits miniers a l'obligation, dans les trente jours dès réception de cette correspondance, d'accuser réception et de transmettre à la Banque Centrale du Congo la copie légalisée de la lettre adressée à son banquier autorisant la vérification des opérations effectuées sur son compte principal.	为此,矿权持有人自收到通知起三十日内有义务通知刚果(金)中央银行收到通知并将发送至其银行工作人员的允许刚果(金)中央银行核查主要账户的操作的信函的认证件的复本提交至刚果(金)中央银行。
La Direction des minesest chargée de surveiller et d'exercer le contrôle sur les titulaires des droits miniers d'exploitation et des droits de carrières d'exploitation, en rapport avec les opérations de rapatriement obligatoire des recettes d'exportation.	矿业局负责监督和管控采矿权、采石场开采权持有人关于出口收入的强制汇回的操作。
Ce pouvoir de vérification s'exerce aussi sur toutes les Institutions bancaires qui interviennent dans ces opérations de rapatriement des recettes d'exportation en collaboration avec la Banque Centrale du Congo.	矿业局的核查权也适用于与刚果(金)中央银行协作的,参与出口收入汇回操作的全部银行机构。
Article 272: Des dispositions de change plus favorables et du régime de change applicable au titulaire d'un droit de carrières (*modifié à son alinéa 2 par l'article 9 de la Loi n°18/001 du 09 mars 2018 modifiant et complétant la Loi n° 007/2002 du 11 juillet 2002 portant Code minier*)	**第 272 条:更优惠的外汇规定和适用于采石权持有人的外汇制度**(*由 2018 年 3 月 9 日第 18/001 号关于修订和补充 2022 年 7 月 11 日第 007/2002 号《矿业法典》的法律的第 9 条对该条第 2 款予以修订*)

Si une législation ou une réglementation de change de droit commun adoptée ou promulguée sur le Territoire National postérieurement à la date d'entrée en vigueur du présent Code, prévoit des dispositions plus favorables que celles contenues dans le présent Code, ces nouvelles dispositions sont immédiatement applicables, de plein droit, dès leur entrée en vigueur.	若在本法典生效后,在国家领土内通过或颁布了关于外汇一般法律项下的法律或法规规定了比本法典更为优惠的外汇规定,则新规定在其生效之日起立即自动适用。
Le titulaire des droits des carrières est soumis au droit commun quant à l'ensemble de ses opérations de change, à l'exception du titulaire d'une Autorisation d'exploitation de carrières permanente qui produit du ciment qui jouit des dispositions de la réglementation du change prévue dans du présent Code.	采石权持有人的所有外汇操作受一般法的规定规制,但生产水泥的永久性采石场开采许可的持有人除外,其可以适用本法典关于外汇管理的规定。
Article 272 bis: (*inséré par l'article 24 de la Loi n°18/001 du 09 mars 2018 modifiant et complétant la Loi n°007/2002 du 11 juillet 2002 portant Code minier*)	**第 272(2)条:** (*由 2018 年 3 月 9 日第 18/001 号关于修订和补充 2022 年 7 月 11 日第 007/2002 号《矿业法典》的法律的第 24 条予以新增*)
Toute matière relative au change qui n'aurait pas été traitée par le présent Code sera régie par des dispositions de la Banque Centrale.	本法典未规定的任何外汇事项均受到中央银行规定的规制。
Chapitre III: Des garanties et du contrôle par l'etat (*modifié et complété par l'article 11 de la Loi n°18/001 du 09 mars 2018 modifiant et complétant la Loi n°007/2002 du 11 juillet 2002 portant Code minier*)	**第三章:国家保证和监管** (*由 2018 年 3 月 9 日第 18/001 号关于修订和补充 2022 年 7 月 11 日第 007/2002 号《矿业法典》的法律的第 11 条予以修订和补充*)
Article 273: Des libertés garanties (*modifié à son littera e par l'article 10 de la Loi n°18/001 du 09 mars 2018 modifiant et complétant la Loi n°007/2002 du 11 juillet 2002 portant Code minier*)	**第 273 条:保证的自由** (*由 2018 年 3 月 9 日第 18/001 号关于修订和补充 2022 年 7 月 11 日第 007/2002 号《矿业法典》的法律的第 10 条对该条第 e 项予以修订和补充*)

Sous réserve du respect des lois et Règlements Miniers de la République Démocratique du Congo, l'Etat garantit aux titulaires des droits miniers et de carrières:	在遵守刚果民主共和国的法律和《矿业条例》的前提下,国家向矿权和采石权的持有人作出如下保证:
a) le respect de la législation et des accords ou conventions signés avec des partenaires;	a) 遵守法律以及与合作方签署的合同或协议;
b) le droit de disposer librement de leurs biens et d'organiser, à leur gré, leurs entreprises;	b) 持有人有权自由处置其资产和自由组建企业;
c) la liberté d'embauche sous réserve d'employer en priorité le personnel congolais à qualification égale des diplômes et d'expérience pour la réalisation des opérations minières et sous réserve des conditions de licenciement conformément aux lois et règlements en vigueur;	c) 在遵守现行法律法规的解聘条件的前提下,持有人可自由雇佣其矿业作业所需的人员,但在具有同等学历和经验的情况下,应优先雇佣刚果(金)本国人员;
d) le libre accès aux matières premières dans les limites des droits miniers et/ou de carrières;	d) 在矿权和/或采石权规定的限制下,可自由获得原材料;
e) la libre circulation sur le territoire national de leur personnel et de leurs produits;	e) 其人员及其产品可在国家领土上自由流通;
f) la liberté d'importer des biens, des services ainsi que des fonds nécessaires aux activités, sous réserve de donner priorité aux entreprises congolaises pour tout contrat en relation avec le projet minier, à des conditions équivalentes en terme de quantité, qualité, prix et délais de livraison et de paiement;	f) 可自由进口业务活动所需的物资、服务和资金,在数量、质量、价格、交货期限和支付期限等条件相当时,应优先与刚果(金)企业签订与矿业项目相关的任何合同;

g) la liberté de disposer des produits sur les marchés internes, d'exporter et de disposer sur le marché externe, sous réserve du respect des dispositions du présent Code;	g)在遵守本法典规定的前提下,可自主决定在国内市场处置产品、向国外市场出口产品或在国外市场处置产品;
h) la jouissance paisible des Périmètres faisant l'objet de leurs droits miniers et/ou de carrières;	h)不受干扰地利用其矿权和/或采石权覆盖的矿区;
i) les facilités d'obtenir pour leur personnel étranger tous les documents requis pour accéder aux lieux de recherches ou d'exploitation sans préjudice du respect des normes légales et réglementaires régissant la police des étrangers.	i)在遵守外国人管理方面的法律法规的规范的前提下,为其外籍雇员提供进入勘探场地和开采场地所需的所有文件的便利。
Article 274: Du rachat des devises (*modifié et complété par l'article 10 de la Loi n°18/001 du 09 mars 2018 modifiant et complétant la Loi n°007/2002 du 11 juillet 2002 portant Code minier*)	**第274条:外汇的回购**(*由2018年3月9日第18/001号关于修订和补充2022年7月11日第007/2002号《矿业法典》的法律的第10条予以修订和补充*)
L'Etat et la Banque Centrale du Congo s'interdisent de racheter d'office les devises logées dans les comptes en devise des résidents et des non-résidents.	国家和刚果(金)中央银行不自动回购居民和非居民外币账户中的外汇。
Si les besoins de l'économe nationale l'exigent, l'Etat et la Banque Centrale du Congo sont autorisés à racheter les devises des recettes rapatriées aux taux et hauteur à négocier.	若国家经济确有需求,国家和刚果(金)中央银行有权对汇回收入的外汇进行回购,回购的汇率和额度待协商确定。
En cas de rachat des devises, les besoins exprimés par les titulaires des droits miniers sont traités et servis en priorité.	在回购外汇的情况下,将优先处理矿权持有人表达的需求。
Le Règlement minier en détermine les modalités pratiques.	《矿业条例》确定其(外汇回购)实施的方式。

Article 275: De l'indemnité d'expropriation	**第 275 条:征收补偿金**
Les installations minières ou de carrières ne peuvent être expropriées par l'Etat que dans des circonstances exceptionnelles fixées par la loi, moyennant une juste indemnité payée au titulaire concerné au moins six mois avant l'exécution de la décision d'expropriation.	只有在法律规定的特殊情况下国家才可征收矿业或采石场设施,且须在执行征收决定的六个月之前向相关持有人支付合理的补偿金。
Dans les 48 heures qui suivent la date de la notification de la décision de l'expropriation, l'Etat communique au titulaire exproprié le montant de l'indemnité proposée et la date précise ou estimée à laquelle interviendra l'expropriation effective ou matérielle.	在通知征收决定之日之后的四十八小时内,国家应将提议的补偿金额、实际或具体征收的确切或预估日期告知被征收的持有人。
Sauf s'il requiert un délai supplémentaire, le titulaire exproprié doit réagir dans les dix jours à dater de la réception de la proposition de l'Etat.	除非持有人要求额外期限,否则被征收的持有人应在收到国家的的征收提议后十日内作出回复。
L'indemnité est payée conformément à l'alinéa premier ci-dessus en cas d'acceptation.	若接受征收,征收补偿金将按照上述第一款规定进行支付。
En cas de désaccord, la réponse du titulaire exproprié doit comprendre la proposition de ce dernier quant à la hauteur réelle de l'indemnité.	若对征收有异议,被征收的持有人的回复应包含其所建议的实际补偿金额。
Lorsque l'Etat rejette la proposition du titulaire exproprié, ce dernier peut requérir qu'il soit statué par le tribunal compétent ou par procédure d'arbitrage prévu aux articles 315 à 320.	若国家拒绝被征收的持有人建议的金额,则持有人可以按第 315 条至第 320 条规定依法向有管辖权的法院起诉或通过仲裁程序来决定补偿金金额。

L'exercice du recours judiciaire ou arbitral est également possible lorsqu'il n'y a pas eu notification de la mesure d'expropriation, du montant de l'indemnité ou en cas de notification tardive ou enfin, lorsque l'indemnité d'expropriation n'est pas encore payée alors que l'exécution de la décision d'expropriation approche les six mois.	若未通知征收的措施、补偿金金额,或者若通知延迟,或者接近征收决定执行之前的六个月依然没有支付征收补偿金,则持有人亦可通过司法或仲裁寻求救济。
Article 276: De la garantie de stabilité (*modifié à son alinéa 2 par l'article 10 de la Loi n° 18/001 du 09 mars 2018 modifiant et complétant la Loi n° 007/2002 du 11 juillet 2002 portant Code minier*)	**第 276 条:稳定性保证**(*由 2018 年 3 月 9 日第 18/001 号关于修订和补充 2022 年 7 月 11 日第 007/2002 号《矿业法典》的法律的第 10 条对该条第 2 款予以修订*)
L'Etat garantit que les dispositions du présent Code ne peuvent être modifiées que si, et seulement si, le présent Code fait lui-même l'objet d'une modification législative adoptée par le Parlement.	国家保证,除非以议会通过的立法修改本法典,否则本法典各条款均不得被修订。
L'Etat garantit au titulaire des droits octroyés sous l'empire de la présente loi, la garantie de stabilité du régime fiscale, douanier et de change qui demeure acquise et intangible jusqu'à la fin d'une période de cinq ans, à compter de la date de:	国家向被授予本法项下的权利的持有人确保税务、海关和外汇制度的稳定性,自下述日期之日起五年内依然享有该等制度保证且不变更:
a. l'entrée en vigueur du présent Code pour les droits miniers d'exploitation valides existant à cette date;	a.本法典生效之日,对于此时有效存在的采矿权;
b. l'octroi du droit minier d'exploitation acquis postérieurement en vertu d'un Permis de recherches valide existant à la date de l'entrée en vigueur de la présente loi.	b.采矿权颁发之日,若其是根据本法典生效之日有效存在的探矿证而授予的。

Article 276 bis: De la transmission des parts sociales et des actions (*inséré par l'article 25 de la Loi n° 18/001 du 09 mars 2018 modifiant et complétant la Loi n° 007/2002 du 11 juillet 2002 portant Code minier*)	**第 276(2)条:股权和股份的转让** *(由修订和补充 2002 年 7 月 11 日关于《矿业法典》的第 007/2002 号法律的 2018 年 3 月 9 日第 18/001 号法律的第 25 条予以新增)*
Toute transmission des parts sociales ou d'actions au sein d'une société titulaire d'un permis d'exploitation entrainant la prise de contrôle de celle-ci par le bénéficiaire de la transmission est soumise à l'accord préalable de l'Etat.	持有采矿证的公司内部的任何股权或股份转让,其导致股权或股份转让的受让人取得公司控制权的,须经国家事先同意。
Toute modification de l'actionnariat d'une société de droit congolais ou de droit étranger, ayant le contrôle d'une société filiale associée ou actionnaire dans une société titulaire d'un permis d'exploitation et entrainant la prise de contrôle de la société filiale contrôlée, est également soumise à l'accord préalable de l'Etat.	控制持有采矿证的公司的子公司的刚果(金)公司或外国公司(作为子公司的股东),任何导致该刚果(金)公司或外国公司的股权结构变更以及控制权变更的,也须经国家事先同意。
Article 276 ter: De la fusion (*inséré par l'article 25 de la Loi n° 18/001 du 09 mars 2018 modifiant et complétant la Loi n° 007/2002 du 11 juillet 2002 portant Code minier*)	**第 276(3)条:合并** *(由 2018 年 3 月 9 日第 18/001 号关于修订和补充 2022 年 7 月 11 日第 007/2002 号《矿业法典》的法律的第 25 条予以新增)*
L'accord préalable de l'Etat est également requis pour toute opération de fusion entrainant l'absorption d'une société titulaire d'un permis d'exploitation par une autre.	任何导致持有采矿证的公司被另一家公司吸收的合并操作也须经国家事先同意。
Article 276 quater: De la prise de contrôle (*inséré par l'article 25 de la Loi n°18/001 du 09 mars 2018 modifiant et complétant la Loi n° 007/2002 du 11 juillet 2002 portant Code minier*)	**第 276(4)条:控制权** *(由 2018 年 3 月 9 日第 18/001 号关于修订和补充 2022 年 7 月 11 日第 007/2002 号《矿业法典》的法律的第 25 条予以新增)*

Au sens du présent article, on entend par prise de contrôle, l'acquisition du pouvoir, par le fait de la détention de la majorité des droits de vote, de déterminer les décisions de la société notamment celles de nommer ou de révoquer la majorité des membres des organes d'administration, de direction ou de surveillance de la société.	本条中所谓"控制权"系指通过持有多数表决权、确定公司的决定尤其是任命或罢免公司行政、管理或监督机构的大多数成员从而取得的权力。
Article 276 quinquies: (*inséré par l'article 25 de la Loi n° 18/001 du 09 mars 2018 modifiant et complétant la Loi n° 007/2002 du 11 juillet 2002 portant Code minier*)	**第 276(5)条:** *(由 2018 年 3 月 9 日第 18/001 号关于修订和补充 2022 年 7 月 11 日第 007/2002 号《矿业法典》的法律的第 25 条予以新增)*
Le Règlement minier détermine les modalités d'application des dispositions du présent chapitre.	《矿业条例》确定本章规定的适用方式。
TITRE XI: DES RELATIONS DES TITULAIRES DES DROITS MINIERS ET/OU DE CARRIÈRES ENTRE EUX ET AVEC LES OCCUPANTS DU SOL	**第十一编:矿权和/或采石权持有人之间的关系及其与土地占有人的关系**
Chapitre Premier: Des relations entre titulaires	**第一章:持有人之间的关系**
Article 277: Des travaux entre deux mines voisines	**第 277 条:相邻矿山之间的工程**
Dans le cas où il est reconnu nécessaire d'exécuter des travaux d'intérêt commun pour deux mines voisines, les titulaires concernés ne peuvent s'y opposer. Les intéressés, entendus par la Direction des Mines, sont tenus d'y participer chacun dans la proportion de son intérêt.	若两座相邻矿山之间有必要实施有利于双方利益的工程,则相关持有人不得反对。在矿业局协调下,利益相关方须按利益比例各自参与此类工程的实施。

Lorsque les travaux d'une mine occasionnent des dommages à une mine voisine, l'auteur des travaux en doit réparation.	若一矿山的工程对另一相邻矿山造成损害,工程实施方应负责修复。
Lorsque, au contraire, ces travaux apportent un allègement aux charges d'une mine voisine, ils donnent lieu à une indemnité.	反之,若该等工程减轻另一相邻矿山的负担,获益一方也应给予相应补偿。
Un massif de protection de largeur suffisante peut être prescrit par la Direction des Mines entre deux mines voisines sans que le maintien de ce massif de protection puisse donner lieu à indemnité.	在两座相邻矿山之间,矿业局可以划定宽度足够的保护带,该保护带(的维持)不产生任何赔偿请求权①。
Article 278: Des servitudes (*modifié et complété par l'article 12 de la Loi n°18/001 du 09 mars 2018 modifiant et complétant la Loi n°007/2002 du 11 juillet 2002 portant Code minier*)	**第 278 条:地役权** *(由修订和补充 2002 年 7 月 11 日关于《矿业法典》的第 007/2002 号法律的 2018 年 3 月 9 日第 18/001 号法律的第 12 条予以修订和补充)*
Le titulaire d'un Permis d'Exploitation ou d'un Permis d'Exploitation de Petite Mine a une servitude de passage sur le Périmètre d'exploitation des rejets en vue d'accéder à son Périmètre d'exploitation.	为进入开采矿区,采矿证或小矿山开采证持有人可在尾矿开采区之上设置通行地役权。
Pour autant qu'elles ne soient pas contraires aux dispositions du présent Code, les dispositions des articles 170 à 179 de la loi n° 73-020 du 20 juillet 1973 portant régime général des biens, régime foncier et immobilier et régime des sûretés trouvent application en cas de servitudes minières.	适用于矿业地役权的 1973 年 7 月 20 日第 73-020 号关于在关于财产、土地和不动产基本制度以及担保制度的法律的第 170 条至第 179 条的规定如果不与本法典的规定相悖则适用。

① 根据笔者理解,该赔偿请求权系矿权持有人向矿业局提出的赔偿请求权。

Le titulaire d'un Permis d'Exploitation des Rejets a droit à une indemnisation lorsque le passage sur le Périmètre du titulaire d'un Permis d'Exploitation ou d'un Permis d'Exploitation de Petite Mine lui cause un préjudice énorme qui s'analyse en une charge supplémentaire à son activité minière.	若采矿证或小矿山开采证持有人通行给尾矿持有人带来巨大损害且其可以被界定为其矿业活动的额外负担,则尾矿开采证持有人有权主张赔偿。
Le Règlement Minier fixe les conditions et modalités de l'établissement des servitudes dont question dans le présent article.	本条所述"地役权"的设立条件和方式由《矿业条例》确定。
Chapitre II: Des relations des titulaires avec les occupants du sol	**第二章:持有人与土地占有人的关系**
Article 279: Des restrictions à l'occupation des terrains (*modifié et complété par l'article 12 de la Loi n° 18/001 du 09 mars 2018 modifiant et complétant la Loi n° 007/2002 du 11 juillet 2002 portant Code minier*)	**第 279 条:土地占有的限制**(*由修订和补充 2002 年 7 月 11 日关于《矿业法典》的第 007/2002 号法律的 2018 年 3 月 9 日第 18/001 号法律的第 12 条予以修订和补充*)
Sauf consentement des autorités compétentes, nul ne peut occuper un terrain:	非经主管权力机关同意,任何人不得占用如下土地:
a) réservé au cimetière;	a)墓地用地;
b) contenant des vestiges archéologiques ou un monument national;	b)含考古遗迹或国家纪念碑(纪念性建筑物)的土地;
c) situé à moins de cinq cents mètres des limites d'un barrage hydroélectrique ou d'un bâtiment appartenant à l'Etat;	c)距离水利大坝或国有建筑物的边界五百米以内的土地;
d) proche des installations de la Défense Nationale;	d)国防设施附近的土地;
e) faisant partie d'un aéroport;	e)机场范围的土地;
f) réservé au projet de chemin de fer;	f)铁道项目用地;
g) réservé à la pépinière pour forêt ou plantation des forêts;	g)森林或造林的苗圃用地;

h) situé à moins de huit cents mètres des limites d'un village, d'une cité, d'une commune ou d'une ville;	h)距离村、镇、市镇或城市的边界八百米以内的土地;
i) constituant une rue, une route, une autoroute;	i)公路、道路和高速公路用地;
j) compris dans un parc national et sites touristiques.	j)国家公园和旅游景点范围内的土地。
Sauf consentement du propriétaire ou occupant légal, nul ne peut occuper un terrain situé à moins de:	非经所有权人或者合法占有人同意,任何人不得占用如下土地:
a. mille mètres de maisons ou des bâtiments occupés, inoccupés ou temporairement inoccupés;	a.距离被占用的、未被占用的或临时占用的房屋或建筑物一千米以内的区域;
b. huit cents mètres des terres sarclées et labourées pour cultures de ferme;	b.距离已开垦且已耕种的种植农场八百米以内的区域;
c. huit cents mètres d'une ferme ayant un élevage de bovins, un réservoir, un barrage hydroélectrique ou une réserve d'eau privée.	c.距离包括牛牧场、水库、水利大坝或私人池塘的农场八百米以内的区域。
Des Périmètres de protection de dimensions quelconques à l'intérieur desquels la recherche et l'exploitation minières peuvent être soumises à certaines conditions ou interdites, sans que le titulaire du titre minier puisse réclamer une quelconque indemnité, peuvent être établis par le Gouverneur de Province, sur constat du service compétent de l'Administration des Mines, pour la protection des édifices et agglomérations, sources, voies de communication, ouvrages d'art et travaux d'utilité publique comme en tous autres points où ils seraient nécessaires à l'intérêt général.	保护区可在经矿业行政机关的主管部门认定后由省长划定,以便保护建筑、城镇、水源、交通道路、桥梁隧道和公共工程等一切符合公共利益的区域。在保护区内(无论其大小),矿业勘探和开采可能受到一定限制,也可能完全禁止,而矿权持有人对此不能要求任何赔偿。

Une indemnité représentant le montant des dépenses afférente aux travaux ou ouvrages démolis ou abandonnés est toutefois due par la personne publique intéressée, au cas où le titulaire devrait démolir ou abandonner des travaux ou ouvrages régulièrement établis ou entamés par lui en vue de l'exploitation desdits Périmètres antérieurement à leur fixation.	若持有人应拆除或废弃(保护区)确定前为开发该等矿区而合法建设或开始建设的工程,则被拆除或被废弃的工程相关的费用金额所对应的赔偿金由相关公法人支付。
Article 280: De la responsabilité du fait de l'occupation du sol	**第 280 条:地表土地占用行为引起的责任**
Le titulaire ou l'amodiataire est, de plein droit, tenu de réparer les dommages causés par les travaux, même autorisés, qu'il exécute dans le cadre de ses activités minières.	持有人或者承租人应修复因其矿业活动范围内的工程(即使是经批准的工程)造成的损害。
En cas de mutation d'un droit minier d'exploitation ou d'une autorisation d'exploitation de Carrières Permanente, la responsabilité des dommages provenant de travaux antérieurs au transfert incombe solidairement à l'ancien et au nouveau titulaire.	在移转采矿权或永久性采石场开采许可的情况下,移转之前的工程造成的损害赔偿责任由原持有人和新持有人连带承担。
En cas de mutation, l'ancien titulaire est tenu d'en informer par écrit le nouveau. Il l'informe également, pour autant qu'il les connaît, des dangers ou inconvénients importants qui résultent de l'exploitation. A défaut de cette information, le bénéficiaire de la mutation a le choix de poursuivre la résolution de la mutation ou de se faire restituer une partie du prix. Il peut aussi demander, aux frais de l'ancien titulaire, l'élimination des dangers ou la suppression des inconvénients qui peuvent causer préjudice au tiers.	在发生移转的情况下,原持有人应将此类损害书面告知新的持有人。同时持有人如果知晓则须告知因开采所带来的重大危险或不便。如未告知,则移转的受益人(新持有人)有权选择诉请解除移转或要求归还一部分价款。新的持有人还可以要求原持有人承担费用消除这些可能给第三方造成损害的危险或不便。

Le titulaire peut être tenu de fournir caution, de payer toutes indemnités si ses travaux sont de nature à causer un dommage déterminé, et s'il est à craindre que ses ressources ne soient pas suffisantes pour faire face à sa responsabilité éventuelle.	若持有人的工程会造成一定的损害,且其财力可能不足以承担由此可能出现的责任,则持有人可能须提供保证金并支付任何赔偿。
Les tribunaux sont juges de la nécessité de cette caution et en fixent la nature et le montant.	法院判定该等保证金的必要性并确定该等保证金的性质和金额。
Tous les dommages causés aux biens des tiers sont réglés à leur valeur réelle de remplacement, augmentée de la moitié, à moins qu'ils soient remis en leur état antérieur à la survenance du dommage.	对第三方财产造成的全部损害,除非恢复至损害发生之前的状态,否则将按照替换的实际价值再加 50%进行赔偿。
Article 281: De l'indemnisation des occupants du sol (*modifié et complété par l'article 12 de la Loi n° 18/001 du 09 mars 2018 modifiant et complétant la Loi n° 007/2002 du 11 juillet 2002 portant Code minier*)	**第 281 条:土地占用人的赔偿**(*由修订和补充 2002 年 7 月 11 日关于《矿业法典》的第 007/2002 号法律的 2018 年 3 月 9 日第 18/001 号法律的第 12 条予以修订和补充*)
Toute occupation de terrain privant les ayants-droits de la jouissance du sol, toute modification rendant le terrain impropre à la culture entraîne, pour le titulaire ou l'amodiataire des droits miniers et/ou de carrières, à la demande des ayants-droits du terrain et à leur convenance, l'obligation de payer une juste indemnité correspondant soit au loyer, soit à la valeur du terrain lors de son occupation, augmentée de la moitié.	剥夺具有土地使用权的权利人的土地使用权的任何土地占用、导致土地不适合耕种的改变,矿权和/或采石权的持有人或承租人均有义务按权利人的要求和其便利的方式支付公平的赔偿,赔偿金可以根据租金计算,也可以是占有期间的土地价值加上 50%。
Par sol dont il est question à l'alinéa ci-dessus, il faut entendre le sol sur lequel les individus ont toujours exercé ou exercent effectivement une activité quelconque.	前款所述"土地",指的是个人在其上经常性开展或实际开展任何活动的地表土地。

Le règlement à l'amiable du litige s'effectue par toutes voies de droit non juridictionnelles, notamment la transaction, le compromis, l'arbitrage ou devant un Officier de Police Judiciaire ou un Officier du Ministère Public.	争议的友好解决可以通过各种非诉讼途径实现,尤其是和解、妥协、仲裁或者由司法警察或检察官进行调解。
Faute d'arrangement à l'amiable entre les parties dans les trois mois à compter de la date de la survenance du litige, les indemnités seront allouées par le tribunal compétent en vertu des règles de l'organisation et de la compétence judiciaires en vigueur en République Démocratique du Congo.	如在争议发生之日起三个月内各方无法友好解决,则有管辖权的法院可根据刚果民主共和国的现行司法组织规则和管辖权规则裁定赔偿。
Toutefois, l'occupant du terrain coutumier peut, en accord avec le titulaire, continuer à exercer son droit de culture à condition que les travaux des champs ne gênent pas les opérations minières. Le propriétaire du terrain ne pourra dès lors plus continuer à y construire des bâtiments.	但是,经与矿权持有人协商一致,在耕作活动不影响矿业作业的情况下,土地的惯用占有人就可以继续进行耕种。但土地所有权人不得在地上再建设建筑物。
Enfin, le simple passage sur le terrain ne donne droit à aucune indemnité si aucun dommage n'en résulte. Le passage doit s'effectuer dans les meilleures conditions de préservation de l'environnement.	最后,若仅通过地块且未产生任何损害,则无需支付任何赔偿。通行应在最大程度保护环境的条件下实施。
En cas de déplacement des populations, l'opérateur minier est tenu préalablement de procéder à l'indemnisation, à la compensation et à la réinstallation des populations concernées.	在居民搬迁的情况下,矿业经营者应提前对相关居民进行赔偿、补偿和重新安置。
Les modalités pratiques d'application des dispositions de cet article sont déterminées par le Règlement minier.	本条规定的具体适用方式由《矿业条例》确定。

Article 282：Des zones d'interdiction	**第 282 条：禁入区域**
A la demande du titulaire d'un droit d'exploitation ou d'une autorisation d'exploitation de carrières permanente et après enquête, le Ministre peut définir autour des sites des travaux du titulaire, une zone d'interdiction en tout ou en partie aux activités et/ou à la circulation des tiers.	应采矿权或永久性采石场开采许可的持有人的要求并经调查后，矿业部长可以在持有人的施工场地周围划出禁入区域，该禁入区域全部或部分禁止第三人开展活动和/或通行。
Les dommages causés dans cette zone par les travaux d'exploitation minière ou de carrières aux tiers qui violeraient cette interdiction ne donnent droit à aucune réparation.	若矿业开采工程或采石工程对违反该禁令的第三方造成损害，则该第三方无权要求赔偿。
Le Règlement Minier fixe les modalités d'établissement de ces zones et en détermine la durée.	《矿业条例》规定此类禁入区域的划定方式及确定其期限。
Article 283：Des activités autorisées	**第 283 条：批准的活动**
Sans préjudice du droit de propriété de l'Etat sur son sous-sol, et sous réserve des droits éventuels des tiers sur le sol concerné, le titulaire d'un droit minier d'exploitation ou d'une autorisation d'exploitation de carrières permanente a, outre des droits attachés à son titre, sur autorisation du Gouverneur de la province concernée, après avis du service compétent de l'Administration des Mines：	在不影响国家对底土享有的所有权的前提下，除非第三人在有关地表土地上拥有某种权益，否则采矿权或永久性采石场开采许可的持有人在拥有其权证赋予的权利之外，在征求矿业行政机关的意见后，省长还可以批准持有人从事如下活动：
a) A l'intérieur de son Périmètre délimité le droit de：	a)在划定的矿区内有权：
- occuper les terrains nécessaires à son activité et aux industries qui s'y rattachent, y compris la construction d'installations industrielles, d'habitations et autres à caractère social；	-占用其活动和生产相关所需的土地，其中包括用于建设工业设施、住房和其他社会福利性质的设施；

- utiliser l'eau souterraine, l'eau des cours d'eau non navigables, non flottables notamment pour établir, dans le cadre d'une concession de chute d'eau, une centrale hydroélectrique destinée à satisfaire les besoins énergétiques de la mine;	-使用地下水、非通航水道的水、特别是在水流特许权的范围内建设水电站以满足矿山的能源需求;
-creuser des canaux et des canalisations;	-挖掘修建水渠和航道;
-établir des moyens de communication et de transport de toute nature.	-铺设各种性质的通讯和交通设施。
b) A l'extérieur de son Périmètre délimité, le droit d'établir des moyens de communication et de transport de toute nature.	b)在划定的矿区外,铺设各种性质的通讯设施和交通设施。
Les droits d'occupation prévus au présent article constituent des servitudes légales d'intérêt public. Il ne peut y être porté atteinte directement ou indirectement par l'octroi des droits miniers et/ou de carrières subséquents.	本条规定的占用权构成了法定的公益地役权。该占用权不得因后续采矿权和/或采石权的授予而受到直接或者间接损害。
Article 284: De l'exécution des travaux d'utilité publique ou d'exploitation de carrières y afférents	**第 284 条:公共用途工程或相关采石工程的**
L'autorisation d'occupation des terrains ne fait pas obstacle à l'exécution des travaux d'utilité publique ou à l'ouverture de carrières temporaire pour fournir les matériaux nécessaires à ces travaux. Le titulaire ou l'amodiataire a droit à la réparation des dommages subis.	占用土地的批准不得妨碍公共用途的工程的实施,或妨碍为此类公共用途的工程提供所需材料的临时性采石场的开设。持有人或承租人有权主张修复所遭受的损害的修复。
Article 285: De la disposition des substances minérales non spécifiées dans les titres miniers	**第 285 条:在矿权证中未列明的矿产的处置**

Le titulaire d'un droit minier ou de carrières d'exploitation a le droit de disposer, pour les besoins de son exploitation et des industries qui s'y rattachent, des substances minérales autres que celles qu'il exploite et dont les travaux entraînent nécessairement l'abattage.	为开采和相关生产之需,采矿权和采石场开采权的持有人有权处置并非其矿权证允许其开采的矿产之外的,但开采作业必然挖掘出的矿产。
L'occupant du sol peut demander qu'il lui soit permis de disposer de ces substances, si elles ne sont pas utilisées par l'exploitant, contre le paiement d'une juste indemnité s'il y a lieu, sauf si elles proviennent du traitement des substances minérales extraites.	土地占有人可在采矿者不使用的情况下要求允许处置该等矿产,并在处置的情况下给予(持有人)合理的补偿,除非该等矿产来自采掘的矿产的处理。
Chapitre III: De la responsabilité industrielle du titulaire (*inséré par l'article 26 de la Loi n° 18/001 du 09 mars 2018 modifiant et complétant la Loi n° 007/2002 du 11 juillet 2002 portant Code minier*)	**第三章:持有人的行业责任**(*由修订和补充 2002 年 7 月 11 日关于《矿业法典》的第 007/2002 号法律的 2018 年 3 月 9 日第 18/001 号法律的第 26 条予以新增*)
Article 285 bis: De la responsabilité industrielle du titulaire (*inséré par l'article 26 de la Loi n° 18/001 du 09 mars 2018 modifiant et complétant la Loi n° 007/2002 du 11 juillet 2002 portant Code minier*)	**第 285(2)条:持有人的行业责任**(*由修订和补充 2002 年 7 月 11 日关于《矿业法典》的第 007/2002 号法律的 2018 年 3 月 9 日第 18/001 号法律的第 26 条予以新增*)
Tout titulaire d'un droit minier et/ou des carrières est responsable des dommages causés aux personnes, aux biens et à l'environnement du fait de ses activités minières, même en l'absence de toute faute ou négligence. Il est tenu à les réparer.	即使在没有任何过错或疏忽的情况下,任何矿权和/或采石权持有人也应对其矿业活动造成的人身、财产和环境损害负有责任。持有人应负责修复。

Il ne peut être exonéré que s'il apporte la preuve que ces dommages proviennent d'une cause étrangère à son activité minière.	只有持有人提供证据证明该等损害来自其矿业活动以外的原因,其方可免除责任。
Le Règlement minier fixe les modalités de la réparation.	《矿业条例》规定修复的方式。
Article 285 ter : Des dommages causés à des personnes et à l'environnement par contamination (*inséré par l'article 26 de la Loi n°18/001 du 09 mars 2018 modifiant et complétant la Loi n°007/2002 du 11 juillet 2002 portant Code minier*)	**第 285(3)条:污染对人和环境造成的损害**(*由修订和补充 2002 年 7 月 11 日关于《矿业法典》的第 007/2002 号法律的 2018 年 3 月 9 日第 18/001 号法律的第 26 条予以新增*)
La responsabilité du titulaire d'un droit minier et/ou des carrières est également engagé en cas de contamination directe ou indirecte du fait des activités minières ayant un impact sur la santé de l'homme et/ou entrainant la dégradation de l'environnement et se traduisant notamment par la pollution des eaux, du sol, de l'atmosphère et causant des dommages à l'homme, la faune et à la flore.	在矿业活动造成的直接或间接污染对人类健康产生影响并且/或者导致环境退化(具体表现为水、土壤、大气的污染并导致对人类、动物和植物的损害)的情况下,矿权和/或采石权的持有人也应承担责任。
Article 285 quater : Des maladies imputables à l'activité minière (*inséré par l'article 26 de la Loi n°18/001 du 09 mars 2018 modifiant et complétant la Loi n°007/2002 du 11 juillet 2002 portant Code minier*)	**第 285(4)条:矿业活动所导致的疾病**(*由修订和补充 2002 年 7 月 11 日关于《矿业法典》的第 007/2002 号法律的 2018 年 3 月 9 日第 18/001 号法律的第 26 条予以新增*)
Le titulaire du droit minier et/ou de carrière est tenu de réparer tout dommage causé par des maladies imputables à l'activité minière conformément aux règles de droit commun.	矿权和/或采石权的持有人应根据一般法的规定对矿业活动导致的疾病所致任何损害进行修复。
La liste des maladies imputables à l'activité minière est déterminée dans le Règlement minier.	《矿业条例》中确定了矿业活动所导致的疾病的清单。

Article 285 quinquies : De la prescription de l'action en revendication des dommages causés (*inséré par l'article 26 de la Loi n° 18/001 du 09 mars 2018 modifiant et complétant la Loi n°007/2002 du 11 juillet 2002 portant Code minier*)	**第 285(5)条：损害赔偿的诉讼时效**（*由修订和补充 2002 年 7 月 11 日关于《矿业法典》的第 007/2002 号法律的 2018 年 3 月 9 日第 18/001 号法律的第 26 条予以新增*）
Les actions en revendication par suite des dommages causés par les activités minières sur l'homme et l'environnement sont imprescriptibles.	矿业活动对人和环境造成的损害赔偿之诉不受诉讼时效的约束。
Chapitre IV : De la responsabilité sociétale du titulaire (*inséré par l'article 26 de la Loi n° 18/001 du 09 mars 2018 modifiant et complétant la Loi n°007/2002 du 11 juillet 2002 portant Code minier*)	**第四章：持有人的社会责任**（*由修订和补充 2002 年 7 月 11 日关于《矿业法典》的第 007/2002 号法律的 2018 年 3 月 9 日第 18/001 号法律的第 26 条予以新增*）
Article 285 sexies : De l'obligation de contribuer au financement des projets de développement communautaire (*inséré par l'article 26 de la Loi n°18/001 du 09 mars 2018 modifiant et complétant la Loi n°007/2002 du 11 juillet 2002 portant Code minier*)	**第 285(6)条：为社区发展项目捐助资金的义务**（*由修订和补充 2002 年 7 月 11 日关于《矿业法典》的第 007/2002 号法律的 2018 年 3 月 9 日第 18/001 号法律的第 26 条予以新增*）
Sans préjudice des dispositions des articles 212, 213, 214 et 242 alinéa 2 du présent Code, le titulaire des droits miniers d'exploitation et de l'autorisation d'exploitation de carrières permanentes est tenu de contribuer, durant la période de son projet, à la définition et à la réalisation des projets de développement socio-économiques et industriels des communautés locales affectées par les activités du projet sur la base d'un cahier des charges pour l'amélioration des conditions de vie desdites communautés.	在不影响本法典第 212 条、第 213 条、第 214 条和第 242 条第 2 款①规定的前提下，采矿权和永久性采石场开采许可的持有人在其项目期间应根据改善受项目活动影响的当地社区的生活条件的《社会责任书》，确定并实施该等当地社区的社会经济和工业发展项目。

① 中伦注：此处援引错误，第 242 条没有第 2 款。

Article 285 septies: Du cahier des charges (*inséré par l'article 26 de la Loi n° 18/001 du 09 mars 2018 modifiant et complétant la Loi n°007/2002 du 11 juillet 2002 portant Code minier*)	**第 285(7)条:社会责任书**(*由修订和补充 2002 年 7 月 11 日关于《矿业法典》的第 007/2002 号法律的 2018 年 3 月 9 日第 18/001 号法律的第 26 条予以新增*)
Conformément à la présente loi, le cahier des charges définit la responsabilité sociétale des titulaires de droits miniers d'exploitation ou de l'autorisation d'exploitation de carrières permanente vis-à-vis des communautés locales affectées par les activités minières.	根据本法,《社会责任书》规定采矿权或永久性采石场开采许可的持有人对受其矿业活动影响的当地社区的社会责任。
Le cahier des charges a pour objet d'orienter et d'organiser la mise en œuvre des engagements des titulaires de droits miniers d'exploitation ou de l'autorisation d'exploitation de carrière permanente relatifs à la réalisation des infrastructures socioéconomiques et services sociaux au profit des communautés locales affectées par ses activités minières.	《社会责任书》旨在指导和组织采矿权或永久性采石场开采许可的持有人履行实施旨在造福受其矿业活动影响的当地社区的社会经济基础设施和社会服务的义务。
Il vise également à servir de cadre d'accord devant permettre la concrétisation des actions du développement durable visant à améliorer le bien-être économique, social et culturel des populations locales affectées par les activités minières des titulaires de droits miniers d'exploitation ou de l'autorisation d'exploitation de carrière permanente pendant et après l'exploitation.	《社会责任书》还旨在作为一项协议框架,以便实现旨在改善受采矿权或永久性采石场开采许可的持有人的矿业活动在开采期间或者在开采之后影响的当地居民的经济、社会和文化福祉的可持续发展行动。
Le titulaire de droits miniers d'exploitation ou de l'autorisation d'exploitation de carrière permanente est tenu, à partir de la délivrance de son titre minier et/ou de carrière et au plus tard dans les six mois avant le début de l'exploitation d'élaborer et de déposer le cahier des charges dé	采矿权或永久性采石场开采许可的持有人应自其矿权证和/或采石权证的颁发之日起且不迟于开始开采前六个月内,制定并提交确定对受矿业活动影响的当地社区的社会责任的《社会责任书》,省级政府在经征求技术服务部门的意见后对《社会责任书》予以批准。

finissant la responsabilité sociale vis-à-vis des communautés locales affectées par les activités minières et d'en obtenir l'approbation du Gouvernement provincial après avis des services techniques.	
Le Règlement minier détermine les règles afférentes aux négociations ainsi que les modalités pratiques de l'établissement, du dépôt, de la recevabilité, de l'instruction et de l'approbation du cahier des charges définissant la responsabilité sociétale vis-à-vis des communautés locales affectées par les activités minières.	《矿业条例》确定了与谈判协商有关的规则以及编制、提交、受理、审查和批准界定对受矿业活动影响的当地社区的社会责任的《社会责任书》的具体实施方式。
Article 285 octies: De la gestion de la dotation pour contribution aux projets de développement communautaire (*inséré par l'article 26 de la Loi n°18/001 du 09 mars 2018 modifiant et complétant la Loi n° 007/2002 du 11 juillet 2002 portant Code minier*)	**第 285(8)条:社区发展项目捐赠基金的管理**(*由修订和补充 2002 年 7 月 11 日关于《矿业法典》的第 007/2002 号法律的 2018 年 3 月 9 日第 18/001 号法律的第 26 条予以新增*)
Conformément au principe de la transparence dans l'industrie minière prescrit par la présente loi, une dotation minimale de 0,3% du chiffre d'affaires pour contribution aux projets de développement communautaire prévu par l'article 258 bis du présent Code est mise à disposition et gérée par une entité juridique comprenant les représentants du titulaire et des communautés locales environnantes directement concernées par le projet.	根据本法规定的矿业行业的透明性原则,本法典第 258(2)条所规定的社区发展项目的捐赠(其最低捐赠额为营业额的 0.3%)由包括持有人代表和该项目直接相关的周围当地社区代表的法律实体处置和管理。

Le Règlement minier détermine la nature juridique de l'entité chargée de la gestion de la dotation, le nombre de membres de chaque composante ainsi que les modalités de leur collaboration et de contrôle par les ministères en charge des mines et des affaires sociales.	《矿业条例》确定负责管理捐赠基金的实体的法律性质、每个组成部分的成员人数以及主管矿业和社会事务的部长之间合作和监管的方式。
Article 285 nonies: Des substances minérales précieuses trouvées occasionnellement (*inséré par l'article 26 de la Loi n°18/001 du 09 mars 2018 modifiant et complétant la Loi n°007/2002 du 11 juillet 2002 portant Code minier*)	**第285(9)条:偶然发现的珍贵矿产**(*由修订和补充2002年7月11日关于《矿业法典》的第007/2002号法律的2018年3月9日第18/001号法律的第26条予以新增*)
Toute personne physique de nationalité congolaise qui trouve occasionnellement une substance minérale précieuse, dont le commerce est réglementé, est autorisée de la vendre auprès d'un négociant ou d'un comptoir agréé moyennant paiement d'une taxe appropriée fixée par le Ministre, pour autant que l'origine ne soit pas illicite.	任何偶然发现交易受到管制的珍贵矿产的刚果(金)籍自然人,在支付经矿业部长确定的适当税费的前提下,可向批发商或特许商行出售,只要其来源不违法。
TITRE XII: DES MANQUEMENTS AUX OBLIGATIONS ADMINISTRATIVES, SOCIALES ET DES SANCTIONS (***modifié et complété par l'article 13 de la Loi n°18/001 du 09 mars 2018 modifiant et complétant la Loi n°007/2002 du 11 juillet 2002 portant Code minier***)	**第十二编:行政和社会义务的违反及其惩罚** (***由修订和补充2002年7月11日关于《矿业法典》的第007/2002号法律的2018年3月9日第18/001号法律的第13条予以修订和补充***)
Chapitre Premier: DES MANQUEMENTS AUX OBLIGATIONS ADMINISTRATIVES ET SOCIALES (*modifié et complété par l'article 13 de la Loi n°18/001 du 09 mars 2018 modifiant et complétant la Loi n°007/2002 du 11 juillet 2002 portant Code minier*)	**第一章:行政和社会义务的违反**(*由修订和补充2002年7月11日关于《矿业法典》的第007/2002号法律的2018年3月9日第18/001号法律的第13条予以修订和补充*)

Article 286：Du non-paiement des droits superficiaires, du défaut de commencer les travaux dans le délai légal et du non respect des engagements vis-à-vis des obligations sociales dans le délai réglementaire (*modifié et complété par l'article 13 de la Loi n°18/001 du 09 mars 2018 modifiant et complétant la Loi n°007/2002 du 11 juillet 2002 portant Code minier*)	**第 286 条：不缴纳面积税、未在法定期限内开工以及未在规定期限内遵守社会义务方面的承诺**（*由修订和补充 2002 年 7 月 11 日关于《矿业法典》的第 007/2002 号法律的 2018 年 3 月 9 日第 18/001 号法律的第 13 条予以修订和补充*）
Sont considérés comme manquements aux obligations administratives et sociales：	下列情形视为违反行政义务和社会义务：
-le non-paiement des droits superficiaires annuels par carré；	-未缴纳年度区块面积税；
-le défaut de commencer les travaux dans le délai légal prévu aux articles 196, 197, 198 et 199；	-未在第 196 条、第 197 条、第 198 条及第 199 条规定的法定期限内开工；
-le défaut de correction dans un délai de 60 jours après la mise en demeure prévu à l'article 292 du présent Code；	-未在本法典第 292 条规定的催告后六十日内改正；
-le non-respect des engagements vis-à-vis des obligations sociales conformément au chronogramme repris dans le cahier des charges prévu dans le Règlement minier.	-未根据《矿业条例》规定的《社会责任书》中的时间表来履行社会义务方面的承诺。
Article 287：Du constat de non paiement des droits superficiaires par carré et de l'instruction des dossiers	**第 287 条：未缴纳年度区块面积税的认定和材料审查**
Le Cadastre Minier constate les cas de non-paiement des droits superficiaires par carré à la fin du premier trimestre de chaque année. Il notifie au titulaire intéressé et affiche dans une salle déterminée par le Règlement Minier dans un délai de quinze jours ouvrables après la fin du trimestre, la liste des titulaires	矿权登记局于每年的第一个季度末认定未缴纳年度区块面积税的情况。该季度结束后的十五个工作日内，矿权登记局将未缴纳与矿权和/或采石权相关的年度区块面积税的持有人清单通知相关持有人并将其在《矿业条例》指定的大厅内张贴。该清单还将在首都和各相关省的省会的媒体上进行公示。

qui n'ont pas payé les droits superficiaires afférents à leurs droits miniers et/ou de carrières. Cette liste est également publiée par voie de presse dans la capitale et au chef-lieu de chaque province concernée.	
Le titulaire dont le nom apparaît sur la liste peut présenter tout document ou moyen visant à sa défense dans les quarante-cinq jours qui suivent la date d'affichage de la liste, laquelle est également précisée dans la publication.	在清单张贴之日起四十五日内，清单上的持有人有权提交为其抗辩的任何材料或内容，抗辩期限也在张贴清单中明确。
Seules les preuves de paiement ou d'empêchement pour cause de force majeure sont reconnues comme moyens de défense.	只有付款凭证或因不可抗力而无法履行的证明材料才能被采纳为抗辩理由。
L'instruction des dossiers de défense est effectuée par le Cadastre Minier dans un délai maximum de trente jours à compter de la fin de la période de défense.	在抗辩期限届满之日起最长三十日内，矿权登记局应对抗辩材料进行审查。
Le Cadastre Minier informe les titulaires concernés de son avis cadastral et le transmet avec les dossiers de défense ainsi qu'un projet de décision de déchéance du titulaire au Ministre conformément aux dispositions des articles 40 et 41 du présent Code.	根据本法典第 40 条、第 41 条的规定，矿权登记局将其登记审查意见通知相关持有人，并将该意见连同抗辩材料和权证失效的决议草案呈递至矿业部长。
Article 288 : Du constat de non-commencement des travaux et de l'instruction des dossiers (*modifié et complété par l'article 13 de la Loi n° 18/001 du 09 mars 2018 modifiant et complétant la Loi n° 007/2002 du 11 juillet 2002 portant Code minier*)	**第 288 条：未开工的认定和材料审查**（*由修订和补充 2002 年 7 月 11 日关于《矿业法典》的第 007/2002 号法律的 2018 年 3 月 9 日第 18/001 号法律的第 13 条予以修订和补充*）

Le non-commencement des travaux dans les délais est constaté par la Direction des mines qui transmet le procès-verbal de son constat au Ministre et au Cadastre minier. Ce dernier le notifie à l'intéressé dans un délai de dix jours ouvrables après la fin de la période pendant laquelle les travaux auraient dû commencer.	未在规定期限内开工由矿业局来认定。矿业局将认定的记录移交至矿业部长和矿权登记局。矿权登记局在理应开工的期限届满后的十个工作日内将其通知至相关矿权持有人。
Article 288 bis : Du constat du non-respect des engagements vis-à-vis des obligations sociales (*inséré par l'article 27 de la Loi n° 18/001 du 09 mars 2018 modifiant et complétant la Loi n°007/2002 du 11 juillet 2002 portant Code minier*)	**第 288(2)条:未遵守社会义务的承诺的认定**(*由修订和补充 2002 年 7 月 11 日关于《矿业法典》的第 007/2002 号法律的 2018 年 3 月 9 日第 18/001 号法律的第 27 条予以新增*)
Le non-respect par le titulaire de ses engagements vis-à-vis des obligations sociales dans le délai est constaté par l'Agence Congolaise de l'Environnement en collaboration avec la Direction de protection de l'environnement minier, après enquête sur site et consultation des communautés concernées, qui transmet le procès-verbal de son constat au Ministre et au Cadastre minier. Ce dernier le notifie à l'intéressé dans un délai de dix jours ouvrables après la fin de la période pendant laquelle ses engagements auraient dû se réaliser.	持有人未在期限内遵守社会义务的承诺的事实应由刚果(金)环境署会同矿业环保局在现场调查并与有关社区的咨商后认定,并将其认定的记录移交至矿业部长和矿权登记局。矿权登记局应在承诺本应执行的期限届满后的十个工作日内通知相关矿权持有人。
Dansun délai maximum d'un jour ouvrable suivant la réception du procès-verbal, le Cadastre minier affiche le constat de l'Agence Congolaise de l'Environnement en collaboration avec la Direction de protection de l'environnement minier dans une salle indiquée par le Règlement minier. Une copie de ce procès-verbal est remise au titulaire.	在收到记录后最多一个工作日内,矿权登记局应在《矿业条例》指定的大厅内张贴刚果(金)环境署会同矿业环保局作出的认定。认定记录的副本发送至矿权持有人。

Chaque titulaire a la responsabilité de s'informer du constat de l'Agence Congolaise de l'Environnement en collaboration avec la Direction de protection de l'environnement minier concernant son projet.	每个矿权持有人都有权利知悉刚果(金)环境署会同矿业环保局对于其项目作出的认定①。
Le titulaire dont le non-respect des engagements vis-à-vis des obligations sociales a été constaté peut présenter tout document relatif à sa défense dans les quarante-cinq jours qui suivent la date d'affichage du constat.	已认定未遵守社会义务方面承诺的持有人可在认定结果张贴之日起四十五日内提交全部抗辩文件。
L'Agence Congolaise de l'Environnement, en collaboration avec la Direction de protection de l'environnement minier, instruit le dossier de la défense dans un délai de trente jours à compter de la fin du délai fixé à l'alinéa précédent et transmet son avis technique au Ministre et au Cadastre minier qui en informe le titulaire concerné.	在上一款规定的期限届满后的三十日内,刚果(金)环境署会同矿业环保局审查抗辩材料,并将其技术审查意见移交至矿业部长和矿权登记局,并由矿权登记局通知有关矿权持有人。
Le Cadastre minier transmet le dossier y afférent et le projet de décision au Ministre pour compétence.	矿权登记局将相关材料和决议草案提交至主管矿业部长。
Chapitre II : Des sanctions	**第二章:处罚**
Article 289 : Des causes et de la décision de déchéance du titulaire	**第 289 条:持有人的失权原因和失权决定**
Sans préjudice des dispositions des articles 299 à 311 du présent Code, les manquements énumérés à l'article 286 constituent les causes de déchéance d'un titulaire de Permis de Recherches, de Permis d'Exploitation, de Permis des Rejets, de Permis d'exploitation de Petite Mine ainsi que de l'Autorisation d'Exploitation de Carrières Permanente.	在不影响本法典第 299 条至第 311 条的规定适用的前提下,第 286 条列举的未履行义务的行为将构成持有人的探矿证、采矿证、尾矿开采证、小矿山开采证以及永久性采石场开采许可持有人失权事由。

① 中伦注:此处应该是权利而并非责任。

Le Cadastre Minier notifie immédiatement au titulaire la décision de la déchéance et procède à son affichage dans une salle indiquée par le Règlement Minier.	矿权登记局应立即将失权的决定通知持有人,并在《矿业条例》指定的大厅内张贴该决定。
La notification de la décision de déchéance donne droit aux recours prévus aux articles 317 à 320 du présent Code.	失权决定通知后,矿权持有人获得本法典第 317 条至第 320 条所规定的救济权。
Les recours doivent être exercés dans les trente jours qui suivent l'affichage de la décision dans le bureau du Cadastre Minier du ressort.	救济权应自该在所在辖区的矿权登记局办公室张贴决议之日后三十日内行使。
A défaut de recours dans le délai ci-dessus fixé, la décision de déchéance est inscrite dans un registre approprié et publiée au Journal Officiel.	如果在前述期限内未行使救济权,则失权决议登记于专用的记录簿上,并在官方公报上登载。
En cas de recours contre une décision de déchéance, le droit minier ou de carrière concerné reste valable pendant toute la durée de la procédure. Toutefois, il est fait mention de la décision et de la procédure de recours engagée au registre des permis et des autorisations octroyés.	若就失权决议申请救济,相关矿权或采石权在整个救济程序期间内仍然有效。但是,在授予的权证和许可的登记簿中应注明失权决议以及已实施的救济程序。
Article 290: Du retrait des droits miniers et/ou de l'Autorisation d'exploitation de carrières permanentes (*modifié et complété par l'article 13 de la Loi n°18/001 du 09 mars 2018 modifiant et complétant la Loi n°007/2002 du 11 juillet 2002 portant Code minier*)	**第 290 条:吊销矿权和/或永久性采石场开采许可**(*由修订和补充 2002 年 7 月 11 日关于《矿业法典》的第 007/2002 号法律的 2018 年 3 月 9 日第 18/001 号法律的第 13 条予以修订和补充*)
Les droits miniers et l'Autorisation d'exploitation de carrières permanente sont retirés par le Ministre lorsque le titulaire n'a pas exercé le recours contre la décision de déchéance et lorsque les voies	若持有人在失权决议作出后未行使救济权、或因逾期而丧失救济权或救济被驳回,则矿权和永久性采石场开采许可由矿业部长吊销。吊销决议在救济被驳回之日或者申请救济期的最后一日生效。

de recours sont forcloses ou si le recours est rejeté. La décision de retrait intervient au jour du rejet du recours ou au dernier jour utile où le recours aurait dû être engagé.	
La décision de retrait est notifiée au Cadastre minier qui procède à son inscription dans le registre des titres annulés. Le Périmètre qui fait l'objet d'un droit minier ou de carrières retiré revient au domaine public de l'Etat et peut être reversé dans les zones réservées à la recherche géologique.	须将吊销决定通知矿权登记局,矿权登记局(将该吊销的权证)登记于被失效权证的登记簿。被吊销的矿权或采石权覆盖的矿区重归国家公共领域,并可转为地质勘探预留区。
Le Règlement minier fixe les modalités de la création et de la gestion des zones réservées à la recherche géologique.	《矿业条例》确定地质勘探预留区的建立和管理方式。
Article 291 : De l'interdiction (*modifié et complété par l'article 13 de la Loi n°18/001 du 09 mars 2018 modifiant et complétant la Loi n°007/2002 du 11 juillet 2002 portant Code minier*)	**第 291 条:禁止**(*由修订和补充 2002 年 7 月 11 日关于《矿业法典》的第 007/2002 号法律的 2018 年 3 月 9 日第 18/001 号法律的第 13 条予以修订和补充*)
Les titulaires des droits miniers et de l'Autorisation d'exploitation de carrières permanente déchus de leurs droits et dont les titres sont retirés ne peuvent obtenir de nouveaux droits miniers ou autorisation d'exploitation de carrières permanente qu'après un délai de cinq ans à compter de la date d'inscription du retrait au registre tenu par le Cadastre minier. En outre, le retrait des droits miniers ou de l'Autorisation d'exploitation de carrières permanente n'a pas pour effet de dégager le titulaire de ses obligations environnementales et fiscales.	失去权利且矿权和永久性采石场开采许可被吊销的持有人,在矿权登记局登记吊销之日起五年之内不得重新获得矿权和永久性采石场开采许可。此外,吊销矿权或永久性采石场开采许可并不产生免除持有人在环境和税务方面应尽的义务的法律效果。

Article 292: De la suspension	第 292 条:中止
Toute faute grave définie dans le Règlement Minier commise par le titulaire est sanctionnée par la suspension immédiate des travaux décidée par le Ministre, après une mise en demeure préalable.	持有人犯有《矿业条例》所规定的任何重大过错行为,经事前催告后,矿业部长决定对持有人处以立即中止作业的处罚。
La durée de la suspension est fixée par voie réglementaire en fonction de la gravité de la faute commise et de son incidence sur l'environnement, la santé et la sécurité publiques.	中止的期限(的长短)根据所犯过错的严重程度及对环境、健康和公共安全产生的影响由法规确定。
Pour remédier à cette faute grave, l'Administration des Mines peut, d'office ou sur demande des autorités locales concernées, imposer au titulaire les travaux qu'elle juge nécessaires pour la protection de la santé publique, de l'environnement, des travailleurs ou des mines voisines. En cas de défaillance du titulaire, l'Administration des Mines peut faire exécuter lesdits travaux par des tiers aux frais du titulaire.	为弥补该重大过错,矿业行政机关可自行或应有关地方权力机关的要求,强制持有人实施其认为对保护公共健康、环境、职工和相邻矿山所必要的工程(作业/工作)。在持有人不履行该义务的情况下,矿业行政机关可以委托第三方实施该等工程(作业/工作),但费用由持有人承担。
Article 293: De la tenue irrégulière des documents	**第 293 条:文件保管不合规**
En cas de tenue irrégulière, dûment constatée, des documents obligatoires prescrits par le présent Code, l'Administration des Mines adresse par écrit un avertissement à l'opérateur minier concerné si ce manquement ne constitue pas une infraction.	如证实保管不合规本法典规定必须保存的文件,但尚不构成违法行为,则矿业行政机关应向相关矿业经营者发出书面警告。
En cas de récidive, ses activités peuvent, après une mise en demeure, être suspendues par le Ministre pour une durée de trois mois.	如多次发生该等不合规情况,经催告后,矿业部长可以对其处以中止三个月活动的处罚。

A la fin de la période de suspension, l'Administration des Mines procède à une vérification. S'il est mis fin à l'irrégularité constatée, la suspension est levée. Dans le cas contraire, elle est reconduite pour une nouvelle période de trois mois.	中止期结束后,矿业行政机关将进行核查。若不合规情形已消失,则应解除该中止。若情况相反,则中止再延长三个月。
Si la mise en demeure n'est pas suivie d'effet à l'expiration de la deuxième période de suspension, le titulaire est passible d'une astreinte dont le montant en francs congolais est équivalent à 500 USD par jour jusqu'à la régularisation, chaque jour commencé étant dû en entier.	若第二次中止期间届满后催告无效,则持有人将被处以等值于每日 500 美元的刚果法郎的罚款,直至不合规情形得以纠正为止,计算罚款时,已开始的每一日视为完整的一日。
Article 294: De la confiscation de la provision pour réhabilitation du site	**第 294 条:复垦准备金的没收**
Lorsqu'à la fin des travaux de recherches et/ou d'exploitation, le titulaire d'un droit minier ou de carrières n'exécute pas volontairement les obligations souscrites dans le PGEP ou dans le PAR, le tribunal compétent prononce, à la requête de l'Administration des Mines et au profit de celle-ci, la confiscation de la provision correspondante constituée par le titulaire pour la réhabilitation du site.	在勘探工程和/或开采工程结束后,矿权或采石权的持有人不愿意履行在环境和社会管理计划或环境减排或修复计划中所规定的义务,则有管辖权的法院根据矿业行政机关的要求并为其利益,宣告没收持有人注入的复垦准备金。
Si la valeur de la garantie ou la provision ainsi confisquée ne suffit pas à couvrir les frais nécessaires à la remise en état du site concerné, l'Administration des Mines peut confier à un tiers l'exécution des travaux correspondant à la valeur de la différence. Les frais engagés pour la réalisation de ces travaux complémentaires sont mis à charge de l'exploitant défaillant.	若担保金或没收的场地修复准备金不足以覆盖相关场地恢复原状必要的费用,则矿业行政机关可以委托第三方实施差额部分对应的工程。因实施额外工程的费用由该违约的采矿者承担。

A la requête de l'Administration des Mines, l'exploitant défaillant peut faire l'objet d'interdiction de sortie du Territoire National prononcée par le tribunal compétent jusqu'à la fin des travaux de réhabilitation du site.	应矿业行政机关的要求,有管辖权的法院可以判决禁止违约的采矿者在复垦工程完成前离开国家领土。
Article 295: Du défaut de communication des rapports	**第 295 条:未提交报告**
Le défaut pour le titulaire d'un titre minier ou de carrières de communiquer les rapports périodiques obligatoires dans le délai réglementaire, fait l'objet d'une mise en demeure de trente jours maximum pour ce faire.	矿权证或采石权证的持有人未在规定的期限内提交必须提交的定期报告,则催告其在最长三十日内提交报告。
A l'expiration de ce délai, à moins qu'il soit dans un cas de force majeure, le titulaire défaillant est passible d'une astreinte dont le montant en francs congolais est équivalent à 1.000 USD par jour de retard depuis le dernier jour du délai réglementaire jusqu'à la communication des rapports, chaque jour commencé étant dû en entier.	在该期限届满后,除非由于不可抗力,否则违约的持有人将被处以等值于每日1,000美元的刚果法郎的延迟罚款,从规定期限的最后一日起计算直至补交报告为止,计算罚款时已开始的每一日均算作完整的一日。
Article 296: De la défaillance et de la fraude dans le paiement des droits, taxes et redevance (*modifié et complété par l'article 13 de la Loi n°18/001 du 09 mars 2018 modifiant et complétant la Loi n°007/2002 du 11 juillet 2002 portant Code minier*)	**第 296 条:不缴纳各种税费和资源税或在各种税费和资源税的缴纳中的欺诈** *(由修订和补充 2002 年 7 月 11 日关于《矿业法典》的第 007/2002 号法律的 2018 年 3 月 9 日第 18/001 号法律的第 13 条予以修订和补充)*
Le défaut de paiement, le retard de paiement et/ou la minoration de la somme due constituent des manquements sanctionnés conformément à la législation en la matière.	不缴纳、延期缴纳和/或少缴到期应缴款项的,均属于相关法律规定应受处罚的违法行为。

Article 297: De la force majeure	**第 297 条:不可抗力**
Constitue un cas de force majeure, tout événement imprévisible, irrésistible, insurmontable et indépendant de la volonté du titulaire l'empêchant, malgré ses meilleurs efforts, d'exécuter en tout ou en partie ses obligations ou occasionnant un retard important dans l'exécution de celles-ci. Sont notamment considérées comme cas de force majeure les événements suivants: grèves sauvages, émeutes, insurrection, trouble civil, conflits sociaux, fait du prince, sabotage, catastrophe naturelle, incendies, faits de guerre ou cas imputables à la guerre.	不可抗力事件系指持有人无法预见、不可抗拒、无法克服且不取决于持有人意志的事件,使得持有人尽管付出了其最大程度的努力仍无法履行其全部或部分义务,或者使其履行义务出现严重延迟。被视为不可抗力事件的主要有:非法罢工、骚乱、暴动、内乱、社会冲突、国家任意行为、怠工(破坏活动)、自然灾害、火灾、战争行为或可归因于战争的情况。
L'excuse pour cause de force majeure peut être admise pour les manquements aux seules obligations qui n'ont pu être exécutées en raison de la survenance de cet événement.	因发生不可抗力导致(一方)无法履行义务的,则该方可主张不可抗力作为抗辩理由。
Un acte, un agissement ou une omission imputable au titulaire n'est pas constitutif de cas de force majeure.	归咎于持有人的行为、(不正当的)活动或不作为不构成不可抗力事件。
Les modalités d'application du présent article sont fixées par le Règlement Minier.	本条的适用方式由《矿业条例》规定。
Article 298: Du délai de notification de cas de force majeure	**第 298 条:不可抗力事件的通知期限**
Si le titulaire se trouve dans l'impossibilité d'exécuter totalement ou partiellement ses obligations en raison d'un cas de force majeure, il le notifie au Cadastre Minier immédiatement ou au plus tard dans les quinze jours de la survenance de cet événement, en spécifie les	若持有人因不可抗力事件无法履行其全部或部分义务,其应在该等事件发生后立即或最晚十五日内通知矿权登记局,说明构成不可抗力的原因、开始无法履约的日期以及拟定的补救办法。

raisons constituant la force majeure, la date de commencement de la non exécution et les moyens proposés pour y remédier.	
Dès la survenance d'un cas de force majeure, l'exécution des obligations affectées est suspendue pendant la durée de celui-ci et pour une période additionnelle suffisante permettant au titulaire d'agir avec toute diligence requise, de se replacer dans les mêmes conditions qu'avant la survenance dudit événement. La durée résultant de la force majeure est ajoutée au délai d'exécution de ses obligations.	在发生不可抗力事件后,受到影响的义务在不可抗力事件持续期间中止履行,直至重新具备不可抗力事件出现前的条件,允许持有人有一段额外的期限来履行其义务。不可抗力的期限应加入至其义务履行的期限。
TITRE XIII: DES INFRACTIONS ET DES PÉNALITÉS	**第十三编:违法行为与刑罚**
Article 299: Des activités minières illicites	**第 299 条:非法矿业活动**
Est puni d'une amende dont le montant en francs congolais est l'équivalent de 10.000 USD à 250.000 USD, quiconque se livre, sans autorisation, à des travaux de recherches ou d'exploitation des mines ou de carrières en violation des dispositions du présent Code.	任何人违反本法典规定未经许可从事矿业或采石场勘探或开采作业的,处以等值于 10,000 美元至 250,000 美元的刚果法郎的罚款。
Les substances minérales extraites illicitement sont saisies et leur confiscation est prononcée par le tribunal compétent au profit de l'Etat ou du titulaire du titre d'exploitation des mines ou des carrières concernées.	非法开采的矿产予以查封,由有管辖权的法院宣告没收归国家所有或者归相关矿权证或采石权证持有人所有。
Article 299 bis: Des violations des droits humains (*inséré par l'article 28 de la Loi n° 18/001 du 09 mars 2018 modifiant et complétant la Loi n°007/2002 du 11 juillet 2002 portant Code minier*)	**第 299(2)条:侵犯人权的行为**(*由修订和补充 2002 年 7 月 11 日关于《矿业法典》的第 007/2002 号法律的 2018 年 3 月 9 日第 18/001 号法律的第 28 条予以新增*)

Sont illicites l'exploitation et le commerce de produits miniers provenant d'un site où une contravention des lois sur la protection des droits humains, des droits de l'enfant, ou des droits de la femme a fait l'objet d'un constat par procès-verbal d'une autorité compétente. Le Règlement minier fixe les modalités du constat.	在经主管权力机关笔录认定有出现违反保护人权、儿童权利或妇女权利的情况的场地进行开采以及来自其的矿产品交易是非法的。《矿业条例》规定该认定的具体规定。
Sans préjudice des dispositions de l'article 299 du présent Code, quiconque se livre à l'exploitation minière en violation du présent article est puni d'une amende dont le montant est l'équivalent en francs congolais de 10.000 USD par jour jusqu'à la cessation de la violation.	在不影响本法典第 299 条的规定适用的前提下,任何人违反本条规定从事矿业开采活动的,应对其处以等值于每日 10,000 美元的刚果法郎的罚金,直至其停止该等违反行为。
Sans préjudice des dispositions de l'article 302 du présent Code, quiconque se livre au commerce des produits miniers en violation du présent article est puni d'une amende égale à trois fois la valeur commerciale des produits en question.	在不影响本法典第 302 条的规定适用的前提下,任何人违反本条之规定从事矿产品贸易的,应对其处以等值于所涉及的矿产品商业价值三倍的罚金。
Article 300: Du vol et du recel des substances minérales (*modifié et complété par l'article 14 de la Loi n°18/001 du 09 mars 2018 modifiant et complétant la Loi n°007/2002 du 11 juillet 2002 portant Code minier*)	**第 300 条:盗窃和窝藏矿产**(*由修订和补充 2002 年 7 月 11 日关于《矿业法典》的第 007/2002 号法律的 2018 年 3 月 9 日第 18/001 号法律第 14 条予以修订和补充*)
Sans préjudice des dispositions particulières en matière des substances précieuses et de celles prévues par le Code pénal, est puni d'une peine de servitude pénale d'un mois à deux ans et d'une amende de l'équivalent en francs congolais de 5.000 USD à 20.000 USD ou de l'une de ces peines seulement, quiconque se rend	在不影响有关珍贵矿产的特别规定和刑法典规定适用的情况下,任何人盗窃和窝藏矿产而犯罪的,处以一个月至两年的有期徒刑以及等值于 5,000 美元至 20,000 美元的刚果法郎的罚金,或者单处一个月至两年的有期徒刑或者等值于 5,000 美元至 20,000 美元的刚果法郎的罚金。

coupable de vol ou de recel des substances minérales.	
Article 301: Du détournement des substances minérales	**第 301 条:矿产的侵占**
Quiconque aura détourné les substances minérales est puni de cinq à dix ans de servitude pénale et d'une amende dont le montant en francs congolais est l'équivalent de 5.000 USD à 20.000 USD.	任何人侵占矿产的,处以五年至十年的有期徒刑和等值于 5,000 美元至 20,000 美元的刚果法郎的罚金。
Quiconque aura facilité le détournement des substances minérales est puni de servitude pénale de deux à cinq ans et d'une amande dont le montant en francs congolais est l'équivalent de 5.000 USD à 10.000 USD.	任何人协助侵占矿产的,处以两年至五年有期徒刑和等值于 5,000 美元至 10,000美元的刚果法郎的罚款。
Article 302: De l'achat et de la vente illicite des substances minérales	**第 302 条:非法买卖矿产**
Est puni d'une amende dont le montant en francs congolais est l'équivalent de 10.000 USD à 30.000 USD, quiconque aura acheté ou vendu des substances minérales en violation des dispositions légales et réglementaires en vigueur.	任何人违反现行法律法规规定购买或销售矿产的,处以等值于 10,000 美元至 30,000 美元的刚果法郎的罚金。
Les substances minérales faisant l'objet desdites transactions sont saisies et leur confiscation est prononcée par le tribunal compétent au profit de l'Etat.	上述被交易的矿产将被查封由有管辖权的法院宣告没收并归于国家所有。
Article 303: De la détention illicite des substances minérales	**第 303 条:非法持有矿产**
Quiconque aura détenu illégalement des substances minérales sera puni d'une servitude pénale de deux mois au maximum et d'une amende dont le montant en francs congolais est l'équivalent de 2.000 USD à 20.000 USD ou d'une de ces peines seulement.	任何人非法持有矿产的,最长处以两个月的有期徒刑和等值于 2,000 美元至 20,000 美元的刚果法郎的罚金,或仅从前述刑罚中择一处罚。

Article 304: Du transport illicite des substances minérales	**第 304 条:非法运输矿产**
Celui qui, sans autorisation, aura transporté ou fait transporter des substances minérales, est puni d'une servitude pénale de deux mois et d'une amende dont le montant en francs congolais est l'équivalent de 2.000 à 20.000 USD ou d'une de ces peines seulement.	任何人未经许可运输或委托运输矿产的,处以两个月的有期徒刑和等值于2,000美元至20,000美元的刚果法郎的罚金,或仅从前述刑罚中择一处罚。
Article 305: De la fraude	**第 305 条:欺诈**
Toute exportation ou tentative d'exportation frauduleuse des substances minérales en contravention du régime douanier et des accises prévu par le présent Code est soumise aux pénalités et amandes prévues par la législation douanière et accisienne en la matière.	违反本法典规定的关税和消费税制度出口或尝试进行欺诈性出口矿产的,按相关关税法律和消费税法进行处罚和罚款。
Article 306: Des violations des règles d'hygiène et de sécurité	**第 306 条:违反卫生和安全规则**
Est passible d'une servitude pénale d'un mois à un an et d'une amende dont le montant en francs congolais est l'équivalent de 5.000 USD à 10.000 USD ou d'une de ces peines seulement, quiconque aura contrevenu aux dispositions de la réglementation minière concernant l'hygiène et la sécurité publiques.	违反矿业法规有关公共卫生和公共安全规定的,处以一个月至一年的有期徒刑和等值于5,000美元至10,000美元的刚果法郎的罚金,或仅从前述刑罚中择一处罚。
Article 307: De la corruption des agents des services publics de l'Etat	**第 307 条:对国家公共服务机构人员的行贿**
Sont passibles des peines de servitude pénale prévues aux articles 147 à 149 du Code Pénal livre II et d'une amende dont le montant en francs congolais est équivalent à 1000 USD, les personnes	《刑法典》第二卷第 147 条至第 149 条涉及的有权根据本法典进行矿业作业并根据上述条款被判违法犯罪的人员,将依据上述规定处以有期徒刑和等值于1,000美元的刚果法郎的罚金。

visées auxdits articles qui, étant habilitées à procéder aux opérations minières en exécution du présent Code, se seraient rendues coupables des infractions prévues et punies par les articles susmentionnés.	
Article 308: Des destructions, des dégradations et des dommages	**第 308 条:破坏、毁坏和损害**
Est puni d'une servitude pénale de cinq à six ans et d'une amende dont le montant en francs congolais est l'équivalent de 5.000 USD à 10.000 USD ou d'une de ces peines seulement, quiconque aura frauduleusement ou méchamment:	针对如下欺诈性或恶意行为,处以五年至六年的有期徒刑和等值于 5,000 美元至10,000 美元的刚果法郎的罚金,或仅从前述刑罚中择一处罚:
a) porté une fausse indication sur un poteau-signal ou une borne;	a)在信号杆或界碑上标注虚假信息的;
b) placé, déplacé ou dégradé un poteau signal ou une borne;	b)放置、挪动或毁坏信号杆或界碑的;
c) fait une fausse déclaration ou fait usage des documents qu'il savait faux ou erronés en vue, soit d'obtenir ou de faire obtenir un droit minier ou une autorisation de carrières, soit d'empêcher autrui d'obtenir ou d'exploiter des droits miniers ou autorisations de carrières.	c)为了获得或使人获得矿权或采石许可、或者妨碍他人获得或利用矿权或采石许可,而进行虚假申报或者使用其明知为虚假或错误的文件。
Article 309: Des outrages ou violences envers les agents de l'Administration et des Services spécialisés des Mines (*modifié et complété par l'article 14 de la Loi n°18/001 du 09 mars 2018 modifiant et complétant la Loi n°007/2002 du 11 juillet 2002 portant Code minier*)	**第 309 条:对矿业行政机关和矿业专业服务机构的人员进行侮辱或使用暴力** *(由修订和补充 2002 年 7 月 11 日关于《矿业法典》的第 007/2002 号法律的 2018 年 3 月 9 日第 18/001 号法律的第 14 条予以修订和补充)*

Sans préjudice des autres dispositions prévues par le droit commun, est puni d'une peine de servitude pénale ne dépassant pas six mois et d'une amende dont le montant en francs congolais est l'équivalent de **1.000 USD à 5.000 USD** ou de l'une de ces peines seulement, celui qui aura outragé par faits, paroles, gestes, menaces ou frappé un agent de l'administration ou des services spécialisés des mines, dans l'exercice ou à l'occasion de l'exercice de ses fonctions.	在不影响一般法的其他规定适用的前提下,以行动、语言、姿势、威胁进行侮辱或者殴打履行职责的矿业主管机关和专业服务官员的,处以最高六个月的有期徒刑和等值于**1,000 美元至 5,000 美元**的刚果法郎的罚金,或仅从前述刑罚中择一处罚。
Article 309 bis: Du non rapatriement des recettes d'exportation (*inséré par l'article 28 de la Loi n° 18/001 du 09 mars 2018 modifiant et complétant la Loi n° 007/2002 du 11 juillet 2002 portant Code minier*)	**第 309(2)条:不汇回出口收益**(*由修订和补充 2002 年 7 月 11 日关于《矿业法典》的第 007/2002 号法律的 2018 年 3 月 9 日第 18/001 号法律的第 28 条予以新增*)
Le titulaire qui ne rapatrie pas les **60%** des recettes d'exportation, conformément aux dispositions de l'article 268 alinéa 2 du présent Code, est puni d'une amende d'un montant égal à 5% du montant non rapatrié.	持有人未按照本法典第 268 条第 2 款的规定汇回 **60%**的出口收益的,处以不低于未汇回收益金额 5%的罚金。
Article 310: Des entraves à l'activité de l'Administration des Mines	**第 310 条:妨碍矿业行政机关的活动**
Quiconque fait obstacle à l'exécution des travaux ordonnés ou autorisés par les services des mines tel que prévu par le présent Code et le Règlement Minier est puni d'une servitude pénale de six mois et d'une amende dont le montant en francs congolais est l'équivalent de 2.000 USD à 10.000 USD ou d'une de ces peines seulement.	任何人妨碍本法典和《矿业条例》所规定的矿业机关服务机构命令或批准的工作的实施的,处以六个月的有期徒刑和等值于 2,000 美元至 10,000 美元的刚果法郎的罚金,或仅从前述刑罚中择一处罚。

Article 311: Des contraventions aux arrêtés du Ministre et du Gouverneur de province (*modifié et complété par l'article 14 de la Loi n° 18/001 du 09 mars 2018 modifiant et complétant la Loi n° 007/2002 du 11 juillet 2002 portant Code minier*)	**第 311 条:违反矿业部长令和省长令的行为**(*由修订和补充 2002 年 7 月 11 日关于《矿业法典》的第 007/2002 号法律的 2018 年 3 月 9 日第 18/001 号法律的第 14 条予以修订和补充*)
Tout contrevenant aux dispositions des arrêtés ministériels notifiés par le Secrétaire général aux mines et des arrêtés du Gouverneur de province dans le secteur minier artisanal ou industriel au titre de mesures d'application du présent Code est puni de sept jours à un mois de servitude pénale et d'une amende dont le montant en francs congolais ne dépasse pas l'équivalent de 1.000 USD pour le secteur minier artisanal, et 10.000 USD pour le secteur minier industriel ou de l'une de ces peines seulement.	违反本法典的实施措施所规定的、经矿业秘书长通知的关于手工采矿或工业化采矿的矿业部长令或者省长令的,处以七日至一个月的有期徒刑和不超过等值于 1,000 美元(针对手工采矿)或等值于 10,000 美元(针对工业化采矿)的刚果法郎的罚金,或仅从前述刑罚中择一处罚。
Article 311 bis: De la fraude et du pillage des ressources naturelles minières (*inséré par l'article 28 de la Loi n° 18/001 du 09 mars 2018 modifiant et complétant la Loi n°007/2002 du 11 juillet 2002 portant Code minier*)	**第 311(2)条:针对矿业自然资源的欺诈和掠夺**(*由修订和补充 2002 年 7 月 11 日关于《矿业法典》的第 007/2002 号法律的 2018 年 3 月 9 日第 18/001 号法律的第 28 条予以新增*)
Est puni d'une peine de servitude pénale de dix à vingt ans et d'une amende dont le montant s'élève à l'équivalent en francs congolais de **250.000 à 500.000 USD**, quiconque aura, par tout acte généralement quelconque, tout accord, toute convention, tout arrangement ou tout autre fait, qui a pour conséquence de priver la nation, les personnes physiques	任何人通过任何行为、协定、协议、协约或其他方法导致剥夺国家、自然人或法人的来源于其矿产资源(无论开采与否)的全部或部分生存方式的,除没收因该等犯罪而产生的财产和资产外,还须处以十年至二十年的有期徒刑和等值于 **250,000 美元至 500,000 美元**的刚果法郎的罚金。

ou morales de tout ou partie de leurs propres moyens d'existence tirés de leurs ressources ou richesses minières, outre la confiscation des biens et avoirs issus du délit.	
Article 311 ter: De l'entrave à la transparence et à la traçabilité dans l'industrie minière (*inséré par l'article 28 de la Loi n°18/001 du 09 mars 2018 modifiant et complétant la Loi n° 007/2002 du 11 juillet 2002 portant Code minier*)	**第311(3)条:妨碍矿业透明性和可追溯性**(*由修订和补充2002年7月11日关于《矿业法典》的第007/2002号法律的2018年3月9日第18/001号法律的第28条予以新增*)
Est passible d'une amende dont le montant s'élève à l'équivalent en francs congolais de **100.000 à 1.000.000 USD**, quiconque, par tout acte, tout accord, toute convention, tout arrangement ou tout autre fait, entrave à la transparence et à la traçabilité dans l'industrie minière.	任何人通过任何行为、协定、协议、合约或其他方式妨碍矿业透明性和可追溯性的,则处以等值于**100,000美元至1,000,000美元**的刚果法郎的罚金。
Article 311 quater: De l'omission et du refus de communiquer le changement de domicile (*inséré par l'article 29 de la Loi n°18/001 du 09 mars 2018 modifiant et complétant la Loi n°007/2002 du 11 juillet 2002 portant Code minier*)	**第311(4)条:未告知住所的变更和拒绝告知住所的变更**(*由修订和补充2002年7月11日关于《矿业法典》的第007/2002号法律的2018年3月9日第18/001号法律的第29条予以新增*)
Est puni, après une mise en demeure de quinze jours ouvrables faite par la Direction des mines ou le Cadastre minier, selon le cas, d'une amende dont le montant s'élève à l'équivalent en franc congolais de 5.000 USD par jour, toute personne qui aura omis ou refusé de signaler auprès de ces services tout changement de délocalisation de son domicile ou du siège social et administratif.	任何人变更住所或注册地址和管理机构所在地,未告知矿业局或矿权登记局或拒绝告知,在矿业局或矿权登记局发出催告起的十五个工作日后,,处以等值于每日5,000美元的刚果法郎的罚金。

Le délai court à dater de l'envoi de ladite mise en demeure à la dernière adresse renseignée auprès des services concernés.	该期限自上述机关所知悉的最后地址发出催告之日起算。
TITRE XIV:DES RECOURS	**第十四编:救济**
Chapitre Premier: Des dispositions générales	**第一章:通则**
Article 312:Des voies de recours	**第 312 条:救济途径**
Ilest reconnu au titulaire et à l'Etat le droit d'exercer les recours par voies administrative, judiciaire et/ou arbitrale prévus par le présent Code.	持有人和国家均有权通过本法典规定的行政、司法和/或仲裁方式进行救济。
Chapitre II:Du recours administratif	**第二章:行政救济**
Article 313: De l'application des règles de droit commun	**第 313 条:一般法规则的适用**
Sous réserve des dispositions des articles 46 et 315 du présent Code, le recours dirigé contre les actes administratifs édictés par les autorités administratives en application ou en violation des dispositions du présent Code ou celles du Règlement Minier sont régis par le droit commun en la matière, notamment par les dispositions des articles 146 à 149 et 158 de l'Ordonnance-Loi n°82-020 du 31 mars 1982 portant Code de l'organisation et de la compétence judiciaires et par l'Ordonnance-Loi n° 82-017 du 31 mars 1982 relative à la procédure devant la Cour Suprême de Justice, telles que modifiées et complétées à ce jour.	在适用本法典第 46 条和第 315 条的规定的前提下,对行政机关依据或违反本法典或《矿业条例》规定而采取的行政行为提起的救济,受相关一般法规制,特别是 1982 年 3 月 31 日关于《司法机构组织和管辖法典》的第 82-020 号法令的第 146 条至第 149 条和第 158 条以及 1982 年 3 月 31 日颁布的关于《最高法院诉讼程序》的第 82-017 号法令,上述法令如果经修订和补充则以最新版为准。

Article 314: De l'abréviation des délais	**第 314 条:缩短时限**
Par dérogation aux dispositions des articles 79, 88 et 89 alinéa 1er de l'ordonnance-loi n° 82-017 du 31 mars 1982 susmentionnée, la réclamation préalable du requérant, justiciable devant la Section Administrative de la Cour Suprême de Justice, à l'autorité pouvant rapporter ou modifier l'acte doit être introduite dans les trente jours qui suivent la date de la publication ou de la notification à lui faite personnellement de l'acte entrepris. La requête en annulation est introduite dans les vingt jours à compter du jour où le rejet total ou partiel de la réclamation a été notifié.	作为上述 1982 年 3 月 31 日第 82-017 号法令第 79 条、第 88 条以及第 89 条第 1 款规定的例外,申请人提请最高法院行政庭判决权力行政撤销或修改行政行为的事前申诉,应在行政行为公布或通知送达其本人后三十日内提出。在收到事前申诉全部或部分驳回的通知之日起的二十日内提交取消行政行为的申诉状。
Le délai de dépôt du mémoire en réponse et celui du dossier administratif est de quinze jours ouvrables à compter de la signification de la requête. Le même délai s'applique à l'avis du Procureur Général de la République. La prorogation des délais imposée aux parties pour la transmission de la requête et du mémoire en réponse pouvant éventuellement être décidée par ordonnance motivée du Président de la Section Administrative de la Cour Suprême de Justice, ne peut excéder douze jours ouvrables.	提交答辩状和行政材料的期限为自申诉状送达之日起十五个工作日。同样的期限也适用于国家总检察长意见的作出。最高法院行政庭庭长通过附随理由的敕令形式决定延长各方交换申诉状和答辩状的期限,但最长不得超过十二个工作日。
L'abréviation des délais prévue aux alinéas précédents du présent article ne concerne que le refus d'octroi des droits miniers et/ou de carrières et d'approbation ou de réalisation des hypothèques.	只有在拒绝授予矿权证和/或采石权证、拒绝批准或实现抵押的情况下,本条前述各款规定的期限才可以缩短。

En tout état de cause, l'arrêt de la Cour Suprême de Justice est rendu dans les trente jours ouvrables à dater de la prise en délibéré de l'affaire.	无论如何,最高法院自案件审议后三十个工作日内作出宣判。
Chapitre III: Du recours judicaire	**第三章:司法救济**
Article 315: Des matières concernées par le recours judiciaire	**第 315 条:司法救济涉及的事项**
Sans préjudice des dispositions de l'article 46 du présent Code, font l'objet de recours judiciaire notamment:	在不影响本法典第 46 条的规定适用的前提下,可以进行司法救济的主要事项是:
-le retrait et le refus de renouvellement des cartes d'exploitant artisanal et de négociant;	-手工开采证和批发许可证的吊销和拒绝续期;
-le refus de transfert de titre en cas de mutation ou de l'amodiation par le responsable du Cadastre Minier ou son représentant local;	-转让或出租权证,而矿权登记局负责人或其当地代表拒绝批准权证转让;
-les empiétements entre les titulaires des droits miniers;	-矿权持有人之间相互侵占;
-les litiges entre les titulaires ou avec les occupants du sol;	-持有人之间或持有人与土地占用人之间的争议;
-la confiscation au profit de l'Administration des Mines de la garantie ou de la provision de réhabilitation du site;	-矿业行政机关没收复垦担保或准备金;
-le contentieux d'indemnité d'expropriation;	-征收补偿的诉讼;
-le recours contre les décisions d'astreinte prises par l'Administration des Mines en cas de tenue irrégulière des documents;	-因文件保管不合规矿业行政机关决定罚款而引起申诉;
-l'interdiction de sortie du Territoire National;	-被禁止离开国家领土;
-l'imposition d'amende en cas du défaut de communication des rapports;	-未提交报告而被处以罚款;

-la majoration des pénalités pour retard de paiement de la redevance minière et le contentieux pour cas de force majeure ainsi que l'action civile relative aux infractions prévues par le présent Code.	-延迟缴纳矿产资源税而被追加罚款、对不可抗力事件有争议以及与本法典规定的违法行为相关的民事诉讼。
Article 316 : Des règles applicables	**第 316 条 : 适用规则**
Les cours et tribunaux saisis d'un litige ou d'un recours contre une décision judiciaire relative aux matières prévues à l'article précédent appliquent la procédure de droit commun prévue par les Codes Congolais de Procédure Civile, Procédure Pénale, Procédure devant la Cour Suprême de Justice ainsi qu'éventuellement tous les textes et principes généraux de droit applicables en matière judiciaire.	受理前条所规定司法决定的诉讼或上诉的法庭和法院应适用刚果(金)的《民事诉讼法典》、《刑事诉讼法典》、《最高法院诉讼法典》规定的一般法诉讼程序以及所有司法诉讼适用的法律条文和一般法律原则。
Chapitre IV : Du recours arbitral	**第四章 : 仲裁救济**
Article 317 : De l'arbitrage	**第 317 条 : 仲裁**
Sous réserve des dispositions relatives aux recours administratif et judiciaire, aux manquements, aux pénalités et sanctions prévues par le présent Code, les litiges pouvant résulter de l'interprétation ou de l'application des dispositions du présent Code peuvent être réglés par voie d'arbitrage prévue aux articles 318 à 320 du présent Code.	在遵守本法典所规定的有关行政救济与司法救济、不履行义务、罚款和处罚的规定的前提下,因本法典规定的解释或适用引起的争议可通过本法典第 318 条至第 320 条规定的仲裁方式解决。
Article 318 : De l'arbitrage interne	**第 318 条 : 国内仲裁**
Les litiges résultant de l'interprétation ou de l'application des dispositions du présent Code font l'objet d'un arbitrage selon la procédure prévue aux dispositions des articles 159 à 174 du Code de Procédure Civile Congolais.	因本法典规定的解释或适用引起的争议根据刚果(金)的《民事诉讼法典》第 159 条至第 174 条规定的程序进行仲裁。

Article 319: De l'arbitrage international (*modifié et complété par l'article 15 de la Loi n°18/001 du 09 mars 2018 modifiant et complétant la Loi n°007/2002 du 11 juillet 2002 portant Code minier*)	**第 319 条: 国际仲裁** (*由修订和补充 2002 年 7 月 11 日第 007/2002 号关于《矿业法典》的法律的 2018 年 3 月 9 日第 18/001 号法律第 15 条予以修订和补充*)
Nonobstant les dispositions de l'article 318 du présent Code, les litiges pouvant survenir à l'occasion de l'interprétation ou de l'application des dispositions du présent Code, peuvent être réglés, à la requête de la partie la plus diligente, par voie d'arbitrage conformément à la Convention sur les Règlements des Différends Relatifs aux investissements entre Etat et ressortissants d'autres Etats, à la condition que le titulaire soit ressortissant d'un autre Etat contractant aux termes de l'article 25 de ladite convention.	尽管存在本法典第 318 条的规定,如对本法典规定的解释或适用发生争议的,主动提起的一方可以提出按《解决国家与他国国民间投资争端公约》进行仲裁,条件是持有人必须是该公约第 25 条规定的缔约国的国民。
Du fait de l'acceptation de la délivrance du titre minier ou de carrière par le Cadastre minier, le titulaire est censé avoir donné d'office son consentement à un tel arbitrage conformément à ladite convention et l'exprime tant en son nom qu'en celui de ses sociétés affiliées. Il accepte, en outre, qu'une telle société affiliée soit considérée comme ressortissant de l'Etat duquel l'Investisseur est un ressortissant d'un autre Etat contractant.	若接受矿权登记局所颁发的矿权证或采石许可证,则持有人视为已以其自身及其关联公司的名义同意按此公约进行仲裁。此外,矿权持有人同意,该关联公司可认定为缔约国的投资人原国家的国民。
Si l'investisseur a effectué son investissement par l'intermédiaire d'une société affiliée de droit congolais, une telle société est considérée, aux fins de la Convention CIRDI comme un ressortissant de l'Etat duquel l'Investisseur est un ressortissant.	根据《解决国家与他国国民间投资争端公约》,如果投资人是通过其刚果(金)法项下的关联公司进行投资的,则该公司将被认定为投资人国籍国的国民。

Sans préjudice des dispositions de l'alinéa 5 du présent article, les titulaires qui ne sont pas ressortissants d'un autre Etat contractant peuvent soumettre les litiges survenant à l'occasion de l'interprétation ou de l'application des dispositions du présent Code à tout tribunal arbitral compétent de leur choix pour autant que ce tribunal ne soit pas régi par les lois de leur pays et n'y siège.	在不违反本法典第 5 条的规定的适用的前提下,非缔约国国民的持有人可将因本法典规定的解释或适用产生的争议提交任何其选择的有管辖权的仲裁法院,条件是该仲裁法院不受持有人所在国家律规制同时也不在持有人所在国家设立。
Les titulaires qui ne sont pas ressortissants d'un autre Etat contractant notifient au Cadastre minier les noms, les coordonnées et le règlement de trois tribunaux arbitraux choisis par eux, dans un délai de trente jours à compter de la délivrance du titre minier. L'Etat agrée un tribunal arbitral parmi les trois proposés, sous réserve pour lui d'objecter, pour les motifs mentionnés à l'alinéa précédent in fine, dans le délai de trois mois à compter de la date de la notification du choix des tribunaux arbitraux.	非缔约国国民的持有人应自矿权证颁发之日起三十日内,向矿权登记局提交其选择的三个仲裁法院的名称、联系方式及仲裁规则。自收到选择仲裁院的通知之日起的三个月内,国家将从提议的三个仲裁法院中批准一个仲裁法院,除非基于前款末尾提及的理由而拒绝批准。
A défaut d'agrément ou d'objection par l'Etat dans le délai de trois mois, le titulaire notifie au Cadastre minier dans un délai de trente jours le tribunal arbitral de son choix parmi les trois proposés.	若国家在三个月的期限内既未批准也未拒绝批准的,则持有人在三十日内通知矿权登记局从三个提议的仲裁法院中选定的仲裁法院。
Article 320: Des règles et des décisions d'arbitrage	**第 320 条:仲裁规则和仲裁裁决**
Conformément à l'article précédent, l'arbitrage se fait en langue française au lieu convenu par l'Etat et le titulaire.	根据上条的规定,仲裁在国家和持有人约定的地点用法语进行。

Aux fins de l'arbitrage, l'instance arbitrale se réfère aux dispositions du présent Code, aux lois de la République Démocratique du Congo et à ses propres règles de procédure.	仲裁法院依据本法典的规定和刚果民主共和国的法律及其程序规则进行仲裁。
Les décisions rendues par l'arbitre sont exécutoires et leur exécution peut être demandée devant toute juridiction compétente dans le Territoire National selon la forme prévue par le Code de Procédure Civile Congolais ou dans le pays dont relève le titulaire.	仲裁员作出的决定具有执行力,可向刚果(金)国家领土范围内的任何有管辖权的法院按照刚果(金)《民事诉讼法典》规定的程序申请执行,或向持有人国籍国的有管辖权的法院申请执行。
En cas d'application des dispositions de l'alinéa précédent, l'Etat renonce à se prévaloir de toute immunité de juridiction ou d'exécution.	在适用前款规定的情形下,国家放弃司法豁免或执行豁免。
Chapitre V: De la représentation de l'Etat et de la signification des actes	**第五章:国家的代表和文书的送达**
Article 321: De la représentation de l'Etat	**第 321 条:国家的代表**
Dans toutes les instances administratives, arbitrales et judiciaires où l'Etat est mis en cause, sa représentation est assurée, en demande ou en défense, par le Responsable de l'Administration des Mines ou son représentant local tant au pays qu'à l'étranger.	在国家作为一方当事人的所有行政诉讼、司法诉讼和仲裁中,不管是在本国和外国进行,不管国家作为原告还是被告,均由矿业行政机关的负责人或其地方代表作为国家代表。
Article 322: De la signification des actes de procédure	**第 322 条:诉讼文书的送达**
Tout recours, tout jugement, tout arrêt et autres actes de procédure sont signifiés à l'Etat au Bureau du Ministre ou au Bureau de sa représentation locale.	任何救济、判决、裁定和其他程序性法律文书送达矿业部长的办公室或其地方代表的办公室即为送达至国家。

Toute signification faite à tout autre endroit du Territoire National ou à l'étranger est nulle et non avenue.	送达至国家领土范围内任何其他地点或国外均被视为无效送达。
TITRE XV:DES DISPOSITIONS DIVERSES	**第十五编:其他条款**
Article 323:De la consultation des registres et des cartes de retombes minières au Cadastre Minier par le public	**第 323 条:公众在矿权登记局查询登记簿和矿区定位图**
Les registres relatifs aux droits miniers et de carrières ainsi que les cartes de retombes minières peuvent être consultés gratuitement par le public auprès du Cadastre Minier.	公众可以在矿权登记局免费查询矿权和采石权的登记簿和矿区定位图。
Néanmoins, la levée des données est subordonnée au paiement des frais fixés par le Règlement Minier.	但如须获取数据,需按《矿业条例》的规定支付费用。
Article 324:De la confidentialité	**第 324 条:保密条款**
Les renseignements à caractère technique, géologique et minier fournis par le titulaire sont confidentiels pour une durée de dix ans. Passé ce délai, ils sont accessibles au public.	持有人提供的技术、地质和矿产信息在十年之内属于保密信息。该期限届满,则该等信息可对公众公开。
Toutefois, ces renseignements pourront être utilisés et publiés globalement à des fins documentaires avant l'expiration de ce délai sans divulgation des renseignements à caractère individuel.	但是,在保密期间届满前,这些信息可以整体作为文献使用和刊登,但不得泄露个人信息。
Ils cessent d'être confidentiels lorsque le droit minier ou de carrièresexpire ou lorsque son Titulaire y renonce ou est déchu de ses droits.	当矿权或采石权期限届满或者持有人放弃或被剥夺权利,则这些信息不再属于保密信息。

Article 325: De l'ajustement des montants	**第 325 条:金额的调整**
Les montants exprimés en monnaie étrangère dans la présente loi sont exprimés en valeur de cette monnaie à la date d'entrée en vigueur du présent Code.	本法中用外币表示的金额,按本法典生效之日该币的价值表示。
Ces montants sont ajustés annuellement par décision du responsable du Cadastre Minier sur avis de la Banque Centrale du Congo afin de maintenir constante leur valeur.	该金额由矿权登记局每年根据刚果(金)中央银行的意见作出调整,以持续维持其币值。
Article 326: Des matières non réglées dans le présent Code	**第 326 条:本法典未尽事宜**
Les matières connexes non expressément prévues, définies ou réglées par les dispositions du présent Code relèvent du Règlement Minier.	本法未尽事宜,由《矿业条例》另行规定。
Article 326 bis: De la propriété des biens mobiliers et immobiliers (*inséré par l'article 29 de la Loi n°18/001 du 09 mars 2018 modifiant et complétant la Loi n°007/2002 du 11 juillet 2002 portant Code minier*)	**第 326(2)条:动产[①]和不动产的所有权** *(由修订和补充 2002 年 7 月 11 日关于《矿业法典》的第 007/2002 号法律的 2018 年 3 月 9 日第 18/001 号法律的第 29 条予以新增)*
Sans préjudice des obligations de réhabilitation du site prévues dans son plan de gestion environnementale et sociale, la propriété des biens immobiliers de toute nature acquis par le titulaire des droits miniers et/ou des carrières dans le cadre de ses activités et se trouvant sur le périmètre est transférée à l'Etat en cas d'expiration, de retrait, d'annulation ou de renonciation totale du titre minier et/ou des carrières.	在不影响其环境和社会管理计划所规定的复垦义务的适用的前提下,矿权和/或采石权持有人在其活动中且在矿区内取得的任何类型不动产的所有权在矿权和/或采石权届满、吊销、注销或全部放弃时转移给国家。

① 中伦注:下文仅规定了不动产所有权的处理方式。

Le Règlement minier détermine les modalités d'application de cette disposition.	《矿业条例》确定本条的适用方式。
TITRE XVI: DES DISPOSITIONS TRANSITOIRES (***modifié et complété par l'article 16 de la Loi n°18/001 du 09 mars 2018 modifiant et complétant la Loi n° 007/2002 du 11 juillet 2002 portant Code minier***)	**第十六编:过渡性条款** ***(由修订和补充2002年7月11日关于《矿业法典》的第007/2002号法律的2018年3月9日第18/001号法律的第16条予以修订和补充)***
Chapitre Premier: DES DROITS MINIERS ET DE CARRIÈRES EN VIGUEUR	**第一章:有效的矿权和采石权**
Article 327: (*abrogé par l'article 31 de la Loi n°18/001 du 09 mars 2018 modifiant et complétant la Loi n°007/2002 du 11 juillet 2002 portant Code minier*)	**第327条:** *(由修订和补充2002年7月11日关于《矿业法典》的第007/2002号法律的2018年3月9日第18/001号法律的第9条予以废除)*
Chapitre II: Des demandes relatives aux droits miniers et/ou de carrières en instance	**第二章:正在审查的矿权和/或采石权申请**
Article 328: Des demandes d'octroi en instance à la date de la promulgation du présent Code (*modifié et complété par l'article 16 de la Loi n°18/001 du 09 mars 2018 modifiant et complétant la Loi n°007/2002 du 11 juillet 2002 portant Code minier*)	**第328条:本法典颁布之日正在审查的授予申请** *(由修订和补充2002年7月11日关于《矿业法典》的第007/2002号法律的2018年3月9日第18/001号法律的第16条予以修订和补充)*
Les requérants qui ont des demandes d'octroi des droits miniers et/ou de carrières en instance à la date de la promulgation de la présente loi, sont tenus de les reformuler conformément aux dispositions du présent Code dans un délai de trois mois, à compter de son entrée en vigueur.	本法颁布之日正在审查的矿权和/或采石权申请,其申请人须自本法典生效后的三个月内按本法典的规定重新提出申请。

On entend par demandes en instances, les demandes des droits miniers et de carrières déposés au Cadastre minier, en cours d'instruction cadastrale, technique et/ou environnementale.	所谓"正在审查的申请"是指那些已经提交给矿权登记局的、正在进行矿权登记审查、技术审查和/或环境审查的矿权和采石权的申请。
Article 329: (*abrogé par l'article 31 de la Loi n°18/001 du 09 mars 2018 modifiant et complétant la Loi n°007/2002 du 11 juillet 2002 portant Code minier*)	**第 329 条**:(*由修订和补充 2002 年 7 月 11 日关于《矿业法典》的第 007/2002 号法律的 2018 年 3 月 9 日第 18/001 号法律的第 31 条予以废除*)
Article 330: Des droits de carrières (*modifié et complété par l'article 16 de la Loi n°18/001 du 09 mars 2018 modifiant et complétant la Loi n°007/2002 du 11 juillet 2002 portant Code minier*)	**第 330 条:采石权** (*由修订和补充 2002 年 7 月 11 日关于《矿业法典》的第 007/2002 号法律的 2018 年 3 月 9 日第 18/001 号法律的第 16 条予以修订和补充*)
Dans les 3 mois qui suivent l'entrée en vigueur du présent Code, le Chef de division des mines établit la liste des droits des carrières octroyés dans sa province à partir de 2003.	在本法典生效后的三个月内,地方矿业局局长应编制 2003 年起在其省内授予的采石权清单。
Il dresse, dans le même délai, un inventaire des dossiers clos archivés, des dossiers en cours d'instance, des contentieux ouverts par devant lui, en vue de leur dévolution au Ministre provincial ayant les mines dans ses attributions qui intervient dans le mois qui suit l'entrée en vigueur du Règlement minier révisé.	在同等的期限内,地方矿业局局长应编制一份清单,列明已结案存档的事项、正在审查的事项、其正在在进行争议解决的事项,以便自修订的《矿业条例》生效之日起一个月内移交至拥有矿山管理职权的省级矿业部长。
Chapitre III: Des partenariats avec l'etat	**第三章:与国家的合作**
Article 331: (*abrogé par l'article 31 de la Loi n°18/001 du 09 mars 2018 modifiant et complétant la Loi n°007/2002 du 11 juillet 2002 portant Code minier*)	**第 331 条**:(*由修订和补充 2002 年 7 月 11 日关于《矿业法典》的第 007/2002 号法律的 2018 年 3 月 9 日第 18/001 号法律的第 31 条予以废除*)

Article 332: (*abrogé par l'article 31 de la Loi n°18/001 du 09 mars 2018 modifiant et complétant la Loi n°007/2002 du 11 juillet 2002 portant Code minier*)	**第 332 条:**(*由修订和补充 2002 年 7 月 11 日关于《矿业法典》的第 007/2002 号法律的 2018 年 3 月 9 日第 18/001 号法律的第 31 条予以废除*)
Article 333: (*abrogé par l'article 31 de la Loi n°18/001 du 09 mars 2018 modifiant et complétant la Loi n°007/2002 du 11 juillet 2002 portant Code minier*)	**第 333 条:**(*由修订和补充 2002 年 7 月 11 日关于《矿业法典》的第 007/2002 号法律的 2018 年 3 月 9 日第 18/001 号法律的第 31 条予以废除*)
Chapitre IV: De la mise en application de nouvelles dispositions	**第四章:新规定的实施**
Article 334: Des modalités d'application de la présente loi (*modifié et complété par l'article 16 de la Loi n°18/001 du 09 mars 2018 modifiant et complétant la Loi n°007/2002 du 11 juillet 2002 portant Code minier*)	**第 334 条:本法的适用方式**(*由修订和补充 2002 年 7 月 11 日关于《矿业法典》的第 007/2002 号法律的 2018 年 3 月 9 日第 18/001 号法律的第 16 条予以修订和补充*)
Les modalités d'application des dispositions du présent Code sont fixées par le Règlement minier tel que modifié et complété et par d'autres décrets d'application pris dans les 90 jours suivant la promulgation de la présente loi.	本法典规定的适用方式由自本法颁布后九十日内颁布的修订和补充后的《矿业条例》和其他适用法令予以确定。
En attendant, la publication des mesures prévues à l'alinéa précédent du présent article, les modalités d'application urgentes peuvent être prises par voie d'arrêté ministériel ou interministériel, le cas échéant.	在本条前款规定的措施公布之前,必要时,紧急适用方式可以部长令或联合部长令的形式作出。
Article 335: De la suspension des demandes des droits miniers et de carrières, des cartes d'exploitation artisanale et d'agrément (*modifié et complété par l'article 16 de la Loi n°18/001 du 09*	**第 335 条:矿权和采石权、手工开采证及许可的中止申请**(*由修订和补充 2002 年 7 月 11 日关于《矿业法典》的第 007/2002 号法律的 2018 年 3 月 9 日第 18/001 号法律的第 16 条予以修订和补充*)

mars 2018 modifiant et complétant la Loi n° 007/2002 du 11 juillet 2002 portant Code minier)	
Les nouvelles demandes d'octroi de droits miniers et de carrières de recherches, des cartes d'exploitant artisanal et de négociant ainsi que les demandes d'agrément au titre de comptoirs d'achat et de vente des substances minérales, des entités de traitement, des coopératives minières agréés sont suspendues pendant la période qui court de la promulgation de la présente loi à l'entrée en vigueur du règlement minier révisé.	自本法颁布之日起至修订后的《矿业条例》生效的期间内,探矿权、采石场勘探权、手工开采证、批发许可证、矿产的采购和销售点的批准、处理实体、经批准的矿业合作社的新的授予申请全部中止。
Les demandes d'octroi des droits miniers ou de carrières d'exploitation, les demandes de renouvellement, de mutations, d'amodiation, d'extension, de suretés relatives aux droits miniers ou des carrières en cours de validité, la réalisation de tous autres actes et procédés juridiques concernant de tels droits se font au cours de la période visée à l'alinéa précédent conformément aux dispositions du présent Code et des autres règlements en vigueur.	采矿权或采石场开采权的授予申请、在有效期内的矿权和采石权相关的续期、移转、出租、延展、担保的申请、与矿权和采石权相关的所有其他法律行为和程序的实施,应在前款规定的期间内按照本法典及其他现行规则作出。
Au cours de la période visée par le premier alinéa du présent article, une commission ad hoc instituée par le Ministre procède à l'inventaire des gisements miniers dont les droits miniers et des carrières ont été versés dans le domaine public conformément aux dispositions du présent Code.	在本条第 1 款规定的期间内,由矿业部长组建的专门委员会根据本法典的规定进行归属于公有领域的矿权和采石权的矿床的清点。

Article 336: (*abrogé par l'article 31 de la Loi n°18/001 du 09 mars 2018 modifiant et complétant la Loi n°007/2002 du 11 juillet 2002 portant Code minier*)	**第 336 条:**（*由修订和补充 2002 年 7 月 11 日关于《矿业法典》的第 007/2002 号法律的 2018 年 3 月 9 日第 18/001 号法律的第 31 条予以废除*）
Article 337: (*abrogé par l'article 31 de la Loi n°18/001 du 09 mars 2018 modifiant et complétant la Loi n°007/2002 du 11 juillet 2002 portant Code minier*)	**第 337 条:**（*由修订和补充 2002 年 7 月 11 日关于《矿业法典》的第 007/2002 号法律的 2018 年 3 月 9 日第 18/001 号法律的第 31 条予以废除*）
Article 338: (*abrogé par l'article 31 de la Loi n°18/001 du 09 mars 2018 modifiant et complétant la Loi n°007/2002 du 11 juillet 2002 portant Code minier*)	**第 338 条:**（*由修订和补充 2002 年 7 月 11 日关于《矿业法典》的第 007/2002 号法律的 2018 年 3 月 9 日第 18/001 号法律的第 31 条予以废除*）
Article 339: (*abrogé par l'article 31 de la Loi n°18/001 du 09 mars 2018 modifiant et complétant la Loi n°007/2002 du 11 juillet 2002 portant Code minier*)	**第 339 条:**（*由修订和补充 2002 年 7 月 11 日关于《矿业法典》的第 007/2002 号法律的 2018 年 3 月 9 日第 18/001 号法律的第 31 条予以废除*）
Article 340: De la validité des conventions minières (*modifié et complété par l'article 16 de la Loi n° 18/001 du 09 mars 2018 modifiant et complétant la Loi n° 007/2002 du 11 juillet 2002 portant Code minier*)	**第 340 条:矿业协议的有效性**（*由修订和补充 2002 年 7 月 11 日关于《矿业法典》的第 007/2002 号法律的 2018 年 3 月 9 日第 18/001 号法律的第 16 条予以修订和补充*）
Toutes les conventions minières en vigueur à la promulgation de la présente loi sont régies par les dispositions du présent Code.	所有在本法颁布之时有效的矿业协议均受本法典的规定的规制。
Article 341: (*abrogé par l'article 31 de la Loi n°18/001 du 09 mars 2018 modifiant et complétant la Loi n°007/2002 du 11 juillet 2002 portant Code minier*)	**第 341 条:**（*由修订和补充 2002 年 7 月 11 日关于《矿业法典》的第 007/2002 号法律的 2018 年 3 月 9 日第 18/001 号法律的第 31 条予以废除*）
Article 342: De la garantie de stabilité (*modifié et complété par l'article 16 de la Loi n°18/001 du 09 mars 2018 modifiant et complétant la Loi n°007/2002 du 11 juillet 2002 portant Code minier*)	**第 342 条:稳定性的保障**（*由修订和补充 2002 年 7 月 11 日关于《矿业法典》的第 007/2002 号法律的 2018 年 3 月 9 日第 18/001 号法律的第 16 条予以修订和补充*）

Les dispositions du présent Code sont d'application immédiate à l'ensemble des titulaires des droits miniers valides à la date de son entrée en vigueur.	本法典的规定应立即适用于其生效之日的所有有效矿权的持有人。
En cas de modification législative dans les cinq ans à dater de l'entrée en vigueur du présent Code, les titulaires des droits miniers visés à l'alinéa précédent bénéficient de la garantie de stabilité du régime fiscal, douanier et de change du présent Code.	若在本法生效后五年内作出立法修正，则前款所述的矿权持有人应享有本法典的税务、海关和外汇制度的稳定性保障。
Article 342 bis: Du délai d'application de l'obligation de traitement et de transformation en République Démocratique du Congo pour les titulaires actuels des droits miniers (*inséré par l'article 30 de la Loi n°18/001 du 09 mars 2018 modifiant et complétant la Loi n°007/2002 du 11 juillet 2002 portant Code minier*)	**第342(2)条：刚果民主共和国境内处理和加工义务适用于现有矿权持有人的期限**（*由修订和补充2002年7月11日关于《矿业法典》的第007/2002号法律的2018年3月9日第18/001号法律的第30条予以新增*）
Les titulaires des droits miniers en cours de validité disposent d'un délai de trois ans pour procéder, sur le territoire de la République Démocratique du Congo, au traitement et à la transformation des substances minérales par eux exploités.	处于有效期内矿权的持有人拥有三年的期限在刚果民主共和国境内进行其开采矿产的处理和加工。
Le délai prévu à l'alinéa premier du présent article ne peut être réduit ou prorogé que par une modification de la présente disposition par les deux chambres du Parlement.	本条第1款所述的期限只能由议会中国民议会和参议院对本条的规定进行修订从而缩短或延长。
La présente disposition produit ses effets dès l'entrée en vigueur de la présente loi.	本条规定在本法生效后有效。

TITRE XVII:DES DISPOSITIONS ABROGATOIRES ET FINALES	第十七编:废止条款和最终条款
Article 343:Des dispositions abrogatoires	**第 343 条:废止条款**
Sont abrogées à la date, selon le cas, de la promulgation ou de l'entrée en vigueur de la présente loi:	本法颁布或生效之日起废止如下法律法规:
a) Ordonnance-Loi n° 81-013 du 2 avril 1981 portant législation générale sur les mines et les hydrocarbures telle que modifiée et complétée à ce jour, à l'exception des dispositions applicables aux hydrocarbures, et sauf en ce qui concerne les conventions minières dûment signées et approuvées à la promulgation du présent Code;	a) 1981 年 4 月 2 日颁布后经修订和补充的关于《矿山和碳氢化合物法》的第 81-013 号法令,适用于碳氢化合物的规定以及涉及本法颁布时依法签署和批准的矿业开发协议的规定除外;
b) l'article 4 de la loi n°77-027 du 17 novembre 1977 portant mesures générales de rétrocession des biens zaïrianisés ou radicalisés en ce qui concerne les mines et les carrières;	b) 1977 年 11 月 17 日关于归还与矿山或采石场相关的扎伊尔或激进派物资的第 77-027 号法律的第 4 条;
c) la loi n°74-019 du 15 septembre 1974 portant création d'une brigade minière;	c) 1974 年 9 月 15 日关于成立矿业特警队的第 77-027 号法律;
d) l'Ordonnance-Loi n°72-005 du 14 janvier 1972 tendant à renforcer la protection de certaines substances contre le vol;	d) 1972 年 1 月 14 日关于加强保护某些矿种以防被盗的第 77-027 号法令;
e) l'Ordonnance n° 84-082 du 30 mars 1984 portant règlement des activités des comptoirs d'achat des substances minérales précieuses;	e) 1984 年 3 月 30 日关于珍贵矿产商行的从业规章的第 84-082 号法令;
f) le Décret n° 0012 du 22 janvier 1997 instituant un nouveau tarif des droits et taxes à l'importation en ce qui concerne les mines et carrières;	f) 1997 年 1 月 22 日关于制定矿与采石场进口新税率的第 0012 号令;

g) le Décret n°121 du 11 septembre 1998 portant création d'un service public à caractère social dénommé Service d'Achats des Substances Minérales Précieuses « S. A. S. M. I. P. » et ses mesures d'exécution;	g) 1998 年 9 月 11 日关于设立社会公共服务机构(珍贵矿产购买服务机关)及其实施办法的第 121 号令;
h) la Loi n°78-017 du 11 juillet 1978, en ce qui concerne les emprunts destinés à financer les activités minières des sociétés privées dans le cadre de la jouissance de leurs droits miniers;	h) 1978 年 7 月 11 日关于为私营公司的矿业活动提供贷款的第 78-017 号法律;
i) toutes dispositions légales et réglementaires contraires aux dispositions du présent Code.	i) 任何与本法典的规定相冲突的法律法规。
Article 344: (*abrogé par l'article 31 de la Loi n°18/001 du 09 mars 2018 modifiant et complétant la Loi n°007/2002 du 11 juillet 2002 portant Code minier*)	**第 344 条**:(*由修订和补充 2002 年 7 月 11 日关于《矿业法典》的第 007/2002 号法律的 2018 年 3 月 9 日第 18/001 号法律的第 31 条予以废除*)

RÉPUBLIQUE DÉMOCRATIQUE DU CONGO

DÉCRET N°18/024 DU 08 JUIN 2018 MODIFIANT ET COMPLÉTANT LE DÉCRET N° 038/2003 DU 26 MARS 2003 PORTANT RÈGLEMENT MINIER

刚果民主共和国

2018 年 6 月 8 日关于修订和补充 2003 年 3 月 26 日关于矿业条例的第 038/2003 号法令的第 18/024 号法令

LE PREMIER MINISTRE,	**总理,**
Vu, telle que modifiée et complétée à ce jour, la Constitution de la République Démocratique du Congo du 18 Février 2006, spécialement en son article 92, alinéas 1 et 2;	鉴于截至今日经修订和补充的 2006 年 2 月 18 日刚果民主共和国宪法,特别是其第 92 条第 1 款和第 2 款的规定;
Vu la loi n°007/2002 du 11 juillet 2002 portant Code minier telle que modifiée et complétée par la Loi n° 18/001/du 09 Mars 2018, notamment en ses articles 9 littera a, 326 et 334;	鉴于经 2018 年 3 月 9 日第 18/001 号法律修订和补充的 2002 年 7 月 11 日关于《矿业法典》的第 007/2002 号法律,特别是第 9 条第 a 项、第 326 条和第 334 条;
Vu l'Ordonnance n° 17/004 du 07 avril 2017 portant nomination d'un Premier Ministre;	鉴于 2017 年 4 月 7 日关于任命总理的第 17/004 号条例;
Vu l'Ordonnance n° 17/005 du 08 mai 2017 portant nomination des Vice-Premier Ministre, des Ministres d'Etat, des Ministres Délégués et des Vice-Ministres telle que modifiée et complétée par l'Ordonnance n° 18/014 du 15 février 2018 portant réaménagement technique du Gouvernement;	鉴于经 2018 年 2 月 15 日关于中央政府技术调整的第 18/014 号条例修订和补充的 2017 年 5 月 8 日关于任命副总理、国家部长、部长级代表和副部长的第 17/005 号条例;
Vu l'Ordonnance n° 17/024 du 10 juillet 2017 portant organisation et fonctionnement du Gouvernement, modalités pratiques de collaboration entre le Président de la République et le Gouvernement ainsi qu'entre les Membres du Gouvernement;	鉴于 2017 年 7 月 10 日关于中央政府的组织和运行、共和国总统和中央政府间和中央政府各成员间合作的实际方式的第 17/024 号条例;
Vu l'Ordonnance n° 17/025 du 10 juillet 2017 fixant les attributions des Ministères;	鉴于 2017 年 7 月 10 日关于各部委职权范围的第 17/025 号条例;
Revu le Décret n°038/2003 du 26 Mars 2003 portant Règlement Minier;	重新审查 2003 年 3 月 26 日关于《矿业条例》的第 038/2003 号法令;
Sur proposition du Ministre des Mines;	根据矿业部部长的提议;

Le Conseil des Ministres entendu;	部长委员会听取;
DECRETE:	**法令:**
TITRE 1er: DES GENERALITES	**第一编:总则**
Chapitre 1er:DU CHAMP D'APPLICATION ET DES DEFINITIONS DES TERMES	***第一章:适用范围和术语定义***
Article 1er: Du champ d'application	**第 1 条:适用范围**
Le present Décret fixe les modalités et les conditions d'application de la loi n°007/2002 du 11juillet 2002 portant Code minier telle que modifiée et complétée par la Loi n°18/001 du 09 Mars 2018.	本法令规定 2002 年 7 月 11 日第 007/2002 号关于《矿业法典》的法律(由 2018 年 3 月 9 日第 18/001 号法律修订和补充)的适用办法和适用条件。
II réglemente en outre les matières connexes non expressement prévues, définies ou réglées par les dispositions de la loi n°007/2002 du 11 juillet 2002 portant Code minier telle que modifiée et complétée par la Loi n°18/001 du 09 Mars 2018.	此外,本法令规定 2002 年 7 月 11 日第 007/2002 号关于《矿业法典》的法律(由 2018 年 3 月 9 日第 18/001 号法律修订和补充)中未明确规定、定义或处理的相关事项。
Article 2: Des définitions des termes	**第 2 条:术语的定义**
Outre les définitions des termes repris dans la loi n°007/2002 du 11 juillet 2002 portant Code minier telle que modifiée et completée par la Loi n° 18/001 du 09 Mars 2018 qui gardent le même sens dans le présent Décret, on entend par:	除 2002 年 7 月 11 日第 007/2002 号关于《矿业法典》的法律(由 2018 年 3 月 9 日第 18/001 号法律修订和补充)中所规定的术语定义外,下述术语的定义如下:
• **Administration des douanes**: Administration ou organisme public chargée de l'application de la législation douanière et de la perception des droits et taxes à l'importation et à l'exportation et qui	• **海关部门**:负责适用关税立法、征收进出口关税和负责适用其他进出口相关法律法规的公共行政部门或机构;

est également chargée de l'application d'autres lois et règlements relatifs à l'importation et à l'exportation;	
• **Administration des Mines**: l'Administration des Mines comprend le Secrétariat général, les directions, les divisions et autres services administratifs du ministère en charge des mines, y compris ceux qui interviennent dans l'administration du Code minier et de toutes ses mesures d'application. Ils sont régis conformément aux textes légaux et réglementaires en vigueur relatifs à l'Administration publique.	• **矿业行政机关**:矿业行政机关包含矿业部的秘书处、管理局、管理处和其他行政机构,其中包含参与管理《矿业法典》及其全部实施措施的机关。该等机关受与国家行政机关相关的现行法律法规规制。
Les directions techniques qui interviennent dans le processus de l'octroi des droits miniers et/ou de carrières sont:	参与矿权和/或采石权授予过程的技术管理局包含:
-la Direction de Géologie;	-地质局;
-la Direction des Mines;	-矿业局;
-la Direction de Protection de l'Environnement Minier;	-矿业环保局;
-la Direction des Carrières;	-采石局;
• **Aire protégée**: toute aire géographique délimitée en surface et constituant un parc national, un domaine de chasse, un jardin zoologique et/ou botanique ou encore un secteur sauvegardé;	• **保护区**:构成国家公园、狩猎区、动物园和/或植物园或保留区的地表地理区域;
• **Autorité de certification**: Les autorités administratives habilitées à contrôler, valider et délivrer le Certificat d'origine, à savoir le Ministre et le Directeur général du CEEC. En l'absence du Ministre, le Vice-Ministre	• **认证机关**:经授权监督、认定和颁发原产地证明的行政机关,如矿业部部长、鉴定、评估和认证中心主任。若矿业部部长缺席,则由副部长或秘书长代行其职权;

ou le Secrétaire Général agissent en ses lieu et place;	
• **Autorité d'importation ou Autorité importatrice**: organisme officiel de régulation ou de contrôle du pays vers lequel les produits sont exportés;	• **进口管理机关**:负责管理或监管向本国出口产品的官方机构;
• **Bureau d'études géologiques**: Cabinet qui réalise l'ensemble des études de recherches visant à démontrer l'existence d'un gisement et la faisabilité ou non de sa mise en exploitation. Ce Bureau intègre les branches de recherches et développement des gisements miniers, des études techniques portant sur l'extraction minière, les traitements minéralurgiques et métallurgiques ainsi que les études économico-financières portant sur le projet minier;	• **地质研究所**:为证实存在矿床和具备开采可行性而开展一系列研究的研究所。该研究所整合各项矿床的勘探与开发、矿山采掘的相关技术研究、选矿、冶金处理以及有关矿业项目的经济财务研究;
• **Cadastre Minier central**: la Direction Générale du Cadastre Minier;	• **中央矿权登记局**:矿权登记局的中央局;
• **Cadastre Minier provincial**: la Direction provinciale du Cadastre Minier;	• **省级矿权登记局**:矿权登记局的省级局;
• **Cahier des charges**: Ensemble d'engagements périodiques negociés et pris entre le titulaire de droit minier d'exploitation ou de l'autorisation d'exploitation de carrière permanente et les communautés locales affectées par le projet minier, pour la réalisation des projets de développement communautaire durable, au sens de l'article 285 septies du Code minier;	• **社会责任书**:根据《矿业法典》第 285 条第 7 款的规定,为实现社区开发项目的可持续发展,采矿权持有人或永久性采石场开采许可持有人与受矿业项目影响的当地社区协商达成的全部阶段性承诺;

• **Carré**: l'unité cadastrale minimum octroyable, de caractère indivisible, delimitée par les méridiens et les paralleles du système des coordonnées de la carte de retombes minières, ayant une superficie de 84,95 Ha;	• **区块**①:根据矿区定位图坐标系的经纬线所界定的可授予的、不可分割的最小地籍单位,面积为 84.95 公顷;
• **Code minier**: la loi n°007/2002 du 11 juillet 2002 portant Code minier telle que modifée et completée par la Loi n° 18/001 du 09 Mars 2018 dont le champ d'application couvre les mines et les carrières;	• **《矿业法典》**:经 2018 年 3 月 9 日第 18/001 号法律修订和补充的 2002 年 7 月 11 日第 007/2002 号关于《矿业法典》的法律,其适用范围为矿区和采石场;
• **Compensation**: Remplacement en nature de certains biens spécifiques, notamment les logements et autres biens immeubles perdus par les communautés affectées par les activités du projet minier;	• **补偿**:对某特定财产的实物替代,特别是受矿业项目活动影响的社区所失去的住宅和其他不动产;
• **Concentration**: le processus par lequel les substances minérales sont separés de la gangue et rassemblées de façon à augmenter la teneur en élements valorisables en vue d'obtenir un produit marchand;	• **提纯**:将矿物质从脉石中分离和富集,以增加其有价值成分的含量,从而获得商业化产品的过程;
• **Contrat**:	• **合同**:
-le texte intégral de tout contrat, concession, ou autre accord conclu par ou avec le gouvernement congolais et fixant les conditions d'exploitation de ressources minières;	-为确定矿产资源开采条件,由刚果(金)政府或与刚果(金)政府缔结的任何合同、特许权协议或其他协议的完整文本;
-le texte intégral de tout addenda, annexe ou avenant fixant les détails relatifs aux droits d'exploitation mentionné au point a ou à leur exécution;	-针对上述 a 点所涉的采矿权或其执行的相关细节的任何增编、附件或补充协议的完整文本;

① 中伦注:该术语定义与《矿业法典》中完全一致。

–le texte intégral de toute modification ou de tout amendement des documents decrits aux points a et b;	–上述 a 点和 b 点所涉文件的任何修订或修正的完整文本;
• **Déplacement des populations**: Délocalisation des populations due au besoin de l'exploitation minière pouvant impliquer la perte de l'environnement naturel, du patrimoine culturel et matériel;	• **居民搬迁**:因可能导致自然环境、文化遗产和物质财产损失的矿业开采之需而进行的人口迁移;
• **Développement durable**: Toute approche de la croissance ayant pour objectif principal de concilier le progrès économique et social avec la préservation de l'environnement en vue d'assurer le progres actuel sans compromettre celui des générations futures;	• **可持续发展**:以经济、社会进步与环境保护相协调为主要目的,确保当前发展不危及后代发展的增长方式;
• **Direction chargée de la Protection de l'Environnement Minier**: Service chargé de la Protection de l'Environnement Minier;	• **矿业环保局**:负责矿业环境保护的部门;
• **Droit de carrières de recherches**: l'Autorisation de Recherches des produits de carrières;	• **采石场勘探权**:采石场产品勘探许可;
• **Droit de carrières d'exploitation**: l'Autorisation d'Exploitation de Carrières Permanente et l'Autorisation d'Exploitation de Carrieres Temporaire;	• **采石场开采权**:永久性采石场开采许可和临时性采石场开采许可;
• **Droit minier de recherches**: le Permis de Recherches;	• **探矿权**:探矿证;
• **Droit minier d'exploitation**: le Permis d'Exploitation, le Permis d'Exploitation des Rejets ou le Permis d'Exploitation de Petite Mine;	• **采矿权**:采矿证、尾矿开采证或小矿山开采证;

• **Erreur manifeste**: une erreur evidente qui apparaît sans analyse;	• **明显错误**:无需分析即呈现的、显而易见的错误;
• **Entités Territoriales Décentralisées**: les entités territoriales dotées de la personnalité en vertu de la constitution et de la loi;	• **地方权利机关**:根据宪法和法律规定,被赋予法人资格的地方实体;
• **Indemnisation**: paiement effectué par le titulaire et, le cas échéant, l'entité de traitement ou de transformation en faveur de la personne affectée pour la perte d'un bien matériel ou immatétriel ou en réparation d'un préjudice physique ou moral;	• **赔偿**:持有人或加工或处理实体(视情况)就受影响人员所遭受的物质或非物质损失或为弥补人身或精神损失所进行的支付;
• **Industrie Extractive**: Toute unité d'extraction, de transformation et de commercialisation couvrant dans le secteur des mines conformément au Code minier et ses mesures d'application. II s'agit des titulaires des droits miniers d'exploitation et de petite mine, des coopératives minières, des négociants, des comptoirs agrées, des marchés boursiers ainsi que des centres de négoces;	• **采掘业**:根据《矿业法典》及其适用措施的规定,在矿业部门从事采掘、加工和商业化的所有实体。该等实体包含采矿权持有人、小矿山矿权持有人、矿业合作社、批发商、特许商行、交易所以及批发中心;
• **Matériaux de construction à usage courant**: toutes substances minérales non métalliques de faible valeur, classées en carrières et utilisées dans l'industrie du bâtiment comme matériaux ordinaires non décoratifs, exploitées intensivement ou à petite échelle, tels qu'énumérés par voie règlementaire. II s'agit notamment de:	• **常用建筑材料**①:小规模集中开采的价格低廉的非金属的矿产,其归类为采石场类矿产并且在建筑业中用作非装饰性普通材料,其具体由法规规定。该等材料主要包含:

① 中伦注:该术语定义与《矿业法典》中完全一致。

-argiles à brique;	-造砖用黏土;
-sables;	-砂;
-grès;	-砂岩;
-calcaire à moellon;	-碎石灰石;
-marne;	-泥灰岩;
-quartzite;	-石灰岩;
-craie;	-白垩;
-gravier alluvionnaire;	-冲积层砾石;
-latétes;	-红土;
-basaltes;	-玄武岩;
• **Milieu sensible**: le milieu ambiant ou écosystème dont les caractéristiques le rendent particulièrement vulnérable aux impacts négatifs des opérations des mines ou de carrières, conformément à l'Annexe XI du present Décret;	• **敏感环境**:根据本法令附件十一的规定,在面对矿业活动或采石活动的消极影响时,因其特性而导致其变得尤为脆弱的周围环境或生态系统;
• **Minéraux industriels**: les substances minérales classées en carrières et utilisées comme intrants dans l'industrie légère ou lourde. II s'agit notamment de:	• **工业矿物**:归类为采石场类矿产,用于轻工业或重工业的矿物质。 主要包含:
-gypse;	-石膏;
-kaolin;	-高岭土;
-dolomie;	-白云石;
-calcaire à ciment;	-造水泥用石灰石;
-sables de verrerie;	-玻璃砂;
-fluorine;	-荧石;
-diatomites;	-硅藻土;
-montmorillonite;	-蒙脱石;

-barytine;	-重晶石;
-Calcaire à chaux.	-石灰。
• **Mine distincte**: mine distincte d'une autre mine existante et de ce fait nouvelle, qui fait l'objet d'un nouveau droit minier d'exploitation ou d'un contrat d'amodiation, dès lors qu'elle concerne un gisement distinct nécessitant des méthodes d'exploitation et des processus de traitement séparés ainsi que des moyens de production nettement individualisés, ou du fait de leur éloignement ou de leurs conditions d'exploitation, nécessitant la création d'installations minières distinctes;	• **独立矿山**①:区分于现存的矿山的独立的矿山,由于该等矿山是新的矿山,其需要新的采矿权或租赁合同,独立矿山涉及的单独的矿床需要独立的开采方法和处理方法以及专门的生产方法,或者由于其远离现存的矿山或由于其开采条件的原因,其需要建设单独的矿业设施;
• **Moyen le plus rapide et le plus fiable**:le moyen de communication qui permet la transmission la plus rapide de l'information écrite par l'expéditeur au destinataire sans distorsion du contenu et avec confirmation de réception, notamment fax et courrier électronique;	• **最为迅速可靠的方法**:能够最为迅速且无内容失真地从发件人向收件人传输书面信息,并能确认收悉的通讯途径,主要指传真和电子邮件;
• **Partie prenante**: Acteur ou groupe d'acteurs impliqués ou ayant des intérêts dans le secteur minier, notamment le gouvernement, les industries extractives du secteur minier ainsi que de la société civile, partenaire dans le cadre de l'ITIE ou de toute autre initiative similaire;	• **利害相关方**:与矿业部门相关联或在矿业行业中存在利益关系的参与人或团体,主要包含政府、矿业行业以及公民团体的采掘业,也即采掘业透明性倡议或其他类似倡议框架下的合作方;

① 中伦注:该术语定义与《矿业法典》中完全一致。

• **Pays de destination**: Pays de destination finale de tout lot des substances minérales et/ou produits miniers marchands exportés de la République Démocratique du Congo;	• **目的地国**:从刚果民主共和国出口的所有批次的矿物质和/或商业化矿产品的最终目的地国;
• **Pays de transit**: c'est l'ensemble des pays à travers lesquels tout lot des substances minérales et/ou produits miniers marchands exportés de la République Démocratique du Congo traverse avant d'arriver au pays de destination finale;	• **转运国**:从刚果民主共和国出口的所有批次的矿物质和/或商业化矿产品在最终抵达目的地国之前所经过的全部国家;
• **Poste frontalier**: le poste place sur un point de la frontière separant deux Etats.	• **边界哨所**:位于两国边界点上的哨所。
• **Poste frontière**: le poste à l'intérieur du territoire national qui enregistre les mouvements, soit vers d'autres postes de l'intérieur, soit de l'extérieur vers l'intérieur ou de l'intérieur vers l'exterieur;	• **边防哨所**:位于国家领土之内、对所有移动予以登记的哨所(包含从境内向其他哨所的移动、从境外向境内的移动或从境内向境外的移动);
• **Plan d'Ajustement Environnemental**: la description de l'état du lieu d'implantation de l'opération minière et de ses environs à la date de la publication du présent Décret ainsi que des mesures de protection de l'environnement déjà réalisées ou envisagées et de leur mise en œuvre progressive. Ces mesures visent l'atténuation des impacts négatifs de l'opération minière sur l'environnement et la réhabilitation du lieu d'implantation et de ses environs en conformité avec les directives et normes environnementales applicables pour le type d'opération minière concerné;	• **环境修复计划**:自本法令颁布之日起,对矿业活动实施地的状态及其周边环境、已经采取或计划采取的环境保护措施及其逐步实施的说明。该等措施旨在根据适用于相关类型矿业活动的环境指令和标准,减缓矿业活动给环境造成的负面影响,修复实施地及其周边环境;

• **Personne publique**: toute personne morale de droit public constituant, aux termes de la loi, une entité dotée de la personnalité juridique ou un service public personnalisé;	• **公法人**:所有公法法人,根据法律规定,包含被赋予法律人格的实体或公共服务部门;
• **PGES, Plan de Gestion Environnementale et Sociale**: le programme de mise en œuvre et de suivi des mesures envisagées par l'EIES pour atténuer et le cas échéant supprimer les conséquences dommageables du projet minier sur l'environnement, réhabiliter les sites affectés par le projet minier, indemniser, compenser et réinstaller les personnes affectées par le projet minier.	• **环境和社会管理计划("PGES")**:跟踪实施"环境和社会影响研究"①计划采取的措施,旨在减缓和必要时消除矿业项目对环境造成的破坏性影响,修复受矿业项目影响的场地,赔偿、补偿和重新安置受矿业项目影响的居民。
Ces documents contiennent:	该等文件包含:
-la description du milieu ambiant;	-周围环境的说明书;
-la description des travaux de mines ou de carrières sur ce milieu ambiant;	-矿业工程或采石工程对周围环境影响的说明书;
-L'analyse des impacts des opérations de mines ou de carrières sur ce milieu ambiant;	-矿业作业或采石场作业对周围环境影响的分析;
-les mesures d'atténuation et de réhabilitation;	-环境减排和修复的措施;
-l'engagement à respecter les termes du plan et de mettre en œuvre les mesures d'atténuation et de réhabilitation proposées;	-遵守计划设定的条款并实施拟定的环境减排和修复措施的承诺书;

① 中伦注:EIES(Etude d'Impact Environnemental et Social),《矿业法典》中有该专有名词的定义。

• **Pleine concurrence**: principe selon lequel les prix pratiqués pour des transactions entre sociétés affiliées ou toutes autres conditions convenues qui s'appliquent auxdites transactions, doivent être etablis par référence aux prix pratiqués sur le marché par des entreprises independantes;	• **完全竞争原则**①:根据该原则,在关联公司之间的交易价格或适用于该交易的其他约定条件,须参考不相关联的企业在市场上采用的(通行)价格而确定;
• **Projet ou Projet minier**: tout projet mis sur pied par le titulaire, visant une ou plusieurs activités minières ou de carrières, en vue de la découverte ou de l'exploitation d'un gisement et la commercialisation des produits marchands;	• **项目或矿业项目**②:由持有人实施的涉及一项或多项矿业活动或采石活动的项目,其目的在于探明或开采矿床以和销售商品;
• **Projet minier d'exploitation**: projet mis sur pied par le titulaire d'un droit minier d'exploitation visant l'exploitation soit d'une ou plusieurs mines se trouvant dans le même périmètre minier soit d'une mine distincte;	• **采矿项目**③:采矿权持有人实施的项目,其涉及开采位于同一矿区内的一个或多个矿山,或开采一个独立矿山;
• **Projet minier de recherches**: tout projet mis sur pied par le titulaire d'un ou de plusieurs droits miniers de recherches visant la recherche d'une ou plusieurs substances minérales;	• **探矿项目**④:一个或多个探矿权的持有人实施的项目,其涉及勘探一种或多种矿产;
• **Quotité**: la part minimale des recettes d'exportation que tout titulaire des droits miniers et des Autorisations d'Exploitation des Carrières Permanente de production de ciment, qui est	• **份额**:矿权持有人和从事水泥生产的永久性采石场开采许可持有人在其投资收回阶段,须在规定期限内将出口收入的最低份额汇回刚果(金)境内或贮存在其境外主要账户内;

① 中伦注:该术语定义与《矿业法典》中完全一致。
② 中伦注:该术语定义与《矿业法典》中完全一致。
③ 中伦注:该术语定义与《矿业法典》中完全一致。
④ 中伦注:该术语定义与《矿业法典》中完全一致。

en phase d'amortissement de ses investissements, a l'obligation de rapatrier au pays dans le délai règlementaire ou à garder à l'étranger dans son compte principal;	
• **Règles de l'art des mines**: Ensemble de mesures, conditions techniques, méthodes de recherches, d'exploitation ainsi que des procédés traitements minéralurgiques et métallurgiques requis servant à valoriser le gisement et optimiser le rendement global d'extraction dans le respect des règles de securité, d'hygiène et de protection de l'environnement;	• **矿业工艺规则**:在遵守安全、卫生和环保规则的前提下,为优化利用矿床价值和提升采掘总体收益而采取的一系列措施、技术条件、勘探方法、开采方法以及选矿和冶炼加工工艺;
• **Réinstallation**:Processus de rélocalisation des communautés affecées par le déplacement dû aux activités minières;	• **安置**:受矿业活动影响的社区搬迁后重新定居的过程;
• **Service chargé de l'Administration du Code minier**: tout service chargé, conformément à ses attributions, de l'application d'une ou des dispositions du Code minier et de ses mesures d'application;	• **《矿业法典》管理部门**:根据职权分配,负责适用《矿业法典》及其适用条例中一项或多项规定的部门;
• **Services techniques specialisés**: les services techniques créés par les pouvoirs publics pour intervenir dans la gestion du secteur minier tels que:	• **专业技术部门**:由公共权力机关创设、参与管理矿业行业的技术部门,如:
-la Cellule Technique de Coordination et de Planification Minière «C. T. C. P. M.»;	-矿业协调和统筹技术小组("CTCPM");
-le Centre d'Evaluation, d'Expertise et de Certification des substances minérales précieuses et semi-précieuses «CEEC»;	-珍贵和半珍贵矿产评估、鉴定和认证中心("CEEC");

-le Service d'Assistance et d'Encadrement de l'Exploitation Minière Artisanale et à Petite échelle «SAEMAPE»;	-小规模矿山开采协助和监管处（"SAE-MAPE"）;
-le Cadastre Minier «CAMI»;	-矿权登记局（"CAMI"）;
-Service Géologique National du Congo «SGNC»;	-刚果（金）国家地质处（"SGNC"）;
• **Site minier**: tout gisement couvert par un titre minier conféré à un particulier ou toute zone ouverte à l'exploitation minière artisanale;	• **矿场**:个人所持矿权覆盖的矿床或用以手工采矿的区域;
• **Sous-traitant**: Toute personne qui contracte directement avec le titulaire des droits miniers ou des carrières, en application des articles 1er, point 48, 108 quinquies et 219 du Code minier;	• **分包商**:根据《矿业法典》第 1 条第 48 点、第 108（5）条和第 219 条的规定,与矿权或采石权持有人直接缔约的人;
• **Terrain constituant une rue, une route, une autoroute**: tout espace établi par l'autorité administrative compétente comme constituant une rue, y compris les côtés sur une distance de cinq mètres de part et d'autre de la rue; toute zone établie par l'autorité administrative compétente comme constituant une route, y compris les côtés sur une distance de vingt mètres de part et d'autre de la route; et toute zone établie par l'autorité administrative compétente comme constituant une autoroute, y compris les côtés sur une distance de cinquante mètres de part et d'autre de l'autoroute;	• **公路、道路和高速公路用地**:公路是指由行政主管机关设立,包含距离公路两侧五米以内的区域;道路是指由行政主管机关设立,包含距离道路两侧二十米以内的区域;高速公路是指由行政主管机关设立,包含距离高速公路两侧五十米以内的区域;

• **Terrain contenant des vestiges archéologiques ou un monument national**: tout espace terrestre institué par toute autorité administrative compétente en zone contenant des vestiges archéologiques ou un monument national;	• **含考古遗迹或国家纪念碑的土地**：由行政主管机关设立、包含考古遗迹或国家纪念性建筑物的陆地区域；
• **Terrain faisant partie d'un aéroport ou zone aéroportuaire**: tout espace etabli et reconnu par l'autorité administrative compétente comprenant toutes les installations nécessaires au fonctionnement d'un aéroport, y compris les installations d'embarquement, les terminaux, les pistes, les routes d'accès et les parkings;	• **机场或机场区域用地**：由行政主管机关设立并认可的区域，包含机场运营所需的全部设施：登机设施、航站楼、跑道、进出道路和停车场；
• **Terrain proche des installations de la Défense Nationale**: tout espace terrestre situé à moins de mille mètres d'une installation de la Défense Nationale identifiée comme telle par des clôtures et/ ou des panneaux d'avertissement;	• **国防设施附近的土地**：距离国防设施（如栅栏和/或警示牌）一千米范围内的陆地区域；
• **Terrain réservé à la pépinière pour forêt ou à la plantation des forêts**: tout espace réservé par l'autorité administrative compétente à la pépinière pour forêt ou à la plantation des forêts, selon les procédures administratives en vigueur;	• **森林或造林的苗圃用地**：根据现行行政程序，行政主管机关用于（培育）森林或造林苗圃的区域；
• **Terrain réservé au cimetière**: tout espace terrestre réservé par l'autorité administrative compétente à l'enterrement des morts;	• **墓地用地**：行政主管机关用于埋葬死者的陆地区域；

• **Terrain réservé au projet de chemin de fer**: toute portion de terre réservée, par l'autorité administrative compétente, à un projet de chemin de fer, selon les procédures administratives en vigueur;	• **铁路项目用地**:根据现行行政程序,行政主管机关用于(建设)铁路项目的区域;
• **Transparence**: ensemble de règles, mécanismes et pratiques rendant obligatoires les déclarations et les publications, de la part de l'Etat et des entreprises extractives, en particulier celles de l'industrie minière, des revenus et paiements de tout genre, comprenant, notamment les revenus des exploitations et des transactions minières, la publication des statistiques de production et de vente, la publication des contrats et la divulgation des propriétaires réels des actifs miniers ainsi que les données sur l'allocation des ressources provenant du secteur minier. Elle s'etend également au respect des obligations de procédures d'acquisition et d'aliénation des droits miniers;	• **透明性**:一套规则、机制和实践,其强制国家和采掘企业(尤其是矿业行业的采掘企业)申报和公示任何种类的收入和支出(尤其是开采和矿业交易的收入)、公示生产和销售的数据、公示合同、披露矿业资产的实际所有权人、披露矿业部门的资源分配数据。其还包含遵守矿权获得和转让的程序;
• **Travaux de développement et de construction**: Ensemble d'opérations comprenant les travaux d'accès au gisement, des travaux préparatoires de la mine, d'extraction minière de roulage, de stockage ainsi que d'implantation des installations des traitements minéralurgiques et métallurgiques, en ce compris, les travaux de construction d'immeubles par incorporation et par destination,	• **开发和建设作业(工程)**:该等作业涵盖矿床通道作业、矿山准备作业、拖车采矿、储存、选矿以及冶炼加工设施的安装,亦包含以归并或附随的方式实施的建筑物建设作业(在矿区或矿业开采的划拨用地上)以及与矿业项目实施直接相关的作业。

situés dans le périmètre minier ou affectés à l'exploitation minière, ainsi que les travaux directement liés à la mise en route du projet minier.	
• **Travaux d'infrastructures**: activités de mise en place des infrastructures d'appui à la production minière notamment les:	• **基础设施作业**:矿业生产所依赖的基础设施的建设活动,主要包含:
-installations de desserte d'eau industrielle, d'électricité et de gaz;	-工业用水、电和燃气的供给设施;
-installations de production de vapeur, installations de séchage des minerais et des produits marchands;	-蒸汽生产设施、矿石和矿产品干燥设施;
-installations de stockage et de distribution de carburant;	-碳氢燃料储存和配送设施;
-installations de transport et voies de communication dans le périmètre minier ou des carrières comprenant notamment des routes d'accès à la mine ou à la carrière et d'évacuation des minérais et produits miniers, des pistes d'atterrissage, chemin de fer, port minéralier, équipements detéléphonie dans les sites miniers, équipements de télé-contrôle de processus; garages pour engins minier;	-矿区或采石场内的交通设施和通讯线路,主要包含出入矿区或采石场的道路、运输矿石或矿产品的道路、降落跑道、铁路、运矿港口、矿场内的电话设备、(加工)过程的遥控设施、采矿设备的修理厂;
-ateliers de rénovation et de maintenance des équipements mécaniques et électriques;	-机械和电子设备的翻新和维修车间;
-ateliers de chaudronneries et de tuyauteries;	-锅炉和管道车间;
-bassins de confinement et bassins de sédimentation;	-密封池和沉淀池;
-aires d'accumulation et parcs à rejets miniers;	-尾矿堆场和尾矿仓库;

• **Travaux del'art des mines**: activités relatives à la recherche minière, aux travaux de génie minier et de génie minéralurgique et métallurgique;	• **矿业工程**:与矿业勘探、矿业工程作业、选矿和冶炼相关的活动;
• **Titre**:	• **权证**:
–le texte intégral de tout bail, titre ou permis par lequel le gouvernement octroie à une ou plusieurs sociétés, ou à un, les droits afférents à la recherche ou à l'exploitation des ressources minières;	–为授予探矿权或采矿权,政府向一个或多个公司颁发的任何租约、权证或许可证的完整文本;
–le texte intégral de tout addenda, annexe ou avenant fixant les détails relatifs aux droits de recherches ou d'exploitation;	–针对探矿权或采矿权相关细节的所有增编、附件或补充条款的完整文本;
–le texte intégral de toute modification ou de tout amendement des documents décrits aux points a et b;	–上述 a 点和 b 点所涉文件的任何修订或修正的完整文本;
• **Zones à haut risque**: Celles qui caractérisent par l'instabilité politique ou la répression, la faiblesse des institutions, l'insécurité, l'effondrement des infrastructures civiles ou une violence généralisée, mais aussi des atteintes systématiques aux droits de l'homme et des violations du droit national et international;	• **高风险地区**:该类地区具有以下特点:政治动荡、镇压频发、政权力量薄弱、缺乏安全、民用基础设施垮塌或发生大规模的暴力、严重侵犯人权以及违反国际法和国内法;
• **Zones de conflit**: Celles qui se caractérisent par l'existence d'un conflit armé, d'une violence généralisée ou d'autres risques d'atteinte aux populations. Il existe plusieurs types de conflits armés à savoir: les conflits internationaux impliquant deux ou	• **冲突地区**:该类地区存在武装冲突、大规模暴力或其他侵犯民众的风险。武装冲突涉及多种类型,如两个或多个国家间的国际冲突、解放战争、暴动或内乱;

plusieurs États ou non, les guerres de libération, les insurrections, les guerres civiles;	
• **Zone de réserve**: toute portion du territoire national classée en resérve telle que:	• **预留区**:所有被列为预留区的国土部分,如:
-les réserves naturelles intégrales constituées selon les dispositions de la Loi n° 14/003 du 11 février 2014 relative à la conservation de la nature;	-根据 2014 年 2 月 11 日第 14/003 号关于自然保护法的规定,所设立的整片自然预留区;
-les réserves de la biosphère établies par l'UNESCO et gérées par le Secrétariat National du Programme MAB au Congo rattaché au Ministère de l'Environnement;	-由联合国教科文组织设立、人和生物圈计划①刚果(金)国家秘书长(环境部下属)管理的生物圈预留区;
-les réserves forestières gérées par la Direction de Gestion des Ressources Naturelles et Renouvelables du Ministère de l'Environnement;	-环境部自然资源和可再生资源管理局管理的森林预留区;
• **Zone de restriction**: toute portion du territoire national dont l'occupation à des fins minières est conditionnée par l'autorisation préalable de l'autorité compétente, du propriétaire ou de l'occupant légal telle que:	• **限采区**:需事先获得主管机关批准、所有人或合法占有人许可,方可为矿业目的而占用的国土部分,如:
-terrain réservé au cimetière;	-墓地用地;
-terrain contenant des vestiges archéologiques ou un monumentnational;	-含考古遗迹或国家纪念碑的土地;
- terrain proche des installations de la Défense Nationale;	-国防设施附近的土地;
- terrain faisant partie notamment d'un aéroport;	-机场范围的土地;

① 中伦注:Programme MAB (Programme sur l'homme et la biosphère),人和生物圈计划指 1970 年由联合国教科文组织第 16 届大会通过的关于国际性的、政府间的合作研究人类同生物圈相互作用的计划。

–terrain réservé au projet de chemin de fer;	–铁路项目用地;
–terrain réservé à la pépinière pour forêt ou à la plantation des forêts;	–森林或造林的苗圃用地;
–terrain situé à moins de nonante mètres des limites d'un village, d'une cité, d'une commune ou d'une ville;	–距离村、镇、市镇或城市的边界九十米以内的土地;
–terrain situé à moins de nonante mètres d'un barrage ou d'un batîment appartenant à l'Etat;	–距离水利大坝或国有建筑物的边界九十米以内的土地;
–terrain compris dans un parc national;	–国家公园范围内的土地;
–terrain constituant une rue, une route, une autoroute ainsi que les autres;	–公路、道路、高速公路和其他用地;
–terrains cités à l'article 279 du Code minier;	–《矿业法典》第 279 条所规定的土地;
• **Zone d'interdiction**: toute aire géographique située autour des sites d'opérations minières ou de travaux de carrières établie par arrêté ministériel pris à la demande du Titulaire du droit minier d'exploitation ou d'une autorisation d'exploitation de carrières permanente empêchant les tiers d'y circuler ou d'y effectuer des travaux quelconques;	• **禁入区域**:经采矿权持有人或永久性采石场开采许可持有人申请,在矿业作业或采石作业场所的周围,部长令划定的禁止第三人通行或从事任何作业的地理区域;
• **Zone interdite**: toute aire géographique où les activités minières sont interdites pour des raisons de sûreté nationale, de securité des populations, d'une incompatibilité avec d'autres usages existants ou planifiés du sol ou du sous-sol et de la protection de l'environnement.	• **禁采区**:因国家安全、人口安全、与现有的或规划的地表或地下的其他用途不符,以及出于环境保护考虑而禁止开展任何矿业活动的地理区域。

Chapitre II:DES ZONES SPECIALES	*第二章:特殊区域*
Article 3:Des aires protégés	**第 3 条:保护区**
Lorsque la conservation de la faune, de la flare, du sol, des eaux, et en général d'un milieu sensible présentant un intérêt spécial nécéssite de les soustraire de toute intervention susceptible d'en altérer l'aspect, la composition et l'évolution, le Premier Ministre peut, par Décret délibéré en Conseil des Ministres, sur proposition conjointe du Ministre et des Ministres ayant l'Environnement et la conservation de la nature ainsi que le Tourisme dans leurs attributions, délimiter une portion du Territoire National en aire protégée, après avis du Cadastre Minier et du Service Géologique National du Congo.	为保护动植物、水土或具有特殊意义的敏感环境,使其免受所有可能导致外观、构成和演变发生变化的干扰时,总理可根据矿业部部长、环境和自然保护部部长和旅游部部长的联合提议,在征求矿权登记局和刚果(金)国家地质处的意见后,经部长委员会审议通过,颁布法令将部分国土划定为保护区。
Le Décret portant délimitation des aires protégées peut en déterminer la durée. Il est publié au Journal Officiel.	划定保护区界限的法令可设定保护期限,并在官方公报上公布。
Il ne peut être octroyé des droits miniers ou de carrières dans une aire protégée ni y être érigé une zone d'exploitation artisanale.	在保护区内不得授予任何矿权或采石权,亦不得设立任何手工开采区。
Aux termes du present Décret, sont considérées comme aires protégées:	根据本法令规定,下列区域视为保护区:
• les parcs nationaux notamment Virunga, Garamba, Kundelungu, Maîko, Kahuzi- Biega, Okapi, Mondjo, Upemba et Moanda;	• 国家公园,包含 Virunga、Garamba、Kundelungu、Maîko、Kahuzi-Biega、Okapi、Mondjo、Upemba 和 Moanda;
• les domaines de chasse notamment Azande, Bili-uélé et Bomu, Gangala na Bodio, MaîkaPange, Mondo- Missa, Rubi-Tele, Bena-Mulundu, Bushimaie, Lubidi-Sapwe, Mbombolumene, Luama, Rutshuru, Sinva-Kibali et Mangaî;	• 狩猎区,包含 Azande、Bili-uélé 和 Bomu、Gangala na Bodio、MaîkaPange、Mondo-Missa、Rubi-Tele、Bena-Mulundu、Bushimaie、Lubidi-Sapwe、Mbombolumene、Luama、Rutshuru、Sinva-Kibali 和 Mangaî;

• les Réserves notamment le parc présidentiel de la N'sele, la réserve de Srua-Kibula, de Yangambi, la réserve de la Luki, de la Lufira;	• 预留区,包含 N'sele 总统公园、Srua-Kibula 预留区、Yangambi 预留区、Luki 预留区和 Lufira 预留区;
• les secteurs sauvegardés et les jardins zoologiques et botaniques de Kinshasa, Kisangani, Lubumbashi, Kisantu, Eala.	• 金沙萨、Kisangani、卢本巴希、kisantu 和 Eala 保护地带、动物园、植物园。
En cas de changement de circonstances ou de besoins nationaux, une aire protégée peut être déclassée moyennant la même procédure précisée au premier alinéa ci-dessus pour le classement.	当情势变更或国家之需发生变化时,可根据上述第 1 款规定的设立保护区的程序将某一保护区从清单中划去。
Si la déclaration de classement d'une aire protégée porte atteinte à l'exercice des droits miniers ou de carrières préexistants, une juste indemnité est payée au titulaire des droits concernés conformément aux dispositions du présent article.	若设立保护区的声明有损于先前存在的矿权或采石权的行使,应根据本条之规定,向相关权利持有人予以合理补偿。
Dans les cinq jours qui suivent la date de la signature du Décret portant classement d'une aire protégée, l'Etat communique au titulaire endommagé le montant de l'indemnité proposée et la date précise ou estimée à laquelle interviendra son paiement, au plus tard six mois après la date de signature du Décret portant déclaration de classement. Après la notification, le Titulaire est obligé à procéder à la fermeture de ses opérations conformément à son Plan environnemental dans les plus brefs délais.	自设立保护区的法令签署之日起五日内,国家告知受损的持有人拟定的赔偿额和支付的具体日期或预计日期(最迟不超过设立保护区的法令签署之日起六个月)。通知后,持有人须按照其环境计划尽快停止作业。

Sauf s'il demande un délai supplémentaire, le titulaire endommagé doit réagir dans les quinze jours ouvrables à dater de la réception de la proposition de l'Etat.	除非申请额外延期,否则受损的持有人应在收到国家的提议之日起十五个工作日内作出回复。
En cas d'acceptation, l'indemnité exprimée en dollars américains est payée immédiatement en l'équivalent en monnaie nationale.	若持有人接受,则应立即以等额的本国货币支付以美元计价的赔偿。
En cas de désaccord, la réponse du titulaire doit comprendre sa proposition quant à la hauteur réelle de l'indemnité.	若持有人拒绝,则持有人回复须包含其对实际赔偿额度的提议。
Sil'Etat rejette la proposition du Titulaire lésé, ce dernier peut réquerir que le litige soit statué par le tribunal compétent ou par la procédure d'arbitrage prévue aux articles 317 à 320 du Code minier.	若国家拒绝受损的持有人的提议,则持有人可请求有管辖权的法院审理该争议,或根据《矿业法典》第 317 条至第 320 条的规定,通过仲裁程序解决争议。
L'exercice du recours judiciaire ou arbitral est également possible lorsqu'il n'y a pas eu notification de la déclaration de classement, du montant de l'indemnité ou en cas de notification tardive, ou enfin, lorsque l'indemnité n'est pas payée six mois après la date de la signature du Décret portant classement de l'aire protégée.	若对设立保护区的声明未予通知或迟延通知,或未告知赔偿金额,或未在设立保护区的法令签署之日起六个月内支付赔偿金,也可通过司法或仲裁途径寻求救济。
Article 4: Des zones interdites	**第 4 条:禁采区**
En cas de déclaration d'une zone en zone interdite conformément aux dispositions de l'article 1er, spécialement en son article 6 alinéas 1 et 2 du Code minier, il ne peut être octroyé des droits miniers ou de carrières, ni érigé une zone d'exploitation artisanale sur une superficie comprise dans cette zone interdite.	根据《矿业法典》第 1 条,特别是第 6 条第 1 款和第 2 款的规定,宣布设立为禁采区的,该区域内不得授予任何矿权或采石权,亦不得设立任何手工开采区。

Si la déclaration de classement d'une zone interdite porte atteinte à l'exercice des droits miniers ou de carrières préexistants, une juste indemnité est payée au titulaire des droits concernés conformément aux dispositions des alinéas 6 à 12 de l'article 3 ci-dessus.	若设立禁采区的声明有损于先前存在的矿权或采石权的行使,应根据上述第 3 条第 6 款至第 12 款的规定,向相关权利持有人予以合理补偿。
Article 5: Des zones empiétant sur des zones de réserve	**第 5 条:与预留区重叠的区域**
Des droits miniers ou de carrières peuvent être octroyés sur des périmètres qui empiètent sur des zones de réserve. Toutefois, les plans environnementaux pour les opérations en vertu de tels droits doivent noter l'existence de ces zones de réserve, reconnaître leur raison d'être, et comprendre des mesures adéquates pour atténuer les effets nuisibles des opérations sur la zone de réserve concernée ainsi que sur l'objectif en raison duquel la zone de réserve a été établie.	在与预留区重叠的矿区上,可授予矿权或采石权。但在为该等矿权或采石权作业所制订的环境计划中,应注明该预留区的存在,并说明存在的理由,以及为减缓作业给相关预留区和设立预留区的目的造成的不良影响而采取的适当措施。
Article 6: Des zones de restriction	**第 6 条:限采区**
Nul ne peut occuper une zone de restriction sans avoir obtenu au préalable l'accord de l'autorité compétente, du propriétaire ou de l'occupant légal, selon le cas, conformément aux dispositions de l'article 279 du Code minier.	根据《矿业法典》第 279 条的规定,未事先取得主管机关、所有权人或合法占有人的同意,任何人不得占用限采区。
Les autorités compétentes visées à l'article 279 du Code minier sont celles prévues par les législations particulières en la matière telles que reprises à l'annexe I.	《矿业法典》第 279 条规定的主管机关是指相关特别法规定的机关,具体参见附件 I。

Article 6 bis：des substances réservées	**第 6(2) 条：储备物质**
Si la sécurité publique l'exige, le Premier ministre peut, par décret delibéré en Conseil des ministres, sur proposition du ministre, après avis du Cadastre Minier et du Service Géologique National du Congo, déclarer unesubstance minérale «substance réservées» qu'il soumet à des règles spéciales.	因公共安全之需，总理有权根据矿业部部长的提议，在征求矿权登记局和刚果（金）国家地质处的意见后，经部长委员会审议通过，颁布法令宣布某矿产为储备物质，并适用特别规定。
Le Décret classant une substance minérale en substance réservée en précise les règles et les dispositions relatives notamment aumode d'accès à la ressource renfermant un tel type de substance, au mode d'exploitation, au transport et à la commercialisation.	将某矿产归类为储备物质的法令应详细说明含有该等物质的资源的获取方法、开采方法以及运输和销售的相关规则和规定。
Tout titulaire de droit minier ou autre opérateur minier qui identifie des gîtes ou des indices des substances réservées en informe la Direction de géologie.	任何矿权持有人或其他矿业经营者识别出储备物质的矿床或迹象的，应通知地质局。
Chapitre III：DES PREROGATIVES DU MINISTERE CHARGE DES MINES	***第三章：矿业部的职权***
Section I^{ème}： Des compétences du Ministère	**第一节：矿业部的管辖范围**
Article 7：Des compétences du Ministère charge des Mines	**第 7 条：矿业部的管辖范围**
Le Ministère charge des Mines est compétent pour：	矿业部负责：
• Concevoir et proposer au Gouvernement de la république la politique du pays dans le secteur des Mines, et conduire celle-ci conformément aux dispositions du Code minier；	• 设计并向共和国中央政府提议国家在矿业部门的政策，并根据《矿业法典》的规定实施该等政策；

• assurer et coordonner la promotion de la mise en valeur optimale des ressources minérales du pays, ainsi que la promotion et l'intégration du secteur minier aux autres secteurs économiques du pays;	• 确保并协调对国家矿产资源的优化利用和矿业部门与国家其他经济部门的融合;
• fixer, conjointement avec le ministère chargé des Finances, les taux des droits, taxes et redevances à percevoir à l'initiative du ministère chargé des mines;	• 会同财务部共同确定由矿业部牵头征收的税费比例;
• édicter, en collaboration avec le ministère charge du Commerce Extérieur, la nomenclature des produits marchands;	• 会同外贸部共同编制商品名录;
• statuer sur le plan d'industrialisation présenté par le titulaire et contenant un programme de traitement des produits miniers extrait de son périmètre dans ses propres installations ou auprès des entités de traitement agréées établies sur le territoire national;	• 审查决定持有人提交的工业化规划,该规划需包含在其设施内或在国家领土之内的经特许的处理实体处加工其矿区开采出矿产品的方案;
• veiller à la coordination des activités du Cadastre Minier et des autres services dans le cadre de l'octroi, de la gestion et de l'annulation des droits miniers et de carrières;	• 当授予、管理和撤销矿权和采石权时,保证矿权登记局和其他负责部门之间的协作;
• assurer l'inspection et le contrôle des activités minières et des travaux de carrières, la protection de l'environnement et la lutte contre la fraude, conformément aux dispositions du Code minier;	• 根据《矿业法典》的规定,确保矿业活动和采石工程的检查与监督、环境的保护和对欺诈行为的打击;

• soumettre les travaux de recherches et d'exploitation des mines et des carrières ainsi que leurs dépendances respectives, à la surveillance administrative, technique, économique et sociale conformément aux dispositions du Code minier;	• 根据《矿业法典》的规定,将矿业和采石的勘探开采作业及其附属设施置于行政、技术、经济和社会监管之下;
• conserver, centraliser et organiser la circulation de l'information du secteur minière;	• 保持、汇集和组织矿业部门的信息交流;
• organiser l'encadrement de toutes les exploitations minières ou des carrières artisanales ou semi-industrielles en vue de promouvoir l'amélioration de leur rentabilité ainsi que les techniques pour la conservation et la gestion de la mine suivant les règles de l'art;	• 为所有手工或半工业化矿业或采石场开采设定制度框架,以促进其提高效益,并根据工艺规则推广矿山的保护和管理技术;
• appliquer d'une manière générale le Code minier et ses mesures d'application.	• 《矿业法典》及其实施措施的一般适用。
Section II: Des attributions spécifiques du Ministre, des Services et des organismes spécialisés	**第二节:矿业部部长、专业服务部门和机构的专属职权**
Article 8: Des attributions du Ministre	**第 8 条:矿业部部长的职权**
Outre les attributions définies a l'article 10 du Code minier, le Ministre est compétent pour:	除《矿业法典》第 10 条规定的职权外,矿业部部长负责如下事项:
• approuver, conjointement avec le Ministre ayant les Finances dans sesattributions, les listes des biens à importer sous le régime douanier privilégié;	• 会同财政部部长批准可享受关税优惠政策的进口物资清单;
• agérer, conjointement avec le Ministre ayant l'Environnement dans ses attributions, les bureaux d'Etudes Environnementales;	• 会同环境部部长批准设立环境研究所;

• exercer la tutelle des Institutions, Organismes publics ou paraétatiques entrant dans l'administration du Code minier ou se livrant aux activités minières ou de carrières.	• 对《矿业法典》项下管理的或从事矿业活动或采石活动的公共或半官方机构或机关进行监管。
Section III: Des attributions de l'Administration des mines	**第三节:矿业行政机关的职权**
Article 8 bis: De l'Administration des mines comprend notamment:	**第 8(2)条:矿业行政机关包含:**
• Le Secrétariat Général;	• 秘书处;
• Les directions;	• 管理局;
• Les divisions;	• 管理处;
• Les autres services publics des mines et des carrières, dont les services administratifs du ministre en charge des mines, y compris ceux qui interviennent dans l'administration du Code minier et de toutes ses mesures d'application.	• 其他矿业和采石公共部门,即矿业部的各行政部门,包含参与管理《矿业法典》及其适用措施的各部门。
Article 8 ter: Du Secretariat Général	**第 8(3)条:秘书处**
Sans préjudice des prérogatives lui reconnues par les textes légaux et règlementaires regissant l'Administration publique, notamment le Cadre et structures organiques du Secrétariat Général aux mines, et d'autres mesures d'application de la Loi portant Code minier, les attributions du Secrétariat général aux Mines sont exercés par le Secrétaire Général aux Mines.	在不违反公共行政管理的法律法规的前提下,特别是涉及矿业部秘书处框架和组织结构的法律法规和其他关于《矿业法典》实施措施的法律,矿业部秘书处自行行使其职权。
A ce titre, le Secrétaire Général aux Mines est charge de (d'):	为此,矿业部秘书处负责:

• assister le Ministre des mines dans ses prérogatives en matière de gestion du secteur des mines et de carrières;	• 协助矿业部部长行使其管理矿业部门和采石部门的相关职权;
• notifier les arrêtés ministériels autres que ceux relatifs aux droits miniers et de carrières et, selon le cas, ceux interministériels dans la mise en œuvre du Code minier et ses mesures d'applications;	• 通知部长令(与矿权和采石权相关的部长令除外),并视情况通知与实施《矿业法典》及其适用措施相关的联合部长令;
• notifier aux services concernés de l'administration des mines les arrêtés ministériels relatifs aux droits miniers et de carrières;	• 通知矿业行政机关的相关部门与矿权和采石权相关的部长令;
• superviser l'élaboration des projets des textes sur la législation ou la réglementation du secteur des mines, en collaboration avec les services spécialisés du Ministère des Mines;	• 会同矿业部专业服务机构监督矿业部门法律法规草案的制订;
• convoquer et présider les réunions de la Commission interministérielle d'adjudication des offres.	• 召集并主持部际评标委员会。
Article 9: De la Direction de Géologie	**第 9 条:地质局**
La Direction de Géologie est chargée de:	地质局负责:
• concevoir et élaborer:	• 设计并制订:
- les avant-projets de politiques et des stratégies du secteur minier en matière de géologie et en assurer la mise en application;	-矿业部门在地质方面的政策和战略草案,并确保该草案的实施;
- les avant-projets de textes législatifs et réglementaires du secteur minier en matière de géologie et en assurer la mise en œuvre;	-矿业部门在地质方面的法律法规草案,并确保该草案的实施;

• s'assurer de l'archivage et de la conservation des échantillons des sols, des roches, des carottes de sondage et des minerais deposés par les Titulaires de droits miniers et de carrières;	• 确保将矿权和采石权持有人递交的土壤、岩石、钻孔岩芯和矿石样本存档并保存;
• produire descartes géologiques et minières en collaboration avec le Service National Géologique du Congo;	• 会同刚果(金)国家地质处编制地质图和矿产图;
• Apposer le visa valant laissez-passer-sur la description des échantillons prélevés pour analyse ou essais à l'étranger conformément aux dispositions des articles 50 bis et 64 bis du Code minier révisé;	• 根据经修订的《矿业法典》第 50(2)条和第 64(2)条规定,在说明书上为寄往国外分析或实验的提取样品加盖等同于通行证的检验章;
• assurer l'instruction technique des demandes d'agrément ou de renouvellement d'agrément, au titre de laboratoire d'analyses des substances minérales;	• 确保对矿产分析实验室的批准申请或批准续期进行技术审查;
• apprécier à travers un formulaire *ad hoc* la quantité et le volume des échantillons des substances minérales nécéssaires pour analyses et essais;	• 借助专门表格,评估分析和实验所需矿产样本的数量和体积;
• émettre des avis en cas de (d'):	• 针对以下情形,出具意见:
-certification de commencement des travaux de recherches, introduite par le titulaire des droits miniers de recherche;	-探矿权持有人出具的勘探工程开工认证;
- extension du Permis de recherches à d'autres substances;	-探矿证向其他物质的延展;
- demande d'agrément des bureaux d'études géologiques;	-地质研究所的批准申请;

• émettre un avis technique sur les travaux de recherches à entreprendre à l'extérieur du périmète couvert par un droit minier ou de carrières;	• 就拟在矿权或采石权覆盖矿区范围外实施的勘探工程出具技术意见；
• recevoir de toute personne, titulaire de droits miniers ou de carrières, la déclaration écrite des levées géophysiques ou de campagne de prospection géochimique et se faire communiquer les résultats;	• 受理任何人、矿权或采石权持有人的地球物理调查或地球化学普查的书面申报,并掌握相关结果；
• délivrer une autorisation préalable aux travaux de terrassement, quel que soit le lieu ou l'objet, à effectuer à l'extérieur du périmètre couvert par un droit minier ou de carrières;	• 为拟在矿权或采石权覆盖矿区范围外实施的土方工程,无论其地点或目的为何,颁发事前许可；
• prendre acte de la déclaration préalable des travaux d'utilité publiquepar « le maître d'ouvrage»;	• 就"施工方"对公共用途工程的事前申报予以备案；
• inspecter et contrôler tous sondages, ouvrages souterrains, travaux de fouilles, travaux de terrassement et travaux d'utilité publique ainsi que se faire remettre tous échantillons et se faire communiquer tous documents et renseignements d'ordre géologique, géotechnique, hydrologique, topographique, chimique ou minier;	• 检查和监督所有的钻探、地下工程、挖掘工程、土方工程和公共用途工程,并要求向其提供任何样品,以及任何地质学、土工学、水文学、地形学、化学或采矿方面的文件和信息；
• s'assurer de la constitution et de l'utilisation, par le titulaire des droits miniers, de la provision pour la reconstitution du gisement;	• 核实矿权持有人是否设立和使用矿床复原准备金；
• contrôler et inspecter les activités des laboratoires d'analyses des produits miniers marchands agréés par le Ministre;	• 监督和检查经矿业部部长特许批准的商用矿产品分析实验室的活动；

• participer aux travaux de (du):	• 参与下列机构的工作:
-la Commission lnterministérielle d'Adjudications des Offres;	-部际评标委员会;
-la Commission lnterministérielle d'approbation des listes des biens à importer sous le régime douanier privilégié;	-批准享受关税优惠政策的进口物资清单的部际委员会;
-Comité Permanent d'Evaluation «CPE».	-常务评估委员会("CPE")。
Article 10: De la Direction des Mines	**第 10 条:矿业局**
La Direction des Mines est chargée de:	矿业局负责:
• concevoir et élaborer les projets de politiques, de stratégies et de normes relatives aux activités minières et en assurer la mise en oeuvre;	• 设计并制定矿业活动相关政策、战略和标准的草案,并确保其实施;
• contribuer à l'élaboration des avant-projets des textes législatifs et règlementaires ayant trait aux produits des mines et en assurer la mise en œuvre;	• 参与制定矿产品相关法律法规的草案,并确保其实施;
• contrôler et suivre la réalisation des activités ayant trait aux mines conformément aux dispositions légales et règlementaires en vigueur;	• 根据现行法律法规规定,监督和跟踪矿山相关活动的实施;
• constater et liquider les actes générateurs des recettes non fiscales du secteur des mines;	• 证实并解决导致产生矿业部门非税收入的行为;
• collecter et traiter les données des recettes fiscales, non fiscales et douanières du secteur minier;	• 收集并处理矿业部门税收收入、非税收入和关税收入的数据;
• émettre des avis techniques sur les questions suivantes:	• 针对下列问题,出具技术意见:
- l'opportunité de soumettre un droit d'exploitation à un appel d'offres;	-采矿权进行招标的时机;

– les caractéristiques de l'exploitation à petite échelle;	–小规模开采的特征;
– l'extension du permis d'exploitation ou d'autorisation d'exploitation de carrières.	–采矿证或采石许可的延展。
• assurer l'instruction technique sur les demandes de (d'):	• 确保对下列申请进行技术审查:
– agrément au titre des mandataires en mines et carrières;	–矿权和采石权代理人的批准;
– octroi et renouvellement de droits miniers d'exploitation;	–采矿权的授予和续期;
–commencement des travaux de développement et de construction;	–开发和建设作业(工程)的开工;
–mutations et hypothèques;	–移转和抵押;
–agrément au titre de comptoirs d'achat et de vente des substances minérales d'exploitation artisanale et leur renouvellement;	–买卖手工开采矿产的商行的设立批准及其续期;
–agrément au titre d'acheteurs et d'acheteurs supplémentaires des comptoirs agréés des substances minérales d'exploitation artisanale;	–买卖手工开采矿产的商行的采购人员和增补采购人员的批准;
– traitement exceptionnel des produits miniers pour traitement à étranger;	–在国外加工矿产品的例外情况;
• examiner le plan d'industrialisation deposé par le titulaire d'un droit minier d'exploitation ou d'une autorisation minière d'exploitation;	• 审查由采矿权或采矿许可持有人递交的工业化计划;
• surveiller et exercer le contrôle des opérations de rapatriement obligatoire des recettes d'exploitation, sur le titulaire de droit minier et de carrières ainsi que sur toutes les institutions bancaires en collaboration avec la Banque Centrale du Congo;	• 监督和监管矿权和采石权持有人,以及所有与刚果中央银行合作的银行机构进行的出口收入强制汇回的操作;

• vérifier et émettre un avis de concordance ou de discordance, en rapport avec les pratiques sur le marché des conditions et termes des conventions d'emprunt conclues par le titulaire de droit minier avec des bailleurs de fonds étrangers;	• 核实矿权持有人与外国融资银行所缔结的贷款协议的条件在市场上的实践情况,并出具相符或不相符的意见;
• Contrôler l'affectation de fonds empruntés par le titulaire conformément au plan d'investissement de fonds reçus en emprunt;	• 根据所获贷款的投资计划,审查持有人所贷资金的用途;
• participer à la mise en œuvre de (du):	• 参与实施:
-mesures légales ou réglementaires particulières édictées des normes nationales, régionales et internationales en matière de transparence, de traçabilité et de certification des substances minérales;	-关于矿产的透明性、可追溯性和认证方面,规定国家、区域和国际标准的专门法律或法规措施;
-Manuel des procédures de traçabilité des produits miniers de l'extraction à l'exportation;	-采矿产品从开采到出口的可追溯性程序手册;
• assurer, conformément aux dispositions légales et réglementaires en vigueur:	• 根据现行法律法规的规定,确保:
-le contrôle de bornage, de commencement des travaux de développement et de construction de la mine et de l'exploitation;	-监管划界、矿山开发和建设作业(工程)的开工和开采工程的开工;
-la mise en œuvre des mesures d'application relatives à l'approbation de la liste des biens bénéficiant du régime douanier privilégié du Code minier;	-实施关于批准享受《矿业法典》关税优惠政策的物资清单的适用措施;

• instruire le contentieux relatif à l'établissement d'un périmètre de l'exploitation de carrières sur un périmètre d'un permis d'exploitation ou d'un permis d'exploitation de petite mine;	• 审理因在采矿证或小矿山开采证所覆盖的矿区上设立采石区而引发的争议；
• régler par voie d'arbitrage des differends concernant les servitudes de passage entre les titulaires des droits miniers et/ou ceux des autorisations d'exploitation de produit de carrières;	• 通过仲裁途径解决矿权和/或采石产品开采许可持有人之间的通行地役权争议；
• participer aux:	• 参加：
-réunions de la Commission lnterministerielle d'Adjudication des Offres;	-部际评标委员会会议；
-réunions du Comité Permanent d'Evaluation (CPE);	-常务评估委员会会议（“CPE”）；
• assurer la Présidence et le Secrétariat Permanent de la Commission lnterministérielle d'approbation de liste des biens à importer sous le régime douanier privilégié.	• 确保部际委员会主席和常务秘书长依关税优惠政策批准进口物资清单。
• examiner les rapports périodiques d'activités et réaliser des études économiques ainsi que des statistiques minières sur leur base.	• 审查活动的定期报告，并在其基础上完成矿业经济和统计研究。
Article 11: De la Direction de Protection de l'Environnement Minier	**第 11 条：矿业环保局**
La Direction de Protection de l'Environnement Minier est chargée de:	矿业环保局负责：
• en collaboration avec l'Agence Congolaise de l'Environnement, le Fonds National de Promotion et de Service Social et, le cas échéant, tout autre Organisme de l'Etat concerné:	• 会同刚果（金）环境署、国家促进和社会服务基金会，如需要，以及其他相关国家机构：

- mettre en œuvre la réglementation minière en matière de protection de l'environnement;	-实施环境保护方面的矿业法规;
-procéder à l'instruction environnementale du (de l'):	-对下列文件进行环境审查:
• Plan d'Atténuation et de Réhabilitation «PAR»;	• 环境减排和修复计划("PAR");
• Etude d'Impact Environnemental et Social «EIES» et du Plan de Gestion Environnementale et Sociale «PGES»;	• 环境和社会影响研究("EIES")和环境和社会管理计划("PGES");
-assurer le contrôle et le suivi des obligations incombant aux titulaires des droits miniers et de carrières, des Entités de traitement ou de transformation des substances minérales, des laboratoires d'analyses de produits miniers marchands en matiere de sécurité, d'hygiène, de santé, de protection de l'environnement dans le secteur des mines;	-确保监管和跟踪矿权和采石权持有人、矿产加工或处理实体和矿产品分析实验室在矿业部门中承担安全、卫生、健康、环境保护方面的义务;
-délivrer l'attestation delibération des obligations environnementales;	-签发已履行环境义务的证明;
-émettre un avis pour l'agrément des bureaux d'études environnementales;	-对环境研究所的许可出具意见;
-veiller à la mise en œuvre de la politique de responsabilité sociale des entreprises minières et des carrièes (RSE) vis-à-vis des communautés locales affectés par les projets miniers.	-实施政策以保证矿业企业和采石企业("RSE")对受矿业项目影响的当地社区承担社会责任。
Un Arreté Interministériel des Ministres ayant respectivement les Mines, l'Environnement et les Affaires Sociales dans leurs attributions fixe les modalités de collaboration entre l'Agence Congolaise de l'Environnement, la Direction de	刚果(金)环境署、矿业环保局和国家促进和社会服务基金会之间的协作方式,由矿业部、环境部和社会事务部部长发布的联合部长令规定。

Protection de l' Environnement Minier et le Fonds National de Promotion et de Service Social.	
• Matières exclusives:	• 专属事项:
-contribuer à la conception et à l'élaboration de projets depolitiques, de textes législatifs et réglementaires ainsi que des stratégies et la mise en œuvre de normes (ex. OP, ISO, SFI, etc.) relatives à la protection de l'environnement dans le secteur des mines;	-参与设计和制定矿业部门的政策、法律法规文本和战略的草案,以及实施关于环境保护的各项标准(如 OP、ISO、SFI 等);
- contribuer au règlement des différends dans le cadre de l'exécution des plans environnementaux dans le secteur minier;	-参与解决矿业部门环境计划实施中产生的争议;
-émettre un avis denon-lieu à la délivrance du certificat environnemental pour toute demande d'extension du Permis d'exploitation et de l'Autorisation d'Exploitation de Carrières Permanente à d'autres substances minérales associées;	-对为采矿证和永久性采石场开采许可延展至其他伴生矿产的申请而颁发的环境证书,出具撤销意见;
-s'assurer du respect des normes relatives à la mise en œuvre et à l'évolution de:	-确保涉及下列技术的实施和革新遵守标准:
• techniques et mesures d'atténuation des effets négatifs des opérations minères sur les écosystèmes et les populations;	• 减轻矿业作业对生态系统和居民的负面影响的技术和措施;
• techniques de réhabilitation des milieux affectés par les activités minières;	• 修复受矿业活动影响的地带的技术;
- effectuer des contrôles périodiques ou ponctuels des opérations de recherches et en contrôler la conformité dans la tenue des registres et la véracité des rapports d'activités;	-定期或定时监管勘探作业,对登记簿的保管和活动报告的真实性进行合规性监管;

-constituer et gérer la base des données sur l'état environnemental dans les zones d'activités minières et contribuer à la publication des statistiques y relatives sur le site internet et le journal du ministère des mines;	-建立并管理矿业活动区域内的环境状况数据库,并在矿业部网站和公报上公布相关统计结果;
-émettre un avis sur la demande de:	-针对下列申请出具意见:
• certification de commencement des travaux de Recherches;	• 勘探工程开工认证;
• certification de commencement des travaux de développement et construction.	• 开发和建设作业(工程)开工认证。
-délivrer l'autorisation environnementale appuyant la déclaration d'ouverture ou de fermeture d'un centre de recherches ou d'exploitation avant le commencement des travaux;	-工程开工前,颁发勘探中心或开采中心营业或关闭的申报所需的环境许可;
-veiller:	-保证:
• à la constitution de la sureté financière de réhabilitation des sites miniers;	• 设立修复矿场的财务担保;
• au respect de la réglementation en matière de délocalisation et de l'indemnisation des populations affectées par les projets miniers;	• 遵守对受矿业项目影响的居民进行搬迁和补偿的规定;
-s'assurer annuellement de la constitution de la provision et du plafond du 0,5% du chiffres d'affaires et de son utilisation pour la réhabilitation des sites;	-确保矿场修复的担保金按年提取(最高额度为营业额的 0.5%),并确保该笔款项用于修复矿场;
-participer aux travaux de:	-参与下列机构的工作:
• la Commission Interministérielle d'approbation des listes des biens à importer sous le régime douanier privilégié du Code minier;	• 批准可享受《矿业法典》关税优惠政策的进口物资清单的部际委员会;

• la Commission Interministérielle d'Adjudications des offres.	• 部际评标委员会。
Article 12: De la Direction de l'Inspection Minière	**第 12 条:矿业监察局**
La Direction de l'Inspection Minière est chargée de:	矿业监察局负责:
• rechercher, détecter, constater et réprimer les infractions liées aux activités minières prévues par le Code minier et ses mesures d'application;	• 搜寻、侦查、证实并制止违反《矿业法典》及其适用措施所规定的有关矿业活动的犯罪行为;
• mettre en œuvre toute mesure de surveillance et de protection contre les vols, recel, détournement, détention, transport, achat et vente illicite ainsi que la fraude des substances minérales précieuses, semi-précieuses et autres substances du genre;	• 实施监管和保护措施,以防发生对珍贵、半珍贵矿产和其他种类矿产的盗窃、窝藏、侵占、非法持有、非法运输、非法买卖以及欺诈;
• assurer le suivi (de) et participer à l'exécution des mesures pratiques de collaboration sur le terrain entre les services et organismes publics ayant dans leurs attributions, la lutte contre fraude et la contrebande dans le secteur Minier;	• 确保跟踪并参与实施负责打击矿业部门欺诈和走私的公共部门和机构间现场合作的措施;
• contrevérifier les actions des différents Services, Organismes et entreprises intervenant dans l'exploitation, l'évaluation et la commercialisation des produits miniers et des carrières;	• 交叉检查参与矿产品和采石场产品的开采、评估和商业化的各部门、机构和企业的行为;
• participer au processus (initiatives ou normes nationales, régionales et internationales) de certification et de traçabilité des minérais de production	• 参加手工生产、小矿山和工业开采的矿石的认证和溯源过程(倡议或国家、区域和国际标准),并视情况监管其有效实施;

artisanale, de la petite mine et d'exploitation industrielle, et le cas échéant, en contrôler la mise en œuvre effective;	
• assurer le contrôle deperformances des comptoirs et des entités de traitement et/ou de transformation des substances minérales de production artisanale;	• 确保监管商行和手工生产矿产的加工和/或处理实体的业绩;
Article 12 bis: Des attributions de la Direction des Carrières	**第 12(2)条:采石局的职权**
La Direction des Carrièresa pour tâches notamment de:	采石局主要负责:
• concevoir, élaborer les projets de politiques, de stratégies et de normes relatives à la recherche et à l'exploitation des produits de carrières;	• 设计并制定与采石场产品的勘探和开采相关的政策、战略和标准的草案;
• contribuer à l'élaboration des avant-projets des textes législatifs et règlementaires ayant trait à la recherche et à l'exploitation des produits de carrières;	• 参与制定与采石场产品的勘探和开采相关的法律和法规草案;
• organiser, contrôler et suivre la réalisation des activités ayant trait à la recherche et à l'exploitation des produits de carrières, conformément aux dispositions légales et règlementaires en vigueur;	• 根据现行法律法规规定,组织、监管和跟踪与采石场产品的勘探和开采相关的活动的实施;
• assurer le contrôle de bornage et le suivi de la réalisation des travaux de carrières en Province;	• 确保监管划界,并跟踪省内采石工程的实施;
• Veiller:	• 保证:
-au respect des dispositions légales concernant l'occupation des terrains, par le titulaire, et l'indemnisation des ayants droit;	-持有人遵守关于土地占用和对土地所有权人予以补偿的相关法律规定;

-au respect des règles de l'art concernant l'exploitation des produits de carrières;	-遵守关于采石场产品开采的工艺规则;
- au respect des règles de transport, d'entreposage et de commercialisation des produits de carrières;	-遵守关于采石场产品运输、仓储和商业化的规则;
- au règlement par voie de conciliation des différends concernant les servitudes de passage entre les titulaires des Autorisations d'Exploitation des Produits des Carrières.	-通过调解途径解决采石场产品开采许可持有人之间关于通行地役权的争议。
Article 13: Du Chef de Division Provinciale des Mines	**第 13 条:省矿业处处长**
Conformément aux dispositions du Codeminier et sans préjudice d'autres prérogatives lui assignées par le cadre organique du ministère des mines, le Chef de Division provinciale des mines est compétent pour:	根据《矿业法典》的规定,且在不影响矿业部组织框架赋予的其他特权的前提下,省矿业处处长有权:
• contrôler et surveiller les activités minières en province;	• 控制和监督省内矿业活动;
• réceptionner les dépôts de demande d'agrément au titre des coopératives minières adressée au Ministre;	• 受理向矿业部部长提交的批准矿业合作社的许可申请;
• réceptionner, enregistrer la demande de carte d'exploitant artisanal ou de négociant et émettre un avis de conformité avant transmission au Ministre provincial pour octroi desdites cartes, conformément à l'article 11ter du Codeminier;	• 受理并登记手工开采证或批发许可证的申请,并根据《矿业法典》第 11(3)条的规定,在移交省级矿业部长批准授予上述证前,出具合规性意见;
• réceptionner, enregistrer la demande de détention des produits miniers par des bijoutiers, joailliers, artistes et dentistes et émettre un avis de conformité avant transmission au Ministre provincial pour	• 受理并登记首饰商、珠宝商、艺术家和牙科医生对矿产品的持有申请,并根据《矿业法典》第 11(3)条的规定,在移交省级矿业部长批准上述持有前,出具合规性意见;

autorisation de ladite détention, conformément à l'article 11ter du Code Minier;	
• émettre un avis technique et environnemental pour les demandes d'octroi ou de renouvellement des autorisations d'exploitations de carrières permanentes pour les matériaux de construction à usage courant;	• 就常用建筑材料的永久性采石场开采许可的授予申请或续期申请,出具技术和环境意见;
• réceptionner et instruire la déclaration d'ouverture et/ou de fermeture d'un centre de recherches ou d'exploitation;	• 受理并审查勘探中心或开采中心营业和/或关闭的申报;
• viser, à sa présentation, l'attestation de commencement des travaux de recherches ou développement et de construction;	• 签署向其提交的勘探工程的开工证明或开发和建设作业(工程)的开工证明;
• poser les actes de constatation et de liquidation des recettes relevant du secteur des mines et dévolues à la province, aux entités administratives décentralisées ainsi que celles a caractère national, conformément à la législation en la matière;	• 根据相关法律规定,移交将矿业部门收入转归省、地方行政机关以及国家行政机关的认定和结算文书;
• émettre un avis sur l'institution d'une Zone d'Exploitation Artisanale.	• 针对手工开采区的设立出具意见。
Article 14: Des attributions desServices techniques et organismes spécialisés	**第 14 条:专业技术部门和专业机构的职权**
La Cellule Technique de Coordination et de Planification Minière "C.T.C.P.M" en sigle, le Centre d'Evaluation, d'Expertise et de Certification des substances Minérales précieuses "C.E.E.C" en sigle, le Cadastre Minier "CAMI" en sigle, le Service d'Assistance et d'Encadrement de l'Exploitation Minière	矿业协调及统筹技术小组,珍贵和半珍贵矿产评估、鉴定和认证中心,矿权登记局,小规模矿山开采协助和监管处,刚果(金)国家地质处,后代矿业基金,根据其设立和组织章程所赋予的职责,行使职权。

Artisanale et à Petite échelle "SAE-MAPE" en sigle, le Service Géologique National du Congo "SGNC" en sigle, et le Fonds Minier pour les générations futures "FOMIN" en sigle, exercent leurs prérogatives conformément aux missions leur assignées par les textes qui les créent et les organisent.	
Article 14 bis: La Cellule Technique de Coordination et de Planification Minière «CTCPM»	**第14(2)条:矿业协调及统筹技术小组**
La Cellule Technique de Coordination et de Planification Minière a pour rôle:	矿业协调及统筹技术小组负责:
• L'harmonisation et la coordination entre les Département et les organismes intéressés à la solution des problèmes miniers;	• 为解决矿业问题,协调相关部门和机构;
• la programmation des activités minières nationales liées à la recherche, à la valorisation des indices minières, à la production, au traitement, au transport et à la commercialisation des produits miniers;	• 为勘探、矿产迹象的评估、矿产品的生产、加工、运输和商业化方面的国家矿业活动制订计划;
• la centralisation et l'organisation de la circulation de l'information du secteur minier;	• 汇集并组织矿业部门的信息流通;
• le contrôle de la réalisation des activités minières programmées;	• 监管计划的矿业活动的实施;
• La Cellule Technique de Coordination et de Planification Minière a aussi le pouvoir de:	• 矿业协调及统筹技术小组亦有权:
• émettre des avis et de formuler des propositions dans le domaine minier;	• 在矿业领域内出具意见并提出建议;

• effectuer ou de faire réaliser des études relatives au secteur minier;	• 自行或委托他人进行矿业部门的相关研究;
• veiller au transfert de la technologie aux cadres nationaux des entreprises minières;	• 保证向矿业企业的本国高层管理人员进行技术转让;
• traiter diverses autres questions minières qui n'entrent pas dans la sphère de compétence des autres services du département.	• 处理本部门其他处职权范围外的其他各种矿业问题。
Article 14 ter: Le Centre d'Evaluation, d'Expertise et de Certification des substances Minérales précieuses «C.E.E.C»	**第14(3)条:珍贵和半珍贵矿产评估、鉴定和认证中心**
Le Centre d'Evaluation, d'Expertise et de Certification des substances Minérales précieuses «C. E. E. C» a pour objet d'expertiser, analyser, évaluer et certifier en République Démocratique du Congo:	珍贵和半珍贵矿产评估、鉴定和认证中心("CEEC")旨在在刚果民主共和国境内鉴定、分析、评估和认证:
• les substances minérales précieuses;	• 珍贵矿产;
• les substances minéralles semi-précieuses et pierres de couleur;	• 半珍贵矿产和有色宝石;
• les métaux précieux et semi-précieux et les métaux rares associés ou non aux métaux majeurs ferreux et non ferreux;	• 贵金属、次贵金属和与主要黑色金属或有色金属伴生或非伴生的稀有金属;
• les substances minérales de production artisanale.	• 手工生产的矿产。
En exécution de l'alinéa précédent du présent article, Le Centre d'Evaluation, d'Expertise et de Certification des substances Minérales précieuses «C. E. E. C» est notamment chargé de:	执行本条前款规定时,珍贵和半珍贵矿产评估、鉴定和认证中心主要负责:
• réaliser des analyses, moyennant rétribution conformément au Décret le créant, des substances minérales, plus particulièrement des substances en traces et ultra traces;	• 进行矿产分析,特别是微量物质和痕量物质分析,并根据法令规定收取报酬;

• assurer la traçabilité des substances minérales précieuses et semi-précieuses ainsi que des substances minérales d'origine artisanale depuis le comptoir d'achat ou dépôt jusqu'à l'exportation;	• 确保珍贵矿产和半珍贵矿产的可追溯性,以及手工开采矿产从购买商行或仓库到出口的可追溯性;
• assurer l'encadrement de comptoirs agréées, des négociants, fondeurs, tailleurs des diamants et pierres de couleur, par le suivi et le contrôle des flux matières et monétaires;	• 通过对材料流和资金流的跟踪和监管,确保对特许商行、批发商、铸造商、钻石和有色宝石切割商的制度框架;
• mettre en application et assurer le suivi du programme international du processus de Kimberley et du mécanisme régional de certification dans la région des Grands Lacs ainsi que d'autres programmes similaires à venir;	• 实施并跟踪金伯利进程国际证书制度、大湖地区认证机制以及其他即将实施的类似计划;
• certifier les substances minérales, notamment par:	• 主要通过以下证书,对矿产进行认证:
-le certificat du processus de Kimberley;	-金伯利进程证书;
-le certificat d'origine de l'or;	-黄金原产地证书;
-le certificat d'origine à l'exportation des pierres de couleur;	-有色宝石出口原产地证书;
-le certificat d'origine à l'exportation des produits d'exploitation artisanale;	-手工开采产品出口原产地证书;
- le certificat d'origine des métaux précieux et semi- précieux et métaux rares associés ou non aux métaux ferreux ou non ferreux;	-贵金属、次贵金属和与主要黑色金属或有色金属伴生或非伴生的稀有金属原产地证书;
-le certificat d'origine des métaux ferreux ou non ferreux rentrant dans le processus industriel provenant de l'exploitation artisanale;	-由手工开采的、进入工业流程的黑色金属或有色金属原产地证书;

–le certificat de transfert.	–转让证书。
• former et recycler des trieurs, des évaluateurs, des gemmologues et autres spécialistes;	• 对手选工、估价员、珠宝鉴定家和其他专家进行培训和进修;
• promouvoir l'industrie des substances minérales précieuses et semi-précieuses et métaux précieux et semi-précieux et métaux rares associés ou non aux métaux ferreux ou non ferreux;	• 促进珍贵矿产、半珍贵矿产、贵金属、次贵重金属和与黑色金属或有色金属伴生或非伴生的稀有金属工业的发展;
• acheter et vendre si possible les matières précieuses et semi-précieuses et autres afin de garantir leur prix-valeur;	• 如有可能,购买、出售珍贵材料、半珍贵材料和其他材料,以保证该材料的市场价格准确反映其价值;
• lutter contre la fraude des substances minérales énumérées à l'article 4 ci-dessus, ainsi que contre la vente de tous produits frauduleux saisis;	• 打击对上述第 4 条所列的矿产欺诈,并打击销售因欺诈而扣押的产品;
• préparer les tableaux fixant la valeur mercuriale à l'exportation des substances minérales précieuses et semi-précieuses ainsi que des métaux précieux et semi-précieux et métaux rares associés ou non aux métaux ferreux ou non ferreux;	• 编制珍贵矿产、半珍贵矿产、贵金属、次贵金属和与黑色金属或有色金属伴生或非伴生的稀有金属的出口价格表;
• contrôler la mise en emballages inviolables des produits d'exportation après expertise et évaluation ainsi que la pose des scellés;	• 对经鉴定和评估的出口产品,监管其必要的包装以及封装;
• escorter les colis depuis le bureau d'expertise jusqu'au point du dernier contrôle de scellé;	• 将包裹从鉴定机构护送到封装的最后检查点;

• établir et publier les statistiques des substances minérales précieuses et semi-précieuses, des métaux précieux et semi-précieux et métaux rares associés ou non aux métaux ferreux ou non ferreux ainsi que des substances minérales d'exploitation artisanale;	• 编制并公布珍贵矿产、半珍贵矿产、贵金属、次贵金属、与黑色金属或有色金属伴生或非伴生的稀有金属以及手工开采矿产的统计结果;
• détecter et doser des contaminants affluents miniers dans les sites d'exploitation industrielles et ce, à la demande des pouvoirs publics, des titulaires des droits miniers, des entités de traitement et/ou de transformation ainsi que des bureaux d'études environnementales agréés;	• 经公共权力机构、矿权持有人、加工和/或处理实体以及特许环境研究所申请,对工业开采场内的矿业污染物进行检测和含量测定;
• réaliser toutes opérations connexes ou accessoires aux activités ci-dessus et nécéssaires à la réalisation de son objet social.	• 实施上述活动的所有配套或附属工作和为实现其经营范围所需的各项工作。
Article 14 quater: Le Cadastre Minier	**第 14(4)条:矿权登记局**
Le Cadastre Minier est un établissement public doté de la personnalité juridique.	矿权登记局是具有法人资格的公共机构。
II est chargé de l'inscription:	矿权登记局负责下列事项的登记:
• de la demande d'octroi des droits miniers et/ou de carrières;	• 授予矿权和/或采石权的申请;
• des droits miniers et/ou de carrières octroyés ainsi que des décisions de refus;	• 授予矿权和/或采石权以及拒绝授予的决定;
• du cas de retrait, d'annulation et de déchéance de droits miniers et de/ou de carrières;	• 矿权和/或采石权的吊销、撤销和失效情形;
• des mutations et amodiations des droits miniers;	• 矿权的移转和租赁;

• des surêtés minières.	• 矿权的担保。
Il est en outre charge de l'instruction cadastrale:	此外,矿权登记局亦负责下列事项的矿权登记审查:
• des demand es des droits miniers et ou de carrière;	• 矿权和/或采石权的申请;
• du renouvellement, de l'extension, des mutations, des amodiations et de la renonciation des droits miniers et/ou de carrières.	• 矿权和/或采石权的续期、延展、移转、出租和放弃。
Il assure la coordination de l'instruction technique et environnementale des demandes des droits miniers et/ou de carrières et certifie le commencement des travaux de recherches et/ou de dévéloppement et de construction.	矿权登记局确保协调矿权和/或采石权申请的技术审查和环境审查,出具勘探工程和/或开发和建设作业(工程)的开工认证。
Il délivre l'attestation de confirmation du respect de l'obligation prévue à l'article 196 point c du Code minier et de construction du siège social.	在履行《矿业法典》第196条第c点规定的义务和设立注册地址后,矿权登记局为此颁发确认证明。
Il notifie, après instruction cadastrale, technique et environnementale, les avis aux requérants intéressés et leur délivre des titres miniers et ceux de carrières en vertu des droits accordés par l'autorité compétente.	在矿权登记审查、技术审查和环境审查后,矿权登记局向相关申请人告知意见,并根据主管机关授予的权利,发放矿权证和采石权证。
Il émet ses avis en cas de classement, de déclassement ou de reclassement d'une zone interdite ou d'une aire protégée, ainsi que pour l'institution d'une zone d'exploitation artisanale.	矿权登记局针对禁采区或保护区的设立、取消设立或重新设立,以及手工开采区的设立,出具意见。
Il conserve les titres miniers et de carrières.	矿权登记局保留矿权证和采石权证。

Il tient régulièrement ses registres et cartes de retombes minières suivantun cadastre spécifique national ouvert à la consultation du public.	矿权登记局按照向公众开放查阅的国家专用地籍册,定期备存登记簿和矿区定位图。
Il radie l'inscription du périmètre minier ou de carrière sur la carte cadastrale.	矿权登记局注销地籍图上矿区或采石区的登记。
Il a le pouvoir de notaire en matière d'authentification des actes d'hypothèque, d'amodiation et de mutation de droits miniers et de carrières.	矿权登记局有权对矿权和采石权的抵押文书、出租文书和移转文书的认证进行公证。
Article 14 quinquies: Le Service d'Assistance et d'Encadrement de l'Exploitation Minière Artisanale et Petite Echelle «SAEMAPE»	**第14(5)条:小规模矿山开采协助和监管处**
Le Service d'Assistance et d'Encadrement de l'Exploitation Minière Artisanale et à Petite Echelle, «SAEMAPE» est chargé de:	小规模矿山开采协助和监管处负责:
• assister et encadrer l'exploitation artisanale et à petite échelle des substances minérales;	• 协助和监管矿产的手工开采和小规模开采;
• encourager et s'assurer du regroupement des exploitants artisanaux des substances minérales ou des produits de carrières en coopérative minière;	• 鼓励并确保矿产或采石场产品的手工开采者集中在矿业合作社;
• ramener, à l'ensemble des activités de l'exploitation artisanale ou semi-industrielle, les produits de carrières dansle circuit officiel de production et de commercialisation;	• 将生产和商业化正式流通中的采石场产品纳入手工开采或半工业开采的一系列活动中;
• requérir auprès du Ministre des Mines l'institution d'une Zone d'Exploitation Artisanale;	• 向矿业部部长请求设立手工开采区;

• recevoir notification de l'institution d'une ZEA pour encadrement et assistance des exploitants artisanaux affiliés à une coopérative minière agréée, notamment sa localisation;	• 受理设立手工开采区的通知,对加入经特许的矿业合作社的手工开采者予以监管和协助,尤其是其地理定位;
• émettre un avis sur:	• 就下列事项出具意见:
-la fermeture d'une ZEA;	-手工开采区的关闭;
-la demande d'autorisation préalable de transformation des produits par la coopérative minières ou des produits de carrières;	-矿业合作社的产品加工或采石场产品加工的事先许可申请;
• informer les coopératives minières ou de produits de carrières agréées de la fermeture d'une ZEA et, éventuellement, se charger de la relocalisation dans une autre ZEA légalement instituée;	• 向矿业合作社或经特许的采石场产品合作社通知手工开采区的关闭,并在必要时,负责将其重新安置在其他合法设立的手工开采区内;
• veiller au respect des normes en matière de sécurité, d'hygiène, d'utilisation de l'eau et de protection de l'environnement qui s'applique à l'exploitation de la coopérative minière ou des produits de carrières et à l'exploitant artisanal des mines;	• 保证矿业合作社或采石场产品合作社和矿业手工开采者在开采中遵守适用的安全、卫生、用水和环保标准;
• collecter les statistiques de production des coopératives minières et/ou des produits de carrières agréées et veiller à l'indemnisation des exploitants agricoles pour tout dommage engendré par l'activité de la coopérative, sous peine de retrait d'agrément par le Ministre.	• 收集矿业合作社和/或经特许的采石场产品合作社的生产统计结果,保证赔偿农民因合作社活动遭受的任何损害,不予赔偿的,由矿业部部长吊销其特许资质。

Article 14 sexies: Le Fonds Minier pour les générations futures «FOMIN»	**第 14(6)条:后代矿业基金**
Les statuts, l'organisation et le fonctionnement du Fonds Minier «FOMIN» en sigle, sont fixés par Décret du Premier Ministre, délibéré en Conseil des Ministres.	后代矿业基金的章程、组织和运行,由经部长委员会审议后的总理令确定。
Article 14 septies: Le Service Géologique National du Congo «SGNC»	**第 14(7)条:刚果(金)国家地质处**
Le Service Géologique National du Congo est notamment chargé de procéder à:	刚果(金)国家地质处负责处理以下事项:
• la cartographie géologique assistée par la télédétection, les levées géophysiques et les études géochimiques;	• 通过远距离探测、地球物理调查和地球化学研究,绘制地质图;
• l'investigation du sol et/ou du sous-sol en vue de l'identification des indices des gites minéraux et des produits de carrières.	• 进行地表和/或地下调查,以识别矿层和采石场产品的迹象。
A ce titre, le Service entreprend des études géologiques de base faisant appel à:	为此,该处承担的基础地质研究工作,涉及:
- la géologie générale et la géologie appliquée;	-普通地质学和应用地质学;
-la métallogénie;	-金属矿藏学;
-la géologie marine;	-海洋地质学;
-la minéralogie;	-矿物学;
-la géotechnique;	-地质工程学;
-la géomorphologie;	-地貌学;
• la compilation, l'archivage, l'étude, la synthèse, la publication et la vulgarisation de l'information sur la géologie nationale et internationale et, en général, la promotion de l'investissement en recherche géologique dans le Territoire National.	• 编纂、归档、研究、汇总、公布、推广国家和国际地质信息,促进对国家领土范围内地质勘探的投资。

• la réception, le contrôle, l'archivage et la conservation des échantillons témoin des sols, des roches et des minerais déposes par les prospecteurs et les titulaires des droits miniers et des carrières, ainsi que l'apposition du visa sur les descriptions des échantillons témoins déposés;	• 受理、监管、归档、保管由勘探人、矿权和采石权持有人提交的土壤、岩石和矿石对照样品,并在提交的对照样品上加标说明;
• l'étude et l'élaboration des avis techniques sur:	• 针对下列事项研究并制订技术意见:
-le classement, le déclassement ou le reclassement des substances minérales en mines ou en produits de carrièreset inversement;	-将矿产归类、取消归类或重新归类为矿山或采石场产品,以及将矿山或采石场产品归类、取消归类或重新归类为矿产;
-l'ouverture et la fermeture d'une zone d'exploitation artisanale;	-开放和关闭手工开采区;
-le classement ou le déclassement d'une substance déclarée «substance réservée».	-将某物质归类或取消归类为"储备物质"。
Le Service est en outre chargé de:	此外,该处亦负责:
• élaborer et mettre en œuvre le programme national d'infrastructure géologique spécialement en matière de cartes géologiques régulières et autres cartes thématiques à des échelles définie par voie réglementaire;	• 制订并实施国家地质基础设施计划,主要包含常规地质图和其他由法规规定比例尺的专题地图;
• conserverle patrimoine de connaissances géologiques nationales;	• 保管国家地质遗产;
• élaborer et mettre à jour l'inventaire minéral national;	• 制定并更新国家矿产目录;
• élaborer les normes relatives à la classification et à l'estimation des ressources minérales et des réserves minières selon diverses catégories;	• 制定不同种类的矿产资源和矿产储备的分类标准和估算标准;

• réaliser et publier officiellement les cartes géologiques de la République Démocratique du Congo, les revues et annales portant sur les géosciences, etc;	• 官方绘制并公布刚果民主共和国地质图、地质科学期刊和年鉴等;
• participer aux travaux des commissions nationales et aux programmes internationaux de géosciences;	• 参与国家地质科学委员会和国际地质科学项目的工作;
• réaliser diverses prestations sous forme d'assistance technique aux Opérateurs économiques, aux chercheurs et étudiants;	• 以技术协助的方式,为经济主体、研究人员和学生提供多种服务;
• contracter des accords avec des organismes internationaux similaires.	与类似国际机构签订协议。
Section III: Des compétences et attributions du Gouverneur de province et du Ministre Provincial	**第三节:省长和省级矿业部部长的职权与分工**
Article 15: Des prérogatives du Gouverneur de province en matière de mines	**第 15 条:省长在矿业领域的职权**
Sans préjudice des prérogatives lui reconnues notamment par la loi sur la libre administration des provinces et d'autres lois en la matière, le Gouverneur de province est, conformément aux dispositions du présent Code, compétent pour:	在不违反关于省级自治管理的法律和其他相关法律等赋予省长的特权的前提下,省长有权根据本法典规定,行使以下职权:
• élaborer et proposer, conformément aux normes générales du planning national, à l'assemblée provinciale, la politique provinciale relative aux programmes miniers, minéralogiques, industriels, énergétiques d'intérêt provincial;	• 根据国家规划的基本标准,编制并向省级议会提出涉及省级利益的有关矿业、矿物学、工业和能源方面规划的省级政策;

• superviser l'exécution par le gouvernement provincial des édits relatifs à la politique provinciale relative aux programmes miniers, minéralogiques, industriels, énergétiques d'inétêt provincial;	• 监督省政府实施涉及省级利益的矿业、矿物学、工业和能源方面的规划的省级政策的法令;
• proposer au Premier Ministre de déclarer une zone interdite aux activités minières et/ou aux travaux de carrières, conformément à l'article 6 alinéa1 du Codeminier;	• 根据《矿业法典》第 6 条第 1 款的规定,建议总理宣布某区域禁止矿业活动和/或采石工程;
• émettre un avis en cas d'institution ou de fermeture d'une zone d'exploitation artisanale;	• 就手工开采区的设立或关闭出具意见;
• décider de l'ouverture d'une carrière pour les travaux d'utilité publique sur un terrain domanial ne faisant pas l'objet d'un Permis d'exploitation ou d'une Autorisation d'Exploitation de Carrières Permanentes.	• 决定在采矿证或永久性采石场开采许可所授权区域外的公有土地上,开设用于公共用途工程的采石场。
Paragraphe 2:Du Ministre Provincial	**第二段:省级矿业部部长**
Article 15 bis:	**第 15(2)条:**
Les attributions du Ministre Provincial sont définies à l'article 11 bis du Code Minier, hormis le point i dévolu au Gouverneur de Province.	省级矿业部部长的职权由《矿业法典》第 11(2)条规定,但规定省长职权的 i 点除外。
TITRE II:DE LA PROSPECTION DES MINES ET DES PRODUITS DE CARRIERES	**第二编:矿山和采石场产品的勘探**
Article 16:abrogé	**第 16 条:废除**
Article 17:abrogé	**第 17 条:废除**
Article 18:abrogé	**第 18 条:废除**
Article 19:abrogé	**第 19 条:废除**

Article 20 : Abrogé	**第 20 条:废除**
Article 21 : abrogé	**第 21 条:废除**
Article 22 : abrogé	**第 22 条:废除**
Article 23 : abrogé	**第 23 条:废除**
Article 24 : abrogé	**第 24 条:废除**
Article 25 : abrogé	**第 25 条:废除**
TITRE II BIS : DE LA TRANSPARENCE DES ACTIVITES MINIERES, DE LA TRAçABILITE ET DE LA CERTIFICATION DE L'ORIGINE DES SUBSTANCES MINERALES	**第二分编:矿业活动的透明性、矿产的可追溯性和矿产原产地证书**
Chapitre 1er : DE LA TRANSPARENCE DANS LES INDUSTRIES EXTRACTIVES, DE TRAITEMENT ET/OU DE TRANSFORMATION AINSI QUE DANS L'EXPLOITATION MINIÈRE ARTISANALE	***第一章:采掘业、加工和/或处理业和手工开采的透明性***
Article 25 bis : Engagement formel du Gouvernement	**第 25(2)条:政府的正式承诺**
Le Premier Ministre s'engage, par un acte formel publié au Journal Officiel, à mettre en œuvre, en République Démocratique du Congo, la norme de l'Initiative de Transparence dans les Industries Extractives ou toute autre norme nationale, régionale et internationale poursuivant des objectifs similaires à laquelle le gouvernement aura librement souscrit.	通过在官方公报上发布的正式文书,总理承诺,在刚果民主共和国境内,实施采掘业透明性倡议的标准或其他政府自愿签署的、为实现类似目的的国家、区域和国际标准。
La mise en œuvre des normes nationales, régionales et internationales de transparence est assurée par la collaboration de toutes les parties prenantes conformément	根据经部长委员会审议通过的总理令,所有利害相关方合作,以确保实施关于透明性的国家、区域和国际标准。

au Décret du Premier Ministre délibéré en Conseildes ministres.	
Article 25 ter：De la norme de transparence et de bonne gouvernance des activités minières	**第 25(3)条：矿业活动的透明性标准和管理标准**
Sans préjudice des dispositions des articles ler point 54 bis, 7 ter, 7 quater du Code minier ainsi que 28 et 97 littera j du Règlement minier et des mises à jours ultérieures insérées par Décret du Premier Ministre delibéré en conseil des ministres, les parties prenantes mettent en œuvre les mesures de transparence qui exigent notamment des services publics concernés ainsi que des titulaires des droits découlant du code minier：	在不违反《矿业法典》第 1 条第 54(2)点、第 7(3)条、第 7(4)条、《矿业条例》第 28 条、第 97 条第 j 款以及经部长委员会审议通过的总理令所增补的更新条款的前提下，所有利害相关方实施以下透明性措施，特别是相关公共部门以及《矿业法典》中的持有人：
• l'établissement d'un système de registre des droits miniers au cadastre minier accessible au public；	• 建立矿权登记簿系统，并提交矿权登记局向公众开放；
• la description des procédures de demande, de transfert et d'attribution des titres miniers, agréments ou autorisations quelconques et d'en spécifier les détails techniques et financiers；	• 对任何矿权、批准和许可的申请、转让和授予过程进行说明，并详细说明其中的技术和财务细节；
• la publication de tous les contrats miniers, leurs annexes et avenants au Journal Officiel et sur le site web de la CTCPM；	• 在官方公报和矿业协调及统筹技术小组网站上披露所有矿业合同及其附件和补充协议；
• l'accès à l'information sur les propriétaires réels des entreprises titulaires des droits miniers sur le site web de la CTCPM.	• 在矿业协调及统筹技术小组网站上披露矿权持有企业的实际所有权人的信息。

Article 25 quater: Déclaration du bénéficiaire réel ou propriétaire réel	**第25(4)条:实际受益人或实际所有权人的申报**
Toute société titulaire de droits d'exploitation, toute entité de traitement, toute coopérative minière, tout comptoir agréé, ainsi que tout marché boursier exerçant ses activités en vertu des dispositions du Code minier déclare son ou ses propriétaires réels, conformément auformulaire publié par les parties prenantes en application du Décret du Premier Ministre visé à l'article 25 bis du présent Décret.	任何持有开采权的企业、加工实体、矿业合作社、特许商行以及根据《矿业法典》规定运营的证券交易市场须根据各利害相关方披露的表格[根据本法令第25(2)条涉及的总理令],申报其实际所有权人。
Article 25 quinquies: De la transmission et de la publication des rapports financiers relatifs aux activités minières	**第25(5)条:矿业活动财务报告的移交和披露**
Les services publics en charge de la collecte des impôts, droits de douane et accises ainsi que des taxes, droits et redevances au niveau national et provincial, ainsi que les entreprises du portefeuilleintervenant dans la chaîne de valeur transmettent trimestriellement leurs rapports financiers relatifs aux activités minières au Ministre ayant les finances dans ses attributions. Une ampliation du rapport susmentionné est réservée au Ministre ayant les Mines dans ses attributions.	负责征收税费①、关税、商品消费税、国家级和省级税费、使用费的公共部门以及参与交易的证券公司,每季度将矿业活动相关的财务报告移交财政部部长。上述报告的副本由矿业部部长留存。
Le rapport dont question à l'alinéa précédent est publié par le Ministre ayant les finances dans ses attributions dans le quinze jours de leur réception sur son site internet.	财政部部长在收到前款规定的报告之日起十五日内在财政部网站上披露。

① 中伦注:这里的税费指在法语中以 Impôt 命名的各种税费。Impôt 是为了支持国家预算而强制征收的税费,其用来为国家的运转和公共支出提供资金。

Les revenus et paiements à faire figurer dans les rapports financiers relatifs aux activités minières mentionnées à l'article précédent sont:	前条规定涉及的矿业活动财务报告须列明以下收入和支出:
• les impôts, droits et taxes spécifiques prévus par le Code minier et ses mesures d'application;	•《矿业法典》及其适用措施规定的各项具体税收和税费;
• les impôts, droits et taxes de droit commun;	• 普通法规定的税收和税费;
• les revenus produits de la vente des parts sociales;	• 出售股权的收入;
• les revenus provenant de la vente des produits miniers marchands;	• 销售商用矿产品的收入;
• les revenus provenant du transport des produits miniers marchands;	• 运输商用矿产品的收入;
• les paiements généralement quelconques effectué dans le cadre de l'activité minière.	• 矿业活动范围内的任何常规收入。
Les sociétés minières ainsi que leurs sous-traitants publient trimestriellement les rapports faisant état des paiements opérés en faveur des services publics visés à l'article 25 quinquies alinéa 1er, des Entités Territoriales Décentralisées ainsi que pour le développement communautaire.	矿业公司以及其分包商,应每季度编制报告并披露其向公共部门[参见第 25(5)条第 1 款的规定]、地方权力机关以及为社区发展所支付的所有款项。
Sans préjudice des dispositions légales et réglementaires relatives à la tenue et à la publication de la comptabilité, les sociétés publient annuellement leurs états financiers.	在不违反关于留存和披露账目记录的法律法规规定的前提下,公司应每年披露其财务状况。

Article 25 sexies: Des données de production et d'exportation	**第25(6)条:生产和出口数据**
Le Chef de Division provinciale des mines collecte toutes les informations mensuelles sur la production des titulaires de droits d'exploitation industrielle et de petite mine, des entités de traitement, des coopératives minières, des négociants, des comptoirs agréés ainsi que des marchés boursiers opérant dans le ressort territorial de la province.	省矿业处处长每月收集在本省辖区内经营的工业采矿权和小矿山开采权持有人、加工实体、矿业合作社、批发商、特许商行以及证券交易市场的产品信息。
II transmet, au début de chaque mois, les informations mentionnées à l'alinéa précédent au Secrétaire général des mines pour consolidation et transmission au Ministre des Mines aux fins d'une publication trimestrielle.	每月初,省矿业处处长将前款规定的信息移交矿业部秘书长,以便合并账目并移交矿业部部长进行季度公示。
Les données de production et d'exportations comprennent notamment:	生产数据和出口数据主要包含:
• le volume et la qualité de la production par substance minérale ou produit marchand et l'information sur les méthodes de calcul utilisées pour arriver aux volumes de production et valeurs par province et par projet minier;	• 矿产或商品的生产数量和质量、用以计算本省和各矿业项目的产量和价值的方法;
• le volume de ventes locales, des exportations totales et les valeurs y afférentes par substance minérale ou produits marchands.	• 矿产或商品的当地销售量、总出口量及其价值。
Le Ministre publie les données de production et des exportations à travers le site web de la CTCPM à la fin de chaque trimestre.	矿业部部长每季度末在矿业协调及统筹技术小组的网站上公布生产数据和出口数据。
Les sociétés minières les publient également sur leurs sites internet.	矿业公司亦须在其自营网站上公布上述数据。

Le Ministre des Mines publie le rapport annuel d'activités le quinzième jour du mois de janvier de l'année suivante.	矿业部部长在下一年的一月十五日公布工作年度报告。
Article 25 septies: Du respect des obligations de procédures d'acquisition etd'aliénation des droits miniers	**第25(7)条:矿权的获得和转让的程序义务的遵守**
Tout achat ou cession des parts ou d'un droit minier, appartenant à l'Etat, à la Province, à une Entité Territoriale Décentralisée ou à une entreprise du Portefeuille, est soumis à un appel d'offres, conformément à la procédure prévue par la législation congolaise et par la pratique minière internationale en la matière.	收购或出让国家、省、地方权力机关或国有企业的股份或矿权的,须根据刚果(金)法律规定和国际矿业实践规定的招标程序进行。
Article 25 octies: De la publication des synthèses des ElES, PGES et PAR	**第25(8)条:环境和社会影响研究、环境和社会管理计划和环境减排和修复计划的综述的公布**
Les synthèses des EIES, PGES et PAR sont publiées sur le site web de la CTCPM et du titulaire s'il en a.	环境和社会影响研究、环境和社会管理计划和环境减排和修复计划的综述应公示于矿业协调及统筹技术小组网站,若持有人拥有网站,则亦应在其网站上公示。
Elles contiennent les éléments suivants:	该汇编包含下列内容:
• Uneprésentation du requérant;	• 申请人的阐述;
• Une description sommaire du projet et de ses composantes;	• 项目和其组成部分的简要说明;
• Une description des méthodes d'exploitation;	• 开采方法的说明;
• Une description des milieux physique, biologique, économique et sociologique;	• 物理环境、生物环境、经济环境和社会学环境的说明;
• Une description des impacts et mesures d'atténuation correspondantes;	• 影响和相应的减排措施的说明;
• Une description des sous-traitants.	• 分包商的说明。

CHAPITRE II: De la traçabilité et de la certification de l'origine des substances minérales	*第二章:矿产的溯源和原产地证书*
Article 25 nonies: Des principes de la traçabilité et de la certification de l'origine des substances minérales	**第 25(9)条:矿产的溯源原则和原产地证书原则**
En application des articles 1er point 53 bis et 7 ter du Code minier, le présent Décret fixe les principes de suivi de la traçabilité et de la certification de l'origine pour un approvisionnement responsables en substances minérales.	根据《矿业法典》第 1 条第 53(2)点和第 7(3)条规定,本法令规定有关矿产原材料的溯源原则和原产地证书的原则。
Les principes dont question à l'alinéa précédent concernent notamment:	前款规定中的原则主要涉及:
• l'identification, le contrôle de conformité et le suivi des sites miniers situés dans les zones ouvertes à l'exploitation minière artisanale au regard des critères tirés notamment des normes régionales et internationales ainsi que des lois et règlements en vigueur en République Démocratique du Congo;	• 根据区域和国际标准以及刚果民主共和国现行法律法规规定的标准,对位于手工采矿区内的矿场进行识别、合规审核和跟踪;
• la détermination, le suivi et l'évaluation des mesures de formalisation et deviabilisation des sites miniers situés dans les zones ouvertes à l'exploitation artisanale;	• 对手工采矿区内为确保矿场规范化和施工准备工程所采取的措施进行认定、跟踪和评估;
• les documents et matériels de traçabilité pour le suivi, en amont et en aval, de la chaîne de possession et/ou d'approvisionnement des substances minérales du site d'extraction jusqu'au point d'exportation;	• 对从采掘地到出口点的矿产的监管链和/或供应链进行上下游跟踪的溯源文件和材料;

• le système de gestion de base des données pour le suivi virtuel et/ou en temps réel des chaînes de possession et/ou d'approvisionnement des substances minérales du site minier jusqu'au point d'exportation;	• 对从采掘地到出口点的矿产的监管链和/或供应链进行虚拟跟踪和/或实时跟踪的数据库管理系统;
• les services publics nationaux et provinciaux intervenant sur toute la chaîne de possession et/ou d'approvisionnement des substances minérales du site d'extraction jusqu'au point d'exportation;	• 在从采掘地到出口点的整个矿产监管链和/或供应链上介入的国家级和省级公共部门;
• la collaboration avec les organismes publics ou privés pour la mise en œuvre et le suivi des substances minérales dans la chaîne de possession et/ou d'approvisionnement à l'une ou l'autre phase préalable à la certification;	• 与公共机构或私营机构间的合作,旨在对监管链和/或供应链中的矿产在认证前的各阶段进行落实与跟踪;
• les procédés de contrôle et de suivi de l'évaluation de la mise en œuvre des mesures de traçabilité et de certification de l'origine des substances minérales par les entités de traitement et/ou de transformation ainsi que par les coopératives minières, les négociants, les comptoirs agréés et les marchés boursiers;	• 对加工和/或处理实体、矿业合作社、批发商、特许商行和证券交易市场就矿产溯源和原产地证书相关措施的实施进行监管、评估和跟踪的方法;
• la collaboration entre le Gouvernement, la société civile, l'industrie extractive locale ainsi que les consommateurs finaux des substances minérales dans la mise en œuvre et la promotion des mécanismes de traçabilité ainsi que des	• 中央政府、公民团体、当地采掘业以及矿产最终消费者间的合作,旨在实施和推广溯源机制以及手工采矿区内矿业活动的规范化计划和施工准备工程计划;

projets de formalisation et deviabilisation des activités minières dans les zones ouvertes à l'exploitation minière artisanale;	
• les mentions obligatoires sur les certificats d'origine à délivrer pour l'exportation afin de déterminer notamment la mention du système de certification, la nature des produits, les caractéristiques physiques et/ou chimiques, le poids, la valeur, l'identification de l'exportateur et de l'importateur, la licence d'exportation, la période de validé, les signatures autorisés, les pays de transit et/ou de destination, l'origine et la provenance légale et licite des substances minérales et ce, conformément aux normes nationales, régionales et internationales en la matière, prenant en compte à la fois le suivi et la traçabilité des substances minérales tout au long de la chaîne d'approvisionnement;	• 根据国家、区域和国际的相关标准,在为出口而颁发的原产地证书上作出的必要批注,以供确定认证体系的名称、产品性质、物理和/或化学特性、重量、价值、出口商和进口商身份信息、出口许可证、有效期、授权签字、转运国和/或目的地国、矿产的产地和合法来源,并应将矿产在整个供应链中的跟踪和溯源同时纳入考量;
• le contrôle de conformité des opérations de pré-dédouanement et aux exigences des normes nationales, régionales et internationales de certification parle bureau de traçabilité;	• 溯源处根据国家、区域和国际认证标准的要求对预清关的手续进行合规审核;
• la collaboration entre l'autorité de certification, l'administration des douanes et tout autre service public avec les autorités de certification et les administrations de douanes des pays de transit et/ou de destination des substances minérales provenant de la République Démocratique du Congo.	• 认证机关、海关部门和任何其他公共部门与刚果民主共和国出产的矿产的转运国和/或目的地国的认证机关和海关部门间的合作。

Article 25 decies: De la mise en œuvre des principes de traçabilité et de certification de l'origine des substances minérales	**第25(10)条:矿产的溯源原则和原产地证书原则的实施**
A l'exception des matières qui relèvent, en vertu du Code minier et du présent Décret, des attributions du Premier Ministre, les principes visés à l'article précédent sont fixés pour une ou plusieurs substances minérales par arrêté du Ministre ayant les mines dans ses attributions.	根据《矿业法典》和本法令,除属于总理职权范围内的事项外,前条涉及的原则由矿业部部长针对一种或多种矿产,颁布部长令予以规定。
Article 25 undecies: De la cartographie nationale des sites miniers	**第25(11)条:国家矿场分布图**
Sur proposition du Cadastre Minier et du SAEMAPE, le Ministre ayant les mines dans ses attributions publient chaque année la cartographie nationale permettant de localiser par province, sur base des coordonnées géographiques, les sites miniers situé dans les zones ouvertes à l'exploitation artisanale. La cartographie nationale des sites miniers dont question à l'alinéa précédent font ressortir, par ailleurs, toute indication utile permettant d'assurer le suivi de la traçabilité et de lutter contre la fraude des substances minérales à savoir, les principales voies de communication, les postes frontières et/ ou frontaliers ainsi que les zones de conflit ou à haut risque identifiées à proximité desdits sites. La cartographie nationale des sites miniers situés dans les zones de conflit ou à haut risque est publiée après avis conforme des Ministres ayant respectivement dans leurs attributions la sécurité intérieure et la défense nationale.	根据矿权登记局和小规模矿山开采协助和监管处的建议,矿业部部长每年公布国家矿场分布图,以便基于地理坐标,按省份在手工开采区内定位矿场。此外,前款涉及的国家矿场分布图应突出任何用于确保矿产的跟踪、溯源和反欺诈的标识,如交通干道、边防和/或边界哨所,以及上述矿场周围已确定的冲突地区或高风险地区。在分别征询国家安全部部长和国防部部长的意见后,对位于冲突地区或高风险地区内的矿场分布图予以公示。

Article 25 duodecies: De l'identification, du contrôle de conformité et/ou d'évaluation et deviabilisation des sites miniers	**第 25(12)条:矿场的识别、合规审核和/或评估和施工准备工程**
Un Arrêté du Ministre fixe les procédures et les critères de contrôle de conformité des sites miniers aux exigences spécifiques fixées par chaque norme nationale, régionale et internationale pour le suivi de la traçabilité et de la certification de l'origine des substances minérales.	根据为矿产的溯源和原产地证书所制定的各项国家、区域和国际标准的具体要求,矿业部部长颁布部长令确定对矿场进行合规审核所适用的程序和标准。
A ce titre, l'arrêté mentionné à l'alinéa 1er détermine notamment:	为此,第 1 款涉及的部长令主要确定:
• la nature de l'organe de contrôle et/ou d'évaluation à commettre pour ce faire;	• 受委托进行合规审核的监管机构和/或评估机构的性质;
• la fiche reprenant les indicateurs de vérification relatifs à la norme considérée;	• 标有相关标准的核查指标的登记卡;
• la méthodologie de collecte des données;	• 收集数据的方法;
• le contenu du rapport à élaborer à l'issue des missions de contrôle et/ou d'évaluation.	• 监管和/或评估任务结束后拟制订的报告内容。
L'organe de contrôle et/ou d'évaluation adresse son rapport au Gouverneur de province qui le transmet au Ministre pour validation. La validation du Ministre intervient dans les trente jours de la réception du rapport.	监管和/或评估机构将其报告呈交省长,省长移交矿业部部长批准。自收到报告起三十日内矿业部部长予以批准。
Article 25 tredecies: Des missions de contrôle de conformité	**第 25(13)条:合规审核的任务**

Conformément aux procédures et critères fixés par Arrêté du Ministre visé à l'article 25 duodecies, le Gouverneur de province met en œuvre pour chaque exercice budgétaire, en collaboration avec l'administration des mines, le SGN, le CAMI, le SAEMAPE, le CEEC, les partenaires techniques et financiers du Gouvernement, les Coopératives minières et la société civile, le programme de contrôle de conformité des activités minières dans les limites du ressort territorial de la province aux normes de traçabilité et de certification de l'origine des substances minérales.	根据第25(12)条部长令所规定的程序和标准,省长在每个财政年度,会同矿业行政机关、刚果(金)国家地质处、矿权登记局、小规模矿山开采协助和监管处、珍贵和半珍贵矿产评估、鉴定和认证中心、政府的技术和财务合作方、矿业合作社和公民团体,在本省辖区内,按照矿产的溯源和原产地证书标准,实施矿业活动的合规审核计划。
Le Gouverneur de Province transmet, pour approbation, le rapport de mise en œuvre du programme de contrôle de conformité au Ministre ayant les mines dans ses attributions.	省长将合规审核计划的实施报告移交矿业部部长批准。
Article 25 quattuordecies: Du registre provincial des sites miniers	**第25(14)条:省级矿场登记簿**
Sur base du rapport visé à l'article 25 tredecies, le Gouverneur de province publie annuellement, en collaboration avec l'Administration des mines et le SAEMAPE, le registre provincial des sites miniers, en version physique et virtuelle.	根据第25(13)条中的报告,省长每年会同矿业行政机关和小规模矿山开采协助和监管处,以纸质版和电子版的形式公示省级矿场登记簿。
Le registre provincial des sites minier reprend les sites miniers répertoriés dans les zones ouvertes à l'exploitation artisanale.	省级矿场登记簿将位于手工开采区内的矿场登记在册。
Le registre provincial identifie les sites miniers en distinguant ceux situés dans les zones de conflit ou à haut risque de ceux localisés en dehors de celles-ci.	省级矿场登记簿对位于冲突地区或高风险地区内的矿场与该等区域外的矿场加以区分。

Le registre provincial est mis à jour au fur et à mesure de l'intégration de nouvelles données collectées sur terrain.	省级矿场登记簿随着整合现场收集的数据而更新。
Le registre provincial ainsi que ses mises à jour sont transmis avant leur publication au Ministre pour approbation. L'approbation du Ministre intervient dans les trente jours de la réception du rapport.	在予以公示前,省级矿场登记簿及其更新须移交矿业部部长批准。矿业部部长在收到报告之日起三十日内予以批准。
Article 25 quindecies: Formalisation et viabilisation des sites miniers artisanaux	**第25(15)条:手工矿场的正规化和施工准备工程**
Conformément aux normes générales du planning national, le Gouverneur de Province élabore, en collaboration notamment avec les services techniques du Ministère des mines, les partenaires techniques et financiers du Gouvernement, les coopératives minières et la société civile, le planning provincial d'identification, d'évaluation et de viabilisation des sites miniers localisés dans les zones ouvertes à l'exploitation artisanale. Le Gouverneur de Province transmet au Ministre leplanning provincial pour approbation, après avis de l'assemblée provinciale.	根据国家计划的统一标准,省长会同矿业部技术部门、政府的技术和财务合作方、矿业合作社和公民团体,制订识别、评估手工开采区内矿场的省级计划和施工准备工程的省级计划。在征求省级议会意见后,省长将该省级计划移交矿业部部长批准。
Article 25 sexiesdecies: Du suivi de la traçabilité dans la chaîne de possession des substances minérales	**第25(16)条:矿产监管链上的跟踪和溯源**
Le suivi de la traçabilité dans la chaîne de possession des substances minérales concerne les flux matières et monétaires.	矿产监管链上的跟踪溯源是对材料流和资金流的跟踪溯源。
Conformément aux dispositions du Code minier et du présent Décret, le suivi des flux matières dans la chaîne de possession des substances minérales est assuré conformément au manuel des procédures de traçabilité des produits miniers, de	根据《矿业法典》和本法令的规定,确保依据矿业部部长和财政部部长的联合部长令所颁布的采矿产品从开采到出口的可追溯性程序手册,对矿产监管链中的材料流进行跟踪。手工矿业活动的资金流由外汇管理的规定规制。

l'extraction à l'exportation édicté par arrêté conjoint des ministres ayant respectivement les mines et les finances dans leurs attributions. Le flux monétaire des activités minières artisanales est régi par les dispositions de la réglementation de change.	
Article 25 septiesdecies: De la coordination desinitiatives de suivi de la traçabilité des substances minérales	**第25(17)条:矿产的跟踪溯源倡议的协作**
L'autorité de certification assure la coordination de toutes les initiatives de suivi de la traçabilité des substances minérales autorisées par arrêté du Ministre ou par contrat ou protocole d'accord conclu entre celui-ci et les organismes publics ou privés.	认证机关确保所有矿产的跟踪溯源倡议的协作,该等倡议由矿业部部长令或矿业部部长与公共机构或私营机构间订立的合同或谅解备忘录批准。
L'autorité de certification adresse annuellement et à chaque réquisition au Ministre le rapport de mise en œuvre de différentes initiatives publiques ou privées.	认证机关每年应要求向矿业部部长移交各公共倡议或私营倡议的实施报告。
Article 25 octies decies: De la création du Centre de Négoce	**第25(18)条:交易中心的设立**
Sans préjudice des dispositions du Code minier et du présent Décret, le Gouverneur de province, en consultation avec les autres services de l'Etat et les organisations de la société civile, étudie et met en place les Centre de négoces.	在不违反《矿业法典》和本法令规定的前提下,省长在征求其他国家部门和公民团体组织的意见后,研究并设立交易中心。
Il définit les règles portant fonctionnement du Centre de Négoce conformément aux dispositions du Code minier, du présent Décret ainsi que des arrêtés pris par le Ministre sur la mise en œuvre des principes de traçabilité et la certification de l'origine des substances minérales.	省长根据《矿业法典》和本法令的规定,以及关于实施矿产的溯源原则和原产地证书原则的矿业部部长令,制定交易中心的运行规则。

Article 25 nonies decies: De la création du Centre de négoce	**第25(19)条:交易中心的设立**
Sans préjudice des dispositions du Code minier et du présent Décret, le Gouverneur de Province, en consultation avec les autres services de l'Etat et les organisations de la société civile, étudie et met en place les Centres de négoce.	在不违反《矿业法典》和本法令规定的前提下,省长在征求其他国家部门和公民团体组织的意见后,研究并设立交易中心。
Il définit les règles portant fonctionnement du Centre de Négoce conformément aux dispositions du Code minier, du présent Décret ainsi que les arrêtés pris par le Ministre sur la mise en œuvre des principes de traçabilité et la certification de l'origine des substances minérales.	省长依据《矿业法典》和本法令之规定,以及关于实施矿产的溯源原则和原产地证书原则的矿业部部长令,制定交易中心运行规则。
Article 25 vecies: Mesures incitatives pour la promotion de l'exploitation minière artisanale	**第25(20)条:推广手工采矿的激励措施**
Sans préjudice des dispositions des articles 261 du Code minier ainsi que des articles 537 et 538 du présent Décret, les Ministres ayant respectivement les Mines et les Finances dans leurs attributions fixent les conditions d'octroi d'avantages fiscaux, douaniers et parafiscaux plus favorables aux coopératives minières.	在不违反《矿业法典》第261条和本法令第537条和第538条规定的前提下,矿业部部长和财政部部长确定矿业合作社可享受的税收、关税和附加税优惠待遇的授予条件。
L'éligibilité aux avantages dont question à l'alinéa précédent est conditionnée par la demande de la Coopérative minière à laquelle est annexé un projet de développement de ses activités comportant notamment:	为取得前款规定的优惠待遇资格,矿业合作社应提出申请,并附随其活动发展计划,主要包含:

• le programme de formation incluant notamment les techniques en matière d'exploitation, de sécurite, d'hygiène, de santé et de protection de l'environnement minier ainsi que de gestion de la coopérative;	• 培训计划,包括开采、安全、卫生、健康、矿业环境保护以及合作社管理方面的技术;
• l'amélioration des conditions de travail et de rendement de production par l'introduction progressive du petit matériel d'exploitation approprié aux conditions du gisement et du milieu;	• 通过逐步引入适合矿床条件和环境条件的小型开采设备,以实现对工作条件和生产效率的改善;
• la promotion de la chaine locale de valeur;	• 当地价值链的优化;
• le programme de viabilisation à moyen et/ou longs termes de la Zone d'Exploitation Artisanale en vue de sa transformation en permis de petite mine.	• 为变更为小矿山许可证,手工开采区的中期和/或长期施工准备工程计划。
• La demande dont question à l'alinéa 2 est adressée au Ministre en quatre exemplaires dont copie est réservée au Ministre ayant les Finances dans ses attributions.	• 向矿业部部长提交第 2 款所述的申请,一式四份,副本送财政部部长留存。
Article 25 vecies: Des opérations préalables à la procédure douanière à l'exportation	**第 25(20)条:出口海关程序的前置手续**
Conformément aux normes nationales, régionales et internationales de traçabilité et de certification des substances minérales, l'autorité de certification organise le bureau de traçabilité pour s'assurer de l'accomplissement, pour chaque lot prêt à l'exportation, de toutes les formalités de traçabilité exigées pour	根据矿产溯源和认证的国内、区域和国际标准,认证机关组织溯源处核实每批准备出口的货物是否已完成为确定矿产性质、物理和/或化学特性、产地和其合法来源所需的所有溯源手续。完成该合规审核后,出具矿产原产地证书。

déterminer notamment la nature, les caractéristiques physiques et/ou chimiques, l'origine et la provenance légale et licite des substances minérales. Ce contrôle de conformité donne lieu à l'établissement du certificat d'origine des substances minérales.	
Le certificat d'origine des substances minérales ainsi que les pièces y annexées émanant d'autres services intervenant sont transmis à l'Administration des douanes pour l'accomplissement des procédures douanières à l'exportation.	将矿产的原产地证书以及其他相关部门签发的附随文件一并移交海关部门,以便完成出口的海关程序。
Article 25 vecies bis: De la notification d'avance des exportations	**第25(22):出口的预先通知**
L'autorité de certification, l'administration de douane et tout autre service intervenant mettent en œuvre, dans le cadre des accords de collaboration et d'assistance mutuelle administrative conclus avec les autorités de certification et les administrations douanières des pays de transit et de destination finale des produits marchands, le mécanisme de notification d'avance pour le suivi de la traçabilité et la lutte contre le trafic illicite des substances minérales extraites en République Démocratique du Congo. Le modèle de notification d'avance sera déterminé par voie d'arrêté ministériel.	在与商品转运国和最终目的地国的认证机关、海关部门和签订的合作协议和管理互助协议的框架下,为跟踪溯源和打击采自刚果民主共和国的矿产的非法交易,认证机关、海关部门和其他任何相关机关实施预先通知机制。预先通知的方式由部长令确定。
Article 25 vecies ter: De la lutte contre la fraude des substances minérales	**第25(23)条:打击矿产欺诈**
Sans préjudice des dispositions du Code minier, des lois en vigueur ainsi que des statuts portant création, organisation et fonctionnement des services publics concernés, les Ministres ayant respectivement les Affaires	在不违反《矿业法典》、现行法律以及关于相关公共部门的设立、组织和运行的章程规定的前提下,内政部部长、公共安全部部长和矿业部部长颁布联合部长令以设立国家打击矿产欺诈委员会。

Intérieures, la Sécurité publique ainsi que les Mines dans leurs attributions instituent par Arrêté conjoint une Commission nationale de lutte contre la fraude minière.	
TITRE III: DES DISPOSITIONS COMMUNES AUX DROITS MINIERS ET DE CARRIERES	**第三编:矿权和采石权的通用规定**
Chapitre I: DE L'ELIGIBILITE AUX DROITS MINIERS ET DE CARRIERES ET DE L'AGREMENT DES MANDATAIRES EN MINES ET CARRIERES	***第一章:矿权和采石权的资格条件和矿业和采石业代理人的许可***
Article 26: De l'éligibilité	**第 26 条:资格条件**
Sous réserve des dispositions de l'article 27 du Code minier, les personnes morales de droit étranger et les organismes à vocation scientifique, éligibles aux droits miniers et de carrières dans les limites des alinéas 2 et 3 de l'article 23 du Code minier qui désirent exploiter de manière industrielle ou à petite échelle un gisement découvert sont tenus de constituer une société commerciale de droit congolais six mois avant l'expiration de leur droit minier ou de carrières de recherche.	根据《矿业法典》第 27 条的规定,外国法项下的法人和科研机构在《矿业法典》第 23 条第 2 款和第 3 款规定的范围内有资格取得矿权和采石权,并有意对已发现的矿层进行工业开采或小规模开采的,须在其持有的探矿权或采石场勘探权期限届满前六个月,根据刚果法律成立商事公司。
Article 27: De la déclaration du domicile	**第 27 条:住所的申报**
Toute personne morale de droit congolais sollicitant un droit minier et/ou de carrières est tenue de déclarer au Cadastre Minier central ou provincial son domicile. Cette déclaration fait foi pour toute notification au titulaire ou à son mandataire.	申请矿权和/或采石权的刚果法人须向中央或省级矿权登记局申报其住所。任何向持有人或其代理人送达的通知,以该申报的住所为准。

Le titulaire d'un droit minier ou de carrières est tenu d'informer le Cadastre Minier central ou provincial de tout changement de son domicile ou de ses coordonnées par le moyen le plus rapide et fiable dans les quinze jours qui suivent le changement.	矿权或采石权持有人变更其住所或联系方式的,须在变更后十五日内,以最为迅速可靠的方法通知中央矿权登记局或省级矿权登记局。
En cas de refus ou d'omission de notification de déclaration ou de tout changement du domicile, toute notification faite au domicile renseigné dans la demande ou à l'ancien domicile est valable.	未告知住所的变更或拒绝告知住所的变更的,向申请中提供的住所或先前的住所送达的通知一律视为有效。
Article 28: De la transparence	**第 28 条:透明性**
Le Cadastre Minier central ou provincial établit une fiche technique pour chaque demande dont il est chargé de l'instruction où sont notées toutes les observations, conclusions et dispositions concernant la demande. Les fiches techniques, les cartes de retombes minières, les informations administratives concernant les droits miniers et de carrières octroyés ainsi que les demandes en instance sont disponibles pour la consultation publique au Cadastre Minier central ou provincial pendant aux moins cinq heures chaque jour ouvrable et sur Internet. Les heures précises d'ouverture pour la consultation autre que sur l'Internet sont fixées par le Cadastre Minier central.	中央矿权登记局或省级矿权登记局为其负责审查的每份申请编制一份技术说明,在其上记录关于该申请的所有意见、结论和安排。在中央矿权登记局或省级矿权登记局,公众可查阅已授矿权和采石权的技术说明、矿区定位图、管理信息以及正在审查的申请,工作日的开放时间至少为五小时,亦可在网上查询。对公众开放查询的具体时间由中央矿权登记局确定。
Pendant douze jours ouvrables, le Cadastre Minier central ou provincial affiche dans sa salle de consultation publique la conclusion de chaque instruction concernant une demande déposée à son bureau	在十二个工作日内,中央矿权登记局或省级矿权登记局在其公共咨询大厅张贴向其所交申请的各项审查结果以及由主管机关作出的授予或拒绝授予的决定。中央矿权登记局或省级矿权登记局无偿

ainsi que la décision d'octroi ou de refus rendue par l'autorité compétente. Le Cadastre Minier central ou provincial délivre, au requérant ou à son mandataire et sans frais, un exemplaire de l'original de l'avis cadastral, technique ou environnemental et une copie de la décision finale. Sous réserve du respect des règles de la confidentialité, les tiers peuvent, moyennant paiement des frais fixés par le Cadastre Minier central dans les limites permises par les autorités chargées de sa tutelle, lever copies des avis cadastral, technique et du certificat environnemental et des décisions auprès du Cadastre Minier central ou provincial.	向申请人或其代理人颁发登记审查意见、技术意见或环境意见原件一份,以及最终决定副本一份。在遵守保密规则的前提下,第三人在其主管机关允许的范围内,缴纳中央矿权登记局规定的全额费用后,可从中央或省级矿权登记局处取得登记审查意见、技术意见、环境证书和决定的副本。
Article 29: De la priorité d'instruction	**第 29 条:审查的优先顺序**
Les demandes et déclarations déposées auprès du Cadastre Minier central ou provincial et inscrites dans le même cahier d'enregistrement sont instruites dans l'ordre de leur inscription. En application des dispositions de l'article 34 du Code minier, les avis cadastraux sur les demandes inscrites au cahier d'enregistrement spécial visé à l'article 69 du présent Décret concernant les mêmes carrés entièrement ou partiellement sont donnés selon l'ordre chronologique de l'inscription des demandes.	向中央矿权登记局或省级矿权登记局提交并登记在同一登记簿上的申请和申报按照其登记顺序进行审查。根据《矿业法典》第 34 条的规定,针对登记在本法令第 69 条规定的矿权特别登记簿上的申请(涉及全部相同或部分相同的区块),按照申请登记的时间顺序出具地籍意见。
Article 30: De l'exercice de la profession de mandataire en mines et carrières	**第 30 条:矿权和采石权代理人的执业活动**
Seuls les mandataires en mines et carrières agréés par le Ministre peuvent exercer les prérogatives prévues à l'article 25 du Code minier.Toute requête introduite au nom	仅经矿业部部长批准的矿权和采石权代理人可行使《矿业法典》第 25 条规定的特权。无矿权和采石权代理人的批准资质,以第三人名义和为第三人提交的任何

et pour le compte d'un tiers par toute personne dépourvue de la qualité de mandataire en mines et carrières agréé est nulle et de nul effet.	申请均为无效。
Article 31：De la durée de la validité de l'agrément de mandataire en mines et carrières	**第 31 条：对矿权和采石权代理人的批准的有效期期限**
La durée de la validité de l'agrément de mandataire en mines et carrières est de 4 ans renouvelable à compter de la date de décision d'agrément.	对矿权和采石权代理人的批准有效期为四年，自授予决定之日起算，可续期。
Article 32：Des conditions d'agrément	**第 32 条：批准条件**
Nul ne peut être agréé au titre de mandataire en mines et carrières ni en exercer les prérogatives s'il ne remplit les conditions énumérées ci-après：	未满足下列条件，不得批准矿权和采石权代理人资质，亦不得行使其特权：
• Pour les personnes physiques：	• 就自然人而言：
-être résident en République Démocratique du Congo；	-为刚果民主共和国居民；
- jouir de la plénitude de ses droits civiques；	-享有完整的公民权；
-être d'une bonne moralité attestée par un extrait de casier judiciaire et le certificat de bonne vie et mœurs en cours de validité；	-品行端正，由有效的犯罪记录摘要和品行良好证明证实；
- justifier des compétences et connaissances approfondies dans la législation minière ou dans la gestion du domaine des mines et des carrières.	-证明其在矿业法律或矿山和采石场管理方面具备优秀的能力和丰富的知识。
• Pour les personnes morales：	• 就法人而言：
- être constituée conformément au droit positif congolais et avoir son siège social en République Démocratique du Congo；	-根据刚果现行法律设立，注册地址在刚果民主共和国；

-ne pas être en faillite ou en cours de liquidation;	-未处于破产或清算中;
-être en ordre avec l'Administration Fiscale;	-遵守税务行政机关的规定;
- justifier pour son personnel et/ou associés des compétences et des connaissances approfondies dans la législation minière ou dans la gestion du domaine des mines et des carrières.	-证明其工作人员和/或股东在矿业法律或矿山和采石场管理方面具备优秀的能力和丰富的知识。
Article 33:De la présentation de la demande d'agrément	**第 33 条:批准申请的提交**
La demande d'agrément au titre de mandataire en mines et carrières adressée au Ministre est déposée en double exemplaire à la Direction des Mines.	向矿业部部长提交的矿权和采石权代理人的批准申请,一式两份,提交至矿业局。
A la demande sont joints:	申请后须附随:
• Pour les personnes physiques:	• 就自然人而言:
-une copie certifiée conforme de la carte d'identité ou un document faisant foi qui vaut certificat de nationalité;	-经认证与身份证原件相符的副本或与国籍证书具有同等效力的文件;
- l'acte d'élection de domicile du requérant;	-申请人住所地选择的文书;
- la déclaration écrite sur honneur du requérant qu'il jouit de la plénitude de ses droits civiques;	-申请人以其名誉担保享有完整公民权的书面声明;
- l'extrait d'acte du casier judiciaire du requérant en cours de validité;	-申请人有效的犯罪记录摘要;
- l'attestation de bonne vie et mœurs délivrée par l'autorité administrative de chaque lieu de résidence de la personne pendant les cinq dernières années;	-由申请人各居住地行政机关出具的近五年内的品行良好证明;

-la justification de ses compétences et connaissances requises conformément à l'article précédent.	-前条规定所要求的能力和知识的证明。
• Pour les personnes morales:	• 就法人而言:
-une copie des statuts dûment notariés;	-经有效公证的章程副本;
-l'extrait de l'inscription du requérant au nouveau Registre de Commerce;	-申请人在新商事登记簿的登记摘要;
- une copie des curriculum vitae des associés ou des membres du personnel de la société qui agiront à son nom au titre de mandataire agréé vis-à-vis des tiers;	-经批准的代理人,以法人名义向第三人行事的股东或公司员工的简历副本;
- la déclaration écrite sur honneur du requérant qu'il n'est ni en faillite ni en cours de liquidation;	-申请人以其名誉担保未处于破产和清算中的书面声明;
-la copie certifiée conforme de l'Attestation Fiscale du requérant;	-经认证与原件相符的申请人的税务证明副本;
-la justification des compétences et connaissances requises de son personnel conformément à l'article précédent.	-根据前条规定,其工作人员所需的能力和知识证明。
Pour justifier des compétences et des connaissances approfondies dans la législation minière, le requérant doit présenter les publications ou les études réalisées dans le secteur des mines et de carrières.	为证明在矿业法律方面具备优秀的能力和丰富的知识,申请人须提交其在矿业部门和采石部门发表的作品或研究成果。
Les compétences et les connaissances approfondies du requérant dans la gestion du domaine des mines ou des carrières sont justifiées par des services honorables rendus soit dans l'Administration des Mines soit dans une entreprise minière ou de carrière au cours des dix dernières années.	申请人应通过近十年为矿业行政机关或矿业企业、采石企业提供的杰出服务证明其在矿业管理和采石业管理方面具备优秀的能力和丰富的知识。

Dans le cas d'une personne morale, celle-ci fournit les justifications pour ses associés ou les membres de son personnel qui agiront en son nom.	就法人而言,法人为其股东或以其名义行事的工作人员提供证明文件。
Article 34: De la recevabilité et de l'instruction de la demande d'agrément	**第 34 条:批准申请的受理和审查**
La demande est déclarée recevable si elle satisfait aux conditions prévues à l'article 33 ci-dessus. Dans ce cas, la Direction des Mines l'inscrit dans le Registre des demandes d'agrément de mandataires en mines et carrières et délivre au requérant un récépissé indiquant son nom et le jour du dépôt du dossier.	对满足上述第 33 条规定条件的申请予以受理。在此情形下,矿业局在矿权和采石权代理人批准申请登记簿上予以登记,并向申请人签发注明其姓名和文件递交日期的回执。
En cas d'irrecevabilité de la demande, la Direction des Mines restitue le dossier au requérant avec indication des pièces manquantes.	申请不予受理的,矿业局将申请文件退回申请人,并说明所缺文件。
En cas de recevabilité de la demande, la Direction des Mines instruit celle-ci dans un délai de vingt jours ouvrables à compter de la date du dépôt du dossier. L'instruction consiste à vérifier que la demande remplit les conditions précisées à l'article 32 ci-dessus.	申请予以受理的,矿业局在申请文件递交之日起二十个工作日内予以审查。审查旨在核实申请是否满足第 32 条规定的条件。
En cas d'avis favorable, la Direction des Mines prépare le rapport d'appréciation et un projet d'Arrêté d'agrément qu'elle soumet au Ministre pour signature et délivre une copie de l'avis favorable au requérant et invite ce dernier à apporter la preuve de paiement des frais administratifs d'enregistrement dont le montant et les modalités de perception sont fixés par arrêté	同意申请的,矿业局编制审查报告和提交矿业部部长签署的批准裁决草案,并向申请人颁发肯定意见副本,请求申请人提交登记行政费用的缴纳证明,随后签发注明申请人姓名、缴纳日期和缴纳金额的回执。登记管理费的金额和缴纳方式由矿业部部长和财政部部长颁布联合部长令规定。

conjoint des Ministres ayant respectivement les Mines et les Finances dans leurs attributions, contre délivrance d'un récépissé indiquant le nom du requérant, la date et le montant du paiement.	
En cas d'avis défavorable, la Direction des Mines prépare un rapport d'appréciation et un projet de décision motivée de refus d'agrément qu'elle soumet au Ministre pour signature.	拒绝申请的,矿业局编制审查报告和提交矿业部部长签署的拒绝批准决定草案(需说明理由)。
Article 35: De la décision d'agrément ou de refus d'agrément	**第 35 条:批准决定或拒绝批准的决定**
Le Ministre signe l'arrêté portant agrément au titre de mandataire en mines et carrières ou l'arrêté motivé de refus d'agrément et le transmet à la Direction des Mines dans un délai de quinze jours ouvrables à compter de la date de réception du dossier de la demande avec le rapport de la Direction des Mines.	自收到申请文件和矿业局的报告之日起十五个工作日内,矿业部部长签署附理由的批准或拒绝批准(附理由)矿权和采石权代理人的裁决,并移交矿业局。
A défaut de la décision du Ministre dans le délai prescrit au premier alinéa du présent article, l'agrément est réputé accordé au requérant dont la demande a reçu un avis favorable. Le récépissé du dépôt de la demande ainsi qu'une copie de l'avis favorable valent décision d'agrément. La Direction des Mines est tenue d'inscrire le nom du requérant sur la liste des mandataires qu'elle tient à jour.	矿业部部长未在本条第 1 款规定的期限内作出决定的,视为予以批准,就申请作出肯定性意见。递交申请的回执连同肯定性意见的副本具有批准之效。矿业局须将申请人姓名登记于由其负责更新的代理人名单之中。

Article 36:De la notification de la décision d'agrément ou de refus d'agrément	第 36 条:批准决定或拒绝批准决定的通知
La Direction des Mines inscrit l'agrément ou le refus d'agrément du requérant dans le Registre des demandes d'agrément de mandataires en mines et carrières aussitôt qu'elle reçoit la décision prise par le Ministre.	在收到矿业部部长作出的决定后,矿业局须立即将对申请人的批准或拒绝批准在矿权和采石权代理人批准申请登记簿中予以登记。
Dans les cinq jours de la réception de la décision rendue par le Ministre, la Direction des Mines la notifie au requérant par le moyen le plus rapide et fiable.	在收到矿业部部长做出决定后的五日内,矿业局以最为迅速可靠的方法通知申请人。
La Direction des Mines inscrit également le nom du requérant qui a reçu l'agrément du Ministre sur la liste des mandataires agréés qu'elle tient à jour.	矿业局亦须将经矿业部部长批准的申请人姓名在其负责更新的经批准的代理人名单中予以登记。
Article 37:De la publicité de l'agrément des mandataires en mines et carrières	**第 37 条:矿权和采石权代理人批准的公示**
Au fur et à mesure qu'il y a de nouvelles inscriptions ou des inscriptions radiées, la Direction des Mines transmet la liste actualisée des mandataires agréés au Cadastre Minier central qui en assure l'affichage dans la salle de consultation publique du Cadastre Minier central et des Cadastres Miniers provinciaux.	与新增登记或删除登记同步,矿业局将更新的经批准的代理人名单移交中央矿权登记局,由其在中央矿权登记局和省级矿权登记局公共咨询大厅内予以张贴。
La liste des mandataires agréés mentionne le nom, la date et le numéro d'agrément ainsi que d'autres coordonnées utiles desdits mandataires. Elle est publiée au Journal Officiel, au journal du Cadastre Minier sur papier ou sur Internet et dans les revues spécialisées de l'industrie minière. La consultation de cette liste par le public est gratuite.	经批准的代理人名单应注明该代理人的姓名、批准的日期和编号,以及其他有效信息。该名单在官方公报、矿权登记局的网站或纸质刊物、矿业专业期刊上公布,以供公众免费查询。

Article 38: Du retrait ou de la perte de l'agrément en qualité de mandataire en mines et carrières	**第 38 条:矿权和采石权代理人批准的吊销和丧失**
Toutefois, le mandataire agréé qui est condamné par un jugement ou un arrêt définitif pour avoir commis une infraction prévue par le Code minier perd d'office son agrément.	终审裁判或判决存在违反《矿业法典》的违法行为的,经批准的代理人按规定丧失其批准资质。
Les conditions d'agrément étant cumulatives et permanentes, le mandataire agréé qui cesse de satisfaire à l'une des conditions durant l'exercice de sa mission s'expose au retrait de son agrément.	经批准的代理人应同时满足且持续具备予以批准的条件,如在履行职责期间有任何一项条件不再满足的,将被吊销批准资质。
Chapitre II: DES PERIMETRES MINIERS ET DE CARRIERES	***第二章:矿山和采石场的矿区***
Article 39: Du quadrillage cadastral du Territoire National	**第 39 条:国家领土的地籍网格图**
Le Territoire National est divisé en carrés dont les côtés sont orientés nord-sud et est-ouest suivant un quadrillage cadastral.	国家领土被划分为区块,该区块各边依据地籍网格图的东西向和南北向划定。
L'intervalle entre les côtés nord-sud de chaque carré, ainsi qu'entre ses côtés est-ouest, est un intervalle angulaire de trente secondes en coordonnées géographiques représentées sur les cartes géographiques officielles à l'échelle 1/200.000 de tout le Territoire National, produites par l'Institut Géographique du Congo. Les coordonnées des angles des périmètres sont toujours des multiples de trente secondes de façon à ce que les angles de périmètre correspondent toujours au quadrillage cadastral.	每个区块南北两边和东西两边之间的跨度为国家领土官方地图上(由刚果地理研究所编制,比例尺为 1/200,000)地理坐标的三十秒角。为与地籍网格图相符,矿区的角坐标始终为三十秒的倍数。

La situation géographique de chaque carré sur la surface de la terre est fixée sur la carte de retombes minières par le Cadastre Minier central. En cas de différence entre la localisation des carrés sur le terrain et sur la carte, les coordonnées de la carte prévalent.	每一区块在地表的地理位置由中央矿权登记局在矿区定位图上确定。区块在地面上和地图上的位置不同的,以地图坐标为准。
Le carré est l'unité cadastrale de base dont les périmètres miniers ou de carrières sont composés. Pour tous les besoins du présent Décret, chaque carré est censé couvrir une superficie de 84,955 hectares.	区块是构成矿山或采石场的矿区的基本地籍单位。为本法令需要计,各区块的覆盖面积为 84.955 公顷。
Le carré représente la base d'un volume en forme de pyramide inversée de quatre côtés dont le sommet se trouve au centre de la terre. Les substances minérales sur lesquelles portent les droits miniers ou de carrières se trouvent à l'intérieur de la pyramide ainsi orientée sur la carte, les coordonnées de la carte prévalent.	区块呈四条边的倒金字塔形,其顶点位于地球中心。以地图坐标为准,设立了矿权或采石权的矿产位于在地图上以该等方式定位的金字塔内。
Article 40: De l'identification des périmètres miniers et de carrières	**第 40 条:矿山和采石场矿区的识别**
Les périmètres sont identifiés par les carrés qui les composent. Les carrés sont identifiés par les coordonnées géographiques de leurs points centraux sur la surface de la terre ou par les codes que le Cadastre Minier central leur assigne.	矿区根据组成矿区的区块予以识别。区块根据地表上中心点的地理坐标或中央矿权登记局赋予的编码予以识别。
Dans le cadre du présent Décret, les carrés qui chevauchent deux ou plusieurs provinces sont affectés par décision du Cadastre Minier central à la province où se trouve le centre du carré. Si le centre se trouve exactement sur la ligne de frontière entre provinces, le carré relève de la compétence de la province où se trouve la	在本法令框架下,由中央矿权登记局的决定将横跨两个或多个省份的区块分配给区块中心所在省份。区块中心正好位于多省交界处的,该区块由较大部分区块面积所在省份管辖。各省平均占有区块地表面积的,中央矿权登记局将第一部分分配给其中一省,第二部分分配给另一省,以此类推。

plus grande partie de la superficie du carré. Si la superficie des carrés est divisée en parts égales entre provinces, le Cadastre Minier central affecte la première à l'une des provinces concernées, la seconde à l'autre province et ainsi de suite.	
Article 40 bis: De la superposition des titres miniers et de carrières	**第40(2)条:矿权和采石权的重叠**
Les périmètres des droits miniers et de carrières ainsi que les zones d'exploitation artisanale sont exclusifs. Ils ne peuvent empiéter les uns sur les autres, sauf dans les cas suivants:	矿权和采石权的矿区以及手工开采区具有排他性,其不能互相重叠,除非在如下情形之下:
• le périmètre d'un droit minier de recherches peut être superposé sur le périmètre d'un droit de carrières de recherches ou d'exploitation temporaire;	• 探矿权的矿区可以重叠于采石场勘探权或临时性采石场开采权的矿区之上;
• le droit sur la partie du périmètre de l'Autorisation de recherches des produits de carrières sur laquelle le périmètre d'un droit minier d'exploitation est superposé, est éteint moyennant une juste indemnisation;	• 若采矿权覆盖矿区重叠于采石场产品勘探许可覆盖的部分矿区,则被重叠部分的采石场产品勘探许可覆盖矿区的权利灭失,但需支付一笔合理的赔偿金;
• le périmètre d'une autorisation de recherches des produits de carrières peut être superposé sur le périmètre d'un droit minier de recherches, moyennant le consentement du titulaire du Permis de recherches;	• 采石场产品勘探许可覆盖矿区可以重叠在探矿权覆盖矿区之上,但需探矿证持有人同意;
• le périmètre d'une autorisation de carrières d'exploitation peut être superposé sur le périmètre d'un droit minier de recherches ou, avec le consentement du titulaire, sur une partie du périmètre d'un Permis d'exploitation;	• 采石场开采许可覆盖矿区可以重叠在探矿权覆盖矿区之上,或经持有人的同意可以重叠在采矿证覆盖的部分矿区之上;

• le périmètre d'une zone d'exploitation artisanale peut être superposé sur le périmètre d'un droit minier ou de carrières avec l'autorisation expresse et écrite du titulaire. Dans tous les cas, le titulaire est tenu de déposer concomitamment une demande de renonciation sur la partie du périmètre empiétée par la zone d'exploitation artisanale.	• 经持有人书面明示许可,手工开采区的矿区可以重叠在矿权或采石权覆盖矿区之上。无论如何,针对手工开采区所覆盖的矿区部分,持有人应同时提交一份放弃申请。
Sans préjudice des dispositions de l'article 30 du Code minier, lors de l'instruction cadastrale des demandes des droits miniers et/ou de carrières, les règles suivantes s'appliquent en cas d'empiètements autres que ceux prévus à l'article 30 du présent Code:	在不违反《矿业法典》第 30 条规定的前提下,在矿权和/或采石权申请的矿权登记审查时,如果出现了重叠情形,且其不属于本法典第 30 条规定的重叠情形,则须适用如下规则:
a. lorsqu'une demande des droits miniers et/ou de carrières de recherches porte sur un périmètre dont plus de 25% empiètent sur un autre périmètre minier ou de carrières en cours de validité ou est introduite pendant qu'une autre demande est en instruction, cette demande est rejetée;	a.若申请的探矿权和/或采石场勘探权所覆盖的矿区的 25%以上与另一个有效的矿山或采石场的矿区重叠,或申请的探矿权和/或采石权是在审查另一个申请期间提出,则驳回该申请;
b. lorsqu'une demande des droits miniers et/ou de carrières de recherches porte sur un périmètre dont 25% au maximum empiètent sur un autre périmètre minier ou de carrières en cours de validité ou est introduite pendant qu'une demande est en instruction, la situation est corrigée de façon à éliminer les empiètements.	b.若申请的探矿权和/或采石场勘探权所覆盖的矿区的 25%以下与另一个有效的矿山或采石场的矿区重叠,或申请的探矿权和/或采石权是在审查另一个申请期间提出,则应纠正该情形以避免重叠。
Dans tous le cas, les demandes suivantes ne peuvent être rejetées pour cause d'empiétement lors de l'instruction cadastrale:	无论如何,在矿权登记审查之时,如下申请不得因为重叠而被驳回:

a. la demande de droits miniers ou de carrières d'exploitation du titulaire de droit minier ou de carrières de recherches sur le même périmètre;	a.同一矿区之上的探矿权或采石场勘探权的持有人所提出的采矿权或采石场开采权的申请;
b.la demande de transformation des droits miniers ou de carrières de recherches ou d'exploitation en plusieurs droits miniers ou de carrières de recherches ou d'exploitation sur le même périmètre;	b.同一矿区之上提出的将探矿/采矿权或采石场勘探/开采权转化为多个探矿/采矿权或采石场勘探/开采权;
c. la demande du Permis d'exploitation des rejets du titulaire du droit minier couvrant le périmètre sur lequel sont entreposés les rejets.	c.覆盖尾矿仓储区域的矿权的持有人提出的尾矿开采证申请。
Article 41: Des reports sur les cartes de retombes minières	**第 41 条:矿区定位图上的标注**
Le Cadastre Minier central tient à jour des cartes de retombes minières sur l'ensemble du Territoire National où il effectue les reports des périmètres des titres miniers, de carrières ou des zones spéciales à titre indicatif, provisoire ou définitif conformément aux dispositions du présent Décret.	中央矿权登记局负责更新国家领土范围内的矿区定位图。中央矿权登记局根据本法令规定,对矿区、采石场或特殊区域进行参考性、临时性或最终性标注。
Immédiatement après le dépôt de chaque demande recevable d'un Permis de Recherches, le Cadastre Minier central ou provincial reporte à titre indicatif le périmètre demandé sur les cartes de retombes minières.	在提交探矿证的可受理的申请后,中央矿权登记局或省级矿权登记局立即将所申请的矿区在矿区定位图上进行参考性标注。
A la fin de l'instruction cadastrale de chaque demande de Permis de Recherches et en cas d'avis cadastral favorable, le Cadastre Minier central ou provincial remplace le report à titre indicatif par le report à titre provisoire. En cas d'avis cadastral défavorable, il radie le report à titre indicatif.	探矿证申请的矿权登记审查结束后,若矿权登记审查通过,中央矿权登记局或省级矿权登记局则用临时性标注替换参考性标注。若矿权登记审查未通过,中央矿权登记局或省级矿权登记局则将参考性标注予以删除。

Le Cadastre Minier central ou provincial reporte à titre provisoire sur les cartes de retombes minières les périmètres sur lesquels il existe des droits miniers ou de carrières faisant l'objet de réclamation ou de contentieux. Il reporte aussi à titre provisoire les périmètres de carrière à ouvrir sur un terrain domanial pour les travaux d'utilité publique au moment où il adresse son avis favorable au Gouverneur de province qui l'a informé de son intention d'autoriser l'ouverture de la carrière.	当矿区的矿权或采石权存在异议或争议时，中央矿权登记局或省级矿权登记局在矿区定位图上进行临时性标注。省长向中央矿权登记局或省级矿权登记局告知其欲批准开放采石场的意图，若中央矿权登记局或省级矿权登记局向省长出具肯定意见，则对将要在国有土地上开设的用于公共用途工程的采石场矿区进行临时性标注。
Le Cadastre Minier central ou provincial reporte à titre définitif：	中央矿权登记局或省级矿权登记局对下列事项进行最终性标注：
• les périmètres afférant à tous les droits miniers ou de carrières en cours de validité；	• 有效的矿权或采石权所覆盖的矿区；
• les zones d'exploitation artisanale；	• 手工开采区；
• les zones interdites et les aires protégées；	• 禁采区和保护区；
• les carrières ouvertes sur les terrains domaniaux par arrêté provincial pour les travaux d'utilité publique.	• 经省级裁决决定，在国有土地上开设的用于公共用途的采石场。
Article 42：De la tenue des cartes de retombes minières	**第 42 条：矿区定位图的保管**
Les cartes de retombes minières sont réalisées sur support papier ou digital. Elles sont établies suivant les cas par le Cadastre Minier central et/ou provincial à l'échelle la plus précise possible avec les moyens technologiques et budgétaires à sa disposition. En tout état de cause, l'échelle des cartes de retombes ne peut être supérieure à 1/200.000.	矿区定位图以纸质版或数字版编制。中央和/或省级矿权登记局以尽可能精确的比例尺，在其具备的技术和预算范围内编制矿区定位图。无论如何，矿区定位图的比例尺不得大于 1/200,000。

Chaque Cadastre Minier provincial met à la disposition du public pour consultation dans ses bureaux au moins un jeu complet des cartes de retombes minières pour la province dans laquelle il est situé. Le Cadastre Minier central met à la disposition du public pour consultation dans son siège social un jeu complet des cartes de retombes couvrant tout le Territoire National.	各省级矿权登记局应至少将一整套其所在省份的矿区定位图置于办公室供公众查阅。中央矿权登记局应将一整套国家领土内的矿区定位图置于其主要办公机关供公众查阅。
Chapitre III : DE LA PROCEDURE ET DES MODALITES D'OCTROI DES DROITS MINIERS OU DE CARRIERES SOUMIS A L'APPEL D'OFFRES	***第三章：需招标的矿权或采石权的授予程序和授予方式***
Section Ière : De la réservation des gisements dont les droits sont soumis à l'appel d'offres	**第一节：需招标的权利对应的矿床的预留**
Article 43 : De l'identification des gisements dont les droits miniers et de carrières sont soumis à l'appel d'offres	**第 43 条：需招标的矿权和采石权对应的矿床的识别**
Peuvent être réservés et soumis à un appel d'offres les droits portant sur les gisements qui réunissent les conditions suivantes :	符合下列条件的矿床，可以预留权利并进行招标：
• être un gisement connu, d'une valeur importante et se trouver à l'intérieur des carrés bien identifiés, ou des carrés limitrophes ;	• 具有重要价值的已知矿床，位于可明确识别的区块或毗邻的区块内；
• avoir fait l'objet d'études, de la documentation ou éventuellement des travaux effectués par l'Etat ou ses services en vertu d'un droit minier ou d'un droit de carrières d'exploitation au nom de l'Etat ou d'un service de l'Etat ;	• 国家或国家部门根据其持有的采矿权或采石权，已进行研究、收集资料或开发的矿床；

• ne pas se trouver dans un carré faisant l'objet d'un droit minier ou d'un droit de carrières d'exploitation au nom d'un tiers.	• 未位于第三人持有的采矿权或采石权覆盖的区块内。
Les demandes des droits miniers et de carrières sur les gisements réservés ne sont recevables que conformément aux dispositions du présent chapitre.	仅在与本章规定相符时，才可受理预留矿床对应的矿权和采石权的申请。
Article 44：De la réservation des gisements dont les droits miniers et de carrières sont soumis à l'appel d'offres	**第44条：需招标的矿权和采石权对应的矿床的预留**
Le Ministre peut, sur proposition de l'autorité ou du service concerné ou sur sa propre initiative, après consultation du Cadastre Minier central, prendre un arrêté portant réservation du gisement dont les droits sont soumis à l'appel d'offres.	经主管机关、相关部门建议或自行提议，在征求中央矿权登记局意见后，矿业部部长可以颁布关于对需招标的矿权和采石权对应的矿床予以预留的法令。
L'arrêté portant réservation du gisement dont les droits sont soumis à l'appel d'offres indique：	关于对需招标的矿权和采石权对应的矿床予以预留的裁决，应注明下列事项：
• la province, le territoire ou la ville où se trouve le périmètre du gisement en cause；	• 相关矿床的矿区所在的省份、领地或城市；
• les coordonnées géographiques des sommets du périmètre et le nombre de carrés y compris；	• 矿区各顶点的地理坐标和所含区块的数量；
• l'identification du droit minier ou de carrières existant au nom de l'Etat ou de l'un de ses services sur le périmètre, le cas échéant.	• 如需要，注明矿区内现存的国家或其部门持有的矿权或采石权。
L'arrêté prend effet dès la signature par le Ministre. Une copie de l'arrêté est transmise au Cadastre Minier central immédiatement pour report sur la carte de retombes minières des périmètres sur lesquels	裁决自矿业部部长签署时生效，副本须立即移交中央矿权登记局，以便在矿区定位图上对预留权利的矿区进行标注。裁决副本亦须在签署之日移交地质局和矿业局。

porte la réservation des droits. Des copies de l'arrêté sont également transmises à la Direction de Géologie et à la Direction des Mines le jour de la signature.	
Article 45: De la confirmation de la réservation du gisement dont les droits miniers ou de carrières sont soumis à l'appel d'offres	**第 45 条:对需招标的矿权和采石权对应的矿床予以预留的确认**
Dans un délai de vingt jours à compter de la date de la signature de l'arrêté de réservation du gisement dont les droits sont soumis à l'appel d'offres, le Ministre transmet un projet de Décret portant confirmation de la réservation du gisement en cause, accompagné d'un rapport motivé au Premier Ministre. Le Décret confirme la réservation du gisement jusqu'à l'octroi des droits miniers ou de carrières suite à la conclusion de l'appel d'offres réalisé conformément aux dispositions du présent chapitre ou l'expiration d'un an à compter de la date de la signature de l'arrêté portant réservation.	自对需招标的权利对应的矿床予以预留的裁决签署之日起二十日内,矿业部部长向总理移交关于确认预留相关矿床的裁决草案,并附随报告说明理由。裁决确认将矿床预留至根据本章规定完成招标后授予矿权或采石权为止,或至预留矿床的部长令签署之日起满一年时止。
Une copie du Décret portant confirmation de la réservation est transmise au Cadastre Minier central dès la signature par le Premier Ministre.	确认预留的裁决一经总理签署,其副本须移交中央矿权登记局。
Si le Premier Ministre ne signe pas le Décret portant confirmation de la réservation dans le délai imparti prévu à l'article 33 alinéa 3 du Code minier, la confirmation est réputée acquise. Le Cadastre Minier central en prend acte et inscrit immédiatement les droits portant sur les carrés en cause.	若总理未在《矿业法典》第 33 条第 3 款规定的法定期限内签署确认预留的裁决,则视为同意预留。中央矿权登记局予以备案并立即对相关区块上存在的权利予以登记。

Section II：De l'appel d'offres	**第二节：招标**
Article 46：De l'obligation de passer un appel d'offres pour l'octroi des droits miniers ou de carrières portant sur un gisement réservé	**第 46 条：对预留矿床授予矿权或采石权而进行招标的义务**
Il est obligatoirement passé un appel d'offres dans les conditions et suivant la procédure définies aux articles 48 et 49 du présent Décret pour l'octroi des droits miniers ou de carrières portant sur un gisement réservé répondant aux conditions énoncées à l'article 38 du présent Décret.	符合本法令第 38 条规定的条件，对预留矿床授予矿权或采石权的，须依据本法令第 48 条和第 49 条规定的条件和程序进行招标。
Article 47：Del'arrêté de l'appel d'offres	**第 47 条：招标法令**
Dans les quinze jours de l'entrée en vigueur du Décret du Premier Ministre portant confirmation de la réservation du gisement dont les droits miniers ou de carrières sont soumis à l'appel d'offres, le Ministre lancepar voie d'arrêté un appel d'offres. Les termes et conditions de l'appel d'offres sont fixés dans le cahier spécial des charges.	自对需招标的矿权或采石权对应的矿床确认预留的总理令生效起十五日内，矿业部部长通过部长令启动招标。招标的条款和条件由专门招标细则规定。
L'appel d'offres est général ou restreint au choix du Ministre. L'appel d'offres général comporte un appel à une concurrence générale；l'appel d'offres restreint comporte un appel à la concurrence limitée aux seuls opérateurs miniers ou de carrières que le Ministre décide de consulter.	招标可以是普通招标或限制性招标，视矿业部部长选择而定。普通招标为普通性竞争；限制性招标仅限于矿业部部长决定邀请的矿业或采石业经营者参与竞争。
Article 48：Des cahiers de charges	**第 48 条：招标细则**
Lorsque les droits miniers ou de carrières sont soumis à l'appel d'offres, il est dressé un cahier spécial des charges qui détermine notamment：	当矿权或采石权须进行招标时，应编制专门招标细则以确定如下内容：

• le périmètre des carrés du gisement réservé, la nature et l'objet des droits, la spécification des documents, le cas échéant, des infrastructures et équipements soumis à l'appel d'offres;	• 如有需要,预留矿床的区块所覆盖的矿区、相关权利的性质和标的、招标文件的详细说明,以及进行招标的基础设施和设备的详细说明;
• la nature et l'objet des obligations de réhabilitation environnementale du site à prendre en charge par le nouveau titulaire;	• 新持有人需承担的矿场环境修复义务的性质和目标;
• les modalités d'accès aux documents sur le site pour étude;	• 为调研而获取矿场文件的方式;
• les modalités d'accès au site pour les visites notamment pour la vérification des données et le prélèvement des échantillons;	• 为现场考察,尤其是核实数据和取样而进入矿场的方式;
• les conditions d'éligibilité et, le cas échéant, les modalités de la procédure de pré-qualification;	• 如有需要,获得投标资格的条件和预审程序的方式;
• le lieu et la date limite pour le dépôt des offres;	• 提交标书的地点和日期;
• les conditions de recevabilité des offres;	• 标书受理的条件;
• les critères pour l'examen des offres;	• 标书审查的标准;
• la date et les modalités de l'ouverture des offres;	• 开标的日期和方式;
• la date et les modalités de l'annonce de la sélection du meilleur offrant;	• 公布中标人的日期和方式;
• les modalités de l'adjudication du gisement réservé et l'octroi des droits miniers ou de carrières au meilleur offrant;	• 预留矿床的裁定方式和向中标人授予矿权或采石权的方式;

• le délai et les conditions dans lesquels les candidats restent engagés par leurs offres.	• 投标人受其标书约束的期限和条件。
Les cahiers de charges sont établis en langue française. Le cahier spécial de charges peut se référer à des cahiers de charges types ou à des spécifications techniques qui contiennent des clauses particulières concernant certains types de gisements. Les cahiers spéciaux de charges, les cahiers de charges types et les spécifications techniques sont approuvés par la commission interministérielle d'examen des offres qui propose éventuellement au Ministre les modifications à y apporter.	招标细则应以法语编制。专门招标细则可参考标准招标细则或包含某些类型矿床的特殊条款的技术说明。部际评标委员会批准专门招标细则、标准招标细则和技术说明,并就其修订向矿业部部长提出建议。
Le retrait du cahier spécial de charges est soumis au paiement des frais de retrait dont le taux est fixé par Arrêté Interministériel des Ministres en charge des Mines et des Finances et Budget.	撤销专门招标细则的,应支付撤销费,费率由矿业部部长、财政与预算部部长颁布联合部长令确定。
Article 49: De la publicité de l'appel d'offres	**第 49 条:招标公告**
Les avis d'appel d'offres sont portés à la connaissance du public par une mention obligatoire au Journal Officiel et/ou dans un ou plusieurs journaux paraissant dans la République, sur Internet ainsi que par affichage dans les salles de consultation publiques du Cadastre Minier.	招标通知应通过官方公报的强制声明和/或一份或多份在刚果民主共和国内发行的报纸、互联网以及在矿权登记局公共咨询大厅内张贴的布告使公众知晓。
Les avis insérés dans le Journal officiel ou tous autres moyens utilisés, indiquent notamment:	在官方公报上刊登或通过其他方式刊登的招标通知,须注明下列事项:
• la nature des droits miniers ou des carrières faisant l'objet de soumission;	• 作为招标标的的矿权或采石权的性质;

• le lieu, le jour et l'heure de la séance d'ouverture de soumission ainsi que la Commission Interministérielle chargée d'y procéder;	• 招标会议的地点、日期、时间,以及负责会议的部际委员会;
• les locaux où le cahier des charges et-ses annexes peuvent être examinés;	• 对招标细则及其附件进行审查的地点;
• les conditions fixées pour l'obtention du cahier spécial des charges et de ses annexes.	• 专门招标细则及其附件的获取条件。
Section III: Des soumissions	**第三节:投标**
Article 50: Des personnes éligibles à l'appel d'offres	**第 50 条:有资格进行投标的人**
Seules les personnes morales de droit congolais et de droit étranger telles que reprises aux litteras a et b de l'article 23 du Code minier, peuvent soumissionner à l'appel d'offres. Outre les personnes citées à l'article 27 du Code minier, les personnes morales en état de faillite ou de liquidation judiciaire ne sont pas admises à présenter des soumissions à l'appel d'offres.	仅《矿业法典》第 23 条第 a 款和第 b 款规定的刚果法人和外国法人可进行投标。除《矿业法典》第 27 条列举的人外,处于破产或司法清算中的法人亦无资格提交投标书。
Article 51: De l'établissement de la soumission	**第 51 条:投标书的编制**
L'offre est établie conformément au modèle prévu dans le cahier spécial des charges. Elle ne contient ni rature ni surcharge qui ne soient approuvées ou paraphées. Elle est signée par le soumissionnaire ou par son mandataire.	投标书按照专门招标细则中规定的格式编制,需由投标人或其代理人签字,不得含有任何未经批准或草签的删除和涂改痕迹。
L'offre doit être établie en langue française. Elle doit indiquer:	投标书须用法语编制,注明下列事项:
• la raison sociale ou la dénomination;	• 公司名称或商号;
• le siège social;	• 公司注册地;

• le numéro et le libellé du ou des comptes bancaires;	• 银行账户的号码和其他信息;
• les mentions relatives à l'inscription au Registre du Commerce et de Crédit Mobilier (RCCM).	• 在商事和动产信用登记簿上的登记信息。
Doivent être joints à la soumission:	投标书后附随下列文件:
• les documents, modèles d'infrastructures et équipements exigés par le cahier spécial des charges;	• 专门招标细则所要求的基础设施和设备的投标文件和投标方式;
• une déclaration faisant connaître la nationalité des membres du personnel du soumissionnaire et des sous-traitants éventuels;	• 可表明投标人团队成员和分包商工作人员国籍的声明;
• une attestation fiscale.	• 税务证明。
Les offres (soumissions) établies par les mandataires doivent contenir la désignation expresse du mandat. Les mandataires doivent joindre à l'offre (soumission) l'acte authentique ou sous-seing privé qui leur accorde ces pouvoirs ou une copie certifiée conforme à l'original de leur procuration.	由代理人编制的投标书应包含对代理的明确指定。代理人应在投标书内附上授予其该等权利的公证文书或私署证书,或经证明与原件相符的委托书副本。
Article 52: Du dépôt des soumissions	**第 52 条:投标书的递交**
La soumission doit parvenir au Cadastre Minier central avant la date et l'heure limites fixées par l'arrêté d'appel d'offres ou par le cahier spécial des charges ou bien avant qu'il ne soit déclaré à la séance d'ouverture des soumissions qu'aucune offre ne peut plus être admise. Lors de la réception de la soumission, le Cadastre Minier central délivre un récépissé au soumissionnaire indiquant les jours, heure et minute de la réception.	投标书应于招标法令或专门招标细则规定的截止日期和时间前,或在招标会议宣布不再接收任何投标书之前,送达中央矿权登记局。受理投标书时,中央矿权登记局向投标人签发注明受理日期和时间的回执。

Article 53：Des événements retardant le dépôt des soumissions ou modifiant l'appel d'offres	**第 53 条：可延迟递交投标书或修改招标的情形**
Si un événement rend impossible le dépôt des soumissions et le cahier spécial des charges à la date et l'heure fixées dans l'arrêté d'appel d'offres, le délai de dépôt est prorogé d'au moins un jour par affichage dans la salle de consultation publique du Cadastre Minier central.	若出现投标书和专门招标细则无法按照招标法令规定的日期和时间递交的情形，递交期限至少延长一日，并由中央矿权登记局在其公共咨询大厅内予以张贴。
Si, pendant le délai du dépôt des soumissions et au moins quinze jours avant la date limite, le Ministre estime nécessaire de modifier les termes et conditions de l'appel d'offres ou de proroger le délai du dépôt des offres, ces modifications et report sont portés à la connaissance du public par les moyens de publicité prévus à l'article 49 ci-dessus.	若在投标书递交期限内，截止日期十五日前，矿业部部长认为有必要对招标条件予以修订或对投标书递交期限予以延期的，该等修订和延期应根据上述第 49 条规定的公示方法进行公示。
Si le soumissionnaire qui a déjà déposé sa soumission estime devoir modifier par les additifs ou une substitution globale ou partielle, il en dépose régulièrement une nouvelle；il peut y indiquer les documents joints à la première soumission et dont il entend faire usage à l'appui de la seconde.	若投标书递交后，投标人认为须以增补、全部或部分替换的方式对投标书予以修改的，应按规定递交一份新的投标书；可在第一份投标书中注明增附的文件，并说明使用时需参照第二份投标书。
Article 55①：Duretrait des soumissions	**第 55 条：投标书的撤销**
Le retrait des soumissions doit avoir lieu dans les formes et délais prévus pour la présentation et le dépôt des soumissions par les articles 47 et 48 ci-dessus.	投标书的撤销须根据上述第 47 条和第 48 条规定的递交投标书的形式和期限进行。

① 中伦注：刚果民主共和国官方公报版本中，未载明第 54 条。

Article 56:De l'ouverture des soumissions	第 56 条:投标书的开标
L'ouverture des soumissions a lieu en séance publique aux lieux, jour et heure fixés par le cahier spécial des charges ou par l'enveloppe d'offres.	投标书的开标应按照专门招标细则或投标书信封上的时间和地点,通过公开会议进行。
Des opérations d'ouverture des soumissions se font dans l'ordre suivant:	投标书的开标流程需按下列顺序进行:
• avant l'ouverture de la séance, le Président dela Commission Interministérielle d'agrément dépose dans le local désigné les soumissions et retrait déjà reçus;	• 开标会议开始前,部际核标委员会主席将已收到的投标书和撤销投标文件放置到指定地点;
• la séance est déclarée ouverte. Les soumissions et les retraits apportés en séance sont remis au Président;	• 宣布会议开始。将带入会议的投标书和撤销投标文件交给主席;
• immédiatement avant l'ouverture des soumissions, le Président déclare que plus aucune soumission ni aucun retrait ne peut être reçu;	• 即将开标前,主席宣布不再接收任何投标书和撤销投标文件;
• il est procédé à l'ouverture et au dépouillement de tous les plis recueillis et à l'examen des pièces justificatives produites;	• 进行开标和唱标,并审查所提交的证明文件;
Seules sont ouvertes les soumissions présentées dans les formes et délais fixés par les articles 47 et 48 ci-dessus. Aucune interruption de la séance ne peut intervenir avant que la liste des concurrents ne soit arrêtée.	仅对根据上述第 47 条和第 48 条规定形式和期限提交的投标书进行开标。竞标人名单确定前,会议不得中断。
• le Président donne connaissance des retraits des soumissions reçues avant et en séance;	• 主席公布会议前和会议期间收到的撤销投标文件;
• les soumissions et les retraits sont paraphés par le Président;	• 主席在投标书和撤销投标文件上画押;

• le Président fait dresser par le rapporteur de la Commission Interministérielle la liste des concurrents admis et proclame leurs noms.	• 部际核标委员会报告人向主席提交获批的竞标人名单，主席宣布竞标人姓名。
Les offres des soumissionnaires ainsi que les différents incidents survenus lors de l'ouverture des soumissions, notamment les protestations des soumissionnaires et les observations des membres de la Commission sont consignées dans le procès-verbal d'ouverture des soumissions, signé par le Président et le Rapporteur de la Commission.	开标期间投标人的报价以及突发的各类事件，尤其是投标人的异议和部际核标委员会成员的意见，应记入开标会议纪要，由部际核标委员会主席和报告人签字。
Il est demandé aux soumissionnaires qui ont élevé des protestations et aux membres de la Commission qui ont formulé des observations s'ils les maintiennent. Dans l'affirmative, ils sont invités à contresigner le procès-verbal.	询问提出异议的投标人和发表意见的部际核标委员会成员是否坚持意见。若坚持意见，则在会议纪要上会签。
Après clôture des opérations d'ouverture des soumissions, le Président de la Commission consigne les enveloppes des soumissions et des retraits des soumissions sous la garde du Rapporteur de la Commission et transmet un exemplaire en original du procès-verbal d'ouverture des soumissions au Ministre et une copie au Cadastre Minier central.	投标书的开标程序结束后，部际核标委员会主席在委员会报告人的监督下，将投标书和撤销投标文件封存，将开标会议纪要原件移交矿业部部长，副本移交中央矿权登记局。
Section IV: De l'octroi des droits miniers ou de carrières soumis à l'appel d'offres	**第四节：进行招标的矿权或采石权的授予**
Article 57: De l'analyse des soumissions	**第 57 条：投标书的分析**
Après l'ouverture des soumissions, la Commission Interministérielle d'Adjudication des offres procède à une analyse technique	开标后，部际评标委员会对投标书进行技术和财务分析，并按照上述第 43 条规定的标准对投标书进行排名。

et financière des soumissions, et établit le classement des soumissions suivant les critères définis en application de l'article 43 ci-haut.	
Une variante dans une soumission ne peut être prise en considération pour le classement des offres que si une telle faculté a été expressément mentionnée dans l'arrêté d'appel d'offres ou le cahier spécial de charges.	仅当招标法令或专门招标细则中明确提及投标书中的备选案文时,方可将其纳入投标书排名的考量。
La Commission peut interroger les soumissionnaires pour obtenir d'eux des précisions ou des compléments d'informations sur le contenu de leurs soumissions. Les réponses fournies par les soumissionnaires ne peuvent, pour être analysées, ni modifier les éléments précédemment fournis, ni en introduire de nouveaux.	部际评标委员会可向投标人提问,以便从投标人处获取关于投标书内容的详细说明或补充信息。因为分析而提问,故投标人的回复不得修改之前提供的内容,亦不得增加新内容。
Article 58: De l'appel d'offres infructueux	**第 58 条:流标**
Si aucune soumission n'est reçue dans les conditions prescrites par les articles 43 et 45 du présent Décret, la Commission constate l'appel d'offres infructueux, et émet un avis recommandant au Ministre soit de déclarer l'appel d'offres infructueux, soit de proroger le délai pour le dépôt des soumissions. Cet avis est consigné dans le procès-verbal que la Commission dressera à cet effet.	若未收到符合本法令第 43 条和第 45 条规定的投标书,部际评标委员会证实流标,并向矿业部部长出具意见或建议宣布流标,或建议延长递交投标书的期限。该意见记入部际评标委员会为此编制的会议纪要中。
A la suite de cet avis, le Ministre prend, selon le cas, un arrêté portant prorogation du délai de dépôt des soumissions dont la publicité est assurée conformément aux	根据该意见,矿业部部长视情况颁布延长投标书递交期限的部长令,并根据上述第 44 条规定公布该部长令。新的投标书递交期限不得少于三十日。

prescrits de l'article 44 ci-dessus. Le nouveau délai pour le dépôt des soumissions ne peut être inférieur à trente jours.	
Si aucune des soumissions reçues n'est susceptible d'être retenue, la Commission constate l'appel d'offres infructueux et émet son avis qu'il transmet au Ministre pour décision. Cet avis est consigné dans le procès-verbal que la Commission dresse à cet effet.	如收到的投标书无可采用的,部际评标委员会证实流标并发表意见,移交矿业部部长决定。该意见记入部际评标委员会为此起草的会议纪要中。
Si l'appel d'offres est déclaré infructueux par arrêté du Ministre conformément aux dispositions des alinéas 1er et 3 du présent article, une copie de cet arrêté est transmise immédiatement au Cadastre Minier central qui doit au plus tard le lendemain du jour de la réception de cette décision, la porter à la connaissance du public et des soumissionnaires par les voies prévues à l'article 44 ci-dessus.	根据本条第 1 款和第 3 款的规定,矿业部部长令宣布本次招标流标的,须向中央矿权登记局立即移交该部长令的副本一份。中央矿权登记局最迟于收到该决定后次日,根据上述第 44 条规定的方式告知公众和投标人。
A compter de l'entrée en vigueur de l'arrêté déclarant l'appel d'offres infructueux, le Cadastre Minier central libère les gisements réservés ayant fait l'objet d'appel d'offres. Les carrés couvrant les gisements libérés sont à valoriser au mieux des intérêts de l'Etat.	自宣布流标的部长令生效之日起,中央矿权登记局开放作为招标标的的预留矿床。覆盖该矿床的区块将以最符合国家利益的方式开发利用。
Article 59:Du choix de l'adjudicataire	**第 59 条:中标人的选择**
A l'issue de l'analyse des offres et après délibération, la Commission choisit, en toute indépendance, l'offre qu'elle juge la meilleure et ayant rempli les conditions de l'appel d'offres ou du cahier spécial de charges.	投标书经分析和审议后,部际评标委员会独立选出其认为的最佳投标和满足招标条件或专门招标细则设定条件的投标书。

Pour la détermination de l'offre la plus intéressante, la Commission doit vérifier la régularité des offres, s'enquérir des garanties de solvabilité, de capacité, d'honorabilité que présentent les soumissionnaires et des moyens dont ils disposent pour exploiter les gisements réservés soumis à l'appel d'offres.	为确定最佳投标,部际评标委员会须核实投标书的合规性,询问投标人在偿付能力、资格和信誉方面的保证,以及其所具备的开发招标的预留矿床的能力。
Dès qu'elle a opéré son choix, la Commission clôt ses séances et dresse un procès-verbal de clôture des séances d'adjudication qu'elle transmet au Ministre pour décision.	一经选择,部际评标委员会闭会,编制评标会议结束报告,并将该报告移交矿业部部长作出决定。
Aucune substitution de candidat ne peut intervenir entre la date limite de réception des offres et celle où la Commission prend sa décision.	自投标书接收截止之日起,至部际评标委员会作出决定之日止,不得替换中标候选人。
Article 60: De la décision d'octroi des droits miniers ou de carrières soumis à l'appel d'offres	**第 60 条:进行招标的矿权或采石权的授予决定**
Dans les quinze jours de la réception du procès-verbal portant choix de l'adjudicataire, le Ministre prend un arrêté portant octroi des droits miniers ou de carrières à l'adjudicataire désigné par le procès-verbal de la Commission. L'autorité adjudicatrice doit motiver sa décision si elle ne suit pas les propositions que la Commission a faites.	自收到关于选择中标人的会议报告起十五日内,矿业部部长向部际评标委员会报告中选定的中标人颁布授予矿权或采石权的部长令。若招标机关未听取委员会的建议,则须说明理由。
A défaut de la décision du Ministre dans le délai requis, les droits miniers ou de carrières sont réputés accordés à l'adjudicataire désigné dans le procès-verbal de la Commission. Dans ce cas, la copie du	在规定期限内,矿业部部长未作出决定的,矿权或采石权被视为授予委员会报告中选定的中标人。在此情形下,评标委员会报告的副本与授予矿权或采石权的决定效力相同。

procès-verbal de la Commission d'adjudication vaut décision d'octroi des droits miniers ou de carrières.	
Article 61 : De l'inscription et de la notification de la décision d'octroi des droits miniers ou de carrières soumis à l'appel d'offres	**第 61 条：进行招标的矿权或采石权授予决定的登记和通知**
Dans les cinq jours de la réception de l'arrêté du Ministre portant octroi des droits miniers ou de carrières soumis à l'appel d'offres et, le cas échéant, de la décision valant octroi des droits miniers ou de carrières conformément aux dispositions de l'alinéa trois de l'article 54 ci-dessus ou le procès-verbal d'examen, selon le cas, le Cadastre Minier central inscrit à titre provisoire la décision d'octroi des droits miniers ou de carrières en cause dans le registre des droits octroyés et reporte à titre provisoire le périmètre sur la carte de retombes minières.	自收到关于授予进行招标的矿权或采石权的部长令之日起五日内，如需要，自收到上述第 54 条第 3 款规定的矿权或采石权的授予决定或评标会议报告之日起五日内，中央矿权登记局将相关矿权或采石权的授予决定在矿权登记簿上进行临时性登记，并将矿区在矿区定位图上进行临时性标注。
A défaut d'inscription de la décision d'octroi des droits miniers ou de carrières en cause, par le Cadastre Minier, l'adjudicataire peut recourir à la procédure de l'inscription par voie judiciaire selon les prescrits de l'article 46 du Code minier.	矿权登记局未对相关矿权或采石权的授予决定予以登记的，中标人可根据《矿业法典》第 46 条的规定利用司法途径进行登记。
Dans le même délai, le Cadastre Minier central notifie par le moyen le plus rapide et fiable la décision à l'adjudicataire désigné et lui délivre copie sans frais. Il délivre également une copie à toute personne qui en fait la demande moyennant paiement des frais fixés à cet effet.	在同一期限内，中央矿权登记局以最为迅速可靠的方法将决定通知选定的中标人，并无偿向其颁发副本。任何人提出申请并支付相应费用的，中央矿权登记局亦应向其颁发副本一份。

Dans le cas prévu à l'article 54 alinéa 3 ci-dessus, la décision désignant l'adjudicataire est portée à la connaissance du soumissionnaire proposé par la Commission et qui n'a pas été retenu par le Ministre.	有上述第 54 条第 3 款①规定情形的，选定中标人的决定应由委员会通知提名未被矿业部部长选中的投标人。
Article 62：Du paiement du bonus de signature et des droits superficiaires annuels	**第 62 条：签字费和年度面积税的支付**
Dans les trente jours à compter de la date de l'octroi des droits miniers ou de carrières adjugés, l'adjudicataire paie les droits superficiaires afférents à la première année de validité de son droit conformément à l'article 385 du présent Décret, ainsi que le bonus de signature.	自投标裁定的矿权或采石权授予之日起三十日内，中标人根据本法令第 385 条的规定，支付其持有权利有效期第一年的年度面积税和签字费。
A défaut du paiement du bonus de signature et des droits superficiaires dans ce délai, les droits miniers ou de carrières accordés tombent d'office caducs et le périmètre qui en faisait l'objet sera valorisé au mieux des intérêts de l'Etat conformément à l'article 46 du présent Décret.	若在该期限内未缴纳签字费和年度面积税，已授予的矿权或采石权自动失效，其覆盖的矿区将根据本法令第 46 条的规定，以最符合国家利益的方式开发利用。
Article 63：De la délivrance du Certificat	**第 63 条：权利证书的颁发**
Sur présentation des preuves de paiement du bonus de signature et des droits superficiaires annuels, le Cadastre Minier délivre à l'adjudicataire un certificat conformément aux dispositions de l'article 47 alinéa premier du Code minier. Il change l'inscription au registre des droits octroyés et le report sur la carte de retombes de titre provisoire à définitive.	中标人提交签字费和年度面积税缴纳凭证的，矿权登记局根据《矿业法典》第 47 条第 1 款的规定，向其颁发权利证书，并在矿权登记簿中变更登记，将矿区定位图上的临时性标注改为最终性标注。

① 中伦注：刚果（金）官方公报版本中，未载明第 54 条。2003 年旧《矿业条例》第 61 条第 4 款与本款内容一致，但引述的是该条例第 60 条第 3 款规定的情形，而非第 54 条第 3 款，根据我们的理解，公报版本存在引用错误。

Le certificat délivré contient:	颁发的证书包含:
• le numéro d'ordre;	• 序号;
• l'identité du titulaire;	• 持有人的身份;
• les coordonnées géographiques des sommets du périmètre et le nombre de carrés y compris;	• 矿区各顶点的地理坐标和所含区块的数量;
• la durée de validité du titre;	• 权证的有效期;
• les références de l'arrêté d'octroi exceptionnel;	• 特别授予权利的裁决的参考;
• les substances pour lesquelles il a été accordé;	• 为之授予证书的内容;
• les noms et signature du responsable du Cadastre Minier.	• 矿权登记局负责人的姓名和签字。
Article 64: De la mission et de la composition de la Commission Interministérielle d'Adjudications des offres	**第 64 条:部际评标委员会的职责和组成**
Conformément aux dispositions de l'article 33 alinéa 6 du Code minier, une Commission Interministérielle dénommée «Commission Interministérielle d'Adjudications» est chargée de l'examen des offres et de la sélection de la meilleure offre. La Commission Interministérielle est composée de quinze membres dont:	根据《矿业法典》第 33 条第 6 款的规定,部际评标委员会负责审查投标书,并选出最佳投标。该部际委员会由十五名成员组成,其中包含:
• deux délégués du Cabinet du Président de la République, dont un représentant du Collège Administratif et Juridique et un représentant du Collège Technique et des Infrastructures;	• 共和国总统办公室委派代表两名,其中行政和司法团体代表一名,技术和基础设施团体代表一名;
• cinq délégués du Ministère des Mines dont le Secrétaire Général des Mines, un membre du Cabinet du Ministre, un membre de la Direction de Géologie,	• 矿业部委派代表五名,其中包含矿业部秘书长、矿业部部长办公室成员一名、地质局成员一名、矿业局成员一名,矿业环保局成员一名;

un membre de la Direction des Mines, un membre de la Direction chargée de la Protection de l'Environnement Minier;	
• un délégué du Ministère de l'Intérieur;	• 内政部委派代表一名;
• deux délégués du Ministère des Finances et Budget;	• 财政与预算部委派代表两名;
• un délégué du Ministère de la Justice;	• 司法部委派代表一名;
• un délégué du Ministère de l'Environnement;	• 环境部委派代表一名;
• un représentant du Gouverneur de province ou des Gouverneurs de provinces où se trouve le périmètre concerné;	• 相关矿区所在的一省或多省的省长委派代表一名;
• un représentant du Cadastre Minier central;	• 中央矿权登记局委派代表一名;
• un représentant de l'Etat ou Services visés au littera b de l'article 38 du présent Décret ayant contribué à la découverte du gisement soumis à l'appel d'offres dans les conditions fixés par l'article 33 du Code minier.	• 国家委派代表一名,或由本法令第 38 条第 b 项中负责根据《矿业法典》第 33 条规定的条件发现需招标的矿床的部门委派代表一名。
Les membres de la Commission Interministérielle sont proposés par leurs services ou organismes respectifs et établis dans leurs fonctions et, le cas échéant, relevés de leurs fonctions par arrêté du Ministre des Mines.	部际委员会成员由其各自所属部门或机构提名,并根据其职权确定,如有需要,通过矿业部部长令在其职权范围内遴选。
Le Secrétaire Général des Mines est de droit Président de la Commission Interministérielle. En cas d'absence ou d'empêchement du Président, un des délégués du Ministère des Mines désigné par le Ministre assume d'office son intérim.	矿业部秘书长为部际委员会的主席。当主席缺席或不能行使职权时,由矿业部部长在矿业部委派的代表中指定一名代表代行职权。

La Commission Interministérielle désigne un rapporteur parmi les membres représentant le Ministère des Mines.	部际委员会在矿业部委派的代表中指定一名报告人。
Article 65: Du fonctionnement de la Commission Interministérielle d'Adjudications	**第 65 条:部际评标委员会的运行**
La Commission Interministérielle se réunit sur convocation du Ministre. Les convocations sont adressées à chacun des membres de la Commission quinze jours francs au moins avant la date de la réunion.	经矿业部部长召集,部际委员会召开会议。会议召集通知应至少于开会前整十五日送达委员会各成员。
La Commission Interministérielle ne peut valablement siéger et délibérer que si la moitié au moins des membres sont présents. Les décisions de la Commission Interministérielle sont prises à la majorité absolue des membres présents. En cas de partage de voix, celle du Président de séance est prépondérante.	若半数以上成员出席会议,部际委员会召开的会议和审议方为有效。部际委员会的决定须经出席会议的绝对多数成员表决通过。当赞成票和反对票相等时,会议主席的表决具有优先权。
Les délibérations de la Commission Interministérielle sont constatées par des procès-verbaux élaborés par le Rapporteur de la Commission et signés par tous les membres qui étaient présents à la réunion. Les procès-verbaux sont transmis au Ministre avec le projet d'arrêté portant octroi des droits miniers ou de carrières après clôture de la procédure de l'appel d'offres.	部际委员会的决议由会议纪要证实,该会议纪要由委员会报告人制订,并经出席会议的全体成员签署。招标程序结束后,会议纪要连同矿权或采石权授予裁决草案一并移交矿业部部长。
Les membres de la Commission Interministérielle ont droit à un jeton de présence dont le montant est fixé conjointement par les Ministres des Mines et celui des Finances et Budget.	部际委员会成员可报销出席会议的交通费,金额由矿业部部长和财政与预算部部长共同决定。

Sans préjudice des dispositions ci-dessus, et des dispositions de l'article 60 ci-après, un règlement d'ordre intérieur, adopté par la Commission Interministérielle et approuvé par le Ministre des Mines, détermine les règles de fonctionnement de la Commission Interministérielle.	在不违反上述规定和前述第 60 条规定的前提下,部际委员会的运行规则由内部规章确定,该内部规章须经部际委员会通过,并经矿业部部长批准。
Article 66: Du secret des délibérations de la Commission Interministérielle	**第 66 条:部际委员会审议的保密**
Sous réserve des dispositions de l'article 50 ci-dessus relatives à l'ouverture des soumissions, la Commission Interministérielle se réunit et délibère à huis clos lors de l'examen des soumissions, de leur classement, du choix de l'adjudicataire ou de la formulation de tout avis technique requis en vertu des prescrits du Code minier et/ou du présent Décret.	在遵守上述第 50 条关于开标的规定的前提下,当对投标书进行审查、排名和选择中标人时,或根据《矿业法典》和/或本法令的规定制订技术意见时,部际委员会召开闭门会议并进行审议。
Les délibérations de la Commission Interministérielle sont secrètes. Les membres de la Commission ainsi que les personnes qui, par leurs fonctions, peuvent être amenées à avoir connaissance ou la garde des dossiers concernés sont tenus au secret professionnel.	部际委员会的审议须保密。委员会成员以及因职权可能知晓或保管相关文件的人员须保守职业秘密。
Chapitre IV: DES FRAIS DE DÉPÔT ET DES INSCRIPTIONS AUX CAHIERS D'ENREGISTREMENT ET AUX REGISTRES	***第四章:提交费和在登记簿和登记册中的登记***
Article 67: Des frais de dépôt	**第 67 条:提交费**
Le dépôt de toute demande d'octroi, d'extension, de renouvellement, ou d'acte administratif relatif à une sûreté, à une amodiation ou à une mutation d'un	任何矿权或采石权的授予申请、扩展申请、续期申请或涉及担保、租赁或移转的行政文书的申请,在递交时须缴纳提交费。费率由矿业部部长和财政部部长根

droit minier ou de carrières donne lieu au paiement, au titre de frais de dépôt, d'une taxe dont le taux est fixé par arrêté interministériel des Ministres ayant respectivement les Mines et les Finances dans leurs attributions, sur proposition du Cadastre Minier central.	据中央矿权登记局的建议颁布联合部长令确定。
Les frais de dépôt pour la demande d'un acte administratif relatif à la mutation, à l'amodiation et la sûreté d'un droit minier ou de carrières ne peuvent pas dépasser le coût réel de l'instruction de la demande concernée, y compris le coût de l'instruction environnementale du Plan Environnemental afférent.	申请涉及矿权或采石权的移转、租赁和担保的行政文书的,提交费不得超过审查相关申请所需的实际费用,包括对相关环境计划的环境审查费用。
Le Cadastre Minier central assure l'affichage du barème des frais de dépôt dans les salles de consultation publique et la publication de celui-ci au Journal Officiel, au journal du Cadastre Minier ou sur Internet et dans les revues spécialisées de l'industrie minière.	中央矿权登记局在公共咨询大厅内张贴提交费的费率表,或在官方公报、矿权登记局公报、互联网和矿业专业期刊上公布费率表。
L'arrêté interministériel portant fixation du taux de la taxe au titre des frais de dépôt détermine la quotité desdits frais pré-affectés au financement des coûts de l'instruction environnementale et à rétrocéder à la Direction chargée de la protection de l'Environnement Minier.	设定提交费费率的联合部长令决定该等提交费中预先划拨给环境审查费用的份额和交还矿业环保局的份额。
Article 68: Des cahiers d'enregistrement et registres tenus par le Cadastre Minier	**第 68 条:矿权登记局保管的登记簿和登记册**
Conformément aux dispositions du présent Décret, le Cadastre Minier établit et tient à jour les cahiers d'enregistrements et registres suivants:	根据本法令的规定,矿权登记局编制并负责更新如下登记簿和登记册:

• le cahier d'enregistrement spécial des nouvelles demandes de droits miniers ou de carrières de recherches;	• 新探矿权申请或新采石场勘探权申请的特别登记簿;
• le cahier d'enregistrement général des demandes relatives aux renouvellements, transformation des droits miniers ou de carrières, transformation en multiples Permis de Recherches ou d'Exploitation, extension aux nouvelles substances, renonciation aux droits miniers et/ou de carrières;	• 涉及以下申请的常规登记簿:矿权或采石权的续期和转化、变更为多个探矿证或采矿证、向新物质的扩展、矿权和/或采石权的放弃;
• le registre des droits octroyés;	• 矿权登记册;
• le registre des droits superficiaires annuels par carré;	• 年度区块面积税登记册;
• le cahier d'enregistrement des demandes d'inscription des hypothèques, amodiations, cessions, transmissions et contrats d'option;	• 抵押、租赁、出让、移转和期权合同登记申请登记簿;
• le registre des hypothèques, amodiations, cessions, transmissions et contrats d'option;	• 抵押、租赁、出让、移转和期权合同的登记册;
• le registre des déchéances et des retraits;	• 失效和吊销的登记册;
• le registre de commencement des travaux.	• 开工登记册。
Les cahiers d'enregistrement sont établis sur papier ou sur support digital et sont disponibles pendant les heures d'ouverture du Cadastre Minier central et des Cadastres Miniers provinciaux. En cas de contradiction entre l'inscription portée dans le cahier d'enregistrement sur papier et celle reprise sur support digital, c'est la première qui fait foi.	登记簿以纸质版或数字版编制,在中央矿权登记局和省级矿权登记局的工作时间可供查阅。纸质版登记簿与数字版登记簿登记内容不一致的,以纸质登记簿为准。

Les registres sont établis sur papier et/ou sur support digital. Ils sont disponibles pendant toutes les heures d'ouverture du Cadastre Minier central et des Cadastres Miniers provinciaux.	登记册以纸质和/或数字形式编制,在中央矿权登记局和省级矿权登记局的工作时间可供查阅。
Toute information inscrite dans les cahiers d'enregistrement et dans les registres tenus par le Cadastre Minier central ou provincial est communiquée le plus rapidement possible avec les moyens technologiques disponibles aux autres Cadastres Miniers provinciaux.	以可用的技术手段尽快将在中央矿权登记局或省级矿权登记局保管的登记簿和登记册上登记的所有信息通报其他省级矿权登记局。
Article 69: Des inscriptions au cahier d'enregistrement spécial des demandes de droits miniers ou de carrières de recherches sur carrés disponibles	**第 69 条:可用区块上探矿权或采石场勘探权申请特别登记簿上的登记**
Lors du dépôt d'une demande de Permis de Recherches ou d'Autorisation de Recherches des Produits de Carrières recevable, le Cadastre Minier central ou provincial qui la reçoit, l'inscrit dans le cahier d'enregistrement spécial des demandes de droits miniers ou de carrières de recherches sur carrés disponibles dans l'ordre chronologique du dépôt, en numérotation continue, sans blanc ni rature.	当递交可受理的探矿证申请或采石场产品勘探许可申请时,由受理的中央矿权登记局或省级矿权登记局在探矿权或采石场勘探权申请特别登记簿上,按照递交申请的时间顺序,以连续编号予以登记,不得有空白或涂改划线。
Chaque inscription comporte les éléments suivants:	每项登记包含下列事项:
• le numéro d'ordre;	• 序号;
• la date, l'heure et la minute de l'inscription;	• 登记的日期和时刻(几时几分);
• le nom et l'adresse du requérant;	• 申请人的姓名和地址;
• le type de droit demandé;	• 所申请的权利类型;

• les substances minérales visées;	• 所涉及的矿产;
• la province et le(s) territoire(s) où se situe le périmètre demandé;	• 所申请的矿区所在的省份和领地;
• le nombre des carrés compris dans le périmètre demandé;	• 所申请的矿区所含区块的数量;
• le code et les coordonnées géographiques des sommets du périmètre demandé.	• 所申请的矿区编码和各顶点的地理坐标。
Chaque inscription d'une demande de Permis de Recherches ou d'Autorisation de Recherches des Produits de Carrières recevable dans le cahier d'enregistrement spécial est paraphée par l'agent du Cadastre Minier central ou provincial chargé de la tenue du cahier d'enregistrement et par la personne qui a déposé la demande.	负责保管登记簿的中央矿权登记局或省级矿权登记局的工作人员和申请递交者对特别登记簿上可受理的探矿证申请或采石场产品勘探许可申请的各项登记进行画押。
Le Cadastre Minier qui reçoit la demande recevable délivre à la personne qui l'a déposée un récépissé au moment du dépôt. Le récépissé reprend toute l'information inscrite dans le cahier d'enregistrement spécial ainsi que le nom et l'adresse du bureau du Cadastre Minier où la demande a été déposée. Le récépissé est signé par l'agent du Cadastre Minier qui le délivre et par la personne qui le reçoit.	在递交申请时,接收可受理申请的矿权登记局向申请递交者签发一份回执。回执须转载特别登记簿上登记的任何信息以及所递交申请的矿权登记局办公室的名称和地址。该回执由签发回执的矿权登记局工作人员及其接收者签字。
A la fin de chaque journée ouvrable, le responsable du Cadastre Minier central ou provincial souligne la dernière inscription au cahier d'enregistrement spécial et indique par sa signature la clôture des inscriptions pour la journée.	每个工作日结束后,中央矿权登记局或省级矿权登记局的负责人着重标记特别登记簿上的最后一项登记,并通过签字以注明当日登记截止。
La disposition finale de chaque demande inscrite est transcrite dans le même cahier d'enregistrement.	每项登记在册的申请的最后规定须转录于同一登记簿上。

Les dispositions des alinéas 3 et 5 du présent article s'appliquent mutatis mutandis aux articles 70, 71 et 72 ci-dessous.	本条第3款和第5款的规定经必要修改后可适用于下述第70条、第71条和第72条。
Article 70: Des inscriptions au cahier d'enregistrement général des demandes relatives aux droits miniers ou de carrières	**第70条:矿权或采石权申请常规登记簿上的登记**
Dès le dépôt d'une demande recevable pour l'un des droits ou opérations suivants, le Cadastre Minier central ou provincial qui la reçoit, l'inscrit dans le cahier d'enregistrement général des demandes relatives aux droits miniers ou de carrières dans l'ordre chronologique du dépôt, en numérotation continue, sans blanc ni rature:	下列某一权利或经营活动可受理的申请一经递交后,由受理申请的中央矿权登记局或省级矿权登记局立即在矿权或采石权申请常规登记簿上,按照递交申请的时间顺序,以连续编号予以登记,不得有空白或涂改划线:
• l'extension ou le renouvellement d'un droit minier ou de carrière;	• 矿权或采石权的延展或续期;
• la transformation d'un Permis de Recherches en multiples permis;	• 一个探矿证转化为多个探矿证;
• le Permis d'Exploitation, le Permis d'Exploitation des Rejets ou le Permis d'Exploitation de Petite Mine;	• 采矿证、尾矿开采证或小矿山开采证;
• l'Autorisation d'Exploitation de Carrières Temporaires ou l'Autorisation d'Exploitation de Carrières Permanentes;	• 临时性采石场开采许可或永久性采石场开采许可;
• la mutation d'un droit minier ou de carrières en faveur du créancier hypothécaire;	• 向有抵押权的债权人移转矿权或采石权;
• la cession d'un droit minier ou de carrières.	• 矿权或采石权的出让。

Chaque inscription comporte les éléments suivants:	每项登记包含下列事项:
• le numéro d'ordre;	• 序号;
• la date de l'inscription;	• 登记日期;
• le nom et l'adresse du requérant;	• 申请人的姓名和地址;
• le type de droit ou d'opération demandé;	• 所申请的权利或经营活动类型;
• les substances minérales visées;	• 所涉及的矿产;
• la province et le(s) territoire(s) où se situe le périmètre demandé;	• 所申请的矿区所在省份和领地;
• le nombre de carrés compris dans le périmètre en cause;	• 相关矿区所含区块的数量;
• le code et les coordonnées géographiques des sommets du périmètre en cause.	• 相关矿区的编码和各顶点的地理坐标。
Le Cadastre Minier qui reçoit la demande recevable délivre à la personne qui l'a déposée un récépissé au moment du dépôt. Le récépissé reprend toute l'information inscrite dans le cahier d'enregistrement général ainsi que le nom et l'adresse du bureau du Cadastre Minier où la demande a été déposée. Le récépissé est signé par l'agent du Cadastre Minier qui le délivre et par la personne qui le reçoit.	递交申请时,接收可受理申请的矿权登记局向申请递交者签发一份回执。回执须转载常规登记簿上登记的任何信息以及所递交申请的矿权登记局办公室的名称和地址。该回执由签发回执的矿权登记局工作人员及其接收者签字。
Ladisposition finale de chaque demande inscrite est transcrite dans le même cahier d'enregistrement.	每项登记在册的申请的最后规定须转录于同一登记簿上。
Article 71: Des inscriptions au cahier d'enregistrement des demandes d'inscription des hypothèques, cession, transmission, contrat d'option et amodiations	**第 71 条:抵押、出让、移转、期权合同和租赁登记申请登记簿上的登记**

Au moment du dépôt d'une demande d'inscription d'hypothèque, cession, transmission, contrat d'option ou d'une demande d'inscription d'amodiation recevable, le Cadastre Minier central ou provincial qui le reçoit l'inscrit dans le cahier d'enregistrement des demandes d'inscription des hypothèques, cession, transmission, contrat d'option et amodiations dans l'ordre chronologique du dépôt, en numérotation continue, sans blanc ni rature.	当递交抵押、出让、移转、期权合同的登记申请或可受理的租赁登记申请时,受理申请的中央矿权登记局或省级矿权登记局,在抵押、出让、移转、期权合同和租赁登记申请登记簿上,按照递交申请的时间顺序,以连续编号予以登记,不得有空白或涂改划线。
Chaque inscription comporte les éléments suivants:	每项登记包含下列事项:
• le numéro d'ordre;	• 序号;
• la date de l'inscription de la demande;	• 申请的登记日期;
• le nom et l'adresse du requérant;	• 申请人的姓名和地址;
• le type d'inscription demandée (hypothèque, cession, transmission, contrat d'option ou amodiation);	• 所申请的登记类型(抵押、出让、移转、期权合同或租赁);
• la province et le(s) territoire(s) où se situe le périmètre concerné.	• 相关矿区所在的省份和领地。
Le Cadastre Minier qui reçoit la demande recevable délivre à la personne qui l'a déposée un récépissé au moment du dépôt. Le récépissé reprend toute l'information inscrite dans le cahier d'enregistrement des demandes d'inscription des hypothèques, cession, transmission, contrat d'option et amodiations ainsi que le nom et l'adresse du bureau du Cadastre Minier où la demande a été déposée. Le récépissé est signé par l'agent du Cadastre Minier qui le délivre et par la personne qui le reçoit.	在递交申请时,受理申请的矿权登记局向申请递交者签发一份回执。回执须转载抵押、出让、移转、期权合同和租赁登记申请登记簿上登记的任何信息以及所递交申请的矿权登记局办公室的名称和地址。该回执由签发回执的矿权登记局工作人员及其接收者签字。

La disposition finale de chaque demande inscrite est transcrite dans le même cahier d'enregistrement.	每项登记在册的申请的最后规定须转录于同一登记簿上。
Article 72:abrogé	**第 72 条:废除**
Article 73:abrogé	**第 73 条:废除**
Article 74[①]**: Des inscriptions dansle registre des droits octroyés**	**第 74 条:矿权登记册上的登记**
Le Cadastre Minier central ou provincial inscrit dans le registre des droits octroyés tous les droits miniers ou de carrières qui sont octroyés, par décision de l'autorité compétente ou conformément aux articles 43 alinéa 3 et 46 du Code minier. Il y inscrit également toute extension, tout renouvellement, toute renonciation, toute expiration, toute annulation ou toute mutation consécutive à la réalisation d'une hypothèque.	中央矿权登记局或省级矿权登记局在矿权登记册上对经主管机关决定授予或根据《矿业法典》第 43 条第 3 款和第 46 条规定授予的矿权或采石权予以登记。中央矿权登记局或省级矿权登记局亦须对抵押权实现后的任何延展、续期、放弃、满期、撤销或移转予以登记。
Chaque inscription au registre des droits octroyés porte la mention de la date et des références de la décision d'octroi.	矿权登记册上的每项登记须注明授予决定的日期和参考信息。
Après chaque inscription dans le registre des droits octroyés, le Cadastre Minier central envoie un extrait de l'inscription à la Direction de Géologie, à la Direction des Mines, à la Direction chargée de la Protection de l'Environnement Minier et à la Division provinciale des Mines de la province concernée, à titre d'information.	中央矿权登记局完成矿权登记册上的各项登记后,将登记的摘要分别发送地质局、矿业局、矿业环保局和相关省份的省级矿业局,以供参考。
Article 76:Des inscriptions dans le registre des droits superficiaires annuels par carré	**第 76 条:年度区块面积税登记簿上的登记**

① 中伦注:刚果民主共和国官方公报版本中未载明第 75 条。

Le Cadastre Minier central ou provincial inscrit dans le registre des droitssuperficiaires annuels par carré：	中央矿权登记局或省级矿权登记局在年度区块面积税登记簿上：
• au plus tard le 31 janvier de chaque année, pour chaque droit minier ou de carrières en cours de validité, le nombre de carrés et le montant total des droits superficiaires pour chaque droit minier ou de carrières en cours de validité calculés conformément aux dispositions de l'article 399 du présent Décret, ainsi que toute correction ultérieure；	• 最迟于每年 1 月 31 日，就各项有效的矿权或采石权、区块数量、各项有效的矿权或采石权应缴纳的面积税总额（根据本法令第 399 条规定计算）及其之后的任何修改（予以登记）；
• pour chaque droit minier et de carrières en cours de validité, le montant payé au Cadastre Minier en vertu des droits superficiaires annuels par carré et la date de la réception du paiement par le Cadastre Minier central ou provincial.	• 就各项有效的矿权和采石权项下已向矿权登记局缴纳的年度区块面积税金额和中央矿权登记局或省级矿权登记局收到所缴款项的日期（予以登记）。
Article 76 bis： Du registre de commencement des travaux	**第 76（2）条：开工登记簿**
Le Cadastre Minier central ou provincial inscrit dans le registre de commencement des travaux les éléments suivants：	中央矿权登记局或省级矿权登记局在开工登记簿上登记下列事项：
• la date de délivrance du titre minier de recherches ou d'exploitation et du titre d'exploitation des carrières；	• 探矿权证、采矿权证和采石权证的颁发日期；
• la date de dépôt du Plan d'Atténuation et de Réhabilitation de l'Environnement et le numéro d'enregistrement；	• 环境减排和修复计划的递交日期和登记编号；
• les dates des transmissions du PAR et de son approbation；	• 环境减排和修复计划的移交日期及其批准日期；

• les dates et les numéros d'enregistrement de l'attestation de commencement des travaux, de leur transmission et de leur approbation;	• 开工证明的登记日期和编号以及开工证明移交和批准的登记日期和编号;
• la date et le numéro d'enregistrement de la certification du commencement des travaux de recherches ou de construction et développement.	• 勘探工程或建设和开发工程开工认证的登记日期和编号。
Article 76 ter: Du registre des déchéances et des retraits	**第76(3)条:失权和吊销登记簿**
Le Cadastre Minier central ou provincial inscrit dans le registre des déchéances et des retraits les éléments suivants:	中央矿权登记局或省级矿权登记局在失权和吊销登记簿上登记下列事项:
• la date de la publication de la liste des titulaires qui n'ont pas payé les droits superficiaires;	• 未缴纳面积税的持有人名单的公布日期;
• la date de la notification du constat de non-paiement ou du procès-verbal de non commencement des travaux;	• 确认未缴费或确认未开工的通知日期;
• la date de réception des moyens de défense du titulaire;	• 持有人抗辩的受理日期;
• la date d'approbation ou de rejet des moyens de défense par le Cadastre Minier ou la Direction des Mines selon le cas;	• 视情况而定,矿权登记局或矿业局批准抗辩或驳回抗辩的日期;
• la date de transmission d'un projet de décision de déchéance à l'autorité compétente;	• 向主管机关移交失权决定草案的日期;
• les dates de la signature par l'autorité compétente, de la réception, de l'affichage et de la notification de la décision par le Cadastre Minier;	• 主管机关签署的日期,矿权登记局接收、张贴和通知决定的日期;
• la date de la réception du recours;	• 救济受理的日期;

• la date d'approbation ou de rejet du recours par l'autorité compétente;	• 主管机关批准救济或驳回救济的日期;
• la date de transmission d'un projet de décision de déchéance à l'autorité compétente;	• 向主管机关移交失权决定草案的日期;
• la date de la décision de report ou du retrait du droit;	• 权利延长决定的日期或权利吊销决定的日期;
• la date de notification et de la publication au journal officiel.	• 通知的日期和公布于官方公报的日期。
Article 77: Des fichiers actifs	**第 77 条:现用文档**
Le Cadastre Minier central et provincial tiennent un fichier sur chaque demande et droit afférent à un périmètre minier ou de carrières. La demande, la fiche technique afférente, les avis cadastral, technique et le certificat environnemental, une copie des récépissés, des lettres de notification, la décision, toute correspondance et autre documentation concernant la demande sont conservés dans le fichier actif de la demande.	中央矿权登记局和省级矿权登记局就矿山或采石场矿区的各项申请和权利保存一份文档。申请、相关技术说明、登记审查意见、技术意见、环境证书、回执副本、通知函、决定、任何信函和有关申请的其他文件均保存在该申请的现用文档内。
Article 78: Des fichiers historiques	**第 78 条:历史文档**
Lorsqu'une demande est rejetée ou un droit minier ou de carrières est abandonné, annulé ou expiré, le fichier y afférent est transféré aux archives des fichiers historiques où ils sont préservés pendant dix ans au bout desquels les fichiers sont détruits. Toutefois, l'ordre chronologique d'inscription des demandes est préservé indéfiniment.	当申请被驳回时,或矿权或采石权被放弃、撤销或届满时,相关文档转移至历史文档,保存满十年后销毁。但是,申请登记的时间顺序无限期保存。

Chapitre V: DE LA CERTIFICATION DE LA CAPACITE FINANCIERE MINIMUM	***第五章:最低财务能力认证***
Article 79: abrogé	**第 79 条:废除**
Article 80: De la capacité financière minimum	**第 80 条:最低财务能力**
A toute demande de droit minier ou de carrières de recherches doit être jointe la preuve de la capacité financière minimum.	申请探矿权或采石勘探权的,须一并提交最低财务能力认证。
Celle-ci doit correspondre au budget prévu pour l'exécution du programme de recherches. Dans tous les cas, le requérant doit produire l'attestation bancaire relative à la disponibilité des fonds propres, dûment appuyée d'un extrait bancaire original délivré par une banque congolaise agréé, conformément à l'article 58 du Code minier.	该最低财务能力须与勘探实施计划规定的预算相符。在任何情况下,申请人须根据《矿业法典》第 58 条的规定,提供关于自有资金可用性的银行证明,并按照规定辅以特许的刚果(金)银行签发的银行对账单原件。
Ces fonds affectés à ladite capacité financière sont bloqués et peuvent être vérifiés à tout moment par le Cadastre Minier pendant toute la période d'examen du dossier de demande.	在整个申请材料审查期间冻结与该财务能力相关的资金,并可由矿权登记局随时核实。
Article 81: abrogé	**第 81 条:废除**
Article 82: abrogé	**第 82 条:废除**
Article 83: De la notification du cas de force majeure	**第 83 条:不可抗力情形的通知**
Le titulaire qui se trouve empêché d'exercer ou de jouir de son droit minier ou de carrière par un cas de force majeure tel que défini à l'article 297 du Code minier est tenu d'en notifier, par écrit, le bureau du Cadastre Minier qui a délivré le Titre Minier ou de Carrières en cause ou, à défaut, le Cadastre Minier central conformément aux dispositions de l'article	持有人因《矿业法典》第 297 条规定的不可抗力情形而无法行使或享有其矿权或采石权的,须书面通知颁发该矿权证或采石权证的矿权登记局办公室。若无该等办公室的,根据《矿业法典》第 298 条的规定,通知中央矿权登记局。持有人须在其通知中一并提交证明该不可抗力所需的任何证据。

298 du Code minier. Le titulaire joint à sa notification toute évidence nécessaire à la preuve de l'existence du cas de force majeure.	
La notification du cas de force majeure indique si l'évènement en cause persiste ou non. S'il persiste, le titulaire indique la date quand la cessation du cas de force majeure est prévue, au cas où cela serait prévisible. Si le cas de force majeure est déjà terminé, le titulaire présente son calcul de la durée du cas de force majeure et sa proposition de la période additionnelle pour le délai d'exécution de ses obligations suspendues en raison du cas de force majeure.	不可抗力的通知注明该情形是否仍在持续。不可抗力情形仍在持续的,若其终止可以预见,持有人注明预计终止的日期。不可抗力已经终止的,持有人提交其计算的不可抗力期限,因不可抗力而中断履行义务的,持有人就为之补充的额外期限提出建议。
Article 84: De l'agrément ou du refus du cas de force majeure	**第 84 条:不可抗力情形的批准和拒绝**
Le Cadastre Minier instruit la notification du cas de force majeure et détermine la validité ou la non-validité du cas. En cas de besoin, le Cadastre Minier peut faire appel à la Direction des Mines, la Direction de Géologie ou la Division provinciale des Mines pour effectuer une enquête et en fournir un procès-verbal que le Cadastre Minier prendra en considération aux fins de sa détermination.	矿权登记局对不可抗力情形的通知予以审查,并决定其有效或无效。如需要,矿权登记局可请求矿业局、地质局或省级矿业局进行调查,并向其提供调查报告,以便在决定时纳入考量。
Dans un délai de trente jours ouvrables à compter de la date de réception de la notification du cas de force majeure, le Cadastre Minier prend une décision d'agrément ou de refus d'agrément du cas de force majeure, et de sa durée le cas échéant. A défaut d'une décision du Cadastre Minier	自收到不可抗力情形的通知之日起三十个工作日内,矿权登记局做出批准或拒绝不可抗力情形的决定,并视情况确认该情形的期限。矿权登记局未在规定期限内作出决定的,视为批准持有人通知的不可抗力情形。拒绝批准的,应说明理由。

dans le délai prescrit, le cas de force majeure notifié par le titulaire est réputé agréé. Tout refus d'agrément est motivé.	
Le Cadastre Minier transmet sa décision d'agrément ou de refus d'agrément au titulaire du droit concerné par le moyen le plus rapide et fiable et en affiche une copie dans la salle de consultation du public. Au moment de l'affichage de la décision, le Cadastre Minier note l'existence du cas de force majeure affectant le droit en cause, et sa durée au cas où elle est déjà connue, au registre des droits octroyés.	矿权登记局将其批准或拒绝批准的决定以最为迅速可靠的方法送达相关权利持有人,并在公共咨询大厅内张贴决定副本。张贴决定时,矿权登记局在矿权登记册上注明存在影响相关权利的不可抗力情形,若该情形的期限已确认的,一并注明其期限。
Article 85: De la notification de la cessation du cas de force majeure	**第 85 条:不可抗力情形终止的通知**
Le titulaire empêché par un cas de force majeure agréé est également tenu de notifier le bureau du Cadastre Minier qui a délivré le Titre Minier ou de Carrière en cause par écrit de la cessation du cas de force majeure dans les dix jours de l'évènement, en précisant les circonstances de la survenance du cas de force majeure et la date qui marque la fin de sa durée. La notification contient également la proposition du titulaire de la période additionnelle pour le délai d'exécution de ses obligations suspendues en raison du cas de force majeure. Le titulaire joint à sa notification toute évidence nécessaire à la preuve de la date de cessation du cas de force majeure.	受经批准的不可抗力情形影响的持有人亦须在不可抗力情形终止后十日内,书面通知颁发相关矿权证或采石权证的矿权登记局办公室,详细说明不可抗力事件发生的情形和终止日期。该通知还须包含因不可抗力而中断履行义务,持有人就额外期限的建议。持有人须在其通知中一并提交证明该不可抗力情形终止日期所需的任何证据。

Article 86: De la certification de la durée du cas de force majeure	**第 86 条:不可抗力情形期限的认证**
Le Cadastre Minier instruit la notification de la cessation du cas de force majeure et détermine la durée du cas de force majeure suivant les prescrits de l'article 88 du présent Décret et de l'article 298 du Code minier.	矿权登记局对不可抗力情形终止的通知予以审查,并根据本法令第 88 条和《矿业法典》第 298 条的规定,确定不可抗力情形的期限。
Dans un délai de vingt jours ouvrables à compter de la date de réception de la notification de la cessation du cas de force majeure, le Cadastre Minier établit une décision de certification de la durée du cas de force majeure ainsi que de la période additionnelle pour le délai d'exécution des obligations du titulaire prévue par l'article 298 du Code minier. A défaut d'une décision du Cadastre Minier dans le délai prescrit, la durée du cas de force majeure et la période additionnelle pour le délai d'exécution des obligations du titulaire précisées dans la notification transmise par le titulaire sont réputées agréées.	自收到不可抗力期限终止的通知之日起二十个工作日内,矿权登记局编制不可抗力期限认证的决定以及持有人义务履行期限的额外期限的决定(参照《矿业法典》第 298 条)。矿权登记局未在规定期限内作出决定的,持有人提交的通知中确定的不可抗力情形的期限和持有人履行义务的额外期限被视为批准。
Le Cadastre Minier transmet la décision de certification au titulaire du droit concerné par le moyen le plus rapide et fiable et en affiche une copie dans la salle de consultation du public.	矿权登记局将认证决定以最为迅速可靠的方法通知相关权利持有人,并在公共咨询大厅内张贴决定副本。
Le Cadastre Minier prépare un projet de décision portant prorogation des droits miniers ou de carrières concernés par le cas de force majeure qu'il soumet à la signature de l'autorité ayant octroyé les droits. L'autorité compétente prend sa décision dans un délai de cinq jours à compter de laréception du projet de décision lui transmis par le Cadastre Minier.	矿权登记局编制因受不可抗力影响而延长矿权或采石权的决定草案,并提交授予该等权利的机关签署。主管机关在收到矿权登记局移交的决定草案起五日内作出决定。

A défaut de la décision de l'autorité compétente dans le délai prescrit, la prorogation du droit est d'office accordée.	主管机关未在规定的期限内作出决定的,权利延期被视为自动批准。
Le Cadastre Minier est tenu d'inscrire ladite prorogation dans le registre approprié.	矿权登记局须将该延长在相应的登记册中予以登记。
En cas de refus de prorogation, celui-ci doit être motivé.	拒绝延期的,须说明理由。
La décision de prorogation précise la nouvelle date de l'échéance de la validité du droit minier ou de carrière en cause s'il s'agit d'un cas de force majeure de plus de nonante jours.	若不可抗力情形超过九十日,延长决定明确规定相关矿权或采石权有效期届满的新日期。
Au moment de l'affichage de la décision, le Cadastre Minier annote au registre des droits octroyés la fin de la durée du cas de force majeure affectant le droit en cause et l'extension de la période de validité du droit, le cas échéant.	在决定张贴时,矿权登记局在矿权登记册上注明影响相关权利的不可抗力情形的终止日期,如需要,则注明权利有效期限的延长。
Article 87:De la demande de confirmation de la persistance ou la cessation du cas de force majeure	**第 87 条:不可抗力情形持续或终止的确认申请**
Nonobstant ce qui précède, chaque fois que le Cadastre Minier central ou provincial apprend une nouvelle qui le fait croire à la cessation éventuelle du cas de force majeure, il demande au titulaire empêché par un cas de force majeure agréé, par le moyen le plus rapide et fiable, de confirmer la persistance ou la cessation du cas de force majeure et d'en fournir des explications par écrit. Le cas échéant, la demande du Cadastre Minier précise les faits qui attestent la cessation du cas de force majeure.	尽管存在上述规定,当中央矿权登记局或省级矿权登记局得知不可抗力情形可能终止时,需以最为迅速可靠的方法要求受不可抗力情形影响的持有人对不可抗力情形的持续或终止予以确认,并向其提供书面说明。如需要,矿权登记局的申请需详细说明证实该不可抗力情形终止的事实。

Le titulaire est tenu de répondre dans un délai de quinze jours ouvrables après la date de sa réception de la demande soit en confirmant la persistance du cas de force majeure conformément aux modalités précisées au premier alinéa de l'article 83 ci- dessus soit en confirmant la cessation du cas de force majeure conformément aux modalités précisées au premier alinéa de l'article 85 du présent Décret.	持有人须在收到该申请之日起十五个工作日内予以回复，根据上述第 83 条第 1 款规定的方式，确认不可抗力情形的持续，或根据本法令第 85 条第 1 款规定的方式，确认不可抗力情形的终止。
A défaut du titulaire de répondre à la demande de confirmation dans le délai prescrit, le cas de force majeure est réputé enlevé à partir du lendemain de l'expiration du délai de réponse.	持有人未在规定期限内予以回复的，自回复期限届满的次日起，不可抗力情形被视为消失。
Le Cadastre Minier instruit la demande de confirmation et détermine soit la persistance du cas de force majeure soit sa cessation et sa durée pour les besoins de l'article 88 du présent Décret et de l'article 298 du Code minier. En cas de besoin, le Cadastre Minier peut faire appel à la Direction des Mines, la Direction de Géologie ou la Division provinciale des Mines pour effectuer une enquête et en fournir un procès-verbal que le Cadastre Minier prendra en considération aux fins de sa détermination.	矿权登记局对确认申请予以审查，确定不可抗力情形的持续，或根据本法令第 88 条和《矿业法典》第 298 条，确定不可抗力情形的终止及其持续期限。如需要，矿权登记局可请求矿业局、地质局或省级矿业局进行调查，并向其提供调查报告，以便在做决定时纳入考量。
Dans un délai de vingt jours ouvrables à compter de la date de réception de la confirmation de la persistance ou la cessation du cas de force majeure, le Cadastre Minier établit et notifie soit sa décision d'agrément de la persistance du cas de force majeure conformément aux modalités de	自收到不可抗力情形持续或终止的确认之日起二十个工作日内，矿权登记局根据本法令第 84 条规定的方式，编制不可抗力情形持续的批准决定并予以通知，或根据本法令第 86 条规定的方式，出具不可抗力情形期限的认证决定以及持有人履行义务的额外期限的决定并予以通

l'article 84 du présent Décret soit sa décision de certification de la durée du cas de force majeure ainsi que la période additionnelle pour le délai d'exécution des obligations du titulaire conformément aux modalités de l'article 86 du présent Décret. Dans l'absence d'une décision du Cadastre Minier dans le délai prescrit, la confirmation transmise par le titulaire est réputée agréée.	知。矿权登记局未在规定期限内作出决定的,持有人移交的确认被视为批准。
Article 88: De la prorogation de la validité des droits miniers ou de carrières en cas de force majeure	**第 88 条:不可抗力情形下矿权或采石权有效期的延长**
La validité des droits miniers et de carrières dont l'exercice et la jouissance par leurs titulaires sont empêchés entièrement pendant plus de 90 jours par un cas de force majeure dûment notifié par le titulaire au Cadastre Minier et agréé par ce dernier est prorogée pour une période égale à celle du cas de force majeure agréé, augmentée de la période additionnelle prévue à l'article 87 ci-dessus conformément aux modalités exposées au présent chapitre. En cas de multiples cas de force majeure dûment notifiés et agréés, dont chacun persiste pendant plus de nonante jours, la validité du droit minier ou de carrière en cause est prorogée pour une période égale à la durée de l'ensemble de tels cas de force majeure.	当持有人因不可抗力情形完全不能行使或享有其矿权或采石权超过九十日,且已按规定将该不可抗力情形通知矿权登记局,并经矿权登记局批准时,相关矿权和采石权的有效期可按经批准的不可抗力期限等期延长,另加上述第 87 条规定的额外期限(参照本章规定的方式计算)。当发生多次不可抗力情形(均按规定予以通知和批准),且每次情形持续超过九十日时,相关矿权或采石权有效期的延长期限为所有不可抗力情形期限的总和。
Article 89: Du recours aux décisions portant sur les cas de force majeure	**第 89 条:对不可抗力情形的决定的救济**

Le titulaire peut engager la procédure de recours par voie administrative prévue aux articles 313 et 314 du Code minier ou par voie arbitrale prévue aux articles 317 à 320 du Code minier en cas de décision de refus:	针对以下拒绝决定,持有人可根据《矿业法典》第 313 条和第 314 条所规定的行政途径实施救济程序,或根据《矿业法典》第 317 条至第 320 条所规定的仲裁途径实施救济程序:
• d'agrément du cas de force majeure ou de durée du cas de force majeure plus courte que celle notifiée par le titulaire;	• 拒绝批准不可抗力情形或短于持有人通知期限的不可抗力情形的期限;
• d'agrément de la confirmation de la persistance du cas de force majeure notifié par le titulaire de droit minier ou de carrière à la suite de la demande lui faite par le Cadastre Minier;	• 经矿权登记局要求,拒绝批准矿权或采石权持有人通知的不可抗力情形持续的确认;
• de prorogation de la validité des droits miniers ou de carrières;	• 拒绝延长矿权或采石权的有效期;
• de prorogation pour une durée plus courte que celle du cas ou des cas de force majeure;	• 拒绝延长期限短于不可抗力情形的持续期限;
• de certification pour la durée du cas de force majeure et/ou la période additionnelle nécessaire au rétablissement des conditions d'exécution des obligations suspendues en raison du cas de force majeure, d'une durée plus courte que celle notifiée par le titulaire du droit minier ou de carrières.	• 拒绝不可抗力情形的期限的认证和/或受不可抗力情形影响而恢复履行义务所需的额外期限的认证,拒绝短于矿权或采石权持有人通知期限的期限。
Chapitre VII: DE L'OUVERTURE DES CARRIERES SUR LES TERRAINS DOMANIAUX POUR LES TRAVAUX D'UTILITE PUBLIQUE	***第七章:在国有土地上开设用于公共用途工程的采石场***
Article 90: De la vérification de la disponibilité du périmètre	**第 90 条:矿区可用性的核查**

Sous réserve des dispositions de l'article 133 du Code minier, le Gouverneur de province sollicite au préalable l'avis du Cadastre Minier sur la disponibilité d'un terrain domanial en vue de l'ouverture d'une carrière pour les travaux d'utilité publique. La demande d'avis adressée au Cadastre Minier provincial précise l'emplacement géographique du terrain en cause par référence aux cartes cadastrales.	在遵守《矿业法典》第 133 条规定的前提下，省长就拟在其上开设用于公共用途工程的采石场的国有土地的可用性事先向矿权登记局征求意见。向省级矿权登记局发出的意见征求书须参照地籍图，详细说明相关土地的地理位置。
Le terrain est disponible dans l'un des cas suivants：	有下列情形之一的，该土地为可用：
• s'il se trouve dans le domaine public ou privé de l'Etat；	• 位于国家公有或私有土地上；
• s'il ne se trouve pas dans une aire protégée ou interdite；	• 非位于保护区或禁采区内；
• s'il ne fait pas l'objet d'un droit minier d'exploitation.	• 非采矿权标的。
Un terrain domanial est considéré disponible pour l'ouverture d'une carrière destinée aux travaux d'utilité publique même s'il fait l'objet d'un Permis de Recherches, d'une Autorisation de Recherches des Produits de Carrières en cours de validité, d'une Autorisation d'Exploitation de carrière temporaire.	即使国有土地为有效的探矿证、采石场产品勘探许可和临时性采石场开采许可的标的，但仍可被视为开设用于公共用途工程的采石场的可用土地。
Article 91：De l'avis du Cadastre Minier et de l'inscription provisoire	**第 91 条：矿权登记局的意见和临时性登记**
Le Cadastre Minier provincial vérifie la disponibilité du terrain sur lequel le Gouverneur de province a indiqué son intention d'autoriser l'ouverture d'une carrière pour les travaux d'utilité publique. Après avoir vérifié la disponibilité du terrain, le	若省长有意批准在某块土地上开设用于公共用途工程的采石场，则由省级矿权登记局核查该土地的可用性。该土地可用性核查完毕后，省级矿权登记局在收到土地可用性意见征求书之日起五个工作日内出具意见，意见认为不可用的，应

Cadastre Minier émet son avis dans les cinq jours ouvrables à compter de la date de réception de la demande d'avis sur la disponibilité du terrain. L'avis de non disponibilité du terrain est motivé. L'avis de disponibilité fournit, le cas échéant, les détails sur le Permis de Recherches, l'Autorisation de Recherches des Produits de carrières, l'Autorisation d'Exploitation de carrières temporaire du terrain en cause.	说明理由。如需要,意见认为可用的,应提供相关土地的探矿证、采石场产品勘探许可和临时性采石场开采许可的详细信息。
Au moment d'émettre son avis de disponibilité, le Cadastre Minier reporte à titre provisoire le périmètre de la carrière d'utilité publique sur la carte de retombes minières. Aucun droit minier ou de carrière ne peut être octroyé sur les carrés concernés par la carrière pour les travaux d'utilité publique tant que la carrière est inscrite à titre provisoire ou à titre définitif.	当出具可用意见时,矿权登记局在矿区定位区图上就用于公共用途工程的采石场矿区进行临时性标注。一经作出临时性登记或最终性登记,则不得再在该用于公共用途工程的采石场相关区块上授予任何矿权或采石权。
Article 92: Du report à titre définitif	**第 92 条:最终性标注**
Dès l'entrée en vigueur de l'arrêté du Gouverneur de province qui donne droit à l'ouverture d'une carrière pour les travaux d'utilité publique, le Cadastre Minier provincial change de provisoire en définitif le report sur la carte de retombes minières du périmètre de la carrière pour les travaux d'utilité publique.	授权开设用于公共用途工程的采石场的省长令一经生效,省级矿权登记局将该采石场在矿区定位图上的临时性标注变更为最终性标注。
Article 93: De la radiation du report du périmètre des carrières pour les travaux d'utilité publique	**第 93 条:用于公共用途工程的采石场矿区标注的注销**
Sauf en cas de prorogation des travaux d'utilité publique, le Cadastre Minier	除公共用途工程延期外,省长令规定的工程期限一旦届满,省级矿权登记局就

provincial radie, sur la carte de retombes minières, le report du périmètre de la carrière ouverte pour les travaux d'utilité publique, dès que la durée des travaux prévue dans l'arrêté du Gouverneur de province arrive à terme. En cas de prorogation de la durée des travaux et sans préjudice des dispositions des articles 90 et 91 ci-dessus, le Gouverneur de province prend un arrêté portant prorogation de l'Autorisation d'ouverture de carrière.	为公共用途工程开设的采石场矿区在矿区定位图上的标注予以注销。工程延期的,在不违反上述第90条和第91条规定的前提下,省长可颁布省长令对采石场的开设许可予以延期。
CHAPITRE V:DES BUREAUX D'ETUDES GEOLOGIQUES AGREES	***第五章:经批准的地质研究所***
Section I: De l'agrément et des compétences des Bureaux d'études géologiques	**第一节:地质研究所的批准和职能**
Article 93 bis:Des compétences	**第93(2)条:职能**
Toute personne morale, qui désire se constituer en Bureau d'Etudes Géologiques tel que défini à l'article 1er point 2 du présent Décret est agréée conformément à l'article 10 littera p.	任何有意成立本法令第1条第2点规定的地质研究所的法人,可根据第10条第p项获得批准。
Le Bureau d'Etudes agréé est autorisé à mener, pour le compte de tiers, en partie ou en totalité toutes les tâches relatives à la chaîne séquentielle des opérations suivant les différentes phases classiques de la recherche géologique et minière dont le stade final est l'élaboration de l'Etude de faisabilité, conformément à la directive du Ministère des Mines précisant le contenu de l'étude de faisabilité.	经批准的地质研究所可部分或全部承担第三人在地质勘探和矿业勘探各常规阶段中需依次开展的各项任务,其中最后阶段为根据矿业部部长颁布的明确可行性研究内容的指令,制订可行性研究。

Sans préjudice des dispositions de l'article 50 bis du Code minier, le titulaire peut recourir aux tiers pour réaliser les travaux de recherches ou l'étude de faisabilité visés à l'alinéa ci-dessus.	在不违反《矿业法典》第 50(2)条规定的前提下,持有人可委托第三人完成勘探工程或前款规定的可行性研究。
Dans ce cas, il se conforme aux prescrits de la loi fixant les règles applicables à la sous-traitance dans le secteur privé.	在此情形下,持有人应遵守关于私营部门分包适用规则的法律规定。
Le bureau d'études étranger doit avoir une représentation permanente en République Démocratique du Congo et solliciter un agrément du Ministre conformément aux dispositions du présent Décret. Dans le cas où le bureau n'est pas enregistré en tant que société de droit congolais, il aura l'obligation de s'associer avec un ou des bureaux, firmes ou cabinets spécialisés congolais.	外国地质研究所须在刚果民主共和国设立永久代表处,并根据本法令规定,向矿业部部长申请批准。若研究所未作为刚果法项下的企业进行登记时,则须与一个或多个刚果专业研究所、企业或事务所合作。
Article 93 ter: Des conditions d'agrément	**第 93(3)条:批准的条件**
Pour obtenir l'agrément au titre de Bureau d'Etudes géologiques, le requérant doit satisfaire aux conditions ci-après:	为获得地质研究所资质的批准,申请人须满足下列条件:
• être une personne morale valablement constituée;	• 有效设立的法人;
• disposer des moyens techniques et financiers permettant de conduire au mieux, en partie ou en totalité, les activités prévues à l'article 93 bis du présent Décret;	具备部分或全部从事本法令第 93(2)条规定活动的最佳技术和财务条件;
• avoir un personnel disposant de qualification en la matière et justifiant d'une expérience avérée dans la réalisation des travaux de recherches géologiques et minières ainsi que dans l'élaboration des études de faisabilité;	• 其工作人员具有相关领域的资质,并经证明在完成地质勘探工程和矿业勘探工程和制订可行性研究方面确有经验;

• ne pas être en faillite ou en cours de liquidation;	• 未处于破产或清算中;
• prendre l'engagement écrit d'embaucher en priorité, des congolais personnes physiques, ayant des qualifications et expériences requises;	• 出具书面承诺以保证优先录用有相关资格和经验的刚果籍自然人;
• présenter un programme de formation permanente et de perfectionnement qui favorise le plus possible le transfert de technologie et des compétences en faveur de son personnel. A cet effet, le bureau devra aligner les personnes qualifiées requises pour l'accomplissement de sesdifférentes missions. D'une manière spécifique, les disciplines principales suivantes devront être figurées parmi les qualifications des experts membres du bureau. Il s'agit notamment de:	• 提交一份长期培训和进修计划,尽可能地向其工作人员传授技术和技能。为此,研究所须为完成不同任务而配备具有相应资质的人员。具体而言,研究所专家成员的资质应涵盖下列主要学科:
-Géologie régionale de la RDC;	-刚果民主共和国区域地质学;
-Géophysique;	-地球物理学;
-Géochimie;	-地球化学;
-Gîtologie et métallogénie;	-矿床学和金属矿床学;
-SIG et géomatique;	-地理信息系统和地质信息处理;
-Cartographie géologique digitale;	-数字地质制图学;
-Développement et gestion de systèmes des bases de données;	-数据库开发和管理;
-Minéralurgie et métallurgie;	-选矿学和冶金学;
-Exploitation minière;	-矿山开发;
-Economie minière;	-矿业经济学;
-Protection de l'environnement minier;	-矿山环境保护;
-Législation minière;	-矿业法;
-Hydrologie et hydrogéologie;	-水文学和水文地质学;
-Géotechnique;	-地质工程学;
-Travaux miniers et forages;	-矿山工程和钻探;

-Géostatistique minière.	-矿业地质统计学。
Le niveau minimum de formation de l'expert principal devra être celui de docteur (ou équivalent) et disposant d'au moins quinze (15) ans d'expérience dans son domaine d'expertise, et de cinq (5) ans dans la gestion de projets miniers.	主要专家的最低教育程度须为博士(或同等学历),须在其专业领域有至少十五年以上工作经验和五年以上矿山项目管理经验。
L'expérience requise en sciences de la terre, mines et métallurgie, le niveau minimum de formation d'un expert devra être celui de licencié/ingénieur civil (ou équivalent) et disposant d'au moins dix (10) ans d'expérience dans son domaine d'expertise.	专家须在地球科学、矿业和冶金学方面具备经验,且最低教育程度须为学士/民营企业工程师(或同等学历),在其专业领域有十年以上工作经验。
Le bureau peut associer d'autres experts, d'expertises secondaires pour des périodes définies, selon qu'il les estime utiles pour le bon déroulement de ses missions. Dans ce cas, le niveau minimum de formation devra être de graduat (ou équivalent) et disposant d'au moins cinq (5) ans d'expérience.	为顺利开展工作,研究所可与其他专家、二级专家进行定期合作。在此情形下,(合作专家)最低教育程度须为中专(同等学历),具有五年以上工作经验。
Le bureau a l'obligation d'utiliser uniquement les personnes qualifiées appartenant soit à une association professionnelle agréée, un organisme reconnu par l'Etat ou une société minière, soit à une profession règlementée par une loi qui définit les règles d'éthique et de déontologie ainsi que d'un pouvoir disciplinaire.	研究所只可录用有资质的人员,其应隶属于经批准的专业协会、国家或矿业企业认可的机构或由法律规制的行会(由法律规定职业道德规则、行为守则和惩戒规则)。
Article 93 quater: De la durée de la validité de l'agrément et du renouvellement	**第93(4)条:批准的有效期和续期**
La durée de la validité de l'agrément comme bureau d'études géologiques est de cinq	地质研究所批准的有效期为五年,可按照此期限无限续期。

ans renouvelable pour la même durée, sans limite du nombre de renouvellements.	
Le renouvellement d'agrément au titre de bureau d'études géologiques est soumis aux conditions suivantes:	地质研究所资质续期的批准,应符合下列条件:
• n'avoir pas failli à ses obligations fiscales et parafiscales;	• 未违反缴纳税款和附加税的义务;
• n'avoir pas failli, selon le cas, à ses obligations en matière de transfert de connaissance et de technologie;	• 未违反传授知识和技术的义务(视情况);
• n'avoir pas été condamné pour une infraction définie au Code minier ou dans le présent Décret;	• 未因《矿业法典》或本法令规定的违法行为而受处罚;
• n'avoir pas transmis ses rapports annuels d'activités.	• 未移交年度活动报告。
Section II: de la procedure d'agrement	**第二节:批准程序**
Article 93 quinquies: De la recevabilité et de l'instruction de la demande d'agrément	**第93(5)条:批准申请的受理和审查**
La demande d'agrément, au titre de bureau d'études géologiques est adressée au Ministre et déposée en cinq exemplaires à la Direction de Géologie.	地质研究所的批准申请向矿业部部长提出,一式五份递交地质局。
Sont jointes à la demande les pièces suivantes:	申请后须附随下列文件:
• la copie certifiée conforme des statuts notariés avecacte de dépôt au greffe;	• 经认证与公证的章程原件相符的副本以及在法院书记室的交存契据;
• la copie certifiée conforme du Registre de Commerce et de Crédit Mobilier (RCCM);	• 经认证与原件相符的商事和动产信用登记簿副本;
• le Numéro d'Identification Nationale;	• 国家编码;

• l'attestation fiscale en cours de validité;	• 有效的税务证明;
• le Nouvel Identifiant Fiscal «NIF»;	• 新纳税人识别号;
• la preuve de paiement de frais de dépôt;	• 提交费的缴纳证明;
• la preuve de versement d'un cautionnement au profit du trésor public;	• 向国库缴纳保证金的证明;
• la preuve de payement anticipatif de la redevance annuelle au profit du trésor public;	• 向国库缴纳年度资源税的预缴证明;
• la copie certifiée conforme d'une attestation délivrée par une Banque agréée attestant l'honorabilité du requérant;	• 经认证与原件相符的经批准的银行签发的申请人信誉证明的副本;
• les numéros des comptes bancaires du requérant ouverts en République Démocratique du Congo et à l'étranger et leurs extraits de compte;	• 申请人在刚果民主共和国和国外开立的银行账户号码和其对账单;
• la preuve de la qualification des cadres de direction aux activités techniques;	• 技术活动中管理人员的资质证明;
• Les copies des diplômes, copies d'autres attestations et les curriculums vitae des experts du bureau d'études géologiques spécialisés dans les différents domaines, avec assez de précision pour permettre la vérification de leurs qualifications et expériences;	• 地质研究所各领域专家的文凭副本、其他证明的副本、个人简历以及能够核查其资质和工作经验的详细信息;
• la liste des études réalisées dans le passé;	• 曾经完成的研究清单;
• l'extrait de casier judiciaire des Experts du bureau d'études, en cours de validité.	• 研究所专家有效的犯罪记录摘要。

Dès réception de la demande d'agrément, la Direction de Géologie vérifie si elle est recevable.	一经收到批准申请后,地质局立即核查是否可受理该申请。
La demande est déclarée recevable si elle comporte les éléments prévus à l'article 93 ter du présent Décret. En cas de recevabilité, la Direction de Géologie l'inscrit dans le registre des demandes d'agrément de Bureaux d'études géologiques qu'il tient à jour, et délivre au requérant un récépissé indiquant le jour du dépôt de la demande.	若申请包含本法令第93(3)条规定的事项,则予以受理。申请予以受理的,地质局将该申请在其负责更新的地质研究所批准申请登记簿上予以登记,并向申请人签发回执,注明申请的递交日期。
En cas d'irrecevabilité, la Direction de Géologie retourne le dossier de demande au requérant avec indication des motifs du renvoi.	申请不予受理的,地质局将申请材料退回申请人,并说明退回理由。
Lors de l'instruction de la demande d'agrément, la Direction de Géologie vérifie que les conditions d'agrément précisées à l'article 93 ter du présent Décret sont satisfaites. Au cours de l'instruction, la Direction de géologie peut consulter d'autres services compétents afin d'obtenir les renseignements complémentaires nécessaires à l'instruction du dossier.	当审查批准申请时,地质局核查是否满足本法令第93(3)条规定的批准条件。在审查期间,地质局可询问其他主管部门以获得审查材料所需的补充信息。
Dans le délai de trente jours ouvrables à compter de la date du dépôt de la demande, la Direction de Géologie établit et transmet au Ministre son avis favorable ou défavorable assorti d'un projet d'arrêté portant agrément ou refus d'agrément. Il notifie l'avis au requérant par le moyen le plus rapide et le plus fiable et procède à son affichage dans la salle de réception de ses locaux.	自递交申请之日起三十个工作日内,地质局编制肯定意见或否定意见,连同关于批准或拒绝批准的裁决草案,一并移交矿业部部长。地质局将其意见以最为迅速可靠的方法通知申请人,并在其办公地点接待大厅内予以张贴。

Article 93 sexies: De la décision d'agrément ou de refus d'agrément	**第 93(6)条:批准或拒绝批准的决定**
Dans un délai de quinze jours ouvrables à compter de la réception du dossier de la demande avec l'avis de la Direction de Géologie, le Ministre prend et transmet au bureau avec copie à la Direction de Géologie la décision d'agrément ou de refus d'agrément.	自收到附有地质局意见的申请材料之日起十五个工作日内,矿业部部长作出批准或拒绝批准的决定,并将其决定副本移交地质局。
Toute décision de refus doit être motivée et donne droit au recours par voie administrative prévue par les dispositions des articles 313 et 314 du Code minier.	拒绝批准的决定应说明理由,并产生《矿业法典》第 313 条和第 314 条所规定的通过行政途径行使的救济权。
A défaut de décision du Ministre dans le délai prescrit, l'agrément est réputé accordé ou refusé conformément à l'avis de la Direction de Géologie.	若矿业部部长未在规定期限内作出决定,则根据地质局的意见,批准被视为授予或拒绝。
Les délais de transmission du dossier pour décision d'agrément ou de refus d'agrément sont ceux stipulés à l'alinéa 3 de l'article 45 du Code minier.	批准或拒绝批准的决定材料的移交期限为《矿业法典》第 45 条第 3 款规定的期限。
Article 93 septies: De l'inscription de la décision d'agrément ou de refus d'agrément au registre des bureaux d'études géologiques agréés	**第 93(7)条:批准或拒绝批准的决定在经批准的地质研究所登记簿上的登记**
Dans les deux jours à compter de la réception de la décision d'agrément ou de refus d'agrément et dans le cas où celle-ci est réputée accordée ou refusée ou de l'expiration du délai prescrit sans décision, la Direction de Géologie l'inscrit dans le registre des demandes d'agrément des Bureaux d'études géologiques et procède à son affichage dans la salle de réception de ses locaux.	自收到批准或拒绝批准决定之日起两日内和批准被视为授予或拒绝之日起两日内,或规定期限届满未作出决定的,自届满之日起两日内,矿业局将有关决定在经批准的地质研究所登记簿上予以登记,并在其办公地点接待大厅内予以张贴。

En cas de décision d'agrément, la Direction de Géologie inscrit le nom du Bureau d'études géologiques concerné sur la liste des Bureaux d'études géologiques agréés qu'il tient à jour.	在批准决定的情形下，地质局将相关地质研究所的名称在其负责更新的经批准的地质研究所名单上予以登记。
Article 93 octies: Des obligations des bureaux d'études géologiques	**第93(8)条：地质研究所的义务**
Les bureaux d'études géologiques sont tenus de transmettre annuellement à la Direction de Géologie le rapport d'activité dans lequelsont détaillés notamment les éléments suivants:	地质研究所须每年向地质局移交活动报告。该活动报告须包含下列详细内容：
• l'Identité de l'entreprise;	• 企业的身份信息；
• la liste des services réalisés durant la période considérée;	• 在相关期限内完成的服务清单；
• la liste à jour du personnel constituant le bureau d'études;	• 研究所组成人员的最新名单；
• l'adresse et le plan de situation des locaux qui tiennent lieu de siège social;	• 注册地址和位置图；
• la liste à jour des moyens matériels et des moyens logiciels dont dispose le bureau d'étude indiquant pour chaque matériel le nombre et la date d'acquisition.	• 研究所配备的设备和软件的最新清单，并注明每种设备的数量和购买日期。
Le bureau s'acquitte de tout montant dû au titre de toute obligation fiscale et parafiscale lui incombant.	研究所应全额缴纳应缴税款和附加税。
Il procède au transfert des connaissances et de technologie en faveur de son personnel.	研究所应向其工作人员传授知识和技术。
Section III: DES SANCTIONS	**第三节：处罚**
Article 93 nonies: De la mise en demeure du bureau d'études géologiques et du retrait de l'agrément	**第93(9)条：地质研究所的催告和批准吊销**

En outre, l'agrément d'un bureau d'études géologiques est suspendu ou retiré lorsqu'il cesse de satisfaire à l'une des conditions d'agrément citées de l'article suivant, à moins qu'il ne démontre qu'il est en train de remédier le défaut rapidement et que le défaut temporaire est sans impact négatif sur la qualité de ses travaux.	此外,当地质研究所不再满足下条所述的批准条件时,其资质将被中止或吊销。除非该研究所证实其正在迅速补救,且该暂时性的不足并未对工程质量产生负面影响。
En cas de constat de manquement dans le chef du bureau d'études géologiques, la Direction de Géologie lui adresse une mise en demeure pour corriger ledit manquement dans les trente jours.	当证实地质研究所的主管未履行义务时,地质局向其发出催告,要求其在三十日内予以改正。
Dans le cas où le bureau n'a pas procédé au correctif nécessaire, la Direction de Géologie élabore et transmet au Ministre un projet d'arrêté de retrait de l'agrément.	研究所未进行必要改正的,地质局编制吊销批准的裁决草案并移交矿业部部长。
Le retrait est requis dans le cas où le bureau:	研究所有下列情形的,吊销批准:
• ne satisfait plus à au moins une des conditions qui ont justifié son agrément;	• 至少一项不再满足合法批准的条件;
• ne respecte pas la législation et la réglementation minière.	• 未遵守矿业法和矿业条例。
Article 93 decies: De la décision de retrait d'agrément	**第 93(10)条:吊销批准的决定**
Dans un délai de 15 jours ouvrables à compter de la réception du dossier de retrait d'agrément, le Ministre prend et transmet au Secrétaire Général aux Mines avec copie à la Direction de Géologie, la décision de retrait de l'agrément pour notification.	自收到吊销批准的材料之日起十五个工作日内,矿业部部长作出吊销批准的决定,将其移交矿业部秘书处以便予以通知,并将决定的副本移交地质局。

Dans les cinq jours de la réception de la décision de retrait de l'agrément prise par le Ministre, le Secrétaire Général notifie le bureau d'étude par le moyen le plus rapide et fiable.	自收到矿业部部长作出的吊销资质的决定之日起五日内,秘书处以最为迅速可靠的方法通知该研究所。
Toute décision de retrait donne droit au recours par voie administrative prévue par les dispositions des articles 313 et 314 du Code minier.	任何吊销决定均产生《矿业法典》第 313 条和第 314 条所规定的通过行政途径行使的救济权。
Dans les deux jours à compter de l'expiration du délai de recours, la Direction de Géologie procède à la radiation du bureau d'études concerné du registre des bureaux d'études géologiques.	自救济的期限届满之日起两日内,地质局将相关研究所从地质研究所登记簿上注销。
TITRE IV: DU PERMIS DE RECHERCHES	**第四编:探矿证**
Chapitre Ier: DE L'OCTROI DU PERMIS DE RECHERCHES	***第一章:探矿证的授予***
Article 94: De l'autorisation	**第 94 条:许可**
Sont seuls autorisés à effectuer la recherche des substances minérales classées en mine et, le cas échéant, des substances associées à l'intérieur du périmètre précisé, le titulaire d'un Permis de Recherches ou d'un Permis d'Exploitation en cours de validité, ainsi que ses amodiataires éventuels.	仅有效的探矿证或采矿证持有人及其可能的承租人有权在划定的矿区内对归类为矿山类的矿产实施勘探,或如需要,实施伴生矿产的勘探。
Article 95: Des limitations	**第 95 条:限制**
En application des dispositions de l'article 53 du Code minier, la superficie du périmètre du Permis de Recherches ne peut excéder un maximum de quatre cent septante et un (471) carrés. La superficiecouverte par l'ensemble de tous les périmètres	根据《矿业法典》第 53 条的规定,探矿证所覆盖的矿区面积最多不得超过 471 个区块。持有人及其关联企业持有的探矿证所覆盖的矿区总面积不得超过 23542 个区块。

qui font l'objet des Permis de Recherches détenus par le titulaire et ses sociétés affiliées ne peut excéder vingt-trois mille cinq cent quarante-deux (23.542) carrés.	
Article 96 : Des conditions d'octroi	**第 96 条：授予的条件**
Outre les conditions prévues à l'article 56 du Code minier, le Permis de Recherches est octroyé si :	除《矿业法典》第 56 条规定的条件外，若满足下列情形，可授予探矿证：
• le périmètre demandé est disponible ;	• 所申请的矿区可用；
• le requérant est la première personne à demander un droit minier sur le périmètre ;	• 申请人为第一个申请该矿区矿权的人；
• le requérant est éligible aux droits miniers ou de carrières conformément aux dispositions de l'article 23 du Code minier et ne tombe pas dans l'une des catégories des personnes non éligibles visées à l'article 27 dudit Code ;	• 申请人符合《矿业法典》第 23 条规定的取得矿权或采石权的资格条件，且不存在该法典第 27 条规定的不符合申请条件的情形；
• l'octroi du permis n'aura pas comme effet de dépasser les limitations relatives à la superficie ou au nombre de permis.	• 授予探矿证将不会导致超过关于面积或权证数量的限制。
Article 97 : De l'établissement de la demande du Permis de Recherches	**第 97 条：探矿证申请的编制**
Le dossier de demande est établi et déposé en trois exemplaires, constitué chacun des pièces suivantes :	申请材料须一式三份编制和递交，由下列各文件组成：
• un formulaire retiré au guichet du Cadastre minier, dûment rempli et signé ;	• 按规定填写并签字的表格（从矿权登记局窗口领取）；
• les statuts, l'inscription au Registre de Commerce et de Crédit Mobilier, et la preuve de publication au Journal officiel ;	• 章程、商事和动产信用登记簿上的登记和在官方公报上公示的证明；

• la notification du numéro d'identifiant fiscal;	• 纳税人识别号的通知;
• la qualité et le pouvoir de la personne habilitée à engager la personne morale et l'identité de son mandataire si la demande est introduite par ce dernier;	• 有权代表法人的人的资格和权力,如果申请由代理人作出,则需提交代理人身份证明;
• l'adresse du siège social de la personne morale, ainsi que tous les changements ultérieurs;	• 法人的注册地址以及之后的全部地址变更情况;
• le type de droit minier ou de carrières demandé;	• 申请的矿权或采石权的类型;
• l'indication des substances minérales pour lesquelles le droit minier et/ou de carrières est sollicité;	• 申请的矿权和/或采石权对应的矿产的说明;
• l'emplacement géographique du périmètre sollicité;	• 申请的矿区的地理位置;
• le nombre de carrés constituant la superficie du périmètre requis;	• 要求的构成矿区面积的区块数量;
• l'identité des sociétés affiliées du requérant et celle du propriétaire réel;	• 申请人关联公司及其实际所有人的身份信息;
• la nature, le nombre et la superficie des périmètres de droit minier ou de carrières déjà détenus par le requérant et ses sociétés affiliées;	• 申请人及其关联公司已经持有的矿权或采石权所对应矿区的性质、数量和面积;
• la preuve de la capacité financière du requérant;	• 申请人的财务能力证明;
• une carte à l'échelle 1/200.000 sur laquelle la situation géographique du périmètre demandé est indiquée;	• 标有申请的矿区的地理位置的地图(比例尺为1/200,000);
• un CV d'au moins un géologue, membre d'un bureau d'études géologiques agréé.	• 至少一名经批准的地质研究所成员的地质学家的个人简历。

Article 98 : Du dépôt de la demande de Permis de Recherches	**第 98 条:探矿证申请的递交**
Sous réserve des dispositions de l'alinéa 2 du présent article, la demande de Permis de Recherches est déposée, au choix du requérant, au Cadastre Minier central ou provincial concerné.	在遵守本条第 2 款规定的前提下,根据申请人的选择向中央矿权登记局或相关省份的省级矿权登记局递交探矿证申请。
Au cas où le périmètre sollicité comporterait des carrés qui relèvent de deux ou plusieurs provinces, la demande est déposée au Cadastre Minier central qui en informe aussitôt les Cadastres Miniers provinciaux concernés.	若申请的矿区所含的区块分属于两个或多个省份,则向中央矿权登记局递交申请,由其立即通知相关的省级矿权登记局。
Au moment du dépôt de la demande de Permis de Recherches, le requérant paye au Cadastre Minier central ou provincial les frais de dépôt y afférents contre délivrance d'un récépissé. Copie dudit récépissé est jointe à la demande.	当递交探矿证申请时,申请人向中央矿权登记局或省级矿权登记局缴纳提交费,矿权登记局向其签发回执。该回执的副本应附随在申请中。
Article 99 : De la preuve de la capacité financière et technique du requérant	**第 99 条:申请人财务能力和技术能力的证明**
Le requérant d'un Permis de Recherches joint à son dossier de demande, les originaux de l'attestation bancaire et de l'extrait de compte prévus à l'article 58 alinéa 3 du Code minier.	探矿证申请人在其申请材料中附随《矿业法典》第 58 条第 3 款所规定的银行证明和对账单原件。
Les preuves de capacité financière ainsi que la disponibilité des fonds font l'objet de vérification auprès des banques concernées, durant toute l'instruction du dossier par le Cadastre minier. Si besoin, le requérant donne instruction à sa banque à l'effet de permettre une telle vérification.	在整个材料审查期间内,矿权登记局可向相关银行核查该财务能力证明以及资金的可用性。如需要,申请人通知银行,以便进行该等核查。

Il joint également le Curriculum Vitae du géologue chargé du programme minier de recherches, membre d'un bureau d'études géologiques agréé par le Ministre.	申请人亦须附上负责矿产勘探项目的经矿业部部长批准的地质研究所成员的地质学家的个人简历。
Article 100: De la recevabilité de la demande	**第 100 条:申请的受理**
Le Cadastre Minier central ou provincial vérifie si la demande de Permis de Recherches est recevable. La demande est recevable si elle est dûment établie, déposée et accompagnée des pièces requises conformément aux dispositions des articles 97 et 98 ci-dessus.	中央矿权登记局或省级矿权登记局核查探矿证申请是否可受理。对按照规定编制、递交并附有上述第 97 条和第 98 条规定文件的申请予以受理。
En cas de recevabilité de la demande, le Cadastre Minier central ou provincial l'inscrit dans le cahier d'enregistrement spécial et délivre au requérant un récépissé conformément aux dispositions de l'article 69 du présent Décret.	申请予以受理的,中央矿权登记局或省级矿权登记局将申请在矿权特别登记簿上予以登记,并根据本法令第 69 条规定向申请人签发回执。
Si la demande est irrecevable, le Cadastre Minier central ou provincial renvoie ou restitue, selon le cas, le dossier de demande au requérant avec indication des pièces omises.	若申请不予受理,中央矿权登记局或省级矿权登记局视情况将申请材料退回或归还申请人,并注明所缺的文件。
Article 101: Du report à titre indicatif du périmètre demandé	**第 101 条:申请的矿区的参考性标注**
Aussitôt que la demande du Permis de Recherches est déclarée recevable, le Cadastre Minier central ou provincialreporte, à titre indicatif, le périmètre demandé sur les cartes de retombes minières pour indiquer son emplacement géographique, même si le périmètre demandé empiète soit sur des zones interdites, protégées ou d'exploitation	探矿证申请一经受理,中央矿权登记局或省级矿权登记局将申请的矿区在矿区定位图上进行参考性标注,注明其地理位,不论其是否与禁采区、保护区、手工开采区,或已经设立的矿山或采石场矿区有所重叠。

artisanale soit sur des périmètres miniers ou de carrières déjà établis.	
Article 102: De l'instruction cadastrale	**第 102 条:矿权登记审查**
Lors de l'instruction cadastrale de la demande du Permis de Recherches, le Cadastre Minier central ou provincial s'assure que la demande remplit les conditions prévues aux articles 40 du Code minier et 96 du présent Décret.	当对探矿证申请进行矿权登记审查时,中央矿权登记局或省级矿权登记局应确保申请满足《矿业法典》第 40 条和本法令第 96 条规定的条件。
A ce titre, le Cadastre Minier vérifie si:	为此,矿权登记局核查:
• le périmètre est composé de carrés uniformes et indivisibles conformes au quadrillage cadastral du Territoire National;	• 矿区是否由国家领土的矿区网格图中的同一形状且不可分割的区块组成;
• le périmètre a la forme d'un polygone composé de carrés entiers contigus;	• 矿区是否是毗连的完整区块组成的多边形;
• le polygone ne renferme pas de terrains qui ne font pas partie du périmètre.	• 该多边形是否未包含不属于该矿区的土地。
Conformément au littera a de l'article 96 du présent Décret, le périmètre est considéré disponible si les carrés qui le composent n'empiètent ni sur une zone interdite, ni sur une aire protégée, ni sur une zone d'exploitation artisanale, et ne font pas partie d'un périmètre faisant l'objet:	根据本法令第 96 条第 a 项的规定,组成矿区的区块未与禁采区、保护区、手工开采区重叠,亦不属于下列矿区的,该矿区视为可用:
• d'un droit minier ou de carrières déjà établi autre qu'une Autorisation de Recherches des Produits de Carrières ou une Autorisation d'Exploitation de Carrières Temporaire;	• 已设立矿权或采石权的矿区(采石场产品勘探许可或临时性采石场开采许可除外);
• d'une demande de droit minier ou de carrières inscrite antérieurement qui a reçu un avis cadastral favorable.	• 此前已登记且已收到肯定的登记审查意见的矿权或采石权申请所覆盖的矿区。

L'échéance de la disponibilité d'un périmètredonné court jusqu'à l'inscription de l'avis cadastral favorable sur la première demande de droit minier ou de carrières concernant les mêmes carrés entièrement ou partiellement inscrite dans le cahier d'enregistrement spécial antérieurement à la demande de Permis de Recherches en cause.	特定矿区的可用期限持续至就全部或部分涉及同一区块的首个矿权或采石权申请而出具的肯定的登记审查意见在矿权特别登记簿上(此前登记在探矿证上)予以登记为止。
Article 103:De la modification éventuelle de la forme du périmètre demandé	**第103条:所申请矿区的形状可能作出的变更**
Lorsqu'en application des dispositions de l'article 40, alinéa 3 littera b du Code minier, l'élimination des carrés qui font l'objet d'empiétements non-autorisés rend le périmètre demandé non conforme à la forme prescrite par l'article 28 alinéa 2 dudit Code, le Cadastre Minier central ou provincial offre au requérant la possibilité de modifier la forme du périmètre demandé soit en le réduisant soit en le scindant en deux ou plusieurs demandes sans préjudice des dispositions de l'article 53 du Code sus-évoqué.	在适用《矿业法典》第40条第3款第b项规定时,因除去未获许可的重叠情形对应的区块而导致申请的矿区不符合该法典第28条第2款规定形状的,中央矿权登记局或省级矿权登记局可向申请人提议修改所申请矿区的形状,或将其缩小,或在不违反上述法典第53条规定的前提下,将其分为两个或多个申请。
La modification définitive de la forme du périmètre demandé est au choix du requérant. L'offre de modification du périmètre demandé est notifiée au requérant ou à son mandataire par le moyen le plus rapide et le plus fiable.	对所申请矿区形状的最终修改视申请人的选择而定。以最为迅速可靠的方法将修改所申请矿区的提议通知申请人或其代理人。
Dans un délai de cinq jours ouvrables à compter de la date de la réception de la modification de l'offre susmentionnée, le requérant ou son mandataire est tenu de déposer sa demande modifiée ou, le cas	自收到上述修改提议后五个工作日内,申请人或其代理人须递交经修改的申请,或递交修改原始申请的矿区形状后生成的多个申请。申请人在法定期限内未予以回复的,视为放弃探矿证申请。

échéant, les demandes multiples résultant de la modification de la forme du périmètre initialement demandé. A défaut de réponse dans le délai imparti, la demande de Permis de Recherches est réputée abandonnée.	
Dûment déposée dans le délai imparti, la demande modifiée ou les demandes multiples de Permis de Recherches résultant de la modification de la forme du périmètre initialement demandé jouissent de la même priorité que la demande initiale.	在法定期限内,按照规定递交经修改的探矿证申请或修改原始申请的矿区形状后生成的多个探矿证申请的,享有与原始申请同等的优先权。
Dans un délai de cinq jours ouvrables à compter du dépôt de la demande modifiée ou des demandes multiples de Permis de Recherches visés à l'alinéa 3 du présent article, le Cadastre Minier est tenu de clôturer l'instruction cadastrale y afférente.	自本条第 3 款规定的经修改的探矿证申请或多个探矿证申请递交之日起五个工作日内,矿权登记局须完成相关的矿权登记审查。
Article 104: De l'avis cadastral	**第 104 条:登记审查意见**
A l'issue de l'instruction cadastrale, le Cadastre Minier central émet l'avis cadastral et le transmet au Ministre avec une copie du dossier et un projet d'arrêté y afférent.	矿权登记审查结束后,中央矿权登记局出具登记审查意见,并将其意见连同材料副本和相关裁决草案一并移交矿业部部长。
Le Cadastre Minier central et le Cadastre Minier provincial concerné affichent l'avis cadastral dans leurs salles de consultation publique et l'inscrivent sur la fiche technique de la demande. Le Cadastre Minier central notifie l'avis au requérant sans frais par le moyen le plus rapide et le plus fiable.	中央矿权登记局和相关省级矿权登记局将登记审查意见在其公共咨询大厅内予以张贴,并在该申请的技术说明上予以记录。中央矿权登记局将该意见以最为迅速可靠的方法无偿通知申请人。

En cas d'avis cadastral favorable, le Cadastre Minier central remplace le report à titre indicatif du périmètre demandé sur la carte de retombes minières par le report provisoire du périmètre pour lequel ou des périmètres pour lesquels l'avis cadastral favorable a été émis. En cas d'avis cadastral défavorable, le Cadastre Minier central radie le report à titre indicatif du périmètre demandé sur la carte de retombes minières.	当登记审查意见为肯定意见时,中央矿权登记局将矿区定位图上所申请矿区的参考性标注更改为临时性标注,以表明该矿区已获得肯定的登记审查意见。当登记审查意见为否定意见时,中央矿权登记局将所申请矿区的参考性标注从矿区定位图上注销。
Article 105: De la décision d'octroi ou de refus	**第 105 条:授予或拒绝授予的决定**
Sauf cas d'erreur manifeste dans l'avis cadastral favorable ou entre cet avis cadastral et le projet d'arrêté d'octroi, le Ministre prend et transmet au Cadastre Minier central l'arrêté d'octroi du Permis de Recherches dans un délai de trente jours ouvrables à dater de la réception du dossier de la demande lui transmis par le Cadastre Minier central avec l'avis cadastral. A défaut de décision d'octroi à l'expiration du délai imparti, le Permis de Recherches est réputé octroyé.	除肯定性的登记审查意见有明显错误或该意见与授予裁决草案明显不符外,在收到由中央矿权登记局移交的申请材料和登记审查意见之日起三十个工作日内,矿业部部长作出授予探矿证的裁决,并移交中央矿权登记局。法定期限届满时仍未作出授予决定的,视为授予探矿证。
Sauf cas d'erreur manifeste dans l'avis cadastral défavorable ou entre cet avis cadastral et le projet d'arrêté de refus d'octroi, le Ministre prend et transmet au Cadastre Minier central l'arrêté de refus d'octroi du Permis de Recherches dans le délai prévu dans l'alinéa 1er du présent article. Tout refus du Permis de Recherches doit être motivé. A défaut de décision de refus d'octroi à l'expiration du délai imparti, le Permis de Recherches est réputé refusé.	除否定性的登记审查意见有明显错误或该意见与授予决定草案明显不符外,在本条第 1 款规定的期限内,矿业部部长作出拒绝授予探矿证的裁决,并移交中央矿权登记局。拒绝授予勘查许可的,须说明理由。法定期限届满时仍未作出拒绝授予决定的,视为拒绝授予探矿证。

La date de réception du dossier de demande et de l'avis cadastral par le Ministre est déterminée conformément à l'article 45 du Code minier.	根据《矿业法典》第 45 条确定矿业部部长收到申请材料和登记审查意见的日期。
Article 106: De l'Inscription du Permis de Recherches ou de la décision de refus	**第 106 条:探矿证或拒绝决定的登记**
Dès la réception de la décision d'octroi ou de refus d'octroi du Permis de Recherches, le Cadastre Minier central inscrit la décision sur la fiche technique de la demande.	一经收到授予或拒绝授予探矿证的决定,中央矿权登记局立刻将该决定在相关申请的技术说明上予以登记。
En cas de décision d'octroi ou dans le cas où le Permis de Recherches est réputé octroyé conformément aux dispositions de l'article 43 alinéa 3 du Code minier, le Cadastre Minier central effectue d'office les opérations suivantes:	当决定授予探矿证或根据《矿业法典》第 43 条第 3 款规定被视为授予探矿证时,中央矿权登记局按规定办理如下手续:
• la transcription de la décision d'octroi au cahier d'enregistrement spécial, conformément aux dispositions de l'article 69 du présent Décret;	• 根据本法令第 69 条的规定,将授予决定转录在特别登记簿上;
• l'inscription provisoire du Permis de Recherches au registre des droits octroyés conformément aux dispositions de l'article 43 du Code minier et de l'article 74 du présent Décret.	• 根据《矿业法典》第 43 条和本法令第 74 条的规定,将探矿证临时登记在矿权登记册上。
En cas de décision de refus d'octroi ou dans le cas où le Permis de Recherches est réputé refusé, le Cadastre Minier central effectue d'office les opérations suivantes:	当决定拒绝授予或被视为拒绝授予探矿证时,中央矿权登记局按规定办理如下手续:
• la transcription de la décision de refus d'octroi au cahier d'enregistrement spécial, conformément aux dispositions de l'article 69 du présent Décret;	• 根据本法令第 69 条的规定,将拒绝授予决定转录在特别登记簿上;

• la radiation sans délai du périmètre concerné s'il a été reporté à titre provisoire sur la carte de retombes minières.	• 立刻注销相关矿区在矿区定位图上的临时性标注。
A défaut d'inscription par le Cadastre Minier du Permis de Recherches octroyé ou du Permis de Recherches réputé octroyé dans le délai requis, le requérant ou son mandataire peut adresser au Cadastre Minier une demande d'inscription de son droit dans les soixante jours ouvrables à compter de l'expiration du délai imparti à l'Autorité de décision. Dans les cinq jours ouvrables à compter de la réception de la demande d'inscription, le Cadastre Minier est tenu de procéder à l'inscription du Permis de recherches et à la délivrance de ce titre minier.	若矿权登记局未在规定期限内对已授予或被视为授予的探矿证予以登记,申请人或其代理人可在给予决定机关申请登记的期限届满后六十个工作日内向矿权登记局提出申请,对其权利予以登记。矿权登记局须在收到登记申请后五个工作日内,对该探矿证予以登记,并颁发该矿权证。
A défaut d'inscription, par le Cadastre Minier, du Permis de Recherches octroyé ou du Permis de Recherches réputé octroyé dans les cinq jours ouvrables à compter d'une demande d'inscription visée à l'alinéa 4 du présent article, le requérant peut recourir à la procédure de l'inscription par voie judiciaire conformément aux dispositions de l'article 46 du Code minier.	若在收到本条第 4 款规定的登记申请后五个工作日内,矿权登记局未对已授予或被视为授予的探矿证予以登记,申请人可通过《矿业法典》第 46 条规定的司法途径就登记程序进行救济。
Dès la publication de la décision du tribunal de Grande Instance, valant Permis de Recherches, le Cadastre Minier est tenu d'inscrire le dispositif du jugement dans son registre des droits octroyés et de porter à titre provisoire le périmètre concerné sur la carte de retombes minières.	大审法院判决一经公布,其与探矿证具有同等效力,矿权登记局须将该判决的主文在矿权登记册上予以登记,并对相关矿区在矿区定位图上进行临时性标注。

Si le requérant ou son mandataire n'a pas adressé au Cadastre Minier une demande d'inscription d'office de son droit dans les soixante jours ouvrables à compter de l'expiration du délai imparti à l'Autorité de décision, le requérant est réputé avoir renoncé à son droit minier.	若申请人或其代理人未在给予决定机关申请登记的期限届满后六十个工作日内向矿权登记局提出申请,对其权利予以登记,申请人视为已放弃矿权。
Article 107: De la notification et de l'affichage de la décision d'octroi ou de refus d'octroi du Permis de Recherches	**第 107 条:授予或拒绝授予探矿证的决定的通知和张贴**
Le Cadastre Minier notifie la décision d'octroi ou de refus d'octroi au requérant sans frais par le moyen le plus rapide et fiable et procède à l'affichage de ladite décision dans la salle de consultation publique.	矿权登记局将授予或拒绝授予的决定以最为迅速可靠的方法无偿通知申请人,并将该决定在公共咨询大厅内予以张贴。
La notification de la décision d'octroi par le Cadastre Minier indique le montant à payer par le requérant au titre des droits superficiaires annuels par carré pour la première année de la validité du Permis de Recherches prorata temporis dont le calcul est précisé à l'article 394 du présent Décret à partir de la date de la décision d'octroi.	矿权登记局须在授予决定的通知中注明申请人就探矿证有效期第一年的年度区块面积税应缴纳的金额(按时间比例),该税款自决定授予之日起,根据本法令第 394 条的规定计算。
La notification précise également la date limite pour le paiement de cette somme.	通知亦须明确规定缴纳该款项的期限。
Article 108: Du paiement des droits superficiaires annuels par carré pour la première année	**第 108 条:第一年年度区块面积税的缴纳**
Le requérant s'acquitte des droits superficiaires annuels par carré conformément aux prescrits de l'article 385, littera b du présent Décret.	申请人须根据本法令第 385 条第 b 项的规定,缴纳年度区块面积税。

Lors du paiement des droits superficiaires, le Cadastre Minier central ou provincial délivre une quittance ou récépissé au titulaire, indiquant son nom, le montant et la date du paiement.	在缴纳年度区块面积税时,中央矿权登记局或省级矿权登记局向持有人签发收据或回执,在其上注明申请人的姓名、缴纳金额和日期。
La mention du paiement des droits superficiaires par carré pour la première année par le titulaire est inscrite par le Cadastre Minier dans le registre des droits superficiaires annuels par carré.	矿权登记局在年度区块面积税登记簿上对持有人第一年年度区块面积税的纳税鉴定予以登记。
Si, à l'expiration de la date limite précisée sur la notification, le requérant n'a pas payé les droits superficiaires annuels par carré pour la première année de validité du Permis de Recherches prorata temporis, le Permis de Recherches devient d'office caduc, conformément au dernier alinéa de l'article 47 du Code minier.	若申请人未在通知注明的期限届满前缴纳探矿证有效期第一年年度区块面积税(按时间比例),该探矿证将根据《矿业法典》第 47 条末款规定自动失效。
Dans ce cas, le Cadastre Minier prend le lendemain de la date limite les mesures suivantes:	在此情形下,矿权登记局在期限届满次日,采取下列措施:
• noter la caducité du Permis de Recherches pour non-paiement des droits superficiaires annuels par carré pour la première année de validité sur la fiche technique de la demande et dans le cahier d'enregistrement spécial;	• 在相关申请的技术说明和特别登记簿上注明探矿证因未缴纳第一年年度区块面积税而失效;
• radier l'inscription du Permis de Recherches dans le registre des droits octroyés;	• 将该探矿证的登记从矿权登记册上注销;
• radier le report du périmètre de recherches sur la carte de retombes minières.	• 将探矿区的标注从矿区定位图上注销。
Article 109: De la délivrance du Certificat de Recherches	**第 109 条:探矿证书的颁发**
Sur présentation par le requérant du récépissé du paiement des droits superficiaires, le Ca-	申请人提交年度区块面积税缴纳回执的,矿权登记局根据《矿业法典》第 47 条

dastre Minier délivre le Certificat de Recherches conformément à l'alinéa premier de l'article 47 du Code minier.	第 1 款规定,颁发探矿证书。
Le Certificat de Recherches comporte les éléments suivants:	探矿证书包括下列内容:
• le code du Permis de Recherches;	• 探矿证的编号;
• l'identité complète du titulaire;	• 持有人的完整身份信息;
• la localisation administrative du périmètre;	• 矿区所在的行政区域;
• les coordonnées géographiques des sommets du périmètre et le nombre de carrés y compris;	• 矿区各顶点地理坐标和所含区块的数量;
• la durée de validité du Permis de Recherches;	• 探矿证的有效期;
• les références de l'arrêté d'octroi, de la décision d'octroi d'office ou du jugement valant inscription judiciaire;	• 授予裁决、自动授予决定或与司法登记等效的判决的参考信息;
• les substances minérales pour lesquelles il a été accordé;	• 被授予探矿证的矿产;
• les noms et signature du responsable du Cadastre Minier;	• 矿权登记局负责人的姓名和签字;
• une case ou ligne pour l'insertion de la date de la certification de commencement des travaux de recherches.	• 可填写勘探工程开工证明日期的空格或空行。
Lors de la délivrance du Certificat de Recherches, le Cadastre Minier procède d'office aux opérations ci-après:	在颁发探矿证书时,矿权登记局按规定办理下列手续:
• convertir, de provisoire en définitif, l'inscription du Permis de Recherches dans le registre des droits octroyés conformément aux dispositions de l'article 47 du Code minier;	• 根据《矿业法典》第 47 条的规定,将该探矿证在矿权登记册上的临时性登记变更为最终性登记;

• changer, de provisoire en définitif, le report du périmètre afférent sur la carte de retombes minières, conformément aux dispositions de l'article 48 du Code minier et de l'article 41 du présent Décret.	• 根据《矿业法典》第 48 条和本法令第 41 条的规定，将相关矿区在矿区定位图上的临时性标注变更为最终性标注。
Article 110: De l'approbation préalable du Plan d'Atténuation et de Réhabilitation	**第 110 条：环境减排和修复计划的事先批准**
En application des dispositions de l'article 50 bis alinéa 2 du Code minier, le titulaire du Permis de Recherches est tenu, avant de commencer les travaux de recherches, de préparer et de déposer un Plan d'Atténuation et de Réhabilitation, dont les détails sont repris à l'annexe VII, et d'en obtenir l'approbation par l'Agence Congolaise de l'Environnement en collaboration avec la Direction chargée de la protection de l'environnement.	根据《矿业法典》第 50(2)条第 2 款的规定，探矿证持有人须在勘探工程开工前编制并递交环境减排和修复计划（详细内容见附件七），并由刚果（金）环境署会同环境保护局批准。
Dans les quinze jours suivant l'approbation de son Plan d'Atténuation et de Réhabilitation, le titulaire du Permis de Recherches dépose au Cadastre Minier provincial du ressort où se trouvent les carrés faisant partie de son périmètre, trois exemplaires dudit plan, dont le premier est destiné à la consultation publique, le deuxième conservé aux archives, et le troisième faisant objet d'accusé de réception pour le titulaire.	环境减排和修复计划获得批准后十五日内，探矿证持有人向其矿区区块所在辖区的省级矿权登记局递交该计划，一式三份，第一份用于公共查询，第二份归档，就第三份向持有人出具回执。
Sur présentation du Plan d'Atténuation et de Réhabilitation dûment approuvé, le Cadastre Minier central transcrit également la date d'approbation au registre des droits octroyés où le Permis de Recherches est inscrit.	在提交正式批准的环境减排和修复计划后，中央矿权登记局在登记探矿证的矿权登记册上转录批准日期。

Chapitre II: DE L'EXTENSION DU PERMIS DE RECHERCHES A D'AUTRES SUBSTANCES	***第二章:探矿证延展至其他物质***
Article 111: De la demande d'extension du Permis de Recherches	**第 111 条:探矿证的延展申请**
Pour obtenir l'extension de son Permis de Recherches à d'autres substances minérales, le titulaire ou son mandataire doit déposer auprès du Cadastre Minier central ou provincial, une demande en trois exemplaires à l'aide d'un formulaire de demande d'extension du Permis de Recherches et payer les frais de dépôt y afférents contre délivrance d'une quittance ou d'un récépissé.	为获得探矿证向其他矿产的延展,持有人或其代理人须向中央矿权登记局或省级矿权登记局递交申请(探矿证延展申请表),一式三份,并在缴纳相关提交费后向其签发收据或回执。
Le formulaire de demande d'extension du Permis de Recherches prévoit notamment les renseignements suivants:	探矿证延展申请表包括下列内容:
• la dénomination sociale et l'adresse du titulaire du Permis de Recherches et, le cas échéant, de son mandataire;	• 探矿证持有人的名称和地址(如有代理人,注明其姓名和地址);
• les références du Permis de Recherches et du Certificat deRecherches;	• 探矿证和探矿证书的参考信息;
• les substances minérales pour lesquelles l'extension du permis de Recherches est demandée;	• 拟申请延展探矿证的矿产;
• le nombre de carrés sur lesquels portent les nouvelles substances ainsi que les coordonnées géographiques y afférentes.	• 新矿产所涉及的区块数量和相关地理坐标。
Le formulaire de demande d'extension du Permis de Recherches est retiré au Cadastre Minier central ou provincial. Il est rempli et signé par le titulaire ou son mandataire. Il y est joint les éléments ou documents suivants:	探矿证延展申请表在中央矿权登记或省级矿权登记局领取,由持有人或其代理人填写并签字,并附随下列材料或文件:

• copie de la décision d'octroi du Permis de Recherches;	• 探矿证授予决定的副本;
• copie du Certificat de Recherches;	• 探矿证书的副本;
• copie de la quittance ou du récépissé de paiement des frais de dépôt du dossier;	• 文件提交费的缴费收据或回执副本;
• le rapport contenant les informations ou les indices qui motivent le titulaire à croire en la présence d'une ou plusieurs autres substances dans son périmètre.	• 含有可使持有人相信其矿区内存在一种或多种其他物质信息或迹象的报告。
Article 112: De la recevabilité de la demande d'extension	**第 112 条:延展申请的受理**
Le Cadastre Minier central ou provincial vérifie si la demande est recevable. La demande est recevable si elle comporte tous les éléments énoncés à l'article 111 du présent Décret et si le Permis de Recherches est en cours de validité.	中央矿权登记局或省级矿权登记局核查该申请是否可以受理。含有本法令第 111 条规定的所有材料且探矿证尚在有效期内的申请予以受理。
Si la demande est recevable, le Cadastre Minier central ou provincial l'inscrit au cahier d'enregistrement général et délivre au titulaire un récépissé conformément aux dispositions de l'article 70 du présent Décret. Le Cadastre Minier central ou provincial établit la fiche technique de la demande.	若申请予以受理,中央矿权登记局或省级矿权登记局将其在矿权常规登记簿上予以登记,并根据本法令第 70 条的规定,向持有人签发回执。中央矿权登记局或省级矿权登记局编制该申请的技术说明。
Si la demande est irrecevable, le Cadastre Minier central ou provincial restitue le dossier de demande au requérant avec indication des pièces omises.	若申请不予受理,中央矿权登记局或省级矿权登记局将申请文件退回申请人,并注明所缺文件。
Article 113: De l'instruction de la demande d'extension	**第 113 条:延展申请的审查**
Dans un délai de trois jours ouvrables à compter de la date du dépôt de la demande,	自递交申请后三个工作日内,中央矿权登记局或省级矿权登记局将延展申请副

le Cadastre Minier central ou provincial transmet une copie de la demande d'extension à la Direction de Géologie pour vérification technique. Si la demande a été déposée au Cadastre Minier provincial celui-ci envoie au même moment une copie de celle-ci et de la fiche technique au Cadastre Minier central.	本移送地质局进行技术审查。若向省级矿权登记局递交申请,省级矿权登记局同时向中央矿权登记局发送申请副本和技术说明副本各一份。
La vérification technique par la Direction de Géologie consiste à s'assurer de la bonne foi du titulaire dans la description des indices d'existence des substances minérales concernées à l'intérieur de son périmètre. La Direction de Géologie n'évalue ni la fiabilité des indices ni la théorie géologique développée par le titulaire comme hypothèse.	地质局进行的技术审查旨在确保持有人如实描述其矿区内相关矿产存在的迹象。地质局对该迹象的可靠性和持有人作为假设提出的地质学理论不予评估。
Au cas où la Direction de Géologie constaterait que la description des indices par le titulaire n'est pas faite de bonne foi, elle demande au titulaire dans les dix jours ouvrables suivant le dépôt de la demande de fournir un complément d'information. Le cas échéant, la demande est transmise au titulaire par le moyen le plus rapide et fiable, avec copie au Cadastre Minier central.	若认定持有人描述的迹象并非属实,地质局应要求持有人在递交申请后十个工作日内提供补充信息。必要情况下,该要求以最为迅速可靠的方法送达持有人,并抄送中央矿权登记局。
Le titulaire est tenu d'y répondre par écrit dans un délai de dix jours ouvrables suivant sa réception de la demande d'information complémentaire. Si le titulaire répond à la demande d'information complémentaire dans ce délai, la Direction de Géologie émet son avis technique dans un délai de cinq jours ouvrables après la date de la réception de la réponse	持有人须在收到提交补充信息的要求后十个工作日内予以书面回复。持有人在该期限内对补充信息要求予以回复的,地质局在收到持有人回复后五个工作日内发表技术审查意见。持有人未予以回复的,延展申请的技术审查意见为否定意见。

du titulaire. Si le titulaire ne répond pas, l'avis technique sur la demande d'extension est défavorable.	
A l'issue de la vérification technique, la Direction de Géologie transmet l'avis technique sur la demande d'extension du Permis de Recherches au Cadastre Minier central. Sous réserve d'une prorogation éventuelle conformément à l'alinéa précédent, l'avis technique est transmis dans un délai de douze jours ouvrables à compter de la date du dépôt de la demande d'extension.	技术审查结束后,地质局将针对探矿证延展申请的技术审查意见移交中央矿权登记局。除有前款规定的延期情形外,技术审查意见应在延展申请递交之日起十二个工作日内移交。
Le Cadastre Minier central inscrit le résultat de l'avis technique sur la fiche technique de la demande et transmet une copie de l'avis technique au bureau du Cadastre Minier auprès duquel la demande a été déposée. Ce dernier affiche l'avis technique dans sa salle de consultation publique. Le Cadastre Minier notifie l'avis technique au requérant sans frais par le moyen le plus rapide et fiable.	中央矿权登记局将技术审查意见结果在相关申请的技术说明上予以登记,并将该技术审查意见移交受理申请的矿权登记局办公室,矿权登记局办公室在其公共咨询大厅内予以张贴。矿权登记局将技术审查意见以最为迅速可靠的方法无偿通知申请人。
Si l'avis technique est favorable, le Cadastre Minier central prépare et transmet au Ministre avec une copie de l'avis technique, un projet d'arrêté accordant l'extension du Permis de Recherches pour y inscrire les substances minérales demandées.	技术审查意见为肯定意见的,中央矿权登记局编制批准探矿证延展的裁决草案,以将其申请(延展)的矿产登记在探矿证中,并连同技术审查意见副本一并移交矿业部部长。
Si l'avis technique est défavorable, le Cadastre Minier central prépare et transmet au Ministre avec une copie de l'avis technique, un projet d'arrêté portant refus d'extension du Permis de Recherches.	技术审查意见为否定意见的,中央矿权登记局编制拒绝批准探矿证延展的裁决草案,并连同技术审查意见副本一并移交矿业部部长。

Article 114 : De la décision d'approbation ou de refus de l'extension du Permis de Recherches	**第 114 条：批准或拒绝探矿证延展的决定**
Dans un délai de vingt jours ouvrables à compter de la date de la réception du projet d'arrêté accordant l'extension du Permis de Recherches ou du projet d'arrêté portant refus d'extension du Permis de Recherches, le Ministre le signe et le transmet au Cadastre Minier central pour notification au titulaire.	自收到批准延展探矿证的裁决草案或拒绝批准延展探矿证的裁决草案之日起二十个工作日内，矿业部部长签署该草案，并移送中央矿权登记局以通知持有人。
A défaut de la signature de l'arrêté accordant l'extension dans le délai prescrit, l'extension aux substances minérales sollicitée est réputée accordée. Le Cadastre Minier est tenu d'inscrire cette extension et d'en porter mention au dos du Certificat de Recherches du titulaire.	若未在规定的期限内签署批准延展的裁决，所申请的矿产延展被视为批准。矿权登记局须登记该延展，并在持有人的探矿证书背面予以注明。
A défaut de la signature de l'arrêté portant refus d'extension dans le délai prescrit, l'extension aux substances minérales sollicitée est réputée refusée. Le Cadastre Minier est tenu d'inscrire le refus d'extension et d'en porter mention au dos du Certificat de Recherches du titulaire.	若未在规定的期限内签署拒绝延展的裁决，所申请的矿产延展被视为拒绝。矿权登记局须登记对该延展的拒绝，并在持有人的探矿证书背面予以注明。
Article 115 : De l'inscription et de la notification de la décision	**第 115 条：决定的登记和通知**
Dans un délai de cinq jours à compter de la réception de la décision du Ministre ou à l'expiration du délai prescrit pour signature de l'arrêté, le bureau du Cadastre Minier central :	自收到矿业部部长决定之日或签署裁决的法定期限届满之日起五日内，中央矿权登记局办公室须：

• inscrit la décision d'extension ou du refus d'extension du Permis de Recherches sur la fiche technique de la demande;	• 将探矿证延展的决定或拒绝延展的决定在该申请的技术说明上予以登记;
• transmet une copie de la décision au bureau du Cadastre Minier où la demande a été déposée, qui l'affiche dans sa salle de consultation publique;	• 将该决定移交受理申请的矿权登记局办公室,矿权登记局办公室在其公共咨询大厅内予以张贴;
• notifie la décision au titulaire sans frais par le moyen le plus rapide et fiable;	• 将该决定以最为迅速可靠的方法无偿通知持有人;
• en cas d'arrêté accordant l'extension, inscrit l'extension du Permis de Recherches au registre des droits octroyés.	• 裁决批准延展的,将该探矿证的延展在矿权登记册上予以登记。
A défaut d'inscription de l'extension par le Cadastre Minier central dans le délai indiqué à l'alinéa précédent, le titulaire peut recourir à la procédure de l'inscription par voie judiciaire prévue à l'article 46 du Code minier.	若中央矿权登记局未在前款规定的期限内对延展予以登记,持有人可通过《矿业法典》第 46 条规定的司法途径对登记程序进行救济。
Article 116: De la modification du Certificat de Recherches	**第 116 条:探矿证书的变更**
Dès l'affichage d'une décision accordant l'extension du Permis de Recherches conformément aux dispositions de l'article 115 du présent Décret, le Cadastre Minier où la demande a été déposée procède à la modification du Certificat de Recherches pour y inscrire les substances minérales reprises dans ladite décision d'extension.	根据本法令第 115 条的规定,批准探矿证延展的决定一经张贴,受理申请的矿权登记局对探矿证书予以变更,在其上登记该决定批准延展的矿产。
Le Cadastre Minier concerné retourne le Certificat de Recherches ainsi modifié au titulaire.	相关矿权登记局将经修订的探矿证书发还持有人。

Article 117 : De l'approbation préalable du Plan d'Atténuation et de Réhabilitation modifié	**第 117 条：经修订的环境减排和修复计划的事先批准**
Si la recherche de substances minérales concernées par la décision d'extension du Permis de Recherches implique un changement dans l'envergure, le rythme du programme ou les méthodes de recherches, le titulaire du Permis de Recherches est tenu de déposer son Plan d'Atténuation et de Réhabilitation modifié conformément aux dispositions des articles 430 à 433 du présent Décret et d'obtenir son approbation par l'Agence Congolaise de l'Environnement en collaboration avec la Direction chargée de la Protection de l'Environnement Minier, avant de poursuivre le programme de recherches modifié.	若因探矿证延展决定中所涉矿产而需改变勘探规模、计划进度或勘探方法的，根据本法令第 430 条至第 433 条的规定，探矿证持有人须递交经修订的环境减排和修复计划，并在获得刚果（金）环境署会同矿业环境保护局的批准后，继续实施经修订的勘探计划。
Dans les quinze jours suivant l'approbation de son Plan d'Atténuation et de Réhabilitation, le titulaire dépose, deux exemplaires dudit Plan modifié et approuvé au Cadastre Minier provincial du ressort où se trouvent les carrés concernés. Le Cadastre Minier provincial garde l'un de ces exemplaires pour la consultation publique et conserve l'autre pour archivage.	自环境减排和修复计划获得批准之日起十五日内，持有人向相关区块所在辖区的省级矿权登记局递交经修订批准的计划，一式两份。省级矿权登记局留存一份以供公共查询，另一份归档保存。
Sur présentation du Plan d'Atténuation et de Réhabilitation dûment approuvé, le Cadastre Minier transcrit la même date d'approbation au registre des droits octroyés où le Permis de Recherches est inscrit.	在提交按规定批准的环境减排和修复计划后，矿权登记局将批准日期转录于登记该探矿证的矿权登记册上。

Chapitre III: DE LA RENONCIATION AU PERMIS DE RECHERCHES	*第三章:探矿证的放弃*
Article 118: De l'établissement et du dépôt de la déclaration de renonciation du Permis de Recherches	**第118条:探矿证放弃声明的编制与递交**
En cas de renonciation totale ou partielle à son Permis de Recherches, le titulaire ou son mandataire en mines et carrières remplit et dépose auprès du Cadastre Minier central ou provincial, la déclaration de renonciation à son Permis de Recherches.	若全部或部分放弃探矿证,持有人或其矿权和采石权代理人填写并向中央矿权登记局或省级矿权登记局递交探矿证放弃声明。
La déclaration de renonciation est établie sur un formulaire et comporte notamment les mentions suivantes:	放弃声明以表格形式编制,包含以下事项:
• les références du Permis de Recherches;	• 探矿证的参考信息;
• le numéro de la décision d'octroi;	• 授予决定的编号;
• la date d'octroi;	• 授予日期;
• la localisation administrative: territoire, district, province;	• 矿区所在的行政区域:领地、区、省份;
• la superficie du Permis de Recherches;	• 探矿证登记的面积;
• les coordonnées géographiques des sommets du périmètre renoncé;	• 所放弃矿区的各顶点地理坐标;
• les coordonnées géographiques des sommets du périmètre retenu en cas de renonciation partielle.	• 部分放弃探矿证的,所保留矿区的各顶点地理坐标。
L'original du Certificat de Recherches du titulaire est joint à la déclaration de renonciation.	持有人的探矿证书原件附随在放弃声明中。
Article 119: De la recevabilité ou de l'irrecevabilité de la déclaration de renonciation du Permis de Recherches	**第119条:探矿证放弃声明的受理或不予受理**

Dès réception de la déclaration de renonciation du Permis de Recherches, le Cadastre Minier central ou provincial vérifie si elle est recevable.	一经收到探矿证放弃声明,中央矿权登记局或省级矿权登记局立即审查该声明是否可受理。
La déclaration est recevable si elle est dûment établie, signée et appuyée des documents requis conformément à l'article 118 ci-haut.	对根据规定编制、签署,并附有上述第118条规定文件的申请,予以受理。
En cas de recevabilité de la déclaration de renonciation, le Cadastre Minier central ou provincial délivre au titulaire un récépissé indiquant son nom et son adresse, la date du dépôt, les références du Permis de Recherches et le nombre des carrés renoncés.	放弃声明予以受理的,中央矿权登记局或省级矿权登记局向持有人签发回执。回执上注明其姓名、地址、申请递交日期、探矿证的参考信息和所放弃的区块数量。
En cas d'irrecevabilité de la demande, le Cadastre Minier central ou provincial restitue ou renvoie le dossier au titulaire en lui en donnant le motif.	申请不予受理的,中央矿权登记局或省级矿权登记局将材料退回或发还持有人,并向其说明理由。
Article 120: De l'instruction de la déclaration de renonciation du Permis de Recherches	**第120条:探矿证放弃声明的审查**
Dans un délai de dix jours ouvrables à compter de la date du dépôt de la déclaration de renonciation, le Cadastre Minier central ou provincial vérifie si:	自放弃声明递交之日起十个工作日内,中央矿权登记局或省级矿权登记局核查:
• le Permis de Recherches est en cours de validité et non frappé par un cas de force majeure;	• 探矿证是否仍在有效期内,且未被不可抗力情形影响;
• les carrés renoncés et retenus font partie du périmètre qui fait l'objet du Permis de Recherches;	• 所放弃和保留的区块是否属于探矿证覆盖的矿区;

• le cas échéant, la partie du périmètre retenue a la forme d'un polygone composé de carrés entiers contigus qui ne renferme pas de terrains qui ne font pas partie du périmètre;	• (若适用)保留的矿区形状是否为毗连的完整区块所构成的多边形,且未包含不属于该矿区的土地;
• la partie du périmètre renoncée ne fait pas l'objet d'une amodiation, d'une cession, d'une transmission ou d'un contrat d'option ou d'hypothèque. Si c'est le cas, le titulaire devra fournir la preuve qu'il a obtenu le consentement écrit du créancier de ne pas s'opposer à la renonciation.	• 所放弃的矿区部分是否为租赁、出让、移转、期权合同或抵押的标的。若有该等情形的,持有人须提供证据证明已获得债权人的书面同意,表明债权人对该等放弃无异议。
Au cas où la déclaration de renonciation répond aux conditions reprises ci-dessus, le Cadastre Minier central ou le Cadastre Minier provincial par le biais du Cadastre Minier central, transmet la déclaration au Ministre dans le délai prévu à l'alinéa précédent.	当放弃声明符合上述条件时,中央矿权登记局或省级矿权登记局(经由中央矿权登记局)在前款规定的期限内,将放弃声明移交矿业部部长。
Au cas où la déclaration de renonciation du titulaire n'est pas conforme aux conditions susvisées, le Cadastre Minier central ou provincial notifie au titulaire l'inexactitude de la déclaration en lui suggérant les corrections nécessaires à y apporter.	当持有人的放弃声明不符合上述条件时,中央矿权登记局或省级矿权登记局将有误之处通知持有人,并建议其作出必要的修改。
Article 121: De l'acceptation de la déclaration de renonciation du Permis de Recherches	**第 121 条:探矿证放弃声明的接受**
Dès réception du dossier de déclaration de renonciation du Permis de Recherches, le Ministre en prend acte par arrêté qu'il transmet au Cadastre Minier central. Ce dernier le fait parvenir au Cadastre Minier provincial où la déclaration a été déposée.	一经收到探矿证放弃声明材料,矿业部部长立即通过裁决进行备案,并将决定移交中央矿权登记局。中央矿权登记局将决定送达声明所递交的同一省级矿权登记局。

Sous réserve des dispositions des articles 119 et 120 ci-dessus, à défaut pour le Ministre de donner acte à une déclaration de renonciation dans le délai de trois mois à compter de la date de son dépôt, la déclaration est réputée acceptée.	根据上述第 119 条和第 120 条的规定,矿业部部长若在放弃声明递交之日起三个月内未对其予以备案,声明被视为接受。
Article 122: De la notification et de l'affichage de la décision prenant acte de la déclaration de renonciation du Permis de Recherches	**第 122 条:探矿证放弃声明的备案决定的通知和张贴**
Dès réception de l'Arrêté prenant acte de la déclaration de renonciation du Permis de Recherches ou à l'expiration du délai prescrit pour lui donner acte, le Cadastre Minier central ou provincial procède à l'affichage de l'Arrêté ou de la déclaration de renonciation réputée acceptée dans la salle de consultation publique. Il le notifie au titulaire sans frais par le moyen le plus rapide et fiable.	一经收到探矿证放弃申请的备案裁决或予以备案的法定期限届满后,中央矿权登记局或省级矿权登记局立即在公共咨询大厅内张贴该裁决或被视为接受的放弃声明,并以最为迅速可靠的方法无偿通知持有人。
Article 123: De la modification des inscriptions et du Certificat de Recherches	**第 123 条:登记变更和探矿证书的变更**
En cas de renonciation partielle, le Cadastre Minier central ou provincial modifie l'inscription du Permis de Recherches au registre des droits octroyés ainsi que le report du périmètre de recherches sur la carte de retombes minières. Il procède à la modification du Certificat de Recherches en y inscrivant la renonciation partielle et le retourne au titulaire dans un délai de cinq jours à compter de l'inscription.	若部分放弃,中央矿权登记局或省级矿权登记局对该探矿证在矿权登记册上的登记以及探矿区在矿区定位图上的标注予以变更,并对探矿证书予以变更,在其上登记部分放弃,自登记之日起五日内发还持有人。

Article 124: Des effets de la renonciation totale ou partielle du Permis de Recherches	**第 124 条:探矿证全部或部分放弃的影响**
Les effets de la renonciation sont ceux prévus à l'article 60 alinéa 5 et 6 du Code minier.	放弃探矿证的,根据《矿业法典》第 60 条第 5 款和第 6 款的规定处理。
Chapitre IV: DU RENOUVELLEMENT DU PERMIS DE RECHERCHES	***第四章:探矿证的续期***
Article 125: Du dépôt de la demande de renouvellement	**第 125 条:续期申请的递交**
Pour obtenir le renouvellement de son Permis de Recherches, le titulaire dépose au plus tôt six mois et au plus tard trois mois qui précèdent la date de l'expiration du Permis de Recherches, sa demande auprès du Cadastre Minier central ou provincial concerné suivant le formulaire de Renouvellement à retirer auprès du Bureau du Cadastre Minier.	为获得探矿证的续期,持有人应在探矿证期限届满前三至六个月,向中央矿权登记局或相关的省级矿权登记局递交申请(填写从矿权登记局办公室领取的续期申请表)。
Le formulaire de Renouvellement du Permis de Recherches est rempli et signé par le titulaire du Permis de Recherches ou son mandataire.	探矿证续期申请表由探矿证持有人或其代理人填写并签署。
Au formulaire de Renouvellement sont joints les documents suivants:	续期申请表须附随下列文件:
• une copie de la décision d'octroi du Permis de Recherches;	• 探矿证授予决定的副本;
• le Certificat de Recherches;	• 探矿证书;
• une carte à l'échelle 1/200.000 sur laquelle est indiquée la situation géographique du périmètre dont le renouvellement est demandé;	• 标有续期申请所涉矿区地理位置的地图(比例尺为 1/200,000);

• le rapport des résultats des travaux de recherches;	• 勘探工程结果的报告;
• une copie de la quittance ou du récépissé du paiement des frais de dépôt.	• 提交费的缴纳收据或回执副本。
Article 126: Du formulaire de renouvellement du Permis de Recherches	**第 126 条:探矿证续期申请表**
Outre les conditions de renouvellement prévues à l'article 62 du Code minier, le formulaire contient:	除《矿业法典》第 62 条规定的续期条件外,续期申请表须包括以下内容:
• la dénomination, l'adresse et les autres coordonnées du titulaire du Permis de Recherches et, le cas échéant, de son mandataire ainsi que l'identité du propriétaire réel;	• 探矿证持有人的名称、地址和其他联系方式(如有代理人或实际所有人,注明其姓名、地址和联系方式,或身份信息);
• les références du Permis de Recherches;	• 探矿证的参考信息;
• le numéro de l'arrêté d'octroi;	• 授予裁决的编号;
• la date d'octroi;	• 授予的日期;
• la localisation administrative: secteur, territoire, province;	• 矿区所在行政区域:区域、领地、省份;
• la superficie du périmètre;	• 矿区面积;
• dénomination des sociétés affiliées du titulaire;	• 持有人的关联公司的名称;
• le nombre de Permis de Recherches détenus par le titulaire et ses sociétés affiliées;	• 持有人及其关联公司所持探矿证的数量;
• les coordonnés géographiques des sommets du périmètre renoncé qui est d'au moins la moitié du périmètre du Permis de Recherches existant;	• 放弃的矿区为现有探矿证覆盖矿区一半以上的,注明放弃矿区的各顶点地理坐标;

• le code et les coordonnées géographiques des sommets du périmètre dont le renouvellement est demandé ainsi que le nombre des carrés y compris.	• 申请续期的矿区的编码、各顶点地理坐标,以及所含区块的数量。
Article 127: Du rapport des résultats des travaux de recherches	**第 127 条:勘探工程结果的报告**
Le rapport des résultats des travaux de recherches fait mention de:	勘探工程结果的报告应载明:
• la description du programme de recherches réalisé;	• 已完成的勘探计划的说明;
• la description complète des différentes méthodes de recherches utilisées;	• 所使用的各种勘探方法的完整说明;
• la description de l'emplacement et des caractéristiques des puits, des tranchées et des sondages réalisés ainsi que leur nombre accompagnés des plans à l'échelle 1/5.000;	• 已完成的钻井、沟槽、钻探的位置、数量和特征的说明,并附比例尺为 1/5,000 的地图;
• la description des échantillons pris, de l'emplacement exact de leur prélèvement, du laboratoire qui les a analysés et des résultats des analyses;	• 所取样本、取样的确切地点、样本分析实验室和分析结果的说明;
• la description de l'emplacement et des caractéristiques de tout campement établi et de toute piste ouverte par le titulaire dans le périmètre;	• 持有人在矿区内建立的所有营地和道路的位置与特征的说明;
• la description et résultats des travaux d'atténuation et de réhabilitation effectués;	• 已实施的环境减排和修复工程的结果和说明;
• le nombre et qualité des employés ayant participé à la réalisation du programme de recherches sur le terrain;	• 参与现场勘探计划的工作人员的数量和资质;
• les conclusions tirées des résultats des recherches quant à l'emplacement, la composition minérale et la teneur du gîte identifié.	• 根据已识别矿床的位置、矿石成分和矿石品位的勘探结果所得出的结论。

Le Cadastre Minier central transmet le rapport des résultats des travaux de recherches à la Direction de Géologie pour dépouillement et analyse des résultats conformément aux dispositions du présent Décret.	中央矿权登记局将勘探工程结果的报告移交地质局，以便根据本法令之规定对该结果进行整理分析。
Article 128: De la recevabilité ou de l'irrecevabilité de la demande de renouvellement du Permis de Recherches	**第 128 条：探矿证续期申请的受理或不予受理**
Dès la réception de la demande de renouvellement, le Cadastre Minier central vérifie si elle est recevable. La demande est recevable si:	一经收到续期申请后，中央矿权登记局立即审查可否受理。对满足下列条件的申请，予以受理：
• elle contient tous les éléments repris à l'article 125 du présent Décret;	• 申请包含本法令第 125 条规定的所有材料；
• elle a été déposée au Cadastre Minier central ou Cadastre Minier provincial concerné au plus tôt dans les six mois et au plus tard dans les trois mois qui précèdent la date de l'expiration du Permis de Recherches comme prévu à l'article 125 ci-dessus;	• 如上述第 125 条规定，申请于探矿证期限届满前三至六个月向中央矿权登记局或相关省级矿权登记局递交；
• elle contient tous les renseignements requis dans le formulaire de renouvellement du Permis de Recherches conformément à l'article 126 ci-dessus et dans le rapport des résultats des travaux de recherches.	• 申请包含上述第 126 条探矿证的续期申请表和勘探工程结果的报告中要求的所有信息。
En cas de recevabilité de la demande, le Cadastre Minier central inscrit la demande de renouvellement au cahier d'enregistrement général et délivre au titulaire un récépissé du dépôt de la demande conformément aux dispositions de l'article 69 du présent Décret.	申请予以受理的，中央矿权登记局将续期申请在矿权常规登记簿上予以登记，并根据本法令第 69 条的规定，向持有人签发申请递交的回执。

En cas d'irrecevabilité, le Cadastre Minier central restitue le dossier de demande au titulaire en lui indiquant le motif.	申请不予受理的,中央矿权登记局将申请材料退回持有人,并向其说明理由。
Article 129: De l'instruction cadastrale de la demande de Renouvellement du Permis de Recherches	**第129条:探矿证续期申请的矿权登记审查**
Lors de l'instruction de la demande de renouvellement du Permis de Recherches, le Cadastre Minier vérifie:	当对探矿证的续期申请进行审查时,矿权登记局核查:
• l'éligibilité du titulaire aux droits miniers et de carrières conformément aux dispositions de l'article 23 du Code minier;	• 持有人是否具有根据《矿业法典》第23条的规定取得矿权和采石权的资质;
• la renonciation du titulaire à au moins 50% des carrés qui font partie de son périmètre et que le périmètre restant est composé de carrés entiers et contigus qui respectent les règles de la forme du périmètre;	• 持有人是否放弃其矿区至少50%的区块,且所保留的矿区是否由符合矿区形状规则的毗连的完整区块构成;
• l'appartenance de tous les carrés renoncés et retenus dans le périmètre du Permis de Recherches existant;	• 现有探矿证所覆盖矿区中所有放弃区块和保留区块的权属;
• le respect des limitations exposées à l'article 95 du présent Décret;	• 是否遵守本法令第95条规定的限制条件;
• le paiement par le titulaire du montant des droits superficiaires annuels par carré pour son périmètre pendant la période de validité de son Permis de Recherches;	• 在其探矿证有效期内,持有人是否缴纳年度区块面积税;
• le commencement par le titulaire des travaux de recherches dans les six mois à compter de la délivrance de son Permis de Recherches sauf cas de force majeure conformément à l'article 297 du Code minier.	• 持有人是否在其探矿证颁发后六个月内开始勘探工程,《矿业法典》第297条规定的不可抗力情形除外。

Si le Cadastre Minier constate, au cours de l'instruction cadastrale, un défaut dans la demande qui est susceptible d'être corrigé par le titulaire, il le notifie à ce dernier par le moyen le plus rapide et le plus fiable et l'invite à corriger sa demande.	矿权登记审查期间，若申请中存在的问题可为持有人所改正，矿权登记局应将该情况以最为迅速可靠的方法通知持有人，并要求其予以改正。
A l'issue de l'instruction cadastrale, le Cadastre Minier central ou provincial affiche son avis favorable ou défavorable dans la salle de consultation publique.	在矿权登记审查结束时，中央矿权登记局或省级矿权登记局将其肯定意见或否定意见在公共咨询大厅内予以张贴。
Le Cadastre Minier central ou provincial notifie le titulaire de l'avis cadastral et lui fournit une copie sans frais par le moyen le plus rapide et fiable.	中央矿权登记局或省级矿权登记局以最为迅速可靠的方法将登记审查意见通知持有人，并无偿向其提供副本一份。
Lorsque l'instruction cadastrale est réalisée par le Cadastre Minier provincial, ce dernier transmet au Cadastre Minier central son avis. Dans un délai de dix jours ouvrables à compter de la date du dépôt de la demande de renouvellement recevable, ce dernier prépare et transmet le projet d'arrêté portant renouvellement ou le projet de décision de refus motivée au Ministre.	当省级矿权登记局完成矿权登记审查时，将其意见移交中央矿权登记局。自可受理的续期申请递交之日起十个工作日内，中央矿权登记局编制批准续期的裁决草案或拒绝批准续期(附理由)的决定草案，并移交矿业部部长。
Article 130 : De la décision de Renouvellement ou de Refus de Renouvellement du Permis de Recherches	**第 130 条：探矿证续期或拒绝续期的决定**
Le Ministre accorde ou refuse par arrêté le renouvellement du Permis de Recherches qui a reçu un avis favorable ou défavorable. Tout refus du Ministre d'accorder le renouvellement du Permis de Recherches est dûment motivé.	根据收到的肯定意见或否定意见，矿业部部长通过裁决批准或拒绝探矿证的续期。矿业部部长对探矿证续期作出的任何拒绝，须按照规定说明理由。

A défaut de la décision du Ministre dans le délai de trente jours ouvrables à compter de la date de réception du projet d'arrêté par le Ministre, le renouvellement du Permis de Recherches est, selon que l'avis cadastral est favorable ou défavorable, réputé accordé ou refusé.	矿业部部长若未在收到裁决草案之日起三十个工作日内作出决定,根据肯定或否定的登记审查意见,探矿证的续期被视为批准或拒绝。
Article 131: De l'inscription, de la notification et de l'affichage de la décision de renouvellement ou de refus de renouvellement du Permis de Recherches	**第131条:探矿证续期的决定或拒绝续期的决定的登记、通知和张贴**
Dans le délai de cinq jours ouvrables qui suivent la date de la décision du Ministre, le Cadastre Minier central inscrit la décision:	自矿业部部长作出决定之日起五个工作日内,中央矿权登记局将该决定登记于:
a) sur la fiche technique de la demande de renouvellement;	a)该续期申请的技术说明;
b) dans le cahier d'enregistrement général;	b)矿权常规登记簿;
c) dans le registre des droits octroyés.	c)矿权登记册。
Le Cadastre Minier modifie en même temps le report du périmètre de recherches sur la carte de retombes minières.	同时,矿权登记局对探矿区在矿区定位图上的标注予以修订。
Dans le même délai, le Cadastre Minier notifie au titulaire la décision du Ministre sans frais par le moyen le plus rapide et fiable et procède à l'affichage dans la salle de consultation publique.	在同一期限内,矿权登记局将矿业部部长的决定以最为迅速可靠的方法无偿通知持有人,并在公共咨询大厅内予以张贴。
La notification de la décision de renouvellement au titulaire par le Cadastre Minier central indique le montant à payer par le titulaire du Permis de Recherches renouvelé au titre des droits superficiaires annuels par carré pour la première année de la période de renouvellement du Permis	中央矿权登记局给持有人的续期决定通知应注明探矿证持有人应缴纳的续期期限内第一年年度区块面积税的金额(根据本法令第394条规定,按时间比例计算)。通知亦须注明缴纳该款项的截止日期,即作出续期决定之日起的第三十个工作日。

de Recherches prorata temporis dont le mode de calcul est précisé à l'article 394 du présent Décret. La notification précise également la date limite pour le paiement de cette somme qui sera le trentième jour ouvrable suivant la date de la décision de renouvellement.	
Article 132 : De la modification ou de la délivrance du Certificat de Recherches	**第 132 条：探矿证书的变更或颁发**
Avant la fin du cinquième jour ouvrable suivant l'inscription de la décision du Ministre de renouvellement du Permis de Recherches, le Cadastre Minier procède à la modification du Permis de Recherches-en y inscrivant le renouvellement accordé au titulaire de son Certificat de Recherches modifié aux termes du renouvellement accordé, le cas échéant, sous réserve que le titulaire paie les droits superficiaires annuels par carré pour la première année de la nouvelle période de validité de son permis prorata temporis, conformément à l'article 394 du présent Décret et le retourne au titulaire.	在对矿业部部长的探矿证续期决定进行登记后的五个工作日内，矿权登记局对探矿证予以变更，按照授予的续期，在其上登记经修订的探矿证书上授予持有人的续期（若适用，须以持有人根据本法令第 394 条的规定，缴纳按时间比例计算的续期期限内第一年年度区块面积税为前提）。
Lors du paiement des droits superficiaires, le Cadastre Minier délivre une quittance ou un récépissé au titulaire, indiquant son identité, le Permis de Recherches y afférent, le montant et la date du paiement.	在缴纳年度区块面积税时，矿权登记局向持有人签发收据或回执，在其上注明其身份信息、相关探矿证、缴纳金额和日期。
La mention du paiement par le titulaire des droits superficiaires par carré pour la première année de la nouvelle période de validité du Permis de Recherches est inscrite par le Cadastre Minier dans le registre des droits superficiaires annuels par carré.	矿权登记局将持有人缴纳探矿证续期期限内第一年年度区块面积税的批注在年度区块面积税登记簿上予以登记。

Si, à l'expiration de la date limite précisée sur la notification, le titulaire du Permis de Recherches renouvelé n'a pas payé les droits superficiaires annuels par carré pour la première année de la période du renouvellement du Permis de Recherches, le Permis de Recherches renouvelé devient d'office caduc. Dans ce cas, les dispositions de l'article 133 ci-dessous lui sont applicables.	若经续期的探矿证持有人未在通知规定的期限届满前缴纳探矿证续期期限内第一年年度区块面积税,经续期的探矿证自动失效。在此情形下,适用下述第 133 条规定。
Article 133: De la radiation du droit de recherche non-renouvelé ou non suivi du paiement des droits superficiaires pour la 1ère année	**第 133 条:未续期或未缴纳第一年年度区块面积税的勘探权的注销**
En cas de décision de refus de renouvellement du Permis de Recherches ou de non-paiement dans le délai imparti des droits superficiaires par carré pour la 1ère année de validité du Permis de Recherches renouvelé, le Cadastre Minier central radie l'inscription du périmètre sur le registre des droits octroyés et le report sur la carte de retombes minières, lorsque le Permis de Recherches arrive à son terme. Dans ce cas, la superficie du périmètre devient disponible sous réserve du maintien de la priorité en faveur du titulaire qui exerce un recours dans les trente jours de la notification de la décision de caducité du Permis de Recherches non renouvelé.	若决定拒绝探矿证的续期或未在法定期限内缴纳探矿证续期期限内第一年年度区块面积税,在该探矿证到期时,中央矿权登记局将注销相关矿区在矿权登记册上的登记以及在矿区定位图上的标注。在此情形下,在未续期的探矿证的失效决定通知后三十日内,持有人享有救济权,逾期矿区面积恢复可用。
Le refus de renouvellement n'exonère pas le titulaire de ses engagements environnementaux. En cas de défaillance, il s'expose à la confiscation de sa sûreté financière de réhabilitation de l'environnement quant à ce.	拒绝续期并不免除持有人承担环境义务。持有人不履行该义务的,没收其为环境修复所提供的资金担保。

Chapitre V: DE LA TRANSFORMATION DU PERMIS DE RECHERCHES EN MULTIPLES PERMIS DE RECHERCHES	*第五章:探矿证向多个探矿证的转化*
Article 134: De l'établissement et du dépôt de la demande de transformation du Permis de Recherches en multiples Permis de Recherches	**第134条:探矿证向多个探矿证转化申请的编制和递交**
Toute demande de transformation du Permis de Recherches en multiples Permis de Recherches doit être établie suivant le formulaire à retirer auprès du Cadastre Minier.	依据从矿权登记局领取的表格,编制探矿证向多个探矿证的转化申请。
Le formulaire de demande de transformation du Permis de Recherches en multiples Permis de Recherches comprend notamment les mentions suivantes:	探矿证向多个探矿证的转化申请表须主要包含下列事项:
• l'identité complète, l'adresse et toutes autres coordonnées du titulaire et, le cas échéant, de son mandataire en mines;	• 持有人的完整身份信息、地址和其他所有联系方式(如有矿权代理人,注明其姓名、地址和联系方式);
• les références du Permis de Recherches initial;	• 原探矿证的参考信息;
• la dénomination des sociétés affiliées du titulaire;	• 持有人的关联公司的名称;
• la période de validité du Permis de Recherches initial;	• 原探矿证的有效期;
• le nombre de Permis de Recherches détenus par le titulaire et ses sociétés affiliées;	• 持有人和关联公司所持探矿证的数量;
• l'emplacement et la superficie qui fait l'objet du Permis de Recherches existant;	• 现有探矿证对应的位置和面积;

• les coordonnées géographiques des sommets du Périmètre existant et le nombre des carrés y compris;	• 现有矿区各顶点地理坐标和所含区块的数量;
• le nombre de carrés par permis et les coordonnées géographiques des sommets des périmètres des multiples Permis de Recherches auxquels le titulaire souhaite transformer son périmètre existant ainsi que le nombre des carrés contenus dans chaque périmètre.	• 探矿证的区块数量,以及持有人拟将其矿区转化为多个探矿证的各矿区顶点地理坐标和所含区块的数量。
Le formulaire est rempli et signé par le titulaire du Permis de Recherches ou son mandataire en mines.	申请表由探矿证持有人或其矿权代理人填写并签署。
Pour obtenir la transformation du Permis de Recherches, le titulaire ou son mandataire en mines doit déposer auprès du Cadastre Minier qui lui a délivré le Certificat de Recherches la demande de transformation partielle du Permis de Recherches et payer les frais de dépôt y afférents, contre délivrance d'une quittance ou d'un récépissé.	为获得探矿证的转化,持有人或其矿权代理人须向颁发探矿证书的矿权登记局递交探矿证的部分转化申请,并在交纳相关提交费后向其签发收据或回执。
Au formulaire de demande de transformation du Permis de Recherches sont joints les documents suivants:	探矿证转化申请表须附随下列文件:
• la copie de la décision d'octroi du Permis de Recherches;	• 探矿证授予决定的副本;
• le Certificat de Recherches;	• 探矿证书;
• la quittance ou le récépissé du paiement des frais de dépôt.	• 提交费缴纳的收据或回执。
Article 135: De la recevabilité ou de l'irrecevabilité de la demande de transformation du Permis de Recherches	**第 135 条:探矿证转化申请的受理或不予受理**

Dès réception de la demande de transformation du Permis de Recherches, le Cadastre Minier central ou provincial vérifie si elle est recevable.	一经收到探矿证转化申请,中央矿权登记局或省级矿权登记局立即审查该申请是否可受理。
La demande est recevable si elle est dûment établie, déposée et appuyée des documents requis conformément aux dispositions de l'article 134 du présent Décret et si le Permis de recherches est en cours de validité.	若该申请根据规定编制和递交,并附随本法令第 134 条规定的文件,且探矿证尚为有效的,则可予以受理。
En cas de recevabilité de la demande, le Cadastre Minier central ou provincial inscrit la demande dans le cahier d'enregistrement général et délivre un récépissé de l'inscription du titulaire conformément aux dispositions de l'article 70 du présent Décret.	申请予以受理的,中央矿权登记局或省级矿权登记局将该申请在矿权常规登记簿上予以登记,并根据本法令第 70 条的规定,向持有人颁发登记回执。
En cas d'irrecevabilité de la demande, le Cadastre Minier central ou provincial restitue ou renvoie la demande au titulaire.	申请不予受理的,中央矿权登记局或省级矿权登记局将申请退回或发还持有人。
Article 136: De l'instruction cadastrale de la demande de transformation en multiples Permis de Recherches	**第 136 条:转化为多个探矿证的申请的矿权登记审查**
Lors de l'instruction, le Cadastre Minier central ou provincial vérifie:	审查时,中央矿权登记局或省级矿权登记局核查:
• la validité du Permis de Recherches;	• 探矿证是否有效;
• l'existence de tous les carrés constituant les périmètres des multiples Permis de Recherches dans le périmètre du Permis de Recherches existant;	• 构成多个探矿证的矿区的所有区块是否存在于现有探矿证对应的矿区中;
• la conformité de la forme de chaque nouveau périmètre de chaque nouveau Permis de Recherches à un polygone constitué de carrés entiers contigus et ne comportant pas de terrains ne faisant pas partie du périmètre;	• 每个新探矿证所对应的新矿区的形状是否符合由完整毗连的区块构成的多边形,是否未包含不属于该矿区的土地;

• le respect des limitations précisées à l'article 95 du présent Décret au moment de la transformation du Permis de Recherches en multiples Permis de Recherches;	• 探矿证转化为多个探矿证时,是否遵守本法令第95条规定的限制条件;
• le paiement par le titulaire du Permis de Recherches initial du montant des droits superficiaires annuels par carré pour son périmètre pendant la période de validité de son Permis de Recherches.	• 原探矿证持有人是否缴纳其探矿证有效期内的年度区块面积税。
Si l'instruction cadastrale révèle des erreurs dans la forme des multiples périmètres de recherches demandés ou dans l'identification des carrés qui y font partie, le Cadastre Minier central ou provincial corrige les erreurs et indique les périmètres contenus dans le périmètre existant qui peuvent être transformés et les carrés qui appartiennent auxdits périmètres.	若矿权登记审查发现所申请的多个探矿区形状有误或探矿区中的区块识别有误,中央矿权登记局或省级矿权登记局改正错误,并注明可转化的现有矿区所包含的矿区及其所属的区块。
A l'issue de l'instruction cadastrale, le Cadastre Minier notifie son avis favorable ou défavorable au titulaire sans frais par le moyen le plus rapide et le plus fiable et procède à son affichage dans la salle de consultation publique.	在矿权登记审查结束时,矿权登记局将其肯定意见或否定意见以最为迅速可靠的方法无偿通知持有人,并在公共咨询大厅内予以张贴。
En cas d'avis favorable, le Cadastre transmet au Ministre son avis dûment accompagné d'un projet d'arrêté portant modification du Permis de Recherches initial, et le projet d'arrêté portant octroi de Permis de Recherches sollicités.	当审查意见为肯定意见时,矿权登记局将其意见连同变更原探矿证的裁决草案和批准授予所申请的探矿证的裁决草案一并移交矿业部部长。
En cas d'avis défavorable, le Cadastre Minier transmet au Ministre son avis avec un projet d'arrêté portant refus de transformation du Permis de Recherches en multiples Permis de Recherches.	当审查意见为否定意见时,矿权登记局将其意见连同拒绝将探矿证变更为多个探矿证的裁决草案一并移交矿业部部长。

Article 137: Des décisions d'octroi ou de refus d'octroi des multiples Permis de Recherches	**第 137 条:多个探矿证授予或拒绝授予的决定**
Dans les trente jours ouvrables à compter de la réception du dossier de la demande de transformation du Permis de Recherches lui transmis par le Cadastre Minier avec avis favorable ou défavorable, et sauf cas d'erreur manifeste dans l'avis cadastral ou entre cet avis et les projets d'arrêté, le Ministre prend et transmet au Cadastre Minier les arrêtés portant octroi ou refus d'octroi des multiples Permis de Recherches demandés. Chaque nouveau Permis de Recherches est sanctionné par un arrêté du Ministre et tout refus est motivé.	自收到矿权登记局移交的探矿证转化申请材料和肯定或否定意见之日起三十个工作日内,除登记审查意见明显有误或与裁决草案明显不符外,矿业部部长作出授予或拒绝授予多个探矿证的裁决,并将决定移交矿权登记局。每个新探矿证均须由部长令批准,拒绝批准的须说明理由。
A défaut de décision du Ministre dans le délai prescrit, les multiples Permis de Recherches sollicités sont, selon que l'avis est favorable ou défavorable, réputés accordés ou refusés.	矿业部部长若未在规定期限内作出决定,根据肯定或否定的矿权登记审查意见,所申请的多个探矿证被视为批准或拒绝。
Article 138: De l'inscription des multiples Permis de Recherches ou de la décision du refus d'octroi	**第 138 条:多个探矿证的登记或拒绝授予决定的登记**
Dans les cinq jours à compter de la transmission de la décision d'octroi ou de refus des multiples Permis de recherches ou dès que ces derniers sont réputés octroyés ou refusés à l'expiration du délai prévu à l'article 137 ci-haut, le Cadastre Minier central inscrit, selon le cas:	在多个探矿证授予或拒绝授予的决定移交之日起五日内或在上述第 137 条规定的期限届满时,多个探矿证被视为授予或拒绝授予的,中央矿权登记局视情况进行下列登记:
• la décision sur la fiche technique de la demande et dans le cahier d'enregistrement général;	• 将决定在该申请的技术说明和矿权常规登记簿上予以登记;

• les multiples Permis de Recherches du titulaire dans le registre des droits octroyés où il modifie en même temps l'inscription de l'ancien Permis de Recherches;	• 将持有人的多个探矿证在矿权登记册上予以登记，并对原探矿证在该登记簿上的登记予以修订；
• les périmètres des multiples Permis de Recherches sur la carte de retombes minières où il modifie en même temps l'inscription du périmètre de l'ancien Permis de Recherches.	• 对多个探矿证所覆盖的矿区在矿区定位图上予以标注，并对原探矿证所覆盖的矿区在该图上的标注予以修订。
A défaut d'inscription par le Cadastre Minier des Permis de Recherches octroyés ou réputés octroyés, le titulaire ou son mandataire adresse au Cadastre Minier une demande d'inscription de ses droits. Dans les cinq jours ouvrables à compter de la réception de la demande d'inscription, le Cadastre Minier est tenu de procéder à l'inscription desdits Permis et à la délivrance des titres miniers dont les droits ont été octroyés ou réputés octroyés.	矿权登记局若未对授予或视为授予的多个探矿证予以登记，持有人或其代理人向矿权登记局提交权利登记申请。自收到登记申请之日起五个工作日内，矿权登记局须对相关探矿证予以登记，并向持有人颁发证明其权利被授予或被视为授予的矿权证。
A défaut d'inscription par le Cadastre Minier des multiples Permis de Recherches octroyés ou réputés octroyés dans les cinq jours ouvrables à compter d'une demande d'inscription visée à l'alinéa 2 du présent article, le titulaire ou son mandataire peut recourir à la procédure de l'inscription par voie judiciaire conformément aux dispositions de l'article 46 du Code minier.	自收到本条第 2 款规定的登记申请之日起五个工作日内，若矿权登记局未对授予或被视为授予的多个探矿证予以登记，持有人或其代理人可通过《矿业法典》第 46 条规定的司法途径就登记程序进行救济。
Dès la publication de la décision du tribunal de Grande Instance, valant multiples Permis de Recherches, le Cadastre Minier est tenu d'inscrire le dispositif du jugement dans son registre des droits octroyés	大审法院的判决一经公布，其与探矿证具有同等效力，矿权登记局须将该判决的主文在矿权登记册上予以登记，并对相关矿区在矿区定位图上进行临时标注。

et de porter à titre provisoire le périmètre concerné sur la carte de retombes minières.	
Article 139: De la notification et de l'affichage des décisions d'octroi ou de refus d'octroi des multiples Permis de Recherches	**第 139 条：多个探矿证的授予或拒绝授予决定的通知和张贴**
Dans les cinq jours à compter de la réception de la décision d'octroi ou de refus d'octroi des multiples Permis de Recherches, le Cadastre Minier central la notifie au titulaire par le moyen le plus rapide et fiable et procède à son affichage dans la salle de consultation publique.	自收到多个探矿证的授予或拒绝授予决定之日起五日内，中央矿权登记局将该决定以最为迅速可靠的方法通知持有人，并在公共咨询大厅里予以张贴。
Article 140: De la délivrance de nouveaux Certificats de Recherches et de la modification du Certificat de Recherches initial	**第 140 条：新探矿证书的颁发和原探矿证书的变更**
Conformément aux dispositions de l'article 47 alinéa 1er du Code minier, le Cadastre Minier central délivre au titulaire les nouveaux Certificats de Recherches établis en son nom.	根据《矿业法典》第 47 条第 1 款的规定，中央矿权登记局向持有人颁发以其名义编制的新探矿证书。
Chaque Certificat de Recherches contient:	每个探矿证书包含：
• le numéro du permis;	• 探矿证的编号；
• l'identité du titulaire;	• 持有人的身份信息；
• les coordonnées géographiques des sommets du périmètre et le nombre des carrés y compris;	• 矿区各顶点的地理坐标和所含区块的数量；
• la durée de la validité du Permis de Recherches, qui garde la même date d'échéance que le Permis de Recherches initial;	• 探矿证的有效期（到期日为原探矿证的到期日）；

• les références de la décision d'octroi de transformation en multiples Permis de Recherches;	• 转化为多个探矿证的授予决定的参考信息;
• les substances pour lesquelles ils ont été accordés;	• 为之批准的物质;
• les noms et signature du responsable du Cadastre Minier central;	• 中央矿权登记局负责人的姓名和签字;
• une case pour l'insertion de la certification du commencement des travaux.	• 可插入勘探工程开工认证的空白处。
Au moment de la remise de nouveaux titres miniers, le Cadastre Minier modifie le Certificat de Recherches initial.	在颁发新矿权证时,矿权登记局对原探矿证书予以修订。
Article 141: De l'approbation préalable du Plan d'Atténuation et de Réhabilitation pour chaque Permis de Recherches	**第 141 条:各探矿证的环境减排和修复计划的事先批准**
Les dispositions de l'article 110 du présent Décret s'appliquent mutatis mutandis au titulaire d'un nouveau Permis de Recherches pour chaque Permis.	本法令第 110 条的规定,经必要修改后可适用于新的探矿证持有人。
TITRE V: DU PERMIS D'EXPLOITATION	**第五编:采矿证**
Chapitre I: DE L'OCTROI DU PERMIS D'EXPLOITATION	***第一章:采矿证的授予***
Section I: Des dispositions générales	**第一节:通用条款**
Article 142: Des limitations du périmètre du Permis d'Exploitation	**第 142 条:采矿证项下矿区界限**
Le périmètre demandé au titre du Permis d'Exploitation doit faire partie du périmètre du Permis de Recherches en cours de validité et ne peut dépasser quatre cent septante et un (471) carrés.	采矿证项下申请的矿区,须位于尚在有效期内的探矿证所覆盖的矿区内,且不得超过 471 个区块。

Article 143: Des conditions d'octroi du Permis d'Exploitation	**第 143 条:采矿证的授予条件**
Outre les conditions d'octroi du Permis d'Exploitation énumérées à l'article 71 du Code minier le requérant, doit remplir les conditions suivantes:	除《矿业法典》第 71 条所规定的采矿证的授予条件外,申请人须满足下列条件:
• être titulaire du ou des Permis de Recherches en cours de validité dont le périmètre de recherches ou l'ensemble des périmètres de recherches, comprend le périmètre demandé au titre du Permis d'Exploitation;	• 为尚在有效期内的探矿证持有人,探矿证所覆盖的探矿区或全部探矿区包含采矿证项下申请的矿区;
• être éligible au Permis d'Exploitation;	• 有资格申请采矿证;
• ne pas dépasser les limites relatives à la superficie ou le nombre des Permis d'Exploitation autorisé.	• 未超过采矿证的面积限制或所允许的数量限制。
Article 144: De la déclaration notariée de cession à l'Etat de 10% du capital social de la société	**第 144 条:向国家转让 10%公司注册资本的经公证的申报**
La déclaration notariée de cession à l'Etat de 10% du capital social de la société, représentés par des parts ou des actions, libres de toutes charges et non-diluables, est établie par la personne ou les personnes légalement compétentes de la société. Cet acte d'engagement précise:	向国家转让 10%公司注册资本的经公证的申报,由该公司依法享有权限的人员编制。该等注册资本以股权或股份表示,免于任何权利负担,且不可稀释。《社会责任书》详细载明下列事项:
• la dénomination sociale de la société;	• 公司名称;
• les statuts de la société dont copie est jointe à la déclaration d'engagement;	• 公司章程副本,附随在承诺声明后;
• la forme, et la valeur des parts ou actions de son capital social;	• 公司股权或股份的形式和价值;
• le nombre et la valeur totale des parts du capital social de la personne morale au moment de la déclaration notariée;	• 公证申报时该法人注册资本的股权数量和总价值;

• le nombre et la valeur totale des parts sociales ou actions du capital social de la personne morale prévus immédiatement après la cession de 10% des parts ou actions du capital social à l'Etat;	• 公司 10%注册资本的股权或股份转让至国家后，法人注册资本的股权或股份数量和总价值；
• la forme, les affectations, le nombre et la valeur des 10% des parts du capital social de la personne morale qui seront cédés à l'Etat.	• 法人拟向国家转让的公司 10%注册资本股权的形式、分配、数量和价值。
La partie finale de l'acte d'engagement comprend une requête tendant à demander à l'État congolais d'apporter les précisions sur:	《社会责任书》最后的部分包括一份向刚果(金)政府提出就下列事项予以详细说明的申请：
• la personne publique qui va acquérir les parts ou les actions;	• 拟取得该等股权或股份的公法法人；
• la date de la première rencontre sur la question de cession des parts ou des actions de la société;	• 就公司股权或股份转让事宜首次会见的日期；
• les personnes physiques mandatées par l'État congolais à cette rencontre.	• 受刚果(金)政府委托参加该会见的自然人。
La déclaration d'engagement fait l'objet d'instruction technique. La Direction des Mines vérifie la sincérité des données renseignées aux points c à f de l'acte d'engagement.	对承诺声明应进行技术审查。矿业局核实《社会责任书》中第 c 点至第 f 点的信息是否真实。
Article 144 bis: De la participation des personnes physiques de nationalité congolaise au capital social	**第 144(2)条：刚果(金)籍自然人的参股**
Les sociétés minières doivent réserver au moins 10% de leur capital social à des personnes physiques de nationalité congolaise en vertu de l'article 71 bis du Code minier. Les parts sociales réservées aux personnes susvisées peuvent être acquises de la manière suivante:	矿业公司须根据《矿业法典》第 71(2)条的规定，为刚果(金)籍自然人保留至少 10%的注册资本。为上述自然人保留的股权，可以通过下列方式取得：

• 5% à un ou plusieurs congolais capables d'acquérir les parts ou actions sociales;	• 5%由一名或多名可取得股权或股份的刚果(金)籍人取得;
• 5% aux employés de l'entreprise minière.	• 5%由矿业公司员工取得。
La cession des parts ou actions sociales visées dans le présent article est libre.	本条规定的公司股权或股份转让为自由转让。
Toutefois, l'Assemblée Générale, le Conseil d'administration ou la gérance, selon le cas, peut refuser d'approuver ou de consentir à la cession sollicitée si celle-ci est de nature à entamer les 10% des parts ou actions dévolues aux personnes physiques de nationalité congolaise.	但是,若股权转让可能损害属于刚果籍自然人的10%股权或股份,股东大会、董事会或管理机构可视情况拒绝批准或拒绝同意所请求的转让。
En cas de décès d'un associé ou actionnaire congolais visé par le présent article, la transmission de ses parts ou actions est faite en faveur de ses héritiers. S'il n'a pas d'héritiers, la transmission se fera conformément au droit commun des sociétés commerciales.	本条规定的刚果(金)籍股东去世的,其股权或股份由继承人继承。无继承人的,根据商业公司普通法规定进行股权移转。
Section II: De la demande du Permis d'Exploitation	**第二节:采矿证的申请**
Article 145: De l'établissement de la demande du Permis d'Exploitation	**第145条:采矿证申请的编制**
Toute demande du Permis d'Exploitation est établie sur un formulaire dûment rempli et signé par le requérant ou son mandataire en mines.	根据申请人或其矿权代理人按规定填写和签署的表格编制采矿证申请。
Le formulaire de demande du Permis d'Exploitation est retiré au Cadastre Minier central ou provincial. Il comprend notamment les mentions suivantes:	采矿证申请表可从中央或省级矿权登记局领取,并载明下列事项:

• Pour les requérants:	• 就申请人而言:
1° la raison ou dénomination sociale;	1°公司名称;
2° le numéro d'identification nationale;	2°营业执照国内编号;
3° le siège social et le siège d'exploitation;	3°注册地址和经营地址;
4° le numéro d'immatriculation au Registre de Commerce et de Crédit Mobilier, et le Numéro d'Identifiant Fiscal;	4°商事和动产信用登记簿注册登记号和纳税人识别号;
5° les coordonnées du représentant telles que le numéro de téléphone, le numéro de fax et l'adresse e-mail;	5°代表人联系方式,如电话号码、传真号码和电子邮件地址;
6° La nature du périmètre d'exploitation proposé ainsi que le nombre des carrés y compris;	6°提议的采矿区的性质和所含区块数量;
7° les références du Permis de Recherches du requérant établi sur le périmètre pour lequel le Permis d'Exploitation est demandé;	7°在申请采矿证的矿区上,申请人的探矿证参考信息;
8° le pourcentage des parts ou actions du capital social libres de toutes charges et non diluables à céder à l'Etat;	8°拟向国家转让的免于任何权利负担且不可稀释的股份或股权的百分比;
9° l'Identité complète des personnes physiques de nationalité congolaise et le pourcentage des parts ou actions du capital social détenu par elles;	9°刚果籍自然人完整的身份信息和其所持有的股份或股权百分比;
10° l'identification de toutes les sociétés affiliées du requérant;	10°申请人所有关联公司的信息;
11° le nombre et l'identification des Permis d'Exploitation détenus par le requérant et ses sociétés affiliées et la superficie totale qui en fait l'objet.	11°申请人和其关联公司所持有的采矿证的数量、信息和项下的矿区总面积。

• Au formulaire de demande des Permis d'Exploitation sont jointes les pièces suivantes:	• 采矿证申请表须附随下列文件:
-les statuts de la société;	-公司章程;
-l'acte de nomination de son représentant dans le cas où il n'est pas désigné dans les statuts;	-章程中未指定代表的,公司代表的任命书;
-une carte à l'échelle 1/200. 000 sur laquelle la situation géographique du périmètre demandé est indiquée;	-比例尺为 1/200,000 的地图,其上须标有拟申请矿区的地理位置;
-les documents prévus aux articles 23 bis, 69 alinéa 2 et 71 du Code minier;	-《矿业法典》第 23(2)条、第 69 条第 2 款和第 71 条规定的文件;
-la déclaration notariée de l'engagement de cession à l'Etat de 10% des parts ou actions du capital social qui sont libres de toutes charges et non diluables;	-经公证的、向国家转让免于任何权利负担且不可稀释的 10%注册资本对应的股份或股权的承诺声明;
-une copie du récépissé ou de la quittance du paiement du frais de dépôt partiel afférent à l'instruction environnementale de la demande.	-用于申请的环境审查的提交费的缴纳回执或收据副本。
Article 146: Du dépôt de la demande de Permis d'Exploitation	**第 146 条:采矿证申请的递交**
Sous réserve des dispositions de l'alinéa 2 du présent article, la demande de Permis d'Exploitation est déposé, au choix du requérant ou de son mandataire, au Cadastre Minier central ou provincial concerné.	在遵守本条第 2 款规定的前提下,申请人或其代理人可自行选择,向中央或相关省级矿权登记局递交采矿证申请。
Au cas où le périmètre d'exploitation sollicité comporte des carrés qui relèvent de deux ou plusieurs provinces, la demande est déposée au Cadastre Minier central qui en informe immédiatement les Cadastres Miniers provinciaux concernés.	所申请的采矿区所包含的区块分属两个或多个省份的,则须向中央矿权登记局递交申请,由其立即通知相关省份矿权登记局。

Lors du dépôt de la demande de Permis d'Exploitation, le requérant ou son mandataire paye au Cadastre Minier central ou provincial les frais de dépôt afférant à l'instruction cadastrale contre délivrance d'un récépissé ou d'une quittance.	递交采矿证申请时,申请人或其代理人向中央或省级矿权登记局缴纳涉和登记审查的提交费,并取得缴纳回执或收据。
Les frais du dépôt sont fixés par un arrêté interministériel des Ministres ayant respectivement les Mines et les Finances dans leurs attributions, sur proposition du Cadastre Minier central.	经中央矿权登记局建议,由矿业部和财政部发布联合部长令,对提交费予以规定。
La copie dudit récépissé ou quittance est jointe à la demande du Permis d'Exploitation.	缴纳回执或收据的副本附随在采矿证申请之中。
Article 147 : De la recevabilité de la demande de Permis d'Exploitation	**第 147 条:采矿证申请的受理**
Dès réception de la demande de Permis d'Exploitation, le Cadastre Minier vérifie si elle est recevable. La demande est recevablesi elle est dûment établie, déposée et accompagnée des pièces requises conformément aux dispositions des articles 145 à 146 ci-dessus.	一经收到采矿证申请,矿权登记局立即核实是否可以受理。对按照规定编写、递交并附随上述第 145 条至第 146 条规定的文件的申请,予以受理。
En cas de recevabilité de la demande, le Cadastre Minier l'inscrit dans le cahier d'enregistrement général et délivre au demandeur un récépissé conformément aux dispositions de l'article 70 du présent Décret.	申请可以受理的,矿权登记局将该申请在矿权常规登记簿中予以登记,并根据本法令第 70 条的规定向申请人签发收据。
En cas d'irrecevabilité de la demande, le Cadastre Minier renvoie le dossier de demande au requérant. Tout renvoi pour irrecevabilité est dûment motivé.	申请不予受理的,矿权登记局将申请文件退还给申请人。因不予受理而退还文件的,须说明理由。

Article 148: De la confirmation de la recevabilité des éléments de la demande concernant les aspects environnemental et social du projet	**第 148 条:申请中涉和项目环境和社会方面材料的受理核准**
Au plus tard le jour ouvrable suivant celui du dépôt de la demande du Permis d'Exploitation recevable, le Cadastre Minier transmet à la Direction chargée de la Protection de l'Environnement Minier les documents joints à la demande visés aux littera e, f et g du deuxième alinéa de l'article 69 du Code minier pour la confirmation de leur recevabilité et la détermination des frais de dépôt afférant à l'instruction environnementale de la demande.	在递交予以受理的采矿证申请后最晚一个工作日内,矿权登记局将附随申请中的《矿业法典》第 69 条第 2 款第 e 项、第 f 项和第 g 项所规定的文件移交至矿业环保局对可受理性予以核准,并确定与该环境审查相关的提交费。
Dans un délai de cinq jours ouvrables suivant la réception de ces éléments du dossier de la demande, la Direction chargée de la Protection de l'Environnement Minier vérifie:	自收到上述材料之日起五个工作日内,矿业环保局将核实:
• la recevabilité des documents, qui consiste à s'assurer que l'Etudes d'Impact Environnemental et le Plan de Gestion Environnementale de Projet sont déposés en trois exemplaires, certifiés conformes à la Directive sur l'Etudes d'Impact Environnemental en annexe VIII par le requérant ou par un bureau d'études environnementales;	• 该文件的可受理性,旨在核实项目的环境影响研究和环境管理计划是否以一式三份递交,并由申请人或环境研究办公室,根据附件八关于环境影响研究指南予以认证;
• le paiement effectif des frais de dépôt partiels afférant à l'instruction environnementale de la demande dont le montant est fixé par un arrêté interministériel des Ministres ayant respectivement les Mines et les Finances dans leurs attributions.	• 是否已经缴纳与申请环境审查相关的提交费,该提交费金额由矿业部部长和财政部部长发布联合的部长令规定。

A l'issue de la confirmation de la recevabilité des éléments de la demande concernant les aspects environnemental et social du projet et de la détermination du montant des frais de dépôts y afférents, la Direction chargée de la Protection de l'Environnement Minier émet et transmet au Cadastre Minier central son avis de confirmation ou non confirmation de la demande de Permis d'Exploitation.	矿业环保局对申请中涉及项目环境和社会方面的材料的可受理性进行核准,并在决定相关提交费金额后,对采矿证申请出具予以核准或不予核准的意见,并将其意见移交中央矿权登记局。
L'avis dont question à l'alinéa précédent confirme ou infirme:	前款规定的意见对下列事项予以核准或宣告无效:
• la conformité des éléments de la demande concernant les aspects environnemental et social du projet contenus au dossier à l'Etude d'Impact Environnemental et au Plan de Gestion Environnementale du Projet;	• 文件中涉及项目环境和社会方面的申请材料与项目环境影响研究和环境管理计划一致;
• le paiement du montant des frais de dépôt complémentaires afférant à l'instruction environnementale de la demande, fixé en tenant compte de la situation du périmètre.	• 根据矿区情况确定的、申请的环境审查所涉及的补充提交费的缴纳。
La notification de l'avis de confirmation de la recevabilité doit indiquer le résultat de la confirmation de la recevabilité des éléments de la demande concernant les aspects environnemental et social du projet, le montant des frais de dépôt complémentaires afférant à l'instruction environnementale de la demande, les modalités de leur règlement et la date limite pour le paiement des frais de dépôt mentionnés, et la correction éventuelle des éléments de la demande concernant les	受理核准意见的通知须标明申请中涉及项目环境和社会方面的材料可受理性核准的结果、申请的环境审查所涉及的补充提交费的金额和其缴纳方式和截止日期,和对申请中涉及环境和社会方面的材料可能的改正内容。该改正应在通知之日起三十日内进行。

aspects environnemental et social, qui sera de trente jours après la date de la notification.	
Section III : De l'instruction cadastrale, technique et environnementale de la demande du Permis d'Exploitation	**第三节:采矿证申请的登记、技术和环境审查**
Article 149 : De l'instruction cadastrale de la demande du Permis d'Exploitation	**第 149 条:采矿证申请的登记审查**
Dans un délai de dix jours ouvrables à compter de la date du dépôt de la demande du Permis d'Exploitation, le Cadastre Minier central ou provincial doit procéder à l'instruction cadastrale de la demande.	自采矿证申请递交之日起十个工作日内,中央或省级矿权登记局须对该申请进行登记审查。
L'instruction cadastrale consiste à vérifier si:	登记审查对下列事项予以核实:
• le périmètre est constitué de carrés uniformes et indivisibles conformes au quadrillage cadastral du Territoire National;	• 矿区是否由符合国土地籍区划的、统一且不可分割的区块组成;
• le périmètre a la forme d'un polygone composé de carrés entiers contigus et le polygone ne renferme pas de terrains ne faisant pas partie du périmètre;	• 矿区是否是由毗连的完整区块构成的多边形,该多边形是否未包含不属于该矿区的土地;
• le requérant est le titulaire du ou des Permis de Recherches en cours de validité dont le périmètre de recherches comprend le périmètre demandé au titre du Permis d'Exploitation;	• 申请人为尚在有效期内的探矿证持有人,且探矿区包含所申请的采矿证所覆盖的矿区;
• le requérant est éligible à obtenir le Permis d'Exploitation;	• 申请人有资格取得采矿证;

• l'octroi du Permis d'Exploitation n'a pas pour effet le dépassement des limites relatives à la superficie ou au nombre de Permis d'Exploitation.	• 授予采矿证不会导致超过采矿证的面积或数量限制。
S'il s'agit d'une demande de transformation partielle d'un ou de plusieurs Permis de Recherches, le Cadastre Minier provincial vérifie en outre si：	若申请涉及单个或多个探矿证的部分转化的，省级矿权登记局须另行核实：
• le périmètre non transformé est constitué de carrés faisant partie du périmètre de recherches existant；	• 未转化的矿区是否由构成现有探矿区的区块组成；
• le périmètre non transformé a la forme d'un polygone constitué de carrés entiers contigus et le polygone ne comporte pas de terrains ne faisant pas partie du périmètre.	• 未转化的矿区是否属于由毗连的完整区块组成的多边形，该多边形是否不包含不属于该矿区的土地。
Si l'instruction cadastrale révèle des erreurs dans la forme du périmètre de recherches non-transformé ou dans l'identification des carrés qui en font partie, le Cadastre Minier corrige les erreurs et indique le périmètre à retenir et les carrés y contenus.	若登记审查发现未转化的探矿区形状有误，或构成该矿区的区块的辨识信息有误，矿权登记局应予以改正，并标明所保留的矿区和其包含的区块。
A l'issue de l'instruction cadastrale, le Cadastre Minier central ou provincial rend son avis cadastral.	登记审查结束时，中央或省级矿权登记局将发表登记审查意见。
Article 150： De la notification, de l'affichage et de la transmission de l'avis cadastral	**第 150 条：登记审查意见的通知、张贴和移交**
Le Cadastre Minier central ou provincial où la demande a été déposée régulièrement notifie son avis cadastral au requérant sans frais par le moyen le plus rapide et le plus fiable et procède à son affichage dans la	收到递交申请的中央或省级矿权登记局，将其登记审查意见以最为迅速可靠的方法无偿通知申请人，将该申请在公共咨询大厅内予以张贴，并在技术说明上予以登记。

salle de consultation publique et l'inscrit sur la fiche technique de la demande.	
En cas d'avis cadastral favorable, le Cadastre Minier prépare et transmet au Ministre, dans les cinq jours ouvrables suivant la date de l'avis cadastral, un projet d'arrêté portant octroi de Permis d'Exploitation avec son avis cadastral et les éléments pertinents du dossier de la demande.	登记审查意见为肯定意见的,矿权登记局自发表登记审查意见之日起五个工作日内,编制关于授予采矿证的裁决草案,连同其登记审查意见和申请文件的相关资料,一并移交矿业部部长。
En cas d'avis cadastral défavorable, le Cadastre Minier central prépare et transmet au Ministre un projet d'arrêté portant refus d'octroi de Permis d'Exploitation avec son avis cadastral et les éléments pertinents du dossier de la demande dans un délai imparti prévu dans l'alinéa précédent.	登记审查意见为否定意见的,中央矿权登记局在前款规定的法定期限内,编制关于拒绝授予采矿证的裁决草案,连同其登记审查意见和申请文件中相关资料,一并移交矿业部部长。
Tout refus doit être motivé.	拒绝授予采矿证须说明理由。
Article 151: Du paiement des frais de dépôt pour l'instruction environnementale de la demande de Permis d'Exploitation	**第 151 条:对采矿证申请进行环境审查的提交费的缴纳**
Dès réception de la notification de l'avis de confirmation de la recevabilité, le requérant paie les frais de dépôt pour l'instruction environnementale de sa demande de Permis d'Exploitation et corrige les éléments de la demande concernant les aspects environnemental et social, en cas de besoin, conformément à ladite notification.	一经收到受理核准意见的通知,申请人应立即缴纳其采矿证申请环境审查的提交费,在需要时,根据该通知要求对其申请中环境或社会方面的材料予以改正。

Au moment du paiement des frais de dépôt et du dépôt éventuel des corrections, le Cadastre Minier central ou provincial délivre au requérant un récépissé indiquant son identité complète et son adresse, les références de la demande du Permis d'Exploitation, le montant payé, les documents déposés, la date du paiement et du dépôt, et le nom du bureau du Cadastre Minier qui a délivré le récépissé et de l'agent du Cadastre Minier qui le délivre. Le Cadastre Minier inscrit le paiement et le dépôt complémentaire sur la fiche technique de la demande et au cahier d'enregistrement général.	缴纳提交费和递交改正后的文件时，中央或省级矿权登记局向申请人签发回执，注明其完整的身份信息、地址、采矿证申请的参考信息、已付金额、已递交的文件、缴费日期和递交日期、签发回执的矿权登记局办公室名称和签发回执的相关人员的姓名。矿权登记局将缴费和递交补充材料事宜在该申请的技术说明和常规登记簿上予以登记。
Après ces inscriptions, le Cadastre Minier transmet le dossier de la demande à la Direction des Mines, à l'Agence Congolaise de l'Environnement, à la Direction chargée de la Protection de l'Environnement Minier et au Fonds National de Promotion et de Service Social pour l'instruction technique, environnementale et sociale, respectivement.	审查完毕后，矿权登记局将申请文件移交矿业局、刚果(金)环境署、矿业环保局和国家社会促进和服务基金会，以分别进行技术、环境和社会审查。
A défaut du requérant d'effectuer le paiement des frais de dépôt et de corriger les éléments concernés avant l'expiration de la date limite précisée dans la notification, le Cadastre Minier établit un avis de non-recevabilité des éléments de la demande concernant les aspects environnemental et social du projet qu'il transmet au Ministre avec un projet de décision motivée de refus du Permis d'Exploitation dans les cinq jours ouvrables suivant l'expiration de la date limite indiquée dans la notification.	若申请人未在通知中所明确的期限届满前缴纳提交费，并未对相关文件进行改正，矿权登记局在通知规定的期限届满之日起五个工作日内，编制对申请中涉和项目环境和社会方面的材料不予受理的意见，连同拒绝授予采矿证并附理由的决定草案移交至矿业部部长。

Article 152: De l'instruction technique dela demande de Permis d'Exploitation	**第 152 条:采矿证申请的技术审查**
Lors de l'instruction technique de la demande de Permis d'Exploitation, la Direction des Mines vérifie si:	对采矿证申请进行技术审查时,矿业局将核实:
• les conditions d'octroi prévues aux litteras a et b de l'article 71 du Code minier sont remplies;	• 是否满足《矿业法典》第 71 条第 a 项和第 b 项规定的授予条件;
• la déclaration de l'engagement du requérant de céder à l'Etat 10% des parts ou actions du capital social est susceptible de satisfaire à la condition d'octroi précisée à l'article 71 alinéa d du Code minier;	• 申请人所作的向国家转让 10%注册资本对应的股份或股权的承诺申明是否可能满足《矿业法典》第 71 条规定的授予条件;
• apporter la preuve de la capacité de traiter et de transformer les substances minérales en République démocratique du Congo, et déposer un acte d'engagement, de traiter et de transformer ces substances sur le territoire congolais.	• 是否提交具备在刚果民主共和国境内加工和处理矿产的能力的证明,并递交在刚果(金)境内进行该矿产加工和处理的《社会责任书》。
Dans le délai de soixante jours de la réception du dossier, la Direction des Mines émet un avis technique favorable ou défavorable, assorti des justifications techniques suffisamment claires pour soutenir l'avis favorable ou défavorable, conformément aux dispositions de l'article 74 du Code minier. L'avis technique est transmis au Cadastre Minier central.	自收到申请文件之日起六十日内,矿业局出具肯定或否定意见,并根据《矿业法典》第 74 条的规定,附随能够清楚支持其肯定或否定意见的技术证明。技术审查意见将移交至中央矿权登记局。
Dans les cinq jours ouvrables à compter de la réception de l'avis technique, le Cadastre Minier central le notifie au requérant sans frais par le moyen le plus rapide et le plus fiable et procède à son affichage dans la salle de consultation	自收到技术审查意见之日起五个工作日内,中央矿权登记局将该意见以最为迅速可靠的方法无偿通知申请人,将意见在其公共咨询大厅和(最初)递交申请的省级矿权登记局的公共咨询大厅内予以张贴,并在技术说明上予以登记。

publique et celle du Cadastre Minier provincial où la demande a été déposée ainsi qu'à son inscription sur la fiche technique de la demande.	
Article 153 : De l'instruction environnementale et sociale	**第 153 条：环境和社会审查**
L'instruction environnementale et sociale de la demande et la transmission du Certificat environnemental au Ministre pour décision sont effectuées conformément aux dispositions de l'article 331 du présent Décret.	申请的环境和技术审查，为作出决定向矿业部部长移交环境证书，均根据本法令第 331 条的规定进行。
Le Cadastre Minier central transmet au Ministre un projet d'arrêté accompagné des avis cadastral, technique et du certificat environnemental pour décision, dans un délai de cinq jours ouvrables à compter de la réception du certificat environnemental.	中央矿权登记局自收到环境证书之日起五个工作日内，向矿业部部长移交裁决草案并附随利于作出决定的登记审查意见、技术审查意见和环境证书。
Section IV : De la décision du Ministre	**第四节：矿业部部长的决定**
Article 154 : Des modalités de prise de la décision du Ministre	**第 154 条：矿业部部长作出决定的方式**
Les modalités de prise de la décision du Ministre sont définies par l'article 76 du Code minier.	矿业部部长作出决定的方式由《矿业法典》第 76 条规定。
Toutefois, en cas de transformation partielle du ou des Permis de Recherches du requérant, la décision préliminaire et conditionnelle, ainsi que la décision définitive, précise les périmètres de recherches non transformés.	但申请人探矿证部分转化的，未转化的探矿区由附条件的初步决定和最终决定明确规定。
A défaut de la décision dans le délai requis, le Permis d'Exploitation est, selon que les avis cadastral, technique et le certificat environnemental sont favorables ou défavorables, réputé accordé ou refusé.	若(矿业部部长在)规定期限内未作出决定，根据同意或反对的登记审查意见、技术审查意见和环境证书，视为批准授予或拒绝授予采矿证。

Article 155: De l'inscription du Permis d'Exploitation	**第 155 条:采矿证的登记**
Dès la réception de la décision préliminaire et conditionnelle, le Cadastre Minier l'inscrit sur la fiche technique de la demande et dans le cahier d'enregistrement général. Dès la réception de la décision d'octroi définitive, le Cadastre Minier central inscrit à titre provisoire le Permis d'Exploitation dans le registre des droits octroyés.	一经收到附条件的初步决定,矿权登记局立即将该申请在技术说明和常规登记簿中予以登记。收到最终授予决定后,中央矿权登记局立即对采矿证在矿权登记册中进行临时性登记。
La décision de refus est inscrite par le Cadastre Minier dans le cahier d'enregistrement général.	拒绝授予的决定由矿权登记局在常规登记簿上予以登记。
A défaut d'inscription d'office du Permis d'Exploitation octroyé ou réputé octroyé, par le Cadastre Minier dans le délai requis, le requérant ou son mandataire adresse à ce dernier une demande d'inscription de son droit dans les soixante jours ouvrables à compter de l'expiration du délai imparti à l'autorité de décision.	若矿权登记局未在规定的期限内按规定对授予或被视为授予的采矿证进行登记,申请人或其代理人可向矿权登记局递交申请,要求其在法律规定的决定机关决定期限届满后六十个工作日内对相关权利予以登记。
A défaut d'inscription par le Cadastre Minier du Permis d'Exploitation octroyé ou réputé octroyé dans les délais visés à l'alinéa précédent, le requérant ou son mandataire peut recourir à la procédure de l'inscription par voie judiciaire conformément à l'article 46 du Code minier.	若矿权登记局未在前款规定的期限内对授予或被视为授予的采矿证予以登记,申请人或其代理人可通过《矿业法典》第 46 条规定的司法途径就登记程序进行救济。
Article 156: De la notification de la décision du Ministre	**第 156 条:矿业部部长决定的通知**
Dans les cinq jours à compter de la réception de la décision du Ministre, le Cadastre Minier central ou provincial où la demande a été déposée la notifie au requérant sans frais par le moyen le plus	自收到矿业部部长决定之日起五日内,申请所递交至的中央或省级矿权登记局将该决定以最为迅速可靠的方法无偿通知申请人,并将决定在公共咨询大厅内予以张贴。

rapide et le plus fiable et procède à son affichage dans la salle de consultation publique.	
La notification de la décision définitive d'octroi du Permis d'Exploitation indique le montant à payer par le requérant au titre des droits superficiaires prorata temporis par carré pour la première année de la validité du Permis d'Exploitation.	授予采矿证的最终决定的通知将注明申请人应缴纳的、按时间比例计算的采矿证有效期内第一年年度区块面积税的金额。
La notification précise également la date limite pour le paiement de cette somme et pour la cession à l'Etat de 10% des parts ou actions du capital social du requérant personne morale. Le délai limite sera de trente jours ouvrables après la date de la décision définitive d'octroi.	通知亦须注明缴纳该款项的截止期限和作为申请人的法人向国家转让其 10% 注册资本对应的股份或股权的截止期限。该期限为最终授予决定之日后三十个工作日内。
Section V: Du paiement des droits superficiaires annuels pour la 1ère année de validité et de la cession des parts ou actions du capital social à l'Etat	**第五节:有效期内第一年年度区块面积税的缴纳和向国家转让注册资本对应的股份或股权**
Article 157: Du paiement des droits superficiaires annuels par carré pour la première année de validité	**第 157 条:有效期内第一年年度区块面积税的缴纳**
Dans les trente jours ouvrables à compter de la notification de la décision définitive d'octroi du Permis d'Exploitation, le titulaire du Permis d'Exploitation paie le montant des droits superficiaires prorata temporis indiqué dans la note de débit, sur un compte bancaire ouvert au nom du Cadastre Minier central.	采矿证最终授予决定通知后三十个工作日内,采矿证持有人按照缴费通知上注明的金额,向以中央矿权登记局名义开立的银行账户缴纳按时间比例计算的年度区块面积税。

S'il y a une décision préliminaire et conditionnelle du Ministre, les droits superficiaires prorata temporis pour le Permis d'Exploitation ne sont dus que lorsque la décision préliminaire devient définitive. Dans ce cas, le montant est déterminé conformément à l'alinéa 2 de l'article 201 du Code minier.	若矿业部部长作出附条件的初步决定，当且仅当初步决定变为最终决定时，才可收取按时间比例计算的采矿证年度区块面积税。在此情形下，根据《矿业法典》第 201 条第 2 款的规定确定金额。
Lors du paiement des droits superficiaires prorata temporis par carré, le Cadastre Minier central ou provincial délivre un récépissé ou une quittance au titulaire, indiquant son nom, le montant et la date du paiement.	缴纳年度区块面积税时，中央或省级矿权登记局向持有人签发缴纳回执或收据，注明其姓名、缴纳金额和时间。
La mention du paiement des droits superficiaires prorata temporis par carré pour la première année par le titulaire est inscrite par le Cadastre Minier dans le registre des droits superficiaires annuels par carré.	矿权登记局将持有人缴纳第一年年度区块面积税的评注在年度区块面积税登记簿上予以登记。
Article 158: De la cession des parts ou actions du capital social à l'Etat	**第 158 条：向国家转让注册资本对应的股份或股权**
Avant la date limite indiquée dans la notification de la décision définitive d'octroi du Permis d'Exploitation, le titulaire du Permis d'Exploitation et ses associés ou actionnaires procèdent à la cession de 10% des parts ou actions du capital social à l'Etat.	在采矿证最终授予决定通知中明确的截止日期前，采矿证持有人和其股东应着手向国家转让 10% 注册资本对应的股份或股权。
Article 159: De la caducité d'office du Permis d'Exploitation	**第 159 条：采矿证的自动失效**
Si, à l'expiration de la date limite indiquée dans la notification de la décision définitive d'octroi du Permis d'Exploitation, le requérant n'a pas payé le montant des droits superficiaires prorata temporis par carré pour la première année	若申请人未在采矿证最终授予决定通知载明的截止日期前，根据《矿业法典》第 47 条最末款的规定缴纳采矿证有效期内第一年年度区块面积税，或未向国家转让公司 10% 注册资本对应的股份或股权，则采矿证自动失效。

de validité du Permis d'Exploitation, conformément au dernier alinéa de l'article 47 du Code minier ou n'a pas procédé à la cession à l'Etat de 10% des parts ou actions du capital social de la société, le Permis d'Exploitation devient d'office caduc.	
Dans ce cas, le Cadastre Minier central prend le lendemain de la date limite de paiement desdits droits superficiaires ou de cession des parts ou actions susvisées les mesures suivantes:	在此情形下,中央矿权登记局在缴纳年度区块面积税或转让股份或股权截止日期的次日,采取下列措施:
• enregistrer sur la fiche technique de la demande et dans le cahier d'enregistrement général, la caducité du Permis d'Exploitation pour non-paiement des droits superficiaires pro-rata temporis par carré ou pour défaut de cession de 10% des parts ou actions du capital social à l'Etat;	• 将采矿证因未缴纳年度区块面积税或未向国家转让10%的注册资本对应的股份或股权而失效一事在申请的技术说明和常规登记簿上予以登记;
• radier l'inscription du Permis d'Exploitation dans le registre des droits octroyés;	• 将该采矿证在矿权登记册中进行注销;
• radier le report du périmètre d'exploitation sur la carte de retombes minières.	• 将采矿区在矿区定位图上的标注进行注销。
Section VI: Du Certificat d'Exploitation et des inscriptions subséquentes	**第六节:采矿证书和后续(相关)登记**
Article 160: De la délivrance des Certificats	**第160条:证书的颁发**
Sur présentation par le requérant du récépissé ou de la quittance de paiement des droits superficiaires prorata temporis par carré pour la 1ère année de validité du Permis d'Exploitation et des preuves de	申请人提供采矿证有效期内第一年年度区块面积税缴纳回执或收据和向国家转让10%注册资本对应的股份或股权的证明的,中央矿权登记局向采矿证持有人颁发采矿证书。根据《矿业法典》第47条

cession de 10% des parts ou actions du capital social à l'Etat, le Cadastre Minier central délivre au titulaire du Permis d'Exploitation le Certificat d'Exploitation ainsi que le Certificat de Recherches modifiés en cas de transformation partielle conformément à l'article 47 alinéa 1er du Code minier.	第 1 款规定进行部分转化的,颁发经变更的探矿证书。
Ce Certificat comporte les mentions suivantes:	该证书载明下列事项:
a) le numéro du Permis d'Exploitation;	a) 采矿证编号;
b) l'identité complète du titulaire;	b) 持有人的完整身份信息;
c) les références de la décision d'octroi du Permis d'Exploitation;	c) 采矿证授予决定的参考信息;
d) les substances minérales pour lesquelles il a été accordé;	d) 为之授予采矿证的矿产;
e) les noms, post-noms et signature du responsable du Cadastre Minier;	e) 矿权登记局负责人的姓名、头衔和签字;
f) la date de délivrance.	f) 颁发日期。
Lors de la délivrance du ou des certificat (s) d'exploitation et de recherches, le cas échéant, le Cadastre Minier central procède d'office aux opérations ci-après:	如有需要,颁发采矿证书和勘探证书时,中央矿权登记局按规定办理下列手续:
• convertir l'inscription du Permis d'Exploitation de provisoire à définitive;	• 将采矿证的临时登记变更为最终登记;
• radier l'inscription de l'ancien ou des anciens Permis de Recherche, et inscrire le ou les Permis de Recherches partiellement transformé (s), le cas échéant, dans le registre des droits octroyés;	• 如有需要,将先前的探矿证的登记在矿权登记册上予以注销,并将部分转化的探矿证在矿权登记册上进行登记;

• radier l'inscription de l'ancien périmètre de recherches et inscrire le périmètre d'exploitation ainsi que celui ou ceux de recherches en cas de transformation partielle du ou des Permis de Recherches sur la carte de retombes minières.	• 将先前的探矿区在矿区定位图上的标注予以注销,并将采矿区或探矿证部分转化情形下的探矿区在矿区定位图上予以标注。
Chapitre II: DE L'EXTENSION DU PERMIS D'EXPLOITATION A D'AUTRES SUBSTANCES ASSOCIEES	***第二章:采矿证向其他伴生矿产的延展***
Article 161: De la demande d'extension du Permis d'Exploitation à d'autres substances associées	**第161条:采矿证向其他伴生矿产的延展申请**
Toute demande d'extension du Permis d'Exploitation à d'autres substances associées est établie sur un formulaire dûment rempli et signé par le titulaire du Permis d'Exploitation ou son mandataire.	采矿证向其他伴生矿产延展的申请应通过采矿证持有人或其代理人按规定填写和签署表格提出。
Le formulaire de demande d'extension du Permis d'Exploitation est à retirer au Cadastre Minier. Il comprend notamment les mentions suivantes:	采矿证延展申请表在矿权登记局领取,并载明下列事项:
• l'identité complète ou la dénomination du titulaire du Permis d'Exploitation;	• 采矿证持有人的完整身份信息或名称;
• les références du Permis d'Exploitation et du Certificat d'Exploitation;	• 采矿证和采矿证书的参考信息;
• les substances minérales associées pour lesquelles l'extension du Permis d'Exploitation est sollicitée;	• 为之申请采矿证延展的伴生矿产;
• le nombre de carrés sur lesquels portent les nouvelles substances ainsi que les coordonnées géographiques y afférentes.	• 含有该矿产的区块数量和相关地理坐标。

Au formulaire de demande d'extension sont joints les documents ci-après:	延展申请表须附随下列文件:
• la copie de la décision d'octroi du Permis d'Exploitation;	• 采矿证授予决定的副本;
• le Certificat d'Exploitation;	• 采矿证书;
• un rapport démontrant l'association des substances minérales pour lesquelles l'extension est demandée avec les substances du Permis d'Exploitation entraînant nécessairement leur extraction simultanée.	• 证明为之申请延展的矿产与采矿证所载明的矿产相伴生,因而须同时开采的报告。
Pour obtenir l'extension du Permis d'Exploitation à d'autres substances associées, conformément à l'article 77 du Code minier, le titulaire ou son mandataire doit déposer une demande d'extension auprès du Cadastre Minier central ou provincial et payer les frais de dépôt y afférents contre la délivrance d'un récépissé ou d'une quittance.	拟根据《矿业法典》第 77 条的规定,取得采矿证向其他伴生矿产延展的,持有人或其代理人须向中央或省级矿权登记局递交延展申请,支付相关提交费并取得缴费回执或收据。
Conformément aux dispositions de l'article 77 alinéa 3 du Code minier, le titulaire qui ne sollicite pas l'extension de son Permis d'Exploitation à d'autres substances à l'expiration du délai de soixante jours suivant la mise en demeure lui adressée à cet effet par la Direction des Mines, se fait appliquer les dispositions de l'article 299 du Code minier s'il continue à exploiter les autres substances.	根据《矿业法典》第 77 条第 3 款的规定,矿业局催告持有人申请将其采矿证向其他矿产延展,持有人未在催告后六十日内提出该等申请,而继续开采该其他矿产的,适用《矿业法典》第 299 条的规定。
Toute substance minérale associée découverte et renoncée par le titulaire du Permis d'Exploitation, dans le cadre de l'extension, devient d'office propriété de l'Etat.	采矿证持有人在延展时发现并放弃的所有伴生矿产,自动归国家所有。

Article 162: De la recevabilité de la demande d'extension du Permis d'Exploitation	**第 162 条:采矿证延展申请的受理**
Dès la réception de la demande d'extension du Permis d'Exploitation à d'autres substances associées, le Cadastre Minier vérifie si elle est recevable.	一经收到采矿证向其他伴生矿产延展的申请,矿权登记局立即审查(申请)是否可以受理。
Sans préjudice du littera b du 1er alinéa de l'article 38 du Code minier, la demande est recevable si elle est dûment établie, déposée et appuyée des pièces requises conformément aux dispositions de l'article 161 du présent Décret et si le Permis d'Exploitation est en cours de validité.	在不违反《矿业法典》第 38 条第 1 款第 b 项的前提下,若申请按规定编制、递交且附有本法令第 161 条规定的文件,并且采矿证仍在有效期内,则该申请可以受理。
En cas de recevabilité de la demande, le Cadastre Minier l'inscrit au cahier d'enregistrement général et délivre au titulaire un récépissé conformément aux dispositions de l'article 70 du présent Décret.	申请予以受理的,矿权登记局将该申请在常规登记簿上予以登记,并根据本法令第 70 条的规定,向持有人签发回执。
En cas d'irrecevabilité de la demande, le Cadastre Minier central ou provincial renvoie le dossier de demande au titulaire avec indication des motifs de renvoi.	申请不予受理的,中央或省级矿权登记局将申请文件退回给持有人,并说明理由。
Article 163: De l'instruction de la demande d'extension du Permis d'Exploitation	**第 163 条:采矿证延展申请的审查**
Le Cadastre Minier central ou provincial transmet une copie du dossier de la demande d'extension à la Direction des Mines qui vérifie si le titulaire a démontré l'association des substances minérales pour lesquelles l'extension est demandée à celles du Permis d'Exploitation ainsi que la nécessité de leur extraction simultanée.	中央或省级矿权登记局将延展申请材料的副本移交矿业局,由其核实持有人是否已经证明为之申请延展的矿产与采矿证所载明的矿产伴生,从而有必要同时进行开采。

Dans un délai de dix jours ouvrables à compter de la réception du dossier de la demande par la Direction des Mines, cette dernière transmet au Cadastre Minier central soit son avis technique favorable ou défavorable soit une demande d'informations complémentaires.	自收到申请文件之日起十个工作日内,矿业局向中央矿权登记局移交其表示同意或反对的技术审查意见,或要求提交补充材料。
Si, dans le délai imparti, la Direction des Mines ne transmet pas au Cadastre Minier central son avis technique ou une demande d'informations complémentaires, ce dernier prépare un projet d'arrêté modifiant le Permis d'Exploitation initial pour y inclure les substances minérales associées demandées qu'il transmet au Ministre à travers le Cadastre Minier central.	若矿业局未在法定期限内向中央矿权登记局移交其技术审查意见或者提交补充材料的申请,则中央矿权登记局编制变更原采矿证的裁决草案以将所申请的伴生矿产包含在内,并将其移交至矿业部部长。
L'instruction environnementale de la demande d'extension du Permis d'Exploitation à d'autres substances minérales associées se fait conformément aux dispositions de l'article 153 du présent Décret.	针对采矿证向其他伴生矿产延展申请的环境审查,根据本法令第 153 条的规定进行。
Article 164: De la décision portant extension ou refus d'extension du Permis d'Exploitation à d'autres substances minérales associées	**第 164 条:批准或拒绝批准采矿证向其他伴生矿产延展的决定**
Dans le délai de trente jours ouvrables à compter de la date de la réception du projet d'arrêté lui transmis par le Cadastre Minier central, le Ministre le signe et le transmet à ce dernier pour notification. Tout refus d'extension du Permis d'Exploitation doit être motivé.	自收到中央矿权登记局移交的裁决草案之日起三十个工作日内,矿业部部长签署该草案并移交给中央矿权登记局予以通知。拒绝批准采矿证延展的,须说明理由。

A défaut de signature d'arrêté portant extension ou refus d'extension du Permis d'Exploitation dans le délai requis, l'extension aux autres substances associées sollicitée est, selon que l'avis est favorable ou défavorable, réputée accordée ou refusée.	若(矿业部部长)未在规定的期限内签署批准或拒绝批准采矿证延展的裁定,向其他伴生矿产的延展将根据相应肯定或否定的意见,视为批准或拒绝批准。
Le Cadastre Minier central inscrit aussitôt l'extension du Permis d'Exploitation dans le registre des droits octroyés.	中央矿权登记局应立即将采矿证延展在矿权登记册上予以登记。
Article 165: De l'inscription, de la notification et de l'affichage de la décision portant extension ou refus d'extension du Permis d'Exploitation à d'autres substances minérales associées	**第 165 条:批准或拒绝批准采矿证向其他伴生矿产延展的决定的登记、通知和张贴**
Dans un délai de cinq jours à compter de la réception de l'arrêté du Ministre ou à l'expiration du délai prescrit pour la signature de la décision, le Cadastre Minier central:	自收到矿业部部长令之日起五日内或签署决定的期限届满之日起五日内,中央矿权登记局:
• inscrit la décision d'extension ou de refus d'extension du Permis d'Exploitation sur la fiche technique de la demande et dans le cahier d'enregistrement général;	• 将批准或拒绝采矿证延展的决定在申请的技术说明和常规登记簿上予以登记;
• inscrit l'extension du Permis d'Exploitation dans le registre des droits octroyés à la date de l'arrêté portant extension ou, à défaut d'arrêté avant l'expiration du délai imparti, à la date de la décision d'inscription d'office ou du jugement intervenu en cas d'inscription par voie judiciaire;	• 将采矿证的延展于部长令批准延展之日在矿权登记册上予以登记;若未在法定期限届满前颁布部长令,于强制登记决定之日或于相关判决作出之日(通过司法途径登记时)进行登记;

• transmet une copie de la décision au Cadastre Minier provincial où la demande a été déposée qui l'affiche dans la salle de consultation publique;	• 将决定副本移送至申请所递交的省级矿权登记局,由其在公共咨询大厅内予以张贴;
• notifie la décision au titulaire sans frais par le moyen le plus rapide et le plus fiable.	• 将该决定以最为迅速可靠的方法无偿通知持有人。
Article 166: De la modification et de la restitution du Certificat d'Exploitation	**第 166 条:采矿证书的变更和归还**
Endéans cinq jours ouvrables suivant l'inscription de la décision d'extension du Permis d'Exploitation à d'autres substances minérales associées, le Cadastre Minier central inscrit l'extension aux substances minérales associées demandées et restitue le Certificat d'Exploitation ainsi modifié au titulaire.	在采矿证向其他伴生矿产延展的决定登记之日起五个工作日内,中央矿权登记局将对所申请的伴生矿产延展进行登记,并将变更后的采矿证书归还持有人。
CHAPITRE II bis: DU PROJET MINIER D'EXPLOITATION DE LA MINE DISTINCTE	***第二续章:独立矿山开采项目***
Section I: De la mine distincte	**第一节:独立矿山**
Article 166 bis: De la notion de mine distincte	**第 166(2)条:独立矿山的定义**
En application de l'article 1 point 29 bis du Code minier, la mine distincte concerne:	根据《矿业法典》第 1 条第 29(2)点规定,独立矿山包含:
• Un gisement distinct du gisement sur lequel porte le droit d'exploitation et qui nécessite des méthodes d'exploitation et/ou des procédés detraitement séparés ainsi que des moyens de production nettement individualisés;	• 该矿床区别于作为采矿权客体的矿床,必须采取独立的开采方法和/或处理工艺和专门的生产方式;

• Un gisement contenant une substance principale associée ou pas à d'autres substances, situé sur un Permis d'Exploitation distinct appartenant au même titulaire et dont l'éloignement nécessite la création d'installations de traitement distinctes;	• 该矿床含有某主要物质(不论是否与其他物质伴生),位于属于同一持有人的独立采矿区,因距离较远而需要装配独立的加工设施;
Dans tous les cas, la limite provinciale constitue un élément de la qualification de la mine distincte.	在任何情况下,省界都构成界定独立矿山的一项要素。
Un Permis d'Exploitation portant sur un seul carré ne saurait donner lieu à deux mines distinctes.	采矿证仅覆盖一个区块的,无法分成两个独立矿山。
Article 166 ter: De l'obligation de solliciter un droit minier distinct	**第 166(3)条:申请独立矿权的义务**
Une mine distincte ne peut être exploitée qu'en vertu d'un nouveau droit minier d'exploitation distinct.	独立矿山仅可根据独立的采矿权进行开采。
Si le projet minier d'exploitation s'effectue dans des périmètres contigus et utilise les mêmes procédés métallurgiques que dans le projet minier d'exploitation initial, le titulaire peut utiliser la même société sans être soumis à l'obligation de créer une nouvelle société telle que prévue à l'alinéa 1er du présent article.	若采矿项目在毗连的矿区内进行,使用与原采矿项目相同的冶金工艺,持有人可利用同一公司而无义务根据本条第 1 款规定设立新公司。
Dans le cas d'un projet minier d'exploitation distinct, le titulaire d'un Permis de Recherches crée, lors de la transformation d'un Permis de Recherches en Permis d'Exploitation, une société affiliée dans laquelle il détient au moins 51% des parts ou actions sociales.	在独立采矿项目项下,探矿证持有人须在探矿证转化为采矿证时,设立一家关联公司,并持有其至少 51% 的股份或股权。

La transmission du Permis de Recherches à la nouvelle société affiliée, requérante du Permis d'Exploitation, requiert uniquement une instruction cadastrale dans un délai de vingt jours ouvrables à compter du dépôt de la demande.	探矿证移转给新的关联公司且该关联公司属于采矿证申请人的,仅要求在递交申请后二十个工作日内予以登记审查。
Dans tous les cas, la demande de transmission est déposée au Cadastre Minier central au plus tard trente jours ouvrables avant la date du dépôt de la transformation.	在任何情况下,在提交转化之日前三十个工作日内,向中央矿权登记局递交移转申请。
Article 166 quater: De l'exploitation des substances minérales non-associées	**第 166(4)条:非伴生矿产的开采**
Conformément à l'Article 77 bis du Code minier, le titulaire d'un Permis d'Exploitation qui désire exploiter des substances minérales non-associées est obligé de demander un droit minier d'exploitation distinct sur ces substances.	根据《矿业法典》第 77(2)条的规定,采矿证持有人有意开采非伴生矿产的,须为该等矿产申请独立的采矿权。
Dans le cas où le titulaire ne sollicite pas l'octroi d'un nouveau titre pour exploiter lesdites substances, la Direction des Mines le met en demeure de le faire dans un délai de soixante jours.	持有人未就该等物质的开采申请授予新的矿权的,矿业局将催告其在六十日内提出申请。
Le titulaire qui n'a pas sollicité un Permis d'exploitation distinct, alors qu'il exploite lesdites substances dans le contexte d'une mine distincte, se fait appliquer les dispositions de l'article 299 du Code minier.	持有人未另行申请独立采矿证,并在独立矿山项下开采该等物质的,适用《矿业法典》第 299 条的规定。
Section II: De la demande et de l'octroi d'un droit minier d'exploitation de lamine distincte	**第二节:独立矿山采矿权的申请和授予**
Article 166 quinquies: De la demande du Permis d'Exploitation de mine distincte pour les substances minérales non-associées	**第 166(5)条:非伴生矿产的独立矿山采矿证的申请**

Sans préjudice des dispositions de l'article 80bis du Code minier, la sollicitation d'un droit minier distinct pour l'exploitation des substances minérales non-associées sur un périmètre couvert par un Permis d'Exploitation se fait sur un formulaire dûment rempli et signé par le titulaire du Permis d'Exploitation ou son mandataire.	在不违反《矿业法典》第80(2)条规定的前提下,针对已为采矿证所覆盖的矿区内的非伴生矿产的开采而申请独立矿采矿证的,采矿证持有人或其代理人根据规定填写并签署申请表以提出申请。
Le formulaire de demande est à retirer au Cadastre Minier. Il comprend notamment les mentions suivantes:	申请表从矿权登记局领取,包括下列事项:
• l'identité complète ou la dénomination du titulaire du Permis d'Exploitation;	• 采矿证持有人的完整身份信息或名称;
• les références du Permis d'Exploitation et du Certificat d'Exploitation en cours;	• 采矿证和尚在有效期内的采矿证书的参考信息;
• les substances minérales non-associées pour lesquelles le Permis d'Exploitation est sollicité.	• 为之申请采矿证的非伴生矿产。
• Au formulaire de demande du Permis d'Exploitation distinct sont joints les documents ci-après:	• 独立采矿证申请表须附随下列文件:
• la copie de la décision portant octroi du Permis d'Exploitation;	• 采矿证授予决定的副本;
• le Certificat d'Exploitation;	• 采矿证书;
• les éléments démontrant l'existence des substances minérales non associées.	• 证明非伴生矿产存在的材料。
Pour l'obtention du Permis d'Exploitation dans le contexte de la mine distincte, le titulaire ou son mandataire doit, conformément aux articles 71 litteras a à e, 71 bis, 77 bis et 80 bis du Code minier:	为取得独立矿山项下采矿证,持有人或其代理人须根据《矿业法典》第71条第a项至第e项、第71(2)条、第77(2)条和第80(2)条的规定:

• déposer sa demande auprès du Cadastre Minier central ou provincial;	• 向中央或省级矿权登记局递交其申请;
• procéder à la transformation de son Permis d'Exploitation initial en multiples Permis d'Exploitation;	• 将原采矿证转化为多个采矿证;
• procéder à la transmission conformément à l'alinéa 3 de l'article 166 ter du présent Décret;	• 根据本法令第166(3)条第3款的规定进行移转;
• payer les frais de dépôt afférents contre la délivrance d'un récépissé ou d'une quittance.	• 缴纳相关提交费,并取得回执或收据。
Article 166 sexies: De la demande du Permis d'Exploitation distinct pour des périmètres éloignés et nécessitant la création d'installations minières distinctes	**第166(6)条:针对因距离远而有必要装配独立矿业设施的矿区申请独立采矿证**
Sans préjudice de l'article 166 bis, littera b du présent Décret, la sollicitation d'un droit minier d'exploitation distinct pour un gisement éloigné, nécessitant la création d'installations minières distinctes ou des méthodes d'exploitation et des procédés de traitement séparés, se fait sur un formulaire de demande dûment rempli et signé par le titulaire du Permis de Recherches ou son mandataire.	在不违反本法令第166(2)条第b项规定的前提下,针对因距离远而有必要装配独立矿业设施的矿床或采用独立的开采方法或加工工艺的矿床而申请独立采矿证的,采矿证持有人或其代理人须根据规定填写并签署申请表以提出申请。
Le formulaire de demande est à retirer au Cadastre Minier. Il comprend notamment les mentions suivantes:	申请表从矿权登记局处领取,包括下列事项:
• l'identité complète ou la dénomination du titulaire du Permis de Recherches;	• 探矿证持有人的完整身份信息或名称;
• les références du Permis de Recherches et du Certificat de Recherches en cours.	• 探矿证和尚在有效期内的探矿证书的参考信息。

Au formulaire de demande du Permis d'Exploitation distinct sont joints les documents ci-après:	独立采矿证申请表须附随下列文件:
• la copie de la décision portant octroi du Permis de Recherches;	• 探矿证授予决定的副本;
• le Certificat de Recherches;	• 探矿证书;
• les éléments démontrant la création d'installations minières distinctes ou des méthodes d'exploitation ou des procédés de traitement séparés.	• 证明装配独立矿业设施,或采用独立的开采方法或加工工艺的各项材料。
Pour l'obtention du Permis d'Exploitation, le titulaire ou son mandataire doit se conformer aux articles 69, 71, 71 bis et 77 bis du Code minier.	为取得采矿证,持有人和其代理人须符合《矿业法典》第 69 条、第 71 条、第 71(2)条和第 77(2)条规定。
Section II: De l'extension du permis d'exploitation à d'autres substances minérales non-associées	**第二节:采矿证向其他非伴生矿产的延展**
Article 167: abrogé	**第 167 条:废除**
Article 168: abrogé	**第 168 条:废除**
Article 169: abrogé	**第 169 条:废除**
Article 170: abrogé	**第 170 条:废除**
Article 171: abrogé	**第 171 条:废除**
Article 172: abrogé	**第 172 条:废除**
Chapitre III: DE LA RENONCIATION AU PERMIS D'EXPLOITATION	***第三章:采矿证的放弃***
Article 173: De l'établissement et du dépôt de la déclaration de renonciation du Permis d'Exploitation	**第 173 条:采矿证放弃声明的编制和递交**
En cas de renonciation totale ou partielle à son Permis d'Exploitation, le titulaire ou son mandataire remplit et dépose auprès	全部或部分放弃采矿证的,持有人或其代理人填写放弃采矿证的声明,并向中央或省级矿权登记局递交。

du Cadastre Minier central ou provincial, la déclaration de renonciation à son Permis d'Exploitation.	
La déclaration de renonciation est établie sur un formulaire qui comporte notamment les mentions suivantes:	放弃声明在表格上编制,该表格包括下列事项:
• les références du Permis d'Exploitation;	• 采矿证的参考信息;
• le numéro de la décision d'octroi;	• 授予决定的编号;
• la date d'octroi;	• 授予日期;
• la localisation administrative: territoire, district, province;	• 矿区所在行政区:辖区、区、省份;
• la superficie du Permis d'Exploitation;	• 采矿证项下面积;
• les coordonnées géographiques des sommets du périmètre renoncé et le nombre des carrés y compris;	• 所放弃的矿区各顶点的地理坐标和所含区块数量;
• les coordonnées géographiques des sommets du périmètre retenu et le nombre des carrés y compris en cas de renonciation partielle.	• 部分放弃的,所保留的矿区各顶点的地理坐标和所含区块数量。
L'original du Certificat d'exploitation du titulaire est joint à la déclaration de renonciation.	持有人采矿证书原件须附随在放弃声明之中。
Article 174: De la recevabilité ou de l'irrecevabilité de la déclaration de renonciation du Permis d'Exploitation	**第 174 条:采矿证放弃声明的受理或不予受理**
Dès réception de la déclaration de renonciation du Permis d'Exploitation, le Cadastre Minier central ou provincial vérifie si elle est recevable.	收到采矿证放弃声明后,中央或省级矿权登记局将立即审查是否可以受理。

La déclaration est recevable si elle est dûment établie, signée et appuyée des documents requis conformément à l'article 173 ci-dessus.	声明按规定编制、签署且附有上述第 173 条规定的文件的,可以受理。
En cas de recevabilité de la déclaration de renonciation, le Cadastre Minier central ou provincial délivre au titulaire un récépissé indiquant son nom et adresse, la date du dépôt, les références du Permis d'Exploitation, et le nombre des carrés renoncés.	放弃声明予以受理的,中央或省级矿权登记局向持有人签发回执,注明其姓名、地址、递交日期、采矿证的参考信息和所放弃的区块的数量。
En cas d'irrecevabilité de la demande, le Cadastre Minier central ou provincial restitue ou renvoie le dossier au titulaire en lui en donnant le motif.	申请不予受理的,中央或省级矿权登记局将相关文件发回或退还给持有人,并向其说明理由。
Article 175: De l'instruction de la déclaration de renonciation du Permis d'Exploitation	**第 175 条:采矿证放弃声明的审查**
Dans un délai de vingt jours ouvrables à compter de la date du dépôt de la déclaration de renonciation, le Cadastre Minier central ou provincial vérifie si:	自放弃声明递交之日起二十个工作日内,中央或省级矿权登记局将审查:
• le Permis d'Exploitation est en cours de validité ou non frappé par un cas de force majeure;	• 采矿证是否仍在有效期内,且未被不可抗力事件影响;
• les carrés renoncés et retenus font partie du périmètre qui fait l'objet du Permis d'Exploitation;	• 所放弃和保留的区块是否为采矿证所覆盖的矿区组成部分;
• le cas échéant, la partie du périmètre retenue à la forme d'un polygone composé de carrés entiers contigus qui ne renferme pas de terrains qui ne font pas partie du périmètre;	• (如适用)保留的矿区部分形状是否属于由毗连的完整区块构成的多边形,且未包含不属于该矿区的土地;

• la partie du périmètre renoncée ne fait pas l'objet d'une amodiation, cession, transmission, contrat d'option ou des hypothèques. Si c'est le cas le titulaire devra fournir la preuve qu'il a obtenu le consentement écrit du créancier de ne pas s'opposer à la renonciation.	• 所放弃的矿区是否为租赁、出让、移转、期权合同或抵押标的。有此情形的,持有人须提供已取得债权人对该放弃无异议的书面同意的证据。
Au cas où la déclaration de renonciation répond aux conditions reprises ci-dessus, le Cadastre Minier central transmet la déclaration au Ministre dans le délai prévu à l'alinéa précédent.	放弃声明满足上述条件的,中央矿权登记局在前款规定的期限内,将该声明移送矿业部部长。
Au cas où la déclaration de renonciation du titulaire n'est pas conforme aux conditions susvisées, le Cadastre Minier central ou provincial notifie au titulaire l'inexactitude de la déclaration en lui suggérant les corrections nécessaires à y apporter.	持有人的放弃声明不符合上述条件的,中央或省级矿权登记局通知持有人其声明有误,并建议其作出必要的改正。
Article 176: De l'acceptation de la déclaration de renonciation du Permis d'Exploitation	**第 176 条:采矿证放弃声明的接受**
Dès réception du dossier de renonciation du Permis d'Exploitation et endéans le délai imparti, le Ministre prend acte de la déclaration de renonciation et le transmet au Cadastre Minier central qui, à son tour, le transmet au Cadastre Minier provincial où la déclaration a été déposée, le cas échéant.	一经收到采矿证放弃文件,矿业部部长应立即在法定期限内对放弃声明予以备案,并将其移交中央矿权登记局,必要时由中央矿权登记局移交给递交声明的省级矿权登记局。

Sous réserve des dispositions des articles 174 et 175 ci-dessus et à défaut pour le Ministre de donner acte à la déclaration de renonciation dans le délai de trois mois à compter de la date de son dépôt, la déclaration de renonciation est réputée acceptée.	在遵守上述第 174 条和第 175 条规定的前提下，若矿业部部长未在放弃声明递交之日起三个月内对放弃声明进行备案，则放弃声明将被视为接受。
Article 177: De la notification et de l'affichage de la décision prenant acte de la déclaration de renonciation du Permis d'Exploitation	**第 177 条：采矿证放弃声明备案决定的通知和张贴**
Dès réception de l'arrêté prenant acte de la déclaration de renonciation du Permis d'Exploitation et au cas où la déclaration de renonciation est réputée acceptée faute d'arrêté pris dans le délai prescrit, le Cadastre Minier central ou provincial notifie au titulaire cette décision sans frais par le moyen le plus rapide et le plus fiable, et procède à son affichage dans la salle de consultation publique.	一经收到采矿证放弃声明备案决定，或因未在法定期限内作出决定而使放弃声明被视为接受的，中央或省级矿权登记局将该决定以最为迅速可靠的方法无偿通知持有人，并在公共咨询大厅内予以张贴。
Article 178: De la modification des inscriptions et du Certificat d'Exploitation	**第 178 条：登记事项和采矿证书的变更**
En cas de renonciation partielle, le Cadastre Minier central ou provincial modifie l'inscription du Permis d'Exploitation au registre des droits octroyés ainsi que le report du périmètre d'Exploitation sur la carte de retombes minières. Il procède à la modification du Certificat d'Exploitation en y inscrivant la renonciation partielle et le retourne dans un délai de cinq jours à compter de l'inscription.	部分放弃的，中央或省级矿权登记局在矿权登记册上对该采矿证登记事项予以变更，并在矿区定位图上对相关采矿区的标注予以变更。矿权登记局通过将部分放弃一事在采矿证书上登记而对采矿证书进行变更，并在登记后五日内将其返还。

Article 179: Des effets de la renonciation du Permis d'Exploitation	**第 179 条:采矿证放弃的效果**
Les effets de la renonciation sont ceux prévus à l'article 79 alinéas 5 et 6 du Code minier.	放弃的效果为《矿业法典》第 79 条第 5 款和第 6 款规定的效果。
Chapitre IV: DU RENOUVELLEMENT DU PERMIS D'EXPLOITATION	***第四章:采矿证的续期***
Article 180: De l'établissement de la demande de Permis d'Exploitation	**第 180 条:采矿证申请的编制**
Pour obtenir le renouvellement de son Permis d'Exploitation, le titulaire dépose au plus tôt dans les cinq ans et au plus tard un an avant la date de l'expiration du Permis d'Exploitation, sa demande auprès du Cadastre Minier central ou provincial, suivant le formulaire de Renouvellement à retirer auprès du Bureau du Cadastre Minier.	为取得采矿证的续期,持有人应在采矿证到期前最早五年,最迟一年,根据从矿权登记局办公室领取的续期申请表,向中央或省级矿权登记局递交申请。
Le formulaire de Renouvellement du Permis d'Exploitation est rempli et signé par le titulaire du Permis d'Exploitation ou son mandataire.	采矿证续期申请表由采矿证持有人或其代理人填写并签署。
Au formulaire de Renouvellement sont joints les documents suivants:	续期申请表须附随下列文件:
• une copie de la décision d'octroi du Permis d'Exploitation;	• 采矿证授予决定的副本;
• le Certificat d'Exploitation;	• 采矿证书;
• une carte à l'échelle 1/200.000 sur laquelle est indiquée la situation géographique du périmètre dont le renouvellement est demandé;	• 比例尺为 1/200,000 的地图,注明续期申请所涉和矿区的地理位置;

• les coordonnées géographiques des sommets du périmètre dont le renouvellement est demandé ainsi que le nombre des carrés y compris;	• 所申请续期的矿区各顶点的地理坐标和所含区块数量;
• le rapport et le programme des travaux d'exploitation;	• 开采工程报告和计划;
• une étude de faisabilité mise à jour;	• 已更新的可行性研究;
• l'EIES et le PGES mis à jour;	• 已更新的环境和社会影响评估及环境和社会管理计划;
• un acte d'engagement de poursuivre activement l'exploitation et la preuve de mise en valeur régulière du gisement;	• 保证积极开采的承诺书和合法开发利用矿床的证明;
• le plan de financement des travaux d'exploitation;	• 开采工程的融资计划;
• la preuve de l'existence des ressources financières nécessaires à la poursuite d'exploitation du projet;	• 项目继续开采所需资金来源存在的证明;
• la déclaration notariée de cession des 5% des parts ou actions à l'Etat, conformément à l'article 144 alinéas 2 à 4 du présent Décret;	• 根据本法令第 144 条第 2 款和第 4 款规定,经公证的向国家转让 5%的股份或股权的声明;
• un acte d'engagement de se conformer au cahier de charge prévu dans le présent Décret;	• 承诺遵守本法令规定的项目任务书的保证书;
• une attestation fiscale;	• 税务证明;
• une copie de la quittance ou du récépissé du paiement des frais de dépôt;	• 提交费缴纳的收据或回执副本;

• la preuve de l'entrée en phase de rentabilité du projet.	• 项目进入盈利阶段的证明。
Article 181：Du dépôt de la demande de renouvellement du Permis d'Exploitation	**第 181 条：采矿证续期申请的递交**
Le formulaire contient：	申请表包含下列事项：
• la dénomination sociale, l'adresse et les autres coordonnées du titulaire du Permis d'Exploitation et, le cas échéant, de son mandataire en mines et carrières；	• 采矿证持有人的公司名称、地址和其他联系方式，必要时其矿业或采石代理人的公司名称、地址和其他联系方式；
• le numéro du Permis d'Exploitation et le nombre de carrés y compris；	• 采矿证的编号和其所含区块数量；
• le numéro de la décision d'octroi；	• 授予决定的编号；
• la date d'octroi；	• 授予日期；
• la localisation administrative： territoire, district, province；	• 矿区所在行政区：辖区、区、省份；
• la superficie du Permis d'Exploitation；	• 采矿证项下的地表面积；
• dénomination des sociétés affiliées du titulaire；	• 持有人关联公司的名称；
• le nombre de Permis d'Exploitation détenus par le titulaire et ses sociétés affiliées.	• 持有人和其关联公司所持有的采矿证数量。
Avant le dépôt de la demande de renouvellement du Permis d'Exploitation, le titulaire paie les frais de dépôt afférant à l'instruction cadastrale au Cadastre Minier central ou provincial qui lui délivre un récépissé.	递交采矿证续期申请前，持有人向中央或省级矿权登记局缴纳有关登记审查的提交费，后者向其签发回执。

Article 182: De la recevabilité ou de l'irrecevabilité de la demande de renouvellement du Permis d'Exploitation	**第 182 条:采矿证续期申请的受理或不予受理**
Dès la réception de la demande de renouvellement, le Cadastre Minier central ou provincial vérifie si elle est recevable. La demande est recevable si:	一经收到续期申请,中央或省级矿权登记局立即核实是否可以受理。申请满足下列条件的,可以受理:
• elle contient tous les éléments repris à l'article 181 ci-dessus;	• 申请中包含上述第 181 条规定的全部材料;
• elle a été déposée au Cadastre Minier central ou provincial qui a délivré le Certificat d'Exploitation au plus tôt dans les cinq ans et au plus tard un an avant la date d'expiration du Permis d'Exploitation comme prévu à l'article 80 alinéa 2 du Code minier;	• 申请已向中央或省级矿权登记局递交,后者已经按照《矿业法典》第 80 条第 2 款规定,于采矿证到期前最早五年,最迟一年,颁发采矿证书;
• elle contient tous les renseignements requis dans le formulaire de renouvellement du Permis d'Exploitation conformément à l'article 181 ci-dessus et dans le rapport des résultats des travaux d'exploitation.	• 申请包含上述第 181 条规定的采矿证续期申请表和开采工程结果报告中要求的全部事项。
En cas de recevabilité de la demande, le Cadastre Minier central ou provincial inscrit la demande de renouvellement au cahier d'enregistrement général et délivre au titulaire un récépissé du dépôt de la demande conformément aux dispositions de l'article 70 du présent Décret.	申请予以受理的,中央或省级矿权登记局将该续期申请在矿权常规登记簿上予以登记,并根据本法令第 70 条的规定,向持有人签发递交申请的回执。
En cas d'irrecevabilité, le Cadastre Minier central ou provincial restitue ou renvoie le dossier de demande au titulaire en lui indiquant le motif.	申请不予受理的,中央或省级矿权登记局将申请文件退还或发回给持有人,并向其说明理由。

Article 183: De l'instruction de la demande de renouvellement du Permis d'Exploitation	**第 183 条:采矿证续期申请的审查**
Les instructions cadastrale, technique et environnementale de la demande de renouvellement du Permis d'Exploitation s'opèrent conformément aux dispositions des articles 149 à 153 du présent Décret.	采矿证续期申请的登记、技术和环境审查,根据本法令第 149 条至第 153 条的规定进行。
Lors de l'instruction cadastrale le Cadastre Minier central ou provincial vérifie:	进行登记审查时,中央或省级矿权登记局将核实:
• l'éligibilité du titulaire du Permis d'Exploitation aux droits miniers ou de carrières conformément à l'article 23 du Code minier;	• 根据《矿业法典》第 23 条的规定,采矿证持有人具有获得矿权或采石权的资格;
• la validité du Permis d'Exploitation;	• 采矿证的有效性;
• la déclaration notariée de la cession de 5% à l'Etat conformément à l'article 144 alinéas 2 à 4 du présent Décret;	• 根据本法令第 144 条第 2 款至第 4 款,经公证的向国家转让 5%股权的声明;
• le respect par le titulaire du Permis d'Exploitation de ses obligations du maintien de la validité du permis;	• 采矿证持有人履行其维持采矿证效力的义务;
• l'existence de tous les carrés renouvelés ou retenus dans le périmètre du Permis d'Exploitation;	• 所有续期或保留的区块是否在采矿证所覆盖的矿区内存在;
• le respect des limitations du Permis d'Exploitation défini à l'article 142 du présent Décret;	• 遵守本法令第 142 条规定的关于采矿证的限制条件;
• le paiement par le titulaire du montant des droits superficiaires annuels par carré pour son Périmètre d'Exploitation pendant la période de validité de son Permis d'Exploitation;	• 持有人在其采矿证有效期内缴纳年度区块面积税;

• le commencement des travaux d'exploitation dans les trois ans à compter de l'octroi de son Permis d'Exploitation sauf cas de force majeure prévu à l'article 297 du Code minier.	• 除《矿业法典》第 297 条规定的不可抗力情形外，采矿证授予后三个月内启动开采工程。
Si le Cadastre Minier constate au cours de l'instruction cadastrale un défaut dans la demande qui est susceptible d'être corrigée par le titulaire, il notifie à ce dernier par le moyen le plus rapide et le plus fiable et l'invite à corriger sa demande.	若在登记审查期间，矿权登记局认定申请中存在错误且可以由持有人改正的，以最为迅速可靠的方法通知持有人，并要求其对申请加以改正。
Aux éléments de l'instruction technique effectuée par la Direction des Mines précisés à l'article 152 du présent Décret, s'ajoute la vérification de l'engagement souscrit par le titulaire de bonne foi de continuer activement l'exploitation et la mise en œuvre des normes nationales, régionales et internationales de transparence dans les industries extractives ainsi que de celles souscrites pour un approvisionnement responsable en minerais.	除本法令第 152 条明确规定的技术审查材料外，矿业局还应核实持有人签署的继续积极开采的善意承诺，并实施国际、地区和国家关于采掘工业透明度的各项准则，以及为负责的矿石供应而签署的各项准则。
L'instruction environnementale et sociale effectuée par l'Agence Congolaise de l'Environnement, le Fonds National de Promotion et de Service Social en collaboration avec la Direction chargée de la Protection de l'Environnement Minier est réalisée selon les modalités précisées à l'article 153 du présent Décret et doit être achevée dans un délai de nonante jours ouvrables à compter de la date de son déclenchement.	环境审查和社会审查由刚果(金)环境署、国家促进和社会服务基金会会同矿业环保局根据本法令第 153 条规定的方式进行，自开始审查之日起九十个工作日内完成。

Le Cadastre Minier central, la Direction des Mines, l'Agence Congolaise de l'Environnement, le Fonds National de Promotion et de Service Social en collaboration avec la Direction chargée de la Protection de l'Environnement Minier émettent, chacun en ce qui le concerne, un avis favorable ou défavorable.	中央矿权登记局、矿业局、刚果(金)环境署和国家促进和社会服务基金会会同矿业环保局,就各自相关部分,发表肯定或否定的意见。
Une fois les avis cadastral, technique et le certificat environnemental reçus, le Cadastre Minier central notifie au titulaire du Permis d'Exploitation les avis cadastral, technique et environnemental favorables ou défavorables émis sans frais par le moyen le plus rapide et le plus fiable et procède à son affichage dans la salle de consultation publique.	一经收到登记审查意见、技术审查意见和环境证书,中央矿权登记局立即将肯定或否定的登记、技术和环境审查意见,以最为迅速可靠的方法无偿通知采矿证持有人,并在公共咨询大厅内予以张贴。
Dans un délai de cinq jours ouvrables à compter de la date de demande de renouvellement recevable, le Cadastre Minier central transmet au Ministre le projet d'arrêté portant renouvellement ou refus de renouvellement du Permis d'Exploitation, selon le cas, les avis cadastral, technique ou environnemental favorables ou défavorableset les motifs du refus.	自续期申请受理之日起五个工作日内,中央矿权登记局向矿业部部长移交关于采矿证续期或拒绝续期的法令草案,并视情况移交肯定或否定的登记、技术和环境审查意见。拒绝续期的,须说明理由。
Article 184: De la décision de renouvellement ou de refus de renouvellement du Permis d'Exploitation	**第 184 条:采矿证续期或拒绝续期的决定**
Dans un délai de trente jours ouvrables à partir de la réception du dossier de de-	自收到由中央矿权登记局移交的采矿证续期的申请文件和肯定或否定的登记、

mande de renouvellement du Permis d'Exploitation transmis par le Cadastre Minier central avec les avis cadastral, technique, environnemental favorables ou défavorables et sauf cas d'erreur manifeste dans ces avis ou entre ceux-ci et le projet d'arrêté, le Ministre prend et transmet audit Cadastre l'arrêté portant renouvellement ou refus de renouvellement du Permis d'Exploitation.	技术和环境审查意见之日起三十个工作日内,除非该等意见明显有误或该等意见与法令草案明显不一致,否则矿业部部长作出采矿证续期或拒绝续期的决定,并移交中央矿权登记局。
Tout refus de renouvellement doit être motivé et donne droit aux recours selon les prescrits des articles 313 à 314 et 317 à 320 du Code minier.	拒绝续期的须说明理由,并给予通过《矿业法典》第 313 条至第 314 条和第 317 条至第 320 条规定进行救济的权利。
Le délai de trente jours ouvrables de la décision du Ministre visée à l'alinéa 1er du présent article court conformément aux dispositions de l'article 45 alinéa 1er du Code minier.	本条第 1 款规定的矿业部部长作出决定的三十个工作日期限,根据《矿业法典》第 45 条第 1 款的规定计算。
A défaut de décision du Ministre dans le délai de trente jours ouvrables requis, le renouvellement du Permis d'Exploitation est, selon que les avis cadastral, technique et environnemental sont favorables ou défavorables, réputée accordé ou refusé.	若矿业部部长未在规定的三十个工作日期限内作出决定的,采矿证续期将根据肯定或否定的登记、技术和环境审查意见被视为批准或拒绝批准。
Article 185: De l'inscription de la décision de renouvellement ou de refus de renouvellement du Permis d'Exploitation	**第 185 条:采矿证续期或拒绝续期决定的登记**
Dans les cinq jours ouvrables à compter soit de la date de décision du Ministre, soit de la date à laquelle la décision est	自矿业部部长作出决定之日起五个工作日内,或按照肯定或否定的登记审查意见、技术审查意见和环境证书,决定被视

réputée prise conformément aux avis cadastral, technique et au certificat environnemental favorables ou défavorables, le Cadastre Minier l'inscrit selon le cas:	为作出之日起五个工作日内,矿权登记局将视情况作出下列登记:
• sur la fiche technique de la demande de renouvellement du Permis d'Exploitation;	• 在采矿证续期申请的技术说明上进行登记;
• dans le cahier d'enregistrement général en cas de décision de refus;	• 作出拒绝决定的,在矿权常规登记簿上进行登记;
• dans le registre des droits octroyés en cas de décision de renouvellement du Permis d'Exploitation.	• 作出采矿证续期决定的,在矿权登记册上进行登记。
A défaut d'inscription d'office du renouvellement du Permis d'Exploitation réputé accordé par le Cadastre Minier dans le délai requis, le titulaire du Permis d'Exploitation ou son mandataire adresse à ce dernier une demande d'inscription de son droit conformément à l'article 43 alinéa 4 du Code minier. Dans les cinq jours ouvrables à compter de la réception de la demande d'inscription, le Cadastre Minier est tenu de procéder à l'inscription du Permis d'Exploitation renouvelé.	若矿权登记局未在规定的期限内对被视为批准的采矿证续期按规定予以登记,采矿证持有人或其代理人可向矿权登记局提出申请,要求根据《矿业法典》第 43 条第 4 款的规定对其权利予以登记。在收到登记申请后五个工作日内,矿权登记局须对已续期的采矿证进行登记。
A défaut d'inscription par le Cadastre Minier, du Permis d'Exploitation renouvelé dans le délai visé à l'alinéa précédent, le titulaire du Permis d'Exploitation ou son mandataire peut recourir à la procédure d'inscription par voie judiciaire conformément à l'article 46 du Code minier.	若矿权登记局未在前款规定的期限内对已续期的采矿证进行登记的,采矿证持有人或其代理人可通过《矿业法典》第 46 条规定的司法途径就登记程序进行救济。

Article 186: De la notification et de l'affichage de la décision de renouvellement ou de refus de renouvellement du Permis d'Exploitation	**第 186 条:采矿证续期或拒绝续期决定的通知和张贴**
Dans les cinq jours à compter de la date de la décision du Ministre ou de la date à laquelle la décision est réputée prise, le Cadastre Minier central la notifie au titulaire du Permis d'Exploitation sans frais par le moyen le plus rapide et le plus fiable et procède à son affichage dans la salle de consultation publique et dans celle du Cadastre Minier provincial.	自矿业部部长作出决定之日起五日内,或决定被视为作出之日起五日内,中央矿权登记局以最为迅速可靠的方法无偿将决定通知采矿证持有人,并在其公共咨询大厅和省级矿权登记局公共咨询大厅内予以张贴。
Si le titulaire obtient le renouvellement de son Permis d'Exploitation dans la dernière année de sa validité, la notification de la décision de renouvellement indique que le montant à payer au titre des droits superficiaires prorata temporis par carré pour la première année de la période du renouvellement du Permis d'Exploitation dont le mode de calcul est précisé à l'article 394 du présent Décret. La notification précise également la date limite pour le paiement de cette somme qui sera le trentième jour ouvrable suivant la date de la décision de renouvellement.	若持有人在其采矿证有效期最后一年获得续期的,续期决定通知应注明应缴的采矿证续期第一年年度区块面积税金额,其计算办法由本法令第 394 条明确规定。通知亦明确规定缴纳该款项的截止期限,即续期决定之日起第三十个工作日。
Article 187: De la modification et de la délivrance du Certificat d'Exploitation renouvelé	**第 187 条:已续期的采矿证书的变更和颁发**
Endéans les cinq jours ouvrables suivant l'inscription de la décision de renouvellement du Permis d'Exploitation et sous réserve des dispositions de l'alinéa 2 du présent article, le Cadastre Minier procède	采矿证续期决定登记后五个工作日内,根据本条第 2 款的规定,矿权登记局对原采矿证书进行变更,在其上登记采矿证书续期事宜,并将按照续期条件进行变更的采矿证书返还给持有人。

à la modification du Certificat d'Exploitation initial en y inscrivant le renouvellement du Certificat d'Exploitation accordé et restitue au titulaire son Certificat d'Exploitation modifié conformément aux termes du renouvellement.	
Le titulaire qui obtient le renouvellement de son Permis d'Exploitation dans la dernière année de validité de son Permis d'Exploitation paie les droits superficiaires prorata temporis par carré pour la première année de la période de renouvellement, conformément aux dispositions de l'article 385 du présent Décret comme condition de la délivrance de son Certificat d'Exploitation modifié.	持有人在其采矿证有效期最后一年获得采矿证续期的,须根据本法令第 385 条的规定缴纳续期第一年年度区块面积税,(以此)作为颁发经变更的采矿证书的条件。
Lors du paiement des droits superficiaires, le Cadastre Minier délivre un récépissé ou une quittance au titulaire, indiquant son nom, le montant et la date du paiement ainsi que les références du Permis d'Exploitation y afférent.	缴纳年度区块面积税时,矿权登记局向持有人签发缴纳回执或收据,注明其姓名、缴纳金额、日期和相关采矿证的参考信息。
La mention du paiement par le titulaire des droits superficiaires par carré pour la première année du renouvellement est inscrite par le Cadastre Minier dans le registre des droits superficiaires annuels par carré.	持有人续期第一年年度区块面积税缴纳的批注,由矿权登记局在年度区块面积税登记簿上进行登记。
Si, à l'expiration de la date limite indiquée sur la notification, le titulaire du Permis d'Exploitation n'a pas payé les droits superficiaires prorata temporis par carré pour la première année de la période du renouvellement du Permis d'Exploitation, le renouvellement du Permis d'Exploitation est	若采矿证持有人未在通知规定的截止日期前缴纳采矿证续期第一年年度区块面积税的,根据《矿业法典》第 47 条第 3 款规定采矿证续期失效。在此情形下,适用上述第 188 条的规定。

caduc conformément à l'article 47 alinéa 3 du Code minier. Dans ce cas, les dispositions de l'article 188 ci-dessous lui sont applicables.	
Article 188: De la radiation du Permis d'Exploitation non-renouvelé ou du Permis d'Exploitation renouvelé non suivi du paiement des droits superficiaires dus pour la première année de renouvellement	**第 188 条:未续期的采矿证的注销或因未缴纳续期第一年年度区块面积税而失效的已续期采矿证的注销**
En cas de décision de refus de renouvellement du Permis d'Exploitation ou de non-paiement dans le délai imparti, des droits superficiaires par carré pour la première année de renouvellement de Permis d'Exploitation, le Cadastre Minier central radie l'inscription du périmètre sur le registre des droits octroyés et le report du périmètre sur la carte de retombes minières, lorsque le Permis d'Exploitation arrive à son terme. Dans ce cas, la superficie en cause est immédiatement libérée et devient disponible, sous réserve du maintien de la priorité en faveur du titulaire qui obtient gain de cause à la suite d'une procédure de recours administratif ou arbitral dûment initiée par lui dans les trente jours suivant la date de la décision de refus.	决定拒绝采矿证续期的,或未在法定期限内缴纳采矿证续期第一年年度区块面积税的,采矿证到期时,中央矿权登记局将矿权登记册上的矿区登记和矿区定位图上的矿区标注予以注销。在此情形下,相关矿区立即开放可用,持有人保留在拒绝决定之日起三十日内按规定提起行政或仲裁救济程序后胜诉的优先权。
TITRE VI: DU PERMIS D'EXPLOITATION DES REJETS	**第六编:尾矿采矿证**
Chapitre Ier: DE L'OCTROI DU PERMIS D'EXPLOITATION DES REJETS	***第一章:尾矿采矿证的授予***
Article 189: Des limitations	**第 189 条:限制条件**

Les limitations suivantes quant à la superficie s'appliquent au Permis d'Exploitation des Rejets :	下列关于面积的限制条件适用于尾矿采矿证：
Le périmètre demandé au titre du Permis d'Exploitation des Rejets doit être soit inclus dans le périmètre du Permis d'Exploitation du cédant soit libre de tout droit minier et de toute autorisation d'exploitation de carrières permanente.	拟以尾矿采矿证名义申请的矿区，须位于出让人采矿证覆盖的矿区内，或其上不存在任何矿权和永久性采石场开采许可。
En aucun cas le périmètre demandé ne peut dépasser le maximum de quatre cent soixante et onze (471) carrés au maximum.	任何情况下，所申请的矿区最多不得超过 471 个区块。
Article 190 : Des conditions d'octroi	**第 190 条：授予条件**
Sous réserve des dispositions du présent article, les conditions d'octroi du Permis d'Exploitation des Rejets sont celles prévues pour le Permis d'Exploitation.	在遵守本条规定的前提下，尾矿采矿证的授予条件为采矿证的授予条件。
S'il s'agit d'une demande de Permis d'Exploitation des Rejets sur une superficie libre de tout droit minier, le requérant n'est pas tenu d'être le titulaire du Permis de Recherches sur le périmètre.	若尾矿采矿证申请项下无任何矿权覆盖，则申请人无须为该矿区探矿证的持有人。
Article 191 : Du dépôt des documents à joindre et de la recevabilité de la demande du Permis d'Exploitation des Rejets	**第 191 条：尾矿采矿证申请所附文件的递交和受理**
La demande de Permis d'Exploitation des Rejets est préparée et déposée de la même façon que la demande de Permis d'Exploitation, conformément à l'article 145 du présent Décret.	尾矿采矿证申请的编制和递交与本法令第 145 条规定的采矿证申请方式相同。

La détermination de la recevabilité de la demande de Permis d'Exploitation des Rejets est la même que celle du Permis d'Exploitation sous réserve des dispositions de l'article 190 ci-dessus.	尾矿采矿证申请的受理决定，与上述第190条规定的采矿证申请的受理决定相同。
Dès la détermination de la recevabilité d'une demande de Permis d'Exploitation des Rejets sur une superficie libre de tout droit minier, le Cadastre Minier central:	一经决定对其上无任何矿权覆盖的矿区的尾矿采矿证申请予以受理后，中央矿权登记局立即：
• inscrit la demande du Permis d'Exploitation des Rejets au cahier d'enregistrement général et délivre un récépissé au requérant conformément aux dispositions de l'article 70 du présent Décret;	• 将尾矿采矿证申请在矿权常规登记簿上进行登记，并根据本法令第70条的规定向申请人签发回执；
• reporte le périmètre à titre indicatif sur les cartes de retombes minières.	• 在矿区定位图上对矿区做参考性标注。
Article 192: De l'instruction cadastrale	**第192条：矿权登记审查**
Sans préjudice des dispositions de l'article 190 du présent Décret, la procédure de l'instruction de la demande de transformation partielle du Permis d'Exploitation en Permis d'Exploitation des Rejets, est la même que celle du Permis d'Exploitation.	在不违反本法令第190条规定的前提下，对采矿证部分转化为尾矿采矿证申请的审查程序，与采矿证申请的审查程序相同。
Les dispositions des articles 149 et 150 du présent Décret sur l'avis cadastral de la demande de Permis d'Exploitation, ses conséquences et les modalités de sa notification au requérant s'appliquent également à la demande de Permis d'Exploitation des Rejets.	本法令第149条和第150条关于采矿证申请的矿权登记审查、其结果和通知申请人方式的规定，同样适用于尾矿采矿证申请。

Toutefois, s'il s'agit d'une demande de Permis d'Exploitation des Rejets sur une superficie libre de tout droit minier et si l'avis cadastral est favorable, le Cadastre Minier central ou provincial remplace l'inscription à titre indicatif du périmètre demandé sur la carte de retombes minières par l'inscription provisoire du périmètre pour lequel l'avis cadastral favorable a été émis. Si l'avis cadastral est défavorable, le Cadastre Minier central ou provincial radie le report à titre indicatif du périmètre demandé sur la carte de retombes minières.	但是,若对其上不存在任何矿权的矿区提起尾矿采矿证申请,且矿权登记审查意见为肯定意见的,中央或省级矿权登记局将拟申请的矿区在矿区定位图上的参考性标注变更为临时性标注。矿权登记审查意见为否定意见的,中央或省级矿权登记局将拟申请的矿区在矿区定位图上的参考性标注予以注销。
Article 193: De l'instruction technique et environnementale	**第 193 条:技术和环境审查**
L'instruction technique ainsi qu'environnementale de la demande de Permis d'Exploitation des Rejets se fait conformément aux dispositions des articles 152 et 153 du présent Décret.	尾矿采矿证申请的技术审查和环境审查,根据本法令第 152 条和第 153 条的规定进行。
Article 194: Des modalités de la décision d'octroi ou de refus	**第 194 条:授予或拒绝授予决定的方式**
Si l'avis cadastral sur une demande de Permis d'Exploitation des Rejets est défavorable, ou qu'il est favorable contrairement à l'avis technique, le Ministre prend la décision de rejet de la demande dans le délai de quinze jours ouvrables à compter de la date de réception du dossier de demande transmis par le Cadastre Minier central.	若针对尾矿采矿证申请的矿权登记审查意见为否定意见,或矿权登记审查意见为肯定意见而技术审查意见为否定意见,矿业部部长在收到中央矿权登记局移交的申请文件之日起十五个工作日内,作出驳回申请的决定。

Si les avis cadastral et technique de la demande du Permis d'Exploitation des Rejets sont favorables mais le certificat environnemental n'est pas encore rendu, le Ministre prend une décision préliminaire et conditionnelle dans un délai de vingt jours ouvrables à compter de la date de la réception du dossier de demande lui transmis par le Cadastre Minier central et diffère sa décision finale d'octroi ou de refus du Permis d'Exploitation des Rejets jusqu'à la réception du certificat environnemental.	若尾矿采矿证申请的矿权登记审查意见和技术审查意见为肯定意见,而环境证书尚未发放的,矿业部部长自收到中央矿权登记局移交的申请文件之日起二十个工作日内,作出附条件的初步决定,并将作出授予或拒绝授予尾矿采矿证的最终决定延期至收到环境证书之时。
En cas d'erreur manifeste dans la transcription de l'avis technique, le Ministre peut toutefois rendre une décision préliminaire et conditionnelle.	若技术审查意见文本明显有误,矿业部部长有权作出附条件的初步决定。
La décision préliminaire et conditionnelle du Ministre confirme que le Permis d'Exploitation des Rejets sera octroyé une fois que le certificat environnemental favorable est rendu.	矿业部部长作出的附条件的初步决定确认,带有肯定意见的环境证书一经颁发即授予尾矿采矿证。
Le Ministre rend sa décision définitive d'octroi ou de refus motivée du Permis d'Exploitation des Rejets par arrêté dans un délai de trente jours à compter de la date de réception du certificat environnemental lui transmis par le Cadastre Minier central.	矿业部部长自收到中央矿权登记局移交的环境证书之日起三十日内,作出授予或拒绝授予尾矿采矿证的最终决定。拒绝授予的,须说明理由。
Le délai de trente jours ouvrables de la décision du Ministre court conformément aux dispositions de l'article 45 alinéa 1er du Code minier. A défaut de décision dans le délai requis, la décision est réputée conforme aux avis cadastral, technique et au certificat environnemental.	矿业部部长作出决定的三十个工作日的期限根据《矿业法典》第 45 条第 1 款的规定计算。未在规定期限内作出决定的,根据矿权登记审查意见、技术审查意见和环境证书的内容作出决定。

Article 195 : Des motifs du refus de la demande	**第 195 条:拒绝申请的理由**
Le refus d'octroi du Permis d'Exploitation des Rejets est régi par les dispositions de l'article 73 du Code minier.	尾矿采矿证的拒绝授予适用《矿业法典》第 73 条规定。
Article 196 : De l'inscription du Permis d'Exploitation des Rejets	**第 196 条:尾矿采矿证的登记**
L'inscription du Permis d'Exploitation des Rejets se fait conformément aux dispositions de l'article 155 du présent Décret.	尾矿采矿证的登记根据本法令第 155 条的规定进行。
Article 197 : De la notification de la décision	**第 197 条:决定的通知**
Les dispositions de l'article 156 du présent Décret régissent la notification et la publicité de la décision d'octroi ou de refus du Permis d'Exploitation des Rejets.	授予或拒绝授予尾矿采矿证决定的通知和公布适用本法令第 156 条的规定。
Article 198 : Du paiement des droits superficiaires et de la cession des parts du capital social à l'Etat	**第 198 条:年度区块面积税的缴纳和向国家转让注册资本对应的股份**
Les dispositions des articles 157 et 158 du présent Décret concernant le paiement des droits superficiaires et les conséquences du non-paiement s'appliquent au titulaire du Permis d'Exploitation des Rejets octroyé. En cas de caducité du Permis d'Exploitation des Rejets pour les raisons exposées à l'article 157 du présent Décret, le droit d'exploiter les rejets en cause est, le cas échéant, réintégré au Permis d'Exploitation du titulaire.	本法令第 157 条和第 158 条关于年度区块面积税的缴纳和未缴纳的后果的规定适用于已获得尾矿采矿证的持有人。尾矿采矿证因本法令第 157 条规定的原因失效的,如有需要,相关尾矿的开采权重新归入持有人的采矿证项下。
Article 199 : De la délivrance du Certificat d'Exploitation des Rejets	**第 199 条:尾矿开采证书的颁发**
Sur présentation du récépissé du paiement des droits superficiaires pour la première	持有人提交尾矿采矿证有效期内第一年年度区块面积税缴纳收据的,中央或省

année de validité du Permis d'Exploitation des Rejets, le Cadastre Minier central ou provincial délivre au titulaire le Certificat d'Exploitation des Rejets établi en son nom.	级矿权登记局向持有人颁发以其名义编制的尾矿开采证书。
Le Certificat d'Exploitation des Rejets comportera les éléments suivants:	尾矿开采证书中包括下列事项:
• le numéro du titre;	• 证书编号;
• l'identité du titulaire;	• 持有人身份信息;
• les coordonnées géographiques des sommets du périmètre et le nombre des carrés y compris;	• 矿区各顶点的地理坐标和其所含区块数量;
• la durée de validité du Permis d'Exploitation des Rejets;	• 尾矿采矿证的有效期;
• les références de la décision d'octroi;	• 授予决定的参考信息;
• les substances minérales pour lesquelles il a été accordé;	• 为之授予尾矿采矿证的矿产;
• les noms et signature du responsable du Cadastre Minier.	• 矿权登记局负责人姓名和签字。
Après la délivrance du ou des certificat(s), le Cadastre Minier central reporte le périmètre d'exploitation des rejets définitivement sur la carte de retombes minières.	颁发证书后,中央矿权登记局将尾矿开采区在矿区定位图上进行最终标注。
Chapitre II: DE LA RENONCIATION DU PERMIS D'EXPLOITATION DES REJETS	***第二章:尾矿采矿证的放弃***
Article 200: De la procédure de renunciation	**第 200 条:放弃程序**

La renonciation totale ou partielle du Permis d'Exploitation des Rejets est régie par les dispositions des articles 173 à 179 du présent Décret.	尾矿采矿证的全部或部分放弃,根据本法令第 173 条至第 179 条的规定进行。
Article 201 : abrogé	**第 201 条:废除**
Chapitre III : DU RENOUVELLEMENT	***第三章:续期***
Article 202 : De la procédure de renouvellement du Permis d'Exploitation des Rejets	**第 202 条:尾矿采矿证的续期程序**
Sous réserve du respect des dispositions des articles 180 à 188 ci-dessus, le renouvellement du Permis d'Exploitation des Rejets est de droit. Dans ce cas, le Cadastre Minier prépare le projet d'arrêté qu'il soumet à la signature du Ministre.	根据上述第 180 条至第 188 条的规定进行尾矿采矿证的续期。在此情形下,矿权登记局编制相关法令草案,并移交矿业部部长签署。
TITRE VII : DU PERMIS D'EXPLOITATION DE PETITE MINE	**第七编:小矿山开采证**
Chapitre Ier : DE L'OCTROI DU PERMIS D'EXPLOITATION DE PETITE MINE	***第一章:小矿山开采证的授予***
Article 203 : De la portée du Permis d'Exploitation de Petite Mine	**第 203 条:小矿山开采证的范围**
Le Permis d'Exploitation de Petite Mine donne droit à l'exploitation des substances minérales pour lesquelles le permis est établi dans les gisements d'exploitation minière à petite échelle.	小矿山开采证赋予持有人在小规模采矿区的矿床中开采获得许可的矿产的权利。

Si au cours de l'exploitation à petite échelle, le titulaire du Permis d'Exploitation de Petite Mine découvre un gisement économiquement exploitable à grande échelle, il a le droit de transformer son permis en Permis d'Exploitation conformément aux dispositions des articles 142 à 160 du présent Décret.	若在小规模采矿期间,小矿山开采证持有人发现可进行经济可营利性的大规模开采的矿床,则有权根据本法令第142条至第160条的规定,将其小矿山开采证转化为采矿证。
Article 204: Du gisement d'exploitation minière à petite échelle	**第204条:小规模采矿的矿床**
Conformément à l'article 98 alinéa 7 du Code minier, l'exploitation minière à petite échelle présente notamment les caractéristiques suivantes:	根据《矿业法典》第98条第7款的规定,小规模采矿具备以下特征:
• le montant de l'investissement requis varie entre USD 100.000 et USD 2.000.000;	• 所需投资额在100,000美元至2,000,000美元不等;
• les réserves exploitables ne dépassent pas une durée de vie de dix ans sous réserve des dispositions de l'article 101 alinéa 2 du Code minier;	• 在遵守《矿业法典》第101条第2款规定的前提下,可开采储量对应期限不超过十年;
• les opérations d'extraction, de transport et de traitement de minerais sont suffisamment mécanisées.	• 矿石的采掘、运输和加工作业足以达到机械化程度。
Le Ministre peut modifier les caractéristiques de l'exploitation minière à petite échelle par voie d'arrêté après avis de la Direction des Mines.	根据矿业局的意见,矿业部部长可通过法令对小规模采矿须具备的特征进行变更。
Article 205: Des limitations	**第205条:限制条件**
Le périmètre demandé ne peut dépasser celui du Permis de Recherches dont il découle, le cas échéant.	所申请的矿区不得超出原探矿证所覆盖的矿区(如适用)。

Lorsqu'il s'agit d'un gisement résultant des travaux de recherches effectués par l'Etat et soumis à l'appel d'offres, le périmètre ne peut dépasser cent carrés au maximum.	矿床系由国家进行的勘探工程所发现且作为招标标的的,矿区最多不得超过一百个区块。
Article 206：Des conditions d'octroi	**第 206 条：授予条件**
L'octroi du Permis d'Exploitation de Petite Mine est subordonné à la satisfaction à la fois：	授予小矿山开采证,须同时满足：
• des conditions précisées à l'article 143 du présent Décret à l'exclusion de celles prévues à l'article 71 littera d du Code minier;	• 本法令第 143 条规定的条件,但《矿业法典》第 71 条第 d 项规定的条件除外;
• des conditions prévues à l'article 71 littera b et c du Code minier;	• 《矿业法典》第 71 条第 b 项和第 c 项规定的条件;
• des conditions additionnelles à celles susvisées fixées à l'article 104 du Code minier.	• 《矿业法典》第 104 条规定的,对上述条件予以补充的条件。
Pour satisfaire à la condition prévue au deuxième alinéa de l'article 104 du Code minier, toute personne morale qui désire obtenir un Permis d'Exploitation de Petite Mine joint à sa demande：	为满足《矿业法典》第 104 条第 2 款规定的条件,任何有意取得小矿山开采证的法人,须在申请中附随下列文件：
• une déclaration notariée du montant de son capital social et de sa composition en parts sociales;	• 经公证的注册资本金额和其股权结构声明;
• une déclaration du montant de la participation au capital social du requérant établie par des personnes de nationalité congolaise qui détiennent dans l'ensemble au moins 25% du capital social du requérant;	• 由总共持有申请人至少 25%注册资本对应股份的刚果(金)籍自然人出具的在申请人公司参股金额的声明;

• l'acte d'engagement aux normes nationales, régionales et internationales sur la transparence, la traçabilité et la certification dans les industries extractives.	• 承诺遵守国际、地区和国家关于采掘业透明度、溯源和认证的各项准则的保证书。
Article 207 : Du dépôt, de la recevabilité ou de l'irrecevabilité de la demande de Permis d'Exploitation de Petite Mine	**第 207 条：小矿山开采证申请的递交、受理或不予受理**
Le dépôt, la recevabilité ou l'irrecevabilité du Permis d'Exploitation de Petite Mine suivent les mêmes règles que celles prévues aux articles 145, 146 et 147 du présent Décret.	小矿山开采证(申请)的递交、授予或不予受理,根据本法令第 145 条、第 146 条和第 147 条的规定进行办理。
Article 208 : De l'instruction cadastrale de la demande de Permis d'Exploitationde Petite Mine	**第 208 条：小矿山开采证申请的矿权登记审查**
Les dispositions des articles 149 et 150 du présent Décret s'appliquent mutatis mutandis à la demande de Permis d'Exploitation de Petite Mine.	本法令第 149 条和第 150 条的规定,经必要修改后可适用于小矿山开采证的申请。
Article 209 : De l'instruction technique et environnementale de la demande	**第 209 条：申请的技术和环境审查**
Les instructions technique et environnementale de la demande de Permis d'Exploitation de Petite Mine sont régies par les dispositions des articles 151 à 153 du présent Décret.	矿山开采证的技术审查和环境审查,根据本法令第 151 条至第 153 条的规定进行。
Lors de l'instruction technique, la Direction des Mines vérifie la preuve de l'existence d'un gisement d'exploitation à petite échelle.	进行技术审查时,矿业局将核实可进行小规模开采的矿床存在的证据。

L'Agence Congolaise de l'Environnement et la Direction de Protection de l'Environnement Minier, à travers le Comité Permanent d'Evaluation, évaluent l'Etude d'Impact Environnemental et Social déposée par le requérant au Cadastre Minier.	刚果(金)环境署和矿业环保局将通过常务评估委员会对申请人向矿权登记局提交的环境和社会影响研究进行评估。
Article 210: De la décision d'octroi ou de refus d'octroi du Permis d'Exploitation de Petite Mine	**第 210 条:授予或拒绝授予小矿山开采证的决定**
En application des dispositions des articles 72, 73 et 105 du Code minier, les modalités d'octroi ou de refus d'octroi du Permis d'Exploitation de Petite Mine sont celles prévues à l'article 154 du présent Décret.	根据《矿业法典》第 72 条、第 73 条和第 105 条的规定,小矿山开采证的授予或拒绝授予方式适用本法令第 154 条的规定。
Outre les motifs prévus aux articles 72, 73 et 105 du Code minier, la demande du Permis d'Exploitation de Petite Mine ne peut être refusée par le Ministre que si:	除《矿业法典》第 72 条、第 73 条和第 105 条规定的理由外,矿业部部长仅可以下列理由拒绝小矿山开采证的申请:
• le requérant ne satisfait pas à la condition d'octroi précisée au deuxième alinéa de l'article 104 du Code minier;	• 申请人未满足《矿业法典》第 104 条第 2 款明确规定的授予条件;
• l'étude de faisabilité ne démontre pas l'existence d'un gisement exploitable à petite échelle.	• 可行性研究未能证明可进行小规模开采的矿床的存在。
Si l'étude de faisabilité démontre l'existence d'un gisement qui dépasse le cadre de l'exploitation minière à petite échelle, la demande est considérée comme une demande de Permis d'Exploitation.	若可行性研究证明存在不属于小规模采矿范围的矿床,申请将被视为采矿证申请。
Dans ce cas, le Cadastre Minier le notifie au requérant et l'invite à reformuler sa demande.	在此情形下,矿权登记局通知申请人,并要求其重新提起申请。

Article 211: De la notification de la décision, de l'inscription du Permis d'Exploitation de Petite Mine, du paiement des droits superficiaires et de la délivrance du Certificat d'Exploitation de Petite Mine	**第211条:小矿山开采证的决定通知和登记、年度区块面积税的缴纳和小矿山开采证书的颁发**
Les dispositions des articles 155 à 160 du présent Décret concernant l'inscription du Permis d'Exploitation, la notification de la décision d'octroi ou de refus d'octroi de Permis d'Exploitation, le paiement des droits superficiaires annuels par carré et la délivrance du Certificat d'Exploitation s'appliquent mutatis mutandis à la demande de Permis d'Exploitation de Petite Mine.	本法令第155条至第160条的相关规定,关于采矿证的登记、授予或拒绝授予采矿证决定的通知、年度区块面积税的缴纳和开采许可的颁发,经必要修改均可适用于小矿山开采证申请。
Article 212: De la durée du Permis d'Exploitation de Petite Mine	**第212条:小矿山开采证的有效期**
Conformément aux dispositions de l'article 101 du Code minier, la durée de validité du Permis d'Exploitation de Petite Mine est de cinq ans renouvelable une fois pour la même durée. Toutefois, à la demande du titulaire et après avis favorable de la Direction des Mines, le Ministre peut proroger la durée au-delà de dix ans, suivant le cas et pour les substances dont l'exploitation dépasse dix ans.	根据《矿业法典》第101条的规定,小矿山开采证的有效期为五年,可以相同期限续期一次。但是,经持有人申请,且矿业局表示同意的,矿业部部长有权视情况,对于开采超过十年的矿产,将小规模开采许可证的期限延长至十年以上。
Chapitre II: DE L'EXTENSION DU PERMIS D'EXPLOITATION DE PETITE MINE A D'AUTRES SUBSTANCES MINERALES	***第二章:小矿山开采证向其他矿产的延展***
Article 213: De l'extension du Permis d'Exploitation de Petite Mine à d'autres substances minerals	**第213条:小矿山开采证向其他矿产的延展**

L'extension du Permis d'Exploitation de Petite Mine à d'autres substances minérales associées s'opère conformément aux dispositions des articles 161 à 166 du présent Décret.	小矿山开采证向其他伴生矿产的延展，根据本法令第 161 条至第 166 条的规定进行。
Chapitre III：DE LA RENONCIATION DU PERMIS D'EXPLOITATION DE PETITE MINE	***第三章：小矿山开采证的放弃***
Article 214：De la procédure de renonciation	**第 214 条：放弃程序**
La procédure de renonciation totale ou partielle au Permis d'Exploitation de Petite Mine est celle prévue aux articles 173 à 179 du présent Décret.	小矿山开采证的全部或部分放弃程序，适用本法令第 173 条至第 179 条规定的程序。
Article 215：De la procédure de renouvellement du Permis d'Exploitation de Petite Mine	**第 215 条：小矿山开采证的续期程序**
Sans préjudice des dispositions de l'article 101 du Code minier, la procédure pour le renouvellement du Permis d'Exploitation de Petite Mine est celle prévue aux articles 181 à 187 du présent Décret.	在不违反《矿业法典》第 101 条规定的前提下，小矿山开采证的续期程序适用本法令第 181 条至第 187 条规定的程序。
Toutefois, à la demande du titulaire et après avis favorable de la Direction des Mines, le Ministre peut proroger la durée au-delà de dix ans, suivant le cas et pour les substances dont l'exploitation dépasse dix ans.	但是，经持有人申请且矿业局表示同意的，矿业部部长有权视情况，对于开采超过十年的矿产，将小规模开采许可证的期限延长至十年以上。

TITRE VIII: DU TRANSPORT ET DE LA COMMERCIALISATION DES PRODUITS DES MINES INDUSTRIELLES	**第八编:工业矿产品的运输和商业化**
Chapitre Ier: DE LA COMMERCIALISATION ET DU TRANSPORT DES PRODUITS DES MINES INDUSTRIELLES	***第一章:工业矿产品的商业化和运输***
Article 216: De la sécurité des sites d'entreposage des produits miniers	**第216条:矿产品仓储地点的安全**
Sous réserve des dispositions de l'article 108 septies, alinéa 2 du Code minier, il est reconnu au titulaire de droit minier le droit de désigner un ou plusieurs sites d'entreposage de ses produits.	在遵守《矿业法典》第108(7)条第2款规定的前提下,持有人有权指定一处或多处场地用于存放其产品。
Le titulaire informe la Direction des Mines ainsi que la Direction chargée de la Protection de l'Environnement de l'emplacement de sites d'entreposage visés à l'alinéa précédent.	持有人应将前款规定的仓储地点的位置,通知矿业局和矿业环保局。
Le titulaire est tenu de constituer un service de gardiennage ou de sécurité pour sécuriser les sites d'entreposage de ses produits.	持有人须成立保管处或安全处,负责其产品仓储地点的安全。
Les sites d'entreposage doivent être stérilisés et érigés dans des conditions qui ne portent pas atteinte à l'environnement et à la sécurité des personnes, conformément aux dispositions de la directive sur la sécurité des sites d'entreposage des produits miniers.	仓储地点须按照矿产品仓储地点安全指南的规定专门设立并消毒,防止其对环境和人员安全造成任何损害。
Article 217: De la circulation et de la commercialisation des produits miniers ou de carrières	**第217条:矿产品或采石场产品的流通和商业化**

Les produits marchands issus de l'exploitation industrielle des mines sont transportés et commercialisés conformément aux dispositions des articles 108 septies et octies du Code minier. Lorsqu'ils sont transportés en dehors du périmètre du droit minier ou de carrières en vertu duquel ils ont été extraits, ils doivent être accompagnés d'une autorisation de transport délivrée par la Direction des Mines ou par le Service des Mines du ressort. Le formulaire de demande d'autorisation de transport doit être rempli, daté et signé par le titulaire ou son mandataire, en indiquant les substances minérales, leur provenance, leur quantité, leur qualité, les références du droit minier en vertu duquel elles ont été extraites, ainsi que leur prix de vente et leur destination.	工业化开采生产的产品须根据《矿业法典》第108(7)条和第108(8)条的规定进行运输和商业化。在采矿区或采石区外运输该等产品的,须附有矿业局或辖区矿业部门颁发的运输许可证。运输许可申请表须由持有人或其代理人填写、标明日期并签署,同时注明所运矿产和其来源、数量、质量、开采时依据的矿权参考信息、售价和目的地。
Toutefois, le transport et la commercialisation des substances minérales précieuses et semi-précieuses, sont soumis à une réglementation particulière prise par voie d'arrêté du Ministre pour assurer le contrôle de leur origine et déterminer l'assiette de la redevance minière payable lors de leur vente, ainsi que la protection contre la fraude et le vol de ces substances.	但是,珍贵矿产和半珍贵矿产的运输和商业化由矿业部部长通过部长令专门规定,以确保其原产地的监管、决定商业化时矿产资源税的应税基数、防止该等矿产被欺诈和盗窃。
Chapitre II: DU TRAITEMENT EXCEPTIONNEL DES MINERAIS A L'ETAT BRUT À L'EXTERIEUR DU TERRITOIRE NATIONAL	***第二章:在国家领土外实施原矿石处理的例外情况***
Article 218: Du dépôt de la demande d'autorisation d'exportation des minerais à l'état brut pour traitement ou commercialisation à l'extérieur du Territoire National	**第218条:为在境外处理或商业化而出口原矿的许可申请的递交**

Afin d'obtenir l'autorisation d'exportation des minerais à l'état brut pour traitement ou commercialisation à l'extérieur du Territoire National, le titulaire d'un droit minier ou de carrière d'exploitation introduit auprès de la Direction des Mines, une demande d'autorisation d'exportation des minerais pour traitement ou commercialisation, moyennant paiement des frais de dépôt dont le taux est fixé au littera f de l'alinéa 3 du présent article.	为取得在境外处理或商业化而出口原矿的许可,矿权或采石权持有人须向矿业局递交为加工或商业化而出口矿石的许可申请,并交纳提交费,费率由本条第3款第f项规定。
Le titulaire peut solliciter l'autorisation d'exportation des minerais pour traitement ou commercialisation à l'extérieur du Territoire pour un lot ou plusieurs lots pour une durée d'une année renouvelable selon les besoins et les possibilités des justifications.	持有人可为在境外处理或商业化一批或多批矿石申请矿石出口许可,有效期为一年,可根据需要和可能的证明材料予以续期。
La demande contient:	申请须包含下列事项:
• le nom du titulaire et une copie de son Certificat d'Exploitation;	• 持有人姓名和其采矿证书的副本;
• la nature, la quantité et la qualité des minerais faisant l'objet de la demande;	• 申请所涉矿石的性质、数量和质量;
• une description des moyens et technologies utilisés pour le traitement considéré en dehors du Territoire National ainsi que le coût du traitement;	• 在境外处理拟采用的方法和技术说明和加工成本;
• les conclusions du titulaire sur l'inexistence d'une possibilité de traitement sur le Territoire National à un coût moins onéreux pour le projet minier;	• 持有人在境内不存在以更低成本对矿业项目进行加工的可能性的结论;
• une copie du contrat de traitement à façon des produits miniers à l'extérieur du territoire national conclu avec une firme établie à l'étranger;	• 与境外企业签订的矿产品境外加工合同的副本;

• l'engagement irrévocable que les statistiques du métal produit à l'issue du traitement à l'étranger seront comptabilisées en exportation pour le compte de la République Démocratique du Congo;	• 在境外处理并生产的金属的统计数据将计为刚果民主共和国出口(所作)不可撤销的承诺;
• l'engagement irrévocable d'être assujetti aux droits et taxes dus au Trésor public en rapport avec le traitement exceptionnel des substances minérales brutes à l'étranger;	• 就破例在境外处理原矿而向国库缴纳相关税费的不可撤销的承诺;
• les avantages pour la République Démocratique du Congo au cas où l'autorisation d'exportation est accordée;	• 批准授予出口许可为刚果民主共和国带来的益处;
• la preuve de paiement des frais de dépôt dont le montant est fixé par arrêté interministériel des Ministres ayant les Mines et les Finances dans leurs attributions ainsi que de la taxe fixée à l'article 108 ter alinéa 1er du Code minier.	• 由矿业部部长和财政部部长发布的联合部长令所确定的提交费和《矿业法典》第108(3)条第1款所规定的税费的缴纳证明。
Article 219: De l'instruction de la demande d'autorisation d'exportation exceptionnelle des minerais à l'état brut pour traitement ou commercialisation à l'extérieur du Territoire National	**第219条:为在境外处理或商业化而出口原矿的许可申请的审查**
L'instruction de la demande d'autorisation d'exportation des minerais à l'état brut pour traitement ou commercialisation à l'extérieur du Territoire National est faite dans un délai de quinze jours ouvrables à compter du dépôt de la demande.	针对为在境外处理或商业化而出口原矿的许可申请的审查,自递交申请之日起十五个工作日内进行。
Lors de l'instruction, la Direction des Mines vérifie en outre si:	审查时,矿业局须另行核实:

a) le minerais est à l'état brut;	a) 矿石是否为原矿;
b) le Permis d'Exploitation ou l'agrément au titre de comptoir est en cours de validité;	b) 采矿证或商行的许可是否仍在有效期;
c) les conclusions du titulaire sur l'inexistence d'une possibilité de traitement des minerais dans le Territoire National à un coût moins onéreux pour le projet minier sont fondées.	c) 矿业项目持有人在境内不存在以更低成本进行加工的可能性的结论是否有根据。
A l'issue de l'instruction, la Direction des Mines transmet son avis favorable ou défavorable au Ministre, un projet d'arrêté portant autorisation de la demande d'exportation ou de commercialisation. Le projet d'arrêté précise la période ou la quantité des expéditions pour lesquels l'autorisation vaut.	审查结束时,矿业局向矿业部部长移交其肯定或否定意见和关于批准出口或商业化申请的法令草案。该法令草案将明确规定许可对应的许可期限和许可发出批次的数量。
La Direction des Mines notifie l'avis au titulaire et transmet une copie au Cadastre Minier pour affichage dans la salle de consultation publique sans frais par le moyen le plus rapide et fiable au moment de le transmettre au Ministre.	矿业局将其意见移交矿业部部长的同时,以最为迅速可靠的方法无偿通知持有人,并将副本移交矿权登记局以供其在公共咨询大厅内予以张贴。
Article 220: De la décision d'autorisation ou de refus d'autorisation d'exportation	**第 220 条:许可或拒绝许可出口的决定**
Dans un délai de dix jours à compter de la réception de l'avis et du dossier de la demande transmis par la Direction des Mines, les Ministres ayant les Mines et le Commerce Extérieur dans leurs attributions prennent la décision d'autorisation ou de refus d'autorisation d'exportation de minerais à l'état brut pour traitement ou commercialisation à l'extérieur.	自收到矿业局移交的意见和申请文件之日起十日内,矿业部和外贸部部长(在其职权范围内)作出许可或拒绝许可为在境外处理或商业化而出口原矿的决定。

Si les Ministres ayant les Mines et le Commerce Extérieur dans leurs attributions ne prennent pas la décision dans le délai requis, l'autorisation d'exportation est réputée accordée et l'avis de la Direction des Mines ou de Service des Mines du ressort vaut autorisation d'exportation.	若矿业部和外贸部部长未在规定的期限和其职权范围内作出决定,出口许可被视为授予,矿业局或所属辖区矿业部门的意见等同于出口许可。
Article 221:De l'inscription et de la notification de la décision	**第 221 条:决定的登记和通知**
Dans les trois jours ouvrables à compter de la décision d'autorisation ou de refus d'autorisation d'exportation, le Ministre transmet sa décision à la Direction des Mines qui l'inscrit dans le registre des autorisations d'exportation des minerais pour traitement ou commercialisation à l'extérieur qu'il tient à jour.	批准或拒绝批准出口许可后三个工作日内,矿业部部长将其决定移交矿业局,由其在其保管更新的为在境外处理或商业化而出口矿石许可登记簿上进行登记。
La Direction des Mines notifie au requérant une copie de l'arrêté d'autorisation d'exportation par le moyen le plus rapide et fiable et publie par affichage le résultat dans la salle de consultation publique de son bureau central et de son bureau dans la province où se trouve l'opération d'exploitation en cause.	矿业局将批准出口许可的决定以最为迅速可靠的方法通知申请人,并将结果在其中央办公室或相关开采活动所在省份的办公室的公共咨询大厅内予以张贴。
Article 222:De l'obligation de communication des statistiques d'exportation des minerais à l'état brut pour traitement à l'extérieur	**第 222 条:为在境外处理而出口的原矿石的统计通报义务**
Au plus tard le 15 février de chaque année, le titulaire établit les statistiques des exportations des minerais à l'état brut pour traitement à l'extérieur en vertu de son autorisation se rapportant à l'année	持有人最迟于每年 2 月 15 日,根据其上一年度的(出口)许可,编制为在境外处理而出口的原矿石的统计表,并将统计表副本通报矿业局。

précédente. Il communique une copie de ces statistiques à la Direction des Mines.	
TITRE IX:*DE L'EXPLOITATION ARTISANALE DES MINES ET/OU DE CARRIERES*	**第九编:*手工采矿和/或手工采石***
Chapitre I:DE LA CARTE D'EXPLOITANT ARTISANAL DES MINES ET/OU DE CARRIERES	***第一章:手工采矿证和/或手工采石证***
Article 223: De la portée de la Carte d'Exploitant Artisanal des mines et/ou des produits de carriers	**第223条:矿山和/或采石场产品的手工开采证的范围**
Conformément aux dispositions de l'article 111 du Code minier et sans préjudice des dispositions des articles 113 et 116 dudit Code, le détenteur d'une Carte d'Exploitant Artisanal des mines et/ou des produits de carrières en cours de validité peut réaliser au sein d'une coopérative dans laquelle il est affilié, les opérations suivantes:	根据《矿业法典》第111条的规定,在不违反该法典第113条和第116条规定的前提下,尚在有效期内的矿山和/或采石场产品的手工开采证持有人,可在其参加的合作社内从事下列活动:
• les travaux d'exploitation artisanale dans la zone d'exploitation artisanale précisée sur la Carte d'Exploitant Artisanal;	• 在手工开采证规定的手工开采区内进行手工开采作业;
• l'aménagement du site d'exploitation, l'utilisation du bois et l'approvisionnement en eau pour les besoins de l'exploitation, selon les modalités précisées dans le code de conduite de l'exploitant artisanal dont le modèle est repris dans l'annexe IV au présent Décret.	• 按照手工开采者的行为规范,进行开采场地的整治、木材的使用和开采用水的供应。该规范模板见本法令附件四。
Article 224: De la demande de la carte d'Exploitant Artisanal	**第224条:手工开采证的申请**

Toute demande de la carte d'exploitant artisanal adressée au Ministre Provincial des Mines est déposée à la Division provinciale des Mines ou au Service des Mines du ressort.	手工开采证申请通过向省矿业处处长或所属辖区的矿业部门递交而向省级矿业部长提出。
La demande est établie sur un formulaire en français ou dans l'une des langues nationales à retirer auprès de la Division provinciale des Mines ou au Service des Mines du ressort.	申请按照从省级矿业处或所属辖区矿业部门领取的申请表,以法语或一种本国语言编制。
Le formulaire de demande de carte d'exploitant artisanal comporte notamment les mentions suivantes:	手工开采证申请表包括下列事项:
• l'identité complète, l'adresse et les autres coordonnées du requérant;	• 申请人完整身份信息、地址和其他联系方式;
• le niveau d'étude et la profession;	• 教育程度和职业;
• l'indication d'un retrait antérieur d'une carte d'exploitant artisanal et, le cas échéant, s'il a suivi un stage de formation en techniques d'exploitation artisanale.	• 先前吊销的手工开采证的注明,和申请人是否参加过手工开采技术培训(如有)。
La demande de carte d'exploitant artisanal est dûment remplie et signée par le requérant.	手工开采证申请由申请人按规定填写并签署。
A la demande de carte d'exploitant artisanal doivent être joints les documents ci-après:	手工开采证申请中应附随下列文件:
• l'engagement de respecter la réglementation en matière de protection de l'environnement, de l'hygiène et de la sécurité dans les zones d'exploitation artisanale, le code de conduite de l'exploitant artisanal comme	• 遵守手工开采区的环境保护、卫生和安全规定,和手工开采者行为规范的承诺,(此承诺)作为其手工开采证有效的(前提)条件;

condition de la validité de sa carte d'exploitant artisanal;	
• la carte d'exploitant artisanal expirée en cas de demande de renouvellement éventuel, le cas échéant;	• 申请续期的,已过期的手工开采证;
• deux photographies récentes du requérant, en format passeport.	• 申请人护照的近期复印件两份。
Article 225: De l'obligation d'information du public par l'autorité locale qui délivre les cartes d'exploitant artisanal	**第225条:颁发手工开采证的当地主管机关通知公众的义务**
La Division provinciale des Mines du ressort s'assure, avant la transmission de la demande au Ministre Provincial des Mines, que le demandeur d'une carte d'exploitant artisanal a compris l'intégralité des dispositions contenues dans la réglementation en matière de protection de l'environnement, de l'hygiène et de la sécurité dans les zones d'exploitation artisanale et le Code de conduite de l'exploitant artisanal repris dans l'annexe IV au présent Décret.	向省级矿业部长移交申请前,所属辖区的省级矿业处确保手工开采证的申请人已理解关于手工开采区环境保护、卫生和安全的全部规定和本法令附件四规定的手工开采者的行为规范。
A cet effet, la Division provinciale des Mines est chargée de vulgariser les textes concernés dans les dialectes de la Province.	为此,省级矿业处负责以该省方言普及相关规定。
Article 226: De la transmission du dossier de demande de carte d'Exploitant Artisanal	**第226条:手工开采证申请文件的移交**
Tout requérant de cartes d'exploitant artisanal dépose sa demande à la Division provinciale des Mines où se situe la zone d'exploitation artisanale.	手工开采证申请人应向手工开采区所在地省级矿业处递交申请。

Article 227: De la recevabilité ou de l'irrecevabilité de la demande de carte d'Exploitant Artisanal	**第 227 条:手工开采证申请的受理或不予受理**
Dès réception de la demande de carte d'Exploitant Artisanal, la Division provinciale des Mines vérifie sa recevabilité. La demande est recevable si elle est dûment remplie, signée et appuyée des documents conformément à l'article 224 ci-dessus.	一经收到手工开采证申请,省级矿业处应审查是否可以受理。申请根据规定填写、签署并附有上述第 224 条规定的文件的,可以受理。
En cas de recevabilité de la demande de carte d'Exploitant Artisanal, la Division provinciale des Mines procède à l'instruction de la demande.	手工开采证申请予以受理的,省级矿业处对该申请进行审查。
En cas d'irrecevabilité de la demande, la Division provinciale des Mines restitue le dossier de demande avec mention des motifs de renvoi au requérant et la mention des pièces manquantes.	申请不予受理的,省级矿业处将注有退回理由的申请文件退回申请人,并注明所缺失的文件。
Article 228: De l'instruction de la demande de la carte d'exploitant artisanal et de la notification de l'avis de la Division provinciale des Mines	**第 228 条:手工开采证申请的审查和省级矿业处意见的通知**
A la réception du dossier de demande, le Chef de Division provinciale examine l'éligibilité du requérant à l'exploitation artisanale. Dans le cas où l'instruction est favorable, il invite le requérant à payer le droit fixe y afférent conformément à la législation sur les recettes des provinces et des entités territoriales décentralisées.	收到申请文件后,省矿业处处长审查申请人的手工开采证资格。审查意见为肯定意见的,省矿业处处长将要求申请人根据各省和地方权利机关财政收入的立法规定,缴纳相关税费。

Dès que la preuve de paiement est déposée, la Division provinciale des Mines émet et notifie au requérant par le moyen le plus rapide et le plus fiable son avis dans les deux jours ouvrables à compter de son dépôt.	缴纳证明一经递交,省级矿业处应出具意见,并在递交后两个工作日内,将其意见以最为迅速可靠的方法通知申请人。
Dans le même délai repris à l'alinéa ci-dessus, la Division provinciale des Mines transmet le dossier au Ministre provincial pour décision.	在前款规定的期限内,省级矿业处将文件移交省级矿业部长以作出决定。
Article 229: De la décision d'octroi ou de refus d'octroi de la carte d'Exploitant Artisanal	**第 229 条:授予或拒绝授予手工开采证的决定**
Dans un délai de dix jours ouvrables à compter de la transmission du dossier de la demande avec avis favorable par la Division provinciale, le Ministre provincial des Mines prend la décision d'octroi ou de refus d'octroi de la carte d'Exploitant Artisanal. Seule la non éligibilité du requérant justifie la décision de refus.	自省级矿业处移交申请文件和其肯定意见之日起十个工作日内,省级矿业部长作出授予或拒绝授予手工开采证的决定。拒绝授予的决定仅可因申请人不具备资格为由作出。
Passé ce délai, le récépissé du paiement vaut carte de négociant et le Chef de Division est tenu d'inscrire le nom du requérant dans le registre des négociants.	超过该期限的,缴纳回执等同于批准许可证,省矿业处处长须将申请人姓名在批发商登记簿上予以登记。
Le Chef de Division provinciale des Mines notifie au requérant sa décision et procède à son affichage dans la salle de consultation publique de la Division provinciale des Mines.	省矿业处处长将其决定通知申请人,并在省级矿业处的公共咨询大厅内予以张贴。

Article 230: De la délivrance de la carte d'exploitant artisanal	**第 230 条:手工开采证的颁发**
Dans le délai prévu à l'article 229 ci-dessus, le Ministre provincial signe la carte d'exploitant artisanal et la transmet au Chef de Division provinciale qui la remet au requérant après enregistrement.	省级矿业部长在上述第 229 条规定的期限内签署手工开采证,并将其移交至省矿业处处长。后者经登记后,向申请人颁发。
La carte d'exploitant artisanal contient notamment les mentions ci-après:	手工开采证包括下列事项:
• les noms et post noms, adresse, date de naissance et signature de l'exploitant artisanal;	• 手工开采者姓名、头衔、地址、出生日期和签字;
• l'engagement de l'exploitant artisanal d'adhérer à une coopérative minière et/ou des produits de carrières;	• 手工开采者加入矿业和/或采石合作社的承诺;
• la photographie la plus récente de l'exploitant artisanal;	• 手工开采者的近照;
• les substances minérales pour lesquelles la carte est établie;	• 为之编制证照的矿产;
• la date de délivrance de la carte et celle de son expiration;	• 证照颁发日期和到期日期;
• la Division provinciale des Mines, le nom et la signature du Ministre Provincial des Mines ayant délivré la carte d'Exploitant Artisanal.	• 颁发手工开采证的省级矿业处和省级矿业部长的姓名和签字。
La Division provinciale des Mines inscrit la date de remise de la carte ou de son renouvellement ainsi que le nom du détenteur dans le registre des cartes d'Exploitant Artisanal qu'elle tient à jour.	省级矿业处将证照的颁发日期或续期日期和持有人姓名,在其保管更新的手工开采证登记簿上予以登记。

Article 231 : Du renouvellement ou du retrait de la carte d'Exploitant Artisanal	**第 231 条:手工开采证的续期或吊销**
La durée de validité de la Carte d'Exploitant Artisanal est de un an renouvelable pour la même durée sans limitation.	手工开采证有效期为一年,可按照相同期限无限续期。
Sous réserve du respect des obligations à charge du détenteur de la Carte d'Exploitant Artisanal prévues à l'article 112 du Code minier, la Carte d'Exploitant Artisanal est renouvelable dans les mêmes conditions que la carte initiale.	手工开采证持有人在遵守《矿业法典》第 112 条规定义务的前提下,手工开采证可按照与原证照相同的条件续期。
En cas de renouvellement, le Ministre Provinciale des Mines apporte sur l'ancienne carte les indications nécessaires portant les nouvelles dates de validité.	证照续期的,省级矿业部长在原证上注明新的有效期。
En cas de perte, de destruction ou de vol de la carte d'exploitant artisanal, aucun duplicata ne sera délivré. Le détenteur est tenu de faire opposition, avant d'en solliciter une nouvelle.	手工开采证遗失、损毁或被盗的,不予补发。持有人应办理挂失,随后重新申请证照。
En cas de manquement aux obligations de respect des normes en matière de sécurité, d'hygiène, d'utilisation de l'eau, de protection de l'environnement et du code de bonne conduite de l'exploitant artisanal et à défaut pour le détenteur de la Carte d'Exploitant Artisanal de remédier à la situation aux termes de la mise en demeure de 30 jours ouvrables, le Ministre provincial des Mines peut lui retirer sa carte d'Exploitant Artisanal.	若手工开采证持有人未遵守安全、卫生、用水和环境保护规定和未履行遵守手工开采者行为规范的义务,且未在催告后三十个工作日内予以补救的,省级矿业部长有权吊销其手工开采证。

Le retrait de la Carte d'Exploitant Artisanal donne droit au recours prévus dans dispositions des articles 315 et 316 du Code.	被吊销手工开采证的,须给予通过《矿业法典》第 315 条和第 316 条的规定进行救济的权利。
Le cas échéant, la personne à laquelle la carte a été retirée n'est pas éligible pour obtenir une nouvelle carte d'exploitant artisanal des mines et/ou des produits de carrières pendant trois ans.	必要时,被吊销证照者在三年内不具备获得新矿山和/或采石场产品的手工开采证的资格。
Article 232: De l'encadrement technique des exploitants artisanaux membres des coopératives minières et/ou des produits de carrières agréées	**第 232 条:特许矿业和/或采石场产品合作社成员中手工开采者的技术指导**
Sans préjudice de l'article 10 bis du Code minier, durant l'exercice de leurs activités, les exploitants artisanaux sont soumis à un encadrement technique, au sein de leur coopérative minière et/ou des produits de carrières agréée, assuré par l'Administration des Mines, notamment SAEMAPE et la Direction des Mines, les Services techniques spécialisés et ce, conformément à leurs attributions spécifiques.	在不违反《矿业法典》第 10(2)条规定的前提下,手工开采者从事业务活动时,应服从其参加的特许矿业和/或采石场产品合作社内进行的技术指导。该技术指导由矿业管理部门,尤其是小规模矿山开采协助和监管处、矿业局和专门技术部门根据各自的职权提供。
Cet encadrement qui porte, notamment, sur les modalités du respect du Code de bonne conduite environnemental, des règles de l'art, de la sécurité et de l'hygiène, est sanctionné par un test d'évaluation dont les résultats sont transmis pour disposition au Chef de Division provinciale des Mines du ressort.	该技术指导主要涉及环境保护行为规范、技术规则、安全和卫生规范的遵守办法,并经评估测试,测试结果移交所属辖区省矿业处处长处理。
L'exploitant dont la carte n'est pas renouvelée au motif qu'il n'a pas réussi au test dont mention à l'alinéa précédent peut bénéficier d'un nouvel encadrement dans le but d'obtenir le renouvellement.	手工开采者因未能通过前款规定的测试而导致证照不能续期的,有权再次获得指导,以取得证照的续期。

Article 233: Du stage de formation en techniques d'exploitation artisanale	**第 233 条:手工开采技术培训**
Pour l'application des dispositions de l'article 114 du Code minier, l'Administration des Mines et les Services techniques spécialisés notamment SAEMAPE et CTCPM et ce, conformément à leurs attributions spécifiques, sont chargés d'organiser des stages de formation en techniques d'exploitation artisanale.	为适用《矿业法典》第 114 条的规定,矿业主管部门、小规模矿山开采协助和监管处和矿业协调和统筹技术小组等专门技术部门,根据各自的具体职权,负责组织手工开采技术培训。
Les dates et lieux de ce stage sont publiés dans la salle de consultation publique du SAEMAPE, au moins quinze jours ouvrables avant la date du stage.	该技术培训的日期和地点应于培训之日前至少十五个工作日,在小规模矿山开采协助和监管处的公共咨询大厅内予以公布。
Lors du stage, les techniques d'exploitation artisanale sont expliquées ainsi que les mesures de sécurité et de protection de l'environnement telles que prévues dans le code de bonne conduite de l'exploitant artisanal en annexe IV au présent Décret.	培训时,对手工开采技术和本法令附件四关于手工开采者行为规范中规定的安全措施、环境保护措施予以讲解。
A l'issue du stage, le SAEMAPE délivre un certificat de participation aux personnes qui ont suivi l'intégralité du stage.	培训结束时,小规模矿山开采协助和监管处向全程参与培训的人员颁发参加证书。
Aux termes de la formation en techniques d'exploitation artisanale, les personnes dont la carte d'exploitant artisanal a été retirée, conformément aux dispositions de l'article 114 du Code minier, doivent également passer un examen de connaissances relatives aux sujets abordés pendant le stage.	手工开采技术培训结束时,根据《矿业法典》第 114 条的规定被吊销手工开采证的人员须参加关于培训内容的知识考试。

Seules les personnes ayant réussi l'examen des connaissances seront inscrits sur un registre des exploitants artisanaux ayant réussi à un stage de formation, tenu par le SAEMAPE. Cette inscription leur permettra d'obtenir une nouvelle carte d'exploitant artisanal.	知识考试合格者,方可在由小规模矿山开采协助和监管处保管的培训合格手工开采者登记簿上予以登记,以便其取得新的手工开采证。
Chapitre I bis: DES COOPERATIVES MINIERES ET/OU DES PRODUITS DE CARRIERES	***第一分/续章:矿业和/或采石场产品合作社***
Article 233 bis: De la constitution d'une coopérative minière et/ou des produits de carriers	**第 233(2)条:矿业和/或采石场产品合作社的组成**
Sans préjudice aux dispositions de l'article 114 bis du Code minier, une coopérative minière et/ou des produits de carrières est constituée conformément à l'acte uniforme sur le droit de sociétés coopératives.	在不违反《矿业法典》第 114(2)条的规定的前提下,矿业和/或采石场产品合作社根据《关于合作公司统一法案》成立。
Les membres de la coopérative minière et/ou des produits de carrières ont l'obligation d'adhérer aux principes coopératifs ci-après:	矿业和/或采石场合作社成员须坚持下列合作原则:
• l'adhésion volontaire ouverte à tous;	• 所有人皆可自愿加入;
• le pouvoir démocratique exercé par les coopérateurs;	• 合作社社员行使民主权利;
• la participation économique des coopérateurs;	• 合作社社员参股;
• l'autonomie et l'indépendance;	• 自治和独立;
• l'éducation, la formation et l'information;	• 教育、培训和知情;
• la coopération entre organisations à caractère coopératif;	• 合作性组织间合作;

• l'engagement volontaire envers la communauté.	• 对社区作出自愿承诺。
Article 233 ter: De la demande d'agrément de coopérative minière et/ou des produits de carrières	**第 233(3)条:矿业和/或采石场产品合作社的许可申请**
Toute demande d'agrément de coopérative minière et/ou des produits de carrières se fait conformément aux dispositions de l'article 114 bis du Code minier.	矿业和/或采石场产品合作社的许可申请根据《矿业法典》第 114(2)条的规定进行。
La demande est adressée au Ministre et déposée auprès de la Division provinciale des Mines du ressort.	申请向矿业部部长提出,应向所属辖区省级矿业处递交。
Le formulaire joint à la demande d'agrément de coopérative minière et/ou des produits de carrières, à retirer à la Division provinciale des Mines du ressort, reprend les informations ci-dessous:	矿业和/或采石场产品合作社许可申请表从所属辖区的省级矿业处领取,须载明下列事项:
• les dénominations, date de création, adresse de la coopérative minière et/ou des produits de carrières;	• 矿业和/或采石场产品合作社名称、成立日期和地址;
• les identités complètes, adresse et autres coordonnées des membres fondateurs;	• 创始成员完整身份信息、地址和其他联系方式;
• la zone d'exploitation artisanale et les substances minérales pour lesquelles l'agrément est demandé;	• 手工开采区和为之申请许可的矿产;
• l'engagement de respecter la réglementation en matière de protection de l'environnement, de l'hygiène et de la sécurité dans les zones d'exploitation artisanale.	• 在手工开采区内遵守环境保护、卫生和安全规范的承诺。

Le formulaire de demande de l'agrément est dûment rempli et signé par la ou les personne(s) statutairement établie(s) pour engager la coopérative minière et/ou des produits de carrières.	许可申请表由章程规定的可以代表矿业和/或采石场产品合作社的人员，根据规定填写并签署。
Article 233 quater: De l'instruction de la demande d'agrément de la coopérative minière et/ou des produits de carrière	**第233(4)条：矿业和/或采石场产品合作社的许可申请的审查**
Dès que la demande d'agrément de coopérative minière et/ou des produits de carrières est déclarée recevable, la Division provinciale des Mines du ressort instruit quant au fond le dossier.	矿业和/或采石场产品合作社的许可申请一经宣布受理，所属辖区省级矿业处应审查文件内容。
Dans un délai de 10 jours elle émet ses avis et les adresse au Ministre par voie hiérarchique, via la Direction des Mines, avec copie au requérant.	省级矿业处在十日内出具意见，并将其意见通过矿业局逐级向矿业部部长移交，将意见副本抄送申请人。
Article 233 quinquies: De la décision d'octroi ou de refus d'octroi de l'agrément de la coopérative minièreet/ou des produits de carrières	**第233(5)条：授予或拒绝授予矿业和/或采石场产品合作社许可的决定**
Dans un délai de vingt jours ouvrables à compter de la transmission du dossier de la demande avec avis de la Division provinciale du ressort, le Ministre prend la décision d'octroi ou de refus d'octroi de l'agrément de la coopérative minière et/ou des produits de carrières.	自申请文件和所属辖区省级矿业处意见移交之日起二十个工作日内，矿业部部长作出授予或拒绝授予矿业和/或采石场产品合作社许可的决定。
La décision d'octroi ou de refus est notifiée dans un délai de 30 jours ouvrables, à dater de la décision du Ministre, au SAEMAPE et au Cadastre minier par le Secrétaire général aux mines.	自矿业部部长作出决定之日起三十个工作日内，矿业秘书长将授予或批准授予的决定通知手工采矿和小规模矿山开采协助和监管处和矿权登记局。

Toute décision de refus doit être motivée et ne peut se fonder que sur la non-éligibilité du requérant.	决定拒绝授予的，须说明理由，且只得以申请人不适格为由。
Le refus de l'agrément donne droit au recours conformément aux dispositions des articles 313 et 316 du Code minier.	拒绝授予资质的，须给予（申请人）《矿业法典》第 313 条和第 316 条规定的救济权。
Le Chef de Division provinciale notifie au requérant la décision et procède à son affichage dans la salle de consultation publique de la Division provinciale des Mines.	省矿业处处长将决定通知申请人，并在其公共咨询大厅内予以张贴。
Article 233 sexies: De l'accès à la zone d'exploitation artisanale	**第 233（6）条：手工开采区的准入**
Seuls les membres d'une coopérative minière ou des produits de carrières agréées sont autorisés à accéder à la zone d'exploitation artisanale pour exploiter toute substance minérale classée en mine ou produit de carrières.	仅允许特许矿业合作社或采石场产品合作社成员进入手工采石区内，开采被归类为矿山类或采石场类产品的矿产。
Il ne peut être attribué qu'une zone d'exploitation artisanale composée de deux carrés à la coopérative minière.	分配给矿业合作社的手工开采区仅可由两个区块构成。
L'accès à la zone d'exploitation artisanale repose sur les conditions suivantes:	手工开采区的准入条件为：
• être éligible à l'exploitation artisanale des mines et/ou des produits de carrières conformément aux dispositions de l'article 222 bis du présent Règlement;	• 根据本法令第 222（2）条的规定，有资格从事手工采矿和/或采石；
• être membre d'une coopérative minière et/ou des produits de carrières agréée;	• 是经特许的矿业和/或采石场产品合作社成员；
• avoir une carte d'exploitant artisanal en cours de validité pour les membres des coopératives minières et/ou des produits de carrières;	• 作为经特许的矿业和/或采石场产品合作社成员，持有尚在有效期内的手工开采证；

• s'engager à respecter le code de bonne conduite de l'exploitant artisanal et les normes en matière de sécurité, d'hygiène, d'utilisation d'eau et de la protection de l'environnement.	• 承诺遵守手工开采者行为规范和安全、卫生、用水和环境保护各项准则。
Article 233 septies: De l'obligation des coopératives minières et/ou de carrières d'assurer la formation de leurs membres	**第233(7)条:矿业和/或采石场产品合作社为其成员提供培训的义务**
Toute coopérative minière et/ou des produits de carrières a l'obligation d'organiser, avec l'Administration des Mines, spécifiquement le SAEMAPE, des sessions de formation de ses membres.	所有矿业和/或采石场产品合作社都有义务与矿业行政机关一同(特别是小规模矿山开采协助和监管处)为其成员组织培训课程。
Les sessions de formations sont organisées notamment pour corriger les faiblesses constatées à l'issue de l'audit institutionnel et renforcer les capacités managériales, techniques, etc.	组织培训课程是以弥补在审计工作结束后所发现的漏洞,并加强管理、技术等能力为目的。
Article 233 octies: De l'encadrement technique et institutionnel des coopératives minières et/ou des produits de carrières agréées	**第233(8)条:经特许的矿业和/或采石场产品合作社的技术和制度指导**
Durant l'exercice de leurs activités, les coopératives minières et/ou des produits de carrières sont soumis à un encadrement technique assuré par l'Administration des Mines, spécifiquement le SAEMAPE sur les modalités du respect du Code de conduite environnemental, les règles de l'art, de la sécurité et de l'hygiène.	矿业和/或采石场产品合作社在开展活动期间,要接受矿业行政机关,特别是小规模矿山开采协助和监管处为培养对《环境行为法典》、工艺、安全和卫生规则的遵守而进行的技术指导。
Cet encadrement est complété par un audit institutionnel annuel diligenté par le Ministre qui en reçoit les rapports pour disposition.	该指导由矿业部部长开展的机构年度审计予以补充,矿业部部长在收到(审计)报告后进行处理。

Article 233 nonies: Des activités d'une coopérative minière et/ou des produits de carrières dans la zone d'exploitation artisanale	**第 233(9)条:矿业和/或采石场产品合作社在手工开采区内进行的活动**
Conformément aux dispositions des articles 110, 111, 113, 114 bis et 115 du Code minier, la coopérative minière et/ou des produits de carrière est autorisé à:	根据《矿业法典》第 110 条、第 111 条、第 113 条、第 114(2)条和第 115 条的规定,矿业和/或采石场产品合作社有权:
• exploiter toute substance minérale exploitable artisanalement;	• 开采所有可供手工开采的矿产;
• commercialiser localement les produits de la substance minérale exploitable artisanalement;	• 在当地商业化手工开采的矿产商品;
• transporter des produits des mines et de carrières vers un centre de négoce ou une entité de traitement;	• 将矿产和采石场产品运送到贸易中心或处理单位;
• transformer les produits miniers et de carrières moyennant une autorisation préalable accordée par le Ministre.	• 事先得到矿业部部长的批准加工矿产和采石场产品。
Chapitre II: DEL'OCTROI EXCEPTIONNEL D'UN PERMIS DE RECHERCHES AUX COOPERATIVES MINIERES ET/OU DES PRODUITS DE CARRIERES	***第二章:矿业和/或采石场产品合作社探矿证的特殊授予***
Article 234: Des conditions de l'octroi exceptionnel d'un Permis de Recherches aux coopératives minières et/ou des produits de carrière	**第 234 条:特殊授予矿业和/或采石场产品合作社探矿证的条件**
Les coopératives minières et/ou des produits de carrières qui désirent procéder à la recherche de substances minérales classées en mines et de carrières à l'intérieur d'une zone d'exploitation artisanale à l'aide de procédés industriels ou	若矿业和/或采石场产品合作社希望在手工采矿区内使用工业或半工业的工艺来勘探归类为矿山类和采石场类的矿产,则需要向矿业部部长申请探矿证。

semi-industriels sont tenus de solliciter un Permis de Recherches auprès du Ministre.	
Article 235: De la demande et de l'octroi exceptionnel du Permis de Recherches à une coopérative minière agréée	**第 235 条:矿业和/或采石场产品合作社的探矿证的申请和特殊授予**
Les dispositions des articles 95 à 110 du présent Décret s'appliquent mutatis mutandis à la demande et aux modalités d'octroi exceptionnel d'un Permis de-Recherches à une coopérative minière et des produits de carrières.	本法令第 95 条至第 110 条的规定经必要修改,适用于矿业和采石场产品合作社的探矿证的申请和特殊授予方式。
Les éléments de demande du Permis de Recherches prévus aux articles 98 à 99 du présent Décret sont à déposer auprès du Cadastre Minier central ou provincial.	本法令第 98 条至第 99 条所规定探矿证的申请材料,向中央或省级矿权登记局递交。
Article 236: De l'instruction cadastrale de la demande d'octroi exceptionnel du Permis de Recherches aux coopératives minières et des produits de carrières	**第 236 条:特殊授予矿业和采石场产品合作社探矿证申请的审查**
Lors de l'instruction cadastrale, le Cadastre Minier vérifie en plus des éléments prévus aux dispositions de l'article 102 du présent Décret que les conditions ci-dessous sont remplies:	审查时,除审查本法令第 102 条所规定的材料外,矿权登记局需核实下列条件是否满足:
• la coopérative minière et/ou des produits de carrières requérante au Permis de Recherches est agréée;	• 申请探矿证的矿业和/或采石场产品合作社已获得资质;
• la coopérative minière et/ou des produits de carrières est constituée selon les règles et principes de l'OHADA sur les sociétés coopératives.	• 矿业和/或采石场产品合作社根据《关于合作公司统一法案》的规定和原则设立。

Article 237: De la décision d'octroi ou du refus d'octroi exceptionnel du Permis de Recherches à la coopérative minière et/ou des produits de carrières	**第 237 条:授予或拒绝特殊授予矿业和/或采石场产品合作社探矿证的决定**
La décision d'octroi ou de refus du Permis de Recherches prise conformément aux dispositions de l'article 105 du présent Décret est également transmise par le Cadastre Minier central dans un délai de quinze jours ouvrables à compter de la réception de la décision.	根据本法令第 105 条的规定作出授予或拒绝授予探矿证的决定,由中央矿权登记局自收到决定之日起十五个工作日内作出。
TITRE X: DE LA TRANSFORMATION, DU TRANSPORT ET DE LA COMMERCIALISATION DES PRODUITS DES MINES ET/OU DES CARRIERES ARTISANALES	**第十编:手工开采矿产和/或采石场产品的加工、运输和商业化**
Chapitre I: DE L'AUTORISATION PREALABLE DE TRANSFORMATION DES PRODUITS DE L'EXPLOITATION ARTISANALE	***第一章:手工开采产品加工的事前批准***
Article 238: Des conditions d'octroi	**第 238 条:批准条件**
Dans un délai de deux mois avant les opérations de transformation des produits miniers extraits, la coopérative minière et/ou des produits de carrières dépose une demande de transformation à la Division provinciale des Mines de la zone où l'exploitation artisanale est située.	矿业和/或采石场产品合作社应在开始加工所开采的矿产前两个月,向其手工开采区所在辖区的省级矿业处递交加工申请。
Cette demande de transformation contient:	加工申请包括下列事项:
• les nom et adresse du requérant;	• 申请人姓名和住址;
• la copie de l'agrément, le cas échéant;	• 如需要,许可副本;
• les noms et emplacement de la zone d'exploitation artisanale;	• 手工开采区名称和位置;

• l'emplacement des opérations de transformation;	• 加工活动所在地位置;
• la description de la transformation considérée:les opérations de transformation réalisées par la coopérative minière et/ou des produits de carrières ou confiées à un atelier ou une usine de transformation agrées par le Ministre, les procédés de transformation manuels ou l'utilisation d'agents chimiques et la description de la méthode de transformation utilisée;	• 拟从事的加工活动说明:由矿业和/或采石场产品合作社从事的加工活动,或委托经矿业部部长特许的加工作坊或工厂进行手工加工的工艺或使用的化学介质,和所采用的加工方法的说明;
• le nom de l'atelier ou de l'usine de transformation qui réalisera pour le compte de la coopérative minière et/ou des produits de carrières, les opérations de transformation et traitement;	• 将以矿业和/或采石场产品合作社名义进行加工和处理作业的作坊或工厂的名称;
• la description des mesures d'atténuation et de réhabilitation de l'environnement envisagées.	• 环境减排和修复措施的说明。
Toute transformation des produits miniers et/ou des carrières par des procédés utilisant soit le mercure, soit le cyanure ou des produits chimiques dangereux ne peut être réalisée que par un atelier ou une usine de transformation agréée par le Ministre.	矿业和/或采石场产品合作社使用水银、氰化物或危险化学品进行加工的,只得在由矿业部部长特许的作坊或工厂中进行。
La coopérative minière et/ou de carrières qui, entreprend seule la transformation de ses produits en utilisant soit le mercure, soit le cyanure ou des produits chimiques dangereux, sans agrément du Ministre s'expose au retrait de son agrément conformément aux dispositions de l'article 114 bis du Code minier.	矿业和/或采石场产品合作社未经矿业部部长特许,擅自使用水银、氰化物或危险化学品对其产品进行加工的,根据《矿业法典》第114(2)条的规定,吊销其资质。

Article 239: De la recevabilité et de l'instruction	第 239 条:受理和审查
La Division provinciale des Mines vérifie la recevabilité de la demande. La demande est recevable si elle contient tous les éléments précisés à l'article 238 ci-dessus.	省级矿业处审查申请的可受理性。若申请包含上述第 238 条明确规定的所有材料的,则可以受理。
Si la demande est recevable, le requérant paie à la Division provinciale des Mines des frais de dépôt contre un récépissé.	若申请可以受理,申请人向省级矿业处缴纳提交费,并取得回执。
• l'adéquation et la conformité des mesures d'atténuation de l'impact néfaste des opérations sur l'environnement ainsi que les mesures de réhabilitation de l'environnement, de l'hygiène et de sécurité aux normes applicables en la matière;	• 减轻活动对环境消极影响的措施、修复环境、卫生和安全的措施是否充分并且符合行业相关准则;
• la capacité financière du requérant nécessaire pour mettre en œuvre les mesures d'atténuation et de réhabilitation.	• 申请人实施环境减排和修复措施所需具备的财务能力。
L'instruction de la demande s'achève dans un délai de vingt jours ouvrables à compter de la réception de la demande. En cas de besoin, la Division provinciale des Mines demande au requérant à une seule reprise toute information complémentaire nécessaire à l'instruction de la demande. Auquel cas, le délai de l'instruction est prorogé par le nombre de jours ouvrables entre la notification de la requête d'information complémentaire au requérant et le dépôt de la réponse de ce dernier.	对申请的审查须自收到申请之日起二十个工作日内完成。必要时,省级矿业处可向申请人一次性提出审查申请所需的全部补充资料。如遇此情形,审查期限根据通知申请人补充资料至申请人答复之间所经过的工作日相应延长。

A l'issue de l'instruction, la Division provinciale des Mines émet son avis sur la demande, établit un projet de décision conforme à l'avis, et les transmet au Ministre avec le dossier de la demande. Ellenotifie l'avis au requérant par le moyen le plus rapide et fiable.	审查结束后,省级矿业处针对申请出具意见,并根据该意见编制决定,并连同申请文件一并移交矿业部部长。省级矿业处将其意见以最迅速可靠的方法通知申请人。
Article 240: De la décision	**第 240 条:作出决定**
Dans un délai de trente jours ouvrables à compter de la réception du dossier de demande par la Division provinciale, le Ministre prend une décision d'octroi ou de refus de l'autorisation préalable de transformation.	自收到省级矿业处移交的申请文件之日起三十个工作日内,矿业部部长作出授予或拒绝加工事前批准的决定。
Toute décision de refus du Ministre est motivée et n'est fondée que sur l'un des éléments suivants:	矿业部部长决定拒绝的,须说明理由,且只得以下列事项之一为由:
• la méthode, les procédés ou l'équipement de transformation utilisés ne sont pas conformes avec la réglementation afférente;	• 所使用的加工方法、工艺和设备不符合相关规定;
• la méthode, les procédés ou l'équipement de transformation utilisés violent les mesures d'atténuation et de réhabilitation de sécurité appropriées ou en raison de leur emplacement à proximité d'un cours ou point d'eau ou d'habitations qui est susceptible de constituer un danger à l'environnement, à la santé ou à la sécurité publique.	• 所使用的加工方法、工艺和设备违背适当的减轻环境影响措施、环境恢复或安全措施,或加工地点位于水流、水源或住宅附近而可能危及环境、健康或公共安全。
Dans un délai de cinq jours ouvrables à compter de sa décision, le Ministre transmet la décision à la Division provinciale des Mines qui l'affiche dans la salle de consultation publique.	自矿业部部长作出决定后之日起五个工作日内,将该决定移交省级矿业处,由其在公共咨询大厅内予以张贴。

Article 241 : De l'inscription et de la notification de la décision	**第 241 条:决定的登记和通知**
La Division provinciale des Mines inscrit la date de la décision d'autorisation préalable de transformation, le nom du requérant ainsi que le type de transformation considérés et le cas échéant, la mention de l'atelier ou de l'usine de transformation que le requérant compte utiliser dans le registre des autorisations préalables de transformation pour les coopératives minières et/ou des produits de carrières.	省级矿业处将加工事前批准的决定日期、申请人姓名和相关加工类型,必要时连同申请人拟委托的加工作坊或工厂的信息,在矿业和/或采石场产品合作社加工事前批准登记簿上予以登记。
La Division provinciale des mines notifie au requérant la décision du Ministre sans frais par le moyen le plus rapide et fiable.	省级矿业处将矿业部部长的决定,以最为迅速可靠的方法无偿通知申请人。
Chapitre II : DES NEGOCIANTS	***第二章:批发商***
Article 242 : De l'autorisation	**第 242 条:批准**
L'autorisation accordée au détenteur de la carte de négociant à l'alinéa premier de l'article 117 du Code minier ne vaut que dans la zone d'exploitation artisanale pour laquelle elle a été octroyée.	《矿业法典》第 117 条第 1 款规定的授予批发许可证持有人的权利,仅限在所授予的手工开采区内行使。
Article 243 : De la demande de carte de négociant	**第 243 条:批发许可证的申请**
Tout demandeur d'une carte de négociant est adressé au Ministre provincial des Mines et déposé à la Division provinciale des Mines où se situe la zone d'exploitation artisanale.	批发许可证申请向省级矿业部长提出,向手工开采区所在辖区的省级矿业处递交。
La demande consiste en un formulaire auquel sont joints les documents repris à l'article 245 ci-dessous.	申请包括申请表并附随下述第 245 条所规定的文件。

Article 244 : Du formulaire	**第 244 条：申请表**
Le formulaire à retirer au bureau de la Division provinciale des Mines compétent comporte les éléments suivants :	**申请表从主管的省级矿业处办公室领取，包含下列事项：**
• l'identité et l'adresse du requérant ;	• 申请人的身份信息和住址；
• le nom et l'emplacement de la zone d'exploitation artisanale pour laquelle la carte est sollicitée.	• 批发许可证所涉手工开采区名称和位置。
Article 245 : Des documents à joindre à la demande	**第 245 条：申请附随文件**
Le requérant joint à son dossier de demande, les documents suivants :	申请人应在其申请材料中附随下列文件：
• une copie de sa carte d'identité ;	• 身份证副本一份；
• une copie de la preuve de son immatriculation au Registre du Commerce et de Crédit Mobilier ;	• 商事和动产信用登记簿登记的证明副本一份；
• l'engagement écrit et signé de n'acheter les produits miniers et/ou de carrières artisanaux que dans la zone artisanale sollicitée, de ne vendre ces produits qu'aux organismes agréés ou créés par État ainsi qu'aux marchés boursiers agréés par l'État et de respecter les mécanismes institués de traçabilité des substances minérales ;	• 经签署的书面保证书，承诺仅在所申请的手工开采区内收购手工开采的矿产和/或采石场产品，且该等产品仅向国家特许或设立的机构和国家特许的证券交易市场出售，并遵守已设立的矿产可追溯性机制；
• le cas échéant, sa carte de négociant qui est arrivée à expiration pour toute demande de renouvellement.	• 如需要，到期的批发许可证的续期申请。
Article 246 : De la recevabilité de la demande	**第 246 条：申请的受理**

La Division provinciale des Mines vérifie que la demande est recevable. La détermination de la recevabilité consiste à se rassurer que le dossier de demande comprend tous les éléments repris aux articles 244 et 245 ci-dessus.	省级矿业处核实申请是否可受理。可受理性的决定取决于申请文件是否包含上述第 244 条和第 245 条规定的全部材料。
Si la demande est recevable, le requérant paie à la Division provinciale des Mines les frais de dépôt fixés par les Ministres ayant les Mines et les Finances de leurs attributions. La Division provinciale des Mines délivre un récépissé du paiement des frais de dépôt au requérant.	若申请予以受理,申请人向省级矿业处缴纳提交费,提交费金额由矿业部部长和财政部部长确定。省级矿业处向申请人签发提交费缴纳回执。
Si la demande n'est pas recevable, la Division provinciale des Mines restitue le dossier de demande au requérant avec mention des pièces manquantes.	若申请不予受理,省级矿业处将申请文件退回申请人并注明所缺文件。
Article 247: De l'Instruction de la demande	**第 247 条:申请的审查**
Lors de l'instruction de la demande, la Division provinciale des Mines vérifie si:	审查申请时,省级矿业处对下列信息予以核实:
• le requérant est éligible à obtenir la carte de négociant;	• 申请人是否具备获得批发许可证的资质;
• il est immatriculé au Registre du Commerce et de Crédit Mobilier.	• 申请人是否已在商事和动产信用登记簿登记。
A la réception du dossier de demande, le Chef de Division provinciale examine l'éligibilité du requérant à l'obtention de la carte. Dans le cas où l'instruction est favorable, il invite le requérant à payer le droit fixe y afférent conformément à la législation sur les recettes des provinces et des entités territoriales décentralisées.	收到申请文件后,省矿业处处长审查申请人取得证照的资格。通过审查的,省矿业处处长要求申请人根据各省和地方权力机关财政收入的立法规定缴纳相关费用。

Dès que la preuve de paiement est déposée, la Division provinciale des Mines émet et notifie au requérant par le moyen le plus rapide et le plus fiable son avis dans les deux jours ouvrables à compter de son dépôt.	申请人递交缴费证明后,省级矿业处出具审批意见,并在审批意见作出之日起的两个工作日内,将审批意见以最为迅速可靠的方法通知申请人。
Dans le délai repris à l'alinéa ci-dessus, la Division provinciale des Mines transmet son avis avec le dossier de demande au Ministre provincial des Mines pour décision.	在前款规定的期限内,省级矿业处将其审批意见连同申请文件移交省级矿业部长作出决定。
Article 248: De la décision du Ministre provincial	**第 248 条:省级矿业部长的决定**
Dans un délai de quinze jours ouvrables à compter de la transmission du dossier de demande au Ministre provincial, celui-ci prend une décision de délivrance ou de refus de délivrance de la carte de négociant. Toute décision de refus doit être motivée et ne peut être fondée que sur le fait que le demandeur n'est pas éligible ou n'est pas immatriculé au Registre du Commerce.	省级矿业部长自收到申请文件之日起十五个工作日内,作出颁发或拒绝颁发批发许可证的决定。决定拒绝颁发的,须说明理由,并只得以申请人不具备资格或未在商事信用登记簿登记为由。
Le Ministre provincial des Mines transmet immédiatement sa décision à la Division provinciale des Mines qui en affiche une copie dans la salle de consultation publique de ses locaux.	省级矿业部长立即将其决定移交至省级矿业处,由其在公共咨询大厅内予以张贴。
Le Ministre provincial des Mines notifie la décision à l'impétrant par le moyen le plus rapide et fiable.	省级矿业部长立即将其决定以最为迅速可靠的方法通知申请人。
Passé ce délai, le récépissé du paiement vaut carte de négociant et le Chef de Division est tenu d'inscrire le nom du requérant dans le registre des négociants.	该期限届满后,则缴纳回执等同于批发许可证,省矿业处处长须将申请人姓名在批发商登记簿上予以登记。

Article 249: De la Carte de négociant	**第 249 条:批发许可证**
A la demande du requérant qui a reçu une décision de délivrance et en échange du paiement d'un droit fixe déterminé chaque année par arrêté des Ministres ayant les Mines et les Finances de leurs attributions, le Ministre provincial des Mines remet une Carte de négociant qui contient les éléments suivants:	经收到颁发决定的申请人申请,并以其缴纳矿业部部长和财政部部长令所确定的年度固定税费为条件,省级矿业部长发放批发许可证,在其上注明下列事项:
• nom, adresse et date de naissance du négociant;	• 批发商姓名、地址和出生日期;
• photographie d'identité du Négociant;	• 批发商身份证照片;
• zone d'exploitation artisanale pour laquelle l'autorisation est établie;	• 经批准的手工开采区;
• date de la remise de la carte et date d'expiration de la carte;	• 批发许可证发放日期和到期日期;
• nom et signature du Ministre provincial des Mines qui délivre la carte.	• 发放该许可证的省级矿业部长的姓名和签名。
Si la demande est une demande de renouvellement, le Ministre Provincial des Mines remet la Carte de négociant expirée avec rature des anciennes dates de la délivrance de la carte et date d'expiration de la carte et le tampon du renouvellement de la carte avec la date de renouvellement et la mention de la nouvelle date d'expiration.	申请许可证续期的,由省级矿业部长将到期的批发许可证上原记载的发放日期和到期日期划去后,标明续期日期和新的到期日期并加盖印章。
Le Ministre provincial des Mines inscrit aussitôt la date de délivrance de la Carte de négociant ou de son renouvellement et le nom de son détenteur sur le registre des Cartes de négociant délivrées qu'il tient à jour. Il fournit un relevé de l'inscription au Chef de la Division provinciale des	省级矿业部长立即将批发许可证的颁发日期或续期日期和持有人姓名在其负责保管的已颁发批发许可证登记簿上予以登记,并将登记明细抄送省矿业处处长,由其转录于省级矿业处负责保管的批发商登记簿。

Mines qui veille à sa transcription dans un registre des négociants que la Division provinciale des Mines tient à jour.	
Article 250: De l'obligation du Négociant de tenir un registre et de fournir un rapport	**第 250 条:批发商保管登记簿和提交报告的义务**
Tout négociant a l'obligation de tenir à jour un registre sur lequel il consigne pour chaque transaction les éléments suivants:	批发商有义务保管更新登记簿,并记录每笔交易中下列事项:
• date, lieu et nom de l'acheteur ou du vendeur;	• 日期、地点和买方或卖方姓名;
• quantité, qualité et prix des minerais achetés ou vendus.	• 所购或所售矿石数量、质量和价格。
Tout négociant est tenu de déposer un rapport sur son activité au Ministre provincial des Mines qui lui a délivré sa carte de négociant et à la Division provinciale des Mines au début de chaque mois à compter de la date de remise de la carte de négociant. Ce rapport doit comporter les éléments suivants:	自批发许可证颁发之日起,批发商须于每月初将其业务报告递交向其颁发批发许可证的省级矿业部长和省级矿业处。该报告须包含下列事项:
• nom et adresse du négociant;	• 批发商姓名和地址;
• nombre d'achats et des ventes réalisés pour le mois antérieur, avec le chiffre d'affaires;	• 上月完成的购销数量和交易额;
• pour chaque type de minerai, la quantité et la qualité de minerais achetés ainsi que la valeur payée, la quantité de minerais vendus et la valeur reçue, et la quantité en stock au dernier jour de chaque mois.	• 就每种矿石而言,所购矿石数量、质量和采购价格,所售矿石数量和售价,每月最后一日库存数量。

Le négociant qui ne dépose pas son rapport à la Division provinciale des Mines selon les modalités de l'alinéa du présent article, s'expose au retrait de sa Carte de négociant conformément aux dispositions de l'article 119 du Code minier.	批发商未根据本条前款规定的方式向省级矿业处递交报告的,根据《矿业法典》第119条的规定的方式吊销其批发许可证。
Chapitre III: DE L'ACHAT DES PRODUITS MINIERS ET/OU DE CARRIERES ARTISANAUX PAR LES ARTISTES AGREES PAR LE MINISTERE DE LA CULTURE	***第三章:经文化部部长特许的艺术家购买手工开采的矿产和/或采石场产品***
Article 251: De l'autorisation spéciale	**第251条:特别批准**
Les artistes agréés par le Ministère en charge de la Culture et des Arts peuvent acheter les produits miniers et/ou de carrières artisanaux directement aux coopératives minières et/ou des produits de carrières agréées pour les besoins de leurs activités artistiques, sous réserve d'obtenir une autorisation spéciale de la Division provinciale des Mines.	在获得省级矿业处特别批准的前提下,经文化与艺术部特许的艺术家可直接向经特许的矿业和/或采石场产品合作社购买手工开采的矿产和/或采石产品,以满足其艺术活动之需。
Seuls les artistes qui montrent une carte d'autorisation spéciale d'achat des produitsminiers et/ou de carrières artisanaux en cours de validité aux coopératives minières et/ou de carrières de la zone d'exploitation artisanale pour laquelle l'autorisation spéciale a été accordée, sont habilités à acheter des produits miniers et/ou de carrières artisanaux.	艺术家出示在有效期内的特别许可证,允许其从手工开采区内的矿业和/或采石场产品合作社购买手工开采的矿产品和/或采石场产品,方可购买手工开采的矿产和/或采石场产品。
Article 252: De la durée	**第252条:有效期**
La carte d'autorisation spéciale d'achat est valable pour une période d'un an. Elle est renouvelable pour la même durée indéfiniment.	特别采购许可证的有效期为一年,可按照相同期限无限次续期。

Article 253: De la demande d'autorisation spéciale d'achat des produits miniers et/ou de carrières artisanaux	**第 253 条：手工开采的矿产和/或采石场产品特别采购许可证的申请**
La demande est déposée à la Division provinciale des Mines de la province dans laquelle est située la zone d'exploitation artisanale où le requérant souhaite acheter les produits miniers et/ou de carrières artisanaux.	该申请向申请人拟采购手工开采的矿产和/或采石场产品的手工开采区所在辖区的省级矿业处递交。
La demande doit comporter les éléments suivants:	申请须包括下列事项：
• le nom et l'adresse de l'artiste agréé;	• 特许艺术家的姓名和住址；
• le nom de la zone d'exploitation artisanale pour laquelle l'autorisation est demandée;	• 需申请许可的手工开采区的名称；
• l'engagement écrit et signé d'utiliser les produits miniers et/ou de carrières artisanaux achetés pour les besoins de son activité artistique et non pas pour la revente directe de ces produits qui est interdite.	• 经签署的书面保证，以承诺将所购手工开采的矿产和/或采石场产品用于其艺术活动，而非用于被禁止的直接销售。
Article 254: De la recevabilité et de l'instruction de la demande	**第 254 条：申请的受理和审查**
La Division provinciale des Mines vérifie si la demande est recevable. La recevabilité consiste à s'assurer que le dossier de demande comprend tous les éléments décrits aux articles 244 et 245 du présent Décret.	省级矿业处审查申请是否可以受理。是否受理取决于申请文件是否包含本法令第 244 条和第 245 条的规定的全部材料。
En cas de recevabilité de la demande, le requérant paie à la Division provinciale des Mines des frais de dépôt. La Division provinciale des Mines délivre un récépissé du paiement des frais de dépôt au requérant.	申请予以受理的，申请人向省级矿业处缴纳提交费。省级矿业处向申请人签发申请费缴纳回执。

Si la demande n'est pas recevable, la Division provinciale des Mines retourne le dossier de demande au requérant avec mention des pièces omises.	申请不予受理的,省级矿业处将申请文件退还申请人,并注明所缺文件。
L'instruction de la demande consiste à vérifier, dans un délai de cinq jours ouvrables à compter du dépôt de la demande, que le requérant est un artiste agréé figurant sur la liste des Artistes agréés publiée par le Ministère de la Culture deux fois par an et transmise à la Direction des Mines.	对申请的审查,在申请递交之日起五个工作日内进行,核实申请人是否系特许艺术家名录中的特许艺术家。该名录由文化部每年公布两次,并移送矿业局。
Article 255: De la décision du Chef de Division provinciale des Mines	**第 255 条:省矿业处处长的决定**
Le Chef de Division provinciale rend sa décision d'autorisation spéciale ou de refus d'autorisation dans un délai de dix jours ouvrables à compter de la transmission du dossier de la demande.	省矿业处处长自收到移交的申请文件之日起十个工作日内作出特别许可或拒绝许可的决定。
Toute décision de refus est motivée et ne peut être fondée que sur le fait que le requérant n'est pas un artiste agréé.	决定拒绝许可的须说明理由,且只得以申请人并非特许艺术家为由。
Le Chef de la Division provinciale transmet immédiatement sa décision d'octroi au Cadastre Minier provincial qui affiche le résultat dans la salle de consultation publique. La décision d'octroi ou de refus est notifiée à l'impétrant.	省矿业处处长立即将其授予决定移交省矿权登记局,由其在公共咨询大厅内予以张贴。授予或拒绝授予的决定应通知申请人。
Article 256: De l'autorisation spéciale d'achat	**第 256 条:特别采购许可**
A la demande du requérant, la Division provinciale des Mines délivre l'autorisation spéciale d'achat des produits miniers et/ou de carrières artisanaux moyennant paiement d'un montant dont le taux et les modalités de perception sont	经申请人请求,并交纳相关费用的,省级矿业处颁发手工开采矿产和/或采石场产品的特别采购许可。该等费用的金额和征收方式由财政部部长和矿业部部长颁布联合部长令确定。特别采购许可包括下列事项:

fixés par arrêté conjoint des Ministres en charge des Finances et des Mines qui contient les éléments suivants:	
• nom, adresse de l'artiste agréé;	• 特许艺术家姓名和住址;
• zone d'exploitation artisanale pour laquelle l'autorisation est établie;	• 特许手工开采区的名称;
• pour chaque substance minérale artisanale, mention de la quantité maximum que l'artiste agréé peut acheter par transaction et pour la durée de validité de la carte selon les dispositions de l'arrêté du Ministre publié chaque année;	• 特许艺术家对于每一种手工开采的矿产单次交易的可购限额,和根据每年公布的部长令之规定,许可证的有效期;
• date de délivrance de la carte et date d'expiration de la carte;	• 许可证颁布日期和到期日期;
• bureau de la Division provinciale des Mines, nom et signature de l'agent ayant délivré la carte de négociant.	• 颁发特别采购许可证①的省级矿业处办公室,和有关工作人员的姓名和签名。
La Division provinciale des Mines inscrit le nom de l'artiste agréé la date de délivrance de la carte d'artiste agréé sur le Registre des Cartes d'Autorisation Spéciale d'Achat des Produits Miniers Artisanaux.	省级矿业处将特许艺术家的姓名和特许艺术家证的颁发日期在手工开采的矿产特别采购许可证登记簿上予以登记。
Article 257: De l'interdiction de revente directe	**第 257 条:禁止直接转售**
Il est interdit à tout artiste qui achète des produits miniers et/ou de carrières artisanaux de les revendre sans les avoir transformés au préalable en œuvre d'art.	禁止艺术家将其购买的手工开采的矿产和/或采石场产品在未转化为艺术品前再次销售。

① 译者注:此处法语原文为"批发许可证"(la carte de négociant),貌似有误,故根据上下文译为"特别采购许可证"。

L'artiste qui enfreint cette interdiction s'expose au retrait de sa carte d'autorisation spéciale d'achat par le chef de Division provinciale des Mines.	艺术家违反该项规定的,由省矿业处处长吊销其特别采购许可证。
L'artiste dont la carte a été retirée ne peut plus demander une nouvelle autorisation spéciale d'achat des produits miniers artisanaux pendant trois ans.	艺术家特别采购许可证被吊销的,三年内不得重新申请手工开采矿产特别采购许可证。
Chapitre IV: DES ACHETEURS DES PRODUITS MINIERS ARTISANAUX DES COMPTOIRS AGREES	***第四章:特许商行的手工开采的矿产品的采购员***
Article 258: De l'autorisation	**第 258 条:许可**
Seul l'acheteur des comptoirs agréés ayant reçu l'agrément du Ministre et dont le nom figure sur la liste annuelle des acheteurs agréés est autorisé à acheter l'or, le diamant ou toute autre substance minérale de production artisanale auprès des coopératives minières et des négociants pour le compte des comptoirs agréés. Le nombre d'acheteurs par comptoir est limité par arrêté du Ministre qui est publié au Journal Officiel chaque année au mois de janvier.	仅经矿业部部长特许,且其姓名列入特许采购员年度名录的特许商行的采购员可以为特许商行从矿业合作社和批发商处购买黄金、钻石和其他手工开采的矿产。各商行采购员的人数,由矿业部部长决定,该决定于每年一月公布于官方公报。
Article 259: De la durée	**第 259 条:有效期**
La durée de l'agrément est d'un an renouvelable.	许可有效期为一年,可续期。
Article 260: De l'éligibilité	**第 260 条:资格条件**
Pour exercer la profession d'acheteur des comptoirs agréés, il faut:	拟从事特许商行采购员职业的,须:

• être porteur d'une carte de travail pour étranger du secteur minier artisanal en cours de validité pour les expatriés ou d'une carte de travail en cours de validité pour les nationaux;	• 外籍人士须持有尚在有效期内的手工采矿业外国人工作证,本国人须持有尚在有效期内的工作证;
• déposer à la Direction des Mines des photographies récentes de format moyen;	• 向矿业局递交中等规格的近照;
• se conformer à la réglementation des activités des comptoirs.	• 遵守商行业务规范。
Toute personne dont l'agrément a été retiré par le Ministre n'est pas éligible pour obtenir le titre d'acheteur des comptoirs agréés pendant trois ans.	许可被矿业部部长吊销的,三年内不具备取得特许商行采购员的资格。
Article 261: De la demande d'agrément	**第 261 条:许可的申请**
Toute demande d'agrément est adressée au Ministre et déposée à la Direction des Mines entre le premier janvier de l'année et le premier mars. Elle comporte les éléments suivants:	许可的申请于每年一月一日至三月一日向矿业部部长提出,并向矿业局递交。申请包含下列事项:
• nom et adresse du siège du domicile ou de la résidence du requérant dans le Territoire National;	• 申请人姓名和境内住所地或居住地;
• pour les nationaux, copie certifiée conforme de la carte de travail délivrée par le comptoir employeur;	• 具有刚果(金)国籍的申请人,经认证的与原件一致的由雇主商行颁发的工作证副本;
• pour les requérants de nationalité étrangère, copie certifiée conforme de la carte de travail pour étranger ainsi qu'une autorisation de séjour et de circulation dans les zones minières et/ou de carrières artisanales en cours de validité;	• 具有外国国籍的申请人,经认证的与原件一致的外国人工作证副本,在有效期内的在手工采矿区和/或手工采石区内的居留许可和通行许可;

• nom et adresse du comptoir agréé pour lequel l'acheteur exerce ses activités, s'il s'agit d'une personne physique;	• 采购员从事业务活动的特许商行系自然人的,特许商行的姓名和住址;
• raison sociale ou dénomination sociale et siège social du comptoir agréé pour le compte duquel l'acheteur exerce ses activités, s'il s'agit d'une personne morale;	• 采购员从事业务活动的特许商行系法人的,特许商行的名称和注册地址;
• deux photographies récentes de format moyen du requérant;	• 申请人中等规格近照两张;
• engagement écrit et signé du requérant de n'acheter les produits miniers artisanaux qu'auprès de coopératives minières agréées et/ou des négociants ayant une carte en cours de validité pour la zone d'exploitation artisanale et de respecter la réglementation relative aux activités des comptoirs agréés ainsi que les mécanismes institués de traçabilité des substances minérales;	• 经申请人签署的书面保证书,以承诺仅向经特许的矿业合作社和/或许可证尚在有效期内的手工开采区的批发商购买手工开采的矿产,并遵守特许商行的业务活动规范和已设立的矿产可追溯性机制;
• conditions reprises à l'article 123 alinéa 1er du Code minier.	•《矿业法典》第 123 条第 1 款规定的条件。
Article 262: De la recevabilité de la demande	**第 262 条:申请的受理**
La Direction des Mines vérifie si la demande est recevable. La demande est recevable si le dossier de la demande comprend les éléments prévus par les dispositions de l'article précédent.	矿业局核实申请是否可以受理。申请文件包含前条规定的全部材料的,可以受理。
L'instruction de la demande ne peut excéder trente jours à compter de la date de demande. Passé ce délai, l'avis favorable de la direction des mines est réputé acquis et ce, sans préjudice des dispositions de l'article 123 du Code minier.	对申请的审查,自申请之日起不得超过三十日。该期限届满后,在不违反《矿业法典》第 123 条规定的前提下,视为获得矿业局的肯定意见。有此情形的,矿业局须将肯定意见通知申请人,并立即将文件移交矿业部部长。

Dans ce cas, la Direction des Mines doit notifier au requérant l'avis favorable d'office et transmettre sans délai le dossier au Ministre.	
Si la demande est recevable, le requérant paie les frais de dépôt et autres droits dus conformément à la législation en la matière et dépose les preuves de paiement à la Direction des Mines.	若申请可以受理,申请人根据相关立法缴纳提交费和其他应缴费用,并向矿业局递交缴费证明。
La Direction des Mines transmet dans les deux jours ouvrables de la recevabilité de la demande, le dossier de la demande au Ministre, pour décision.	矿业局自受理申请之日起两个工作日内,将申请文件移交矿业部部长作决定。
Si la demande n'est pas recevable, la Direction des Mines rend le dossier de la demande au requérant avec mention des pièces manquantes.	若申请不予受理,矿业局将申请文件退回申请人,并注明所缺文件。
Article 263: De la décision du Ministre	**第 263 条:矿业部部长的决定**
Dans un délai de quinze jours ouvrables à compter de la réception du dossier de demande, le Ministre accorde ou refuse l'agrément au requérant.	自收到申请文件之日起十五个工作日内,矿业部部长作出许可或拒绝批准的决定。
Toute décision de refus doit être motivée et ne peut être fondée que sur la non-éligibilité du demandeur ou sur le fait que le quota annuel d'acheteurs a été atteint.	作出拒绝批准决定的,须说明理由,且只得以申请人不具备资格或采购员年度名额已满为由。
Le Ministre transmet sa décision à la Direction des Mines qui affiche le résultat dans sa salle de consultation publique.	矿业部部长将其决定移交矿业局,由矿业局在公共咨询大厅内予以张贴。
La décision de refus ou d'agrément est notifiée à l'impétrant par le moyen le plus rapide et fiable.	拒绝批准或批准的决定,以最为迅速可靠的方法通知申请人。

Passé ce délai, le requérant peut saisir le tribunal compétent. La décision du tribunal vaut agrément et le Ministre des Mines est tenu de régulariser la procédure.	该期限届满后,申请人可向有管辖权的法院提起诉讼。法院判决具有许可效力,矿业部部长须补办手续。
Article 264: De l'inscription sur la liste annuelle des acheteurs agréés	**第 264 条:特许采购员年度名录的登记**
La Direction des Mines inscrit le nom de l'acheteur agréé et la date d'expiration de l'agrément sur la liste annuelle des acheteurs agréés et appose sa photo d'identité dans les deux jours ouvrables à compter du premier jour de publication des résultats de la décision du Ministre.	矿业局将特许采购员姓名和其许可证到期日期在特许采购员年度名录上予以登记,并自矿业部部长的决定公布之日起两个工作日内添加其身份证件照。
La Direction des Mines a l'obligation de tenir à jour la liste annuelle des acheteurs agréés et affiche cette liste dans la salle de consultation publique.	矿业局有义务保管并更新特许采购员年度名录,并在公共咨询大厅内予以张贴。
Les comptoirs agréés ont l'obligation de lever copie moyennant payement des frais de cette liste, après qu'elle a été affichée à la Direction des Mines.	该名录在矿业局张贴后,特许商行有义务取得该名录的副本,并交纳相应费用。
Ils doivent également adresser un rapport mensuel à la Division provinciale des Mines du ressort avec copie à la Direction des Mines reprenant notamment la liste actualisée des acheteurs exerçant en leur sein.	特许商行须向所在辖区的省级矿业处递交月度报告并将副本移送矿业局,该报告主要包括最新的内部采购员名单。
Article 265: Du retrait de l'agrément	**第 265 条:特许资格的吊销**
L'acheteur qui viole les dispositions du présent Règlement minier s'expose au retrait de son agrément par le Ministre après une mise en demeure de trente jours faite par la Direction des Mines lorsqu'il n'a pas remédié à la situation prévue à l'article 126 du Code minier.	采购员违反本《矿业条例》规定的,经矿业局催告后三十日内,未能改正《矿业法典》第 126 条规定的情形的,矿业部部长吊销其特许资格。

Tout acheteur dont l'agrément a été retiré par le Ministre n'est pas éligible pour obtenir un nouvel agrément pendant cinq ans.	采购员资格被矿业部部长吊销的，五年内不具备重新取得的资格。
Article 265 bis: Du transport, de l'Entreposage et du stockage des produits miniers d'exploitation artisanale	**第265(2)条：手工开采矿产品的运输、仓储和储存**
L'entité de traitement en cours de validité, le négociant et la coopérative minière ou des produits de carrières dûment agréée sont les seules habilitées à constituer des stocks des produits miniers d'exploitation artisanale, à disposer et gérer les entrepôts de cesproduits.	尚在有效期内的处理单位、批发商和经正式特批的矿业或采石场产品合作社是唯一有权组织手工开采矿产的储存、处置和管理该等产品仓库的机构。
L'entité de traitement, le négociant ou la Coopérative minière s'oblige avant de procéder à la construction de l'entrepôt et à l'entreposage des produits miniers d'exploitation artisanale de soumettre à l'approbation de la Direction des Mines et à la Direction de Protection de l'Environnement Minier, l'emplacement du site d'entreposage, les techniques et équipements d'entreposage, le plan de construction de l'entrepôt, les mesures pratiques préconisées pour assurer la stabilité de l'entreposage des produits miniers, la sécurité des travailleurs et l'impact minimal sur l'environnement.	在着手建设仓库和仓储手工开采的矿产之前，处理单位、批发商或矿业合作社有义务将仓储地点、仓储技术和设备、仓库建设计划和为确保采矿产品储存的稳定性、工人的安全和对环境影响最小化而建议采取的实际措施提交给矿业局和矿业环保局批准。
Dans le cas où l'entreposage des produits miniers risque de générer des effluents acides, l'entité de traitement, le négociant ou la coopérative minière se charge de construire des ouvrages de captage et de traitement des effluents acides.	矿产的仓储有可能产生酸性污水的，处理单位、批发商或矿业合作社负责建设酸性污水引流和处理工程。

L'entité de traitement, le négociant ou la coopérative minière ou des produits de carrières, prend le cas échéant, des dispositions particulières de protection contre les rayonnements ionisants.	在必要时,处理单位、批发商、矿业或采石场产品合作社做好特殊准备以防电离辐射。
Le transport des produits d'exploitation artisanale vers l'entrepôt ou de l'entrepôt vers le client est soumis aux règles de droit commun.	将手工开采的产品运往仓库,或从仓库运给客户,应遵守普通法规定。
L'identification du transporteur requise à l'article 108 septies du Code minier, se fait conformément aux prescrits du Manuel des procédures de traçabilité des produits miniers de l'extraction à l'exportation.	根据《矿业法典》第 108(7)条的规定,运输者的识别根据《采矿产品从开采到出口的可追溯性程序手册》的规定进行。
Chapitre V: DES MARCHES BOURSIERS DES SUBSTANCES MINERALES DE PRODUCTION ARTISANALE	***第五章:手工开采矿产的证券交易市场***
Section I:De l'agrément, de l'organisation et du financement des marchés boursiers	**第一节:证券交易市场的批准、组织和融资**
Article 266:De l'agrément des marchés boursiers	**第 266 条:证券交易市场的批准**
Conformément à l'article 128 du Code minier, seuls les marchés boursiers ayant reçu l'agrément de la Banque Centrale du Congo et du Ministre; et dont les noms figurent sur la liste annuelle des marchés boursiers agréés, sont autorisés à organiser les marchés d'achat et de vente des substances minérales de production artisanale auprès des comptoirs, des coopératives minières agréées et des négociants ayant une carte en cours de validité pour la zone d'exploitation artisanale.	根据《矿业法典》第 128 条的规定,仅经刚果(金)中央银行和矿业部部长批准,且列入特许证券交易市场年度名录的证券交易市场,有权向商行、经特许的矿业合作社和证照尚在有效期内的手工开采区批发商组织手工开采矿产品的购销交易。

Les personnes désirant créer les marchés boursiers présentent une étude détaillée du projet au Gouverneur de la Banque Centrale du Congo qui en apprécie l'opportunité. La décision de ce dernier est communiquée au Ministre en vue de l'octroi de l'agrément.	拟设立证券交易市场者,须向刚果(金)中央银行行长递交详细的项目研究报告,由其核实是否可行,并将决定通知矿业部部长以便授予批准。
L'agrément du marché boursier emporte autorisation d'organiser des marchés d'achat et de vente des substances minérales précieuses et semi-précieuses de production artisanale.	证券交易市场的许可允许组织手工开采的珍贵矿产和半珍贵矿产的购销交易。
Article 267: Des modalités d'agrément, d'organisation et de financement des marchés boursiers	**第 267 条:证券交易市场的许可、组织和出资方式**
Dans un délai de six mois à compter de la date de l'entrée en vigueur du présent Décret, la Banque Centrale du Congo et le Ministre détermineront, tel que prévu à l'article 128 du Code minier, les modalités concernant:	自本法令生效之日起六个月内,刚果(金)中央银行和矿业部部长根据《矿业法典》第 128 条的规定,决定下列事项的实施方式:
• l'agrément des marchés boursiers;	• 证券交易市场的许可;
• leur organisation;	• 证券交易市场的组织;
• leur financement.	• 证券交易市场的融资。
Les modalités d'agrément viseront notamment le respect des conditions d'organisation et de financement des marchés boursiers.	许可方式将遵循证券交易市场组织和融资的条件。
Les modalités et l'organisation des marchés boursiers devront comprendre des mécanismes de contrôle pour s'assurer que seules les personnes prévues par le Code minier sont admises aux marchés boursiers comme vendeurs et acheteurs et que les	证券交易市场组织方式须包括监管机制,以确保仅《矿业法典》规定的人员可作为销售人员和采购人员进入证券交易市场,且购销活动在经批准的场所内,以透明和安全为条件。

opérations de vente et d'achat se déroulent dans des conditions de transparence et de sécurité dans les lieux autorisés.	
Les modalités de financement des marchés boursiers comprendront notamment les modalités de la caution requise pour obtenir et maintenir l'agrément comme marchés boursiers.	证券交易市场融资方式主要包括取得和维持证券交易市场许可所需的保证金的方式。
Section II : Du comité d'agrément	**第二节:许可委员会**
Article 268 : De la mission, de l'organisation et du fonctionnement du comité d'agrément	**第 268 条:许可委员会的任务、组织和运行**
Un Comité d'agrément composé des représentants des Ministères ayant les Mines et les Finances dans leurs attributions et de la Banque Centrale du Congo sera constitué par la Banque Centrale du Congo qui en fixe la mission ainsi que les règles d'organisation et de fonctionnement.	许可委员会成员由负责矿业和财政事务的政府部委和刚果(金)中央银行的代表组成,由刚果(金)中央银行设立并确定其任务、组织和运行规则。
TITRE XI : DE L'AUTORISATION DE RECHERCHES DES PRODUITS DE CARRIERES	**第十一编:采石场产品勘探许可**
Chapitre I : DE L'OCTROI DE L'AUTORISATION DE RECHERCHES DES PRODUITS DE CARRIÈRES	***第一章:采石场产品勘探许可的授予***
Article 269 : De l'autorisation	**第 269 条:许可**
Sans préjudice des dispositions de l'article 136 bis du Code minier, le titulaire d'une Autorisation de Recherches des Produits de Carrières est seul autorisé à effectuer la recherche des substances minérales classées en carrières pour lesquelles son droit est établi à l'intérieur du périmètre précisé.	在不违反《矿业法典》第 136(2)条规定的前提下,仅采石场产品勘探许可持有人有权在明确规定的矿区内从事归类为采石场类矿产的勘探。

Article 270 : Des limitations	**第 270 条：限制条件**
La superficie du périmètre faisant l'objet d'une Autorisation de Recherches des Produits de Carrières ne peut pas dépasser le maximum de quatre carrés.	采石场产品勘探许可所覆盖的矿区面积最多不得超过四个区块。
Conformément à l'article 139 du Code minier, une personne morale et les sociétés affiliés ne peuvent détenir plus de dix Autorisations de Recherches des produits de Carrières.	根据《矿业法典》第 139 条的规定，法人和其关联企业不得持有超过十项采石场产品勘探许可。
Article 271 : Des conditions d'octroi	**第 271 条：授予条件**
Sous réserve des dispositions de l'article 143 du Code minier, les conditions d'octroi de l'Autorisation de Recherches des Produits de Carrières sont celles prévues à l'article 96 du présent Décret fixant les conditions d'octroi du Permis de Recherches.	根据《矿业法典》第 143 条的规定，采石场产品勘探许可的授予条件为本法令第 58 条规定的关于勘探许可的授予条件。
Article 272 : Du dépôt de la demande d'Autorisation de Recherches des Produits de Carrières	**第 272 条：采石场产品勘探许可申请的递交**
Le dépôt de la demande d'Autorisation de Recherches des Produits de Carrières est fait conformément aux dispositions de l'article 98 du présent Décret, sous réserve que le dépôt de la demande d'Autorisation de Recherches des Produits des Carrières soit effectué au Cadastre Minier provincial sauf dans le cas prévu au deuxième alinéa de l'article 98 du présent Décret.	采石场产品勘探许可申请的递交，根据本法令第 98 条的规定进行。除本法令第 98 条第 2 款规定的情形外，采石场产品勘探许可申请向省矿权登记局递交。
Article 273 : De la preuve de la capacité financière du requérant	**第 273 条：申请人财务能力的证明**

Le requérant est tenu de prouver qu'il dispose, pour mener à bien son programme de recherches minières, d'un compte ouvert auprès d'une banque congolaise agréée et où sont bloqués pendant toute la période de l'examen du dossier les fonds représentant la capacité financière minimum.	申请人须证明,为完成其矿业勘探计划,其在特许的刚果(金)银行拥有账户,并在整个材料核实期间将能体现最低财务能力的资金在该账户内冻结。
Le Cadastre Minier qui instruit le dossier est tenu de vérifier cette capacité financière minimum, conformément à l'article 58 du Code minier.	审查材料的矿权登记局须根据《矿业法典》第 58 条的规定,核实该最低财务能力。
Article 274: De la recevabilité de la demande	**第 274 条:申请的受理**
Les dispositions des articles 100 et 101 du présent Décret s'appliquent à la recevabilitéde la demande de l'Autorisation de Recherches des Produits de Carrières ainsi qu'au report à titre indicatif du périmètre demandé sur la carte de retombes minières.	本法令第 100 条和第 101 条的规定适用于采石场勘探许可申请的受理,和所申请的采石区在矿区分布图上的参考性标注。
Article 275: De l'instruction cadastrale	**第 275 条:矿权登记审查**
Lors de l'instruction cadastrale de la demande de l'Autorisation de Recherches des Produits de Carrières, le Cadastre Minier central ou provincial vérifie l'accomplissement des conditions prévues à l'article 271 ci-dessus.	在对采石场产品的许可申请进行矿权登记审查时,中央或省级矿权登记局会核实上述第 271 条规定的条件是否得到满足。
Le Cadastre Minier vérifie si:	矿权登记局核实:
• le périmètre est composé de carrés uniformes et indivisibles conformes au quadrillage cadastral du Territoire National;	• 采石区是否由符合国土地籍网格的统一且不可分割的区块组成;

• le périmètre a la forme d'un polygone composé de carrés entiers contigus et le polygone ne renferme pas de terrains qui ne font pas partie du périmètre;	• 采石区是否为由完整毗连的区块构成的多边形,该多边形是否未包含不属于该矿区的土地;
• le périmètre ne se trouve pas dans une zone où l'octroi des Autorisations de recherches des produits de carrières est interdite.	• 采石区是否位于禁止授予采石场产品勘探许可的区域内。
Conformément aux conditions d'octroi de l'Autorisation de Recherches des Produits de Carrières, le périmètre est considéré disponible si les carrés qui le composent ne font pas partie d'un périmètre faisant l'objet:	根据采石场产品勘探许可的授予条件,构成矿区的区块未位于下列类型的矿区内的,该采石区被视为可用:
• d'un droit minier ou de carrières déjà établi autre qu'un Permis de Recherches;	• 除勘探许可外,其他已经设立矿权或采石权的矿区;
• d'une demande de droit minier ou de carrières autre qu'un Permis de Recherches inscrite antérieurement qui a reçu un avis cadastral favorable.	• 除矿权登记审查意见为肯定意见并已登记在册的勘探许可外,其他矿权或采石权申请所覆盖的矿区。
Les dispositions du dernier alinéa de l'article 102 et de l'article 103 du présent Décret s'appliquent mutatis mutandis à l'instruction cadastrale de la demande de l'Autorisationde Recherches des Produits de Carrières.	本法令第 102 条最末款和第 103 条的规定,经必要修改之后适用于采石场产品勘探许可申请的矿权登记审查。
Article 276: De l'avis cadastral	**第 276 条:登记审查意见**
Les dispositions de l'article 104 du présent Décret régissent l'avis cadastral relatif à la demande d'octroi de l'Autorisation de Recherches des Produits de Carrières, sous réserve que le Cadastre	本法令第 104 条的规定适用于关于采石场产品勘探许可申请的登记审查意见,前提是中央或省级矿权登记局将登记审查意见连同材料副本和授予或拒绝授予的决定草案移交省级矿业部部长。

Minier central ou provincial transmette l'avis cadastral avec une copie du dossier et un projet de décision d'octroi ou de refus d'octroi au Ministre Provincial des Mines.	
Article 277: De la décision d'octroi ou de refus	**第 277 条:授予或拒绝决定**
La décision d'octroi ou de refus de l'autorisation de recherches des produits de carrières et de l'Autorisation d'Exploitation des Produits de Carrières des matériaux de construction à usage courant est de la compétence du Ministre provincial des mines conformément aux dispositions de l'article 11 bis du Code minier.	省级矿业部长有权根据《矿业法典》第11(2)条的规定作出授予或拒绝授予采石场产品勘探许可和常用建筑材料开采许可的决定。
Article 278: De l'inscription de l'Autorisation de Recherches des Produits de Carrières	**第 278 条:采石场产品勘探许可的登记**
Les règles régissant l'inscription du Permis de Recherches prévues à l'article 106 du présent Décret s'appliquent à l'inscription de l'Autorisation de Recherches des Produits de Carrières par le Cadastre Minier central ou provincial.	本法令第 106 条关于勘查许可登记的规定,适用于中央或省级矿权登记局对采石场产品勘探许可的登记。
Article 279: De la notification de la décision	**第 279 条:决定的通知**
Sous réserve de l'article 277 ci-dessus relatif à l'autorité compétente et au délai de décision, la notification de la décision d'octroi ou de refus d'octroi est faite conformément aux dispositions de l'article 107 du présent Décret.	在遵守上述第 277 条关于主管机关和决定期限的规定的前提下,授予或拒绝授予决定的通知根据本法令第 107 条的规定进行。
Article 280: Du paiement des droits superficiaires	**第 280 条:面积税的缴纳**

Le paiement des droits superficiaires annuels par carré en cas d'octroi de l'Autorisation de Recherches de Produits de Carrières est régi par les dispositions de l'article 108 du présent Décret.	授予采石场产品勘探许可的,年度面积税根据本法令第 108 条的规定缴纳。
Article 281 : De la délivrance du Certificat de Recherches des Produits de Carrières	**第 281 条:采石场产品勘探证书的颁发**
Les dispositions prévues à l'article 109 du présent Décret s'appliquent également à la délivrance du Certificat de Recherches des Produits de Carrières, sous réserve de substituer « Autorisation de Recherches des Produits de Carrières» au «Permis de Recherches».	在采石场产品勘探许可替代探矿证的前提下,本法令第 109 条的规定适用于采石场产品勘探证书的颁发。
Article 282 : abrogé	**第 282 条:废除**
Chapitre II : DE LA RENONCIATION A L'AUTORISATION DE RECHERCHES DES PRODUITS DE CARRIÈRES	***第二章:采石场产品勘探许可的放弃***
Article 283 : De la déclaration de renonciation	**第 283 条:放弃声明**
Les dispositions de l'article 118 du présent Décret s'appliquent à la déclaration de renonciation à l'Autorisation de Recherches des Produits de Carrières.	本法令第 118 条的规定适用于采石场产品勘探许可的放弃声明。
Article 284 : De la recevabilité de la déclaration de renonciation	**第 284 条:放弃声明的受理**
La recevabilité de la déclaration de renonciation à l'Autorisation de Recherches des Produits de Carrières est régie par les dispositions de l'article 119 du présent Décret.	采石场产品勘探许可放弃声明的受理,根据本法令第 119 条的规定进行。
Article 285 : De l'instruction de la déclaration de renonciation	**第 285 条:放弃声明的审查**

L'instruction de la déclaration de renonciation à l'Autorisation de Recherches des Produits de Carrières est réalisée conformément aux dispositions de l'article 120 du présent Décret, sous réserve que le Cadastre Minier central ou provincial transmette la déclaration au Ministre provincial des Mines.	在中央或省级矿权登记局已将声明移送至省级矿业部长的前提下,采石场产品勘探许可放弃声明的审查,根据本法令第120条的规定进行。
Article 286: Du donner acte de la déclaration de renonciation	**第286条:放弃声明的备案**
Le donner acte à la déclaration derenonciation à l'Autorisation de Recherches des Produits de Carrières par le Ministre Provincial des Mines est régi par les dispositions de l'article 121 du présent Décret.	省级矿业部部长对采石场产品勘探许可放弃声明的备案,根据本法令第121条的规定进行。
Article 287: De la notification du donner acte de la déclaration de renonciation	**第287条:放弃声明备案的通知**
La notification du donner acte à la déclaration de renonciation à l'Autorisation de Recherches des Produits de Carrières est régie par les dispositions de l'article 122 du présent Décret.	采石场产品勘探许可放弃声明备案的通知,根据本法令第122条的规定进行。
Article 288: De la modification du Certificat de Recherches des Produits de Carrières	**第288条:采石场产品勘探证书的变更**
Les dispositions de l'article 123 du présent Décret s'appliquent en cas de renonciation pour modification du Certificat de Recherches des Produits de Carrières.	本法令第123条的规定适用于放弃变更采石场产品勘探证书。
Article 289: Des effets de la renonciation	**第289条:放弃的效果**
Les effets de la renonciation sont ceux prévus à l'article 60 du Code minier.	放弃的效果为《矿业法典》第60条的规定的效果。①

① 中伦注:矿业部部长确认权利人的放弃行为后,该矿区之上不存在任何矿权,但所有权除外。

Chapitre III:DU RENOUVELLEMENT	*第三章:续期*
Article 290:Du dépôt de la demande de renouvellement	**第 290 条:续期申请的递交**
Pour obtenir le renouvellement de son Autorisation de Recherches des Produits de Carrières, le titulaire dépose sa demande auprès du Cadastre Minier central ou provincial au plus tard deux mois avant la date d'expiration de l'Autorisation de Recherches des Produits de Carrières.	持有人须在采石场产品勘探许可期限届满之日起最迟两个月内向中央或省级矿权登记局递交申请,以取得采石场产品勘探许可的续期。
Le contenu de la demande de renouvellement obéit aux règles énoncées à l'article 125 du présent Décret, excepté son littera d de l'alinéa 3.	续期申请的内容须遵守本法令第 125 条的规定,但第 3 款第 d 项除外。
Article 291:Du formulaire de renouvellement	**第 291 条:续期申请表**
L'article 126 du présent Décret s'applique au formulaire de renouvellement de l'Autorisation de Recherches des Produits de Carrières.	本法令第 126 条适用于采石场产品勘探许可续期申请表。
Article 292:De la recevabilité	**第 292 条:受理**
La recevabilité de la demande de renouvellement est régie mutatis mutandis par les dispositions de l'article 128 du présent Décret.	本法令第 128 条的规定经必要修改,适用于续期申请的受理。
Article 293:Du délai d'instruction de la demande de renouvellement de l'Autorisation de Recherches des Produits de Carrières	**第 293 条:采石场产品勘探许可续期申请的审查期限**
L'instruction est clôturée dans un délai de trente jours ouvrables à compter de la date du dépôt de la demande.	审查应在自申请递交之日起三十个工作日内结束。

Article 294 : De l'instruction cadastrale	第 294 条：登记审查
Lors de l'instruction de la demande de renouvellement, le Cadastre Minier vérifie si :	对续期申请进行审查时，矿权登记局应核实：
• l'Autorisation de Recherches des Produits de Carrières du requérant est en cours de validité ;	• 申请人的采石场产品勘探许可是否仍在有效期；
• le périmètre dont le renouvellement est demandé, est composé des carrés entiers et contigus qui respectent les règles de la forme du périmètre ;	• 所申请续期的矿区是否由完整毗连的区块构成，并且符合关于区域形状的规定；
• aucun droit minier d'exploitation n'a été accordé sur le périmètre de recherches de carrières ;	• 采石场勘探区上是否有任何尚未批准的采矿权；
• les limitations précisées à l'article 139 du Code minier et à l'article 270 du présent Décret sont respectées ;	• 是否遵守《矿业法典》第 139 条和本法令第 270 条所规定的限制条件；
• le titulaire a payé les droits superficiaires annuels par carré pour son périmètre pendant la première période de validité de son Autorisation de Recherches des Produits de Carrières.	• 持有人是否已经缴纳其采石场产品勘探许可有效期内的年度区块面积税。
A l'issue de l'instruction cadastrale, le Cadastre Minier affiche son avis favorable ou défavorable dans la salle de consultation publique et transmet son avis au Ministre Provincial des Mines avec un projet de décision portant renouvellement de l'Autorisation de Recherches des Produits de Carrières ou un projet de refus.	登记审查结束时，矿权登记局在公共咨询大厅内张贴其肯定或否定的意见，并将其意见连同关于采石场产品勘探许可续期或拒绝续期的决定草案移送省级矿业部部长。

Article 295 : De la décision	**第 295 条：决定**
Le Ministre provincial des Mines prend sa décision et la transmet au Cadastre Minier provincial dans un délai de vingt jours à compter de la date du dépôt du dossier de demande. Le Chef de Division provinciale des Mines accorde par décision le renouvellement de l'Autorisation de Recherches des Produits de Carrières qui a reçu un avis favorable et refuse par décision motivée la demande de renouvellement qui a reçu un avis défavorable.	由省级矿业部部长作出决定，并在申请文件递交之日起二十日内，将其决定移送省级矿权登记局。省矿业处处长收到肯定意见的，通过决定批准采石场产品勘探许可的续期；收到否定意见的，通过决定拒绝批准续期申请并说明理由。
A défaut de la décision du Ministre provincial des Mines notifiée au demandeur dans un délai de trente jours à compter de la date du dépôt de la demande, la demande de renouvellement est réputée accordée.	若省级矿业部部长未在申请递交之日起三十日内作出决定并通知申请人，则被视为批准续期申请。
Article 296 : De l'inscription et de la notification de la décision	**第 296 条：决定的登记和通知**
Sous réserve de l'autorité d'octroi, les dispositions des articles 106 et 107 du présent Décret s'appliquent à l'inscription et à la notification de la décision de renouvellement de l'Autorisation de Recherches des Produits de Carrières.	在遵守授予范围的前提下，本法令第 106 条和第 107 条的规定适用于采石场产品勘探许可续期决定的登记和通知。
A défaut d'inscription dans le délai prescrit, le titulaire peut recourir à l'inscription par voie judiciaire prévue à l'article 46 du Code minier.	未在规定的期限内予以登记的，持有人可根据《矿业法典》第 46 条的规定利用司法途径进行登记。
Article 297 : De la radiation du droit de recherches non-renouvelé	**第 297 条：未续期勘探权的注销**
Les dispositions de l'article 133 du présent Décret s'appliquent à la radiation du droit de recherche des produits de carrières non renouvelé.	本法令第 133 条规定适用于未续期的采石场产品勘探权的注销。

Article 298: De la modification du Certificat de Recherches des Produits de Carrières	**第 298 条:采石场产品勘探证书的变更**
Les dispositions de l'article 132 du présent Décret s'appliquent à la modification du Certificat de Recherches des Produits de Carrières.	本法令第 132 条规定适用于采石场产品勘探证书的变更。
TITRE XII: DE L'AUTORISATION D'EXPLOITATION DE CARRIERES TEMPORAIRE	**第十二编:临时性采石场开采许可**
Chapitre unique: DE L'OCTROI DE L'AUTORISATION D'EXPLOITATION DE CARRIERES TEMPORAIRE	***单独章:临时性采石场开采许可的授予***
Article 299: De l'autorisation	**第 299 条:许可**
Sont autorisés à solliciter une Autorisation d'Exploitation de Carrières Temporaire:	下列人员有权申请临时性采石场开采许可:
-le titulaire d'un Permis de Recherches ou d'Exploitation à l'intérieur de son périmètre;	-在其矿区内的探矿证或采矿证的持有人;
-le titulaire d'un droit foncier à l'intérieur de sa concession foncière;	-在其土地特许权范围内的土地权持有人;
-le responsable d'une organisation à vocation humanitaire ou d'intérêt communautaire.	-人道主义组织或社区利益组织的负责人。
Le titulaire d'une Autorisation d'Exploitation de Carrières Temporaire ainsi que ses amodiataires, sont seuls autorisés à effectuer l'exploitation des substances de carrières pour lesquelles le droit est établi à l'intérieur du périmètre concerné, suivant la quantité et autres conditions fixées.	仅临时性采石场开采许可持有人和其承租人有权在其权利覆盖的矿区之上,根据规定的数量和其他条件,从事矿产的开采。

Article 300 : Des limitations	**第 300 条：限制条件**
Le périmètre de l'Autorisation d'Exploitation de Carrières Temporaire ne peut excéder quatre carrés.	临时性采石场开采许可所覆盖的面积不能超过四个区块。
Article 301 : Des conditions d'octroi	**第 301 条：授予条件**
Outre les conditions d'octroi prévues à l'article 159 du Code minier, l'Autorisation d'Exploitation de Carrières Temporaire ne peut être octroyée que si :	除《矿业法典》第 159 条规定的授予条件外，仅在满足下列条件时方可授予临时性采石场开采许可：
• le requérant est éligible à obtenir l'Autorisation d'Exploitation de Carrières Temporaire ;	• 申请人具有取得临时性采石场开采许可的资格；
• l'octroi de l'autorisation n'aura pas comme effet de dépasser les limitations relatives à la superficie ou au nombre ;	• 授予许可不会导致超过关于面积和数量的限制条件；
• le requérant a obtenu l'approbation du Plan d'Atténuation et de Réhabilitation.	• 申请人的环境减排和修复计划已获得批准。
Article 302 : Du consentement écrit	**第 302 条：书面同意**
Le requérant joint à sa demande d'Autorisation d'Exploitation de Carrières Temporaire le consentement écrit des personnes suivantes :	申请人须在其临时性采石场开采许可的申请中，附随下列人员的书面同意：
a) le titulaire d'un Permis d'Exploitation ou d'un Permis d'Exploitation de Petite Mine en cours de validité si le périmètre demandé empiète sur le périmètre du titre minier préexistant ;	a) 所申请的矿区与已设立矿权所覆盖的区域重叠的，尚在有效期内的采矿证或小矿山开采证持有人；
b) le titulaire d'un droit foncier en cours de validité, si le périmètre demandé empiète sur le périmètre faisant l'objet du droit foncier.	b) 所申请的矿区与尚在有效期内的土地权所覆盖的区域重叠的，土地权的持有人。

Le cas échéant, au moins trois mois avant de déposer sa demande d'Autorisation d'Exploitation de Carrières Temporaire, le requérant envoie, par lettre recommandée avec accusé de réception, une demande écrite au titulaire d'un Permis d'Exploitation, le Permis d'Exploitation de Petite Mine ou au titulaire du droit foncier.	必要时,申请人至少在递交临时性采石场开采许可申请前三个月,通过有回执的挂号信,向采矿证、小矿山开采证持有人或土地权持有人发出书面申请。
Cette demande comporte les éléments suivants:	书面申请应包含下列事项:
• nom, adresse et téléphone du requérant;	• 申请人姓名、住址和电话号码;
• brève description de l'objet de la demande;	• 申请目的的简要说明;
• durée de l'Autorisation d'Exploitation de Carrières Temporaire demandée;	• 所申请的临时性采石场开采许可有效期;
• les coordonnées géographiques des sommets du périmètre demandé pour l'Autorisation d'Exploitation de Carrières Temporaire et le nombre des carrés y compris;	• 临时性采石场开采许可所申请的矿区各顶点的地理坐标和所含区块数量;
• description du programme des travaux d'Exploitation de Carrières Temporaire et du nombre d'employés qui travailleront sur le site;	• 临时性采石场开采工程的计划说明和采石场工作人员数量;
• description des infrastructures et campements temporaires;	• 临时设施和营地的说明;
• description des travaux d'atténuation et de réhabilitation;	• 环境减排和修复措施的说明;
• rappel du délai de réponse du titulaire ou du propriétaire selon les dispositions du présent article.	• 根据本条规定,提醒持有人或所有权人回复的期限。

Le délai de réponse est de trente jours ouvrables à compter de la réception de la demande de consentement écrit par le titulaire du Permis d'Exploitation, du Permis d'Exploitation de Petite Mine ou le titulaire d'un droit foncier. A défaut pour le requérant de recevoir la réponse dans le délai prescrit, le consentement est réputé accordé.	自收到书面同意申请之日起三十个工作日内,采矿证、小矿山开采证持有人或土地权持有人予以回复。申请人未在规定的期限内收到回复的,视为同意。
Pour être valable, toute réponse refusant le consentement à l'Autorisation d'Exploitation de Carrières Temporaire doit être motivée.	任何拒绝同意临时性采石场许可的回复均须说明理由方为有效。
Article 303: Du contentieux administratif pour refus du consentement écrit	**第 303 条:拒绝给予书面同意的行政诉讼**
Le requérant qui reçoit une réponse accordant le consentement écrit ou qui ne le reçoit pas dans le délai prescrit, joint à sa demande d'Autorisation d'Exploitation de Carrières Temporaire une copie de sa demande de consentement et de la réponse accordant le consentement le cas échéant, ou de la mention de l'absence de réception d'une réponse dans le délai prescrit.	申请人收到给予书面同意的回复或未在规定的期限内收到回复的,在其临时性采石场开采许可的申请中附随其同意申请的副本和给予同意回复的副本(如需要),或未在规定的期限内收到回复的批注。
Le requérant qui reçoit une réponse motivée refusant le consentement à l'Autorisation d'Exploitation de Carrières Temporaire peut demander par écrit au Gouverneur de province de rejeter la réponse pour mauvaise foi.	申请人收到拒绝同意临时性采石场开采许可的回复并说明理由的,可书面向省长申请以恶意为由驳回该回复。
Cette requête comporte les éléments suivants:	该申请须包含下列事项:

• la dénomination, l'adresse et le téléphone du requérant et du titulaire du Permis d'Exploitation, du Permis d'Exploitation de Petite Mine, ou du titulaire d'un droit foncier;	• 申请人和采矿证、小矿山开采证持有人或土地权持有人的姓名、住址和电话号码;
• le droit de carrières demandé;	• 所申请的采石权;
• une brève description de l'objet de la requête;	• 申请目的的简要说明;
• les coordonnées géographiques des sommets du périmètre demandé pour l'Autorisation d'Exploitation de Carrières Temporaire et le nombre des carrés y compris;	• 临时性采石场开采许可所申请的矿区各顶点的地理坐标和所含区块数量;
• la photocopie de la demande de consentement du requérant et photocopie de la réponse;	• 申请人征求同意的申请书和所收到回复的复印件;
• l'argument démontrant la mauvaise foi du titulaire du Permis d'Exploitation, du Permis d'Exploitation de Petite Mine, ou du titulaire du droit foncier.	• 证明采矿证、小矿山开采证持有人或土地权持有人恶意的理由。
Le Gouverneur de province ne peut rejeter la réponse refusant le consentement à l'Autorisation d'Exploitation de Carrières Temporaire pour mauvaise foi si le titulaire du Permis d'Exploitation, du Permis d'Exploitation de Petite Mine, ou le propriétaire d'un droit foncier a expliqué avec preuve à l'appui que les travaux de l'Autorisation d'Exploitation de Carrières Temporaire lui causeraient un dommage non-compensé.	采矿证、小矿山开采证持有人或土地权证的所有人,以相关证据证明临时采石作业可能对其造成无法补偿的损失的,省长不得以恶意为由驳回对临时性采石场开采许可的拒绝。

Dans le délai de trente jours ouvrables, le Gouverneur de province accorde ou rejette la requête du requérant par arrêté qu'il envoie au requérant et au titulaire du Permis d'Exploitation, au titulaire du Permis d'Exploitation de Petite Mine, ou au titulaire du droit foncier ayant envoyé au requérant la réponse refusant le consentement à l'Autorisation d'Exploitation de Carrières Temporaire.	省长在三十个工作日内,通过决定批准或驳回申请人的申请,并将其决定通知申请人,以及作出拒绝同意临时性采石场开采许可的采矿证、小矿山开采证持有人或土地权持有人。
Article 304: Du formulaire de la demande	**第 304 条:申请表**
Le formulaire à retirer au Cadastre Minier central ou provincial prévoit les renseignements suivants:	从中央或省级矿权登记局领取的申请表须注明下列事项:
• l'identité et les coordonnées du requérant et de son mandataire;	• 申请人和其代理人的身份信息和联系方式;
• les substances de carrières et les quantités pour lesquelles l'Autorisation d'Exploitation de Carrières Temporaire est sollicitée;	• 为之申请临时性采石场开采许可的采石场物质和其数量;
• les coordonnées géographiques des sommets du périmètre d'Exploitation proposé ainsi que le nombre des carrés y compris.	• 临时性采石场开采许可所申请矿区各顶点的地理坐标和所含区块的数量。
Article 305: Du dépôt de la demande d'Autorisation d'Exploitation de Carrière Temporaire	**第 305 条:临时性采石场开采许可申请的递交**
Sous réserve de ce qui est disposé à l'alinéa suivant, le dépôt de la demande d'Autorisation d'Exploitation de Carrière Temporaire est effectué au Cadastre Minier central ou provincial.	在遵守下款规定的前提下,临时性采石场开采许可申请向中央或省级矿权登记局递交。

Au cas où le périmètre sollicité comporte des carrés qui relèvent de deux ou plusieurs provinces, la demande est déposée au Cadastre Minier central qui informe immédiatement les Cadastres Miniers provinciaux concernés.	所申请的矿区所包含的区块分属两个或多个省份的,向中央矿权登记局递交申请,并由其立即通知相关省份的矿权登记局。
Avant de déposer sa demande d'Autorisation d'Exploitation de Carrière Temporaire, le requérant paye au Cadastre Minier central ou provincial les frais de dépôt afférant à l'instruction cadastrale contre délivrance d'un récépissé.	递交临时性采石场开采许可申请前,申请人向中央或省级矿权登记局缴纳相关登记审查的提交费,并收取回执。
La demande est établie sur un formulaire dûment rempli et signé, accompagné des pièces suivantes:	申请在按规定填写并签署的申请表上编制,并附随下列文件:
• les pièces justificatives de l'identité du requérant et de son mandataire, le cas échéant;	• 申请人和其代理人身份证明文件;
• une carte à l'échelle 1/200.000 sur laquelle la situation géographique du périmètre demandé est indiquée;	• 比例尺为 1/200,000 的地图,注明所申请矿区的地理位置;
• les documents précisés à l'article 159 du Code minier;	• 《矿业法典》第 159 条规定的文件;
• une copie du récépissé indiquant le paiement des frais de dépôt du dossier.	• 提交费缴纳回执副本。
Article 306: De la recevabilité de la demande	**第 306 条:申请的受理**
Le Cadastre Minier central ou provincial vérifie que la demande de l'Autorisation d'Exploitation de Carrières Temporaire est recevable. La demande est recevable si le dossier de demande contient tous les éléments prévus aux articles 304 et 305 ci-dessus.	中央或省级矿权登记局核实临时性采石场开采许可申请是否可以受理。申请文件包含上述第 304 条和第 305 条规定的所有材料的,可以受理。

En cas de recevabilité, le Cadastre Minier central ou provincial inscrit la demande dans le cahier d'enregistrement général et délivre au demandeur un récépissé conformément aux dispositions de l'article 70 du présent Décret.	申请予以受理的,中央或省级矿权登记局将申请在矿权常规登记簿上予以登记,并根据本法令第 70 条规定向申请人签发回执。
En cas d'irrecevabilité, le Cadastre Minier central ou provincial restitue le dossier de demande, y compris les documents qui accompagnent le formulaire, au requérant avec indication des pièces omises.	申请不予受理的,中央或省级矿权登记局将申请文件连同附随文件一起退还申请人,并注明所缺文件。
Article 307: De l'instruction cadastrale	**第 307 条:登记审查**
Lors de l'instruction cadastrale qui s'effectue dans un délai de vingt jours ouvrables à compter de la date du dépôt de la demande, le Cadastre Minier central ou provincial vérifie si:	中央或省级矿权登记处自提交申请之日起二十个工作日内进行登记审查,核实:
• le périmètre est composé de carrés uniformes et indivisibles conforme au quadrillage cadastral du Territoire National;	• 矿区是否由符合国土地籍网格的统一且不可分割的区块组成;
• le périmètre a la forme d'un polygone composé de carrés entiers contigus et le polygone ne renferme pas de terrains qui ne font pas partie du périmètre;	• 矿区形状是否为毗连的完整区块所构成的多边形,且未包含不属于该矿区的土地;
• il n'existe aucune demande de droit de carrières sur les mêmes carrés inscrite antérieurement qui a reçu un avis cadastral favorable;	• 先前登记的同一矿区上是否不存在任何登记审查意见为肯定意见的采石权申请;
• les conditions d'octroi prévues aux litteras a et b de l'article 301 du présent Décret sont satisfaites;	• 是否满足本法令第 301 条第 a 项和第 b 项规定的授予条件;

• le requérant a obtenu le consentement écrit du titulaire du Permis d'Exploitation, ou d'Exploitation de Petite Mine, et/ou du propriétaire d'un droit foncier si le périmètre demandé empiète sur le périmètre des droits préexistants.	• 所申请的矿区与已存在权利的矿区重叠的,申请人是否已经获得采矿证、小矿山开采证持有人和/或土地权持有人的书面同意。
A défaut d'obtenir le consentement dont question au littera e, soit le requérant certifie dans sa demande le défaut de réponse à sa requête du consentement dans le délai prescrit, soit il produit une copie de la décision du Gouverneur de province rejetant la réponse du titulaire ou du propriétaire refusant le consentement à l'Autorisation d'exploitation de carrières temporaire selon les modalités de l'article 303 du présent Décret.	若未取得上述(书面)同意,申请人应在其申请中(提供)未能在规定期限内(相关人员)对其请求作出答复的证明,或提供省长根据本法令第 303 条规定的方式所作出的决定的副本,(即)驳回持有人或土地权人,拒绝同意临时性采石场开采许可的回复。
Article 308: De l'avis cadastral et de la recevabilité du Plan d'Atténuation et de Réhabilitation	**第 308 条:登记审查意见和环境减排和修复计划的受理**
A l'issue de l'instruction cadastrale, le Cadastre Minier central ou provincial rend un avis favorable ou défavorable.	登记审查结束时,中央或省级矿权登记局出具肯定或否定意见。
Le Cadastre Minier central ou provincial affiche l'avis dans sa salle de consultation et l'inscrit sur la fiche technique de la demande. Il notifie une copie de l'avis au requérant sans frais par le moyen le plus rapide et fiable.	中央或省级矿权登记局将其意见在咨询大厅内予以张贴,并在该申请的技术说明上予以登记,将其意见的副本以最为迅速可靠的方法无偿通知申请人。
En cas d'avis cadastral défavorable, le Cadastre Minier central ou provincial prépare un projet de décision motivée de refus de l'Autorisation d'Exploitation de Carrières Temporaire qu'il transmet avec son avis cadastral et les éléments pertinents	登记审查意见为否定意见的,中央或省级矿权登记局自登记审查意见作出之日起五个工作日内,作出拒绝授予临时性采石场勘探许可的草案并说明理由,连同其意见和申请文件相关材料,移交负责常用建筑材料的省级矿业部部长决定。

du dossier de la demande, dans un délai de cinq jours ouvrables suivant la date de l'avis cadastral au Ministre Provincial des Mines pour les matériaux de construction à usage courant pour décision.	
Si l'avis cadastral est favorable, le Cadastre Minier central ou provincial examine la recevabilité du Plan d'Atténuation et de Réhabilitation déposé par le requérant.	若登记审查意见为肯定意见,中央或省级矿权登记局核查申请人递交的环境减排和修复计划的可受理性。
Cet examen consiste à vérifier si le Plan d'Atténuation et de Réhabilitation comporte tous les éléments précisés à l'article 430 et 431 du présent Décret.	该审查应核实环境减排和修复计划是否包含本法令第 430 条和第 431 条规定的所有材料。
En cas de recevabilité du Plan d'Atténuation et de Réhabilitation, la notification au requérant indique le montant des frais de dépôt afférent à l'instruction environnementale de la demande, les modalités de leur règlement et la date limite pour le paiement des frais de dépôt mentionnés, qui intervient trente jours après la date de la notification.	环境减排和修复计划可受理的,向申请人发出的通知应注明用于该申请的环境审查的全部提交费、缴纳方式和截止日期,即自通知之日起三十日内。
En cas d'irrecevabilité, le dossier est restitué au requérant avec mention écrite des pièces manquantes.	不予受理的,文件退还申请人并注明所缺少的文件。
Article 309: Du paiement des frais de dépôt pour l'instruction environnementale et sociale de la demande	**第 309 条:环境和社会审查申请相关的费用缴纳**
Le requérant paie les frais de dépôt pour l'instruction environnementale de sa demande d'Autorisation d'Exploitation de Carrières Temporaire, conformément à la notification de l'avis cadastral.	申请人根据登记审查意见的通知,缴纳其临时性采石场开采许可申请所涉及的环境和社会审查的提交费。

Au moment du paiement des frais de dépôt, le Cadastre Minier central ou provincial délivre au requérant un récépissé indiquant sa dénomination sociale et adresse, les références de la demande d'Autorisation d'Exploitation de Carrières Temporaire, le montant payé, la date du paiement, et le nom du bureau du Cadastre Minier qui a délivré le récépissé, signé par l'agent du Cadastre Minier qui le délivre. Le Cadastre Minier inscrit le paiement sur la fiche technique de la demande et au cahier d'enregistrement général. Il change le report à titre indicatif en report à titre provisoire du périmètre sollicité sur la carte de retombes minières.	缴纳提交费时,中央或省级矿权登记局向申请人签发回执,并注明其名称、住址、临时性采石场开采许可申请的参考信息、已缴纳金额、缴纳日期和签发回执的矿权登记局办公室名称,并由签发回执的矿权登记局工作人员签署。矿权登记局将缴费一事,在该申请的技术说明和矿权常规登记簿上予以登记,并将所申请的矿区在矿区定位图上的参考性标注变更为临时性标注。
Après avoir effectué ces inscriptions, le Cadastre Minier transmet le dossier de la demande à la Direction des Mines pour l'instruction technique et transmet le Plan d'Atténuation et de Réhabilitation à l'Agence Congolaise de l'Environnement, le Fonds National de Promotion et de Service Social en collaboration avec la Direction chargée de la Protection de l'Environnement Minier pour l'instruction environnementale et Sociale.	登记完毕后,矿权登记局将申请文件移交矿业局进行技术审查,将环境减排和修复计划移交刚果(金)环境署、国家促进和社会服务基金会同矿业环保局进行环境和社会审查。
A défaut pour le requérant d'effectuer le paiement des frais de dépôt et de corriger les éléments concernés avant l'expiration de la date limite précisée dans la notification, le Cadastre Minier établit un avis de non-recevabilité du Plan d'atténuation et de réhabilitation qu'il transmet à l'autorité compétente avec un projet de	申请人未在通知明确规定的期限内缴纳提交费并未对有关材料予以改正的,矿权登记局作出不予受理环境减排和修复环境计划的意见,并在通知规定的期限届满之日起五个工作日内,将该意见连同说明理由的拒绝临时性采石场开采许可的决定草案移交主管机关。

décision motivée de refus de l'Autorisation d'Exploitation de Carrières Temporaire dans les cinq jours ouvrables de l'expiration de la date limite précisée dans la notification.	
Article 310 : De l'instruction technique	**第 310 条：技术审查**
Lors de l'instruction technique de la demande d'Autorisation d'Exploitation de Carrières Temporaire qui s'achève dans un délai de quinze jours à compter de la date de réception de la demande, la Direction des Mines vérifie si le requérant a démontré l'existence d'un gisement économiquement exploitable en présentant le plan d'encadrement technique des travaux d'exploitation de la carrière.	临时性采石场开采许可申请的技术审查应自收到申请之日起十五日内完成，矿业局核实申请人是否已通过提交采石场开采作业的技术监督方案以证实存在可进行经济开采的矿床。
La Direction des Mines doit également déterminer les éléments suivants :	矿业局须决定下列事项：
• la quantité maximale de substance de carrières à extraire ;	• 采石场物质的最大采掘量；
• les taxes à payer selon le Barème annuel publié par la Direction des Mines ;	• 根据矿业局公布的年度费率表，应缴的税款；
• les conditions d'occupation du périmètre nécessaire à l'exploitation de carrières temporaire et ses activités annexes.	• 临时性采石场开采和其附属活动所需矿区的占用条件。
La Direction des Mines rend et transmet son avis technique favorable ou défavorable dans le délai prescrit au Cadastre Minier central ou provincial.	在规定的期限内，矿业局作出肯定或否定的技术意见并移交中央或省级矿权登记局。
Le Cadastre Minier central ou provincial affiche l'avis technique dans la salle de consultation publique dans un délai de cinq jours ouvrables à compter de la réception de l'avis technique et l'inscrit sur la fiche technique de la demande.	中央或省级矿权登记局自收到技术意见之日起五个工作日内，将技术意见在公共咨询大厅内予以张贴，并在该申请的技术说明上予以登记。

Article 311 : De l'instruction environnementale et sociale	**第 311 条：环境和社会审查**
Conformément à la procédure et aux modalités prévues à l'article 434 du présent Décret, l'Agence Congolaise de l'Environnement, le Fonds National de Promotion et de Service Social en collaboration avec la Direction chargée de la Protection de l'Environnement Minier instruisent, approuvent ou refusent d'approuver le Plan d'Atténuation et de Réhabilitation dans un délai de quinze jours après sa réception. Tout avis défavorable est motivé.	根据本法令第 434 条规定的程序和方式，刚果(金)环境署、国家促进和社会服务基金会同矿业环保局，自收到环境减排和修复计划之日起十五日内进行核实，决定批准或拒绝批准该计划。审查意见为否定意见的，须说明理由。
Le Cadastre Minier central ou provincial affiche le certificat environnemental ou l'avis défavorable qui refuse d'approuver le Plan d'Atténuation et de Réhabilitation dans la salle de consultation publique dans un délai de cinq jours ouvrables à compter de la réception de l'avis et fournit une copie du certificat environnemental ou de l'avis défavorable au requérant sans frais.	中央或省级矿权登记局自收到意见之日起五个工作日内，将环境证书或拒绝批准环境减排和修复计划的否定意见，在公共咨询大厅内予以张贴，并向申请人无偿发放环境证书或否定意见副本。
Le Cadastre Minier central ou provincial transmet l'avis cadastral et l'avis technique au Ministre Provincial des Mines pour les matériaux de construction à usage courant, dans un délai de cinq jours ouvrables à compter de la réception de l'avis technique et le certificat environnemental.	自收到技术意见和环境证书之日起五个工作日内，中央或省级矿权登记局将登记审查意见和技术意见移交负责常用建筑材料的省级矿业部部长。

Article 312: Des modalités de la décision d'octroi ou de refus d'octroi	**第 312 条:授予或拒绝授予决定的方式**
Les modalités de décision d'octroi ou de refus d'octroi de l'Autorisation d'Exploitation des Carrières Temporaires sont celles précisées à l'article 161 du Code minier.	授予或拒绝授予临时性采石场开采许可的决定方式,由《矿业法典》第 161 条规定。
Article 313: De l'inscription de l'Autorisation d'Exploitation de Carrières Temporaire	**第 313 条:临时性采石场开采许可的登记**
Dès la réception de la décision d'octroi de l'Autorisation d'Exploitation de Carrières Temporaire, le Cadastre Minier central ou provincial inscrit l'Autorisation d'Exploitation de Carrières Temporaire du titulaire dans le registre des droits octroyés à titre provisoire, soit à la date de la réception de la décision d'octroi, soit en l'absence de décision, à l'expiration du délai de prise de décision de l'autorité compétente, soit encore, à la date de réception de la décision d'octroi prise par le tribunal compétent en cas d'inscription par voie judiciaire.	一经收到授予临时性采石场开采许可的决定,中央或省级矿权登记局立即在矿权登记册上对持有人的临时性采石场开采许可予以临时登记,登记日期为收到授予决定之日。未作出决定的,登记日期为主管机关决定期限届满之日。通过司法途径登记的,登记日期为收到有管辖权的法院作出授予决定之日。
En cas de décision de refus, le Cadastre Minier central ou provincial inscrit la décision de refus dans le registre des demandes de droits miniers et de carrières.	决定为拒绝授予的,中央或省级矿权登记局将拒绝决定在矿权和采石权申请登记簿上予以登记。
Article 314: De la notification de la décision	**第 314 条:决定的通知**
Le Cadastre Minier central ou provincial où la demande a été déposée affiche la décision de l'autorité compétente dans la salle de consultation publique. Il notifie la	收到递交申请的中央或省级矿权登记局将主管机关的决定在公共咨询大厅内予以张贴,并以最为迅速可靠的方法无偿通知申请人。

décision au requérant sans frais par le moyen le plus rapide et fiable.	
La notification de la décision définitive d'octroi au titulaire par le Cadastre Minier central ou provincial indique le montant à payer par le requérant au titre des taxes à payer pour les substances à extraire, ainsi que la date limite pour leur règlement.	中央或省级矿权登记局向持有人发出的最终授予决定的通知,应注明申请人应缴纳的拟采掘物质税的金额和缴纳期限。
Article 315: Du paiement des taxes afférentes	**第 315 条:相关税费的缴纳**
Le titulaire de l'Autorisation d'Exploitation de Carrières Temporaire qui vient d'être octroyée paie les taxes afférentes conformément à la notification.	被授予临时性采石场开采许可的持有人,须根据通知缴纳相关税费。
Lors du paiement des taxes afférentes, le Cadastre Minier central ou provincial délivre un récépissé au titulaire, indiquant son nom, le montant et la date du paiement.	缴纳相关税费时,中央或省级矿权登记局向持有人签发回执,并注明其姓名、缴纳金额和日期。
Si, à l'expiration de la date limite précisée sur la notification, le requérant n'a pas payé les taxes afférentes, l'Autorisation d'Exploitation de Carrières Temporaire devient caduque d'office.	若申请人未在通知规定的期限内缴纳相关税费的,临时性采石场开采许可自动失效。
Le cas échéant, le Cadastre Minier central ou provincial prend le lendemain de la date limite les mesures suivantes:	视情况,中央或省级矿权登记局在期限届满之日的次日,采取下列措施:
• noter la caducité de l'Autorisation d'Exploitation de Carrières Temporaire pour non-paiement des taxes afférentes sur la fiche technique de la demande et dans le cahier d'enregistrement général;	• 在该申请的技术说明和矿权常规登记簿上,注明临时性采石场开采许可因未缴纳相关税费而失效;

• radier l'inscription de l'Autorisation d'Exploitation de Carrières Temporaire dans le registre des droits octroyés;	• 将临时性采石场开采许可登记在矿权登记册上予以注销;
• radier le report du périmètre d'exploitation sur la carte de retombes minières.	• 将采矿区在矿区定位图上的标注予以注销。
Les modalités de perception des taxes visées à l'alinéa 1er du présent article sont fixées par arrêté conjoint des Ministres ayant respectivement les Mines et les Finances dans leurs attributions.	本条第 1 款规定税费的征收方式,由矿业部部长和财政部部长发布的联合部长令决定。
Article 316: De la délivrance du Certificat d'Exploitation de Carrières Temporaire	**第 316 条:临时性采石场开采证书的颁发**
Le Certificat d'Exploitation de Carrières Temporaire est délivré au titulaire au moment du paiement des taxes afférentes à son droit de carrière.	持有人缴纳采石权相关税费时,向其颁发临时性采石场开采证书。
Le certificat contient:	该证书包含下列事项:
• le numéro du titre;	• 证书编号;
• l'identité du titulaire;	• 持有人身份信息;
• les coordonnées géographiques des sommets du périmètre et le nombre de carrés y compris;	• 矿区各顶点的地理坐标和所含区块数量;
• la durée de validité de l'autorisation;	• 许可的有效期;
• les références de la décision d'octroi;	• 授予决定的参考信息;
• les substances minérales pour lesquelles il a été accordé et la quantité maximale à extraire;	• 为之授予证书的矿产和其最大开采量;
• les noms et signature du responsable du Cadastre Minier.	• 矿权登记局负责人姓名和签字。

Au moment de la délivrance du Certificat d'Exploitation de Carrières Temporaire, le Cadastre Minier central ou provincial change l'inscription de l'Autorisation d'Exploitation de Carrières Temporaire de provisoire à définitive, et radie l'inscription de l'ancienne Autorisation de Recherches des Produits de Carrières, le cas échéant, dans le registre des droits octroyés.	颁发临时性采石场开采证书时,中央或省级矿权登记局将临时性采石场开采许可的临时登记变更为最终登记,如需要,在矿权登记册上,将原采石场产品勘探许可的登记予以注销。
Après la délivrance du certificat, le Cadastre Minier central ou provincial radie le report de l'ancien périmètre de recherches, le cas échéant, et change le report du périmètre d'exploitation temporaire de provisoire à définitive sur la carte de retombes minières.	颁发证书后,中央或省级矿权登记局在矿区定位图上将原勘探区的标注注销,如需要,将对临时性开采区的临时标注变更为最终标注。
TITRE XIII: DE L'AUTORISATION D'EXPLOITATION DE CARRIERES PERMANENTE	**第十三编:永久性采石场开采许可**
Chapitre I:DE L'OCTROI DE L'AUTORISATION D'EXPLOITATION DE CARRIÈRES PERMANENTE	***第一章:永久性采石场开采许可的授予***
Article 317:De l'autorisation	**第 317 条:许可**
Sont autorisés à solliciter une Autorisation d'Exploitation de Carrières Permanente:	下列人员有权申请永久性采石场开采许可:
-le titulaire d'une Autorisation d'Exploitation de Carrière Temporaire autres que les organismes à caractère humanitaire;	-临时性采石场开采许可持有人,人道主义组织除外;
- le titulaire d'une Autorisation de Recherches des Produits de Carrière;	-采石场产品勘探许可持有人;

–le titulaire d'un Permis d'Exploitation ou d'un Permis d'Exploitation de Petite Mine à l'intérieur de son périmètre.	–在其采石区内持有探矿证或小矿山开采证的持有人。
Seul le titulaire d'une Autorisation d'Exploitation de Carrières Permanente ainsi que ses Amodiataires éventuels, sont autorisés à effectuer l'exploitation des substances minérales de carrières pour lesquelles le droit est établi à l'intérieur du périmètre précisé.	仅永久性采石场开采许可持有人和其承租人有权在特定的矿区内从事采石场物质的开采活动。
Article 318 : Des limitations	**第 318 条:限制条件**
Les limitations prévues à l'article 300 du présent Décret s'appliquent à l'Autorisation d'Exploitation de Carrières Permanente.	本法令第 300 条规定的限制条件,适用于永久性采石场开采许可。
Article 319 : Des conditions d'octroi	**第 319 条:授予条件**
Outre les conditions d'octroi prévues à l'article 154 du Code minier, l'Autorisation d'Exploitation de Carrières Permanente ne peut être octroyée que si :	除《矿业法典》第 154 条规定的授予条件外,有下列情形的,方可授予永久性采石场开采许可:
• le requérant est éligible à obtenir l'Autorisation d'Exploitation de Carrières Permanente ;	• 申请人有资格取得永久性采石场开采许可;
• l'octroi de l'autorisation n'a pas comme effet de dépasser les limitations relatives à la superficie ou au nombre desautorisations précisées à l'article 150 du Code minier et à l'article 318 ci-dessus.	• 授予许可不会超出《矿业法典》第 150 条和上述第 318 条规定的关于面积或许可数量的限制条件。
Article 320 : Du consentement écrit	**第 320 条:书面同意**
Les dispositions de l'article 302 du présent Décret régissent le consentement écrit relatif à l'octroi d'une Autorisation d'Exploitation de Carrières Permanente.	授予永久性采石场开采许可的书面同意适用本法令第 302 条的规定。

Article 321: Du contentieux administratif pour refus de consentement écrit	**第 321 条:关于拒绝书面同意的行政诉讼**
Le contentieux administratif pour refus du consentement écrit obéit aux règles prévues à l'article 303 du présent Décret.	关于拒绝书面同意的行政诉讼适用本法令第 303 条的规定。
Article 322: Du dépôt de la demande d'Autorisation d'Exploitation de Carrières Permanente	**第 322 条:永久性采石场开采许可申请的递交**
Sans préjudice des dispositions des articles 304 et 305 du présent Décret, le dépôt de la demande d'Autorisation d'Exploitation de Carrières Permanente est fait conformément aux dispositions de l'article 146 du présent Décret.	在不违反本法令第 304 条和第 305 条规定的前提下,永久性采石场开采许可申请的递交根据本法令第 146 条的规定进行。
La demande est établie conformément à l'article 145 du présent Décret, excepté les litteras e de son alinéa 3 ainsi que d et e de l'article 71 du Code minier.	申请根据本法令第 145 条规定编制,但本法令第 145 条第 3 款第 e 项和《矿业法典》第 71 条第 d 项、第 e 项的规定除外。
Article 323: Du formulaire	**第 323 条:申请表**
Le formulaire, à retirer au Cadastre Minier central ou provincial, est conforme aux dispositions de l'article 145 du présent Décret, adaptées à l'Autorisation d'Exploitation de Carrières Permanente.	从中央或省级矿权登记局领取的申请表与本法令第 145 条规定一致,根据永久性采石场开采许可改编。
Article 324: Des documents à joindre à la demande	**第 324 条:申请附随的文件**
Le requérant joint à son dossier de demande:	申请人在申请中附随下列文件:
• les documents précisés aux litteras a, b, c, de l'alinéa 3 de l'article 145 du présent Décret;	• 本法令第 145 条第 3 款第 a 项、第 b 项和第 c 项规定的文件;
• les documents prévus au littera d del'article 145, excepté les litteras d et e de l'article 71 du Code minier;	• 第 145 条第 d 项规定的文件,但《矿业法典》第 71 条第 d 项和第 e 项规定的文件除外;

• le consentement écrit du titulaire d'un droit minier d'exploitation ou du concessionnaire foncier sur lequel le périmètre demandé empiète;	• 所申请的采石区重叠的,采矿权持有人或土地特许权持有人的书面同意;
• en cas d'absence de consentement, la décision du Gouverneur de province rejetant le refus de consentement selon les modalités de l'article 303 du présent Décret.	• 无书面同意的,省长根据本法令第303条规定的方式作出驳回拒绝同意的决定。
Article 325: De la recevabilité de la demande	**第325条:申请的受理**
Les dispositions de l'article 147 du présent Décret régissent la recevabilité de la demande d'Autorisation d'Exploitation de Carrières Permanente sous réserve que le dossier de demande doit comprendre tous les éléments précisés aux articles 304 et 305 du présent Décret.	在申请材料包含本法令第304条和第305条所规定的全部材料的前提下,本法令第147条规定适用于永久性采石场开采许可申请的受理。
Article 326: De la confirmation de la recevabilité des éléments de la demande concernant les aspects environnemental et social du projet	**第326条:项目的环境和社会方面申请材料受理的核准**
Les dispositions de l'article 148 du présent Décret s'appliquent à la demande d'Autorisation d'Exploitation de Carrières Permanente.	本法令第148条规定适用于永久性采石场开采许可的申请。
Article 327: De l'instruction cadastrale	**第327条:登记审查**
L'instruction cadastrale de l'Autorisation d'Exploitation de Carrières Permanente obéit aux règles précisées à l'article 149 du présent Décret, sous réserve de remplacer Permis de Recherches par Autorisation de Recherches des Produits des Carrières ou Autorisation d'Exploitation	在以采石场产品勘探许可或临时性采石场开采许可替代探矿证,以永久性采石场开采许可替代采矿证的前提下,永久性采石场开采许可的登记审查须遵守本法令第149条的规定。

de Carrières Temporaire et de remplacer «Permis d'Exploitation» par «Autorisation d'Exploitation de Carrières Permanente».	
En outre, le Cadastre Minier vérifie que les conditions de l'article 154 du Code minier, littera «d» et/ou «e» selon le cas, sont satisfaites.	此外,矿权登记局视情况核实是否符合《矿业法典》第 154 条第 d 项和/或第 e 项规定的条件。
Article 328: De la notification de l'avis cadastral	**第 328 条:登记审查意见的通知**
La notification de l'avis cadastral sur la demande d'Autorisation d'Exploitation de Carrières Permanente est faite conformément aux dispositions de l'article 150 du présent Décret, sous réserve de ce qui est disposé à l'alinéa suivant.	永久性采石场开采许可申请的登记审查意见根据本法令第 150 条规定进行通知,但须遵守下述规定。
En cas d'avis cadastral défavorable, le Cadastre Minier central ou provincial transmet un exemplaire de la demande ainsi que son avis cadastral soit au Ministre provincial des Mines pour les matériaux de construction à usage courant, soit au Ministre pour les autres substances de carrières pour décision.	登记审查意见为否定意见的,中央或省级矿权登记局将申请副本连同其登记审查意见移交负责常用建筑材料的省级矿业部部长决定,或移交负责其他采石场物质的矿业部部长决定。
Article 329: Du paiement des frais de dépôt pour l'instruction environnementale de la demande	**第 329 条:申请环境审查的提交费的缴纳**
Les dispositions de l'article 151 du présent Décret s'appliquent à la demande d'Autorisation d'Exploitation de Carrières Permanente, sous réserve que l'avis de non-recevabilité dont question au dernier alinéa est transmis à l'autorité compétente, à l'occurrence le Ministre	在最末款规定的拒绝受理意见移交至主管机关,即负责常用建筑材料的省级矿业部部长和负责其他采石场物质的矿业部部长的前提下,本法令第 151 条规定适用于永久性采石场开采许可申请。

Provincial des Mines pour les matériaux de construction à usage courant et le Ministre pour les autres substances minérales de carrières.	
Article 330 : De l'instruction technique	**第 330 条：技术审查**
Lors de l'instruction technique de la demande d'Autorisation d'Exploitation de Carrières Permanente, la Direction des Mines vérifie que les conditions d'octroi prévues aux littera a et b de l'article 154 du Code minier sont remplies.	对永久性采石场开采许可申请进行技术审查时，矿业局核实是否满足《矿业法典》第 154 条第 a 项和第 b 项规定的授予条件。
Dans le délai de quarante-cinq jours de la réception du dossier, la Direction des Mines rend un avis technique favorable ou défavorable, assorti des justifications techniques suffisamment claires pour soutenir l'avis favorable ou défavorable. L'avis technique est transmis au Cadastre Minier central.	自收到材料之日起四十五日内，矿业局作出肯定或否定的技术意见，附有足以清楚支持其肯定或否定意见的技术证明。技术意见须移交中央矿权登记局。
Le Cadastre Minier central assure l'affichage de l'avis technique dans sa salle de consultation publique et celle du Cadastre Minier provincial où la demande a été déposée, le cas échéant, dans un délai de cinq jours ouvrables à compter de la réception de l'avis technique et l'inscrit sur la fiche technique de la demande.	视情况，中央矿权登记局在收到技术意见后五个工作日内，在其公共咨询大厅和递交申请的省级矿权登记局的公共咨询大厅内予以张贴，并在该申请的技术说明上予以登记。
Le Cadastre Minier central notifie une copie de l'avis technique au requérant sans frais par le moyen le plus rapide et fiable.	中央矿权登记局将技术意见副本以最为迅速可靠的方法无偿通知申请人。
Le Cadastre Minier central transmet le dossier et l'avis technique au service compétent du Ministère des Affaires	中央矿权登记局将材料和技术意见移交土地事务部主管服务部门和当地行政机关，并要求其在三十日内给出意见。

Foncières et aux autorités administratives locales en leur demandant de fournir leurs avis conformes dans un délai de trente jours.	
Dans un délai de cinq jours ouvrables après sa réception des avis conformes demandés selon l'alinéa précédent, le Cadastre Minier central prépare un projet de décision qu'il transmet avec ces avis ainsi que les avis cadastral et technique, et le dossier de la demande, à l'autorité compétente pour décision préliminaire et conditionnelle, en cas d'avis favorables, ou pour décision de refus, en cas d'avis défavorables.	自收到前款要求的意见之日起五个工作日内,中央矿权登记局编制决定草案,连同该意见、矿权登记意见和技术意见和申请材料,一并移交至主管机关。若为肯定意见,由主管机关作出附条件的初步决定;若为否定意见,由其作出拒绝决定。
Article 331: De l'instruction environnementale et sociale	**第 331 条:环境和社会审查**
L'instruction environnementale de l'Etude d'Impact Environnemental et Social, et du Plan de Gestion Environnementale et Social du Projet est réalisée dans un délai de cent quatre-vingt jours de la réception du dossier par l'Agence Congolaise de l'Environnement, le Fonds National de Promotion et de Service Social en collaboration avec la Direction chargée de la Protection de l'Environnement Minier, conformément aux dispositions de l'article 455 du présent Décret.	对项目的环境和社会影响研究和环境和社会管理计划的环境审查,由刚果(金)环境署、国家促进和社会服务基金会同矿业环保局根据本法令第 455 条的规定,自收到文件之日起一百八十日内完成。
Le Cadastre Minier central assure l'affichage du certificat environnemental qui approuve ou l'avis défavorable qui rejette l'Etude d'Impact Environnemental et Social dans les salles de consultation publique centrale et provinciale dans un délai de cinq jours ouvrables à compter de la	中央矿权登记局确保在收到环境证书或意见之日起五个工作日内,将批准的环境证书或驳回环境和社会影响研究的否定意见在中央和省级公共咨询大厅内予以张贴,并将副本无偿提供给申请人。

réception du certificat environnemental ou de l'avis et en fournit une copie au requérant sans frais.	
Le Cadastre Minier central ou provincial transmet le certificat environnemental ou l'avis défavorable soit au Ministre Provincial des Mines pour les matériaux de construction à usage courant, soit au Ministre pour les autres substances minérales de carrières, dans le même délai.	中央或省级矿权登记局在同一期限内，将环境证书或否定意见移交负责常用建筑材料的省级矿业部部长，或负责其他采石场物质的矿业部部长。
Article 332: Des modalités de la décision d'octroi ou de refus	**第 332 条：授予或拒绝授予决定的方式**
Les modalités de la décision d'octroi ou de refus d'octroi d'une Autorisation d'Exploitation de Carrières permanente sont régies par les dispositions de l'article 158 du Code minier.	授予或拒绝授予永久性采石场开采许可决定的方式根据《矿业法典》第 158 条的规定。
Article 333: De l'inscription de l'Autorisation d'Exploitation de Carrières Permanente	**第 333 条：永久性采石场开采许可的登记**
Les dispositions de l'article 155 du présent Décret s'appliquent à l'inscription de l'Autorisation d'Exploitation de Carrières Permanente.	本法令第 155 条的规定适用于永久性采石场开采许可的登记。
Article 334: De la notification de la décision	**第 334 条：决定的通知**
La notification de la décision d'octroi d'une Autorisation d'Exploitation de Carrières Permanente obéit aux règles de l'article 156 du présent Décret, excepté les dispositions de son dernier alinéa sur la cession à l'Etat de 10% des parts du capital social du requérant.	永久性采石场开采许可授予决定根据本法令第 156 条规定予以通知，但最末款关于申请人向国家转让其注册资本 10% 股份的规定除外。

Article 335 : Du paiement des droits superficiaires	**第 335 条 : 面积税的缴纳**
Le paiement des droits superficiaires relatifs à l'Autorisation d'Exploitation de Carrières Permanente est régi par les dispositions de l'article 157 du présent Décret.	永久性采石场开采许可相关面积税的缴纳适用本法令第 157 条的规定。
Article 336 : De la délivrance du Certificat d'Exploitation de Carrières Permanente	**第 336 条 : 永久性采石场勘探证书的颁发**
La délivrance du Certificat d'Exploitation de Carrières Permanente obéit aux règles prévues à l'article 160 du présent Décret, excepté les dispositions sur la cession à l'Etat de 10% des parts du capital social du requérant.	永久性采石场勘探证书的颁发适用本法令第 160 条的规定,但关于申请人向国家转让其注册资本 10% 股份的规定除外。
Chapitre II : DE L'EXTENSION DE L'AUTORISATION D'EXPLOITATION DE CARRIÈRES PERMANENTE A D'AUTRES SUBSTANCES MINERALES	***第二章 : 永久性采石场开采许可向其他矿产的延展***
Article 337 : De la demande d'extension de l'Autorisation d'Exploitation de Carrières Permanente à d'autres substances minérales	**第 337 条 : 永久性采石场开采许可向其他矿产延展的申请**
Conformément à l'article 162 du Code minier, le titulaire de l'Autorisation d'Exploitation de Carrières Permanente sollicite l'extension de son Autorisation aux substances autres que celles qui font l'objet de son autorisation auprès du Cadastre Minier central ou provincial.	根据《矿业法典》第 162 条的规定,永久性采石场开采许可持有人须向中央或省级矿权登记局申请,将其许可延展至许可覆盖以外的其他物质。
A la demande d'extension sont joints :	延展申请附有下列文件 :

• le formulaire dûment rempli et signé par le titulaire;	• 持有人按规定填写并签署的申请表;
• tous les documents déposés par le titulaire pour sa demande initiale de l'Autorisation d'Exploitation de Carrières Permanente selon l'article 324 du présent Décret, modifiés afin d'y inclure l'activité d'exploitation des nouvelles substances;	• 修改后,将新物质的开采活动包括在内的,持有人根据本法令第 324 条规定,递交的永久性采石场开采许可原申请的所有文件;
• le Certificat d'Exploitation de Carrières Permanente du titulaire.	• 持有人的永久性采石场开采证书。
Le formulaire d'extension de l'Autorisation d'Exploitation de Carrières Permanente comporte les éléments suivants:	永久性采石场开采许可延展申请表包含下列事项:
• les références de l'Autorisation d'Exploitation de Carrières Permanente;	• 永久性采石场开采许可的参考信息;
• les nouvelles substances minérales demandées.	• 申请的新矿产。
Article 338: De la recevabilité de la demande d'extension	**第 338 条:延展申请的受理**
Lors du dépôt de la demande d'extension, le Cadastre Minier central ou provincial vérifie qu'elle est recevable, que le formulaire de la demande d'extension comporte tous les éléments de l'article précédent.	递交延展申请时,中央或省级矿权登记局审查申请是否可以受理,延展申请表是否包含前条规定的所有材料。
Si la demande est recevable, le requérant paie les frais de dépôt fixés conformément aux dispositions du présent Décret. Le Cadastre Minier central ou provincial lui délivre un récépissé indiquant toutes les mentions.	若申请可以受理,申请人根据本法令规定缴纳提交费。中央或省级矿权登记局向其签发回执,注明所有批注。

Une fois la demande recevable, le Cadastre Minier central ou provincial inscrit la demande d'extension à d'autres substances dans le cahier d'enregistrement général et délivre au demandeur un récépissé conformément aux dispositions de l'article 70 du présent Décret.	申请一旦受理,中央或省级矿权登记局将延展申请在常规登记簿上予以登记,并根据本法令第 70 条的规定,向申请人签发回执。
Si la demande est irrecevable, le Cadastre Minier central ou provincial rend le dossier de demande au demandeur avec indication des manquements.	申请不予受理的,中央或省级矿权登记局将申请材料退还申请人,并注明所缺材料。
Article 339: De l'instruction de la demande d'extension	**第 339 条:延展申请的审查**
La demande d'extension à d'autres substances suit l'instruction cadastrale, technique et environnementale selon les modalités précisées au Chapitre premier du présent Titre.	向其他物质延展的申请,须根据本编第一章规定的方式进行登记审查、技术审查和环境审查。
Néanmoins, l'instruction cadastrale de la demande d'extension par le Cadastre Minier central ou provincial est limitée à la vérification que l'Autorisation d'Exploitation de Carrières Permanente du titulaire est en cours de validité.	但中央或省级矿权登记局对延展申请的登记审查,仅限于核实持有人的永久性采石场开采许可是否仍在有效期内。
Le Cadastre Minier central ou provincial, la Direction des Mines et la Direction chargée de la Protection de l'Environnement Minier en collaboration avec l'Agence Congolaise de l'Environnement, rendent un avis favorable ou défavorable qui est transmis par le Cadastre Minier central ou provincial à l'autorité compétente selon les modalités précisées au Chapitre premier du présent Titre.	中央或省级矿权登记局、矿业局和矿业环保局,会同刚果(金)环境署发表肯定或否定意见,并由中央或省级矿权登记局根据本编第一章规定的方式移交主管机关。

Article 340: De la décision d'approbation de l'extension de l'Autorisation d'Exploitation de Carrières Permanente à d'autres substances minérales	**第 340 条:永久性采石场开采许可向其他矿产延展的批准决定**
La décision d'approbation ou de rejet de la demande d'extension de l'Autorisation d'Exploitation de Carrières Permanente à d'autres substances minérales est prise soit par le Ministre Provincial des Mines pour les matériaux de construction à usage courant, soit par le Ministre pour les autres substances minérales de carrières, selon les mêmes modalités et procédure que pour l'octroi ou le refus de l'Autorisation d'Exploitation de Carrières Permanente précisées au Chapitre premier du présent Titre.	批准或驳回永久性采石场开采许可向其他矿产延展申请的决定,由负责常用建筑材料的省级矿业部部长,或负责其他采石场物质的矿业部部长,根据本编第一章规定的批准或驳回永久性采石场开采许可申请的方式和程序作出。
Article 341: De la notification et de l'inscription de la décision	**第 341 条:决定的通知和登记**
La décision d'approbation ou de rejet de la demande d'extension de l'Autorisation d'Exploitation de Carrières Permanente à d'autres substances est notifiée au requérant selon les modalités précisées au Chapitre premier du présent Titre, sauf que la notification ne précise pas le montant des droits superficiaires annuels par carré à payer par le titulaire, puisque le titulaire de l'Autorisation d'Exploitation de Carrières Permanente n'a pas à payer de nouveaux droits superficiaires annuels par carré pour l'extension de son autorisation à de nouvelles substances minérales.	批准或驳回永久性采石场开采许可向其他矿物质延展申请的决定,根据本编第一章规定的方式通知申请人,而由于永久性采石场开采许可持有人无须为其许可向其他物质的延展而重新缴纳年度区块面积税,所以通知未明确规定持有人应缴纳的年度区块面积税金额的情况除外。

En cas de décision d'approbation de la demande d'extension, le Cadastre Minier central ou provincial inscrit définitivement l'extension aux nouvelles substances minérales sous l'Autorisation d'Exploitation de Carrières Permanente du titulaire dans le registre des droits octroyés, soit à la date de la réception de la décision d'approbation prise par l'autorité compétente, soit à l'expiration du délai de prise de décision de l'autorité compétente de trente jours à compter de la date de réception du dossier de demande et du certificat environnemental par l'autorité compétente sans décision de sa part ou encore, à la date de réception de la décision d'approbation de l'extension prise par le tribunal compétent en cas d'inscription par voie judiciaire.	决定批准延展申请的,中央或省级矿权登记局将持有人永久性采石场开采许可向新的矿产延展一事在矿权登记册上予以最终登记,登记日期为收到主管机关作出的批准决定之日。主管机关在收到申请文件和环境证书之日起三十日内未作出决定的,登记日期为该期限届满之日。通过司法途径予以登记的,登记日期为收到有管辖权的法院所作的批准延展决定之日。
En cas de décision de refus de la demande d'extension de l'Autorisation d'Exploitation de Carrières Permanente à d'autres substances, le Cadastre Minier central ou provincial inscrit la décision de rejet de la demande d'extension dans le Registre des Demandes de Droits Miniers et de Carrières.	决定拒绝永久性采石场开采许可向其他物质延展的申请的,中央或省级矿权登记局将驳回延展申请的决定在矿权和采石权申请登记簿上予以登记。
Article 342: De la modification du Certificat d'Exploitation	**第 342 条:开采证书的变更**
A la réception de la décision d'approbation de la demande d'extension, le Cadastre Minier central ou provincial procède à la modification du Certificat d'Exploitation de Carrières Permanente pour y inclure l'extension aux substances demandées. Le	收到批准延展申请的决定后,中央或省级矿权登记局对永久性采石场开采证书予以变更,以便将所申请延展的物质包括在内。中央或省级矿权登记局将经修改的永久性采石场开采证书发还持有人。

Cadastre Minier central ou provincial rend le Certificat d'Exploitation de Carrières Permanente ainsi modifié au titulaire sur demande.	
Chapitre III: DE LA RENONCIATION A L'AUTORISATION D'EXPLOITATION DE CARRIÈRES PERMANENTE	***第三章:永久性采石场开采许可的放弃***
Article 343: De la déclaration de renonciation	**第 343 条:放弃声明**
Afin de renoncer totalement ou partiellement à son Autorisation d'Exploitation de Carrières Permanente, le titulaire remplit et dépose auprès du Cadastre provincial qui lui a remis le Certificat d'Exploitation de Carrières Permanente, la déclaration de renonciation totale ou partielle de son Autorisation d'Exploitation de Carrières Permanente.	全部或部分放弃永久性采石场开采许可的,持有人填写全部或部分放弃其永久性采石场开采许可的声明,并递交给向其发放永久性采石场开采许可的省级矿权登记局。
La déclaration de renonciation contient notamment:	放弃声明须包含下列事项:
• les références de l'Autorisation d'Exploitation de Carrières Permanente;	• 永久性采石场开采许可的参考信息;
• les coordonnées géographiques des sommets du périmètre renoncé et le nombre des carrés y compris;	• 所放弃的矿区各顶点的地理坐标和所含区块数量;
• le numéro et les coordonnées géographiques des sommets du périmètre retenu et le nombre des carrés y compris.	• 所保留的矿区的编号和各顶点的地理坐标和所含区块的数量。
La déclaration de renonciation est accompagnée du Certificat d'Exploitation de Carrières Permanente du titulaire.	放弃声明须附随持有人的永久性采石场开采证书。

Article 344: De la recevabilité de la déclaration de renonciation	**第 344 条:放弃声明的受理**
Lors du dépôt de la déclaration de renonciation, le Cadastre Minier central ou provincial vérifie si la déclaration est recevable conformément aux éléments indiqués à l'article précédent.	递交放弃声明时,中央或省级矿权登记局根据前条规定的标准核实该声明是否可以受理。
Si la demande de renonciation est recevable, le titulaire paie les frais de dépôt fixés conformément aux dispositions du présent Décret. Le Cadastre Minier lui délivre un récépissé pour son paiement.	放弃申请可以受理的,持有人根据本法令规定缴纳提交费。矿权登记局向其签发缴纳回执。
Article 345: De l'instruction de la déclaration de renonciation	**第 345 条:放弃声明的审查**
Dans un délai de cinq jours ouvrables à compter de la date du dépôt de la déclaration de renonciation, le Cadastre Minier central ou provincial vérifie si:	自放弃声明递交之日起五个工作日内,中央或省级矿权登记局核实:
• l'Autorisation d'Exploitation de Carrières Permanente est en cours de validité et non frappé par un cas de force majeure;	• 永久性采石场开采许可是否仍在有效期内,且未受到不可抗力事件影响;
• les carrés renoncés et retenus font partie du périmètre faisant l'objet de l'Autorisation d'Exploitation de Carrières Permanente;	• 所放弃和保留的区块是否系永久性采石场开采许可所覆盖矿区的组成部分;
• le cas échéant, la partie du périmètre retenue a la forme d'un polygone composé de carrés entiers contigus qui ne renferment pas de terrains ne faisant pas partie du périmètre;	• 若适用,所保留的矿区的形状是否为由完整毗连的区块构成的多边形,且未包含不属于该矿区的土地;

• la partie du périmètre renoncée ne fait pas l'objet d'une amodiation, cession, transmission ou d'un contrat d'option inscrit dans le registre des hypothèques, des amodiations et des contrats d'option ou si c'est le cas, le titulaire a obtenu le consentement écrit du créancier de ne pas s'opposer à la renonciation.	• 所放弃的矿区是否系在抵押、租赁和期权合同登记簿上登记的租赁、出让、移转、期权合同的标的。有此情形的，持有人是否已经取得债权人放弃提出异议的书面同意。
Si la déclaration de renonciation satisfait aux conditions précisées ci-dessus, le Cadastre Minier central ou provincial l'envoie au Ministre Provincial des Mines pour les matériaux de construction à usage courant, ou au Ministre pour les autres substances de carrières.	若放弃声明满足上述规定条件的,中央或省级矿权登记局将其移送负责常用建筑材料的省级矿业部部长,或负责其他采石场物质的省级矿业部部长。
Si la déclaration de renonciation du titulaire ne satisfait pas aux conditions précisées ci-dessus, le Cadastre Minier central ou provincial lui restitue le dossier en lui suggérant les corrections nécessaires à y apporter.	若持有人的放弃声明未满足上述规定条件的,中央或省级矿权登记局向其退还文件并建议应作的修改。
Article 346: Du donner acte à la déclaration de renonciation	**第 346 条:放弃声明的备案**
Le Ministre provincial des Mines, pour les matériaux de construction à usage courant, ou le Ministre, pour les autres substances minérales de carrières, donne acte de la déclaration de renonciation et la transmet au Cadastre Minier central et provincial.	负责常用建筑材料的省级矿业部部长,或负责其他采石场矿产的矿业部部长,对放弃申请予以备案,并将其移交中央或省级矿权登记局。
A défaut du donner acte dans le délai de trois mois à compter du dépôt de la déclaration, la déclaration de renonciation est réputée accordée.	递交声明后三个月内未予以备案的,放弃声明被视为批准。

Le Cadastre Minier central ou provincial notifie au titulaire du donner acte par le moyen le plus rapide et fiable et l'affiche dans la salle de consultation publique.	中央或省级矿权登记局将该备案以最为迅速可靠的方法通知持有人,并在公共咨询大厅内予以张贴。
Article 347 : De la modification du Certificat d'Exploitation de Carrières Permanente	**第 347 条:永久性采石场开采证的变更**
Le Cadastre Minier central procède à la modification du Certificat d'Exploitation de Carrières Permanente pour y inscrire la renonciation partielle et le restitue au titulaire.	中央矿权登记局对永久性采石场开采证进行变更,将部分放弃事项予以登记,并发还持有人。
Article 348 : Des effets de la renonciation	**第 348 条:放弃的效果**
Les effets de la renonciation sont ceux prévus à l'article 164, alinéas 4 et 5 du Code minier.	放弃的效果适用《矿业法典》第 164 条第 4 款和第 5 款规定的效果。
Chapitre IV : DU RENOUVELLEMENT	***第四章:续期***
Article 349 : Du dépôt de la demande de renouvellement	**第 349 条:续期申请的递交**
Pour obtenir le renouvellement de son Autorisation d'Exploitation de Carrières Permanente, le titulaire doit déposer sa demande de renouvellement auprès du Cadastre Minier central ou provincial, au plus tôt un an et au plus tard six mois avant la date d'expiration de l'Autorisation d'Exploitation de Carrières Permanente.	持有人须于其永久性采石场开采许可到期前最早一年,最晚六个月向中央或省级矿权登记局递交续期申请以便进行永久性采石场开采许可的续期。
Avant de déposer la demande de renouvellement de l'Autorisation d'Exploitation de Carrières Permanente, le titulaire paie au Cadastre Minier central ou provincial les frais de dépôt contre délivrance d'un récépissé.	递交永久性采石场开采许可续期申请前,持有人向中央或省级矿权登记局缴纳提交费,并领取缴纳回执。

La demande de renouvellement de l'Autorisation d'Exploitation de Carrières Permanente contient:	永久性采石场开采许可的续期申请包括下列事项:
• le formulaire de renouvellement dûment rempli et signé par le titulaire;	• 持有人按规定填写并签署的续期申请表;
• le Certificat d'Exploitation de Carrières Permanente;	• 永久性采石场开采证书;
• la mise à jour de l'étude de faisabilité qui démontre le non-épuisement du gisement;	• 更新后的可行性研究以证明矿床尚未枯竭;
• la mise à jour du plan de financement et du plan d'encadrement technique des travaux de développement, de construction et d'exploitation;	• 更新后的融资计划和开发、建设和开采工程的技术指导计划;
• la mise à jour de l'Etude d'Impact Environnemental du projet et du Plan de Gestion Environnementale du Projet;	• 更新后的项目环境和社会影响研究以及项目环境管理计划;
• un engagement souscrit de bonne foi par le titulaire de continuer activement son exploitation;	• 持有人的善意承诺,保证继续积极开采;
• le récépissé prouvant que le titulaire a payé les frais de dépôt.	• 持有人提交费的缴纳回执。
Article 350: Du formulaire de renouvellement	**第 350 条:续期申请表**
Le formulaire comporte les éléments suivants:	申请表包括下列事项:
• la dénomination, l'adresse et les coordonnées du titulaire, avec les preuves de l'identité;	• 持有人姓名、住址和联系方式,和身份证明文件;
• La nature de droit de carrières renouvelé;	• 所续期采石权的性质;

• Le numéro et les coordonnées géographiques des sommets du périmètre renouvelé ainsi que le nombre des carrés y compris;	• 续期矿区的编号,各顶点的地理坐标和所含区块数量;
• L'identification des sociétés affiliées;	• 关联公司的身份信息;
• Le nombre d'Autorisations d'Exploitation de Carrières Permanente détenues par le titulaire et ses sociétés affiliées;	• 持有人和其关联公司所持有的永久性采石场开采许可的数量;
• Le cas échéant, les coordonnées géographiques des sommets du périmètre renoncé ainsi que le nombre des carrés y compris.	• 若适用,所放弃的矿区各顶点的地理坐标和所含区块数量。
Article 351: De la recevabilité	**第 351 条:受理**
Le Cadastre Minier central ou provincial vérifie si la demande de renouvellement est recevable et s'assure si tous les éléments énumérés aux articles 349 et 350 du présent Décret sont fournis.	中央或省级矿权登记局核实续期申请是否可以受理,并核实本法令第 349 条和第 350 条列举的所有材料是否已经提交。
Le Cadastre Minier central ou provincial inscrit la demande de renouvellement au cahier d'enregistrement général et délivre au titulaire un récépissé conformément aux dispositions du présent Décret.	中央或省级矿权登记局将续期申请在常规登记簿上予以登记,并根据本法令规定向持有人签发回执。
Si la demande est irrecevable, le Cadastre Minier central ou provincial restitue le dossier de demande au titulaire en lui indiquant les pièces ou les données qui font défaut.	若申请不予受理,中央或省级矿权登记局将申请文件退还持有人,并说明所缺的文件或数据。
Article 352: De l'instruction de la demande de renouvellement	**第 352 条:续期申请的审查**
Une fois la demande recevable, le Cadastre Minier central ou provincial déclenche l'instruction cadastrale, technique et environnementale conformément aux dispositions du Chapitre premier du présent Titre.	申请一经受理,中央或省级矿权登记局根据本编第一章的规定开始进行登记审查、技术审查和环境审查。

L'instruction cadastrale, qui ne doit pas dépasser vingt jours ouvrables à compter du dépôt de la demande de renouvellement, est limitée à la vérification des éléments suivants:	登记审查在续期申请递交之日起二十个工作日内进行,(中央或省级矿权登记局)仅限于针对下列事项进行核实:
• le titulaire de l'Autorisation d'Exploitation de Carrières Permanente n'a pas failli à ses obligations de maintien de la validité de l'autorisation;	• 永久性采石场开采许可持有人未怠于履行维持其许可有效的各项义务;
• le titulaire est éligible à détenir une Autorisation d'Exploitation de Carrières Permanente.	• 持有人有资格持有永久性采石场开采许可。
Lors de l'instruction cadastrale, la recevabilité de l'Etude d'Impact Environnemental et Social et du Plan de Gestion Environnementale et Sociale du projet mis à jour est déterminée selon les modalités du Chapitre premier du présent Titre.	登记审查时,对于更新后的环境和社会影响研究和项目环境管理计划的可受理性,根据本编第一章规定的方式决定。
Dans un délai de quarante-cinq jours ouvrables à compter de la réception d'un exemplaire de la demande, la Direction des Mines instruit la demande conformément aux modalités précisées au Chapitre premier du présent Titre, auxquelles s'ajoute la vérification de l'engagement souscrit par le titulaire de bonne foi de continuer activement l'exploitation.	自收到申请副本之日起四十五个工作日内,矿业局根据本编第一章规定的办法对申请予以审查,并对持有人保证继续积极开采的善意承诺予以核实。
L'instruction environnementale et sociale par l'Agence Congolaise de l'Environnement, le Fonds National de Promotion et de Service Social en collaboration avec la Direction chargée de la Protection de l'Environnement Minier est réalisée selon les modalités précisées au	由刚果(金)环境署、国家促进和社会服务基金会同矿业环保局进行的环境和社会审查,根据本编第一章规定的办法进行,须自向刚果(金)环境署、国家促进和社会服务基金会和矿业环保局移交项目的环境和社会影响研究之日起六十个工作日内完成。

Chapitre premier du présent Titre et doit être achevée dans un délai de soixante jours ouvrables à compter de la transmission de l'Etude d'Impact Environnemental et Social du projet à l'Agence Congolaise de l'Environnement, le Fonds National de Promotion et de Service Social en collaboration avec la Direction chargée de la Protection de l'Environnement Minier.	
Article 353：De la décision d'approbation ou de refus du renouvellement de l'Autorisation d'Exploitation de Carrières Permanente	**第 353 条：批准或拒绝批准永久性采石场开采许可续期的决定**
La décision d'approbation ou de refus de la demande de renouvellement doit être prise par le Ministre Provincial des Mines, pour les matériaux de construction à usage courant, ou le Ministre, pour les autres substances minérales de carrières, dans les trente jours ouvrables de la réception du dossier de la demande et des avis.	批准或拒绝续期申请的决定，须由负责常用建筑材料的省级矿业部部长，或负责其他采石场物质的省级矿业部部长，自收到申请文件和相关意见之日起三十个工作日内作出。
A défaut, la décision est sensée être conforme aux avis cadastral, technique et environnemental. Le cas échéant, le Cadastre Minier central ou provincial est habilité à inscrire la décision correspondante au Registre des Demandes de Droits Miniers ou de Carrières.	否则，决定被视为与登记审查、技术审查和环境审查意见一致。视情况，中央或省级矿权登记局有权将相应决定在矿权或采石权申请登记簿上予以登记。
Tout refus de renouvellement doit être motivé selon les justifications de l'article 155 du Code minier et ouvre droit aux recours des articles 313 et 314 du même Code.	拒绝续期的，须根据《矿业法典》第 155 条规定说明理由，并赋予申请人根据《矿业法典》第 313 条和第 314 条的规定进行救济的权利。

Article 354: De la notification et de l'inscription de la décision	**第354条:决定的通知和登记**
Le Ministre provincial des Mines, pour les matériaux de construction à usage courant, ou le Ministre pour les autres substances minérales de carrières, transmet sa décision au Cadastre Minier qui l'inscrit dans les cinq jours ouvrables à compter soit de la date de décision de l'autorité compétente, soit de la date à laquelle la décision est réputée accordée, au cahier d'enregistrement général en cas de décision de refus et au registre des droits octroyés, en cas de décision derenouvellement.	负责常用建筑材料的省级矿业部部长,或负责其他采石场物质的省级矿业部部长,将其决定移交矿权登记局,由后者在主管机关决定之日或决定被视为批准之日起五个工作日内,将拒绝决定在常规登记簿上予以登记,将续期决定在矿权登记册上予以登记。
Dans les cinq jours à compter de la date de décision de l'autorité compétente, le Cadastre Minier central ou provincial notifie au titulaire la décision par le moyen le plus rapide et fiable et l'affiche dans la salle de consultation publique. Les dispositions du deuxième alinéa de l'article 186 du présent Décret régissent le contenu de la notification.	自主管机关决定之日起五日内,中央或省级矿权登记局将决定以最为迅速可靠的方法通知持有人,并在公共咨询大厅内予以张贴。通知内容适用本法令第186条第2款的规定。
Article 355: De la radiation du droit d'Exploitation de Carrières Permanente non-renouvelé	**第355条:未续期的永久性采石权的注销**
En cas de décision de refus, le Cadastre Minier central radie le report du périmètre sur la carte de retombes lorsque l'Autorisation d'Exploitation de Carrières Permanente arrive à son terme.	决定拒绝的,永久性采石场开采许可期限届满时,由中央矿权登记局将相关矿区在矿区定位图上的标注注销。
La superficie concernée est immédiatement libérée et disponible sous réserve du maintien de la priorité du titulaire qui obtient gain de cause à la suite	相关矿区立即开放可用,前提是持有人保留在拒绝决定作出之日起三十日内按规定提起救济程序后胜诉的优先权。

d'une procédure de recours dûment initiée par lui dans les trente jours suivant la date de la décision de refus.	
Article 356 : De la délivrance du Certificat d'Exploitation de Carrières Permanente	**第 356 条：永久性采石场开采证书的颁发**
Les modalités de la délivrance du Certificat d'Exploitation de Carrières Permanente sont celles prévues à l'article 187 du présent Décret.	永久性采石场开采证书的颁发方法由本法令第 187 条规定。
TITRE XIV : DU TRAITEMENT, DU TRANSPORT ET DE LA COMMERCIALISATION DES PRODUITS DE CARRIERES	**第十四编：采石场产品的加工、运输和商业化**
Chapitre unique* : *DE L'AUTORISATION D'EFFECTUER LE TRAITEMENT, LE TRANSPORT ET LA COMMERCIALISATION DES PRODUITS DES CARRIERES	***单独章：采石场产品加工、运输和商业化许可***
Article 357 : Du droit d'effectuer le traitement des produits des carrières	**第 357 条：对采石场产品进行加工的权利**
Conformément à l'article 81 du Code minier, le titulaire d'une Autorisation d'Exploitation de Carrières Temporaire ou Permanente est autorisé à effectuer les opérations de traitement des produits de carrières de son périmètre conformément aux dispositions de son Plan d'Atténuation et de Réhabilitation du projet ou de son Etude d'Impact Environnemental et social approuvée.	根据《矿业法典》第 81 条的规定，临时性或永久性采石场开采许可持有人有权根据其项目环境减排和修复计划，或经批准的环境和社会影响研究中的规定，在其矿区内从事采石场产品的加工活动。
Article 358 : Du transport et de la commercialisation	**第 358 条：运输和商业化**

Le transport et la commercialisation des produits de carrières sont soumis au droit commun en matière de transport et d'activité commerciale. Le transport des produits de carrières peut être soumis à des dispositions particulières adoptées par voie réglementaire visant la protection de l'environnement.	采石场产品的运输和销售须遵守有关运输和商业活动的普通法。采石场产品的运输还应遵守为保护环境而颁布的特别规定。
Les sites d'entreposage doivent être érigés dans des conditions qui ne portent pas atteinte à l'environnement et à la sécurité des personnes, conformément aux dispositions des articles 166 et 167 du Code minier ainsi qu'à la directive sur la sécurité des sites d'entreposage des produits miniers prévues à l'annexe V du présent Décret.	仓储地点须根据《矿业法典》第 166 条和第 167 条的规定和本法令附件五关于矿产仓储地点安全指令的规定，在不对环境和人员安全造成任何危害的条件下设立。
TITRE XV：DES HYPOTHEQUES	**第十五编：抵押**
Chapitre I：DE LA PROCEDURE DE L'APPROBATION ET DE L'ENREGISTREMENT DES HYPOTHEQUES	***第一章：抵押的批准和登记程序***
Article 359：De l'établissement et du dépôt de la demande d'approbation d'hypothèques	**第 359 条：抵押批准申请的编制和递交**
Toute demande d'approbation de l'hypothèque est établie sur un formulaire à retirer auprès du Cadastre Minier central ou provincial.	抵押批准申请须在从中央或省级矿权登记局领取的表格上编制。
Le formulaire de demande d'approbation de l'hypothèque contient notamment les mentions suivantes：	抵押批准申请表须包含下列事项：
• l'identité complète, l'adresse et toutesautres coordonnées du requérant；	• 申请人完整的身份信息、住址和其他联系方式；

• les références de l'Arrêté d'octroi du ou des droits miniers ou de carrières faisant l'objet d'hypothèques;	• 作为抵押标的的矿权或采石权的授予决定的参考信息;
• les cartes et coordonnées géographiques du périmètre d'exploitation des mines ou de carrières;	• 矿区或采石区的地图和地理坐标;
• l'identification et les coordonnées géographiques de Permis d'Exploitation, Permis d'Exploitation des rejets, Permis d'Exploitation de Petite Mine, Autorisation d'Exploitation des carrières Permanente, des immeubles par incorporation situées dans le périmètre d'exploitation ainsi que des immeubles par destination affectés à l'exploitation.	• 采矿证、尾矿开采证、小矿山开采证、永久性采石场开采许可、并入开采区的建筑物和用于开采活动的建筑物的辨识信息和地理坐标。
Le formulaire de demande d'approbation est rempli et signé par le requérant.	申请人填写并签署的批准申请表。
A la demande d'approbation de l'hypothèque sont jointes les pièces ci-après prescrites par l'article 169 du Code minier:	抵押批准申请须附随《矿业法典》第 169 条规定的下列文件:
• l'acte ou le contrat de l'hypothèque indiquant le montant ou l'estimation de la créance garantie par l'hypothèque;	• 指明被担保主债权的金额或估算金额的抵押文书或抵押合同;
• une copie certifiée conforme du titre minier ou de carrières dont le droit fait l'objet de l'hypothèque.	• 被抵押的矿权或采石权权证的经认证的与原件一致的副本。
La demande d'approbation de l'hypothèque est déposée au Cadastre Minier central.	抵押批准申请向中央矿权登记局递交。
Article 360: De la recevabilité ou de l'irrecevabilité de la demande d'approbation d'hypothèque	**第 360 条:受理或不予受理抵押批准申请**

Dès réception de la demande d'approbation de l'hypothèque, le Cadastre Minier vérifie si elle recevable.	收到抵押批准申请后，矿权登记局立即核实是否可以受理。
La demande d'approbation de l'hypothèque est recevable si elle est dûment remplie, déposée et appuyée des pièces requises conformément aux dispositions de l'article 359 ci-dessus.	抵押批准申请根据规定填写、递交并附有上述第 359 条规定的文件的，可以受理。
Toute demande recevable est inscrite au cahier d'enregistrement des demandes d'inscription des hypothèques et d'amodiations conformément aux dispositions de l'article 71 du présent Décret.	可以受理的申请，根据本法令第 71 条的规定，在抵押和租赁登记申请登记簿上予以登记。
Article 361: De l'instruction cadastrale de la demande d'approbation de l'hypothèque	**第 361 条：抵押批准申请的登记审查**
Le Cadastre Minier central réalise l'instruction de la demande d'approbation d'hypothèque recevable conformément aux dispositions de l'article 169 du Code minier.	中央矿权登记局根据《矿业法典》第 169 条的规定，对受理的抵押批准申请进行审查。
A l'issue de l'instruction cadastrale, le Cadastre Minier émet un avis favorable ou défavorable.	登记审查结束时，矿权登记局出具肯定或否定意见。
Le Cadastre Minier central notifie l'avis cadastral au requérant sans frais par le moyen le plus rapide et le plus fiable et procède à son affichage dans la salle de consultation publique et à son inscription dans le cahier d'enregistrement des demandes d'inscription des hypothèques et d'amodiations.	中央矿权登记局将矿权登记意见以最为迅速可靠的方法无偿通知申请人，并在公共咨询大厅内予以张贴，并在抵押和租赁登记申请登记簿上予以登记。
En cas d'avis favorable, le Cadastre Minier central transmet un exemplaire de la demande ainsi que son avis cadastral à la Direction des Mines pour instruction technique.	意见为肯定意见的，中央矿权登记局将申请副本和其矿权登记意见移交矿业局进行技术审查。

En cas d'avis défavorable, le Cadastre Minier central prépare et transmet au Ministre un projet d'arrêté portant refus d'approbation de l'hypothèque avec un exemplaire de la demande ainsi que son avis cadastral.	意见为否定意见的,中央矿权登记局编制拒绝抵押批准的决定草案,连同申请副本和其矿权登记意见,一并移交矿业部部长。
Article 362: De l'instruction technique de la demande d'approbation de l'hypothèque	**第 362 条:抵押批准申请的技术审查**
Lors de l'instruction technique de la demande d'approbation de l'hypothèque, la Direction des Mines vérifie s'il existe un des motifs de refus de l'approbation de l'hypothèque prévus à l'article 170 du Code minier qui pourrait justifier le refus de l'approbation de l'hypothèque sollicitée.	对抵押批准申请进行技术审查时,矿业局核实是否存在《矿业法典》第 170 条规定的拒绝抵押批准的情形。在该等情形下,可拒绝所申请的抵押批准。
Dans un délai de dix jours à compter de la date de réception du dossier de demande d'approbation de l'hypothèque lui transmis par le Cadastre Minier central, la Direction des Mines émet et transmet au Cadastre Minier central un avis technique favorable ou défavorable conformément aux dispositions des articles 169 et 170 du Code minier.	自收到中央矿权登记局移交的抵押批准申请文件之日起十日内,矿业局根据《矿业法典》第 169 条和第 170 条规定,出具肯定或否定的技术意见,并移交中央矿权登记局。
Endéans le jour ouvrable suivant la date de réception de l'avis technique, le Cadastre Minier central notifie l'avis technique au requérant sans frais par le moyen le plus rapide et le plus fiable et procède à son affichage dans la salle de consultation publique et à son inscription dans le cahier d'enregistrement des demandes d'inscription des hypothèques et amodiations.	自收到技术意见之日起第二个工作日内,中央矿权登记局将技术意见以最为迅速可靠的方法无偿通知申请人,在公共咨询大厅内予以张贴,并在抵押权和租赁权申请登记簿上予以登记。

Dans un délai de deux jours ouvrables à compter de la date de réception de l'avis technique, le Cadastre Minier prépare un projet d'arrêté portant approbation ou refus d'approbation, conformément aux avis cadastral et technique, et le transmet au Ministre avec l'avis cadastral et l'avis technique pour décision.	自收到技术意见之日起两个工作日内，矿权登记局根据登记和技术意见，编制关于批准或拒绝批准的决定草案，连同矿权登记意见和技术意见，一并移交矿业部部长作决定。
Article 363: De la décision d'approbation ou de refus d'approbation de l'hypothèque	**第 363 条：批准或拒绝批准抵押的决定**
Dans les quarante-cinq jours à compter de la date du dépôt de la demande d'approbation de l'hypothèque et sauf cas d'erreur manifeste dans les avis cadastral et technique favorables ou défavorables ou entre ces avis et le projet d'Arrêté lui transmis par le Cadastre Minier central, le Ministre signe et transmet audit Cadastre l'arrêté portant approbation ou refus d'approbation de l'hypothèque. Toute décision de refus est motivée conformément aux dispositions de l'article 170 du Code minier.	自抵押批准申请递交之日起四十五日内，除非肯定或否定的登记审查意见和技术意见明显有误，或该等意见与中央矿权登记局移交的决定草案明显不一致，矿业部部长须签署并移交批准或拒绝批准抵押的决定。决定拒绝的，须根据《矿业法典》第 170 条的规定说明理由。
A défaut de décision d'approbation ou de refus d'approbation de l'hypothèque dans ledélai prescrit, l'approbation de l'hypothèque est, selon que les avis cadastral et technique sont favorables ou défavorables, réputée accordée ou refusée. En cas d'avis favorable, le Cadastre Minier central inscrit la décision dans le registre des hypothèques, des amodiations et des contrats d'option conformément aux dispositions de l'article 171 du Code minier.	未在规定的期限内作出批准或拒绝批准抵押的决定的，则根据肯定或否定的登记审查意见和技术意见，视为批准或拒绝批准。意见为肯定意见的，中央矿权登记局根据《矿业法典》第 171 条的规定，将决定在抵押权、租赁权和期权合同登记册中予以登记。

En cas d'avis défavorable, le Cadastre Minier provincial inscrit la décision dans le cahier d'enregistrement des demandes d'inscription des hypothèques et amodiations et restitue le dossier de demande au requérant.	意见为否定意见的，省级矿权登记局将决定在抵押和租赁申请登记簿上予以登记，并将申请材料退还申请人。
Article 364: De la notification et de l'inscription de la décision d'approbation ou de refus d'approbation de l'hypothèque	**第 364 条：批准或拒绝批准抵押决定的通知和登记**
Dès réception de la décision d'approbation ou de refus d'approbation de l'hypothèque ou dans le cas où celle-ci est réputée accordée ou refusée à l'expiration de quarante-cinq jours à compter de la date du dépôt de la demande non suivi de la décision du Ministre, le Cadastre Minier procède à:	一经收到批准或拒绝批准抵押的决定后，或矿业部部长未在申请递交之日起四十五日内作出决定，因而抵押被视为批准或拒绝批准的，矿权登记局立即：
• son affichage dans la salle de consultation publique et dans celle du Cadastre Minier provincial concerné;	• 将该决定在其公共咨询大厅和相关省级矿权登记局公共咨询大厅内予以张贴；
• sa notification au requérant sans frais, par le moyen le plus rapide et le plus fiable et à toute autre personne qui en fait la demande moyennant paiement d'une somme fixée par le Cadastre minier;	• 将该决定以最为迅速可靠的方法无偿通知申请人和任何提出申请并已缴纳矿权登记局规定费用的其他人；
• son inscription dans le cahier d'enregistrement de demande d'inscription des hypothèques, amodiations, cessions, transmissions et contrats d'option.	• 将该决定在抵权、租赁权、出让权、移转权和期权合同申请登记簿上予以登记。

La notification de la décision d'approbation de l'hypothèque doit indiquer le montant dû par le requérant au titre de droit d'enregistrement, soit l'équivalent en Francs Congolais aux taux ci-après:	批准抵押决定的通知须注明申请人应缴纳等值的刚果法郎的登记税,该登记税适用下列费率:
• 0,5%:de 1 à 100.000.000 USD;	• 0.5%:1 美元至 100,000,000 美元;
• 0,3%:de 100.000.001 à 500.000.000 USD;	• 0.3%:100,000,001 美元至 500,000,000 美元;
• 0,2%:de 500.000.001 à 1 .000.000.000 USD;	• 0.2%:500,000,001 美元至 1,000,000,000 美元;
• 0,1%:au-delà de 1.000.000.000 USD.	• 0.1%:超过 1,000,000,000 美元。
Le titulaire s'acquitte de ses droits par paiement au compte du Trésor Public conformément à l'Ordonnance-loi n° 13/003 du 23 février 2013 portant réforme des procédures relatives à l'assiette, au contrôle et aux modalités de recouvrement des recettes non fiscales, telle que modifiée et complétée à ce jour.	持有人根据经修订和补充的 2013 年 2 月 23 日第 13/003 号关于改革非税收收入的税基、监管和征收方式相关程序的法令,向国库缴纳登记税。
Dès la réception du paiement du droit d'enregistrement et sur présentation du titre minier ou de carrières concernées, le Cadastre Minier inscrit l'hypothèque approuvée, en indiquant:	一经收到所缴的登记税,并提供相关矿权证或采石权证的,矿权登记局立即将已批准的抵押予以登记,并:
• au dos du titre:	• 在权证背面注明:
-les références du contrat d'hypothèque;	-抵押合同的参考信息;
-le numéro et la date de l'arrêté portant approbation de l'hypothèque;	-抵押批准决定的编号和日期;
-la valeur de l'hypothèque;	-抵押的价值;

-le nom du créancier hypothécaire;	-抵押权人的姓名;
• au registre des hypothèques, des amodiations et des contrats d'option:	• 在抵押、租赁和期权合同登记簿上注明:
- les références du droit minier ou de carrière;	-相关矿权或采石权的参考信息;
-les références du contratd'hypothèque;	-抵押合同的参考信息;
-l'identité des parties au contrat d'hypothèque;	-抵押合同当事人的身份信息;
-la valeur de l'hypothèque.	-抵押的价值。
A défaut d'inscription de la décision par le Cadastre Minier dans le délai imparti, le requérant peut recourir à la procédure de l'inscription par voie judiciaire prévue à l'article 46 du Code minier.	矿权登记局未在法定期限内对决定予以登记的,申请人可通过《矿业法典》第 46 条规定的司法途径就登记程序进行救济。
Article 365: De la lettre de demande de mutation du droit en faveur du créancier hypothécaire	**第 365 条: 向抵押权人移转权利的申请函**
Toute lettre de demande de mutation du droit en faveur du créancier hypothécaire doit être établie, déposée et accompagnée des pièces requises conformément aux dispositions de l'article 172 alinéa 3 du Code minier.	任何向抵押权人移转权利的申请函均须根据《矿业法典》第 172 条第 3 款的规定编制、递交,并附随相应的文件。
Elle doit être déposée au Cadastre Minier central ou provincial qui a délivré le titre minier ou de carrières qui fait l'objet de l'hypothèque.	该函须向颁发作为抵押标的的矿权证或采石权证的中央或省级矿权登记局递交。

Chapitre II: DE LA REALISATION DE L'HYPOTHEQUE	*第二章:抵押的实现*
Article 366: De la recevabilité ou de l'irrecevabilité de la demande de mutation du droit minier ou de carrières en faveur du créancier hypothécaire	**第 366 条:向抵押权人移转矿权或采石权申请的受理和不予受理**
Dès réception de la demande de mutation du droit minier ou de carrières en faveur du créancier hypothécaire, le Cadastre Minier vérifie si elle est recevable.	一经收到向抵押权人移转矿权或采石权的申请,矿权登记局立即核实(申请)是否可以受理。
Sous réserve des dispositions de l'alinéa 3 du présent article, la demande de mutation du droit minier ou de carrières en faveur du créancier hypothécaire est recevable si elle est établie, accompagnée des éléments prévus à l'article 172 du Code minier.	在遵守本条第 3 款规定的前提下,向抵押权人移转矿权或采石权的申请,根据《矿业法典》第 172 条的规定所编制并附随相关材料的,可以受理。
Si le créancier hypothécaire n'est pas éligible à obtenir ou détenir le droit, il est tenu de le préciser dans sa demande.	若抵押权人不具备取得或持有该权利的资格的,须在申请中明确说明。
Toute demande recevable est inscrite dans le cahier d'enregistrement général conformément aux dispositions de l'article 70 du présent Décret.	申请可以受理的,根据本法令第 70 条规定,在矿权常规登记簿上予以登记。
Article 367: De l'instruction cadastrale de la demande de mutation du droit minier ou de carrières en faveur du créancier hypothécaire	**第 367 条:向抵押权人移转矿权或采石权申请的登记审查**
Dans un délai maximum de dix jours ouvrables à partir de la date d'inscription de la demande recevable, le Cadastre Minier central ou provincial instruit cette demande de mutation du droit minier ou de carrières en faveur du créancier hypothécaire ou du	自受理申请登记之日起十个工作日内,中央或省级矿权登记局根据《矿业法典》第 40 条和第 173 条的规定,审查向抵押权人或替代抵押权人的第三人移转矿权或采石权的申请。

tiers substitué conformément aux dispositions des articles 40 et 173 du Code minier.	
A l'issue de l'instruction cadastrale, le Cadastre Minier central ou provincial émet un avis cadastral favorable ou défavorable. Tout avis défavorable est motivé.	登记审查结束时,中央或省级矿权登记局出具肯定或否定的登记审查意见。否定意见须说明理由。
Dès l'émission de l'avis cadastral favorable ou défavorable, le Cadastre Minier central ou provincial procède à:	肯定或否定的登记审查意见一经发表,中央或省级矿权登记局:
• son inscription dans le Registre des Demandes de Droits Miniers ou de Carrières;	• 将该意见在矿权或采石权申请登记簿上予以登记;
• son affichage dans la salle de consultation publique;	• 将该意见在公共咨询大厅内予以张贴;
• sa notification au requérant sans frais par le moyen le plus rapide et le plus fiable.	• 将该意见以最为迅速可靠的方法无偿通知申请人。
Article 368: De l'inscription de la mutation du droit en faveur du créancier hypothécaire ou du tiers substitué et de la délivrance du nouveau titre	**第 368 条:向抵押权人或替代抵押权人的第三人移转权利申请的登记和新权证的颁发**
En cas d'avis favorable, le Cadastre Minier central procède à l'inscription définitive de la mutation au registre des droits octroyés, à l'annulation du titre ancien et à la délivrance d'un nouveau titre au nom du créancier hypothécaire ou à la tierce personne éligible désignée par le créancier hypothécaire qui n'est pas éligible.	若为肯定意见,中央矿权登记局将移转一事在矿权登记册上进行最终登记,注销先前的权证,并向抵押权人或不具备资格的抵押权人所指定的有资格的第三人颁发新权证。
Si le créancier hypothécaire n'est pas éligible aux droits miniers ou de carrières, il lui est accordé un délai de six mois, soit pour se conformer aux règles de l'éligibilité, soit pour se faire substituer	抵押权人不具备(取得)矿权或采石权资格的,可在六个月内被授予相关资格,或由有资格取得被抵押的相关矿权或采石权的其他人替代。

par une autre personne éligible aux droits miniers ou de carrières concernés par l'hypothèque.	
TITRE XVI: DE L'AMODIATION ET DES MUTATIONS	**第十六编:租赁和移转**
Chapitre I: DE L'AMODIATION	***第一章:租赁***
Article 369: Du dépôt de la demande d'enregistrement d'un contrat d'amodiation	**第 369 条:租赁合同登记申请的递交**
Pour obtenir l'enregistrement d'un contrat d'amodiation, l'amodiant dépose la demande d'inscription d'un contrat d'amodiation au Cadastre Minier central ou provincial, en trois exemplaires.	出租人向中央或省级矿权登记局递交租赁合同登记申请,一式三份,以取得租赁合同的登记。
Article 370: De la recevabilité ou de l'irrecevabilité de la demande d'inscription du contrat d'amodiation	**第 370 条:租赁合同登记申请的受理和不予受理**
Pour être recevable, toute demande d'inscription d'un contrat d'amodiation doit comporter les éléments suivants:	租赁合同登记申请须包含下列事项方可受理:
• les dénominations sociales et les adresses de l'amodiant et l'amodiataire, avec les pièces justificatives pour l'amodiataire;	• 出租人和承租人的名称和住址,和承租人的证明文件;
• les références du droit minier ou de carrières qui fait l'objet de l'amodiation;	• 作为租赁标的的矿权或采石权的参考信息;
• les sociétés affiliées de l'amodiataire, s'il en existe;	• 承租人的关联公司(若有);
• les droits détenus éventuellement par l'amodiataire et ses sociétés affiliées qui sont du même genre que le droit minier ou de carrières qui fait l'objet de l'amodiation;	• 承租人和其关联公司所持有的权利,该等权利须与作为租赁标的的矿权或采石权类型相同;

• un exemplaire du contrat d'amodiation notarié par le responsable du Cadastre minier.	• 经矿权登记局负责人公证的租赁合同副本一份。
Toute demande recevable est inscrite dans le cahier d'enregistrement des demandes d'inscription des hypothèques et amodiations conformément aux dispositions de l'article 71 du présent Décret.	申请可以受理的，根据本法令第 71 条规定，在抵押和租赁申请登记簿上予以登记。
Article 371：De l'instruction cadastrale	**第 371 条：登记审查**
Lors de l'instruction de la demande d'inscription du contrat d'amodiation, le Cadastre Minier central ou provincial vérifie：	对租赁合同登记申请进行审查时，中央或省级矿权登记局核实：
• l'éligibilité de l'amodiataire pour détenir le droit minier ou de carrières faisant l'objet de l'amodiation；	• 承租人是否具有持有作为租赁标的的矿权或采石权的资格；
• la conformité du contrat d'amodiation avec les dispositions de l'article 177 du Code minier.	• 租赁合同是否符合《矿业法典》第 177 条的规定。
Dans un délai maximum de vingt jours ouvrables à dater du jour de l'inscription de la demande, le Cadastre Minier central émet un avis cadastral favorable ou défavorable. Tout avis défavorable est motivé.	自申请登记之日起二十个工作日内，中央矿权登记局出具肯定或否定的登记意见。否定意见须说明理由。
En cas d'avis favorable, le Cadastre Minier central inscrit provisoirement l'amodiation du droit minier ou de carrières sur la carte de retombes minières.	意见为肯定意见的，中央矿权登记局将矿权或采石权租赁一事在矿区定位图上予以临时登记。
En cas d'avis défavorable, le Cadastre Minier central procède au rejet de la demande et à la notification de la décision motivée de rejet au requérant.	意见为否定意见的，中央矿权登记局驳回申请，并将附理由的驳回决定通知申请人。

Conformément à l'instruction cadastrale, le Cadastre Minier central émet un avis cadastral favorable ou défavorable. Tout avis défavorable est motivé. Si l'avis est favorable, le Cadastre Minier central ou provincial inscrit provisoirement l'amodiation du droit minier ou de carrières sur la carte de retombes minières.	根据登记审查,中央矿权登记局出具肯定或否定的登记审查意见。(出具)否定意见须说明理由。若意见为肯定意见,中央矿权登记局须将矿权或采石权租赁一事在矿区定位图上予以临时登记。
Article 372: De la notification et de l'inscription de l'avis cadastral	**第 372 条:登记审查意见的通知和登记**
Dès l'émission de l'avis cadastral favorable ou défavorable, le Cadastre Minier procède à:	肯定或否定的登记审查意见一经发表,矿权登记局立即:
• son inscription sur la fiche technique de la demande;	• 将该意见在该申请的技术说明上予以登记;
• son affichage dans la salle de consultation publique;	• 将该意见在公共咨询大厅内予以张贴;
• sa notification au requérant sans frais par le moyen le plus rapide et le plus fiable en indiquant en cas favorable, le montant et les modalités de paiement à effectuer au titre de droit d'enregistrement conformément aux dispositions de l'article 179 alinéa 4 du Code minier.	• 将该意见以最为迅速可靠的方法无偿通知申请人。意见为肯定意见的,通知须根据《矿业法典》第 179 条第 4 款的规定,应注明缴纳的登记税金额和缴纳方式。
La notification à l'amodiant et à l'amodiataire de l'avis favorable du Cadastre Minier doit indiquer le montant dû par l'amodiataire au titre des droits d'enregistrement, soit l'équivalent en Francs Congolais de 1% du premier loyer dû.	矿权登记局向出租人和承租人发出的肯定意见通知须注明承租人应缴纳的登记税金额,即与应付租金 1%等值的刚果法郎。

L'amodiataire s'acquitte de ce droit par paiement au compte du Trésor Public conformément à la législation en matière des procédures relatives à l'assiette, au contrôle et aux modalités de recouvrement des recettes non fiscales, telle que modifiée et complétée à ce jour.	承租人根据经修订和补充的有关非税收收入的税基、监管和征收方式的程序规定,向国库缴纳登记税。
Article 373: De l'inscription du contrat d'amodiation au Registre des Hypothèques, des Amodiations et des Contrats d'Option	**第 373 条:租赁合同在抵押、租赁和期权合同登记簿的登记**
Sur présentation du récépissé ou de la quittance du paiement du droit d'enregistrement, le Cadastre Minier central inscrit le contrat d'amodiation au registre des hypothèques, des amodiations et des contrats d'option et change, de provisoire en définitif, le report de l'amodiation du droit minier ou de carrières concerné sur la carte de retombes minières.	提交登记税缴纳回执或收据后,中央矿权登记局将租赁合同在抵押、租赁和期权合同登记簿上予以登记,并将相关矿权或采石权的租赁一事在矿区定位图上的临时标注变更为最终标注。
A défaut d'inscription du contrat d'amodiation par le Cadastre Minier centraldans le délai imparti, le requérant peut recourir à la procédure de l'inscription par voie judiciaire conformément aux dispositions de l'article 46 du Code minier.	中央矿权登记局未在规定期限内对租赁合同予以登记的,申请人可通过《矿业法典》第 46 条规定的司法途径对登记程序进行救济。
Chapitre II: DE LA CESSION	***第二章:出让***
Article 374: Du dépôt de la demande de cession	**第 374 条:出让申请的递交**
La demande de cession consiste en un formulaire, accompagné de pièces justificatives, de la preuve de la capacité financière du cessionnaire ainsi que de la preuve du paiement des frais de dépôt.	出让申请包含附随证明文件的申请表、受让人的财务能力证明和提交费缴纳证明。在任何情况下,最低财务能力都不得低于《矿业法典》第 58 条规定的标准。

Dans tout le cas la capacité financière minimum ne peut être inférieure à celle reprise à l'article 58 du Code minier.	
Le cédant ou le cessionnaire dépose la demande en cinq exemplaires au Cadastre Minier central ou provincial.	出让人或受让人向中央或省级矿权登记局递交申请,一式五份。
Article 375 : Du formulaire de la cession	**第 375 条:出让申请表**
Le formulaire à retirer au Cadastre Minier central ou provincial prévoit les renseignements suivants :	申请表从中央或省级矿权登记局领取,包含下列事项:
• l'identification et l'adresse du cessionnaire ;	• 受让人身份信息和住址;
• les références du droit minier ou de carrières dont la cession est sollicitée ;	• 作为出让标的的矿权或采石权的参考信息;
• la nature partielle ou entière de la cession ;	• 部分或全部出让;
• l'identité des sociétés affiliées du cessionnaire ;	• 受让人关联公司信息;
• le nombre de Permis détenus par le cessionnaire et ses sociétés affiliées.	• 受让人和其关联公司所持许可证的数量。
Au formulaire de demande de la cession sont jointes les pièces suivantes :	出让申请表须附随下列文件:
• les statuts de la société cessionnaire et ses affiliées ;	• 受让公司和其关联公司的章程;
• l'acte de nomination de son représentant dans le cas où il n'est pas désigné dans les statuts les pièces justificatives de l'identité du requérant et, le cas échéant, de son mandataire en mines et carrières ;	• 章程中未指定代表的,授权任命书;申请人的身份证明文件,如需要,矿权和采石权代理人的身份证明文件;

• l'acte de cession notarié contenant le prix de transfert du droit et l'engagement du cessionnaire à assumer toutes les obligations du titulaire vis-vis de l'Etat qui découlent du droit de recherches ou d'exploitation;	• 经公证的出让文书,应包含权利出让对价和由受让人承担作为勘探权或开采权持有人对国家的义务的承诺;
• en cas de cession d'un titre minier d'exploitation appartenant à une société minière dont l'Etat est actionnaire majoritaire, un rapport d'évaluation du gisement tel que prévu à l'article 182 alinéa 4 du Code minier;	• 当出让矿业公司持有的探矿证书且国家为该公司持半数以上股权的股东时,《矿业法典》第 182 条第 4 款所规定的矿床评估报告;
• la preuve de la capacité financière du cessionnaire;	• 受让人财务能力证明;
• en cas de cession partielle, les coordonnées géographiques des sommets du périmètre qui fait l'objet du droit à céder, le nombre des carrés y compris ainsi qu'une carte à l'échelle 1/200.000 sur laquelle la situation géographique du périmètre cédé est indiquée;	• 部分出让的,拟出让权利所涉矿区各顶点的地理坐标,所含区块数量,和在比例尺为 1/200,000 的地图中注明所出让矿区的地理位置;
• les documents prévus à l'article 23 bis du Code minier;	• 《矿业法典》第 23(2)条规定的文件;
• en cas de cession d'un titre minier d'exploitation, la déclaration notariée de l'engagement de cession à l'Etat de 10% des parts ou actions du capital social qui sont libres de toutes charges et non diluables;	• 出让采矿权的,经公证的向国家无偿出让不可稀释的 10%股份或股权的承诺声明;
• une copie du récépissé ou de la quittance du paiement des frais de dépôt afférents à l'instruction cadastrale de la demande.	• 登记审查提交费的缴纳回执或收据副本。

Article 376 : De la recevabilité de la demande de cession	**第 376 条：出让申请的受理**
Pour être recevable, toute demande de cession contient les éléments prévus aux deux articles précédents.	出让申请包括上述两条规定的材料的，可以受理。
Si la demande est recevable, le Cadastre Minier central l'inscrit dans le cahier d'enregistrement général conformément aux dispositions de l'article 70 du présent Décret.	若申请可以受理，中央矿权登记局根据本法令第 70 条的规定，将申请在矿权常规登记簿上予以登记。
Article 377 : De l'instruction cadastrale	**第 377 条：登记审查**
Lors de l'instruction de la demande de cession, le Cadastre Minier central ou provincial vérifie :	对出让申请进行登记审查时，中央或省级矿权登记局核实：
• l'éligibilité du cessionnaire à détenir le droit minier ou de carrières faisant l'objet du contrat de cession ;	• 受让人是否具有持有作为出让合同标的的矿权或采石权的资格；
• la conformité des périmètres cédés et retenus aux dispositions de l'article 28 du Code minier.	• 所出让的矿区和保留的矿区是否符合《矿业法典》第 28 条的规定。
Le Cadastre Minier central conclut l'instruction de la demande de cession dans un délai maximum de vingt jours ouvrables à compter de la date d'inscription de la demande.	自申请登记之日起二十个工作日内，中央矿权登记局完成出让申请的审查。
A l'issue de l'instruction cadastrale, le Cadastre Minier central émet un avis cadastral favorable ou défavorable.	登记审查结束时，中央矿权登记局出具肯定或否定的登记意见。
Article 378 : De l'inscription et de la notification de l'avis cadastral	**第 378 条：登记审查意见的登记和通知**
Le Cadastre Minier central inscrit le résultat de l'avis sur la fiche technique de la demande et notifie une copie de l'avis au requérant sans frais par le moyen le plus rapide et fiable.	中央矿权登记局将意见结果在该申请的技术说明上予以登记，并将意见副本以最为迅速可靠的方法无偿通知申请人。

En cas d'avis favorable, le Cadastre Minier central procède au report provisoire de la cession des droits miniers ou de carrières sur la carte de retombes minières et affiche l'avis cadastral dans la salle de consultation publique.	意见为肯定意见的,中央矿权登记局将矿权或采石权的出让一事在矿区定位图上予以临时标注,并将登记审查意见在公共咨询大厅内予以张贴。
Le Cadastre Minier central transmet immédiatement un exemplaire de la demande ainsi que son avis cadastral à la Direction des Mines pour instruction technique à l'Agence Congolaise de l'Environnement et à la Direction chargée de la Protection de l'Environnement Minier pour la vérification du respect des obligations de protection de l'environnement prévues par le plan environnemental approuvé, sauf dans le cas où ce dernier n'est pas encore approuvé.	中央矿权登记局应立即将申请副本和其登记审查意见移交矿业局进行技术审查,移交刚果(金)环境署和矿业环保局核实是否履行经批准的环境计划所规定的环境保护义务,但该计划未经批准的除外。
Article 379: De l'instruction technique	**第 379 条:技术审查**
L'instruction technique de la demande de cession est réalisée dans un délai de vingt jours ouvrables à compter de la date de réception du dossier lui transmis par le Cadastre Minier.	自收到矿权登记局移交的文件之日起二十个工作日内完成出让申请的技术审查。
La Direction des Mines vérifie lors de l'instruction la conformité de la demande aux conditions précisées à l'article 185 du Code minier.	矿业局核实申请是否符合《矿业法典》第 185 条规定的条件。
Conformément à l'instruction technique, la Direction des Mines émet un avis technique favorable ou défavorable qu'elle transmet au Cadastre Minier central.	根据技术审查,矿业局发表肯定或否定的技术意见并移交中央矿权登记局。

A défaut de transmission de son avis technique dans le délai prévu à l'alinéa 1er du présent article, l'avis technique est réputé favorable.	矿业局未在本条第1款所规定的期限内移交其技术意见的,其技术意见被视为同意。
Le Cadastre Minier central ou provincial affiche l'avis technique dans la salle de consultation publique dans un délai d'un jour ouvrable suivant la réception de l'avis technique et l'inscrit sur la fiche technique de la demande.	自收到技术意见后一个工作日内,中央或省级矿权登记局将该意见在公共咨询大厅内予以张贴,并在该申请的技术说明上予以登记。
Le Cadastre Minier notifie une copie de l'avis technique au requérant sans frais par le moyen le plus rapide et fiable.	矿权登记局将技术意见副本以最为迅速可靠的方法无偿通知申请人。
Article 379 bis: De l'audit environnemental in situ	**第379(2)条:现场环境审计**
Un audit environnemental à charge du cédant est réalisé sur le périmètre minier faisant l'objet de la cession dans un délai de trente jours ouvrables à compter de la date de transmission du dossier par le Cadastre Minier à la Direction de Protection de l'Environnement Minier et à l'Agence Congolaise de l'Environnement.	自矿权登记局向矿业环保局和刚果(金)环境署移交文件之日起三十个工作日内,在作为出让标的的矿区内进行由出让人负责的环境审计。
L'Agence Congolaise de l'Environnement en collaboration avec la Direction de Protection de l'Environnement Minier, vérifie le respect des obligations environnementales contenues dans le Plan d'Atténuation et de réhabilitation approuvé en cas de cession d'un Permis de Recherches ou dans le Plan de Gestion Environnementale et Social approuvé en cas de cession d'un Droit minier d'Exploitation ou d'une Autorisation d'Exploitation de Carrières Permanente,	刚果(金)环境署会同矿业环保局,根据《矿业法典》第182(2)条第2点和第185条的规定,对于出让探矿证的,核实经批准的环境减排和修复计划中的环境义务是否履行;对于出让采矿权或永久性采石场开采许可的,核实经批准的环境和社会管理计划中的环境义务是否履行。

conformément aux articles 182 bis point 2 et 185 du Code minier.	
A l'issue de la vérification, la Direction de Protection de l'Environnement Minier établit une attestation de libération des obligations environnementales ou de refus de délivrance de libération des obligations environnementales qu'elle transmet au Cadastre Minier. En cas de constat de non-respect des obligations environnementales du cédant, elle prescrit des mesures correctives à mettre en œuvre en vue de l'obtention de ladite attestation qu'elle transmet au Cadastre Minier.	核实结束后,矿业环保局编制环境义务履行证明,或拒绝签发环境义务履行证明,并移交矿权登记局。认定出让人不遵守环境义务的,矿业环保局规定为取得上述证明须采取的改正措施,并移交矿权登记局。
Le Cadastre Minier notifie au cédant l'attestation de libération des obligations environnementales délivrée par la Direction de Protection de l'Environnement Minier ou la demande des mesures correctives dans un délai de cinq jours ouvrables à dater de leur réception.	自收到矿业环保局颁发的环境履行义务证明或改正措施要求之日起五个工作日内,矿权登记局通知出让人。
A défaut de transmission de l'attestation de libération des obligations environnementales ou de la demande des mesures correctives par la Direction de Protection de l'Environnement Minier, dans le délai prévu à l'alinéa 1er du présent article, l'attestation de libération des obligations environnementales est réputée accordée.	矿业环保局未在本条第 1 款规定的期限内移交环境义务履行证明或改正措施要求的,被视为批准环境义务履行证明。
Dans ce cas, le Cadastre Minier établit un procès-verbal de carence en vue de la poursuite de la cession.	有此情形的,矿权登记局编制未履行职责报告以继续出让。
Article 379 ter:De la décision d'approbation ou de refus du transfert du droit	**第 379(3)条:批准或拒绝权利转让的决定**

Le Cadastre Minier transmet le dossier de demande de transfert du droit au Ministre, avec avis cadastral, technique favorables ou défavorables, une attestation de libération des obligations environnementales ou le refus de délivrance de l' attestation de libération des obligations environnementales, ainsi que le cas échéant, un procès-verbal de carence visé à l'article 379 bis du présent Décret.	矿权登记局将权利转让申请材料连同肯定或否定的登记审查意见和技术意见、环境义务履行证明或拒绝发放环境义务履行证明,必要时,连同本法令第379(2)条规定的未履行职责报告,一并移交矿业部部长。
Sauf cas d'erreur manifeste dans les documents transmis ou entre les avis et le projet d'Arrêté de transfert, le Ministre approuve ou refuse le transfert du droit dans un délai de dix jours ouvrables.	除非移交的文件中明显有误,或该等意见与移交的决定草案明显不符,矿业部部长须在十个工作日内,作出批准或拒绝权利转让的决定。
Au cas où le Ministre ne transmet pas sa décision dans le délai imparti à l'alinéa ci-dessus, la décision d'approbation du transfert est réputée accordée.	矿业部部长未在前款规定的期限内移送其决定的,转让决定被视为批准。
Article 380: De la notification et de l'enregistrement de la cession	**第380条:出让的通知和登记**
Dès la réception de la décision d'approbation ou de refus de transfert, le Cadastre Minier la notifie au cédant avec copie au cessionnaire.	一经收到批准或拒绝转让的决定,矿权登记局立即通知出让人,并将副本抄送受让人。
En cas d'approbation par l'autorité compétente, il procède à l'enregistrement dudit transfert dans un délai de cinq jours ouvrables conformément aux dispositions de l'article 171 du Code minier.	主管机关批准的,矿权登记局根据《矿业法典》第171条的规定,在五个工作日内对该转让予以登记。
A défaut d'inscription du transfert par le Cadastre Minier central, le requérant recourt aux dispositions prévues aux articles 43 et 46 du Code minier.	中央矿权登记局未对转让予以登记的,申请人可根据《矿业法典》第43条和第46条的规定进行救济。

Dans ce cas, le Cadastre Minier central inscrit la cession dans le registre des hypothèques, amodiations, cessions, transmissions et contrats d'option. Il inscri tle transfert au dos du titre minier ou de carrières du cédant et le rend au cédant ou au cessionnaire qui l'a déposé.	在此情况下,中央矿权登记局将该出让在抵押、租赁、出让、移转和期权合同登记簿上予以登记,并在出让人的矿权或采石权证书背面对出让一事予以登记后,发还向其递交的出让人或受让人。
La notification au cédant et au cessionnaire de l'avis technique favorable par le Cadastre minier doit indiquer le montant dû au titre des droits d'enregistrement, équivalent en Francs Congolais à 1% du prix de la cession.	矿权登记局向出让人和受让人发出的肯定技术意见的通知须注明登记税金额,即与出让价格1%等值的刚果法郎。
Le Cédant ou le Cessionnaire s'acquitte de ce droit par le paiement au compte du Trésor Public selon la procédure de recouvrement des recettes non fiscales.	出让人或受让人按照非税收收入征收程序,向国库缴纳该登记税。
Article 380 bis: De la contre-expertise du prix de cession	**第380(2)条:出让价格的复核鉴定**
En application de l'article 185 ter du Code minier et en cas de présomption de minoration du prix de cession, il est institué une commission composée des délégués des services ci-après: Direction des Mines, Direction de Géologie, CTCPM, CAMI et DGRAD.	根据《矿业法典》第185(3)条的规定,推定估低转让价格的,成立由下列部门委派代表组成的委员会:矿业局、地质局、矿业协调和统筹技术小组、矿权登记局和DGRAD。
La commission a pour mission de vérifier le prix ayant fait l'objet de la cession et fait rapport au Ministre.	委员会的任务为核实出让价格,并向矿业部部长报告。
Le Ministre procède, par appel d'offre au recrutement d'un Bureau d'Etudes au niveau national ou international qui déterminera la valeur réelle du gisement et des infrastructures.	矿业部部长通过招标,委托全国或国际范围内的研究所,对矿床和基础设施的真实价值进行鉴定。

Le CAMI et la DGRAD procéderont, le cas échéant, au redressement du montant dû au regard de la valeur réelle du gisement et/ou des infrastructures.	必要时,矿权登记局和DGRAD根据矿床和/或基础设施的真实价值,对应付金额予以修改。
Article 380 ter: DE LA CESSION PARTIELLE	**第380(3)条:部分出让**
Les dispositions prévues aux articles 374 à 380 sont applicables mutatis mutandis à la demande de cession partielle. Le cas échéant, le cédant peut solliciter une révision du montant de la sureté financière de réhabilitation de l'environnement, conformément à l'article 3 du chapitre 1er de l'annexe II du présent Décret.	本法令第374条至第380条的规定经必要修改后,适用于部分出让申请。如需要,出让人可根据本法令附件二第一章第3条的规定,请求对环境修复资金担保的总额予以修改。
Chapitre III: DE LA TRANSMISSION	***第三章:移转***
Article 381: De la procédure de mutation des droits miniers ou de carrières par transmission	**第381条:通过移转进行矿权或采石权变更的程序**
La procédure relative à la transmission des droits miniers ou de carrières est la même que pour la cession.	与矿权或采石权移转相关的程序与出让程序相同。
Chapitre IV: DU CONTRAT D'OPTION	***第四章:期权合同***
Article 382: De la demande de l'inscription du contrat d'option	**第382条:期权合同登记申请**
La demande de l'inscription du contrat d'option est déposée en trois exemplaires au Cadastre Minier central ou provincial.	期权合同登记申请向中央或省级矿权登记局递交,一式三份。
La demande consiste en un formulaire dûment rempli et signé, accompagné d'une copie du contrat d'option et des pièces d'identité du bénéficiaire de l'option.	申请包括按规定填写和签署的申请表,并附上期权合同副本和期权受益人身份证明文件。

Le formulaire à retirer au Cadastre Minier central ou provincial contient:	申请表从中央或省级矿权登记局领取,(申请表)包含:
• la dénomination sociale et les coordonnées du bénéficiaire de l'option;	• 期权受益人的名称和联系方式;
• les références du droit minier de recherches ou d'exploitation faisant l'objet de l'option.	• 作为期权标的的探矿权或采矿权的参考信息。
Le formulaire sera accompagné d'une copie du contrat d'option notarié, du statut du bénéficiaire de l'option, du RCCM, ID.NAT et NIF.	申请表须附上经公证的期权合同、期权受益人的章程、商业和动产信贷登记局登记证明、国家识别号码(ID.NAT)和新税务识别号(NIF)。
Article 383: De la recevabilité de la demande	**第 383 条:申请的受理**
La demande de l'inscription du contrat d'option est recevable si elle est conforme aux dispositions de l'article précédent.	期权合同登记申请符合前款规定的,可以受理。
Article 384: De l'inscription du contrat d'option dans le registre des hypothèques, amodiations, cessions, transmissions et des contrats d'option	**第 384 条:期权合同在抵押、租赁、出让、移转和期权合同登记簿上的登记**
En cas de recevabilité de la demande d'inscription du contrat d'option, le requérant s'acquitte du droit d'enregistrement dont le montant est fixé à l'équivalent en Francs Congolais de 1% du montant des droits superficiaires annuels par carré dus pour la troisième année de la première période de validité.	期权登记申请予以受理的,申请人缴纳登记费,按刚果法郎计算,相当于首个权利有效期内第三年度应缴年度区块面积税的 1%。
Sur présentation du récépissé du paiement, le Cadastre Minier inscrit le contrat d'option au registre des hypothèques, amodiations, cessions, transmissions et des contrats d'option.	提交缴纳回执后,矿权登记局将期权合同在抵押、租赁、出让、移转和期权合同登记簿上予以登记。

A défaut d'inscription du contrat d'option par le Cadastre Minier dans le délai requis, le requérant peut recourir à la procédure de l'inscription par voie judiciaire en vertu des dispositions de l'article 46 du Code minier.	矿权登记局未在规定的期限内对期权合同予以登记的，申请人可通过《矿业法典》第46条规定的司法途径就登记程序进行救济。
TITRE XVII: DES OBLIGATIONS RELATIVES A LA VALIDITE DU DROIT MINIER OU DE CARRIERES	**第十七编：与矿权或采石权效力相关的义务**
Chapitre I: DES OBLIGATIONS RELATIVES AU MAINTIEN DE LA VALIDITE DU DROIT MINIER OU DES CARRIERES	***第一章：与矿权或采石权效力维持相关的义务***
Article 385: De la preuve du maintien du droit minier ou de carrières	**第385条：矿权或采石权效力维持的证明**
En application des dispositions de l'article 196 du Code minier, le titulaire d'un droit minier ou de carrières est tenu de fournir dans les délais, conditions et formes requis prévus aux articles 387 à 388, 390 à 392, 399 et 400 du présent Décret, les preuves du:	根据《矿业法典》第196条的规定，矿权或采石权持有人应按照本法令第387条至第388条、第390条至第392条、第399条和第400条规定的期限、条件和形式提交以下证明文件：
• commencement des travaux dans le délai fixé à l'article 197 du Code minier et suivant les modalités définies par les dispositions du Chapitre II ci-après;	• 在《矿业法典》第197条规定的期限内，根据下文第二章规定的方式开工的证明；
• paiement des droits superficiaires par carré à la date limite fixée à l'article 198 du Code minier et suivant les modalités de paiement définies par les dispositions du Chapitre III ci-dessous;	• 在《矿业法典》第198条规定的期限内，根据下文第三章规定的支付条件缴纳区块面积税的证明；

• respect des engagements vis-à-vis des obligations sociales conformément au chronogramme repris dans le cahier des charges.	• 按照《社会责任书》规定的时间表遵守社会义务的证明。
Chapitre II: DE L'OBLIGATION DE COMMENCER LES TRAVAUX	***第二章:开工义务***
Section I: Du commencement des travaux de recherches	**第一节:勘探作业的启动**
Article 386: Des opérations attestant le commencement des travaux de recherches en vertu du Permis de Recherches	**第386条:证明根据探矿证启动勘探作业的活动**
En application des dispositions de l'article 197 du Code minier, le titulaire d'un Permis de Recherches doit, dans un délai d'une année à dater de la délivrance de son Certificat de Recherches, réaliser les opérations suivantes:	根据《矿业法典》第197条的规定,探矿证持有人应在其勘探证书颁发后一年内完成以下活动:
• le séjour de travail d'au moins dix jours dans le périmètre de recherches par au moins deux géologues engagés par le titulaire;	• 探矿证持有人雇用至少两名地质学家在勘探区内工作停留至少十天;
• les activités de recherches assorties d'un rapport à adresser à la Direction de Géologie en vue de sa validation et comportant notamment les éléments suivants:	• 开展勘探活动,并向地质局递交相应的报告以供批准,报告包括以下内容:
-la description du terrain et la localisation des travaux à effectuer;	-场地的描述和拟开展作业的地理位置;
-les données relatives à l'accessibilité et du contexte géographique (altitude, topographie, végétation) du terrain;	-与场地周边的交通和地理环境(海拔、地形、植被)相关的数据;

– le contexte géologique et les zones minéralisées rencontrées lors des travaux préliminaires;	–地质环境以及初步作业时探明的矿化区;
–les données fournies doivent être vérifiables, sincères et traçables;	–所提供的数据必须是可验证、真实并且可追踪的;
– les noms des personnes qualifiées ayant établi ledit rapport;	–具备资质的编写报告的人员姓名;
• l'obtention de l'approbation de son Plan d'Atténuation et de Réhabilitation;	• 获得环境减排和修复计划的批准;
• le dépôt de deux copies de son Plan d'Atténuation et de Réhabilitation approuvé dont une au Cadastre Minier provincial et l'autre à la Division provinciale des mines du ressort de son périmètre de recherches;	• 提交两份经批准的环境减排和修复计划,一份递交省级矿权登记局,另一份递交勘探区所在辖区的省级矿业局;
• la transmission du Plan d'Atténuation et de Réhabilitation aux autorités locales à titre d'information et explication des mesures d'atténuation et de réhabilitation prévues;	• 将环境减排和修复计划转交给地方机关,以了解和解释规定的环境减排和修复措施;
• la mise en place de la sûreté financière pour assurer ou garantir le coût des mesures d'atténuation et de réhabilitation de l'environnement.	• 设立财务担保,以确保或保证环境减排和修复措施的成本。
Article 387: De la preuve du commencement des travaux de recherches	**第 387 条:勘探作业开工证明**
Dans le délai prévu à l'article 386 ci-dessus, le titulaire d'un Permis de Recherches est tenu de fournir au Cadastre Minier central ou provincial la preuve du commencement des travaux de recherches suivant une attestation contenant la déclaration écrite sur honneur relative à l'exactitude des	在上述第 386 条规定的期限内,探矿证持有人应向中央或省级矿权登记局提供勘探作业的开工证明,证明中应包含关于上述活动执行情况相关信息真实性的名誉声明。

renseignements portant sur la réalisation des opérations susmentionnées.	
L'attestation de commencement des travaux comporte notamment les mentions suivantes:	开工证明包括以下内容:
• la dénomination sociale, l'adresse et tous autres éléments d'identification du titulaire;	• 持有人的公司名称、地址和任何其他身份细节;
• les références du Permis de Recherches et du Certificat de Recherches;	• 探矿证和勘探证书的参考信息;
• la date de l'approbation du Plan d'Atténuation et de Réhabilitation;	• 环境减排和修复计划获得批准的日期;
• le Cadastre Minier provincial ainsi que la Division provinciale des mines où le Plan d'Atténuation et de Réhabilitation approuvé a été déposé et la date du dépôt;	• 递交经批准的环境减排和修复计划的省矿权登记局和省矿业局,以及递交日期;
• les noms et adresses des autorités locales auxquelles le Plan d'Atténuation et de Réhabilitation a été transmis et expliqué, ainsi que les dates des entretiens au regard du Plan d'Atténuation et de Réhabilitation;	• 向其移交和解释环境减排和修复计划的地方机关的名称和地址,以及针对环境减排和修复计划进行面谈的日期;
• la forme, le montant et la date du dépôt ou d'ouverture de la sûreté de réhabilitation;	• 环境修复担保的形式、金额和存入或设立日期;
• les dates, les itinéraires, les noms des participants et le programme de travail réalisé, avec le visa de l'Administrateur du territoire où le séjour de travail a eu lieu et, le cas échéant, de l'autorité administrative de l'aéroport de l'origine des survols.	• 已完成的作业的日期、路线及计划、参与者的姓名,以及工作居留所在地的行政长官签发的签证,必要时,出发地机场行政机关的签证。

L'attestation de commencement des travaux de recherches est à retirer au Cadastre Minier central ou provincial. Elle est dûment remplie et signée par le titulaire du Permis de Recherches.	勘探作业开工证明必须从中央或省级矿权登记局获得，由探矿证持有人按规定填写并签署。
Le titulaire joint à son attestation de commencement des travaux les documents ci-après :	持有人在其开工证明上随附下列文件：
• une copie de la décision d'octroi du Permis de Recherches ;	• 授予探矿证的决定的副本一份；
• une copie du Certificat de Recherches ;	• 勘探证书的副本一份；
• les accusés de réception du Plan d'Atténuation et de Réhabilitation signés par le Responsable du Cadastre Minier provincial, le Chef de Division provinciale des Mines ainsi que par chaque autorité locale à qui le Plan d'Atténuation et de Réhabilitation a été transmis ;	• 由省级矿权登记局负责人、省级矿业局局长，以及收到环境减排和修复计划的每个地方机关出具的确认收到环境减排和修复计划的签收回执；
• une copie de la déclaration d'ouverture du centre de recherches conformément à l'article 484 du présent Décret ;	• 根据本法令第 484 条的规定，设立勘探中心的声明副本一份；
• un calendrier d'exécution des travaux, à titre indicatif ;	• 以供参考的作业实施进度表；
• une copie du récépissé du Gouverneur de province ou un accusé de réception de la lettre de transmission des documents repris à l'article 481 alinéa 1 du présent Décret ;	• 省长收到本法令第 481 条第 1 款规定的文件的回执或其移交函的签收回执原件副本一份；
• une copie de la preuve du versement de la sûreté financière.	• 财务担保支付证明的副本一份。

Article 388: Du dépôt et de l'inscription de l'attestation de commencement des travaux	**第 388 条:开工证明的提交和登记**
Le titulaire dépose son attestation en quatre exemplaires au Cadastre Minier central ou provincial. Le Cadastre Minier central ou provincial inscrit la date de réception de l'attestation du commencement des travaux dans le registre de commencement des travaux et délivre un récépissé au titulaire qui indique la date du dépôt de l'attestation.	持有人在中央或省级矿权登记局存放四份开工证明。中央或省级矿权登记局将收到开工证明的日期记录在开工登记簿上,并向持有人出具签收回执并载明提交开工证明的日期。
Article 389: De l'appréciation ou de la certification ou non de la preuve du commencement des travaux de recherches	**第 389 条:勘探作业开工证明的评估、认证或不予认证**
Dès réception de l'attestation de commencement des travaux de recherches, le Cadastre Minier central ou provincial:	收到勘探作业开工证明后,中央或省级矿权登记局:
• vérifie l'approbation du Plan d'atténuation et de réhabilitation et le dépôt des deux exemplaires auprès du Cadastre Minier provincial et de la Division provinciale des Mines;	• 核实环境减排和修复计划的批准情况,并将两份副本交存于省矿权登记局和省矿业局;
• transmet une copie de l'attestation du titulaire immédiatement à la Direction de Géologie pour étude du littera a de l'article 386 et des litteras d et e de l'alinéa 2 de l'article 387 ci-dessus;	• 立即将持有人的开工证明副本一份移交给地质局,以供其对上述第 386 条第 a 项和第 387 条第 2 款第 d 项和第 e 项规定的材料进行审查;
• transmet immédiatement une copie de l'attestation du titulaire à la Direction chargée de la Protection de l'Environnement Minier pour étude des éléments cités aux litteras b à e de l'article 386 du présent Décret.	• 立即将持有人的开工证明副本一份移交给矿业环保局,以供其对本法令第 386 条第 b 项至第 e 项规定的材料进行审查。

A défaut d'objection écrite de la part de l'un ou l'autre des services cités à l'alinéa précédent avant l'expiration de trente jours ouvrables à compter de la date du dépôt de l'attestation, le titulaire est censé avoir satisfait à son obligation de commencement des travaux de recherches. L'attestation de commencement des travaux est dûment certifiée par le Cadastre Minier central ou provincial.	如果在提交开工证明之日起三十个工作日内,前款提及的部门没有提出书面异议,则视为持有人已经履行了勘探作业的开工义务。在此种情形下,开工证明由中央或省级矿权登记局按规定认证。
En cas d'objection écrite de la part de l'un ou l'autre de ces services dans le délai imparti, le service concerné demande les informations complémentaires au titulaire par lettre envoyée au Cadastre Minier provincial qui la notifie au titulaire par le moyen le plus rapide et le plus fiable. Dans ce cas, le titulaire est tenu, dans les douze jours ouvrables à compter de la date de la réception de cette lettre, de fournir le complément d'information demandé.	上述部门在规定期限内提出书面异议的,应向省矿业登记局发函,要求持有人补充信息,该省矿业登记局以最迅速可靠的方式通知持有人补充信息。此种情形下,持有人应在收到通知函之日起的十二个工作日内,提供所要求的补充信息。
Dans les douze jours ouvrables à dater du dépôt de la réponse du titulaire, le service concerné doit indiquer et communiquer au Cadastre Minier central ou provincial par écrit soit l'établissement de la preuve requise soit l'insuffisance de celle-ci.	持有人提交答复之日起十二个工作日内,相关部门应说明相关证明成立或不足,并以书面形式通知中央或省级矿权登记局。
En cas d'insuffisance de preuve attestant le commencement des travaux pour l'une ou l'autre opération prévue à l'article 386 du présent Décret, le chef du service concerné prépare et transmet un avis écrit au Cadastre Minier central avec copie à chaque Cadastre Minier provincial concerné. Le Cadastre Minier central ne certifie pas le commencement des travaux.	没有足够证据证明本法令第 386 条规定的活动已开工的,相关部门的负责人应起草并向中央矿权登记局递交书面意见,同时抄送有关的各省级矿权登记局。中央矿权登记局对作业开工不予认证。中央矿权登记局以最迅速可靠的方式将该意见通知持有人,不得收取任何费用,并在公共咨询大厅和相关省级矿权登记局的公共咨询大厅里张贴。

Il notifie cet avis au titulaire sans frais par le moyen le plus rapide et le plus fiable et procède à son affichage dans la salle de consultation publique et dans celle du Cadastre Minier provincial concerné.	
En cas de refus de certification ou d'absence de preuve du commencement des travaux de recherches conformément à l'article 387 du présent Décret, le Cadastre Minier informe la Direction des Mines aux fins de l'établissement du constat prévu à l'article 288 du Code minier dans un délai de cinq jours.	按照本法令第 387 条的规定,拒绝对勘探作业的启动进行认证的,或者缺乏该证明的,矿权登记局将通知矿业局在五日内起草《矿业法典》第 288 条规定的认定报告。
Section II: Du commencement des travaux de développement et de construction	**第二节:开发工程和建设工程的启动**
Article 390: Des opérations attestant le commencement des travaux de développement et de construction en vertu d'un Droit Minier d'Exploitation ou d'une Autorisation d'Exploitation de Carrières Permanente	**第 390 条:证明采矿权或永久性采石场开采许可涉及的开发和建设工程启动的活动**
En application des dispositions de l'article 197 du Code minier, le titulaire d'un Droit Minier d'Exploitation ou d'une Autorisation d'Exploitation de Carrières Permanente doit, selon le cas, dans un délai d'un an ou trois ans à partir de la délivrance de son titre minier ou de carrières, réaliser les opérations suivantes:	根据《矿业法典》第 197 条的规定,采矿权或永久性采石场开采许可的持有人必须视情况在其采矿或采石所有权颁发后的一年或三年内,进行以下操作:
• le dépôt de deux copies de son Plan de Gestion Environnementale et Sociale du Projet approuvé dont une au Cadastre Minier provincial et l'autre à la Division provinciale des mines où le périmètre d'exploitation est situé;	• 分别向省级矿权登记局和采矿区所在的省级矿业局递交一份经批准的项目环境和社会管理计划;

• la transmission d'un sommaire du Plan de Gestion Environnementale et Sociale du Projet aux autorités locales et l'explication des mesures d'atténuation et de réhabilitation prévues;	• 向地方机关转交项目环境和社会管理计划的摘要,并解释计划采取的缓解和恢复环境影响的措施;
• l'engagement des travaux de développement et de construction pour un montant supérieur à cinq fois le montant des droits superficiaires exigibles pour la première année entière de la durée du Permis d'Exploitation, du Permis d'Exploitation de Petite Mine ou du Permis d'Exploitation des Rejets, selon le cas.	• 承诺根据实际情况以超过采矿证、小矿山开采证或尾矿开采证第一年全年应支付的区块面积税五倍的资金实施开发和建设工程。
Un Arrêté du Ministre précise les travaux qui sont considérés comme des travaux de développement et de construction.	矿业部长将颁发决定,明确规定被认定为开发和建设工程的作业。
Article 391: De la preuve du commencement des travaux de développement et de construction	**第 391 条:开发和建设工程的开工证明**
Dans le délai prévu à l'article 390 ci-dessus, le titulaire d'un Droit Minier d'Exploitation ou d'une Autorisation d'Exploitation Permanente est tenu de fournir au Cadastre Minier la preuve du commencement des travaux de développement et de construction suivant une attestation contenant la déclaration écrite sur l'honneur par le titulaire sur l'exactitude des renseignements portant sur la réalisation des opérations susmentionnées.	在上述第 390 条规定的期限内,采矿证或永久性采石场开采许可的持有人须向矿权登记局提交开发和建设工程的开工证明。该开工证明须包含以其名誉证明实施上述活动的信息真实性的书面声明。
L'attestation de commencement des travaux de développement et construction comporte notamment les mentions suivantes:	开发和建设工程的开工证明包括下列事项:

• la dénomination sociale, l'adresse et tous autres éléments d'identification du titulaire;	• 持有人的公司名称、地址和其他身份信息;
• les références de l'acte d'octroi du Droit Minier d'Exploitation ou de l'Autorisation d'Exploitation de Carrières Permanente et des certificats y afférents;	• 授予采矿证或永久性采石场开采许可文书和相关证书的参考信息;
• l'indication du Cadastre Minier provincial et de la Division provinciale des Mines où le Plan de Gestion Environnementale du Projet a été déposé et la date du dépôt;	• 向其递交项目环境管理计划的省级矿权登记局和省级矿业局的指示信息,以及递交日期;
• les noms et adresses des autorités locales auxquelles un sommaire du plan de gestion environnementale du projet a été transmis et expliqué, ainsi que les dates des entretiens au sujet du Plan de Gestion Environnementale du Projet;	• 向其移交和解释项目环境管理计划摘要的地方机关的名称和地址,以及针对项目环境管理计划进行面谈的日期;
• la forme, le montant et la date du dépôt ou d'ouverture de la sûreté de réhabilitation;	• 环境修复担保的形式、金额、递交和开立日期;
• la description des travaux de développement et de construction engagés.	• 对所实施的开发和建设工程的描述。
L'attestation de commencement des travaux de développement et de construction est à retirer au Cadastre Minier. Elle est dûment remplie et signée par le titulaire.	开发和建设工程的开工证明须从矿权登记局领取,由持有人按规定填写并签署。
Article 392: Du dépôt et de l'inscription de l'attestation de commencement des travaux de développement et de construction	**第 392 条:开发和建设工程开工证明的递交和登记**

Le titulaire dépose son attestation en quatre exemplaires au Cadastre Minier central ou provincial. Le Cadastre Minier central ou provincial inscrit la date de réception de l'attestation du commencement des travaux au Registre de commencement des travaux et délivre un récépissé au titulaire qui indique la date du dépôt de l'attestation.	持有人将开工证明副本一式四份递交至中央或省级矿权登记局。中央或省级矿权登记局将收到开工证明的日期登记在开工登记册上，并向持有人出具载明递交日期的收据。
Le titulaire joint à son attestation de commencement des travaux:	持有人在其开工证明后附上：
• copie de la décision d'octroi du Droit Minier d'Exploitation ou de l'Autorisation d'Exploitation de Carrières Permanente et copie du certificat y afférent;	• 授予采矿证或永久性采石场开采许可的决定副本和相关证书副本；
• copie de la preuve du paiement des droits superficiaires annuels par carré pour la première année de validité du Droit Minier d'Exploitation;	• 采矿权有效期内第一年区块面积税缴纳证明副本；
• les accusés de réception du sommaire du Plan de Gestion Environnementale et Sociale du Projet signés par chacune des autorités locales;	• 由各地方机关签署的，确认收到项目环境和社会管理计划摘要的收据；
• les factures de chaque matériel, équipement ou service engagé correspondant aux travaux de développement et de construction minima engagés conformément à l'article 390 littera d du présent Décret;	• 根据本法令第 390 条第 d 款的规定，从事最低限度的开发和建设工程所投入的每种材料、设备或服务的发票；
• le chronogramme repris dans le cahier des charges approuvé conformément à l'annexe relative au Modèle-type de Cahier des charges de responsabilité sociétale du présent Décret;	• 根据本法令附件中关于社会责任的社会责任书模板所批准的社会责任书的时间表；

• une copie de la déclaration d'ouverture du centre d'exploitation conformément à l'article 484 du présent Décret;	• 根据本法令第 484 条的规定开设开采中心的声明副本一份;
• une copie du récépissé du Gouverneur de province ou un accusé de réception de la lettre de transmission des documents repris à l'article 481 alinéa 1 du présent Décret;	• 省长收到本法令第 481 条第 1 款规定的文件移交函的收据或签收回执副本一份;
• une copie de la preuve du versement de la sûreté financière.	• 财务担保支付的证明副本一份。
Article 393: De l'appréciation et de la certification ou non certification de la preuve du commencement des travaux de développement et de construction	**第 393 条:开发和建设工程开工证明的评估、认证和不予认证**
Dès réception de l'attestation de commencement des travaux de développement et de construction, le Cadastre Minier central ou provincial:	收到开发和建设工程开工证明后,中央或省级矿权登记局:
• vérifie le dépôt des deux exemplaires du Plan de Gestion Environnementale et Sociale du Projet auprès du Cadastre Minier provincial et de la Division provinciale des Mines;	• 核实项目环境和社会管理计划是否分别递交至省级矿权登记局和省矿业局;
• transmet immédiatement une copie de l'attestation du titulaire à la Direction des Mines pour étude des litteras a, b, d et f de l'article 392 ci-dessus;	• 立即将持有人的开工证明副本一份移交给矿业局,以供其对上述第 392 条第 a、b、d 项和第 f 项规定的材料进行审查;
• envoie immédiatement une copie de l'attestation du titulaire à la Direction chargée de la Protection de l'Environnement Minier pour étude des litteras c, e et h de l'article 392 ci-dessus.	• 立即将持有人的开工证明副本一份移交给矿业环保局,以供其对上述第 392 条第 c、e 项和第 h 项规定的材料进行审查。

A défaut d'objection écrite de la part de l'un ou l'autre des services cités à l'alinéa précédent avant l'expiration de trente jours à compter de la date du dépôt de l'attestation, le titulaire est censé avoir satisfait à son obligation de commencement des travaux de développement et de construction. Dans ce cas, l'attestation de commencement des travaux est dûment certifiée par le Cadastre Minier central ou provincial.	如果在提交开工证明之日起三十个工作日内,前款提及的部门没有提出书面异议,则视为持有人已经履行了开发和建设工程的开工义务。在此种情形下,开工证明由中央或省级矿权登记局按规定认证。
En cas d'objection écrite de la part de l'un ou l'autre de ces services dans le délai imparti, le service concerné demande les informations complémentaires au titulaire par lettre envoyée au Cadastre Minier central ou provincial qui la notifie au titulaire par le moyen le plus rapide et le plus fiable. Dans ce cas, le titulaire est tenu dans les douze jours ouvrables à compter de la réception de cette lettre de fournir le complément d'information demandé.	上述部门在规定期限内提出书面异议的,相关部门将向中央或省矿业登记局发函,要求持有人补充信息,该中央或省矿业登记局以最迅速可靠的方式通知持有人补充信息。此种情形下,持有人应在收到通知函之日起的十二个工作日内,提供所要求的补充信息。
Dans les douze jours ouvrables à dater du dépôt de la réponse du titulaire, le service concerné doit indiquer et communiquer au Cadastre Minier central ou provincial par écrit soit l'établissement de la preuve requise, soit l'insuffisance de la preuve.	持有人提交答复之日起十二个工作日内,相关部门应指明相关证明成立或不足,并以书面形式通知中央或省级矿权登记局。
En cas d'insuffisance de preuve attestant le commencement des travaux pour l'une ou l'autre opération prévue à l'article 390 du présent Décret, le chef de service concerné prépare et transmet un avis écrit au Cadastre Minier central avec copie à chaque Cadastre Minier provincial concerné. Le Cadastre Minier central ne	没有足够证据证明本法令第 390 条规定的活动已开工的,相关部门的负责人应起草并向中央矿权登记局递交书面意见,同时抄送各有关的省级矿权登记局。中央矿权登记局对作业开工不予认证。中央矿权登记局以最迅速可靠的方式将该意见通知持有人,不得收取任何费用,并在公共咨询大厅和相关省级矿权登记

certifie pas l'attestation de commencement des travaux. Il notifie cet avis au titulaire sans frais par le moyen le plus rapide et le plus fiable et procède à son affichage dans la salle de consultation publique et dans celle du Cadastre Minier provincial concerné.	局的公共咨询大厅里张贴。
En cas de refus de certification ou d'absence de preuve du commencement des travaux de développement et de construction conformément à l'article 391 du présent Décret, le Cadastre Minier informe la Direction des Mines aux fins de l'établissement du constat prévu à l'article 288 du Code minier dans un délai de cinq jours.	按照本法令第 391 条的规定,拒绝对开发和建设工程的启动进行认证的,或者缺乏该证明的,矿权登记局将通知矿业局在五日内起草《矿业法典》第 288 条规定的认定报告。
Article 393 bis: De l'obligation de construction du bâtiment devant abriter le siège social	**第 393(2)条:建造总部大楼的义务**
Le titulaire d'un droit minier d'exploitation est tenu de construire un bâtiment abritant son siège social selon les normes des standards internationaux au chef-lieu de la province d'exploitation dans les cinq ans à dater de la délivrance du titre.	权利证书发放后五年内,采矿证持有人须在开采省份所在的首府,按照国际标准建造总部大楼。
En vue du respect des normes requises à l'alinéa précédent, le budget alloué à la construction de ce bâtiment doit correspondre à 1% du budget d'investissement contenu dans l'étude de faisabilité.	为遵守前款规定的标准,用于建造该总部大楼的预算须相当于可行性研究中投资预算的 1%。
A la fin des travaux de construction, le titulaire transmet au Cadastre Minier une copie certifiée de son certificat d'enregistrement avec la description du bâtiment. Le Cadastre Minier vérifie auprès du conservateur des titres immobiliers	建设工程结束后,持有人将一份经证明与原件相符的登记证明副本,连同大楼的说明,一并递交矿权登记局。矿权登记局向主管的不动产权证管理部门核实该不动产权证的真实性。

compétents l'authenticité du titre immobilier.	
Dès la réception de la lettre de confirmation de l'existence du titre immobilier et du bâtiment, le Cadastre Minier délivre une attestation de construction du siège social.	收到不动产权证及大楼存在的确认函后,矿权登记局立即出具总部大楼的建设证明。
Chapitre III: DE L'OBLIGATION DE PAYER LES DROITS SUPERFICIAIRES ANNUELS PAR CARRE	***第三章:年度区块面积税的支付义务***
Article 394:Des modalités de paiement des droits superficiaires annuels par carré	**第 394 条:年度区块面积税的支付方式**
En application de l'article 198 alinéa 5 du Code minier, le titulaire d'un droit minier ou de carrières à l'exception du titulaire d'une Autorisation d'Exploitation de Carrières Temporaire est tenu de payer les droits superficiaires annuels par carré selon les modalités suivantes:	根据《矿业法典》第 198 条第 5 款的规定,矿权或采石权持有人须按下列方法支付年度区块面积税,临时性采石场开采许可的持有人除外:
• Pour la première année:les droits superficiaires annuels par carré sont payés par le titulaire *prorata temporis* dans un délai de trente jours à compter de la date de la décision d'octroi aux taux prévus aux articles 395 à 398 du présent Décret selon la formule suivante: $$DSpt = DSTx \frac{n}{N}$$	• 首年:年度区块面积税由持有人,在矿权授予决定作出之日起三十日内,依照本法令第 395 条至第 398 条规定的税率,根据时间比例,按下列公式缴纳: $$DSpt = DSTx \frac{n}{N}$$
• Pour chaque année entière suivante:les droits superficiaires annuels par carré sont payés par le titulaire selon le cas aux taux prévus aux articles 395 à 398 du présent Décret au plus tard le 31 mars de l'année concernée;	• 后续每个完整年度:年度区块面积税由持有人视情况,按照本法令第 395 条至第 398 条规定的税率,最晚于每年 3 月 31 日缴纳;

• Pour la dernière année de la période de validité : les droits superficiaires annuels par carré sont payés par le titulaire conformément aux taux prévus aux articles 395 à 398 du présent Décret *prorata temporis* selon la formule suivante :	• 有效期最后一年：年度区块面积税由持有人依照本法令第 395 条至第 398 条规定的税率，根据时间比例，按下列公式缴纳：
• Les variables des formules aux litteras a et c sont définies comme suit :	• 第 a 项和第 c 项公式中的变量定义如下：
$DSpt = DSTx\frac{n'}{N}$	$DSpt = DSTx\frac{n'}{N}$
DSpt : droits superficiaires *prorata temporis* ;	DSpt：按时间比例计算的年度区块面积税；
DST : droits superficiaires totaux pour l'année entière ;	DST：完整年度的区块面积税总额；
n : nombre de jours compris entre la date de la décision d'octroi du Permis de Recherches ou celle de la décision définitive d'octroi du Permis d'Exploitation, selon le cas, et le 31 décembre de l'année considérée ;	n：探矿证授予决定之日，或采矿证最终授予决定之日，与当年 12 月 31 日间的天数，视情况而定；
N' : nombre de jours écoulés entre le 1er janvier de l'année considérée.	N'：当年 1 月 1 日后已经过的天数。
Article 395 : Des taux des droits superficiaires annuels par carré pour le Permis de Recherches	**第 395 条：探矿证适用的年度区块面积税税率**
Les taux des droits superficiaires annuels par carré pour le Permis de Recherches sont fixés à l'équivalent en Francs Congolais de :	探矿证年度区块面积税税率如下，以等值的刚果法郎缴纳：
• USD 3, 53 pour chacune des deux premières années de la première période de validité du permis ;	• 探矿证首个有效期的前两年，每年为 3.53 美元；

• USD 36,52 pour chacune des années de la première période de validité après les deux premières années;	• 首个有效期的前两年之后,每年 36.52 美元;
• USD 60,04 pour chaque année de la période de renouvellement.	• 续展期每年 60.04 美元。
Article 396: Des taux des droits superficiaires annuels par carré pour les droits miniers d'exploitation	**第 396 条:采矿权适用的年度区块面积税税率**
Pour les droits miniers d'exploitation, les taux des droits superficiaires annuels par carré pour chaque année de la validité du permis sans distinction entre la durée initiale et les périodes de renouvellement sont fixés à l'équivalent en Francs Congolais de:	就采矿权而言,许可有效期内各年度区块面积税税率如下,以等值的刚果法郎缴纳,不区分首个有效期或续展期:
• USD 588,96 pour le Permis d'Exploitation;	• 采矿证:588.96 美元;
• USD 942,32 pour le Permis d'Exploitation des Rejets;	• 尾矿开采证:942.32 美元;
• USD 270,92 pour le Permis d'Exploitation de Petite Mine.	• 小矿山开采证:270.92 美元。
Article 397: Du taux des droits superficiaires annuels par carré pour les Autorisations de Recherches des Produits de Carrières	**第 397 条:采石场产品勘探许可适用的年度区块面积税税率**
Le taux des droits superficiaires annuels par carré pour l'Autorisation de Recherches des Produits de Carrières est fixé à l'équivalent en Francs Congolais de USD 5,89 pour chaque année de la validité de l'autorisation sans distinction entre la période initiale et la période de renouvellement.	采石场产品勘探许可有效期内年度区块面积税税率为每年 5.89 美元,以等值的刚果法郎缴纳,不区分首个有效期或续展期。

Article 398: Du taux des droits superficiaires annuels par carré pour les Autorisations d'Exploitation de Carrières Permanente	**第 398 条：永久性采石场开采许可适用的年度区块面积税税率**
Le taux des droits superficiaires annuels par carré pour les Autorisations d'Exploitation de Carrières Permanente est fixé à l'équivalent en Francs Congolais d'USD 235,58 pour chaque année de la validité de l'autorisation sans distinction entre la durée initiale et les périodes de renouvellement.	永久性采石场开采许可有效期内年度区块面积税税率为每年 235.58 美元，以等值的刚果法郎缴纳，不区分首个有效期或续展期。
Article 398 bis: Des taux des droits superficiaires annuels par carrés	**第 398(2)条：年度区块面积税税率**
Les taux des droits superficiaires annuels par carré ci-dessus peuvent être ajustés conformément aux dispositions de l'article 325 du Code minier.	上述年度区块面积税税率可根据《矿业法典》第 325 条的规定进行调整。
Article 399: Du calcul et de la notification des droits superficiaires annuels par carré	**第 399 条：年度区块面积税的计算和通知**
Le Cadastre Minier central calcule le montant total des droits superficiaires annuels par carré dus pour chaque droit minier et de carrières au cours du mois de janvier de chaque année, établit la note de débit et la communique au Cadastre Minier provincial concerné. Au plus tard à la fin du mois de janvier de chaque année, le Cadastre Minier provincial concerné notifie et transmet à chaque titulaire du ressort la note de débit des droits superficiaires annuels par carré dus pour l'année en cours et procède à l'affichage	就每宗矿权和采石权，中央矿权登记局于每年一月，计算当年应缴的年度区块面积税总额，编制缴纳通知，并通知相关的省级矿权登记局。省级矿权登记局最晚于每年一月底，通知辖区内各矿权持有人，向其转发当年应缴纳的年度区块面积税的缴纳通知，并将尚在有效期内的矿权或采石权清单，连同各自对应的应缴纳的年度区块面积税总额予以张贴。

de la liste des droits miniers ou de carrières en cours de validité avec le montant total des droits superficiaires annuels par carré dus par chacun.	
Il incombe au titulaire de se présenter au Cadastre Minier provincial qui a délivré son droit en personne ou par mandataire pour retirer sa note de débit.	持有人有义务亲自或委托代理人前往向其发放权证的省级矿权登记局,领取缴纳通知。
Pour les droits miniers et de carrières en existence à la date de promulgation du présent Décret, la note de débit des droits superficiaires annuels par carré est délivrée par le Cadastre Minier provincial où se trouve la majorité des carrés du périmètre qui fait l'objet du droit en cause.	对于本法令颁布时存在的矿权和采石权,年度区块面积税缴纳通知由相关权利所涉矿区的多数区块所在省的省级矿权登记局发放。
Toute réclamation de correction d'une note de débit des droits superficiaires annuels par carré dus est présentée par lettre déposée au Cadastre Minier central ou provincial qui a délivré le droit en cause avant la fin du mois de février de l'année en cours.	针对应缴年度区块面积税缴纳通知请求予以改正的,须于当年二月底前,以函件形式向发放相关权利证书的中央或省级矿权登记局递交。
Le Cadastre Minier répondra à chaque lettre de réclamation de corrections par écrit dans un délai de quinze jours ouvrables par le moyen le plus rapide et le plus fiable. Passé ce délai, toute réclamation est d'office irrecevable sauf cas d'erreur matérielle manifeste.	矿权登记局在十五个工作日内,以最为迅速可靠的方式书面回复改正申请函。超过该期限的,任何请求将自动不予受理,有明显实质错误的除外。
Article 400 : Des modalités du recouvrement des droits superficiaires annuels par carré	**第 400 条:年度区块面积税的征收方式**
Les modalités de perception de la quotité du Trésor Public sont celles prévues par	国库份额的征收方法由关于非税收入的税基、监管和征收办法的程序的法律法

la législation en matière des procédures relatives à l'assiette, au contrôle et aux modalités de recouvrement des recettes non fiscales.	规予以规定。
La quotité du Cadastre Minier est perçue selon les modalités fixées par Arrêté Interministériel des Ministres ayant respectivement les Mines et les Finances dans leurs attributions, et celles contenues dans la note de débit remise au titulaire.	矿权登记局份额,按照分别负责矿业和财政事务的政府部门部长的联合部长令,以及发给持有人的缴纳通知中规定的办法进行征收。
Les droits superficiaires annuels par carré doivent être payés au plus tard le dernier jour ouvrable du mois de mars de chaque année.	年度区块面积税最晚须于每年三月最后一个工作日缴纳。
Article 401: De la comptabilisation des produits des droits superficiaires annuels par carré	**第 401 条:年度区块面积税收入的入账**
Le Cadastre Minier prépare un rapport sur la comptabilité des produits de la quotité des droits superficiaires annuels par carré perçue pour l'année en cours, au plus tard le 15 avril.	矿权登记局最晚于四月十五日,起草当年收取的年度区块面积税收入的入账报告。
Le Cadastre Minier prépare un rapport général sur la comptabilité des produits de la quotité des droits superficiaires annuels par carré. Ce rapport est transmis au plus tard le 30 avril au Ministre des Mines.	矿权登记局起草年度区块面积税收入的总入账报告。该报告最晚于四月三十日呈报矿业部部长。
Article 402: Des modalités de la répartition des produits des droits superficiaires annuels par carré	**第 402 条:年度区块面积税收入的分配方式**
Les droits superficiaires sont repartis à raison de 50% pour le Cadastre Minier et	根据《矿业法典》及关于中央权力机关的税费、税收及税金的征收名录的法令的

50% au profit du Trésor Public conformément aux dispositions du Code minier et de l'Ordonnance-loi sur la nomenclature des droits, taxes et redevances du Pouvoir Central.	规定,年度区块面积税的 50%归矿权登记局,50%归国库。
La quotité de 50% versée au Trésor Public est allouée aux services chargés de l'Administration du Code minier sous forme de dotation suivant la clé de répartition ci-après:	向国库缴纳的 50%,按照下列分配标准,以拨款形式划拨给负责《矿业法典》管理的各部门:
• Direction des Mines:7%;	• 矿业局:7%;
• Direction de Géologie:5%;	• 地质局:5%;
• Direction chargée de la Protection de l'Environnement Minier:6%;	• 矿业环保局:6%;
• Direction des Carrières:4%;	• 采石场管理局:4%;
• Direction de l'Inspection Minière:3%;	• 矿业监察局:3%;
• Cellule Technique de Coordination et de Planification Minière "CTCPM":3%;	• 矿业协调及规划技术小组 CTCPM:3%;
• Service d'Assistance et d'Encadrement d'Exploitation Minière à Petite Echelle:16% dont 10% sont destinés au développement des communautés locales de base où se déroulent les activités minières artisanales et/ou à petite échelle;	• 小规模矿山开采协助和监管处:16%,其 10%用于手工采矿和/或小规模采矿活动所在地当地社区的基本发展;
• Commission Interministérielle d'Adjudications:1,5%;	• 部际招标委员会:1.5%;
• Commission Interministérielle chargée d'approbation des listes:1,5%;	• 部际清单批准委员会:1.5%;
• Comité Permanent d'Evaluation:2%.	• 常务评估委员会:2%。

Article 403: Des dispositions particulières relatives au paiement des droits superficiaires annuels par carré	**第 403 条:年度区块面积税缴纳特别规定**
L'obligation de payer les droits superficiaires annuels par carré s'applique aux droits miniers et de carrières octroyés.	年度区块面积税缴纳义务,适用于已授予的矿权和采石权。
Chapitre IV: DES AUTRES OBLIGATIONS DE MAINTIEN DE VALIDITE	***第四章:维持效力的其他义务***
Section I: DU RESPECT DES ENGAGEMENTS VIS-A-VIS DES OBLIGATIONS SOCIALES CONFORMEMENT AU CHRONOGRAMME REPRIS DANS LE CAHIER DE CHARGE	**第一节:遵守按社会责任书规定的时间表履行社会义务的承诺**
Article 403 bis: De l'élaboration du cahier des charges	**第 403(2)条:社会责任书的起草**
A dater de la délivrance du titre minier d'exploitation ou de l'Autorisation d'Exploitation des carrières permanente et au plus tard dans les six mois avant le début de l'exploitation, un cahier des charges est élaboré conformément aux prescriptions contenues dans l'annexe relative au Modèle-type de Cahier des charges de responsabilité sociétale du présent Décret.	采矿权或永久性采石场开采许可证书发放之日起,最晚于开采启动前六个月内,应按照本法令附件中关于社会责任的《社会责任书》模板所规定的内容,起草社会责任书。
Article 403 ter: De la transmission de la décision d'approbation du Gouverneur de province	**第 403(3)条:省长批准决定的转交**
Dans les trente jours ouvrables à dater de la réception du dossier par le Gouverneur, celui-ci transmet au Cadastre Minier central sa décision d'approbation du	省长收到文件之日起三十个工作日内,将批准持有人向其递交的社会责任书的决定,连同社会责任书中规定的社会义务履行时间表,转发至中央矿权登记局。

cahier des charges lui déposé par le titulaire, accompagné du chronogramme des engagements vis-à-vis des obligations sociales repris dans le cahier des charges.	
A défaut de décision d'approbation du cahier des charges dans le délai requis, celui-ci est réputé approuvé.	未在规定期限内作出批准社会责任书的决定的,该社会责任书视为已获批准。
Article 403 quater: De la notification au titulaire et de la transmission	**第 403(4)条:通知矿权人及转发**
Dans les cinq jours ouvrables, le Cadastre Minier central notifie la décision d'approbation du Gouverneur de province au titulaire et transmet le dossier à l'Agence Congolaise de l'Environnement et à la Direction chargée de la Protection de l'Environnement Minier pour information.	中央矿权登记局在五个工作日内,将省长的批准决定通知矿权人,并将文件转发刚果(金)环境署和矿业环保局以供参考。
Le Cadastre Minier établit une attestation d'approbation du chronogramme repris dans le cahier des charges. Il la transmet au titulaire et l'inscrit dans le registre de commencement des travaux.	矿权登记局起草社会责任书中时间表的批准证明,将该证明转发至持有人并在开工登记簿上予以登记。
TITRE XVIII: DES OBLIGATIONS ENVIRONNEMENTALES ET SOCIETALES	**第十八编:环境和社会义务**
Chapitre I: DES OBLIGATIONS ENVIRONNEMENTALES ET SOCIETALES DES TITULAIRES DE DROITS MINIERS ET DE CARRIERES	***第一章:矿权和采石权持有人的环境和社会义务***
Section I: Des exigences environnementales et sociales	**第一节:环境和社会要求**

Article 404:Des opérations subordonnées à la présentation et à l'approbation préalables d'un Plan Environnemental et Social	**第 404 条:须提交并事先批准环境和社会计划的作业**
Hormis l'exploitation artisanale, toutes les opérations de recherches et d'exploitation minières et de carrières doivent faire l'objet d'un Plan Environnemental et Social préalablement établi et approuvé conformément aux dispositions prévues par le présent titre.	除手工开采外,所有勘探作业、矿业和采石场开采作业须根据本编规定,事先编制环境和社会计划并获得批准。
Article 404 bis:Des mesures préventives d'exposition et de contamination	**第 404(2)条:预防辐射和污染的措施**
L'opérateur minier est responsable de la radioprotection pour toutes ses activités conformément à la loi portant dispositions relatives à la protection contre les dangers des rayonnements ionisants et à la protection physique des matières et des installations nucléaires et le Décret portant réglementation de la protection contre les dangers des rayonnements ionisants.	根据关于防止电离辐射危害和核材料、核装置的物理防护法律的规定,以及关于防止电离辐射危害法令的规定,矿业经营者对其所有活动承担预防辐射危害的责任。
Il doit assurer la protection radiologique de ses travailleurs et prendre toutes les dispositions nécessaires pour éviter que ses activités minières ne soient sources de contamination radiologique de l'environnement afin de prévenir l'exposition et la contamination du public aux rayonnements ionisants.	矿业经营者须确保其工作人员(受到)辐射防护,采取一切必要措施避免其矿业活动成为环境辐射的污染源,从而避免公众遭受电离辐射的照射和污染。
Un contrôle réglementaire de la radioactivité est effectué pendant la recherche, l'exploitation, le traitement et le transport des minerais par l'autorité de régulation des rayonnements ionisants. En	在矿石勘探、开采、处理和运输过程中,电离辐射管理机关定期对放射性进行监管。妨碍该等监管的,电离辐射管理机关提请矿业环保局催告未履行义务的持有人服从监管。

cas d'obstruction à ce contrôle, l'autorité de régulation des rayonnements ionisants saisit la Direction de Protection de l'Environnement Minier pour mettre en demeure le titulaire défaillant de s'y soumettre.	
Si la mise en demeure n'est pas suivie d'effets, le titulaire concerné est sanctionné conformément à la loi.	若催告无效,依法对相关持有人予以惩罚。
L'opérateur minier s'assure de la surveillance radiologique de l'environnement, de la gestion du radon dans les locaux, dans les mines à ciel ouvert, les mines souterraines ainsi que dans les sites sur l'ensemble du périmètre minier et ses environs.	矿业活动经营者确保环境辐射受到监督,建筑物、露天矿场、地下矿场和整个矿区内各场地和其周边的氡气受到管理。
Cette surveillance est effectuée par les sociétés congolaises habilitées par l'Autorité de régulation des rayonnements ionisants, conformément à la législation et à la réglementation spécifique en la matière.	由经电离辐射管理机关授权的刚果公司,根据相关立法和特别规定进行(环境辐射)监督。
La surveillance radiologique de l'environnement comprend entre autres:	环境辐射监督包括:
a) le prélèvement et l'analyse des échantillons;	a)取样和样本分析;
b) le contrôle des eaux naturelles ou industrielles;	b)天然水域和工业用水的检测;
c) le contrôle de la radioactivité dans l'air, dans la poussière;	c)空气和粉尘的放射性检测;
d) le contrôle de la radioactivité dans le sol, les végétaux, les sédiments, la faune et la chaine alimentaire.	d)土壤、植物、沉淀物、动物和食物链的放射性检测。

La gestion du radon dans les locaux comprend notamment:	场地内的氡气管理包括:
a) une campagne de dépistage;	a) 一次大规模检测;
b) la fourniture et analyse des dosimètres passifs;	b) 被动剂量仪的供应和分析;
c) des analyses complémentaires;	c) 补充分析;
d) l'Etude des sites avant les opérations minières.	d) 矿业作业开始前的场地研究。
L'étude radiologique des postes dans les sites miniers comprend entre autres:	矿场内各岗位的放射性研究包括:
a) l'étude dosimétrique de la radioactivité naturelle;	a) 天然放射性计量测定研究;
b) le suivi dosimétrique des travailleurs;	b) 工作人员计量测定跟踪;
c) la gestion des déchets (rejets radioactifs);	c) 废物(放射性废物)管理;
d) le calibrage des sources radioactives;	d) 放射源校准;
e) la formation en radioprotection.	e) 辐射防护培训。
En cas de non-respect des prescrits du présent article, la Direction de Protection de l'Environnement Minier recourt à l'Autorité de régulation des rayonnements ionisants pour constater les manquements aux obligations reprises ci-dessus et sanctionne conformément à l'article 290 du Code minier.	未遵守本条规定的,矿业环保局通过电离辐射管理机关,对违反上述义务的情形予以认定,并根据《矿业法典》第 290 条的规定①进行惩罚。
Article 405: De la responsabilité environnementale du titulaire	**第 405 条:持有人的环境责任**

① 中伦注:根据《矿业法典》第 290 条,吊销持有人的矿权和/或永久性采石场开采许可。

Le titulaire n'est responsable des dommages causés sur l'environnement par ses activités que dans la mesure où il n'a pas respecté les termes de son Plan Environnemental approuvé, y compris les modifications au cours du projet, ou a violé l'une des obligations environnementales prévues au présent Titre.	持有人(开展的)活动对环境造成损失的,仅在未遵守已批准的环境计划条款的范围内承担责任(包括在项目实施中变更条款),或就违反本编规定的环境义务承担责任。
En cas de cession, le Cessionnaire et le Cédant d'un droit minier font procéder, conformément aux dispositions de l'article 186 du Code minier, à un audit environnemental du site d'exploitation concerné par la cession. Cet audit détermine les responsabilités et obligations environnementales du cédant pendant la période où il était titulaire du droit minier en cause. Les frais et charges y afférents incombent au cédant.	(矿权)出让时,受让人和出让人须根据《矿业法典》第186条的规定,对出让所涉开采场地进行环境审计。该审计确定出让人在其持有所出让的矿权期间应承担的环境责任和义务。相关费用由出让人承担。
Sans préjudice des dispositions de l'alinéa précédent et conformément à l'article 182 du Code minier, le titulaire qui acquiert son droit minier ou de carrières par cession assume, pour compte et à charge du cédant, les obligations environnementales vis-à-vis de l'Etat, à moins que le cédant ait obtenu l'attestation de libération de ses obligations environnementales prévue au Chapitre VII du présent Titre.	在不违反前款规定的前提下,根据《矿业法典》第182条的规定,通过出让取得矿权或采石权的持有人,以出让人的名义承担对国家应尽的环境义务,费用由出让人承担,除非出让人已取得本编第七章规定的环境义务履行证明。
Le titulaire qui acquiert son droit minier ou de carrières par octroi n'est pas responsable des dommages et dégâts causés par les personnes qui ont occupé son périmètre avant lui ou travaillé à l'intérieur de celui-ci. Toutefois, il est obligé de tenir compte	通过授予取得矿权或采石权的持有人,不对其在占用矿区之前或在该矿区内作业的人员造成的损失和危害承担责任。但是,该持有人有义务在其环境计划中对该等损失和危害予以考虑,并证明其所建议采取的环境减排和修复措施符合

de ces dommages et dégâts dans son Plan Environnemental et de démontrer que les mesures d'atténuation et de réhabilitation qu'il propose de mettre en œuvre seront conformes aux dispositions du présent titre et efficaces pour éviter que ses propres opérations aient l'effet d'aggraver les dommages et dégâts existants qui pourraient porter atteinte à la santé et à la sécurité des travailleurs ou des populations ou encore aux milieux sensibles.	本编规定,且能有效避免其业务活动加重现有的损失和危害,而该等损失和危害有可能对工作人员或居民的健康和安全,甚至敏感环境造成损害。
Article 405 bis: De la responsabilité industrielle du titulaire	**第 405(2)条:持有人的工业责任**
Le titulaire est responsable des dommages causés aux personnes, aux biens et à l'environnement du fait de ses activités minières, même en l'absence de toute faute ou négligence.	即使持有人不存在过失,仍须对其矿业活动对人身、财产和环境造成的损失承担责任。
Cette responsabilité objective vise à protéger l'être humain, les biens et l'environnement du fait du caractère potentiellement dangereux des activités minières industrielles.	鉴于工业化矿业活动具有潜在危险的特性,该客观责任目的在于对人身、财产和环境予以保护。
Article 405 ter: De la réparation des dommages causés aux personnes, aux biens et à l'environnement par les activités minières	**第 405(3)条:矿业活动对人身、财产和环境造成损失的赔偿**
Le titulaire d'un droit minier et/ou de carrières est responsable de dommages causés aux personnes, aux biens et à l'environnement par ses activités minières.	矿权和/或采石权持有人就其矿业活动对人身、财产和环境造成的损失承担责任。

Si l'enquête conclut à la confirmation du dommage allégué, la Direction de Protection de l'Environnement Minier détermine l'étendue dudit dommage et les mesures de réparation appropriées qu'elle soumet au titulaire du droit minier ainsi qu'aux victimes.	若调查结论证实了所主张的损失,由矿业环保局决定该损失的范围、在持有人和受害人之间适当的分担措施。
En cas de refus de réparer ou de désaccord entre le titulaire et les victimes, le Tribunal compétent sera saisi par la partie diligente suivant la procédure de droit commun.	拒绝赔偿或持有人与受害人未能就分担达成一致的,主动提起的一方可根据普通法程序向有管辖权的法院提起诉讼。
Article 405 quater: Des maladies imputables à l'activité minière	**第 405(4)条:矿业活动所致疾病**
La liste des maladies causées par l'activité minière est déterminée par un arrêté interministériel des Ministres ayant les Mines et la Santé dans leurs attributions.	矿业活动所致疾病的清单,由矿业部和卫生部部长颁布的联合部长令确定。
Article 405 quinquies: De l'emploi	**第 405(5)条:就业**
Le titulaire des droits miniers ou de carrières, l'amodiataire et les détenteurs d'agrément au titre d'entité de traitement ou de transformation doivent se conformer à la législation du travail en matière d'emploi, plus particulièrement la réglementation du travail des étrangers en ce qui concerne les pourcentages autorisés, celle fixant la liste des emplois interdits aux étrangers ainsi que la réglementation déterminant les conditions d'engagement des étrangers.	矿权或采石权持有人、承租人、加工或处理实体资质持有人须遵守与就业相关的劳动法,特别是关于经批准的外国人工作比例的规定,其中明确规定了禁止外国人就业的职位和关于聘用外国人的条件。

A compétences égales, le titulaire des droits miniers ou de carrières, l'amodiataire et les détenteurs d'agrément au titre d'entité de traitement ou de transformation recrutent en priorité des nationaux.	在同等能力的情况下,矿权或采石权持有人、承租人和加工或处理实体资质持有人应优先聘用刚果(金)籍人。
Le tableau ci-après reprend le quota minimal d'employés congolais par catégorie aux différentes phases d'un projet minier:	下述表格规定了矿业项目不同阶段各类职位聘用刚果(金)籍员工的最低名额:

CATEGORIE D'EMPLOIS	PHASES DU PROJET				
	Recherche Miner	Développement construction	Production commerciale		
			1e-5e	6e-10e	11 et audela
Cadres de Direction	20%	25%	60%	65%	70%
Cadres de Maitrise	30%	35%	70%	75%	80%
Ouvriers qualifié	60%	40%	80%	85%	90%
Manœuvres	80%	85%	90%	95%	100%

职位种类	项目阶段				
	矿业勘探	建设开发	商业化生产		
			1-5 级	6-10 级	11 级和以上
高级管理	20%	25%	60%	65%	70%
基层管理	30%	35%	70%	75%	80%
技术工人	60%	40%	80%	85%	90%
工人	80%	85%	90%	95%	100%

Article 405 sexies: De la formation	**第 405(6)条:培训**
Le titulaire des droits miniers ou de carrières, l'amodiataire et les détenteurs d'agrément au titre d'entité de traitement ou de transformation établissent et mettent en œuvre un programme de formation du personnel congolais identifié pour ses besoins, couvrant toutes les qualifications, pour permettre à celui-ci	矿权或采石权持有人、承租人和加工或处理实体资质持有人对其所需的刚果(金)籍人员设立并实施包括所有资质在内的培训计划,使得该等人员具备企业管理所需的能力,以便其在商业化生产启动之日起十年后,根据上述第 405(5)条规定的名额,担任高级管理和基层管理职务。

d'acquérir des compétences exigées par le management de l'entreprise en vue d'occuper des postes de direction et de maitrise dans les dix années qui suivent la date du démarrage de la production commerciale, conformément au quota repris à l'article 405 quinquies ci-dessus.	
Les personnes susvisées établissent et transmettent à la CTCPM, pour information et suivi, leur plan de formation et de perfectionnement du personnel.	上述人员编制工作人员的培训和进修计划,并递交矿业协调和统筹技术小组使其知晓并跟进。
Ce plan comporte un volet de stages de formation en faveur des élèves et étudiants des Universités, d'Etablissements d'enseignement Supérieur technique dont le cursus scolaire et académique selon le cas, porte sur les sciences et techniques minières ainsi que sur les corps des métiers des mines.	该计划包括为大学和高等技术教育机构学生提供培训课程,其培训课程视情况而定,涉及矿业科学和技术以及矿业行业主体等内容。
Article 406: Des opérations subordonnées à la présentation et à l'approbation préalable d'un Plan d'Atténuation et de Réhabilitation	**第 406 条:须递交并取得事先批准的环境减排和修复计划的作业**
Les opérations de recherches des mines ou des carrières ainsi que les opérations d'exploitation en vertu d'une Autorisation d'Exploitation de Carrières Temporaire doivent faire l'objet d'un Plan d'Atténuation et de Réhabilitation préalablement établi et approuvé conformément aux dispositions du Chapitre IV du présent Titre.	探矿作业或采石场勘探作业和根据临时性采石场开采许可进行的开采作业,须根据本编第四章的规定,事先编制环境减排和修复计划并获得批准。
Pour les opérations de recherches minières ou de carrières, le Plan d'Atténuation et de Réhabilitation est déposé après l'octroi du Permis de Recherches ou de l'Autorisation de Recherches des Produits de Carrières.	就探矿作业或采石场勘探作业而言,环境减排和修复计划向授予探矿证或采石场产品勘探许可的部门递交。勘探作业的实施以刚果(金)环境署会同矿业环保局对该计划的批准为前提条件。

Son approbation par l'Agence Congolaise de l'Environnement en collaboration avec la Direction chargée de la Protection de l'Environnement Minier est une condition préalable du commencement des opérations de recherches.	
Pour les opérations d'exploitation de carrières temporaire, le Plan d'Atténuation et de Réhabilitation est déposé en même temps que la demande de l'Autorisation d'Exploitation de Carrières Temporaire et son approbation par l'autorité compétente est une condition d'octroi de l'autorisation.	就临时性采石场作业而言,申请临时性采石场开采许可时须递交环境减排和修复计划,主管机关对该计划的批准是授予许可的条件之一。
Article 407: Des opérations subordonnées à la présentation et à l'approbation préalables de l'Etude d'Impact Environnemental et Social, en sigle EIES et du Plan de Gestion Environnementale et Sociale, en sigle PGES	**第 407 条:须提交并事先批准环境和社会影响研究(EIES)和环境和社会管理计划(PGES)的作业**
A l'exception de l'exploitation de carrières temporaire, toute opération d'exploitation doit faire l'objet d'une Étude d'Impact Environnemental et Social du Projet et d'un Plan de Gestion Environnementale et Sociale préalablement établis et approuvés, conformément aux dispositions du Chapitre V du présent titre.	除临时性采石场开采外,所有开采作业须根据本编第五章的规定,事先编制环境和社会影响研究和环境和社会管理计划并获得批准。
L'Etude d'Impact Environnemental et Social ainsi que le Plan de Gestion Environnementale et Sociale doivent être déposés en même temps que la demande du droit d'exploitation. Leur approbation par l'autorité compétente est une condition d'octroi du droit d'exploitation.	环境和社会影响研究和环境和社会管理计划,须在申请开采权的同时递交。主管机关对该文件的批准,是授予开采权的条件之一。

Pour ce qui concerne l'Etude d'Impact Environnemental et Social, l'autorité compétente est l'Agence Congolaise de l'Environnement, le Fonds National de Promotion et de Service Social en collaboration avec la Direction chargée de la Protection de l'Environnement Minier, conformément aux dispositions de l'article 42 du Code minier.	就环境和社会影响研究而言,根据《矿业法典》第 42 条的规定,主管机关为刚果(金)环境署、国家促进和社会服务基金和矿业环保局。
Article 408 : abrogé	**第 408 条:废除**
Article 409 : abrogé	**第 409 条:废除**
Section II: De l'obligation de sûreté financière	**第二节:财务担保义务**
Article 410: De la sûreté financière de réhabilitation de l'environnement	**第 410 条:环境修复财务担保**
En application de l'article 204, alinéa 4 du Code minier, toute personne effectuant des opérations de recherches ou d'exploitation minière ou de carrières est tenue de constituer une sûreté financière de réhabilitation de l'environnement en vue d'assurer ou de couvrir le coût des mesures de réhabilitation de l'environnement.	根据《矿业法典》第 204 条第 4 款的规定,所有从事勘探作业、采矿作业或采石场开采作业的人,须为环境修复提供财务担保,以确保能够承担环境修复措施所需费用。
La sûreté financière de réhabilitation de l'environnement est constituée conformément à la Directive sur la Sûreté Financière de Réhabilitation de l'Environnement reprise à l'annexe II du présent Décret après l'approbation du Plan Environnemental et Social du titulaire.	环境修复财务担保根据本法令附件二中关于环境修复的财务担保的指令进行,自持有人的环境和社会计划得到批准后设立。
Les fonds de la sûreté financière de réhabilitation de l'environnement sont mis à la disposition de l'Etat et gérés aux fins de la réhabilitation du site des opérations	环境修复财务担保金在下述条件下以修复矿业或采石场作业场地为目的,由国家支配和管理。

minières ou de carrières dans les conditions précisées ci-dessous.	
Au sens de l'article 294 du Code minier, on entend par «la provision correspondante constituée par le titulaire pour la réhabilitation du site,» la sûreté financière de réhabilitation de l'environnement.	根据《矿业法典》第 294 条的规定,"持有人所设立的场地修复准备金"即为环境修复财务担保。
Article 411: De la confiscation de la sûreté financière de réhabilitation de l'environnement	**第 411 条:环境修复财务担保的没收**
En cas d'inexécution ou d'exécution fautive par le titulaire de ses obligations d'atténuation et de réhabilitation prévues au Plan Environnemental et Social en cours ou à la cessation de ses activités de recherches ou d'exploitation, le tribunal territorialement compétent peut prononcer, à la requête du Ministre ou de son délégué accompagnée de la preuve de la réalisation des procédures préalables exposées aux articles 412 et 413 ci-dessous, la confiscation de la sûreté financière de réhabilitation de l'environnement en faveur de l'Etat, représenté par le Ministre.	在勘探活动或开采活动进行或终止时,若持有人未履行或错误履行其环境和社会计划中规定的环境减排和修复义务,经矿业部部长或其委派代表的请求,并出示证据,证明已履行上述第 412 条和第 413 条所规定的前置程序,有属地管辖权的法院可作出判决,由矿业部部长代表国家没收环境修复财务担保。
Outre la confiscation des fonds de sûreté financière de réhabilitation de l'environnement, le titulaire défaillant peut être astreint à d'autres mesures financières ou restrictives conformément aux dispositions de l'article 294 alinéas 2 et 3 du Code minier.	持有人未履行义务的,除没收环境修复财务担保外,根据《矿业法典》第 294 条第 2 款和第 3 款的规定,还可能对其采取其他财务性措施或限制性措施。
Dans l'intérêt public, le jugement prononcé par le tribunal saisi en cas de la confiscation de la sûreté financière de réhabilitation de l'environnement est soumis au recours judiciaire prévu aux articles 315 et 316 du Code minier.	为保障公共利益,针对管辖法院作出的没收环境修复财务担保的判决,可根据《矿业法典》第 315 条和第 316 条的规定,通过司法程序进行救济。

En cas de confiscation, les fonds de la sûreté financière de réhabilitation sont gérés conformément aux dispositions de l'article 414 ci-dessous.	(环境修复财务担保)被没收的,环境修复财务担保金根据上述第 414 条的规定进行管理。
Si le coût d'exécution des travaux d'atténuation et de réhabilitation est inférieur à la sûreté financière, le titulaire a droit à la restitution du trop-perçu.	若环境减排和修复措施的实施成本低于财务担保,持有人有权取回多付款项。
Si la sûreté financière de réhabilitation de l'environnement confisquée ne couvre pas les coûts réels du site endommagé, le Ministre ou son délégué peut confier l'exécution des travaux correspondants à un tiers. Le surplus des frais est à la charge du titulaire défaillant.	若没收后的环境修复财务担保不足以支付受损场地实际成本,矿业部部长或其委派代表可委托第三人实施相关工程。多出费用由未履行义务的持有人承担。
Article 412: De la procédure préalable à la confiscation de la sûreté financière de réhabilitation de l'environnement en cas de défaillance du titulaire au cours des activités minières ou de carrières	**第 412 条:持有人在矿业活动或采石场活动中因未履行义务而没收环境修复财务担保的前置程序**
Si, au terme de la deuxième prolongation de la période de suspension temporaire prononcée conformément à l'article 570 du présent Décret, le titulaire n'a pas réalisé les travaux d'atténuation et de réhabilitation de l'environnement et envoyé une Attestation de libération d'obligations environnementales et sociales au Ministre, ce dernier peut mettre en œuvre la procédure de confiscation de la portion de la sûreté financière nécessaire soit pour payer un tiers pour réaliser lesdits travaux, soit pour dédommager les ayants droit.	若根据本法令第 570 条宣布的暂停期第二次延期期限届满时,持有人仍未完成环境减排和修复工程,且未向矿业部部长移交免除环境义务履行证明的,矿业部部长可实施没收部分财务担保的程序,以用于支付第三人完成该等工程(的酬劳)或用于赔偿相关权利人。

Article 413: De la procédure préalable à la confiscation de la sûreté financière de réhabilitation de l'environnement en cas de défaillance du titulaire à la cessation des activités minières ou de carrières	**第 413 条:持有人在矿业活动或采石场活动终止后因未履行义务而没收环境修复财务担保的前置程序**
Lorsqu'à la cessation des activités minières ou de carrières, le titulaire n'a pas réalisé les travaux de réhabilitation prévus dans son Plan Environnemental et Social, le Ministre ou son délégué peut enclencher la procédure judiciaire de confiscation du montant de la sûreté financière pour payer un tiers chargé de réaliser lesdits travaux ou pour indemniser les ayants droits, selon la procédure suivante:	在矿业活动或采石场活动终止后,持有人未完成其环境和社会计划中规定的环境修复工程的,矿业部部长或其委派代表可遵循下列程序,启动没收财务担保的司法程序,以用于支付第三人实施该等工程(的酬劳)或用于赔偿相关权利人:
• La transmission au Ministre d'une copie du procès-verbal de constat dressé par la Direction de la Protection de l'Environnement Minier sur l'inexécution des travaux de réhabilitation prévus dansson Plan Environnemental et Social ou pour tout autre dommage;	• 矿业环保局编制持有人未完成其环境和社会计划中规定的环境修复工程或其他损失的认定报告,并向矿业部部长移交副本一份;
• la transmission par le Ministre dans un délai de quinze jours de la réception du procès-verbal de non réalisation des travaux, d'une mise en demeure par lettre missive avec accusé de réception au titulaire défaillant le sommant de réaliser les travaux de réhabilitation prévus dans son Plan Environnemental et Social dans un délai de nonante jours à compter de la réception de la mise en demeure par le titulaire et de présenter à la Direction de la Protection de l'Environnement Minier une attestation de libération des obligations environnementales;	• 矿业部部长自收到未完成工程的认定报告之日起十五日内,将带有回执的信函移交未履行义务的持有人进行催告,责令其在收到催告之日起九十日内,完成其环境和社会计划中规定的环境修复工程,并向矿业环保局递交环境义务履行证明;

• la mise en œuvre par le Ministre de la procédure judiciaire de confiscation à défaut d'avoir reçu l'Attestation de libération des obligations environnementales et humaines au terme de nonante jours et en l'absence de circonstances exceptionnelles. Le titulaire défaillant peut invoquer des circonstances exceptionnelles qui ont pour effet de proroger de trois à neuf mois, le délai, selon le cas, pendant lequel il devait avoir réalisé ses travaux de réhabilitation.	• 九十日期限届满时,若仍未收到环境义务和人道义务履行证明,且不存在例外情形的,矿业部部长实施没收的司法程序。未履行义务的持有人可以例外情形为由,请求视情况将期限延长到三至九个月,以便完成其环境修复工程。
Pour invoquer valablement les circonstances justificatives de non-accomplissement des travaux dans le délai acquis, le titulaire défaillant doit:	为有效主张未在法定期限内完工的合理情形,未履行义务的持有人须:
• prouver le commencement des travaux de réhabilitation;	• 证明环境修复工程已经启动;
• spécifier les causes justificatives de non-accomplissement des travaux dans le délai requis;	• 详细说明未能在法定期限内完成工程的合理理由;
• présenter un calendrier de réalisation des travaux d'atténuation et de réhabilitation.	• 递交环境减排和修复工程实施的时间表。
Article 414: De la gestion des fonds de la sûreté financière de réhabilitation de l'environnement confisquée	**第 414 条:被没收的环境修复财务担保金的管理**
Les Ministres ayant respectivement les Mines et les Finances dans leurs attributions fixent par arrêté conjoint, sur proposition de la Direction chargée de la Protection de l'Environnement Minier, les modalités de la gestion des fonds de la sûreté financière confisquée conformément aux dispositions du présent article.	分管矿业和财政事务的部长,在矿业环保局的建议下,颁布联合部长令来确定根据本条规定对被没收的财务担保金的管理办法。

Dans les quinze jours ouvrables qui suivent le prononcé d'une sentence de confiscation de sûreté financière par le tribunal compétent, la Direction chargée de la Protection de l'Environnement Minier, soumet aux Ministres ayant respectivement les Mines et les Finances dans leurs attributions une proposition pour la gestion des fonds de la sûreté financière confisquée, compte tenu du type de sûreté financière en cause.	自有管辖权的法院作出没收财务担保的判决之日起十五个工作日内,根据财务担保的类型,矿业环保局就没收的财务担保金的管理,向矿业部部长和财政部部长提出建议。
La proposition de gestion doit respecter les principes suivants:	管理建议须遵循下列原则:
• la Direction chargée de la Protection de l'Environnement Minier gère les fonds de la sûreté financière en tant que fiduciaire pour les communautés de la zone affectée qui sont les bénéficiaires;	• 矿业环保局作为信托机构,为受影响区域的社区(受益人)管理该财务担保金;
• les modalités de la gestion devraient permettre de réaliser le maximum possible des mesures de réhabilitation durables et appropriées à l'environnement concerné;	• 管理方式须保证适合于相关环境的修复措施可持续并在最大程度上得以实施;
• les autorités locales et les représentants des communautés locales seront consultés au préalable sur le choix des modalités de la réhabilitation à effectuer;	• 选择拟实施的环境修复方式时,须事先征求当地机关和当地社区代表的意见;
• les travaux de réhabilitation seront engagés sous contrat;	• 须就环境修复工程订立合同;
• les paiements seront effectués après contrôle des travaux effectués, sous réserve de la possibilité d'avancer un maximum de 10% du montant d'un contrat contre facture *pro forma*;	• 只要按照形式发票预先支付合同金额的 10%,则可在对已实施的工程验收后进行付款;

• une comptabilité spéciale sera établie pour la gestion des fonds de la sûreté financière confisquée, qui sera soumise aux contrôles de la comptabilité publique.	• 须就没收财务担保基金的管理编制专门的会计账目,并由政府会计进行监管。
Dès que la proposition est approuvée par les Ministres, la Direction chargée de la Protection de l'Environnement Minier prépare et leur soumet un projet d'arrêté interministériel pour leur accord.	管理建议一经(矿业部和财政部)部长批准,矿业环保局立即编制联合部长令草案并向其移交以获得批准。
L'arrêté interministériel fixant les modalités de la gestion des fonds de la sûreté financière confisquée est publié au Journal officiel.	确定被没收的财务担保金的管理方式的联合部长令在官方公报上公布。
Section III: Des obligations sociétales des titulaires des droits miniers et de carrières	**第三节:矿权和采石权持有人的社会责任**
Article 414 bis: Des modalités de négociations et d'établissement du cahier des charges	**第414(2)条:协商和编制任务书的方式**
Le processus de négociations conduisant à l'élaboration du cahier des charges est réalisé sous la supervision du Ministre provincial des Mines:	为编制任务书而进行的协商过程,在省级矿业部部长的监督下进行:
Il comporte les étapes suivantes:	包括下列步骤:
• la détermination de l'espace géographique conjointement par le chef de secteur/chefferie, les représentants du titulaire de droit minier, des communautés locales concernées et des représentants des parties prenantes dans le rayon d'action du projet minier suivant les conclusions de l'EIES;	• 地区省长/酋长、矿权持有人代表、相关当地社区代表,和矿山项目所涉各利害关系方代表,根据环境和社会影响研究结论共同确定相关地理范围;

• l'identification des besoins prioritaires des communautés par le comité local de développement composé de l'autorité locale et des représentants des communautés locales et du titulaire de droit minier;	• 当地发展委员会识别该社区的优先需求。该委员会由当地权力机关、当地社区代表和矿权持有人代表组成;
• l'approbation communautaire des besoins prioritaires identifiés par catégories sociales à travers les réunions populaires;	• 通过人民会议对根据各社会阶层识别的优先需求进行社区批准;
• la détermination des dates des négociations sur le contenu du projet de cahier des charges entre le titulaire du droit minier et le comité local de développement;	• 确定矿权持有人和当地发展委员会就任务书内容进行协商的日期;
• la signature du procès-verbal indiquant le compromis trouvé entre les membres du comité local et les représentants du titulaire du droit minier;	• 经签署的注明当地委员会成员与矿权持有人代表之间达成和解的会议纪要;
• la vérification de la conformité au plan social provincial du rayon d'activités du titulaire;	• 核实持有人活动范围是否符合该省的社会规划;
• l'élaboration du cahier des charges;	• 编制任务书;
• la signature proprement dite du cahier par le titulaire du droit minier, les représentants des communautés locales ainsi que de l'autorité administrative locale;	• 经矿权持有人、当地社区代表和当地主管行政机关正式签署的任务书;
• le visa de l'autorité administrative locale.	• 当地主管行政机关的签注。
Les modalités de la supervision du Ministre provincial sont déterminées dans l'annexe définissant la directive sur le modèle-type de cahier des charges.	省级矿业部部长的监督方式由附件关于任务书模板的指令规定。

Article 414 ter: Du délai de dépôt et de la recevabilité du cahier des charges	**第 414(3)条:任务书的递交期限和可受理性**
Le Cahier des charges est déposé à la Division provinciale des Mines par le titulaire de droit minier dans les trente (30) jours suivant sa signature.	任务书由矿权持有人自签署之日起三十日内向省级矿业处递交。
Le Cahier des charges n'est recevable que lorsqu'il est établi dans le format défini par le modèle-type repris en annexe du présent Décret.	任务书按照本法令附件中确定的模板样式编制的,方可受理。
Article 414 quater: De l'instruction et de l'approbation du cahier des charges	**第 414(4)条:任务书的审查和批准**
Pour l'instruction du cahier de charges, il est institué une commission permanente composée de:	由下列人员组成常务委员会,对任务书进行审查:
• le Chef de Division provinciale de Mines, plus deux membres de sa division;	• 省矿业处处长和两名部员;
• un délégué de la Division provinciale des affaires sociales;	• 省级社会事务处委派代表一名;
• un délégué de l'agence provinciale du Fonds National de Promotion et de Service Social;	• 国家促进和社会服务基金会省级办事处委派代表一名;
• un délégué de la Division provinciale de l'Agriculture;	• 省级农业处委派代表一名;
• un délégué de la Division provinciale du Développement rural;	• 省级农村发展处委派代表一名;
• un délégué de la Division provinciale de la Santé;	• 省级卫生处委派代表一名;
• un délégué de la Division provinciale de l'Energie;	• 省级能源处委派代表一名;
• un délégué de la Division provinciale des Infrastructures;	• 省级基础设施处委派代表一名;

• Un délégué de la Division provinciale de l'Education;	• 省级教育处委派代表一名;
• Un délégué de la Division provinciale du Plan;	• 省级规划处委派代表一名;
• Un délégué de la Coordination provinciale de l'Environnement.	• 省级环境统筹委员会委派代表一名。
Les membres sont désignés, suivant les cas, par leurs Chefs de Division respectifs et nommés par un arrêté du Ministre provincial en charge des mines.	成员由各处处长视情况指派,由省级矿业部部长通过部长令统一任命。
Le Chef de Division provincial des Mines préside la commission permanente et son service en assure le secrétariat.	常务委员会由省矿业处处长主持,其部门担任秘书处。
L'instruction du cahier de charges se fait dans un délai qui ne peut excéder 45 jours à compter de la date du dépôt par le titulaire du droit minier.	自矿权持有人递交之日起四十五日内对任务书进行审查。
En cas de non-conformité du cahier des charges, la Commission permanente notifie les observations motivées au titulaire de droit minier qui procède aux corrections nécessaires dans un délai de 30 jours.	任务书不符合规定的,常务委员会将意见通知矿权持有人并说明理由,矿权持有人在三十日内进行必要改正。
Article 414 Quinquies: De l'approbation du Cahier des charges	**第 414(5)条:任务书的批准**
A la fin de l'instruction du cahier des charges, la Commission permanente émet un avis qu'elle transmet au Gouverneur pour son approbation, avec copie au Ministre Provincial en charge des Mines.	常务委员会对任务书予以审查后,出具意见并移交省长批准,同时将(意见)副本移交省级矿业部部长。
Après approbation, le Gouverneur transmet sa décision au Cadastre Minier central à travers le Cadastre Minier provincial.	(省长)批准后,将其决定经省级矿权登记局移交中央矿权登记局。

Le Cadastre Minier central notifie au titulaire une attestation de confirmation du respect de l'obligation prévue à l'article 196 point c du Code minier.	中央矿权登记局将遵守《矿业法典》第196条第c项所规定义务的确认证明通知持有人。
Les parties prenantes évaluent le cahier des charges tous les cinq ans et transmettent le rapport au Gouverneur de province avec copie au Secrétaire général aux Mines.	每五年,各利害关系方对任务书进行评估并将评估报告移交省长,同时将副本移交矿业部秘书处。
Article 414 sexies: De la nature juridique de l'entité chargée de gérer la dotation pour la contribution aux projets de développement communautaire	**第414(6)条:负责管理支持社区发展项目的捐赠资金的实体的法律性质**
La dotation pour la contribution aux projets de développement communautaire s'élevant à 0,3% du chiffre d'affaire de l'exercice au cours duquel elle est constituée, est gérée par un Organisme spécialisé, doté de la personnalité juridique, composé de douze membres:	支持社区发展项目的捐赠资金根据当年会计年度营业额的0.3%提取,由具有法人资格的专业机构管理,该机构由十二名成员组成:
• deux représentants des communautés locales;	• 两名当地社区代表;
• deux représentants des organisations communautaires de base;	• 两名社区基层组织代表;
• deux représentants du titulaire du droit minier;	• 两名矿权持有人代表;
• deux représentants de l'autorité administrative locale;	• 两名当地主管行政机关代表;
• deux représentants du Fonds National de Promotion et Service Social;	• 两名国家促进和社会服务基金会代表;
• deux représentants de la Direction de Protection de l'Environnement Minier.	• 两名矿业环保局代表。

Article 414 septies: Des attributions et des modalités de gestion de l'Organisme spécialisé	**第 414(7)条:专业机构的职权和管理方式**
Les attributions et procédures de fonctionnement de l'Organisme spécialisé sont déterminées dans un manuel des procédures approuvé par arrêté interministériel des Ministres ayant les Mines et les Affaires Sociales dans leurs attributions.	专业机构的职权和运行程序,由经矿业部部长和社会事务部部长颁布的联合部长令批准的程序手册确定。
La passation des marchés pour l'exécution des projets de développement communautaire se fait par appels d'offres publiques.	为实施社区发展项目而进行的采购,通过公开招标进行。
Chapitre II: DES OBLIGATIONS DE LA COOPERATIVE MINIERE ET DE L'EXPLOITANT ARTISANAL	***第二章:矿业合作社和手工开采者的义务***
Article 415: abrogé	**第 415 条:废除**
Article 416: Du code de conduite de la Coopérative minière et de l'exploitant artisanal	**第 416 条:矿业合作社和手工开采者的行为规范**
Conformément à l'article 112 du Code minier, tout exploitant artisanal ou toute coopérative minière est tenu de s'engager à respecter le code de conduite de la Coopérative minière et de l'exploitant artisanal dont le modèle est repris à l'annexe IV du présent Décret.	根据《矿业法典》第 112 条的规定,所有手工开采者或矿业合作社须承诺遵守矿业合作社和手工开采者行为规范,并且该规范的模板参照本法令附件四。
L'exploitant artisanal ou la coopérative minière ne peut réaliser les opérations d'exploitation que conformément au code de conduite les régissant. A défaut d'observer ce code de conduite, la Carte d'Exploitant Artisanal ou l'agrément est, selon le cas, retiré.	手工开采者或矿业合作社只有遵循行为规范方可从事开采作业。未遵守该行为规范的,视情况吊销手工开采证或矿业合作社许可。

Les Services Techniques Spécialisés du Ministère des Mines chargés de l'encadrement de l'artisanat minier assurent la formation des exploitants artisanaux en philosophie et techniques de protection de l'environnement dans le cadre des opérations d'exploitation artisanale des produits des mines et des carrières.	负责手工采矿指导的矿业部专门技术部门确保对手工开采者,针对在手工开采矿产和采石场产品作业中环境保护的原理和技术进行培训。
Article 417: De la contribution de la coopérative minière aux coûts de réhabilitation de la zone d'exploitation artisanale	**第 417 条:矿业合作社缴纳手工开采区的环境修复费用**
En plus des obligations définies au code de conduite de la Coopérative minière, la coopérative minière est tenue de contribuer au fonds de réhabilitation institué en vue de financer la réalisation des mesures d'atténuation et de réhabilitation des zones d'exploitation artisanale.	除矿业合作社行为规范中规定的义务外,矿业合作社须缴纳环境修复金,为手工开采区环境减排和修复措施的实施提供资金。
Le taux de cette contribution est fixé à 5% du revenu annuel de la coopérative minière.	该项费用占矿业合作社年度收入的 5%。
Chapitre III: DES BUREAUX D'ETUDES ENVIRONNEMENTALES AGREES	***第三章:特许环境研究所***
Section I: De l'agrément et des compétences des bureaux d'études environnementales	**第一节:环境研究所的许可和职能**
Article 418: Des compétences des bureaux d'études agréés	**第 418 条:特许研究所的职能**
Seuls les bureaux d'études environnementales agréés par les Ministres ayant les Mines et l'Environnement dans leurs attributions sont habilités à:	仅经矿业部部长和环境部部长特许批准的环境研究所,有权:

• vérifier et certifier pour le compte de la Direction chargée de la Protection de l'Environnement Minier et/ou du Comité Permanent d'Evaluation dont question au Chapitre V, Section I du présent Titre la conformité des Plans Environnementaux avec la réglementation en la matière;	• 以矿业环保局和/或本编第五章第一节规定的常务评估委员会的名义,核实并证明环境计划符合相关规定;
• réaliser les audits environnementaux.	• 进行环境审计。
En cas de besoin, la Direction chargée de la Protection de l'Environnement Minier ou le Comité Permanent d'Evaluation peut sous-traiter l'évaluation technique des Plans Environnementaux aux bureaux d'études environnementales agréés.	必要时,矿业环保局或常务评估委员会可委托特许环境研究所对环境计划进行技术评估。
Les bureaux d'études environnementales agréés peuvent être engagés par des titulaires ou des requérants des droits miniers ou de carrières pour préparer leurs Plans Environnementaux, mais ces derniers sont toujours soumis pour évaluation et approbation conformément aux dispositions du présent Titre.	矿权或采石权的持有人、申请人亦可委托特许环境研究所为其编制环境计划,但该计划仍需根据本编规定接受评估和批准。
Le bureau d'études environnementales qui a réalisé les études pour le compte d'un titulaire ne peut plus être choisi par la Direction chargée de la Protection de l'Environnement Minier pour évaluer ces études.	矿业环保局不得挑选为持有人完成环境研究的环境研究所对研究报告进行评估。
Les bureaux d'études environnementales agréés sont engagés par les titulaires pour réaliser les audits environnementaux conformément aux dispositions du présent Titre.	持有人可委托特许环境研究所,根据本编规定进行环境审计。

Article 419: De la durée de la validité de l'agrément	**第 419 条:许可有效期**
La durée de la validité de l'agrément comme bureau d'études environnementales est de cinq ans compter de la date de décision d'agrément, renouvelable selon la procédure d'agrément initial pour la même durée sans limite du nombre de renouvellements.	自作出许可之日起,环境研究所资质的有效期为五年,可依先前的许可程序以相同期限无限次续期。
Toutefois, le bureau d'études environnementales agréé qui est condamné soit pour avoir commis une infraction définie au Code minier ou dans le présent Décret, soit pour avoir aidé à la commission d'une telle infraction, perd son agrément d'office.	但若特许环境研究所存在《矿业法典》或本法令所规定的违法行为,或因协助该等违法行为被处罚的,则自动丧失许可。
En outre, l'agrément d'un bureau d'études environnementales est suspendu ou retiré lorsqu'il cesse de satisfaire l'une des conditions d'agrément à moins qu'il ne démontre qu'il est en train de remédier le défaut rapidement et que le défaut temporaire est sans impact négatif sur la qualité de ses travaux.	此外,环境研究所不再满足许可条件之一的,除非能证明其正在迅速弥补该缺陷,且此暂时性缺陷未对其工作质量造成负面影响,否则将暂停或吊销其许可。
Article 420: Des conditions d'agrément	**第 420 条:许可条件**
Nul ne peut être agréé comme bureau d'études environnementales ni en exercer les prérogatives s'il ne satisfait aux conditions suivantes:	除满足下列条件外,任何人不得取得环境研究所资质许可并行使其特权:
• être organisé comme bureau d'études environnementales indépendant sans aucun lien financier ou de filiation avec une société minière;	• 环境研究所应独立设立,与矿业企业间无任何资金联系或附属关系;

• démontrer l'expertise et l'expérience professionnelles des experts du bureau d'études en matière de protection de l'environnement dans le secteur minier conformément aux critères suivants:	• 证明研究所的专家根据下列标准,在矿业部门环境保护方面拥有专业技术能力和经验:
-au moins un expert du bureau d'études doit posséder un diplôme des études supérieures en sciences environnementales; et au moins un expert du bureau doit posséder un diplôme des études supérieures dans un domaine de la science et la technologie de la terre.	-至少一名拥有环境科学高等教育学历的研究所专家和至少一名拥有土地科学和技术领域的高等教育学历的研究所专家。
-au moins deux experts du bureau d'études doivent posséder au minimum un certificat de formation technique en élaboration et évaluation des études d'impact environnemental ou en audit environnemental après avoir suivi un programme de formation d'une durée d'au moins un an à une école supérieure ou un centre de formation technique reconnu comme ayant de l'expertise en la matière.	-至少两名研究所专家,在高等学校或在相关领域拥有专业能力的知名技术培训中心,完成为期至少一年的培训项目后,至少获得一项环境影响研究规划和评估的技术培训证书,或环境审计技术培训证书。
-au moins un membre du bureau d'études doit posséder un minimum de dix ans d'expérience dans l'élaboration et l'évaluation des études d'impact environnemental et dans l'audit environnemental d'un minimum de douze projets miniers concernant des investissements d'un montant supérieur ou égal à l'équivalent en Francs congolais de 2.000.000 USD chacun.	-至少一名研究所成员,在环境影响研究规划和评估方面具有十年以上经验,并且曾经对至少十二个单项投资额不低于等值于 2,000,000 美元的刚果法郎的矿业项目进行环境审计。

-au moins deux experts du bureau d'études doivent posséder au moins trois ans d'expérience dans l'élaboration et l'évaluation des études d'impact environnemental ou dans l'audit environnemental d'un minimum de six projets miniers concernant des investissements d'un montant supérieur ou égal à l'équivalent en Francs congolais de 2.000.000 USD chacun.	-至少两名研究所专家,在环境影响研究规划和评估方面具有三年以上经验,并且曾经对至少六个单项投资额不低于等值于2,000,000美元的刚果法郎的矿业项目进行环境审计。
-au moins un expert du bureau d'études doit posséder au minimum un certificat de formation technique en évaluation et harmonisation des aspects et impacts sociaux des grands et moyens projets miniers après avoir suivi un programme de formation d'une durée d'au moins un an à une école supérieure ou un centre de formation technique reconnu comme ayant de l'expertise en la matière.	-至少一名研究所专家,在高等学校或在相关领域拥有专业能力的知名技术培训中心,完成为期至少一年的培训项目,并至少获得一项大中型矿业项目社会影响评估和协调的技术培训证书。
-au moins un expert du bureau d'études doit posséder un minimum de trois ans d'expérience dans l'élaboration et l'évaluation des aspects sociaux des études d'impact environnemental d'un minimum de six projets miniers concernant des investissements d'un montant supérieur ou égal à l'équivalent en Francs congolais de deux millions de dollars américains chacun.	-至少一名研究所专家,在环境影响研究项下社会方面的编制和评估具有至少三年以上经验,并曾经对至少六个单项投资不低于等值于2,000,000美元的刚果法郎的矿业项目进行该等编制和评估。
• justifier d'une conduite professionnelle honorable et d'une bonne moralité.	• 证明其专业行为信誉良好,品德良好。
Il n'est pas nécessaire que le bureau d'études ait une représentation permanente en République Démocratique du Congo.	研究所无须在刚果民主共和国设常任代表。

Section II: De la procédure d'agrément	**第二节:许可程序**
Article 421: De la demande d'agrément	**第 421 条:许可申请**
Afin d'obtenir l'agrément au titre de bureau d'études environnementales, le requérant dépose à la Direction chargée de la Protection de l'Environnement Minier sa demande adressée au Ministre, en langue française.	申请人须向矿业部部长提出申请,并将其递交矿业环保局,以取得环境研究所许可。申请语言须为法语。
La demande d'agrément est accompagnée notamment des documents ci-après:	许可申请须附随下列文件:
• une copie certifiée conforme des statuts du bureau d'études environnementales;	• 经认证与原件一致的环境研究所章程副本一份;
• un fascicule ou autre document descriptif de l'expertise, le personnel et l'expérience du bureau d'études;	• 对研究所专业能力、人员和经验进行说明的小册子或其他文件;
• le curriculum vitae des experts du bureau d'études environnementales spécialisés en aspects environnementaux et sociaux des opérations minières, avec assez de précision pour permettre la vérification de leurs qualifications et expériences selon les critères exposés à l'article 420 ci-dessus;	• 环境研究所中,专门研究矿业作业的环境和社会方面研究的专家简历,该简历须足够详细,以便根据上述第 420 条规定的标准对其资格和经验进行核实;
• une déclaration écrite sur honneur par le Directeur Général du bureau d'études environnementales certifiant que:	• 环境研究所主任以个人名誉担保的书面声明,(对下列事项)进行认证:
-le bureau d'études n'est pas sanctionné par une autorité compétente pour mauvaise conduite ou faute grave dans le cadre de la prestation des services professionnels par le bureau d'études, et n'a pas subi une telle sanction dans les dix dernières années;	-研究所未在最近十年内因在提供专业服务中存在不端或严重过错行为被主管机关处罚,且在最近十年内未曾受到该等处罚;

-le bureau d'études n'est ni en faillite ni en cours de liquidation;	-研究所未处于破产或清算中;
• l'extrait d'acte du casier judiciaire pour les Experts du bureau d'études en cours de validité;	• 有效的研究所专家无犯罪记录摘要;
• la copie certifiée conforme de l'attestation fiscale du bureau d'études.	• 经认证与原件一致的研究所税务证明副本一份。
Lors du dépôt de la demande d'agrément, le requérant paie les frais de dépôt dont le montant et les modalités de perception sont fixés par arrêté conjoint des Ministres ayant respectivement les Mines et les Finances dans leurs attributions, contre délivrance d'un récépissé indiquant le nom durequérant, la date et le montant du paiement. Copie du récépissé ou de la quittance est jointe à sa lettre de demande.	递交许可申请时,申请人缴纳提交费,其金额和缴纳方式由矿业部部长和财政部部长颁布的联合部长令规定,并收取缴纳回执,标明申请人姓名、缴费日期和金额。该回执或收据副本须附随在申请函后。
Article 422: De la recevabilité ou de l'irrecevabilité de la demande d'agrément	**第 422 条:许可申请的受理或不予受理**
Dès réception de la demande d'agrément, la Direction chargée de la Protection de l'Environnement Minier vérifie si elle est recevable.	一经收到许可申请,矿业环保局立即核实是否可以受理。
La demande est déclarée recevable si elle comporte les éléments prévus à l'article précédent et la preuve du paiement des frais de dépôt. En cas de recevabilité de la demande d'agrément, la Direction chargée de la Protection de l'Environnement Minier l'inscrit dans le registre des demandes d'agrément de Bureaux d'études environnementales qu'il tient à jour, et délivre au requérant un récépissé indiquant le jour du dépôt de la demande.	申请包含前条规定的所有材料和提交费缴纳证明的,可以受理。许可申请予以受理的,矿业环保局将在其负责保管并更新的环境研究所许可申请登记簿上予以登记,并向申请人签发回执,注明申请递交日期。

En cas d'irrecevabilité de la demande, la Direction chargée de la Protection de l'Environnement Minier retourne le dossier de demande au requérant avec indication des motifs du renvoi.	申请不予受理的,矿业环保局将申请文件退还申请人,并说明理由。
Article 423: De l'instruction de la demande d'agrément	**第 423 条:许可申请的审查**
Lors de l'instruction de la demande d'agrément, la Direction chargée de la Protection de l'Environnement Minier en collaboration avec l'Agence Congolaise de l'Environnement vérifient que les conditions d'agrément précisées à l'article 420 ci-dessus sont satisfaites. Au cours de l'instruction, lesdits services peuvent consulter d'autres services compétents afin d'obtenir les renseignements complémentaires nécessaires à l'instruction du dossier.	对许可申请进行审查时,矿业环保局会同刚果(金)环境署,核实上述第 420 条规定的许可条件是否满足。审查过程中,该等部门可征求其他主管部门意见,以获得审查材料所需的其他补充信息。
Dans le délai de trente jours ouvrables à compter de la date du dépôt de la demande, la Direction chargée de la Protection de l'Environnement Minier en collaboration avec l'Agence Congolaise de l'Environnement établissent et transmettent au Ministre leur avis favorable assorti d'un projet d'Arrêté Interministériel portant agrément.	自申请递交之日起三十个工作日内,矿业环保局会同刚果(金)环境署编制并向矿业部部长移交附随关于许可的联合部长令草案的肯定意见。
La Direction chargée de la Protection de l'Environnement Minier notifie l'avis favorable ou défavorable au requérant par le moyen le plus rapide et le plus fiable et procède à son affichage dans la salle de réception de ses locaux.	矿业环保局将肯定或否定意见,以最为迅速可靠的方法通知申请人,并在其接待大厅内予以张贴。

Article 424: De la décision d'agrément ou de refus d'agrément	**第 424 条:许可或拒绝许可的决定**
Dans un délai de quinze jours ouvrables à compter de la réception du dossier de la demande avec l'avis de la Direction chargée de la Protection de l'Environnement Minier et de l'Agence Congolaise de l' Environnement, les Ministres ayant les Mines et l'Environnement dans leurs attributions prennent et transmettent auxdits services la décision d'agrément.	自收到申请文件和矿业环保局和刚果(金)环境署的意见之日起十五个工作日内,矿业部和环境部部长作出批准决定并移交上述部门。
Toute décision de refus doit être motivée et donne droit au recours par voie administrative prévue par les dispositions des articles 313 et 314 du Code minier.	所有拒绝决定须说明理由,并根据《矿业法典》第 313 条和第 314 条规定赋予通过行政途径进行救济的权利。
Article 425: abrogé	**第 425 条:废除**
Article 426: abrogé	**第 426 条:废除**
Article 427: abrogé	**第 427 条:废除**
Article 428: De l'inscription de la décision d'agrément ou de refus d'agrément au registre des bureaux d'études environnementales agréés	**第 428 条:许可或拒绝许可的决定在特许环境研究所登记簿上的登记**
Dans les deux jours à compter de la réception de la décision d'agrément, la Direction chargée de la Protection de l'Environnement Minier et l'Agence Congolaise de l'Environnement l'inscrivent dans leurs registres des Bureaux d'études environnementales agréés et procèdent à l'affichage dans leurs salles de réception respectives.	自收到许可决定之日起两日内,矿业环保局和刚果(金)环境署将该决定在特许环境研究所登记簿上予以登记,并在其各自的接待大厅内予以张贴。

Article 429: De la notification de la décision d'agrément ou de refus d'agrément	**第 429 条:许可或拒绝许可决定的通知**
Dans les cinq jours de la réception de la décision rendue par les Ministres ayant les Mines et l'Environnement dans leurs attributions, la Direction chargée de la Protection de l'Environnement Minier notifie au requérant la décision d'agrément par le moyen le plus rapide et fiable.	自收到矿业部部长和环境部部长颁布的联合部长令之日起五日内,矿业环保局将该批准决定以最为迅速可靠的方法通知申请人。
Chapitre IV: DU PLAN D'ATTENUATION ET DE REHABILITATION	***第四章:环境减排和修复计划***
Section I: Du Plan d'Atténuation et de Réhabilitation afférent au Permis de Recherches et à l'Autorisation de Recherches des produits de carrières	**第一节:探矿证和采石场产品勘探许可相关的环境减排和修复计划**
Article 430: Du modèle et de la directive du Plan d'Atténuation et de Réhabilitation	**第 430 条:环境减排和修复计划模板和指令**
Sous réserve des dispositions de l'alinéa 2 du présent article, le titulaire du Permis de Recherches ou de l'Autorisation de Recherches des Produits de Carrières doit en préparer le Plan d'Atténuation et de Réhabilitation, se conformer au modèle et à la directive du Plan d'Atténuation et de Réhabilitation repris aux annexes VI et VII respectivement du présent Décret.	在遵守本条第 2 款规定的前提下,探矿证或采石场勘探许可持有人须根据本法令附件六和附件七关于环境减排和修复计划的模板和指令,编制环境减排和修复计划。
Pour les opérations de recherches des produits de carrière, le Ministre est autorisé à mettre en place un modèle simplifié du Plan d'Atténuation et de Réhabilitation, sur avis conjoint de l'Agence Congolaise de l'Environnement et la Direction chargée de la Protection de l'Environnement Minier.	就采石场产品勘探作业而言,矿业部部长在征求刚果(金)环境署和矿业环保局意见后,有权使用环境减排和修复计划模板的简化版。

Article 431 : Du dépôt du Plan d'Atténuation et de Réhabilitation	**第 431 条：环境减排和修复计划的递交**
Le titulaire dépose son Plan d'Atténuation et de Réhabilitation en quatre exemplaires au bureau du Cadastre Minier qui a délivré le Titre de Recherches après la délivrance du Titre de Recherches.	持有人在获得勘探证书后，向颁发勘探证书的矿权登记局办公室递交环境减排和修复计划，一式四份。
Lors du dépôt du Plan d'Atténuation et de Réhabilitation, le titulaire est tenu de payer les frais d'institution et d'évaluation du Plan au bureau de Cadastre Minier contre délivrance d'un récépissé ou d'une quittance indiquant son identité et le montant payé.	递交环境减排和修复计划时，持有人须向矿权登记局办公室缴纳计划审查评估费用，并取得标明其身份信息和缴纳金额的回执或收据。
Article 432 : De la recevabilité ou de l'irrecevabilité du Plan d'Atténuation et de Réhabilitation	**第 432 条：环境减排和修复计划的受理和不予受理**
Dès réception du Plan d'Atténuation et de Réhabilitation, le Cadastre Minier vérifie s'il est recevable.	一收到环境减排和修复计划，矿权登记局立即核实是否可以受理。
Le Plan d'Atténuation et de Réhabilitation est recevable s'il est déposé dans le délai prescrit à l'article 197 alinéa 1er du Code minier.	环境减排和修复计划在《矿业法典》第 197 条第 1 款规定的期限内递交的，可以受理。
En cas de recevabilité du Plan d'Atténuation et de Réhabilitation, le Cadastre Minier délivre au titulaire, contre paiement des frais d'instruction et d'évaluation, un récépissé indiquant le jour du dépôt et inscrit l'information sur la fiche technique afférente.	环境减排和修复计划予以受理的，矿权登记局在持有人缴纳审查评估费后，向其签发回执，注明递交日期，并将信息在相关技术说明上予以登记。
En cas d'irrecevabilité du Plan d'Atténuation et de Réhabilitation, le dossier est rendu au titulaire avec mention des motifs de renvoi.	环境减排和修复计划不予受理的，文件退还申请人，并说明理由。

Article 433:De la transmission du Plan d'Atténuation et de Réhabilitation et de la vérification de sa conformité	**第433条:环境减排和修复计划的移交和合规审查**
Lorsque le Plan d'Atténuation et de Réhabilitation est déclaré recevable, le Cadastre Minier transmet un exemplaire à l'Agence Congolaise de l'Environnement et un autre à la Direction de Protection de l'Environnement Minier pour instruction.	环境减排和修复计划被宣布受理的,矿权登记局将该计划分别向刚果(金)环境署和矿业环保局各移交一份进行审查。
La Direction de la Protection de l'Environnement Minier vérifie s'il est conforme au modèle repris en annexe VI du présent Décret.	矿业环保局审查该计划是否符合本法令附件六规定的模板。
Article 434: De l'instruction du Plan d'Atténuation et de Réhabilitation	**第434条:环境减排和修复计划的审查**
L'instruction du Plan d'Atténuation et de Réhabilitation est réalisée conformément aux dispositions de l'article 455 du présent Décret. Sous réserve des dispositions du dernier alinéa du présent article, l'Agence Congolaise de l'Environnement en collaboration avec la Direction chargée de la Protection de l'Environnement Minier instruisent et déterminent si le contenu du Plan d'Atténuation et de Réhabilitation est conforme au modèle de l'annexe VI du présent Décret ainsi qu'aux instructions et mesures de réhabilitation et de restauration de la directive sur le Plan d'Atténuation et de Réhabilitation reprise à l'annexe VII.	对环境减排和修复计划的审查,根据本法令第455条的规定进行。根据本条最末款规定,刚果(金)环境署会同矿业环保局对环境减排和修复计划的内容进行审查,并确定该计划内容是否符合本法令附件六规定的模板和附件七关于环境减排和修复计划的指令所规定的修复和恢复的指示和措施。
L'Agence Congolaise de l'Environnement en collaboration avec la Direction chargée de la Protection de l'Environnement Minier, peuvent demander au titulaire, à deux reprises au maximum, tout complément	刚果(金)环境署会同矿业环保局可要求持有人就前款规定,提供审查环境减排和修复计划所需的补充信息,以两次为限。

d'information se rapportant à l'alinéa précédent et nécessaire à l'instruction du Plan d'Atténuation et de Réhabilitation.	
Le titulaire fournit le complément d'information dans les dix jours ouvrables à compter de la réception de la demande, qui est examiné par l'Agence Congolaise de l'Environnement en collaboration avec la Direction chargée de la Protection de l'Environnement Minier.	持有人在收到该要求之日起十个工作日内提供补充信息,由刚果(金)环境署会同矿业环保局审查。
En cas de demande d'informations complémentaires, la période d'instruction du Plan d'Atténuation et de Réhabilitation est prorogée par le nombre de jours entre la date de la demande d'informations complémentaires et la date du cinquième jour ouvrable suivant le dépôt de la réponse du titulaire, pour chaque cas.	对于要求提供补充信息的,环境减排和修复计划的审查期限根据每次要求提供补充信息之日至持有人递交回复后第五个工作日之间的天数顺延。
A la réception de ce complément d'informations, le Comité Permanent d'Evaluation émet un avis favorable ou défavorable.	收到补充信息后,常务评估委员会出具肯定或否定意见。
Article 435: De l'approbation ou du rejet du Plan d'Atténuation et de Réhabilitation	**第 435 条:环境减排和修复计划的批准或驳回**
Dans un délai de vingt jours ouvrables à compter du dépôt du Plan d'Atténuation et de Réhabilitation, l'Agence Congolaise del'Environnement délivre un certificat environnemental sur base de l'avis favorable ou défavorable émis par le Comité Permanent d'Evaluation.	自环境减排和修复计划递交后二十个工作日内,刚果(金)环境署根据常务评估委员会出具的肯定或否定意见颁发环境证书。
Toute décision de refus est motivée et donne droit au recours prévu aux articles 313 à 320 du Code minier.	决定拒绝颁发的,须说明理由,并按照《矿业法典》第 313 条至第 320 条规定赋予救济权利。

A défaut de décision dans le délai prescrit, le Plan d'Atténuation et de Réhabilitation est réputé approuvé.	未在规定的期限内作出决定的,视为批准环境减排和修复计划。
A la demande du titulaire intéressé, le Cadastre Minier où le Plan d'Atténuation et de Réhabilitation a été déposé, lui délivre une attestation à cet effet.	收到环境减排和修复计划的矿权登记局,经相关持有人申请,向其签发批准证明。
Article 436: De la notification et de la publicité de la décision d'approbation ou de rejet du Plan d'Atténuation et de Réhabilitation	**第 436 条:环境减排和修复计划批准或驳回决定的通知和公布**
Avant l'expiration du délai d'instruction, l'Agence Congolaise de l'Environnement transmet le certificat environnemental à la Direction de Protection de l'Environnement Minier, à la Direction des Mines, à la Division provinciale des Mines et aux autorités concernées.	审查期限届满前,刚果(金)环境署将环境证书移交矿业环保局、矿业局、省级矿业处和相关部门。
La Direction de Protection de l'Environnement Minier transmet au Cadastre Minier le Certificat Environnemental.	矿业环保局向矿权登记局移交环境证书。
Le Cadastre Minier central ou provincial notifie immédiatement cette décision au titulaire par le moyen le plus rapide et le plus fiable et procède à son affichage dans la salle de consultation publique. Il l'inscrit sur la fiche technique afférente et au registre de commencement des travaux.	中央或省级矿权登记局应立即将该决定以最为迅速可靠的方法通知持有人,在其公共咨询大厅内予以张贴,并在相关技术说明和开工登记簿上予以登记。
En cas de décision de refus d'approbation du Plan d'Atténuation et de Réhabilitation et sous réserve des dispositions du Code minier, le titulaire a droit au recours contre ladite décision, dans un délai de trente jours ouvrables à dater de la notification de la décision de refus.	决定拒绝批准环境减排和修复计划的,在遵守《矿业法典》规定的前提下,持有人有权自拒绝决定通知之日起三十个工作日内,对该决定进行救济。

Section II: Du Plan d'Atténuation et de Réhabilitation afférent à l'Autorisation d'Exploitation de Carrières Temporaire	**第二节:临时性采石场开采许可相关的环境减排和修复计划**
Article 437: Du modèle et de la directive du Plan d'Atténuation et de Réhabilitation	**第 437 条:环境减排和修复计划的模板和指令**
Le requérant de l'Autorisation d'Exploitation de Carrières Temporaire doit, en préparant le Plan d'Atténuation et de Réhabilitation, se conformer au modèle et à la directive du Plan d'Atténuation et de Réhabilitation repris respectivement aux annexes VI et VII du présent Décret.	临时性采石场开采许可申请人编制环境减排和修复计划时,须遵守本法令附件六和附件七中规定的环境减排和修复计划的模板和指令。
Article 438: Du dépôt du Plan d'Atténuation et de Réhabilitation	**第 438 条:环境减排和修复计划的递交**
Le Plan d'Atténuation et de Réhabilitation est déposé en quatre exemplaires au Cadastre Minier central ou provincial en même temps que la demande d'Autorisation d'Exploitation de Carrières Temporaire.	申请临时性采石场开采许可的同时,须向中央或省级矿权登记局递交环境减排和修复计划,一式四份。
Article 439: De la recevabilité et de l'irrecevabilité du Plan d'Atténuation et de Réhabilitation	**第 439 条:环境减排和修复计划的受理和不予受理**
Lorsque le Plan d'Atténuation et de Réhabilitation est conforme au modèle en annexe VI au présent Décret, le Cadastre Minier le déclare recevable et délivre au titulaire un récépissé ou quittance indiquant le jour du dépôt et inscrit l'information sur la fiche technique afférente.	环境减排和修复计划符合本法令附件六中的模板的,矿权登记局宣布可以受理并向持有人签发回执或收据,注明申请日期并在相关技术说明上予以登记。
En cas d'irrecevabilité du Plan d'Atténuation et de Réhabilitation, le dossier est rendu au titulaire avec mention écrite des motifs de renvoi.	环境减排和修复计划不予受理的,文件退还申请人,并书面说明理由。

Article 440: De l'instruction du Plan d'Atténuation et de Réhabilitation	**第 440 条:环境减排和修复计划的审查**
Conformément à l'article 160 du Code minier, et sous réserve des dispositions du dernier alinéa du présent article, l'instruction du Plan d'Atténuation et de Réhabilitation est réalisée conformément aux dispositions de l'article 455 du présent Décret.	根据《矿业法典》第 160 条,在遵守本条最末款规定的前提下,环境减排和修复计划的审查根据本法令第 455 条进行。
L'instruction consiste à vérifier:	审查包括核实:
• la description du milieu ambiant du périmètre en cause;	• 相关矿区周边环境的说明书;
• la description des travaux prévus par le titulaire du Permis de Recherches;	• 探矿证持有人预计实施工程的说明书;
• la conformité des mesures d'atténuation et de réhabilitation proposées par le titulaire avec le modèle Plan d'Atténuation et de Réhabilitation et sa directive;	• 持有人建议的环境减排和修复措施是否与环境减排和修复计划的模板和指令相符合;
• le caractère suffisant du budget des mesures d'atténuation et de réhabilitation ainsi que de la sûreté financière de réhabilitation du site proposée.	• 环境减排和修复措施的预算和提议的场地修复的财务担保是否充足。
Lorsque le besoin de l'instruction l'exige, le Comité Permanent d'Evaluation peut demander au requérant, une seule fois, tout complément d'information se rapportant aux éléments repris à l'alinéa précédent et nécessaire à l'instruction du Plan d'Atténuation et de Réhabilitation.	在审查需要时,常务评估委员会可要求申请人就前款规定的材料一次性提供环境减排和修复计划审查所需的补充信息。
Le requérant est tenu de fournir le complément d'information dans les dix jours ouvrables à partir de la réception de la demande.	申请人须自收到该(补充)要求之日起十个工作日内递交补充信息。

Dans ce cas, le délai d'instruction est augmenté d'autant de jours.	在此情形下,审查期限相应延期。
Article 441: De la transmission et de la notification du certificat environnemental	**第 441 条:环境证书的移交和通知**
A l'issue de l'instruction, le Comité Permanent d'Evaluation transmet l'avis favorable ainsi que le dossier du Pland'Atténuation et de Réhabilitation à l'Agence Congolaise de l'Environnement pour l'établissement du certificat environnemental.	审查结束后,常务评估委员会将肯定意见连同环境减排和修复计划相关文件,一并移交至刚果(金)环境署以编制环境证书。
L'Agence Congolaise de l'Environnement transmet le certificat environnemental au Cadastre Minier pour dispositions avec copie à la Direction de Protection de l'Environnement Minier.	刚果(金)环境署将环境证书移交矿权登记局处理,并将副本移交矿业环保局。
Le Cadastre Minier notifie le Certificat environnemental au requérant.	由矿权登记局通知申请人领取环境证书。
Article 442: De la décision d'approbation ou du refus d'approbation du Plan d'Atténuation et de Réhabilitation	**第 442 条:批准或拒绝批准环境减排和修复计划的决定**
La décision d'approbation ou de refus d'approbation du Plan d'Atténuation et de Réhabilitation est prise conformément aux dispositions de l'article 311 du présent Décret.	批准或拒绝批准环境减排和修复计划的决定根据本法令第 311 条的规定作出。
Section III: Des dispositions communes relatives au Plan d'Atténuation et de Réhabilitation	**第三节:关于环境减排和修复计划的一般规定**
Article 443: De l'affectation des recettes des frais de dépôt	**第 443 条:所收提交费的用途**
Les frais de dépôt perçus lors du dépôt d'une demande de Permis de Recherches	递交采矿证或采石场产品勘探许可申请时收取的提交费既包括登记审查费,也

ou d'Autorisation de Recherches des Produits de Carrières couvrent à la fois les coûts de l'instruction cadastrale et les coûts de l'instruction environnementale du Plan d'Atténuation et de Réhabilitation dont le dépôt est anticipé dans les six mois suivant l'octroi du droit demandé.	包括环境减排和修复计划的环境审查费,须在授予所申请的权利后六个月内提前缴纳。
Le barème des frais de dépôt et les modalités de sa répartition en faveur des services intervenants au sein du Comité Permanent d'Evaluation est déterminé par arrêté interministériel des Ministres ayant respectivement les Mines et les Finances dans leurs attributions.	提交费的费率表和在常务评估委员会各部门之间的分配方式,由矿业部部长和财政部部长颁布的联合部长令确定。
Article 444: De l'information des communautés locales sur le Plan d'Atténuation et de Réhabilitation approuvé	**第 444 条:经批准的环境减排和修复计划在当地社区的通知**
Le titulaire dont le Plan d'Atténuation et de Réhabilitation a été approuvé a l'obligation de transmettre une copie dudit Plan aux autorités locales ainsi qu'aux représentants des communautés locales du ressort où est implanté le projet minier ou de carrières et de leur expliquer les mesures de réhabilitation et d'atténuation en vue d'en informer les communautés locales.	环境减排和修复计划批准后,持有人有义务将该计划的副本移交当地主管机关和矿业项目或采石场项目所在地辖区的当地社区代表,并向其解释环境减排和修复措施以便通知当地社区。
Article 445: Du rapport annuel sur les travaux de recherches et/ou d'exploitation et des travaux d'atténuation et de réhabilitation	**第 445 条:勘探工程和/或开采工程年度报告和环境减排和修复工程年度报告**
Dans les quatre-vingt-dix jours ouvrables suivant la date anniversaire de	自环境减排和修复计划批准的周年日起九十个工作日内,探矿证持有人须通过

l'approbation du Plan d'Atténuation et de Réhabilitation, le titulaire d'un Permis de Recherches est tenu de transmettre à l'Agence Congolaise de l'Environnement et à la Direction de Protection de l'Environnement Minier , par le biais du Cadastre Minier provincial, un rapport annuel sur la réalisation des travaux de recherches et/ou d'exploitation ainsi que les travaux d'atténuation et de réhabilitation.	省级矿权登记局,向刚果(金)环境署和矿业环保局递交勘探工程和/或开采工程年度报告和环境减排和修复工程年度报告。
A la fermeture du site d'exploitation de carrières temporaire, le titulaire de l'Autorisation d'Exploitation de Carrières Temporaire doit également envoyer un rapport au Cadastre Minier provincial.	临时性采石场关闭时,临时性采石场开采许可持有人亦须向省级矿权登记局发送报告一份。
Ces rapports doivent décrire sommairement:	该报告须简要说明:
• les travaux de recherches et/ou d'exploitation réalisés et leur impact sur l'environnement;	• 已经完成的勘探工程和/或开采工程和其对环境的影响;
• les travaux d'atténuation et de réhabilitation réalisés;	• 已经完成的环境减排和修复工程;
• l'état d'avancement des mesures d'atténuation et de réhabilitation comparativement à celles prévues dans le Plan d'Atténuation et de Réhabilitation approuvé;	• 相对于已批准的环境减排和修复计划中的规定,环境减排和修复措施的进度状况;
• les frais engagés en rapport avec la mise en œuvre des travaux d'atténuation et de réhabilitation.	• 实施环境减排和修复工程所投入的费用。
Conformément au Chapitre III de l'annexe VII du présent Décret relative à la Directive pour l'élaboration du Plan	根据本法令附件七第三章关于编制环境减排和修复计划的指令,持有人须分别在场地关闭后六个月和十二个月后,通

d'Atténuation et de la Réhabilitation, le titulaire est tenu dans les six mois à compter de la fermeture du site et ensuite dans les douze mois de celle-ci d'envoyer un rapport sur l'évaluation des mesures d'atténuation et de réhabilitation de son Plan d'Atténuation et de Réhabilitation à l'Agence Congolaise de l'Environnement et à la Direction chargée de la Protection de l'Environnement Minier par le biais du Cadastre Minier.	过矿权登记局向刚果(金)环境署和矿业环保局递交环境减排和修复计划中环境减排和修复措施的评估报告。
Article 446: Du suivi de l'efficacité des mesures d'atténuation et de réhabilitation	**第446条:环境减排和修复措施有效性的跟踪**
L'Agence Congolaise de l'environnement en collaboration avec la Direction chargée de la Protection de l'Environnement Minier, les autorités provinciales ou tout autre organisme autorisé par la Direction susvisée sont chargés d'étudier l'état de l'environnement et l'évolution des caractéristiques du milieu ambiant où le périmètre est implanté et sont autorisés à effectuer des études, prélèvements et analyses ponctuels ou réguliers sur l'environnement.	刚果(金)环境署会同矿业环保局、省级主管机关或经矿业环保局授权的其他机构,负责对矿区所在地周边环境的现状及其性状变化进行研究,并有权临时或定期进行环境研究、取样和分析。
Nonobstant le rapport de l'Agence Congolaise de l'Environnement en collaboration avec la Direction chargée de la Protection de l'Environnement Minier, l'autorité ou l'organisme chargé des opérations de suivi de l'environnement affecté par les opérations de recherche minière ou de carrières et d'exploitation de carrières temporaire rédige son rapport de suivi et en transmet une copie à	刚果(金)环境署会同矿业环保局负责编制报告,由负责对受探矿作业或采石场勘探作业和临时性采石场勘探作业影响的环境进行跟踪的主管机关或机构,在跟踪活动结束后三十日内编制跟踪报告,并分别向刚果(金)环境署、矿业环保局、地质局和持有人移交副本各一份。

l'Agence Congolaise de l'Environnement, à la Direction chargée de la Protection de l'Environnement Minier, à la Direction de Géologie et au titulaire dans les trente jours à partir de la fin des opérations de suivi.	
Article 447: Du contrôle des travaux d'atténuation et de réhabilitation	**第 447 条:环境减排和修复工程的监管**
Les travaux d'atténuation et de réhabilitation réalisés par les titulaires sont soumis aux inspections effectuées par l'Agence Congolaise de l'environnement en collaboration avec la Direction chargée de la Protection de l'Environnement Minier qui vérifie l'état de leur avancement par rapport au calendrier et aux mesures prévues dans le Plan d'Atténuation et de Réhabilitation.	持有人实施的环境减排和修复工程须接受刚果(金)环境署和矿业环保局的监察,根据环境减排和修复计划中设置的进度表及措施,核实该等工程的进展情况。
Chaque inspection donne lieu à un rapport de contrôle dont une copie est envoyée au titulaire, à la Direction des Mines et à la Direction de Géologie dans un délai de quinze jours ouvrables.	在每次监察结束之日起十五个工作日内出具监管报告,并将副本(分别)邮寄给持有人、矿业局和地质局各一份。
Article 448: De la révision du Plan d'Atténuation et de Réhabilitation	**第 448 条:环境减排和修复计划的修订**
Le titulaire d'un droit minier ou de carrières soumis au Plan d'Atténuation et de Réhabilitation est tenu de réviser ce plan initialement approuvé:	在下列情形下,矿权或采石权持有人须对经批准的初始版环境减排和修复计划进行修订:
• lorsque des changements dans les activités minières justifient une modification du Plan d'Atténuation et de Réhabilitation;	• 矿业活动中的变化要求对环境减排和修复计划进行变更;

• lorsqu'un rapport de contrôle et/ou de suivi démontre que les mesures d'atténuation et de réhabilitation prévues dans son Plan d'Atténuation et de Réhabilitation ne sont plus adaptées et qu'il y a un risque important sur l'environnement.	• 监管和/或跟踪报告证明环境减排和修复计划中的环境减排和修复措施不再适合,且对环境存在重大风险。
Les procédures de dépôt, de l'instruction et d'approbation du Plan d'Atténuation et de Réhabilitation révisé suivent celles relatives au Plan d'Atténuation et de Réhabilitation initial.	经修订的环境减排和修复计划的递交、审查和批准程序根据初始版环境减排和修复计划的相关程序进行。
Article 449: De la révision de la sûreté financière de réhabilitation	**第 449 条:环境修复财务担保的修订**
La Direction chargée de la Protection de l'Environnement Minier est habilitée à décider de réviser le montant de la sûreté financière de réhabilitation prévue dans le Plan d'Atténuation et de Réhabilitation si elle n'est plus suffisante ou si elle doit être réduite en raison des coûts prévisibles de la réalisation des mesures d'atténuation et de réhabilitation. La révision de la sûreté financière est décidée à l'initiative de la Direction chargée de la Protection de l'Environnement Minier ou sur proposition du titulaire, après avoir entendu l'autre partie intéressée.	环境减排和修复计划中设定的环境修复财务担保若出现不足或因实施环境减排和修复措施的预计费用而须相应减少,矿业环保局有权决定修订金额。经矿业环保局提议或持有人建议,听取其他利害关系方意见后,其对财务担保的修订作出决定。
Chapitre V: DE L'ÉTUDE D'IMPACT ENVIRONNEMENTAL ET SOCIAL ET DU PLAN DE GESTION ENVIRONNEMENTALE ET SOCIALE	***第五章:环境和社会影响研究和环境和社会管理计划***
Section I: De la portée, des objectifs et de la procédure d'approbation de l'EIES/PGES	**第一节:环境和社会影响研究/环境和社会管理计划所涉范围、目标及批准程序**

Paragraphe 1: De la portée et des objectifs de l'EIES/PGES	**第一段:环境和社会影响研究/环境和社会管理所涉范围和目标**
Article 450: De la portée de l'Etude d'Impact Environnemental et Social et Plan de Gestion Environnementale et Sociale	**第450条:环境和社会影响研究和环境和社会管理计划所涉范围**
Conformément à l'article 204 du Code minier, toutes les opérations d'exploitation hormis l'exploitation de carrières temporaire, doivent faire l'objet d'une Etude d'Impact Environnemental et Social et d'un Plan de Gestion Environnementale et Sociale.	根据《矿业法典》第204条的规定,除临时性采石场开采许可外,所有的开采作业须编制环境和社会影响研究和环境和社会管理计划。
Le Plan de Gestion Environnementale et Sociale constitue le plan de la mise en œuvre des mesures d'atténuation et de réhabilitation développées au Titre V de l'Etude d'Impact Environnemental et Social conformément à la directive à l'annexe VIII au présent Décret.	环境和社会管理计划须设立环境减排和修复措施的实施计划,该等措施由本法令附件八指令中第五编环境和社会影响研究予以说明。
Toutes les opérations minières résultant d'une activité intégrée, y compris les opérations de concentration, de traitement et de transport font partie de la même l'Etude d'Impact Environnemental et Social.	作为整体活动的一切矿业作业,包括提炼、处理和运输作业都作为环境和社会影响研究的组成部分。
Article 451: De l'objectif du programme de consultation du public au cours de l'élaboration de l'Etude d'impact Environnemental et Social	**第451条:环境和社会影响研究编制期间公众咨询计划的目的**
La consultation du public au cours de l'élaboration de l'Etude d'Impact Environnemental et social doit permettre la participation active des communautés locales affectées par le projet de mines ou de carrières à l'élaboration de l'Etude d'Impact Environnemental et Social.	环境和社会影响研究编制期间的公众咨询须使受矿业项目或采石场项目影响的当地社区积极参与到环境和社会影响研究的编制之中。

Le programme de consultation du public au cours de l'élaboration de l'Etude d'Impact Environnemental et Social doit prévoir notamment la présentation et l'explication du programme des travaux d'exploitation, des impacts négatifs et positifs produits par le projet et des mesures d'atténuation et de réhabilitation aux communautés locales affectées et recueillir leurs réactions, questions et préoccupations. Le représentant de la société minière chargé des relations publiques avec les communautés locales devra transmettre aussitôt que possible à l'Administrateur du Territoire, aux autorités politico-administratives locales, aux organisations communautaires de base et aux représentants des communautés concernées un résumé écrit de l'Etude d'Impact Environnemental et Social ou le Plan de Gestion Environnementale et Sociale dans la langue locale qui résumera le programme des travaux d'exploitation, les impacts négatifs et positifs produits par le projet et les mesures de réhabilitation proposées.	环境和社会影响研究编制期间的公众咨询计划须规定应就开采工程计划、项目产生的积极影响和消极影响和环境减排和修复措施向受影响的当地社区进行介绍和解释,并收集后者的反馈、问题及顾虑。负责当地社区公共关系的矿业企业代表须尽快以当地语言向主管官员、当地政治行政机关、基本社区组织及相关社区代表,递交环境和社会影响研究或环境和社会管理计划的书面概要,简述开采工程计划、项目产生的积极影响和消极影响和建议采取的环境修复措施。
Le demandeur, en tant que titulaire d'un droit de recherches minières ou de carrières, doit avoir établi de bonnes relations avec chaque communauté directement affectée par le projet et entrepris notamment les mesures suivantes:	作为探矿权或采石场勘探权的持有人,申请人须与受项目直接影响的各个社区建立良好关系,并采取下列措施:
• connaître les populations concernées, leurs activités principales, leurs valeurs sociales et culturelles;	• 了解当地居民、其主要活动、社会和文化价值观;

• informer les communautés locales du programme des travaux d'exploitation et des impacts négatifs et positifs du projet d'exploitation;	• 将开采工程计划、开采项目的积极影响和消极影响通知当地社区;
• consulter les populations affectées lors de la détermination du programme des mesures d'atténuation et de réhabilitation;	• 决定环境减排和修复措施计划时,向受影响的居民征求意见;
• dédommager les personnes affectées par le projet d'exploitation conformément aux dispositions du Code et à l'annexe XVIII relative à l'expropriation, l'indemnisation, la compensation, le déplacement et la réinstallation des communautés affectées par les projets miniers du présent Décret.	• 根据《矿业法典》及本法令附件十八关于受矿业项目影响社区的征收、补偿、赔偿、转移和安置的规定,对受开采项目影响的人予以赔偿。
Les mesures établissant les fondements relationnels et visant à la bonne entente entre l'entreprise minière et les communautés locales affectées par le Projet qui faisait déjà partie du Plan d'Atténuation et de Réhabilitation du demandeur devraient être mises en place lors de la préparation de l'Etude d'Impact Environnemental et Social ou du Plan de Gestion Environnementale et Sociale.	致力于打好关系基础并使矿业企业和受项目影响的当地社区之间达成申请人环境减排和修复计划所要求的和谐关系的各项措施,须在编制环境和社会影响研究或环境和社会管理计划时予以设立。
Si, pour une raison quelconque, ces mesures n'ont pas été réalisées lors des travaux de recherches ou s'il existe des points de discorde entre l'entreprise minière ou de carrières et les communautés locales, le demandeur doit remédier à ces lacunes avant d'établir son programme de consultation du public au cours de l'élaboration de l'Etude d'Impact Environnemental et Social ou Plan de Gestion Environnementale et Sociale.	无论任何原因,若该等措施未在勘探工程时实施或若矿业企业或采石场企业与当地社区间产生纠纷,申请人须在为编制环境和社会影响研究或环境和社会管理计划而编制公众咨询计划前,对该等不足予以改正。

Article 452: Des objectifs de l'élaboration du Plan de Gestion Environnementale et Sociale	**第 452 条:环境和社会管理计划编制的目的**
L'élaboration du Plan de Gestion Environnementale et Sociale poursuit les objectifs suivants:	编制环境和社会管理计划的目的如下:
• assurer la sûreté du lieu d'implantation pendant et après l'opération minière ou de carrières;	• 确保矿业作业或采石场作业期间或之后,矿场所在地的安全;
• réduire les effets nuisibles de l'opération minière ou de carrières sur l'atmosphère et sur les sources et cours d'eau à un niveau acceptable;	• 减少矿业作业或采石场作业对大气、水源及河道产生的负面影响,直至可接受的程度;
• intégrer la mine ou la carrière et les infrastructures au paysage par des aménagements appropriés pour protéger la faune et la végétation;	• 为保护动植物,将矿山或采石场和基础设施通过适当整治融入景观;
• réduire l'érosion, les fuites d'eau ou de produits chimiques et les accidents du relief terrestre occasionnés par l'opération minière ou de carrières, ainsi que ses effets nuisibles sur l'habitat des espèces de faune et flore locales;	• 减少矿业作业或采石场作业造成的侵蚀、水或化学产品的泄漏和地貌灾害,以及对当地动植物种群栖息地产生的负面影响;
• améliorer le bien-être des communautés locales en mettant en œuvre des programmes de développement économique et social, et en prévoyant l'indemnisation, la compensation et la réinstallation des populations en cas de déplacement de leur lieu d'habitation ou l'indemnisation de tout autre préjudice en lien avec	• 根据《矿业法典》第 281 条和本法令的规定,通过实施经济和社会发展计划并规定居民从居住地搬迁时的补偿、赔偿和重新安置,或对矿业活动相关的其他损害进行补偿,以改善当地社区的民生;

l'activité minière, conformément aux dispositions de l'article 281 du Code et du présent Décret;	
• réduire les effets nuisibles de l'opération minière ou de carrières tel que le choc, le bruit, la poussière, etc. sur les activités des populations humaines et animales qui habitent les alentours du lieu;	• 减少矿业作业或采石场作业对周围居民和动物的活动产生的负面影响,如冲击、噪声、粉尘等;
• éviter l'introduction de parasites et de plantes indésirables ainsi que le développement ou la propagation de maladies dans des lieux où ils n'étaient pas présents; et	• 避免引入寄生动植物或有害植物,以避免新的疾病在相关地区内的产生和蔓延;以及
• favoriser la repousse rapide et le renouvellement des espèces végétales indigènes ou compatibles avec l'écosystème de la zone d'implantation.	• 促进原生植物或能与矿区生态系统和谐共存的植物重新迅速生长和繁殖。
Paragraphe 2: De la procédure d'approbation de l'EIES/PGES	**第二段:环境和社会影响研究/环境和社会管理计划的批准程序**
Article 453: De la demande de clarification préalable de l'envergure de l'Etude d'Impact Environnemental et Social	**第 453 条:环境和社会影响研究范围的预先声明的申请**
Le requérant d'un droit minier d'exploitation pour lequel une Etude d'Impact Environnemental et Social est exigée peut demander par lettre adressée à la Direction de Protection de l'Environnement Minier avec copie à l'Agence Congolaise de l'Environnement et au Fonds National de Promotion et de Service Social, une clarification de l'envergure de l'Etude d'Impact Environnemental et Social à préparer pour son projet. Le requérant	须递交环境和社会影响研究的采矿权申请人可向矿业环保局致函请求就其项目所涉及的环境和社会影响研究范围予以预先声明,并将该函件副本抄送刚果(金)环境署和国家促进和社会服务基金会。申请人须在其函内附随提议或需请求矿业环保局予以回复的问题。

prospectif joint à sa lettre soit une proposition soit des questions auxquelles il demande la réponse de la Direction de Protection de l'Environnement Minier.	
La lettre de demande de clarification préalable est déposée au Cadastre Minier central. Au moment du dépôt le requérant paie les frais de dépôt et le Cadastre Minier central lui délivre un récépissé signé indiquant son nom, la date, la nature de la demande, le montant et le lieu du paiement.	预先声明申请函向中央矿权登记局递交。申请人在递交时需缴纳提交费,中央矿权登记局向其签发经签署的回执,并注明申请人姓名、申请日期和性质、缴纳金额和地点。
Le Cadastre Minier central transmet la lettre à la Direction de Protection de l'Environnement Minier, qui la porte à l'attention du Comité Permanent d'Evaluation des Plans Environnementaux et Sociaux dont question à l'article 455 du présent Décret, pour étude et réponse.	中央矿权登记局将(预先声明)申请函移交至矿业环保局。矿业环保局根据本法令第 455 条规定向环境和社会计划评估常务委员会提交该函进行研究并回复。
Le Comité Permanent d'Evaluation peut inviter le requérant en vue de clarifier la question et conclure avec lui un mémorandum d'accord sur les thèmes, les territoires et les populations qui feront l'objet de l'Etude d'Impact Environnemental et Social. Dans ce cas, le requérant peut considérer qu'il n'est pas obligé de couvrir des questions en dehors des limites ainsi établies et son Etude d'Impact Environnemental et Social ne peut pas être rejetée pour défaut de couverture des éléments ainsi exclus.	常务评估委员会可要求申请人阐明问题并与其就环境和社会影响研究的主题、所涉土地和人口达成和解备忘录。在此情形下,申请人可认为其并无义务涵盖编制范围外的问题,且其社会和环境影响研究不得因未涵盖以此种方式排除的内容而被驳回。
Article 454: Du dépôt de l'Etude d'Impact Environnemental et Social	**第 454 条:环境和社会影响研究的递交**

Conformément aux articles 69, 92, 103 et 154 du Code minier, le requérant dépose, auprès du Cadastre Minier en annexe de sa demande de Permis d'Exploitation, de Permis d'Exploitation de Petite Mine, de Permis d'Exploitation des Rejets et de l'Autorisation d'Exploitation de Carrières Permanente, son Etude d'Impact Environnemental et Social et son Plan de Gestion Environnementale et Sociale pour le projet en trois exemplaires.	根据《矿业法典》第 69 条、第 92 条、第 103 条和第 154 条的规定,申请人将其项目环境和社会影响研究和环境和社会管理计划,作为采矿证、小矿山开采证、尾矿开采证和永久性采石场开采许可的申请附件,向矿权登记局递交,一式三份。
Les modalités de la recevabilité de l'Etude d'Impact Environnemental et Social, du paiement des frais de dépôt afférent à l'instruction environnementale et de la transmission de l'Etude d'Impact Environnemental et Social et du Plan de Gestion Environnementale et Sociale du pour instruction sont déterminées dans les articles du présent Décret relatifs aux procédures d'octroi de chaque type de droit minier ou de carrières d'exploitation.	环境和社会影响研究的受理方式、环境审查提交费的缴纳方式、用于审查的环境和社会影响研究和环境和社会管理计划的移交方式,由本法令中各类矿权和采石权授予程序的条款规定。
Article 455: De l'instruction de l'Etude d'Impact Environnemental et Social et du Plan de Gestion Environnementale et Sociale	**第 455 条:环境和社会影响研究和环境和社会管理计划的审查**
Pour l'instruction des Etudes d'Impact Environnemental et Social et des Plans de Gestion Environnementale et Sociale, il est créé un Comité Permanent d'Évaluation, en sigle CPE, composé de vingt-un membres suivants:	设立常务评估委员会(CPE)对环境和社会影响研究和环境和社会管理计划审查,(常务评估委员会)由下列二十一名成员组成:
• le Directeur de la Direction chargée de la Protection de l'Environnement Minier, plus deux délégués de son service;	• 矿业环保局局长和委派的两名部门代表;

• trois délégués de l'Agence Congolaise de l'Environnement;	• 三名刚果(金)环境署委派代表;
• deux délégués du Fonds National de Promotion et Service Social;	• 两名国家促进和社会服务基金会委派代表;
• un délégué de la Direction de l'Action Sociale du Ministère des Affaires Sociales;	• 一名社会事务部社会行动局委派代表;
• un délégué de la Direction des Mines;	• 一名矿业局委派代表;
• un délégué de la Direction de Géologie;	• 一名地质局委派代表;
• un délégué de la Cellule Technique de Coordination et de Planification Minière;	• 一名矿业协调和统筹技术小组委派代表;
• un délégué de la Direction de l'Aménagement du Territoire du Ministère des Travaux Publics et Aménagement du Territoire;	• 一名公共工程和土地规划部土地规划局委派代表;
• un délégué de l'Institut Congolais pour la Conservation de la Nature;	• 一名刚果自然保护研究所委派代表;
• un délégué de la Direction des ressources en eau du Ministère de l'Environnement;	• 一名环境部水资源局委派代表;
• un délégué de la Direction de la Protection Végétale du Ministère de l'Agriculture;	• 一名农业部植物保护局委派代表;
• un délégué de la Direction de la Protection Animale du Ministère de l'Agriculture;	• 一名农业部动物保护局委派代表;
• un délégué du Ministère ayant l'élevage et la pêche dans ses attributions;	• 一名畜牧和渔业部委派代表;
• un délégué du Ministère de la Santé Publique;	• 一名公共卫生部委派代表;

• un délégué du Service d'Assistance et d'Encadrement de l'Exploitation Minière à Petite Echelle en sigle «SAEMAPE»;	• 一名小规模矿山开采协助和监管处(简称"SAEMAPE")委派代表;
• un délégué de l'Organisme en charge de la protection contre les rayonnements ionisants.	• 一名电离辐射防护机构委派代表。
Les membres sont désignés, suivant les cas, par leur Ministre ou Chef des Services respectif et nommés par Arrêté du Ministre en charge des Mines. Le Directeur de la Direction chargée de la Protection de l'Environnement Minier préside le Comité Permanent d'Evaluation. L'Agence Congolaise de l'Environnement assume la Vice-présidence et un secrétariat technique comprenant trois membres issus de l'Agence Congolaise de l'Environnement, du Fonds National de promotion et de Service Social et la Direction de Protection de l'Environnement Minier.	成员由各政府部门的部长或各部门领导指派,由矿业部部长部长令任命。常务评估委员会由矿业环保局局长主持,由刚果(金)环境署担任副主席,技术秘书处由来自刚果(金)环境署、国家促进和社会服务基金会和矿业环保局的三名成员组成。
Le Comité Permanent d'Evaluation se réunit sur convocation par son président chaque fois que l'instruction de l'Etude d'Impact Environnemental et Social et du Plan de Gestion Environnementale et Sociale du Projet s'impose ou chaque fois qu'une demande de clarification préalable l'exige. Elle ne peut siéger valablement que si les trois quarts de ses membres sont présents. Au cas où le quorum requis n'est pas atteint, le président fait dresser un procès-verbal de carence et convoque une nouvelle séance dans le troisième jour	审查环境和社会影响研究及环境和社会管理计划或受理事先声明申请时,常务评估委员应召开会议,会议由主席召集。委员会四分之三以上成员出席时,会议方可召开。未达到规定人数的,主席应编制法定人数不足会议纪要,并在首次召集日后至少三日后重新召集会议。常务评估委员会的决定由成员简单多数表决通过。

au moins après la date de la convocation initiale. Les décisions du Comité Permanent d'Evaluation sont prises à la majorité simple de ses membres.	
Le Comité Permanent d'Evaluation peut consulter tout autre Ministère, Service ou Organisme qui peut être concerné par les questions de l'Etude d'Impact Environnemental et Social et du Plan de Gestion Environnementale et Sociale.	常务评估委员会可向环境和社会影响研究及环境和社会管理计划中的问题所涉及的任何其他部委、部门或机构征求意见。
Lors de l'instruction environnementale, le Comité Permanent d'Evaluation détermine si l'Etude d'Impact Environnemental et Social et du Plan de Gestion Environnementale et Sociale sont conformes à la directive sur l'Étude d'Impact Environnemental et Social.	在进行环境审查时,常务评估委员会决定环境和社会影响研究及环境和社会管理计划是否符合关于环境和社会影响研究的指令。
En cas de besoin, elle peut demander tout complément d'information au requérant de l'approbation de l'Etude d'Impact Environnemental et Social et du Plan de Gestion Environnementale et Sociale, et recourir aux services d'un Bureau d'études environnementales agréé pour une contre-expertise.	必要时,委员会可要求环境和社会影响研究及环境和社会管理计划批准申请人递交补充信息,并委托特许环境研究所进行复核。
L'instruction environnementale se fait dans un délai qui ne peut excéder cent quatre-vingt jours à compter de la transmission de l'Étude d'Impact Environnemental et Social à la Direction chargée de la Protection de l'Environnement Minier. Endéans ce délai, le Comité Permanent d'Evaluation donne son avis.	环境审查的期限最长不得超出向矿业环保局移交环境和社会影响研究之日起一百八十日。在此期限内,常务评估委员会应发表意见。

A l'issue de l'instruction environnementale, la Direction chargée de la Protection de l'Environnement Minier transmet l'avis environnemental et social sur l'Etude d'Impact Environnemental et Social et du Plan de Gestion Environnementale et Sociale à l'Agence Congolaise de l'Environnement qui établit le certificat environnemental à transmettre au Cadastre Minier central.	环境审查结束时，矿业环保局将针对环境和社会影响研究和环境和社会管理计划作出环境和社会意见，将其移交刚果(金)环境署，并由后者编制环境证书并移交中央矿权登记局。
Article 456: De la notification et de la transmission du certificat Environnemental	**第 456 条：环境证书的通知和转交**
Conformément à l'article 42 du Code minier, dans un délai de cinq jours ouvrables à compter de la réception du certificat Environnemental, le Cadastre Minier central:	根据《矿业法典》第 42 条的规定，自收到环境证书之日起五个工作日内，中央矿权登记局：
• notifie le Certificat Environnemental au requérant par le moyen le plus rapide et le plus fiable;	• 将环境证书以最为迅速可靠的方法通知申请人；
• procède à l'affichage du Certificat Environnemental dans sa salle de consultation publique et le cas échéant dans celle du Cadastre Minier provincial où la demande a été déposée;	• 在公共咨询大厅内张贴环境证书，必要时在受理申请的省级矿权登记局的公共咨询大厅内予以张贴；
• inscrit le Certificat Environnemental sur la fiche technique de la demande.	• 在相关申请的技术说明上登记环境证书。
Dans le même délai, le Cadastre Minier transmet le dossier de l'Etude d'Impact Environnemental et Social et le Certificat Environnemental au Ministre ou au Chef de Division provinciale des Mines, lorsqu'il s'agit d'une demande d'Autorisation d'Exploitation de Carrières Permanente des	涉及常用建筑材料永久性采石场开采许可申请的，矿权登记局在同等期限内，将环境和社会影响研究材料及环境证书，转交省级矿业部部长或省矿业处处长，以作出授予或拒绝授予开采权的决定，其中包括批准或拒绝批准环境和社会影响研究和环境和社会管理计划。

matériaux de construction à usage courant, pour décision d'octroi ou de refus d'octroi du droit d'exploitation, y compris l'approbation ou le refus d'approbation de l'Etude d'Impact Environnemental et Socialet du Plan de Gestion Environnementale et Sociale.	
Article 457 : Du recours du requérant	**第 457 条：申请人进行救济**
Dans les quinze jours de la notification du certificat environnemental défavorable, le requérant peut exercer un recours administratif contre ce certificat. Cette procédure suspend la décision définitive du Ministre ou du Chef de Division provinciale jusqu'au jugement définitif.	自否定的环境证书通知之日起十五日内，申请人可针对该证书通过行政程序进行救济。该程序可产生中止矿业部部长或省级矿业处处长作出最终决定（的效果），直至最终判决。
Section II : De la mise en œuvre du Plan de Gestion Environnementale et Social	**第二节：环境和社会管理计划的实施**
Article 458 : Du rapport annuel de réalisation des travaux d'exploitation, d'atténuation et de réhabilitation	**第 458 条：开采工程、环境减排和修复工程实施的年度报告**
Dans les cent jours qui suivent la date anniversaire de l'approbation de l'Étude d'Impact Environnemental et Social et du Plan de Gestion Environnementale et Sociale, le titulaire est tenu de déposer chaque année, un rapport auprès de l'Agence Congolaise de l'Environnement, du Fonds National de Promotion et de Service Social et de la Direction chargée de la Protection de l'Environnement Minier.	自环境和社会影响研究及环境和社会管理计划批准的周年日起一百日内，持有人须每年向刚果（金）环境署、国家促进和社会服务基金会和矿业环保局递交一份报告。
Ce rapport doit décrire sommairement :	该报告须简要说明：
• les travaux d'exploitation réalisés et leur impact sur l'environnement ;	• 已经完成的开采工程及其对环境产生的影响；

• les travaux d'atténuation et de réhabilitation qui ont été réalisés;	• 已经完成的环境减排和修复工程;
• l'état d'avancement des mesures d'atténuation et de réhabilitation par rapport à celles prévues dans le Plan de Gestion Environnementale et Sociale approuvé;	• 对照已经批准的环境和社会管理计划中规定的措施,环境减排和修复措施的进展状况;
• les frais engagés en relation avec la mise en œuvre de ces travaux d'atténuation et de réhabilitation;	• 实施环境减排和修复工程所需费用;
• l'état d'avancement et les résultats de la mise en œuvre du plan de développement durable et du cahier des charges.	• 实施进展情况、可持续发展计划实施结果和任务书。
Article 459: De l'audit environnemental et social	**第 459 条:环境和社会审计**
Tous les deux ans à partir de la date d'approbation de l'Etude d'Impact Environnemental et Social initiale, le titulaire d'un droit minier ou de carrières est tenu de faire réaliser, à ses propres frais, un audit par un Bureau d'études environnementales agréé autre que celui qui a élaboré l'Etude d'Impact Environnemental et Social ou le Plan de Gestion Environnementale et Sociale.	自首个环境和社会影响研究批准之日起,每隔两年,矿权或采石权持有人须另行自费委托编制其环境和社会影响研究或环境和社会管理计划的环境研究所之外的其他特许环境研究所进行审计。
L'audit constatera l'avancement des travaux d'atténuation et de réhabilitation par rapport au calendrier prévu, la conformité des impacts sur l'environnement avec les normes techniques de la directive sur l'Etude d'Impact Environnemental et Social et toutes autres observations sur les impacts des activités minières ou de carrières sur l'environnement ainsi que le niveau d'exécution du cahier des charges.	审计将根据规定的进度表对环境减排和修复工程的进展、对环境的影响是否符合关于环境和社会影响研究的指令中的技术标准、就矿业活动或采石场活动对环境造成的影响的所有其他意见以及任务书的执行程度进行认定。

Article 460: Du rapport de l'audit environnemental et social	**第 460 条:环境和社会审计报告**
Le Bureau d'études environnementales agréé chargé de l'audit environnemental et social rédige un rapport et en transmet les copies à l'Agence Congolaise de l'Environnement, au Fonds National de Promotion et de Service Social et à la Direction chargée de la Protection de l'Environnement Minier et une autre au titulaire dans un délai de nonante jours ouvrables à compter de la date du commencement des travaux d'audit.	负责环境和社会审计的特许环境研究所自审计工作开始之日起九十个工作日内,编制报告并将报告副本分别移交持有人、刚果(金)环境署、国家促进和社会服务基金会和矿业环保局。
Article 461: Du contrôle des travaux d'atténuation et de réhabilitation	**第 461 条:环境减排和修复工程的监管**
Les travaux d'atténuation et de réhabilitation réalisés par le titulaire sont soumis aux inspections effectuées par l'Agence Congolaise de l'Environnement en collaboration avec la Direction chargée de la Protection de l'Environnement Minier et le Fonds National de Promotion et de Service Social, pour vérifier leur état d'avancement par rapport au calendrier prévu et leur conformité par rapport aux mesures prévues dans le Plan de Gestion Environnementale et Sociale ainsi que le cahier des charges approuvés.	持有人实施的环境减排和修复工程须由刚果(金)环境署会同矿业环保局和国家促进和社会服务基金会进行监管,根据规定的进度表核实该等工程的进展情况及其是否符合已批准的环境和社会管理计划中规定的措施及进度表。
A l'issue de chaque contrôle, un rapport est dressé en deux copies, dont une est transmise au titulaire et une autre à la Direction des Mines, dans un délai de trente jours ouvrables à compter de la clôture de l'opération du contrôle.	在每次监管工作结束之日起三十个工作日内编制报告,并将报告副本移交持有人和矿业局各一份。

L'Etat se réserve le droit de diligenter un audit chaque fois que les circonstances l'exigent.	国家保留必要时敦促进行审计的权利。
Article 462: Du suivi de l'efficacité des mesures d'atténuation et de réhabilitation	**第 462 条:环境减排和修复措施效力的跟踪**
L'Agence Congolaise de l'Environnement en collaboration avec la Direction chargée de la Protection de l'Environnement Minier, les autorités provinciales ou tout autre organisme autorisé par la Direction susvisée sont chargés d'étudier l'état de l'environnement et l'évolution des caractéristiques du milieu ambiant de la situation du périmètre et sont autorisés à effectuer des études, des prélèvements et des analyses ponctuels ou réguliers sur l'environnement.	刚果(金)环境署会同矿业环保局、省级主管机关或矿业环保局授权的其他机构负责研究矿区所在地周边环境的现状及其性状变化,并有权临时或定期开展环境研究、取样和分析。
Nonobstant les rapports, l'Agence Congolaise de l'Environnement en collaboration avec la Direction chargée de la Protection de l'Environnement Minier, l'autorité ou l'Organisme chargé des opérations de suivi de l'environnement affecté par les opérations de recherches minières ou de carrières et d'exploitation rédige son rapport de suivi et en transmet les copies à l'Agence Congolaise de l'Environnement, à la Direction chargée de la Protection de l'Environnement Minier, à la Direction de Géologie et au titulaire dans les vingt jours à compter de la fin des opérations de suivi.	尽管刚果(金)环境署会同矿业环保局负责编制报告,由负责对受探矿作业或采石场勘探作业和开采作业影响的环境进行跟踪的主管机关或机构,在跟踪活动结束后二十日内编制跟踪报告,并将副本分别移交刚果(金)环境署、矿业环保局、地质局和持有人。
Article 463: De la révision de l'Etude d'Impact Environnemental et Social et du Plan de Gestion Environnementale et Sociale	**第 463 条:环境和社会影响研究及环境和社会管理计划的修订**

Le titulaire d'un droit minier ou de carrières soumis à l'Etude d'Impact Environnemental et Social est tenu de réviser son Etude d'Impact Environnemental et Social et Plan de Gestion Environnementale et Sociale initialement approuvés et de les signer:	存在下列情形时,递交环境和社会影响研究的矿权或采石权持有人,须修订并签署首个经批准的环境和社会影响研究及环境和社会管理计划:
• tous les cinq ans;	• 每五年;
• lors du renouvellement de son droit;	• 在矿权续期时;
• lorsque des changements dans les activités minières ou de carrières justifient une modification de l'Etude d'Impact Environnemental et Social;	• 矿业活动或采石场活动中的变化要求对环境和社会影响研究进行变更时;
• lorsqu'un rapport de contrôle et/ou de suivi démontre que les mesures d'atténuation et de réhabilitation prévues dans son Plan de Gestion Environnementale et Sociale ne sont plus adaptées et qu'il y a un risque important d'impact négatif sur l'environnement.	• 监管和/或跟踪报告证明其环境和社会管理计划中的环境减排和修复措施不再适合,且对环境存在消极影响的重大风险。
Les procédures de dépôt, de l'instruction et d'approbation de l'Etude d'Impact Environnemental et Social révisée suivent celles relatives à l'Etude d'Impact Environnemental et Social initiale.	经修订的环境和社会影响研究的递交、审查和批准程序遵循首个环境和社会影响研究的相关程序进行。
Article 464: De la révision de la sûreté financière de réhabilitation	**第 464 条:环境修复财务担保的修订**
La Direction chargée de la Protection de l'Environnement Minier est habilitée à décider, après avis du Comité Permanent d'Evaluation, de réviser le montant de la sûreté financière de réhabilitation afférant à l'Etude d'Impact Environnemental et le Plan de Gestion Environnementale du Projet si elle n'est plus suffisante ou si elle	若项目环境影响研究和环境管理计划中设定的环境修复财务担保金不足或因实施环境减排和修复措施的预计费用而须减少,矿业环保局有权在征求常务评估委员会意见后,决定修订环境修复财务担保金额。经矿业环保局提议或持有人建议,听取其他利害关系方的意见后,对环境修复财务担保金的修订作出决定。

doit être réduite en raison des coûts prévisibles de la réalisation des mesures d'atténuation et de réhabilitation. La révision est décidée à l'initiative de la Direction chargée de laProtection de l'Environnement Minier ou sur proposition du titulaire, après avoir entendu l'autre partie intéressée.	
Article 465: Du rapport d'évaluation des mesures d'atténuation et de réhabilitation	**第 465 条:环境减排和修复措施的评估报告**
Dans les six mois à compter de la fermeture du site et ensuite dans les douze mois et dans les trois ans de celle-ci, le titulaireenvoie un rapport sur l'évaluation des mesures d'atténuation et de réhabilitation de son Plan de Gestion Environnementale et Sociale à l'Agence Congolaise de l'Environnement et à la Direction de Protection de l'Environnement Minier.	持有人须分别在场地关闭后六个月、十二个月和三年内,向刚果(金)环境署和矿业环保局发送其环境和社会管理计划中关于环境减排和修复措施的评估报告。
Chapitre VI: DE LA MISE EN CONFORMITE ENVIRONNEMENTALE DES OPERATIONS EN VERTU DES DROITS EXISTANTS VALIDES ET TRANSFORMES	***第六章:现有有效权利和转化权利项下作业的环境合规***
Article 466: abrogé	**第 466 条:废除**
Article 467: abrogé	**第 467 条:废除**
Article 468: abrogé	**第 468 条:废除**
Article 469: abrogé	**第 469 条:废除**
Article 470: abrogé	**第 470 条:废除**
Article 471: abrogé	**第 471 条:废除**

Chapitre VII: DE LA LIBERATION DES OBLIGATIONS ENVIRONNEMENTALES ET SOCIALES	*第七章:环境和社会义务的履行*
Article 472: De l'attestation de libération des obligations environnementales et sociales	**第472条:环境和社会义务履行证明**
L'attestation de libération des obligations environnementales dégage le titulaire d'un droit minier ou de carrières soumis à l'Étude d'Impact Environnemental et Social de son obligation de réhabilitation environnementale vis-à-vis de l'Etat.	拥有环境义务履行证明的矿权或采石权持有人无须履行环境和社会影响研究项下对国家所承担的环境修复义务。
Il en est de même du titulaire dont les opérations sont soumises à un Plan d'Atténuation et de Réhabilitation, sous réserve que le rapport d'audit spécial effectué par l'Agence Congolaise de l'Environnement en collaboration avec la Direction chargée de la Protection de l'Environnement Minier et le Fonds National de Promotion et de Service Social démontre que le titulaire s'est acquitté complètement de ses obligations environnementales contenues dans le Plan d'Atténuation et de Réhabilitation.	在遵守刚果(金)环境署会同矿业环保局完成的专门审计报告的前提下,且国家促进和社会服务基金会的报告证明持有人已履行完毕环境减排和修复计划项下的环境义务时,同样免除该持有人在环境减排和修复计划项下作业所应承担的义务。
Article 473: De l'obligation de l'audit environnemental de fermeture	**第473条:关闭矿场的环境审计义务**
Un audit environnemental de fermeture doit être effectué aux frais du titulaire par un bureau d'études environnementales agréé. Le titulaire choisit et engage à ses frais le Bureau d'études qui effectue l'audit environnemental de fermeture sous réserve des dispositions de l'article 445 du présent Décret.	持有人须自费委托特许环境研究所进行关闭矿场的环境审计。在遵守本法令第445条规定的前提下,持有人选择并自费委托环境研究所进行关闭矿场的环境审计。

L'audit environnemental de fermeture détermine si le titulaire a rempli ses obligations relatives la fermeture du site des opérations, notamment celles prévues au chapitre VII de son Etude d'Impact Environnementale ainsi que celles reprises dans l'annexe IX au présent Décret.	关闭矿场的环境审计确定持有人是否已经履行关闭作业场地的相关义务,尤其是环境影响研究第七章及本法令附件九中规定的义务。
Article 474: Du rapport de l'audit environnemental de fermeture	**第 474 条:关闭矿场的环境审计报告**
Le Bureau d'études environnementales agréé dresse le rapport de son audit en trois exemplaires à l'Agence Congolaise de l'Environnement en collaboration avec la Direction chargée de la Protection de l'Environnement Minier et au Fonds National de Promotion et de Service Social et à la Division provinciale des Mines.	特许环境研究所将其编制的审计报告发送至刚果(金)环境署会同矿业环保局、国家促进和社会服务基金会和省级矿业处各一份。
Article 475: De la demande d'attestation de libération de l'obligation environnementale	**第 475 条:环境义务履行证明的申请**
La demande d'attestation de libération d'obligations environnementales est adressée à la Direction chargée de la Protection de l'Environnement Minier qui l'instruit.	向负责审查的矿业环保局提出环境义务履行证明的申请。
Dès réception du rapport de l'audit environnemental, l'Agence Congolaise de l'Environnement en collaboration avec la Direction chargée de la Protection de l'Environnement Minier et le Fonds National de Promotion et de Service Social constatent in situ l'état d'achèvement de toutes les mesures d'atténuation et de	一经收到环境审计报告,刚果(金)环境署会同矿业环保局和国家促进和社会服务基金会立即对项目环境管理计划项下所有环境减排和修复措施的完成状况予以实地认定。

réhabilitation telles que prévues dans le Plan de Gestion Environnementale du Projet.	
Elle peut requérir certaines mesures supplémentaires susceptibles d'assurer l'achèvement du Plan d'Atténuation et de Réhabilitation du Plan de Gestion Environnementale du Projet.	刚果(金)环境署可要求(持有人)采取额外措施以确保能够完成项目环境管理计划中的环境减排和修复计划。
Le titulaire qui a réalisé son Plan de Gestion Environnementale du Projet n'a pas à effectuer des travaux supplémentaires pour pallier des effets nuisibles de son activité qui n'étaient ni prévus ni prévisibles lors de l'approbation de son Plan de Gestion Environnementale du Projet. Néanmoins, il est tenu de réhabiliter ou de compenser les effets nuisibles de ses activités qui ont eu lieu après la date précisée dans un préavis officiel de l'Agence Congolaise de l'Environnement en collaboration avec la Direction chargée de la Protection de l'Environnement Minier et du Fonds National de Promotion et de Service Social lui notifiant les effets découverts au cours du contrôle et du suivi de la mise en œuvre de son Plan Environnemental tels que prévus aux articles 461 et 462 du présent Décret.	已完成其项目环境管理计划的持有人,无须为减轻项目环境管理计划在批准时未预见或无法预见的活动造成的有害影响而实施额外工程。但若刚果(金)环境署会同矿业环保局和国家促进和社会服务基金会向持有人发出正式通知,(通知)说明在进行本法令第 461 条和第 462 条所规定的环境计划实施的监管和跟踪过程中发现有害影响,则持有人须针对其业务活动在该通知明确指出的日期后造成的有害影响进行修复或赔偿。
En cas de cession, le Cessionnaire et le Cédant d'un droit minier font procéder, conformément aux dispositions de l'article 186 du Code minier, à un audit environnemental du site d'exploitation concerné par la cession. Cet audit conjointement réalisé par l'Agence Congolaise	(矿权)出让的,出让人和受让人须根据《矿业法典》第 186 条的规定,对出让所涉开采场地进行环境审计。由刚果(金)矿业署和矿业环保局联合进行审计并决定出让人在持有相关矿权期间所应承担的环境责任及义务。相关费用由出让人承担。

et la Direction de Protection de l'Environnement Minier détermine les responsabilités et obligations environnementales du cédant pendant lapériode où il était titulaire du droit minier en cause. Les frais et charges y afférents incombent au cédant.	
Article 476: De l'octroi ou du refus de délivrance de l'attestation de libération des obligations environnementales	**第476条:授予或拒绝签发环境义务履行证明**
L'attestation de libération d'obligations environnementales d'un projet soumis à l'Etude d'Impact Environnemental du projet n'est octroyée qu'après un audit favorable sur le projet.	仅在项目审计同意后,方可授予项目环境影响研究项下的环境义务履行证明。
Dans un délai de trente jours à dater de la demande de l'Attestation de libération environnementale, la Direction chargée de la Protection de l'Environnement Minier octroie ou refuse d'octroyer l'attestation de libération environnementale au titulaire.	申请环境义务履行证明后三十日内,矿业环保局向持有人授予或拒绝授予环境义务履行证明。
Tout refus d'octroi doit être motivé.	拒绝授予的,须说明理由。
TITRE XIX: DES AUTRES OBLIGATIONS DU TITULAIRE	**第十九编:持有人的其他义务**
Chapitre I: DES RAPPORTS DU TITULAIRE AVEC LES COMMUNAUTES LOCALES	***第一章:持有人与当地社区的关系***
Article 477: Des obligations du titulaire vis-à-vis des communautés affectées par le projet d'exploitation	**第477条:持有人对受开采项目影响的社区所负的义务**
Le titulaire d'un droit minier ou de carrières d'exploitation a, vis-à-vis des populations affectées par le projet d'exploitation, les obligations de:	矿权或采石权持有人对受其开采项目影响的居民,负有下列义务:

• recueillir leurs informations et préoccupations sur les impacts du projet d'exploitation;	• 收集居民提供的开采项目所造成影响的资料和顾虑;
• élaborer un plan de leur consultation;	• 编制咨询计划;
• les informer sur le projet d'exploitation et sur les mesures de réhabilitation et d'atténuation des impacts environnementaux conformément à son Étude d'Impact Environnemental du projet et Plan de Gestion Environnementale du Projet;	• 通知居民开采项目和根据项目环境影响研究和项目环境管理计划所采取的环境减排和修复措施;
• maintenir un dialogue constructif avec elles.	• 与居民之间维持建设性的对话。
Article 478[①]:Des phases de réalisation du plan de consultation des communautés affectées par les activités minières	**第 478 条:矿业活动所影响社区的咨询计划的实施阶段**
Le plan de consultation des communautés affectées par le projet d'exploitation comprend quatre phases principales:	针对开采项目影响的社区的咨询计划包括四个主要阶段:
• la phase de prise de contact, d'explication et d'information;	• 阶段(一):建立联系、解释和通知(渠道);
• la phase de présentation des mesures d'atténuation et de réhabilitation proposées par le titulaire et les réponses et réactions des populations affectées par le projet d'exploitation;	• 阶段(二):介绍持有人建议采取的环境减排和修复措施和受开采项目影响的居民对此的回复及反馈;
• la phase de présentation du projet d'Étude d'Impact Environnemental et Social révisée et les réponses et réactions des communautés affectées par le projet d'exploitation;	• 阶段(三):介绍经修订的环境和社会影响研究草案和受开采项目影响的社区对此的回复及反馈;

① 中伦注:刚果民主共和国政府公报版本中没有载明第 479 条。

• la phase de présentation de l'Étude d'Impact Environnemental et Social finale et transmission d'une copie du résumé de l'Étude d'Impact Environnemental du projet finale écrit dans la langue locale ou le dialecte de chaque communauté concernée aux représentants des populations affectées par le projet d'exploitation à travers notamment les autorités administratives locales, les organisations communautaires de base.	• 阶段(四):介绍最终版本的环境和社会影响研究,并通过地方行政机关和基层社区组织,以相关社区当地的语言或方言,向受开采项目影响的居民代表移交项目环境影响研究书面概要的副本。
Article 480: Des communautés affectées par les activités minières	**第 480 条:受矿业活动影响的社区**
Les communautés affectées par les activités minières sont déterminées notamment au moyen des critères ci-après:	根据下列标准确定受矿业活动影响的社区:
• l'emplacement d'une communauté sur ou à proximité du site d'exploitation;	• 社区位于开采场地内或附近;
• l'emplacement d'une communauté sur ou à proximité du réseau routier utilisé ou construit pour les besoins du projetd'exploitation;	• 社区位于开采项目所使用或建设的道路网络内或附近;
• l'emplacement d'une communauté sur ou à proximité d'une infrastructure importante du projet d'exploitation: centrale électrique, usine de traitement des eaux, aéroport ou port à construire pour le projet;	• 社区位于开采项目重要基础设施内或附近,如为项目所建的电站、水处理厂、机场或港口;
• l'existence d'une activité de subsistance de la communauté sur le site d'exploitation telle que la pêche, la chasse, la cueillette, l'élevage, la culture;	• 在开采场地内存在社区维持生计的活动,如捕鱼、狩猎、采集、畜牧或种植;

• la présence d'un cours d'eau sur ou à proximité du site d'exploitation utilisé comme source d'approvisionnement en eau potable ou source de subsistance par une communauté.	• 社区饮用水供水源或生计来源的水流位于开采场地内或附近。
Article 480 bis: Des modalités d'indemnisation, de compensation et de réinstallation des communautés affectées par le déplacement	**第 480(2)条：补偿、赔偿和安置受搬迁影响社区的方式**
Les modalités pratiques du processus d'indemnisation, de compensation et de réinstallation des communautés affectées par le déplacement sont déterminées dans l'annexe relative à l'expropriation, l'indemnisation, la compensation, le déplacement et la réinstallation des communautés affectées par les projets miniers du présent Décret.	根据本法令关于受矿业活动影响的社区的征收、补偿、赔偿、转移和安置的附件，决定补偿、赔偿和重新安置受搬迁影响的社区的方式。
Chapitre II: DE L'OUVERTURE ET DE LA FERMETURE D'UN CENTRE DE RECHERCHE OU D'EXPLOITATION	***第二章：勘探或开采中心的营业和关闭***
Article 481: De la présentation du titulaire	**第 481 条：权利持有人的介绍**
Avant de commencer ses travaux de recherches ou d'exploitation, le titulaire ou son mandataire est tenu de se présenter auprès du Gouverneur de province et lui remettre les documents suivants:	开启勘探或开采工程前，权利持有人或其代理人须向省长进行自我介绍，并送交下列文件：
• une copie des statuts du titulaire;	• 权利持有人章程副本一份；
• une copie du ou des permis minier(s) ou Autorisation de Carrières détenu(s) parle titulaire dans le ressort de la circonscription.	• 权利持有人在其辖区内持有的矿权证或采石场许可副本一份。

Après l'accomplissement de ces formalités, le Gouverneur de province du ressort délivre un récépissé au titulaire, qui le présente aux autorités locales du ou des lieu(x) où est (sont) situé(s) le ou les périmètre(s), en descendant par l'ordre hiérarchique, afin de se faire connaître et de solliciter, le cas échéant, leur assistance dans l'identification des représentants de la population locale et comment les contacter en vue du programme de consultation du public, ainsi que leur intervention éventuelle en cas de différends avec la population locale.	完成该手续后,辖区省长向持有人签发回执。权利持有人自上而下逐级向(各)矿区所在地的当地权力机关出示该回执以便进行自我介绍,且如需要,在识别和为公共咨询计划联系当地居民代表时请求该等机关予以协助,以及与当地居民发生纠纷时请求该等机关介入。
Article 482: Des modalités du bornage	**第 482 条:划界方式**
Le bornage des périmètres miniers ou de carrières prévu à l'article 31 du Code minier se fait selon les dispositions du présent article. Le Cadastre Minier, informé de la date d'exécution du bornage, fait suivre l'opération par un agent habilité à cet effet.	《矿业法典》第 31 条所规定的矿山或采石场的矿区的划界根据本条规定进行。矿权登记局自收到划界日期的通知后,授权相关人员跟进划界活动。
Le bornage est effectué sous la direction d'un géomètre assermenté, Agent du Cadastre Minier, qui en dresse procès-verbal avec plan à l'appui, et le transmet à la diligence du titulaire, en double exemplaire à la Direction des Mines et au Bureau du Cadastre Minier central ou provincial dans un délai qui ne peut dépasser quinze jours.	划界工作在矿权登记局宣过誓的测量员的指导下进行,由其编制笔录和该笔录所依据的平面图,并根据持有人的请求,在十五日内将两份笔录分别移交矿业局和中央或省级矿权登记局办公室。
Passé ce délai, le Cadastre Minier met le titulaire en demeure de transmettre le procès-verbal dans un délai de cinq jours.	超过该期限的,矿权登记局应催促持有人在五日内移交该笔录。

Si malgré la mise en demeure évoquée à l'alinéa précédent, le titulaire ne s'exécute pas, il lui est fait application des dispositions de l'article 310 du Code minier.	若经前款规定的催促后,持有人仍未移交(笔录)的,适用《矿业法典》第 310 条的规定。
Le système de projection géodésique pour le bornage de périmètres miniers et de carrières est le WGS 84.	矿山或采石场矿区划界用的测地投影系统为 WGS 84。
Le poteau permanent dont question à l'alinéa 2 de l'article 31 du Code minier est placé dans le périmètre minier ou decarrières dans un endroit visible et accessible au public.	《矿业法典》第 31 条第 2 款规定的永久界标须设立于矿山或采石场的矿区内公众可见并可触及之处。
La forme et la dimension de la borne à utiliser sont déterminées par le Cadastre Minier.	应由矿权登记局确定拟采用的界标形状和尺寸。
Article 483:Du défaut de bornage	**第 483 条:缺少划界**
En cas de non bornage dans le délai de six mois suivant la délivrance d'un titre minier ou de carrières d'exploitation prévu à l'alinéa 1er de l'article 31 du Code minier, le titulaire est mis en demeure par le Cadastre Minier de le faire dans un délai de quinze jours.	持有人未在《矿业法典》第 31 条第 1 款规定的采矿证或采石场开采证颁发之日起六个月内进行划界的,由矿权登记局进行催告,要求持有人在十五日内进行划界。
Si après la mise en demeure, le bornage n'est pas effectué, le Cadastre Minier informe la Direction des Mines. Cette dernière amorce la procédure pour l'application de la sanction prévue à l'article 310 du Code minier.	若经催告后持有人仍不进行划界的,由矿权登记局通知矿业局。由矿业局提起《矿业法典》第 310 条所规定的处罚适用程序。
Article 484:De la déclaration d'ouverture ou de fermeture d'un centre de recherches ou d'exploitation	**第 484 条:勘探或开采中心营业或关闭的申报**
Avant de commencer ses activités, le titulaire doit, conformément à l'article 218	持有人在实施活动前,须根据《矿业法典》第 218 条的规定,向省级矿业处就勘

du Code minier, faire la déclaration d'ouverture du centre de recherches ou d'exploitation auprès de la Division provinciale des Mines, avec copie à la Direction des Mines et à la Direction de Géologie.	探或开采中心的营业进行申报,并将(申报材料)副本(移交)矿业局和地质局。
A l'appui de la déclaration d'ouverture ou de fermeture, le titulaire produit les pièces suivantes:	持有人申报勘探或开采中心的营业或关闭须提供下列支持性文件:
• la copie du titre minier ou de carrières;	• 矿权或采石权证副本;
• la copie de l'autorisation environnementale correspondante;	• 相关的环境许可副本;
• l'identification du ou des carré(s) à l'intérieur duquel ou desquels le centre sera installé;	• 将在其内设立中心的区块的信息;
• le plan d'accès aux sites où sont installés les centres de recherche ou d'exploitation.	• 勘探或开采中心所在场地的通道平面图。
Avant l'ouverture des travaux, le titulaire soumet à l'approbation de la Division provinciale des Mines, avec copie à la Direction des Mines et à la Direction de Géologie, notamment le plan topographique du fond où les travaux seraient à entreprendre ou abandonner, le plan des galeries et les techniques à utiliser pour la réalisation des travaux.	实施工程前,持有人须将拟进行或放弃工程处的地基地形图、坑道图、实施工程拟采用的技术递交省级矿业处以获得批准,并将副本移交矿业局和地质局。
Article 485: De l'approbation de la déclaration	**第 485 条:申报的批准**
La Division provinciale des Mines approuve ou rejette la déclaration faite par	自收到申报材料之日起十二个工作日内,省级矿业处作出批准或驳回批准持

le titulaire dans un délai de douze jours ouvrables suivant la date de réception du dossier de déclaration. Toute décision de non-approbation doit être motivée.	有人申报的决定。不予批准的决定须说明理由。
En cas de non-approbation de la déclaration, le titulaire peut procéder au réajustement du plan et le soumettre à une nouvelle approbation.	不予批准申报的,持有人在对图纸进行调整后可再次递交以获得批准。
En tout état de cause, un plan qui a fait l'objet d'une autorisation environnementale ne peut être rejeté.	任何情况下,已获得环境许可的图纸不得被驳回。
Chapitre III:DE L'ECHANTILLONNAGE	*第三章:取样*
Article 486: De l'entreposage et de l'archivage des échantillons de recherches	**第 486 条:勘探样品的仓储和归档**
Conformément à l'article 50 bis alinéa 5 du Code minier, le titulaire du Permis de Recherches est tenu d'archiver et d'entreposer dans le Territoire National, dans les conditions accessibles aux agents chargés de l'inspection minière, un échantillon témoin de tout échantillon prélevé dans le périmètre couvert par son droit minier. Il en est de même pour le titulaire d'un droit minier d'exploitation qui effectue des opérations de recherches minières.	根据《矿业法典》第 50(2)条第 5 款的规定,探矿证持有人须在刚果民主共和国境内,按矿业监察员所要求的条件,对在其矿权覆盖矿区内取样的所有标准样品进行仓储和归档。从事探矿作业的采矿权持有人也须完成(样品的)仓储和归档工作。
Après avoir archivé les échantillons témoins, le titulaire dispose librement du reste des échantillons prélevés.	在标准样品归档后,持有人有权自行处置剩余的样品。

Dans les trente jours de l'expiration, de la renonciation ou de l'annulation du Permis de Recherches sans octroi d'un droit minier d'exploitation sur le même périmètre, l'Etat a un droit de préemption qui lui permet d'enlever et d'entreposer pour son propre compte et à ses propres frais, les échantillons ainsi archivés par le titulaire du Permis de Recherches.	未就同一矿区授予采矿权的,自探矿证到期、放弃或撤销之日起三十日内,对于探矿证持有人归档的样品,由国家自费提走并存放,并享有自行处置的优先权利。
Passé ce délai de trente jours prévu à l'alinéa précédent sans l'enlèvement des échantillons témoins par l'Etat, l'ancien titulaire est libre de disposer des échantillons témoins qu'il a archivés.	前款所规定的三十日期限届满后,国家未提走标准样品的,前持有人有权自行处置其归档的标准样品。
Article 487: De l'échantillonnage des carottes de sondage	**第 487 条:钻探试样的取样**
Pour l'application des dispositions de l'article précédent au sondage carotté, l'échantillon témoin consiste en la moitié longitudinale de chaque carotte de sondage.	为使钻探试样适用于前款规定,标准样品由每次钻探试样(提取)纵切的半个岩芯构成。
La Direction de Géologie identifie le lieu, la profondeur et la date de l'extradition de chaque carotte.	由地质局识别每个岩芯提取的地点、深度及日期。
Le titulaire d'un Permis de Recherches qui a besoin des moitiés longitudinales des carottes de sondage archivés pour réaliser des études minérallurgiques ou métallurgiques dans le cadre de son étude de préfaisabilité ou de faisabilité peut retirer des archives et utiliser à cette fin de tels échantillons témoins après les avoir remplacés conformément aux dispositions du présent article.	(鉴于)探矿证持有人需要利用已归档的纵切的半个岩芯在预可行性或可行性研究中进行选矿或冶金研究,探矿证持有人在根据本条规定对标准样品予以替换后,可以上述目的取回并使用该等标准样品。

Il peut être substitué pour les échantillons archivés des échantillons représentatifs et un registre photographique et descriptif des échantillons retirés à condition que l'ensemble des éléments de remplacement soit préparé sous la présence d'un expert de la Direction de Géologie et deux experts privés indépendants qui signent un procès-verbal en deux exemplaires de la procédure dont l'un est gardé par le titulaire avec les échantillons archivés et l'autre aux archives de la Direction de Géologie.	只要所有的替换材料准备齐全且有一名地质局专家和两名私人独立专家在场并签署笔录的情况下,(标准样品)可为代表性样品的归档样品、提取样品的图片和描述性登记簿所替代。笔录一式两份,一份由持有人连同已归档样品一同保管,一份交由地质局归档。
Article 488: De l'envoi des échantillons à l'étranger pour essais	**第 488 条:样品送往境外测试**
Conformément aux dispositions de l'article 50 bis alinéa 3 du Code minier, l'expédition des échantillons à l'étranger pour essais est soumise à la procédure ci-après définie.	根据《矿业法典》第 50(2)条第 3 款的规定,样品送往境外测试须遵循下列程序。
Le dépôt des échantillons témoins se fait au moyen d'un formulaire de description établi par la Direction de Géologie qui contient les éléments suivants:	标准样品的递交根据地质局编制的说明表进行,该表包含下列事项:
• la dénomination sociale du titulaire;	• 持有人公司的名称;
• les références du Permis de Recherches du titulaire;	• 持有人探矿证的参考信息;
• la description du lieu de prélèvement des échantillons;	• 取样地点说明书;
• la description des échantillons comprenant leur nombre, volume, poids et caractéristiques;	• 样品说明书,包括数量、体积、重量及特性;

• la certification qu'un échantillon témoin est déposé auprès du bureau local de la Direction de Géologie dans la province de la zone administrative concernée.	• 向相关行政区所在省份当地的地质局办公室递交标准样品的证书。
La Direction de Géologie ou son bureau local étudie la description, vérifie qu'elle est correcte en inspectant les échantillons prélevés et les échantillons témoins déposés, et reçoit les échantillons témoins déposés.	地质局或其当地办公室对该说明进行研究,通过审查提取的样品及递交的标准样品,核实该说明书是否正确,并收取所递交的标准样品。
Si l'information de la description est correcte, la Direction de Géologie marque les échantillons du titulaire et les échantillons témoins pour identification et met son visa sur une copie de la description qu'elle rend au déclarant.	若说明书上的信息正确,地质局对持有人的样品及标准样品进行标记以方便识别,在该说明书副本上加盖检查章并发还申请人。
La Direction de Géologie tient un registre des lots des échantillons déposés par les titulaires, qu'elle archive et garde dans ses locaux ou ses magasins sous clé.	地质局负责保管持有人递交的样品批次登记簿,由其归档并锁入办公场所或库房保管。
L'expédition des échantillons en volume suffisant pour des essais industriels est autorisée pour les titulaires au cours de leurs études de faisabilité, sous réserve du respect des dispositions ci-dessus.	在遵守上述规定的前提下,持有人在可行性研究期间,允许发运足量的样品进行工业测试。
Article 488 bis: Des échantillons prélevés pour analyse et/ou expertise par les Services ou Etablissements Publics compétents lors de la phase de commercialisation	**第 488(2) 条:商业化阶段中主管部门或公共机构提取的用于分析和/或鉴定的样本**
Les échantillons des substances minérales prélevés pour analyse et/ou expertise préalable par les Services ou Etablissements Publics compétents sur les lots des	主管部门或公共机构为进行预先分析和/或鉴定而从用于商业出口的产品批次中所提取的矿产样品,归国家所有。

produits marchands destinés à l'exportation commerciale sont la propriété de l'Etat.	
Les dits échantillons font partie du domaine privé de l'Etat et placés sous la garde de l'entité publique qui a procédé au prélèvement.	上述样品属于国家私有化领域,由负责取样的公共实体予以保管。
Leur aliénation est soumise à l'autorisation préalable du Ministre des Mines.	(上述样品)的转让须取得矿业部部长的事先批准。
Les modalités de répartition des frais issues d'une telle aliénation sont fixées par Arrêté interministériel des Ministres ayant respectivement dans leurs attributions les Mines et les Finances.	该等转让所得费用的分配方式由矿业部部长和财政部部长颁布的联合部长令确定。
Chapitre IV:DE LA PROTECTION DU PATRIMOINE CULTUREL	***第四章:文化遗产的保护***
Article 489: De la sécurisation et de la conservation des éléments du patrimoine culturel national	**第 489 条:国家文化遗产的安全和保护**
Le Ministre ayant la Culture, les Arts et les Musées dans ses attributions fixe par Arrêté les modalités de:	负责文化、艺术和博物馆的部长颁布部长令确定下列事项的方式:
• la conservation des indices archéologiques découverts lors des opérations minière ou de carrières, sous réserve de l'indemnisation du titulaire préjudicié, conformément aux dispositions de l'article 275 du Code minier;	• 根据《矿业法典》第 275 条的规定,在对遭受损失的持有人予以补偿的前提下,对在矿业作业或采石场作业中发现的考古遗迹进行保护;
• la prise en charge par l'autorité compétente des éléments du patrimoine culturel national mis à jour lors des opérations minières ou de carrières.	• 主管机关负责更新矿业作业或采石场作业中发现的国家文化遗产。

Il fixe également les modalités de remboursement des coûts en faveur dutitulaire qui enlève, sécurise et conserve les éléments du patrimoine culturel national pour le compte de l'Etat conformément aux dispositions de l'article 206 du Code minier.	《矿业法典》第 206 条亦规定了向为国家利益而搬走、保管和保存国家文化遗产的持有人返还费用的方式。
Article 490: Du crédit à valoir sur la redevance minière	**第 490 条:矿业资源税的抵免**
A défaut de remboursement des coûts engagés par le titulaire pour le compte de l'Etat conformément aux dispositions de l'article 206 du Code minier dans un délai de six mois après le dépôt par le titulaire d'une demande de remboursement justifiée par des factures auprès du Ministère chargé de la Culture, des Arts et des Musées, le titulaire a droit à un crédit dont le montant est égal au total des dépenses qu'il a effectuées pour enlever, sécuriser, conserver et acheminer les éléments du patrimoine culturel national. Ce crédit est à valoir sur la redevance minière, en particulier sur les 50% revenant au Trésor public.	自持有人向负责文化、艺术和博物馆的部门递交附随发票证明的返款申请之日起六个月内,若未根据《矿业法典》第 206 条规定,对持有人为国家利益而承担的费用予以返还,持有人有权获得与为搬走、保管、保存和运送国家文化遗产所支付的全部费用等额的信用额度。该信用额度可用于抵免矿业资源税,可抵免上交给国库的 50%。
Article 491: Des modalités d'obtention du crédit	**第 491 条:信用额度的取得方式**
Le titulaire du droit minier bénéficie du crédit prévu à l'article 490 ci-dessus et suivant les modalités ci-après:	持有人可根据下列方式,取得上述第 490 条规定的信用额度:
• déposer, sur formulaire ad hoc, une déclaration écrite à la Direction des Mines avec copie à la Direction Générale des Recettes Administratives, Judiciaires, Domaniales et de Participations;	• 使用专门表格,向矿业局递交书面申请,并将副本递交行政、司法、国有机构和参与单位收款事务总局;

• joindre à cette déclaration photocopie du titre minier, contrat de vente, facture et bon de livraison dûment notariés et visés par le Service des Mines du ressort.	• 在申报中附随矿权证复印件、买卖合同、经主管矿业部门按规定公证和签署的发票和送货单。
Chapitre V: DE LA SECURITE ET DE L'HYGIENE	***第五章：安全和卫生***
Article 492: Des règlements spéciaux en matière de sécurité, de l'hygiène et de la protection des travailleurs	**第 492 条：安全、卫生和劳动者保护的特别规则**
Conformément à l'article 207 du Code minier, les normes ainsi que les modalités de sécurité dans le travail, de l'hygiène et de santé applicables aux titulaires des droits miniers ou de carrières, aux coopératives minières et/ou des produits de carrières et à toute personne résidant ou travaillant sur le site des opérations minières ou des carrières font l'objet d'une réglementation particulière.	根据《矿业法典》第 207 条的规定，矿权或采石权持有人、矿业和/或采石场合作社和在矿业或在采石场作业场地上居住或工作的所有人员的劳动安全、卫生和健康标准及方式适用特别规定。
Article 493: Des modalités de publication des consignes de sécurité	**第 493 条：安全须知的公示方式**
En application de l'article 210 du Code minier, le titulaire est tenu de publier les consignes de sécurité au regard des conditions particulières de son exploitation dans les formes approuvées par la Direction de Mines.	根据《矿业法典》第 210 条的规定，持有人须以矿业局批准的形式，根据其开采活动的特定条件公示安全须知。
Article 494: De l'usage des produits explosifs	**第 494 条：爆炸物的使用**
L'usage des explosifs dans les opérations minières et de carrières doit se conformer aux conditions imposées selon le Plan Environnemental pour l'opération en question ainsi qu'à la réglementation spéciale en vigueur.	矿业和采石场作业中爆炸物的使用须符合环境计划为该等作业规定的条件及现行的特别规定。

Chapitre VI:*DES RESTRICTIONS D'ACCES*	*第六章*:*出入限制*
Article 495:**De l'établissement et de la durée des zones d'interdiction**	**第 495 条**:**禁入区域的设立和期限**
Lorsque le titulaire d'un droit minier d'exploitation ou d'une autorisation d'exploitation de carrières juge que tout ou partie des activités des tiers et/ou leur circulation autour des sites des travaux est/sont de nature à gêner les activités minières ou que celles-ci présentent un danger pour eux, il peut demander une zone d'interdiction attenante à son périmètre.	当采矿权或采石场开采许可持有人认为,第三人开展的全部或部分活动和/或在施工场地周围通行可能妨碍矿业活动,或矿业活动可能对其造成危险时,可申请在其矿区周围设立禁入区域。
La demande d'une zone d'interdiction est adressée au Ministre et comprend:	禁入区域的申请向矿业部部长提出,包括:
• une lettre de demande;	• 申请函一封;
• une description détaillée tendant à démontrer en quoi les activités des tiers sont gênant et/ou comment les activités minières présentent un danger pour eux.	• 旨在证明第三人的活动如何妨碍矿业活动和/或矿业活动如何对其造成危险的详细说明书。
Endéans quinze jours à compter de la réception de la demande, le Ministre diligente une enquête à l'issue de laquelle il institue ou non une zone d'interdiction.	自收到申请之日起十五日内,矿权登记局展开调查,并在调查结束时决定予以设立或不予设立禁入区域。
En cas de décision d'institution d'une zone d'interdiction, le Ministre en détermine les limites.	决定设立禁入区域的,由矿业部部长确定禁入区域的范围。
En cas de refus d'instituer une zone d'interdiction, le titulaire peut exercer les recours conformément à l'article 312 du Code minier.	拒绝设立禁入区域的,持有人可根据《矿业法典》第 312 条的规定进行救济。

La zone d'interdiction est valable pour la durée du Permis d'Exploitation ou de l'Autorisation d'Exploitation des Carrières Permanente dont le périmètre est protégé. Il est renouvelable pour la même période selon les mêmes modalités prévues dans cet article.	禁入区域的禁入在开采证或永久性采石场开采许可项下矿区受保护的期限内有效。可根据本条规定的同样方式以相同期限续期。
Article 496: De la procédure relative aux avis sur les activités autorisées	**第 496 条:就批准的活动征求意见的相关程序**
Le titulaire d'un droit minier d'exploitation ou d'une Autorisation d'Exploitation de Carrières Permanente est tenu de solliciter auprès du Gouverneur de la province où sont situés ses périmètres miniers ou de carrières, l'autorisation avant le commencement des activités prévues à l'article 283 du Code minier.	《矿业法典》第 283 条规定的活动启动前,采矿权或永久性采石场开采许可持有人须向其矿山或采石场的矿区所在省份的省长申请许可。
La demande d'autorisation du titulaire est introduite au Chef de Division provinciale des Mines de la Province concernée qui émet son avis dans un délai de dix jours ouvrables.	持有人的许可申请向相关省份的省矿业处处长提交,由其在十个工作日内出具意见。
Dans un délai de cinq jours ouvrables à dater de la réception de la demande d'autorisation, le Chef de Division transmet son avis au Gouverneur de la province concernée et le notifie aut avec accusé de réception. Il affiche une copie dudit avis dans la salle de consultation de ses locaux.	自收到许可申请之日起五个工作日内,省矿业处处长将其意见移交至相关省的省长,将意见连同回执通知持有人,并将意见副本在其办公场所的咨询大厅内予以张贴。
Tout avis défavorable est motivé et ouvre au titulaire l'exercice d'un droit de recours conformément aux dispositions de l'article 312 du Code minier.	否定意见须说明理由,持有人享有根据《矿业法典》第 312 条规定进行救济的权利。

Dans un délai de quinze jours à compter de la réception du dossier de demande avec avis favorable du Chef de Division provinciale des Mines, le Gouverneur de province prend et transmet à ce dernier la décision d'autorisation.	自收到申请文件和省矿业处处长的肯定意见之日起十五日内,省长作出批准决定,并将其决定移交省矿业处处长。
Dans ce cas, le Chef de Division provinciale des Mines notifie ou refuse l'autorisation au titulaire et procède à son inscription et à son affichage dans ses locaux.	在此情形下,省矿业处处长将批准或拒绝许可通知持有人,并在其办公场所内予以登记和张贴。
Passé ce délai, l'autorisation est, selon que l'avis est favorable ou défavorable réputée accordée et le Gouverneur de province est tenu de l'accorder.	超过该期限的,省长须根据肯定意见或被视为批准的否定意见,对该许可予以批准。
Chapitre VII: DE LA TENUE DES REGISTRES ET DES RAPPORTS	***第七章:登记簿和报告的保管***
Article 497: Des registres et des documents	**第 497 条:登记簿及文件**
Les journaux, registres et les documents dont la tenue est obligatoire, selon le type d'activité minière ou celui de droit minier ou de carrières, sont notamment:	根据矿业活动的类型或矿权或采石权的类型,必须保管的日志、登记簿及文件主要有:
• pour tout type de permis minier ou d'autorisation de carrières:	• 就所有类型的矿业证或采石许可而言:
-le journal de chantier dans lequel sont consignés les événements survenus à l'intérieur du périmètre minier ou de la zone d'activité minière, notamment les accidents, les visites et inspections administratives;	-工地日志,其上记录在矿区或矿业活动区内发生的事件,尤其是事故、巡视和行政监察;
-le journal des travaux de recherches et/ou d'exploitation réalisés;	-已实施的勘探工程和/或开采工程日志;

- le registre des présences dans lequel sont portés régulièrement l'identité et les références des employés;	-出勤登记簿,根据规定记录雇员的身份信息和参考信息;
- le registre des échantillons pris et expédiés;	-已提取和发运的样本登记簿;
-le registre des travaux d'atténuation et de réhabilitation réalisés.	-已实施的环境减排和修复工程登记簿。
• pour les Permis d'Exploitation, les Permis d'Exploitation des Rejets, les Permis d'Exploitation de Petite Mine et les Autorisations d'Exploitation de Carrières Permanente:	• 就采矿证、尾矿开采证、小矿山开采证及永久性采石场开采许可而言:
-les journaux et registres prévus au point 1 du présent article;	-本条第1点规定的日志及登记簿;
-le registre d'extraction;	-采掘登记簿;
-le registre des ventes;	-销售登记簿;
-le registre des expéditions et des autorisations d'origine;	-发运登记簿及原产地许可登记簿;
- le registre des exportations des substances minérales pour traitement à l'extérieur, le cas échéant;	-如需要,矿产出口境外处理登记簿;
-le journal de transformation, en cas de transformation des substances minérales extraites, indiquant s'il y a lieu l'origine, la quantité et la valeur des substances minérales utilisées comme intrants dans la transformation;	-若对所采掘的矿产进行加工,则需有加工日志,其上注明加工中投入使用的矿产的原产地、数量和价值;
-le plan d'occupation de la surface à une échelle exploitable comprise entre 1/100 et 1/20.000 selon la nature des travaux, qui indique le plan des travaux effectués;	-根据工程性质,比例尺在1/100到1/20,000之间的占地图,其中应注明所实施工程的平面图;

-les plans topographiques vertical et horizontal suffisamment détaillés pour permettre de localiser les galeries et tunnels dans les cas de travaux souterrains;	-足够详细的垂直和水平地形图,以便对地下工程的坑道和隧道进行定位;
-le journal où sont consignés tous les faits importants relatif à l'exécution, l'avancement, les renforcements et l'aménagement des travaux souterrains;	-记录关于地下工程的实施、进展、加固和治理的所有重要事件的日志;
-tout autre registre prévu par le Plan de Gestion Environnemental du Projet approuvé.	-已批准的项目环境管理计划规定的其他所有登记簿。
Les modèles des différents registres sont définis par arrêté du Ministre.	各登记簿的模板由部长令确定。
Article 498: De la tenue des registres	**第 498 条:登记簿的保管**
Les registres sont reliés et cotés par feuillets ou par page à l'aide des numéros d'ordre. Ils sont tenus par ordre de date, sans blanc, lacune ni transport en marge.	登记簿须装订,每张或每页按数字的顺序编号,按日期顺序保管,不得有空白和缺失,亦不得在页边空白处做任何注解。
Tous les registres et journaux sont cotés et paraphés selon le cas lors de chaque visite d'inspection par les inspecteurs de la Direction des Mines et de la Direction de Géologie.	每次矿业局和地质局监察人员巡视监察时,须视情况对所有登记簿和日志编号并小签。
Les registres et journaux concernant les travaux d'atténuation et de réhabilitation sont paraphés lors de chaque visite d'inspection par les inspecteurs de la Direction chargée de la Protection de l'Environnement Minier.	每次矿业环保局监察人员巡视监察时,须对环境减排和修复工程登记簿和日志小签。
Article 499: Du dépôt des relevés du registre d'extraction	**第 499 条:采掘登记簿统计表的递交**

Le titulaire de droit minier d'exploitation ou d'Autorisation d'Exploitation de Carrières Permanente remet contre récépissé ou fait parvenir sous pli recommandé avec avis de réception, à la Direction des Mines, avec copie à la Division provinciale des Mines du ressort, un relevé semestriel du registre d'extraction.	采矿权或永久性采石场开采许可持有人向矿业局递交采掘登记簿季度统计表，并收取回执，或通过带确认收据的挂号信，向矿业局递交该统计表，并将副本递交所属辖区省级矿业处。
Article 500: Du dépôt des relevés du registre des expéditions et des autorisations d'origine	**第 500 条：发运和原产地许可登记簿统计表的递交**
Dans le mois qui suit la fin de chaque exercice, le titulaire de droit minier d'exploitation ou d'Autorisation d'Exploitation de Carrières Permanente remet contre récépissé ou fait parvenir sous pli recommandé avec avis de réception, à la Direction des Mines avec copie à la Division provinciale des Mines du ressort, un relevé du registre des expéditions et des autorisations d'origine.	每个会计年度结束之日的下月，采矿权或永久性采石场开采许可持有人向矿业局递交发运和原产地许可登记簿统计表，并收取回执，或通过带确认收据的挂号信，向矿业局递交该统计表，并将副本递交所属辖区省级矿业处。
Les doubles des factures établies à l'occasion des ventes de l'exercice, sont joints à ce relevé du registre.	该登记簿统计表附随本会计年度销售时开具的发票副本。
Le défaut ou le refus de communiquer le relevé du registre des expéditions et des autorisations d'origine est assimilé à la tenue irrégulière des documents visée à l'article 293 du Code minier et sanctionné conformément à cette disposition.	若未提交或拒绝提交发运和原产地许可登记簿统计表，则被视为未按法律规定保管《矿业法典》第 293 条规定的文件，并根据该规定予以处罚。
Article 501: Du rapport annuel d'activités	**第 501 条：业务活动年度报告**

Le titulaire de droit minier d'exploitation ou d'Autorisation d'Exploitation de Carrières Permanente remet, contre récépissé ou fait parvenir sous pli recommandé avec demande d'avis de réception, avant le 31 mars de l'année suivant celle considérée, un rapport d'activités au Secrétariat Général aux Mines, à la Direction des Mines et à la Direction de Géologie, avec copies à la Division provinciale des Mines et aux services des Mines du ressort.	采矿权或永久性采石场开采许可持有人须在每年三月三十一日前,向矿业部秘书处、矿业局和地质局,递交上一年度业务活动报告,并要求收取回执,或通过带确认收据的挂号信,向上述部门递交该业务活动报告,并将副本抄送所属辖区的省级矿业处和矿业部门。
Le rapport fait apparaître notamment:	报告须突出下列事项:
• l'état d'avancement des travaux;	• 工程进展情况;
• les résultats de la recherche;	• 勘探结果;
• la main-d'œuvre employée;	• 所雇佣的劳动力;
• le tonnage extrait, transformé et vendu;	• 采掘、加工和销售的吨数;
• les expéditions des produits marchands et leurs prix de vente;	• 商品的发运批次及其销售价格;
• l'état de mise en œuvre des mesures de transparence, de traçabilité et de certification conformément aux normes nationales, régionales et internationale souscrites par la République Démocratique du Congo.	• 根据刚果民主共和国同意签署的国家、区域和国际标准,所采取的透明性、溯源和认证措施的实施情况。
Le modèle de rapport d'activités est défini par arrêté du Ministre.	业务活动报告模板由部长令确定。
Chapitre VIII:DES INSPECTIONS	***第八章:监察***
Article 502: De l'obligation des inspections	**第 502 条:监察义务**

Les opérations de recherches et d'exploitation en vertu des droits miniers ou de carrières sont soumises aux inspections périodiques ou ponctuelles par les Agents et Inspecteurs de la Direction de Géologie, de la Direction des Mines, de la Direction chargée de la Protection de l'Environnement Minier en collaboration avec l'Agence Congolaise de l'Environnement et le Fonds National de Promotion et de Service Social pour contrôler leur conformité aux obligations en matière de sécurité, d'hygiène, de santé, de protection de l'environnement, de la tenue des registres de leurs activités, et de véracité des rapports de leurs opérations.	根据矿权或采石权所进行的勘探和开采作业须由地质局、矿业局、矿业环保局的公务人员和监察人员，会同刚果(金)环境署和国家促进和社会服务基金会进行定期或临时监察，以监管该等作业是否符合有关安全、卫生、健康、环境保护、业务活动登记簿的保管及其作业报告真实性的义务。
Article 503: Du programme des inspections	**第 503 条：监察计划**
Sans préjudice des dispositions de l'alinéa 3 du présent article, les opérations de recherches sont inspectées deux fois par an par la Direction de Géologie et une fois par an par la Direction chargée de la Protection de l'Environnement Minier en collaboration avec l'Agence Congolaise de l'Environnement.	在不违反本条第 3 款规定的前提下，地质局对勘探作业每年进行两次监察，矿业环保局会同刚果(金)环境署每年进行一次监察。
Sans préjudice des dispositions de l'alinéa 3 du présent article, les opérations d'exploitation sont inspectées une fois par trimestre par la Direction des Mines et deux fois par an par la Direction chargée de la Protection de l'Environnement Minier avec l'Agence Congolaise de l'Environnement et le Fonds National de Promotion et de Service Social.	在不违反本条第 3 款规定的前提下，矿业局对开采作业每季度进行一次监察，矿业环保局会同刚果(金)环境署和国家促进和社会服务基金会每年进行两次监察。

Les inspections ponctuelles sont effectuées chaque fois que les circonstances l'exigent, sur autorisation préalable du Ministre.	一旦情况有需,经矿业部部长事先批准,进行临时监察。
Les agents qui effectuent les inspections informent le titulaire au préalable des dates, heures et objets de leurs missions d'inspection sauf si cette information est de nature à entraver l'efficacité du contrôle.	进行监察的公务人员事先通知持有人监察日期、时间和监察目的,该等信息可能妨碍监管效力的除外。
Article 504: Des Agents et Inspecteurs habilités à faire les inspections et à constater les infractions en matière minière	**第 504 条:授权进行监察和认定矿业违法行为的公务人员和监察人员**
Les agents de la Direction de Géologie, de la Direction des Mines et de la Direction chargée de la Protection de l'Environnement Minier en collaboration avec l'Agence Congolaise de l'Environnement et le Fonds National de Promotion et de Service Social qui effectuent l'inspection des opérations de recherches ou d'exploitation doivent être munis d'un ordre de mission ou de service dûment signé par leur chef de service.	地质局、矿业局和矿业环保局的公务人员会同刚果(金)环境署和国家促进和社会服务基金会进行勘探或开采作业监察时,须持有由其部门领导按规定签署的任务指令或公务指令。
Les Géologues de la Direction de Géologie, les Ingénieurs des Mines ainsi que les agents qualifiés dûment habilités de la Direction chargée de la Protection de l'Environnement Minier en collaboration avec l'Agence Congolaise de l'Environnement et le Fonds National de Promotion et de Service Social ont le pouvoir d'exercer les inspections des travaux de recherches et d'exploitation, conformément aux dispositions du présent chapitre.	地质局的地质学家、矿业环保局的矿业工程师以及按规定授权的有资格的公务人员,会同刚果(金)环境署和国家促进和社会服务基金会,有权根据本章规定,对勘探或开采工程进行监察。

Les Ingénieurs des Mines, les Géologues de la Direction des Mines et de la Direction de Géologie ainsi que les agents de la Direction chargée de la Protection de l'Environnement Minier en collaboration avec l'Agence Congolaise de l'Environnement et le Fonds National de Promotion et de Service Social, dûment habilités, ont qualité d'officier de Police Judiciaire pour rechercher et constater sur procès-verbal les infractions du Code minier et du présent Décret dans le cadre de leurs missions d'inspection.	矿业局和地质局的矿业工程师和地质学家以及矿业环保局的公务人员，会同按规定授权的刚果(金)环境署和国家促进和社会服务基金会，具有司法警察公务人员的资格，可在其监察任务范围内进行调查，并根据会议纪要对违反《矿业法典》和本法令的情形予以认定。
Article 505 : Des modalités des inspections	**第 505 条：监察方式**
Les Agents et Inspecteurs en mission d'inspection ont libre accès aux installations techniques et administratives, aux registres et documents, et aux travaux de prospection, de recherches, d'exploitation et de transformation.	负有监察任务的公务人员和监察人员可自由出入技术和管理设施，获取登记簿和文件，并参与普查、勘探、开采和加工工程。
Lors de leurs missions, ils se font présenter les plans et registres, et y apposent leur visa. Ils peuvent faire précéder ce visa de toutes observations ou recommandations techniques sur les matières soumises à leur surveillance. Lesdites recommandations sont exécutoires surtout pour le cas de péril imminent, et leur non-observance engage la responsabilité de l'opérateur minier concerné.	在执行任务时，该等人员可要求向其提供图纸和登记簿，并在其上进行签注。该等人员可在受其监管的材料上，对技术意见或建议进行签注。如遇紧迫危险，上述建议具有执行力，不遵守该等建议的相关矿业经营者需承担责任。
En outre, les Agents et Inspecteurs en mission d'inspection peuvent prendre ou ordonner, en cas d'urgence, toutes les mesures utiles pour protéger le personnel ou les populations en danger, y compris	此外，负有监察任务的公务人员和监察人员可在紧急情况下，采取或命令采取所有可保护危险中的人员或居民的措施，包括在对人员安全存在紧迫和严重危险的情况下，停止开采。

éventuellement l'arrêt de l'exploitation en cas de danger imminent et grave pour la sécurité du personnel.	
Dans ce cas, les inspections peuvent être faites conjointement par les agents visés à l'article précédent et des représentants d'autres ministères concernés.	在此情形下,可由前条规定的公务人员和相关部门代表一同进行联合监察。
Article 506: Des rapports d'inspection	**第 506 条:监察报告**
Les Agents et Inspecteurs chargés de missions d'inspection préparent un rapport pour chaque inspection effectuée, qui est transmis selon l'ordre hiérarchique. La Direction de Géologie, la Direction des Mines et la Direction chargée de la Protection de l'environnement Minier envoient au titulaire une lettre de recommandations ou d'observations à la suite de chaque mission d'inspection.	负有监察任务的公务人员和监察人员对所实施的每项监察编制报告,并按等级顺序逐级移交。地质局、矿业局及矿业环保局在每次监察任务结束后,向持有人发送建议函或意见函。
Chapitre IX: DES SERVITUDES DE PASSAGE	***第九章:通行地役权***
Article 507: De la servitude de passage sur le périmètre du Permis de Recherches ou d'Exploitation	**第 507 条:探矿证或采矿证所覆盖矿区上的通行地役权**
Les conditions et modalités de création et de l'utilisation de la servitude de passage sur le périmètre qui fait l'objet du Permis de Recherches ou d'Exploitation, excepté le Permis d'Exploitation des rejets, sont les suivantes:	探矿证或采矿证所覆盖矿区上的通行地役权的设立及使用条件和方式如下(尾矿开采证除外):
• pour les voies de passage en place, la continuation de l'utilisation des routes, chemins, voies et infrastructures de transport et de communication de toute nature en place au moment de	• 就现存通道而言,探矿证或采矿证设立时已经存在的任何性质的道路、小路、轨道及运输和通讯基础设施可继续使用,直至其使用终止时;

la création du Permis de Recherches ou d'Exploitation, jusqu'à la cessation de leur emploi;	
• pour l'ouverture de nouvelles voies de passage;	• 就新通道的开辟而言;
• ne pas gêner ni les opérations existantes ou planifiées d'exploitation, de traitement, de transformation, d'entreposage et de transport des produits des opérations du titulaire du Permis de-Recherches ou d'Exploitation ni les infrastructures et installations afférentes;	• 不得对探矿证或采矿证持有人现有的或计划中的产品开采、处理、加工、仓储、运输作业,以及相关基础设施和设备构成妨碍;
• indemniser le titulaire du Permis de Recherches ou d'Exploitation de la valeur marchande de la partie de son périmètre non utilisable du fait de la servitude de passage.	• 对因通行地役权而无法使用的矿区部分,按照市场价值,向探矿证或采矿证持有人进行补偿。
Si le bénéficiaire de la servitude et le titulaire du Permis de Recherches ou d'Exploitation ne concluent pas un contrat sur le règlement des différends, les litiges résultant de la servitude de passage seront soumis préalablement à la conciliation de la Direction des Mines à partir du jour où il est conclu à l'échec du règlement amiable.	若地役权人和探矿证或采矿证持有人未能就解决争议缔结合同,由通行地役权产生的争议自和解失败之日起,提交矿业局进行预先调解。
Si dans les trente jours suivants l'échec du règlement amiable, la Direction des Mines, saisie par l'une des parties ne donne pas solution par sa médiation, le litige est porté devant les juridictions compétentes du Territoire National.	若和解失败之日起三十日内,当事人一方提请矿业局进行调解,矿业局不能解决的,争议移送国家领土内有管辖权的法院解决。
Une copie du contrat portant sur les servitudes de passage est communiquée à la Direction des Mines.	关于通行地役权的合同副本须提交矿业局。

Article 508: De l'indemnisation du titulaire du Permis de Recherches ou d'Exploitation	**第 508 条:探矿证或采矿证持有人的补偿**
L'indemnité à allouer au titulaire du Permis de Recherches ou d'Exploitation est fixée librement entre lui et le bénéficiaire de la servitude.	对探矿证或采矿证持有人的补偿金由其与地役权人自愿协商确定。
L'initiative des négociations sur la fixation du montant ou l'indemnité revient au titulaire du Permis de Recherches ou d'Exploitation, selon le cas, qui est tenu d'adresser au titulaire du Permis de Recherches ou d'Exploitation une lettre mentionnant:	探矿证或采矿证持有人就补偿或确定补偿金额提出协商的提议,须视情况向探矿证或采矿证持有人发送信函以说明:
• la volonté et la nécessité de jouir de la servitude;	• 享有地役权的意愿及必要性;
• la nature et la forme de la servitude;	• 地役权的性质及形式;
• la date projetée pour commencer les travaux de la mise en œuvre de la servitude;	• 行使地役权的工程预计开工的日期;
• le montant à allouer au titulaire du Permis de Recherches ou d'Exploitation, le cas échéant, s'il juge que la servitude est de nature à préjudicier les intérêts de ce dernier quant à son activité minière.	• 探矿证或采矿证持有人认为地役权可能损害其矿业活动利益的,对探矿证或采矿证持有人的补偿金额。
Le titulaire du Permis d'Exploitation dispose d'un délai de deux jours ouvrables pour réagir à la notification relativement au caractère préjudiciable de la servitude et au montant de l'indemnité.	采矿证持有人可在两个工作日的期限内,针对关于地役权的损害性质和补偿金额的通知予以回复。

A l'expiration de ce délai, le titulaire du Permis de Recherches ou d'Exploitation est sensé acquiescer le montant de l'indemnité proposé dans la lettre de notification, en cas de silence.	该期限届满后,探矿证和采矿证持有人保持沉默的,视为接受通知函中建议的补偿金额。
Si le titulaire du Permis de Recherches ou d'Exploitation réagit dans le délai, les parties disposent d'un délai de vingt-huit jours pour convenir le montant d'indemnité ou constater le désaccord sur le montant de l'indemnité.	探矿证和采矿证持有人在该期限内予以回复的,各方可在二十八日的期限内就补偿金额达成一致,或对补偿金额的异议进行认定。
Il y a constat du désaccord dès lors que l'une des parties notifie à l'autre l'intention de ne plus poursuivre les discussions sur le montant de l'indemnité ou en cas d'expiration du délai de vingt-huit jours ci-dessous.	当事一方向对方通知其不再就补偿金额继续讨论的意愿,或上述规定的二十八日的期限届满的,可视为存在异议。
En cas de désaccord, l'indemnité est fixée par voie judiciaire si la médiation de la Direction des Mines n'a pas résolu le différend dans les quinze jours ouvrables.	存在异议的,若矿业局调解未能在十五个工作日内解决争议,可通过司法途径确定补偿金额。
Elle comprend un libellé clair de ses motifs et surtout les attitudes ou les actes attendus du destinataire pour remédier à ses causes.	通知须包含措辞清楚的理由说明和期待对方补偿其利益的态度或行为。
TITRE XX: DES REGIMES FISCAL, DOUANIER, DES RECETTES NON FISCALES ET DE CHANGE	**第二十编:税收、海关、非税收入及外汇制度**
Chapitre I: DES DISPOSITIONS GENERALES EN MATIERES FISCALE ET DOUANIERE	***第一章:税收和海关的通用条款***

Section I：Du régime fiscal, douanier et des recettes non fiscales pour les activités des mines	**第一节：矿业活动税收、海关和非税收入制度**
Article 509：Du régime fiscal, douanier et des taxes exclusif et exhaustif	**第 509 条：税收、海关和其他全部税务制度**
Conformément aux dispositions de l'article 220 du Code minier et sous réserve des dispositions des articles 226 alinéas 2 à 5, 235 à 239 et 244 à 246 dudit Code, le titulaire de droits miniers, le titulaire d'une autorisation d'exploitation de carrières permanente autre que celle des matériaux de construction d'usage courant, les sous-traitants et les détenteurs d'un agrément au titre d'entité de traitement sont soumis, pour leurs activités minières uniquement au régime fiscal et douanier préférentiel défini au Titre IX du Code minier.	根据《矿业法典》第 220 条的规定，在遵守该法典第 226 条第 2 款至第 5 款、第 235 条至第 239 条和第 244 条至第 246 条的前提下，矿权持有人、非常用建筑材料永久性采石场开采许可持有人、分包商及处理实体资质持有人，就其矿业活动，仅须遵守《矿业法典》第九编规定的税收和海关优惠制度。
A l'exclusion des impôts, droits de douanes, taxes, redevances et autres droits dus au Trésor Public, prévus aux articles 220 bis, 220 ter et 220 quater du Code minier et qui leur sont applicables, le titulaire de droits miniers, le titulaire d'une autorisation d'exploitation de carrières permanente autre que celle des matériaux de construction d'usage courant et les sous-traitants et les détenteurs d'un agrément au titre d'entité de traitement ne sont pas soumis à toutes autres formes d'imposition.	除《矿业法典》第 220(2)条、第 220(3)条和第 220(4)条规定的应向国库缴纳的税收、税金、税费、资源税和其他费用外，矿权持有人、非常用建筑材料永久性采石场开采许可持有人、分包商及处理实体资质持有人无须缴纳其他形式的税费。

En application des dispositions de l'article 220 bis du Code minier, le titulaire de droits miniers, le titulaire d'une autorisation d'exploitation de carrières permanente autre que celle des matériaux de construction d'usage courant, les sous-traitants et les détenteurs d'un agrément au titre d'entité de traitement sont notamment exonérés de toutes redevances et frais en rémunération des services rendus à l'importation des biens, du matériel, de l'équipement et des consommables, y compris le carburant et les lubrifiants, directement liés aux activités minières et des carrières pour lesquelles il détient un droit en cours de validité.	根据《矿业法典》第220(2)条的规定,矿权持有人、非常用建筑材料永久性采石场开采许可持有人、分包商及处理实体资质持有人,就与依其有效矿权进行的矿业活动直接相关的货物、材料、设备及消费品(包括碳氢燃料和润滑油)的进口,免于缴纳资源税和服务费。
Conformément aux dispositions de l'article 220 quater du Code minier, le titulaire des droits miniers, le titulaire d'une autorisation d'exploitation de carrières permanente autres que celle des matériaux de construction d'usage courant, les sous-traitants et les détenteurs des entités de traitement sont exemptés de toutes redevances et taxes rémunératoires qui contribuent aux frais de fonctionnement des administrations publiques et des services publics personnalisés de tous niveaux, à l'exception de:	根据《矿业法典》第220(4)条的规定,矿权持有人、非常用建筑材料永久性采石场开采许可持有人、分包商及处理实体资质持有人,免于缴纳用于各级公共管理部门和专门公共服务部门运行所需费用的资源税和薪酬税,但下列费用除外:
• celles applicables à l'exportation des produits marchands, sous réserve des dispositions de l'article 234 du Code minier telles qu'appliquées conformément au présent Décret;	• 在遵守本法令适用的《矿业法典》第234条规定的前提下,适用于商品出口的资源税和薪酬税;

• celles applicables à leurs activités autres que les activités minières et de carrières en vertu du droit du titulaire;	• 适用于依持有人权利进行的矿业和采石活动以外的活动的资源税和薪酬税;
• celles applicables aux activités minières et de carrières assujetties au régime fiscal, douanier et des recettes non fiscales de droit commun.	• 适用于由普通法规定的税收、海关和非税收入制度所规范的矿业和采石活动的资源税和薪酬税。
Au sens du présent article, les activités minières comprennent, outre celles précisées dans la définition du terme à l'article 1er, littera 2 du Code minier, toutes activités liées à l'art des mines.	根据本条规定,除《矿业法典》第1条第2项术语定义明确规定的活动外,矿业活动还包括所有与矿业工艺相关的活动。
Les impôts et droits dont question aux articles 233 al. 4, 235 à 239, 244 à 246, litteras a et b non inclus et 259 s'appliquent et sont réputées s'appliquer au titulaire aux taux et aux modalités de droit commun.	《矿业法典》第233条第4款、第235条至第239条、第244条至第246条(第246条第a项和第b项除外)和第259条规定的税费,按照普通法规定的税率和方式的,适用或被认为适用于持有人。
Article 509 bis: Monnaie pour la tenue de la comptabilité	**第509(2)条:记账货币**
Pour l'application des dispositions de l'article 248 du Code minier, il est admis que le titulaire du droit minier ou des carrières, du détenteur de l'entité de traitement et/ou de transformation dispose de la faculté de tenir sa comptabilité en une monnaie étrangère cotée par la Banque Centrale du Congo.	为适用《矿业法典》第248条的规定,矿权或采石权持有人、处理和/或加工实体资质持有人有权选择以在刚果(金)中央银行挂牌的外国货币进行记账。
Article 510: abrogé	**第510条:废除**

Section II: Du régime fiscal et douanier pour les activités des carrières	**第二节:采石活动的税收和海关制度**
Article 511: Du régime fiscal et douanier pour les activités des carrières	**第511条:采石活动的税收和海关制度**
Le régime fiscal et douanier du droit commun s'applique au titulaire des autorisations de recherches des produits de carrières et d'exploitation de carrières temporaire, celles d'exploitation de carrière permanente pour les matériaux de construction d'usage courant.	普通法的税收和海关制度适用于采石场产品勘探许可、临时性采石场开采许可、常用建筑材料永久性采石场开采许可持有人。
Chapitre II: DES MESURES D'APPLICATION RELATIVE AU REGIME DOUANIER D'EXCEPTION	***第二章:特殊海关制度的适用措施***
Section 1: De l'approbation de la liste des biens bénéficiant du régime douanier privilégié	**第一节:享受优惠海关制度的资产清单的批准**
Article 512: De la demande d'approbation de la liste des biens à importer	**第512条:进口资产清单批准的申请**
Conformément aux dispositions de l'alinéa premier de l'article 225 al. 1er, le bénéfice du régime douanier privilégié est subordonné à la présentation d'une demande d'approbation de la liste des biens mobiliers, des équipements, des engins directement liés aux techniques minières et opérations extractives minérales et intrants à importer.	根据《矿业法典》第225条第1款的规定,享受优惠海关制度须以提交与矿业技术、矿藏采掘作业和进口投入直接相关的动产、设备、机器清单的批准申请为前提。
La demande d'approbation de la liste des biens à vocation strictement minière, adressée au Ministre des Mines, est établie en double exemplaire par le titulaire d'un droit minier de recherche ou d'exploitation, le titulaire d'une autorisa-	严格意义上的矿业资产清单批准申请向矿业部部长提出,由探矿权或采矿权持有人、非常用建筑材料永久性采石场开采许可持有人、处理和/或加工实体资质持有人、分包商编制,一式两份,向批准清单的部际委员会秘书处递交,并将副

tion d'exploitation de carrières permanente, autre que celle des matériaux de construction d'usage courant, le détenteur d'un agrément au titre de l'entité de traitement et/ou de transformation, le sous-traitant, est déposée au Secrétariat de la Commission Interministérielle d'approbation des Listes. Copie de la Demande est adressée au Ministre ayant les Finances dans ses attributions.	本递交财政部部长。
La lettre de demande d'approbation comprend:	批准申请函包含下列事项:
• la liste des catégories des biens qu'il est proposé de faire bénéficier du régime douanier privilégié, avec indication de la quantité et de la valeur approximative par unité de chaque catégorie de bien, et de la phase du projet pour laquelle chaque catégorie de bien sera importée;	• 拟享受优惠海关制度的资产类别清单,注明每种资产类别的数量和大致单位价格,以及拟进口的各类别物品的项目阶段;
• la copie certifiée de l'arrêté d'octroi du titre minier, du titre d'exploitation de carrières permanentes autres que les matériaux de construction d'usage courant, de l'agrément au titre d'entité de traitement;	• 经认证的与原本一致的矿权证、非常用建筑材料永久性采石场开采证、处理实体许可的授予裁决副本;
• la copie certifiée du titre minier, du titre d'exploitation de carrières permanentes autres que les matériaux de construction d'usage courant, de l'agrément au titre d'entité de traitement;	• 经认证的与原本一致的矿权证、非常用建筑材料永久性采石场开采证、处理实体许可的副本;
• la description du projet, avec le programme des travaux et le budget en détail suffisant pour permettre d'apprécier le lien entre les importations projetées et le projet minier, surtout pour les consommables, y compris	• 足够详细的项目说明,连同工程计划和预算,以便用于评估拟进行的进口,尤其是消费品,如碳氢燃料及反应剂和维护产品的进口,与矿业项目间的关系;

le carburant, les réactifs et produits d'entretien;	
• la justification du besoin d'importation en terme de ne pas avoir pu trouver les mêmes bien à quantité, qualité et prix égal ainsi qu'à des conditions de livraison et de paiements équivalentes sur le marché national;	• 因无法在国内市场发现同等数量、质量、价格以及交货和支付条件的货物，而有进口需求的证明文件；
• dans le cas de la sous-traitance, la copie du contrat de prestation avec le titulaire de droit;	• 就分包商而言，与持有人间订立的服务合同的副本；
• le rapport d'apurement de la liste des-biens importés et bénéficiant du régime privilégié à la Commission Interministérielle. Copie est adressée au Ministre des Finances. Ce rapport indique notamment la valeur totale des biens importés.	• 向部际委员会递交的享受优惠制度进口资产清单的账目审核报告，副本提交财政部。该报告须主要说明所进口货物的总价值。
Lors du dépôt de la demande, le Secrétariat de la Commission Interministérielle inscrit la demande au registre des demandes d'approbation des listes des biens bénéficiant du régime privilégié qu'il tient à jour et délivre au titulaire ou à son mandataire un récépissé signé par le secrétaire permanent et par le titulaire ou son mandataire. L'inscription et le récépissé indiquent l'identité du titulaire, la référence des droits miniers concernés, la date du dépôt et les pièces justificatives jointes à la demande.	在递交申请时，部际委员会秘书处将该申请在其保管更新的享受优惠制度资产清单批准申请登记簿上予以登记，向持有人或其代理人签发由常务秘书和持有人或其代理人签署的回执。登记和回执须注明持有人的身份信息、相关矿权的参考信息、递交日期和附随在申请后的证明文件。
Article 513: De l'examen de la liste des biens à importer	**第 513 条：进口资产清单的审查**
La Commission Interministérielle vérifie:	部际委员会核实：

• la régularité et la validité du droit minier du requérant;	• 申请人矿权的合法性及有效性;
• la nature des biens à importer en rapport avec les spécifications de l'article 225 du Code minier notamment:	• 尤其是与《矿业法典》第225条规定有关的进口资产的性质:
-la qualité des matériels, des biens et équipements non obsolètes;	-非材料、资产和设备的质量;
-la phase des travaux à laquelle les matériels, les biens et les équipements sont destinés;	-准备使用该等材料、资产和设备的工程阶段;
-les provisions en consommables, réactifs et celles en produits d'entretien qui sont exclus de la liste des biens bénéficiant du régime privilégié.	-耗材和反应剂储备,以及享受优惠制度资产清单之外的维护产品的储备。
• la régularité des factures pro-formats et les prix des matériels, des biens et équipements à importer.	• 专业格式发票的合法性和拟进口的材料、资产和设备的价格。
Après examen, la Commission Interministérielle émet son avis favorable ou défavorable et prépare un projet d'arrêté interministériel d'approbation ou de refus d'approbation que le Président de la Commission transmet au Ministre des Mines.	审查后,部际委员会出具肯定或否定意见,编制批准或拒绝批准的联合部长令草案,由委员会主席移交矿业部部长。
Article 514: De la décision d'approbation ou du refus d'approbation de la liste des biens à importer	**第514条:批准或拒绝批准进口资产清单的决定**
Dès réception du dossier de la demande d'approbation de la liste des biens à importer avec l'avis favorable ou défavorable de la Commission Interministérielle d'approbation des listes des biens à importer et endéans les soixante jours ouvrables suivant la date du dépôt de la demande d'approbation, les Ministres en	一经收到进口资产清单批准申请材料,连同部际委员会关于同意或反对批准进口资产清单的意见后,矿业部部长和财政部部长在批准申请递交之日起六十个工作日内,作出批准或拒绝批准享受优惠海关制度的资产清单的联合部长令,并将该部长令移交该委员会。

charge des Mines et des Finances prennent et transmettent à ladite Commission l'Arrêté Interministériel portant approbation ou refus d'approbation de la liste des biens bénéficiant du régime douanier privilégié.	
Au cas où aucune décision d'approbation ou refus d'approbation de la liste des biens à importer validée par la Commission n'est prise dans le délai de soixante jours ouvrables, ladite liste est réputée approuvée. Dans ce cas, l'administration des douanes a l'obligation d'accorder le bénéfice du régime douanier privilégié à l'importation des biens y figurant. Le récépissé de dépôt faisant foi.	若委员会未在六十个工作日的期限内作出有效的批准或拒绝批准进口资产清单的决定，该清单被视为批准。在此情形下，海关部门有义务对该清单中的资产的进口给予优惠海关制度待遇。以递交回执为准。
Article 515: De l'inscription et de la notification de la décision d'approbation ou de refus d'approbation	**第 515 条：批准或拒绝批准决定的登记和通知**
Dans un délai de trois jours ouvrables suivant la réception de l'arrêté interministériel signé et dans le cas où la liste des biens à importer est réputée approuvée ou non approuvée, le Secrétaire Permanent de la Commission Interministérielle inscrit la liste approuvée ou non approuvée dans le registre des listes approuvées ou non approuvée des biens bénéficiant du régime douanier privilégié.	自收到经签署的联合部长令之日三个工作日内，进口资产清单被视为批准或不予批准的，部际委员会常务秘书将批准或不予批准的进口资产清单在批准或不予批准的享受优惠海关制度的资产清单登记簿上予以登记。
Dans le même délai, le Secrétaire Permanent notifie la décision au titulaire ou à son mandataire en mines ou carrières par le moyen le plus rapide et le plus fiable, en précisant le livre et les pages du registre	在同一期限内，常务秘书将该决定以最为迅速可靠的方法通知持有人或其矿权或采石权代理人，并明确说明该批准或不予批准清单所在登记簿的册数和页码，并向其移交经签署的联合部长令一份。

où la liste approuvée ou non approuvée est inscrite et lui transmettant un exemplaire de l'arrêté interministériel signé.	
L'arrêté d'approbation de la liste ou l'extrait officiel de l'inscription de liste approuvée font foi vis à vis de tout contrôle d'importation des biens qui figurent sur la liste.	针对清单中资产的任何进口监管均以清单的批准裁决或已批准清单的官方登记摘要为准。
Article 516: De la modification de la liste des biens bénéficiant du régime douanier privilégié	**第 516 条:享受优惠海关制度的资产清单的变更**
Le titulaire des droits miniers de recherche ou d'exploitation, le titulaire d'une autorisation d'exploitation de carrière permanente, autre que celle des matériaux de construction d'usage courant, le détenteur d'un agrément au titre de l'entité de traitement et/ou de transformation qui désirent ajouter aux catégories ou aux quantités des biens qui figurent sur la liste après son approbation peuvent soumettre un avenant à la liste pour approbation. Dans ce cas, la procédure précisée ci-haut s'applique *mutatis mutandis* à cet avenant.	清单批准后,探矿权或采矿权持有人、非常用建筑材料永久性采石场开采许可持有人、处理和/或加工实体资质持有人有意增加清单上的资产类别或数量的,可提交清单的附加条款以审批。在此情形下,上述具体程序经必要修改后适用于该附加条款。
Au cas où aucune décision d'approbation ou refus d'approbation de la liste des biens à importer n'est prise dans le délai de soixante jours ouvrables, ladite liste est réputée approuvée. Dans ce cas, l'administration des douanes a l'obligation d'accorder le bénéfice du régime douanier privilégié à l'importation des biens y figurant. Le récépissé de dépôt faisant foi.	若未在六十个工作日内作出批准或拒绝批准进口资产清单的决定,该清单被视为批准。在此情形下,海关部门有义务对该清单中的资产的进口给予优惠海关制度待遇。以递交回执为准。

Section II: De la Commission Interministérielle d'approbation de liste des biens à importer sous le régime douanier privilégié	**第二节：批准享受海关优惠制度的进口资产清单的部际委员会**
Article 517: De la mission de la Commission Interministérielle	**第 517 条：部际委员会的任务**
La Commission Interministérielle chargée d'examiner les listes prévue à l'article précédent a pour mission de:	负责审查前条规定的清单的部际委员会，承担下列任务：
• veiller à ce que la liste des biens pour lesquels le titulaire sollicite le bénéfice du régime douanier privilégié ne comprenne que les biens à vocation strictement minière prévus à chaque phase du projet conformément aux dispositions de l'article 225 alinéa 4 du Code minier et qui sont non-obsolètes et susceptibles de contribuer au développement du projet minier du titulaire;	• 确保持有人就资产清单申请享受海关优惠制度，仅包括根据《矿业法典》第 225 条第 4 款规定的项目各阶段所使用的严格意义上的矿业资产，该等资产为非废弃物且有益于持有人矿山项目的开发；
• émettre les avis sur l'importation des biens repris sur les listes dont question à l'article précédent;	• 就录入前条规定的清单上的进口资产出具意见；
• tenir les statistiques relatives au montant des investissements destinés aux importations des biens et équipements dans le secteur minier.	• 保管矿业部门中用于资产和设备进口的投资金额的统计数据。
Article 518: De la composition de la Commission Interministérielle	**第 518 条：部际委员会的组成**
La Commission Interministérielle est composée de 14 membres nommés par un Arrêté Interministériel des Ministres ayant les Mines et les Finances dans leurs attributions, sur proposition des Ministères et Services suivants:	部际委员会由十四名成员组成，其成员由矿业部部长和财政部部长在下列部门的提议下，发布联合部长令任命：

• un délégué du Cabinet du Premier Ministre;	• 总理办公室委派代表一名;
• six délégués du Ministère des Mines dont trois pour la Direction des Mines, y compris le Directeur, un pour la Direction de Géologie, un pour la Direction chargée de la Protection de l'Environnement Minier et un pour le SAEMAPE;	• 矿业部委派代表六名,其中,矿业局代表三名(包括局长在内)、地质局代表一名、矿业环保局代表一名、小规模矿山开采协助和监管处代表一名;
• Un délégué du Cabinet du Ministre des Mines;	• 矿业部部长办公室委派代表一名;
• un délégué du Cabinet du Ministre des Finances;	• 财政部部长办公室委派代表一名;
• un délégué de la Direction Générale des Douanes et Accises;	• 海关和税务总局委派代表一名;
• un délégué du Ministère de la Défense Nationale;	• 国防部委派代表一名;
• un délégué de la Banque Centrale du Congo;	• 刚果(金)中央银行委派代表一名;
• un délégué de l'Office Congolais de Contrôle;	• 刚果管制局委派代表一名;
• un délégué de l'Agence Nationale de Promotion et des Investissements.	• 国家促进和投资署委派代表一名。
Un suppléant est nommé pour chaque délégué de la Commission Interministérielle.	部际委员会各经委派的代表均可任命一名候补代表。
Article 519: De l'organisation et du fonctionnement de la Commission Interministérielle	**第 519 条:部际委员会的组织和运行**
La Commission Interministérielle est présidée par le Directeur des Mines. Le délégué de la Direction Générale des Douanes et Accises en est le secrétaire rapporteur.	部际委员会由矿业局局长主持。海关和税务总局委派的代表担任秘书报告人。

La Direction des Mines assure le secrétariat permanent de la Commission interministérielle.	矿业局承担部际委员会常务秘书处的工作。
La Commission interministérielle se réunit sur convocation de son Président.	部际委员会由其主席召集召开。
Le Président convoque la Commission interministérielle dans les cinq jours qui suivent chaque dépôt d'une demande d'approbation d'une liste selon les dispositions de l'article 512 du présent Décret, et pour autant que de besoin.	根据本法令第 512 条的规定,在每个清单批准申请递交之日起五日内,或必要时,主席召集部际委员会开会。
La Commission interministérielle ne peut siéger valablement que si les deux tiers de ses membres ou leurs suppléants sont présents. Elle délibère à la majorité simple.	若部际委员会三分之二以上成员或其候补代表出席,会议方可有效召开。委员会以简单多数通过决议。
En cas d'égalité des voix, celle du Président est prépondérante.	赞成和反对的票数相等时,主席有权投决定票。
Pour autant que de besoin, la Commission peut solliciter les avis de l'Administration des Mines ou de toute autre entité publique concernée par la liste des biens bénéficiant du régime privilégié. Ces avis sont consultatifs.	必要时,委员会可申请矿业行政机关,或享受优惠制度的资产清单所涉及的所有其他公共实体出具意见。该等意见为咨询意见。
La fin des délibérations est sanctionnée par un procès-verbal et un avis signés par le Président et le secrétaire rapporteur de la Commission interministérielle.	评议结束时,由部际委员会主席和秘书报告人签署会议纪要和意见。
Toute modification de la liste soumise avec la demande est motivée. Ces documents sont transmis aux Ministres des Mines et des Finances avec un projet d'arrêté conjoint auquel est joint la liste	变更连同申请一并递交的清单须说明理由。在部际委员会召开之日起十个工作日内,将该等文件连同附随建议批准清单的联合部长令的草案,一并移交矿业部部长和财政部部长。

dont l'approbation est proposée dans les dix jours ouvrables de la convocation de la Commission interministérielle.	
Passé ce délai, l'avis est réputé favorable à l'approbation de la liste soumise par le titulaire ou son mandataire. Une copie de l'avis est notifiée au titulaire par le moyen le plus rapide et fiable par la Commission interministérielle.	超过该期限的,意见被视为同意批准持有人或其代理人提交的清单。部际委员会将该意见副本以最为迅速可靠的方法通知持有人。
Un règlement d'ordre intérieur adopté par la Commission interministérielle et approuvé par le Ministre détermine les autres modalités de fonctionnement de la Commission.	部际委员会的其他运行方式由经部际委员会通过和矿业部部长批准的内部条例规定。
Les membres de la Commission interministérielle reçoivent un jeton de présence pour chaque réunion à laquelle ils participent.	部际委员会成员每次出席会议可报销交通费。
Article 520: Du plafonnement des redevances et frais à la sortie	**第 520 条:出口税费的上限**
Dans un délai de trois mois de l'entrée en vigueur qui suivent l'entrée en vigueur du présent Décret, un arrêté du Ministre des Finances précisera les modalités d'application des dispositions du dernier alinéa de l'article 234 du Code minier. Ledit arrêté établira:	自本法令生效之日三个月内,财政部部长发布的部长令明确规定《矿业法典》第 234 条最末款规定的适用方式。该部长令设立:
• un guichet unique pour le paiement des redevances et frais en rémunération des services rendus à l'exportation;	• 缴纳出口资源税和服务费的一站式窗口;
• la clé de répartition des redevances et frais rémunératoires perçus;	• 所收取的资源税和服务费的分配办法;

• le mécanisme de crédit à valoir sur les redevances et frais rémunératoires ultérieurs en cas de paiement au-delà du plafond fixé à l'article 234 du Code minier.	• 缴费超出《矿业法典》第 234 条规定的上限的，后续资源税和服务费的抵免机制。
Au sens de l'article 234 du Code minier et du présent article, on entend par:	根据《矿业法典》第 234 条和本条的规定，作出下列规定：
• «droits de douane et autres contributions, de quelque nature que ce soit» toutes impositions perçues par les Services de l'Etat;	• "无论何种性质的关税及其他捐税"指由国家部门征收的所有税费；
• «redevances et frais en rémunération des services rendus à l'exportation» toute charge de quelque nature que ce soit réclamée par un Service de l'Etat, d'une Province ou d'une Municipalité pour compenser des services rendus en relation avec l'exportation des produits marchands ou des biens à l'exportation temporaire pour perfectionnement, y compris leur chargement, transport et entreposage;	• "出口资源税和服务费"指由国家、省或市行政部门要求，为补偿以改善为目的而临时出口的商品或货物而提供的服务（包括装卸、运输和仓储）所收取的任何性质的费用；
• «la valeur des produits marchands ou des biens à l'exportation temporaire pour perfectionnement,» selon le cas, le prix de vente des produits marchands après déduction des frais conformément à l'article 530 du présent Décret ou le prix de vente des biens perfectionnés après déduction de tous les frais liés au transport et à l'exportation temporaire pour perfectionnement, au perfectionnement lui-même et à la réimportation des biens perfectionnés, sans préjudice tel que précisé par la législation douanière.	• "以改善为目的而临时出口的商品或货物的价值"，视情况，指减去根据本法令第 530 条规定收取的费用后的商品销售价格，或在不违反海关法律规定的前提下，减去所有为改善而运输和临时出口、改善本身和为改善货物而重新进口所支付的费用后，经改善的货物销售价格。

Article 520 bis : De la demande d'approbation de la liste des biens à importer dans le cadre des travaux d'extension	**第 520(2)条：工程扩展情形下的进口资产清单的批准申请**
Dans le cadre d'un investissement d'extension, le titulaire d'un Titre minier, le titulaire d'une Autorisation d'exploitation de carrière permanente autre que les matériaux de construction d'usage courant, le détenteur d'un agrément au titre d'entité de traitement, bénéficient pour les matériels, équipements et intrants à importer, du régime douanier préférentiel prévu en phase de l'exploitation effective de la mine.	在增加投资时，矿权证持有人、非常用建筑材料永久性采石场开采许可持有人、处理实体资质持有人可就进口的材料、设备和物，享受为矿山实际开采阶段规定的优惠海关制度。
La demande des biens à importer est adressée au Cadastre minier. La délivrance de l'autorisation d'importation des biens sous le régime douanier privilégié est préalablement subordonnée aux avis cadastral du Cadastre Minier, technique de la Direction des Mines et environnemental de la Direction de la Protection de l'Environnement Minier.	进口货物申请向矿权登记局提交。优惠海关制度下的货物进口许可的颁发以矿权登记局的登记审查意见、矿业局的技术意见和矿业环保局的环境意见为先决条件。
Chapitre III : DES MESURES D'APPLICATION DU REGIME FISCAL ET PARAFISCAL PREFERENTIEL	***第三章：税收和附加税优惠制度的适用措施***
Section I : Des impôts réels	**第一节：属物税**
Article 521 : Des immeubles non soumis à l'impôt foncier	**第 521 条：免征土地税的建筑物**
En vertu des dispositions de l'article 236 du Code minier, les immeubles situés à l'intérieur de la superficie des concessions	根据《矿业法典》第 236 条的规定，位于矿业特许权地表面积内、缴纳相应属物税的不动产免征土地税。

minières assujetties à l'impôt réel y afférent ne sont pas soumis à l'impôt foncier.	
Article 522: Des véhicules non soumis à l'impôt sur les véhicules et à la taxe spéciale de circulation routière	**第 522 条:免征车辆税和道路交通特别税的车辆**
Conformément aux dispositions des articles 237 et 239 du Code minier, les véhicules de transport de personnes ou de matériaux, de manutention ou de traction qui sont utilisés exclusivement dans l'enceinte du projet minier ne sont pas soumis à l'impôt sur les véhicules et à la taxe spéciale de circulation routière.	根据《矿业法典》第 237 条和第 239 条的规定,仅在矿区范围内使用的客运或货运车辆、装卸或牵引车辆免征车辆税和道路交通特别税。
Article 523: De l'établissement et du dépôt de la déclaration d'origine et de vente des produits marchands	**第 523 条:商品原产地和销售声明的编制与递交**
Deux jours avant la sortie du produit marchand du site de l'extraction ou des installations de traitement pour expédition, le titulaire, le détenteur des droits miniers ou des carrières et l'entité de traitement et/ou de transformation et le titulaire de l'autorisation d'exploitation permanente autres que les matériaux de construction d'usage courant établissent en quatre exemplaires une déclaration de l'origine et de vente des produits marchands, suivant le formulaire à retirer à la Direction des Mines ou au Service des Mines du ressort.	在商品离开采掘场地或处理设施以发运的两日前,持有人、矿权或采石权持有人、处理和/或加工实体和非常用建筑材料永久性开采许可持有人根据从矿业局或所属辖区矿业部门领取的表格,编制商品原产地和销售声明,一式四份。
Le non-respect de ce délai entraine une pénalité de 1000 USD par jour de retard dans le chef de l'opérateur.	未遵守该期限的,每迟延一日,对经营者主管处以 1,000 美元的罚款。
La Déclaration d'origine et de vente comporte notamment les mentions suivantes:	原产地和销售声明包括下列事项:

a) l'identité complète du titulaire, du détenteur de l'entité de traitement et/ou de transformation et du titulaire de l'autorisation d'exploitation des carrièrespermanente;	a)持有人、处理和/或加工实体持有人和永久性采石场开采许可持有人的完整身份信息；
b) les références de son droit minier ou de carrière ou de l'arrêté d'agrément concerné;	b)其矿权、采石权或相关批准裁决的参考信息；
c) la nature et l'origine des produits marchands;	c)商品性质和原产地；
d) la quantité, la qualité et les prix par unité et total des produits marchands vendus;	d)所售商品的数量、质量、单价和总价；
e) l'identité des acheteurs;	e)购买人身份信息；
f) les modalités de règlement du prix de vente.	f)销售价款的支付方式。
Dès réception de la déclaration d'origine et de vente visée ci-dessus, le titulaire du droit minier ou des carrières, le détenteur de l'entité de traitement et/ou de transformation, envoie une copie de ladite déclaration au Gouverneur de la province concernée et à l'Autorité de l'Entité Territoriale Décentralisée du lieu d'exploitation.	一经收到上述规定的原产地和销售声明,矿权或采石权持有人、处理和/或加工实体持有人立即将该声明副本移交相关省份的省长和开采地地方权力机关的主管部门。
Article 524: Du contrôle de l'assiette de la redevance minière	**第 524 条:矿产资源税的应税基数的监管**
En application des dispositions du premier alinéa de l'article 217 du présent Décret, la Direction des Mines apprécie et contrôle l'assiette de la redevance minière. A cet effet, elle vérifie:	根据本法令第 217 条第 1 款的规定,矿业局对矿产资源税的应税基数进行评估与监管。为此,矿业局须核查：
a) la sincérité et l'exactitude de la valeur commerciale brute déclarée;	a)所申报的毛商业价值的真实性和准确性；

b) les modalités de règlement du prix de vente vis-à-vis de la pratique du marché;	b)符合市场惯例的销售价款的结算方式;
c) la conformité des quantités et qualités des produits marchands avec les opérations du titulaire ou du détenteur de l'entité de traitement et/ou de transformation.	c)商品数量和质量是否符合持有人或处理和/或加工实体持有人的经营范围。
Au cas où la Direction des Mines ou le Service des Mines du ressort émet une objection ou conteste certains éléments de la déclaration, elle procède, par le biais des inspecteurs des Mines, au contrôle desdits éléments. Le contrôle est fait a posteriori et n'empêche pas l'expédition des produits marchands sauf en cas de découverte d'indice d'une opération de vente frauduleuse.	若矿业局或所属辖区矿业处对该申报中部分内容提出反对或异议,矿业局通过矿业检查员对相关内容进行核查。该等核查在事后进行,除非发现欺诈性销售行为,否则不得影响商品的发运。
En cas de contestation dûment motivée, le titulaire ou le détenteur de l'entité de traitement et/ou de transformation a un droit de réponse et la procédure de droit commun en matière des recettes administratives, judiciaires, domaniales et de participations s'applique au règlement de la contestation.	异议按规定说明理由的,持有人、处理和/或加工实体持有人有权予以回应。普通法中关于行政、司法、国家收入和分担的程序适用于该等异议的解决。
A défaut de contestation motivée, la Direction des Mines ou le Service des Mines du ressort établit à charge du titulaire une note de débit indiquant les quotes-parts revenant aux différents bénéficiaires prévus à l'article 242 du Code minier.	异议未说明理由的,矿业局或所属辖区矿业处为持有人编制欠款通知,注明《矿业法典》第 242 条规定的属于各受益人的份额。

Article 524 bis: Des éléments de classification des substances minérales	**第 524(2)条:矿产的分类事项**
En application de l'article 241 du Code minier, les éléments de classification des substances minérales pour le paiement de la redevance minière sont fixés par Décret du Premier Ministre pour les substances stratégiques et par arrêté interministériel des Ministres des Mines et des Finances pour les autres substances minérales.	根据《矿业法典》第 241 条的规定,为缴纳矿产资源税而进行的矿产分类,其事项由关于战略物资的总理令和关于其他矿产的矿业部部长和财政部部长发布的联合部长令确定。
Article 525: Du moment de la vente des produits marchands et du paiement de la redevance minière	**第 525 条:商品销售时间和矿产资源税的缴纳时间**
Pour l'application du dernier alinéa de l'article 240 du Code minier, la vente des produits marchands tant à l'étranger qu'à l'intérieur du pays intervient lors de la sortie desdits produits du site de l'extraction ou des installations de traitement pour expédition.	根据《矿业法典》第 240 条最末款的规定,商品在境内或境外的销售,自该等产品离开采掘场地或处理设施发运时开始。
Le paiement de la redevance minière intervient au plus tard le cinquième jour du mois qui suit celui de la réception de la note de perception ou du titre de paiement.	矿产资源税最迟于收到征税通知或付款单的下月第五日前缴纳。
Article 525 bis: De la perception des amendes et astreintes	**第 525(2)条:罚金和逾期罚款的征收**
Toutes les amendes et astreintes prévues dans le Code minier sont perçues conformément aux dispositions de la législation en matière des procédures relatives à l'assiette au contrôle et aux modalités de recouvrement des recettes non-fiscales.	《矿业法典》中规定的所有罚金和逾期罚款根据关于税基监管程序的法律规定和非税收入的征收方式进行征收。

Article 526: Du recouvrement et de la répartition de la redevance minière	**第 526 条:矿产资源税的征收与分配**
La note de débit établie par la Direction des Mines ou le Service des Mines du ressort donne lieu à l'établissement de la note de perception ou du titre de paiement, selon le cas, à concurrence de:	矿业局或所属辖区矿业处编制欠款通知后,须根据以下比率,编制相应的征税通知或付款单:
• 50% pour le Pouvoir central;	• 中央权力机关占 50%;
• 25% pour la Province où se trouve le projet;	• 项目所在地省份占 25%;
• 15% pour l'entité territoriale décentralisée dans le ressort duquel s'opère l'exploitation minière;	• 进行矿业开采所属辖区的地方权力机关占 15%;
• 10% au profit du Fonds Minier pour les générations futures.	• 后代矿业基金占 10%。
Le préposé de chaque entité bénéficiaire émet et délivre la note de perception ou le titre de paiement, selon le cas, au titulaire, au détenteur de l'entité de traitement et/ou de transformation et au titulaire de l'Autorisation d'Exploitation des Carrières Permanente, autre que celle des matériaux de construction d'usage courant, pour le versement de la redevance minière, au plus tard le cinquième jour du mois qui suit celui de la réception de la note de perception ou du titre de paiement.	各收税实体工作人员视情况向持有人、处理和/或加工实体持有人和永久性采石场开采许可持有人(常用建筑材料永久性采石场开采许可除外)出具并签发征税通知或付款单,以便其最迟于收到该等通知后的下月第五日前缴纳矿产资源税。
Le versement de la redevance minière est effectué dans le compte général du Trésor Public pour la quotité encadrée par la DGRAD① et dans les comptes publics des autres entités bénéficiaires.	根据行政、司法、国有机构和参与单位收款事务总局规定的份额,向国库一般账户和其他收税实体的公共账户缴纳矿产资源税。

① 中伦注:DGRAD: la Direction générale des recettes administratives, judiciaires, domaniales et de la participation。

Article 527 : De la répartition de la redevance minière en cas de chevauchement	**第 527 条：区块交叠情形下矿产资源税的分配**
En cas de chevauchement des carrés du périmètre d'exploitation sur deux ou plusieurs provinces, villes ou Entités Territoriales Déscentralisées, la répartition des quotités leur revenant se fait conformément aux dispositions de l'article 40 du présent Décret.	采矿区区块横跨两个或多个省、城市或地方权力机关的，其分配份额根据本法令第 40 条的规定进行。
Article 527 bis : Du paiement des droits proportionnels pour la cession des parts sociales et actions :	**第 527(2)条：股份和股权转让比例税的缴纳**
Toute cession d'actions ou de parts sociales d'une personne morale titulaire d'un titre minier ou de carrières est soumise au paiement des droits proportionnels au profit du Trésor Public, dont le taux est de 1% calculé sur la valeur nominale des parts sociales ou actions cédées.	持有矿权证或采石权证的法人转让股权或股份的，须向国库按比例纳税，税率为所转让股权或股份票面价值的 1%。
Ces droits sont à charge du cessionnaire et payables dans les huit jours de la réception de la note de perception.	受让人在收到征税通知之日起八日内，缴纳该比例税。
Article 527 ter : Du paiement de la taxe liée au traitement exceptionnel des substances minérales brutes à l'extérieur du territoire national	**第 527(3)条：在国家领土外实施原矿处理的例外情况下税费的缴纳**
L'obtention de l'autorisation du traitement exceptionnel des substances minérales brutes à l'extérieur du pays est subordonnée au paiement au profit du Trésor Public, de la taxe dont le taux est fixé par arrêté interministériel des Ministres ayant les Mines et les Finances dans	例外性地在国外处理原矿，为取得其许可的，须事先向国库缴纳税费，税率由矿业部部长和财政部部长发布的联合部长令确定。

leurs attributions respectives.	
Article 527 quarter: Du paiement de la taxe liée aux substances minérales précieuses trouvées occasionnellement	**第527(4)条:偶然发现珍贵矿产时税费的缴纳**
En application de l'article 285 nonies du Code minier, toute vente des substances minérales précieuses trouvées occasionnellement est soumise au paiement préalable d'une taxe appropriée dont le taux est fixé par arrêté interministériel des Ministres ayant les Mines et les Finances dans leurs attributions respectives.	根据《矿业法典》第285(9)条的规定,出售偶然发现的珍贵矿产的,须事先缴纳相应税费,税率由矿业部部长和财政部部长发布的联合部长令确定。
Article 527 quinquies: De la déclaration et du paiement des taxes sur les autorisations de minage, ainsi que des agréments des dépôts et boutefeux	**第527(5)条:爆破许可税、爆炸物仓储许可税和爆炸物引线许可税的申报和缴纳**
Les taux de la taxe sur les autorisations de minage, ainsi que des agréments des dépôts et boutefeu sont fixés par arrêté interministériel des Ministres ayant la Défense Nationale et les Finances dans leurs attributions.	爆破许可税、爆炸物仓储许可税及爆炸物引线许可税的税率由国防部部长和财政部部长发布的联合部长令确定。
Article 527 sexies: De la taxe de déboisement et de sa répartition	**第527(6)条:砍伐税及其分配**
Sans préjudice des dispositions des articles 42, 220 bis et 238 bis du Code minier, toute personne qui, pour les besoins d'une activité minière est contrainte de déboiser une portion de terre forestière en vue d'en changer l'affectation, est tenue d'obtenir le permis de déboisement moyennant paiement préalable de la taxe de déboisement.	在不违反《矿业法典》第42条、第220(2)条和第238(2)条规定的前提下,因矿业活动之需,对某块林地进行砍伐以改变其用途的人员,须事先缴纳砍伐税,取得砍伐许可证。

L'assiette, le taux et les modalités de recouvrement sont fixés par un arrêté des Ministres ayant les Forêts et les Finances dans leurs attributions.	该税的税基、税率及征收方式由林业部部长和财政部部长发布的法令确定。
L'assiette de la taxe est constituée de la superficie à déboiser.	该税的税基以拟砍伐的面积计算。
Conformément aux dispositions de l'article 122, point 4, de la Loi n°011/2002 du 29 août 2002 portant Code Forestier, le produit de la taxe de déboisement est reparti au prorata de 50% pour le Trésor Public et 50% au profit du Fonds Forestier National.	根据 2002 年 8 月 29 日《森林法》的第 011/2002 号法律第 122 条第 4 点的规定,砍伐税所得按照 50%交由国库、50%交由国家森林基金的比例分配。
Compte tenu de la contribution du produit de la taxe de déboisement à la lutte globale contre le changement climatique, consacrée par l'Accord universel sur le climat, ratifié par la République Démocratique du Congo, aucun titulaire ayant des droits miniers et/ou des carrières, quel que soit le régime fiscal auquel il est soumis, ne peut être exonéré au paiement de ladite taxe, pour des raisons de ses activités minières.	鉴于砍伐税旨在应对全球气候变化(刚果民主共和国批准的"全球气候协定"以此为目的),任何矿权和/或采石权持有人,无论适用何种税收制度,均不得以矿业活动为由免缴该税。
Article 527 septies: De la taxe d'implantation, la taxe rémunératoire annuelle ainsi que la taxe de pollution sur les installations classées	**第 527(7)条:分类设施的建设税、年度补偿税以及污染税**
Le titulaire des droits miniers et/ou des carrières ainsi que les détenteurs des entités de traitement et/ou de transformation sont assujettis au paiement de la taxe d'implantation, la taxe rémunératoire annuelle ainsi que la taxe de pollution sur les installations classées de la catégorie	矿权和/或采石权持有人以及处理和/或加工实体持有人须根据 2011 年 7 月 9 日的关于环境保护基本原则及其适用措施的第 11/009 号法律,缴纳 1A 类设施的建设税、年度补偿税以及污染税。

1A, conformément à la Loi n°11/009 du 09 juillet 2011 portant principes fondamentaux relatifs à la protection de l'environnement et ses mesures d'application.	
La déclaration des éléments d'assiette et le paiement des taxes visées à l'alinéa précédent s'effectuent conformément à la l'Ordonnance-loi n°13/003 du 23 février 2013 telle que modifiée et complétée à ce jour et ses mesures d'application.	税基要素的申报和前款规定的税款缴纳,根据经修订和补充的2013年2月23日第13/003号法令及其适用措施进行。
L'obtention d'un permis d'exploitation lié aux installations classées de la catégorie 1a, tel que prévu par la législation portant principes fondamentaux relatifs à la protection de l'environnement, est subordonnée au payement préalable de la taxe d'implantation augmentée de la taxe rémunératoire annuelle.	为取得关于环境保护基本原则法律中所规定的1a类设施的开采许可证,须事先缴纳建设税和年度补偿税。
Article 527 octies: De l'exportation des échantillons pour analyse et essais industriels	**第527(8)条:用于工业分析和测试的样品的出口**
En exécution des articles 226, alinéas 2, 3, 4 et 5 et 5 bis alinéa 1er du Code minier, il est prélevé une taxe de USD 0,2/Kg sur toute exportation des échantillons destinés aux analyses et essais industriels.	根据《矿业法典》第226条第2款、第3款、第4款、第5款和第5(2)条第1款的规定,就用于工业分析和测试而出口的样品,每公斤征收税款0.2美元。
L'exportation des échantillons pour essai est notamment subordonnée à la présentation d'un certificat d'analyse délivré par un laboratoire d'analyse dûment agréé.	为测试而出口样品,须事先提交依法批准的分析实验室所签发的分析证书。

Section II : Des Impôts sur les revenus	**第二节：所得税**
Paragraphe 1 : Des impôts sur les revenus mobiliers	**第一段：动产所得税**
Article 528 : Des revenus exonérés de l'impôt mobilier	**第 528 条：免缴动产所得税的收入**
En application des dispositions de l'article 246 du Code minier, les intérêts payés par le titulaire au titre des emprunts contractés en devise à l'étranger sont exonérés de l'impôt mobilier, sous réserve du respect des conditions requises ci-après :	根据《矿业法典》第 246 条的规定，在遵守下列条件的前提下，持有人就其外币贷款支付的利息，免缴动产所得税：
• les emprunts concernés doivent être exclusivement affectés à la réalisation du projet minier ;	• 相关贷款须仅用于开展矿业项目；
• les taux d'intérêt et les autres conditions d'emprunts contractés par le titulaire auprès des entreprises situées à l'étranger et sous la dépendance, directe ou indirecte, desquelles il se trouve, sont fixés selon le principe de pleine concurrence.	• 由持有人和为其直接或间接出资的国外企业所签订的贷款，其利率及其他条件按照正常交易原则确定。
Paragraphe 2 : De l'Impôt Professionnel sur les Bénéfices et Profits	**第二段：企业所得业务税**
Article 529 : Des plus-values et moins-values sur cession des titres miniers	**第 529 条：矿权证转让的增值和减值**
Pour l'application de l'article 253 du Code minier, les dépenses de développement comprennent toutes dépenses pour la construction des immeubles par incorporation situés dans le périmètre minier ainsi que pour l'achat des immeubles par destination affectés à l'exploitation minière, réalisées avant ou après la mise en exploitation de la mine.	根据《矿业法典》第 253 条的规定，开发费用包含矿山投入开采前后，建设并入矿区的不动产以及购入用于矿业开采的不动产的费用。

Article 529 bis: De l'impôt spécial sur les plus-values de cession d'actions ou de parts sociales	**第 529(2)条:股份或股权转让溢价特别税**
Toute cession d'actions ou de parts sociales par des personnes morales établies en République Démocratique du Congo et celles domiciliées à l'étranger, ayant abouti à la constatation d'une plus-value, est soumise au régime de plus-value prévu à l'article 253 bis du Code minier.	在刚果民主共和国设立的法人和住所地在境外的法人,其股份或股权转让产生溢价的,适用于《矿业法典》第 253(2)条所规定的溢价制度。
Les plus-values réalisées par les personnes morales étrangères lors de la cession d'actions ou de parts sociales détenues, directement ou indirectement, sur une entreprise titulaire des droits miniers ou de carrières située en République Démocratique du Congo est réputée être de source congolaise dans la mesure où la cession desdites actions ou parts sociales équivaut à la cession d'une fraction ou de la totalité des actifs corporels et incorporels et des réserves minières relevant du patrimoine de la personne morale établie en République Démocratique du Congo.	当转让直接或间接持有的、位于刚果民主共和国境内矿权或采石权持有企业的股权或股份时,且该股权或股份的转让等同于从刚果民主共和国设立的法人的资产中部分或全部转让有形或无形资产和矿产储备,外国法人所得的溢价被视为来源于刚果的收入。
Le montant de la plus-value visée par le paragraphe premier ci-dessus est constitué par la différence entre le prix de cession de l'action ou de la part sociale et de la valeur nette comptable de cette action ou part sociale.	股份或股权转让的溢价金额是指股份或股权转让价格与该股份或股权的账面净值之间的差额。
Lorsque les actifs sont situés dans plusieurs juridictions, l'impôt spécial sur les plus-values de cession d'actions ou de parts sociales est calculé sur une quotité de la plus-value constatée déterminée suivant une fraction ayant au numérateur la	当法人资产位于多个法域时,股份或股权转让溢价特别税以产生的溢价份额计算,该份额由分数得出,以刚果法项下的子公司资产价值额为分子,以其股份或股权被转让的外国公司资产总价值额为分母。

valeur des actifs de la filiale de droit congolais et au dénominateur la valeur totale des actifs de la société étrangère dont les actions ou parts sociales ont été cédées.	
Le prix de cession à retenir ne peut être inférieur à celui correspondant à la valeur réelle des actifs cédés représentatifs desdites actions ou parts sociales au moment de l'opération. En cas moins-values prouvées, celles-ci ne sont déductibles ni de l'assiette de l'impôt spécial sur les plus-values des autres actions ou parts sociales ni de celle de l'impôt sur les bénéfices et profits.	转让价格不得低于业务活动中已转让的股份或股权所代表资产的实际价值。经证明有所减值的,该减值不得从其他股份或股权的溢价特别税税基和企业所得税税基中扣除。
Article 530:Du report déficitaire	**第 530 条:亏损结转**
Pour l'application de l'article 251 du Code minier, le déficit doit obligatoirement être reporté sur les résultats du premier exercice bénéficiaire, puis sur les résultats du ou des exercices suivants dans la mesure où le bénéfice du premier exercice non déficitaire n'a pas atteint un montant suffisant. Les échelonnements ne sont pas autorisés.	根据《矿业法典》第 251 条的规定,亏损须在首个盈利的会计年度结算时进行结转,首个非亏损的会计年度利润不足时,可在后续会计报表或会计年度进行结转。不得分期结转。
Le principe de la limitation de la déduction des résultats déficitaires des cinq exercices antérieurs n'est pas applicable aux amortissements comptabilisés en période déficitaire.	先前五个会计年度的营业亏损扣减限制原则不适用于亏损期的会计折旧。
Pour l'application des dispositions de l'alinéa précèdent, les déductions s'opèrent dans l'ordre suivant:	为适用前款规定,根据下列顺序进行扣减:
• amortissement de l'exercice;	• 会计年度折旧;

• déficit ordinaires des exercices antérieurs en commençant par le plus ancien dans la limite de cinq exercices;	• 始于五个会计年度中最早会计年度的先前会计年度的普通亏损;
• déficits d'exercices antérieurs provenant d'amortissements réputés différés sans limitation de durée.	• 由延期折旧导致的先前会计年度的亏损,无扣减期限。
Le report illimité des amortissements réputés différés en période déficitaire cesse de s'appliquer si l'entreprise reprend tout ou partie des activités d'une autre entreprise ou lui transfère tout ou partie de ses propres activités.	若企业接管另一企业全部或部分业务,或向其转让全部或部分自有业务的,不再适用亏损期间延期折旧无限结转。
Les autres modalités d'imputation de report déficitaire sont celles de droit commun.	亏损结转的其他列账方式,由普通法规定。
Toutefois, le titulaire est autorisé ȧ appliquer intégralement les dispositions du droit commun en vigueur.	但是,持有人有权适用现行普通法的全部规定。
Article 530 bis: De l'Impôt spécial sur les profits excédentaires	**第 530(2)条:超额利润特别税**
Pour l'application de l'article 251 bis du Code minier, l'excédent brut d'exploitation qui sert d'assiette de l'impôt spécial sur les profits excédentaires est constitué par la différence entre le montant de l'excédent brut d'exploitation de l'exercice comptable considéré diminué du montant de l'excédent brut d'exploitation dégagé par l'étude de faisabilité bancable du projet minier pour cette même année, ce dernier montant augmenté de 25%.	根据《矿业法典》第 251(2)条的规定,作为超额利润特别税税基的总经营利润由相关会计年度总经营利润额减去矿业项目银行担保可行性研究中注明的同年总经营利润额(每年增长 25%)的差额构成。

Dans ces conditions, le titulaire est tenu de déposer une copie de l'étude de faisabilité du projet minier auprès de l'Administration des impôts avant l'entrée effective en production dudit projet.	在该等条件下,持有人须在该项目实际投入生产前,向税务主管机关递交矿业项目可行性研究副本一份。
Pour les projets déjà en phase d'exploitation, cette obligation doit être accomplie dans les nonante (90) jours de la publication du présent Règlement.	就已经处于开采阶段的项目,须在本条例公布之日起九十日内完成该(递交)义务。
Pour le cas où l'étude de faisabilité est mise à jour lors de l'extension des travaux d'exploitation au titre de l'Article 77 ter du Code minier ou transmise dans le cadre du renouvellement d'un permis d'exploitation au titre de l'Article 80 littera b du Code minier, les données relatives au prix des matières premières ou des matériaux et à l'excédent brut d'exploitation devront être mises à jour. Cette étude de faisabilité modifiée devra inclure les prévisions d'excédent brut d'exploitation du projet pour chaque exercice comptable pour chaque produit. Une copie de cette étude de faisabilité devra être fournie à l'Administration Fiscale dans les soixante (60) jours de l'approbation de cette étude de faisabilité et sera utilisée pour calculer l'assiette de l'impôt spécial sur les profits excédentaires.	可行性研究在《矿业法典》第 73(3)条项下的开采工程延展时有所更新,或根据《矿业法典》第 80 条第 b 款项下的开采许可续期后递交的,在该等情形下,须更新涉及原材料或材料价格和总经营利润的数据。该等经修订的可行性研究须包括每项产品各会计年度的项目总经营利润预测。该可行性研究的副本须在可行性研究批准后六十日内提交至税务主管机关,用以计算超额利润特别税税基。
Les profits excédentaires ou superprofits sont calculés sur la base de l'excédent brut d'exploitation analytique par produit.	超额利润根据各项产品分析的总经营利润计算。

L'article 251 bis ne s'appliquera que si le prix de vente moyen effectif du produit pour l'exercice comptable excède de plus de 25% le prix de vente moyen du produit pour cette année tel que prévu dans l'étude de faisabilité.	若会计年度产品实际平均销售价格超过可行性研究中规定的该年度产品平均销售价格的 25%,方可适用第 251(2)条。
Pour la détermination des profits excédentaires, les dépenses de recherche et de développement ne sont pas déductibles. De même, l'imputation des déficits antérieurs est interdite.	计算超额利润时,勘探和开发费用不予扣除,先前的亏损亦不予记账。
Le titulaire est tenu de souscrire une déclaration de l'impôt spécial sur les profits excédentaires, selon le modèle fourni par l'Administration des Impôts, au plus tard à la date de l'échéance prévue pour le dépôt de la déclaration de l'Impôt sur les bénéfices et profits.	持有人最迟须于规定的企业所得税申报递交期限届满之日,根据税务主管机关提供的模板,签署超额利润特别税的申报。
Article 531 : De la justification de paiement des biens et services en faveur des sociétés affiliées	**第 531 条:向关联公司支付货物和服务费用的证明**
Les sommes versées par le titulaire à ses sociétés affiliées pour des biens ou prestations de services ne sont admises comme charges professionnelles déductibles que dans les conditions du droit commun.	持有人就货物和服务向其关联公司支付的款项,仅可在普通法规定的条件下,被视为可抵扣的业务费用。
Article 532 : abrogé	**第 532 条:废除**
Article 532 bis : De la déduction des intérêts payés à l'étranger	**第 532(2)条:向境外支付利息的扣减**
Pour l'application de l'article 254 du Code minier, les intérêts visés sont ceux payés à l'étranger aux associés ou à toute autre personne qui se trouve directement	根据《矿业法典》第 254 条的规定,所涉及的利息是指向境外股东与持有人存在任何直接或间接依赖关系的或其他个人支付的利息。

ou indirectement dans des liens quelconques d'interdépendance avec le titulaire.	
La période de calcul de la moyenne annuelle des taux effectifs pratiqués par les établissements de crédit du pays où est établie l'entreprise prêteuse est celle correspondant à l'année de conclusion du contrat de prêt.	放款企业设立地的信贷机构的实际平均年利率的计算期间为贷款合同订立之年所对应的期间。
Dans tous les cas, les conditions afférentes audit contrat doivent être au moins égales à celles de pleine concurrence pratiquées dans ce pays sans considération des circonstances qui prévalent sur le lieu où le projet minier est réalisé.	在任何情况下,无论矿业项目实施地的情况如何,上述合同的相关条款须至少与该国的正常交易条款相当。
Seule la quotité des intérêts excédant le taux moyen défini à l'article 254 du Code minier est exclue du droit à déduction.	仅超出《矿业法典》第 254 条所规定的平均利率的利息份额无权扣减。
Article 533: Des charges professionnelles déductibles	**第 533 条:可抵扣的业务费用**
Outre les dépenses prévues aux articles 532 ci-dessus, sont également considérées comme dépenses professionnelles déductibles des revenus imposables, les charges professionnelles prévues à l'article 256 du Code minier.	除上述第 532 条规定的费用外,《矿业法典》第 256 条规定的业务费用亦被视为可从应税收入扣除的业务费用。
Article 533 bis: Du taux de l'impôt minimum	**第 533(2)条:最低税率**
En application de l'article 247 bis, le taux de l'impôt minimum applicable au titulaire est celui du droit commun en vigueur à la date de la promulgation du présent Code minier.	根据第 247(2)条的规定,持有人所适用的最低税率为本《矿业法典》颁布之日起现行普通法规定的最低税率。

Section III: De la contribution sur le chiffre d'affaires à l'intérieur	**第三节:国内营业额的捐税**
Article 534: abrogé	**第 534 条:废除**
Article 535: abrogé	**第 535 条:废除**
Article 536: abrogé	**第 536 条:废除**
Chapitre IV: DES MESURES D'APPLICATION DU REGIME DOUANIER, FISCAL ET PARAFISCAL APPLICABLE A L'EXPLOITATION ARTISANALE	***第四章:适用于手工开采的海关、税收和附加税制度的措施***
Article 536 bis: Des redevables visés	**第 536(2)条:相关纳税人**
La coopérative minière, l'exploitant artisanal, le négociant et le comptoir agrée sont soumis au régime douanier, fiscal ainsi que des recettes non fiscales applicable à l'exploitation artisanale.	矿业合作社、手工开采者、批发商和特许商行须遵守适用于手工开采的海关、税收及非税收入制度。
Article 537: Du régime spécifique fiscal, douanier ainsi que des recettes non fiscales applicable aux coopératives minières, aux négociants et aux comptoirs agréés	**第 537 条:适用于矿业合作社、批发商和特许商行的特别税收、海关和非税收入制度**
Le régime douanier, fiscal, ainsi que des recettes non fiscales applicable aux coopératives minières, aux négociants ainsi qu'aux comptoirs agréés porte sur les impôts, taxes, droits et redevances suivantes:	适用于矿业合作社、批发商和特许商行的海关、税收以及非税收入制度规定下列税收、税费、税金和资源税:
• pour les coopératives minières:	• 就矿业合作社:
-les droits d'entrée et la TVA à l'importation pour le petit matériel, équipements, liés à l'exploitation artisanale;	-进口税、手工开采所需小型设备和设施的进口增值税;
-les droits d'entrée pour réactifs;	-反应剂进口税;

- la taxe rémunératoire sur la carte d'exploitant artisanal;	-手工开采证薪酬税;
- la taxe d'agrément d'une coopérative minière;	-矿业合作社许可税;
-la redevance annuelle anticipative pour le maintien de validité d'une coopérative minière.	-为维持矿业合作社有效运营而预缴的年度资源税。
• pour les négociants:	• 就批发商:
- la taxe rémunératoire sur la carte de négociant.	-批发许可证薪酬税。
• Pour les comptoirs agréés:	• 就特许商行:
-la redevance annuelle anticipative à payer au trésor public, lors de l'agrément du comptoir et du renouvellement de celui-ci;	-批准商行或为商行续期时,向国库预缴的年度资源税;
-la caution à payer lors de l'agrément;	-批准资质时缴纳的保证金;
-la taxe ad valorem, les droits de sortie, la TVA à l'exportation, les taxes rémunératoires pour les services intervenants;	-从价税、出口税、出口增值税、相关服务薪酬税;
-la taxe d'intérêt commun de 1% sur les transactions d'or et de diamant;	-(对)黄金和钻石交易(征收)1%的一般利息税;
- les impôts et taxes pour lesquels les comptoirs agréés sont des redevables légaux;	-特许商行作为法定纳税人应缴税费;
- la taxe rémunératoire sur la carte de travail d'étranger;	-外籍人员工作证薪酬税;
- le frais de dépôt pour agrément de l'acheteur des comptoirs des substances minérales de production artisanale;	-手工生产矿产商行采购员资质批准提交费;
-l'agrément des acheteurs des comptoirs d'achat et de vente des substances minérales de production artisanale.	-买卖手工生产矿产的商行采购员的资质批准(费)。

La taxe d'intérêt commun visé au point c, 4ème tiret de l'alinéa 1er du présent article peut être étendue à d'autres substances minérales de production artisanale par voie d'arrêté interministériel des Ministres ayant les Mines et les Finances dans leurs attributions.	本条第 1 款第 4 行第 c 项规定的一般利息税可通过矿业部部长和财政部部长发布的联合部长令,延展适用于手工生产的其他矿产。
Les Ministres ayant les Mines et les Finances dans leurs attributions fixent par voie d'Arrêté Interministériel conjointement le taux, l'assiette et les modalités de perception des droits, taxes et redevances relevant du régime douanier, fiscal ainsi que des recettes non fiscales applicables à l'exploitation artisanale ainsi que les sanctions applicables en cas de contravention.	矿业部部长和财政部部长颁布联合部长令以确定适用于手工开采的海关、税收和非税收入制度下各项税金、税费和资源税的税率、税基和征收方式,以及违法处罚。
En ce qui concerne les comptoirs agréés, l'arrêté interministériel susvisé détermine également:	就特许商行,上述联合部长令亦可确定:
• les valeurs minimales des achats annuels et les quotités trimestrielles d'achat des substances minérales précieuses;	• 珍贵矿产最低年度采购额及季度采购份额;
• le montant de la caution à payer lors d'agrément du comptoir;	• 特许商行时应缴的保证金金额;
• le montant de la redevance annuelle anticipative à verser au compte du Trésor, lors de l'agrément et le renouvellement de celui-ci;	• 特许商行或为商行续期时,向国库预缴的年度资源税金额;
• le taux de la taxe ad valorem à payer à chaque exportation;	• 每笔出口应缴纳的从价税税率;
• le montant de la taxe sur la carte de travail d'étranger;	• 外籍人员工作证薪酬税金额;

• les modalités de la caution et de la perception des redevances et taxes visées.	• 保证金、有关使用费和税费的征收方式。
Article 538: Du régime général fiscal, douanier ainsi que des recettes non fiscales applicable aux coopératives minières, aux négociants et aux comptoirs agréés	**第 538 条:适用于矿业合作社、批发商和特许商行的一般税收、海关和非税收入制度**
Le régime douanier, fiscal ainsi que des recettes non fiscales ne soustrait pas les négociants et les comptoirs agréés de leurs obligations douanières, fiscales, ainsi que des recettes non fiscales du paiement des autres impôts, droits, taxes ou redevances prévus par la législation douanière, fiscale et parafiscale.	海关、税收和非税收入制度并不免除批发商和特许商行的海关、税收义务,以及缴纳海关、税收和附加税法律规定的其他税收、税金、税费和资源税的非税收入义务。
La coopérative minière est exonérée de l'Impôt sur les bénéfices et profits. Elle est soumise aux autres impôts conformément au droit commun.	矿业合作社可免于缴纳企业所得税,而根据普通法缴纳其他税费。
Article 538 bis: Du recouvrement de la taxe due par la coopérative minière et du régime d'importation des matériels	**第 538(2)条:矿业合作社应缴税费的征收和设备进口制度**
Conformément à l'article 114 bis du Code minier, toute coopérative minière est agréée par le Ministre des Mines moyennant paiement préalable, au profit du Trésor Public d'un droit fixe dont le taux est déterminé par Arrêté interministériel des Ministres ayant les Mines et les Finances dans leurs attributions respectives.	根据《矿业法典》第 114(2)条的规定,矿业合作社事先向国库缴纳税费的,可由矿业部部长批准资质。该税税率由矿业部部长和财政部部长发布的联合部长令确定。
Pour la validité de l'agrément, la coopérative est tenue de s'acquitter, au plus tard le 31 mars de chaque année, d'une redevance annuelle.	为使其批准有效,合作社最迟须于每年 3 月 31 日缴纳年度资源税。

La coopérative minière dûment constituée et agréée bénéficie du régime douanier préférentiel prévu aux articles 225 et 232 du Code minier pour l'importation des petits matériels et équipements à usage strictement minier.	根据规定设立和批准的矿业合作社可就严格意义上的小型矿业设备和设施的进口,享受《矿业法典》第225条和第232条规定的优惠海关制度。
Chapitre V: DU REGIME DOUANIER FISCAL AINSI QUE DES RECETTES NON FISCALES APPLICABLE A L'EXPLOITATION MINIERE A PETITE ECHELLE	***第五章:适用于小规模矿业开采的海关、税收和非税收入制度***
Section I: Des mesures d'application du régime douanier applicable à l'exploitation minière à petite échelle	**第一节:适用于小规模矿业开采的海关制度的适用措施**
Article 539: De la détermination de l'imposition	**第539条:税收的确定**
En application des prescrits de l'article 262 du Code minier, les dispositions prévues aux articles 509 à 531 du présent Décret s'appliquent *mutatis mutandis* à l'exploitation minière à petite échelle.	根据《矿业法典》第262条的规定,本法令第509条至第531条规定经必要修改后,可适用于小规模矿业开采。
Section II: Des mesures d'application du régime fiscal de taxation unique applicable à l'exploitation minière à petite échelle	**第二节:适用于小规模矿业开采的单一税制的措施**
Article 540: Des contributions et redevances prévues par le régime fiscal de taxation unique	**第540条:单一税制项下的捐税和资源税**
En application des dispositions des alinéas 2 et 4 de l'article 262 du Code minier, le régime fiscal de taxation unique établi pour l'exploitation minière à petite échelle en rapport avec les activités	根据《矿业法典》第262条第2款和第4款的规定,为与矿权持有人矿业活动相关的小规模矿业开采活动而设立的单一税制,涉及下列税收和资源税:

minières du titulaire du droit minier concerne les impôts et redevances suivantes:	
• l'impôt mobilier;	• 动产所得税;
• l'impôt sur les bénéfices et profits;	• 企业所得税;
• l'impôt spécial sur le profit excédentaire;	• 超额利润特别税;
• l'impôt exceptionnel sur les rémunérations des expatriés;	• 外派员工薪酬特别税;
• la taxe sur la Valeur Ajoutée;	• 增值税;
• la redevance minière.	• 矿产资源税。
Article 541: Des modalités d'option du régime fiscal par le titulaire du Permis d'exploitation de petite mine	**第 541 条:小矿山开采证持有人的税收制度的选择方式**
En application des dispositions de l'alinéa 8 de l'article 262 du Code minier, le titulaire du Permis d'exploitation de petite mine est tenu, avant de commencer ses activités d'exploitation, de notifier à l'administration fiscale et à la Direction des Mines, l'option du régime fiscal lui applicable. La lettre de notification du régime fiscal doit être déposée au moins trente jours avant le commencement de la prochaine année fiscale du titulaire. En tout cas, l'option ne prendra effet qu'au premier jour de la prochaine année fiscale qui commence au moins trente jours après la date du dépôt de la lettre. Toute option faite est irrévocable.	根据《矿业法典》第 262 条第 8 款的规定,小矿山开采证持有人须在其开采活动启动前,将其所适用的税收制度选择通知税务主管机关和矿业局。税收制度通知函须至少于持有人的下个税务年度开始前三十日递交。在任何情况下,该选择仅在下个税务年度的首日生效,该税务年度自该函件递交之日后至少三十日起算。该选择一旦作出,不可撤销。
Pour autant que le titulaire soit soumis au régime de l'imposition forfaitaire, le service technique spécialisé du Ministère des Mines chargé de l'assistance et de	只要持有人缴纳包干税,矿业部负责小矿山现场协助和监管的专门技术部门,应协助有关持有人:

l'encadrement, sur terrain, de la petite mine assiste le titulaire concerné pour:	
• remplir des formulaires appropriés de la Direction Générale des Impôts;	• 填写适当的税务总局表格;
• joindre à ces formulaires les pièces justificatives.	• 在该表格后附随证明文件。
Pour tous les autres impôts, droits, taxes et redevances non cités ci-dessus, le titulaire du Permis d'Exploitation de petite mine est soumis au régime de droit commun.	小矿山开采证持有人根据普通法规定,缴纳上述条款未提及的其他税收、税金、税费和资源税。
Article 542: Du recouvrement de l'imposition forfaitaire	**第 542 条:包干税的征收**
Les modalités et mécanismes du recouvrement de l'imposition forfaitaire sont fixés par arrêté interministériel des Ministres ayant respectivement les Finances et les Mines dans leurs attributions.	包干税征收的方式和机制由财政部部长和矿业部部长发布的联合部长令确定。
L'arrêté dont question précise le domaine de collaboration entre le Service Technique du Ministère des Mines chargé de l'encadrement de la petite mine, de la Direction Générale des Recettes Domaniales, Administratives, Judiciaires et de Participations ainsi que de la Direction Générale des Impôts.	相关法令明确规定矿业部负责小矿山监管的技术部门与公有、行政、司法机构和参与单位收款事务总局以及税务总局的合作范围。
Section III: Des droits et frais en rémunération des services à percevoir en faveur du Service d'Assistance et d'Encadrement de l'Exploitation Minière à Petite Echelle, en sigle, SAEMAPE	**第三节:小规模矿山开采协助和监管处(缩写为"SAEMAPE")征收的服务报酬的税费**
Article 542 bis: Des taux des droits et frais en rémunération des services rendus	**第 542(2)条:提供服务所得报酬的税费税率**

Les taux des droits et frais en rémunération des services rendus, à percevoir à l'initiative du ministère des Mines par le SAEMAPE, sont fixés par arrêté interministériel des Ministres ayant respectivement les Mines et les Finances dans leurs attributions.	在矿业部的倡议下,由小规模矿山开采协助和监管处征收的服务报酬的税费,其税率由矿业部部长和财政部部长发布的联合部长令确定。
Les frais en rémunération des services rendus sont la contrepartie des prestations d'encadrement et de traçabilité des flux matières issues de l'exploitation artisanale et des mines à petite échelle.	提供服务所得报酬的费用是指提供监管服务及手工开采和小规模开采后物流溯源服务的对价。
Article 542 ter: De la répartition des frais en rémunération des services rendus	**第542(3)条:提供服务所得报酬的费用的分配**
La quotité des frais en rémunération des services rendus en faveur du SAEMAPE est fixée à 60%.	提供服务所得报酬的费用向小规模矿山开采协助和监管处分配的份额为60%。
Le Gouverneur de province procède, par-voie d'arrêté, à la répartition de 40% en faveur des autres services intervenants.	省长通过省长令将(费用的)40%分配给其他相关部门。
Chapitre VI:DU REGIME DE CHANGE	***第六章:外汇制度***
Section I:Des Dispositions générales	**第一节:通用条款**
Paragraphe I:Des conventions d'emprunt avec les bailleurs de fonds étrangers	**第一段:与外国融资银行缔结的贷款协议**
Article 543: De la conclusion des conventions d'emprunt avec des bailleurs de fonds étrangers	**第543条:与外国融资银行的贷款协议的缔结**
Pour ses besoins de financement, le titulaire de droit minier est autorisé à conclure avec un ou plusieurs bailleurs de fonds	为满足其资金需求,矿权持有人有权与一个或多个外国融资银行,根据与市场惯例相近或更为优惠的条件,缔结贷款协议。

étrangers, des conventions d'emprunt dans les conditions et termes similaires ou plus favorables que ceux pratiqués sur le marché.	
Article 544: Du dépôt des conventions d'emprunt avec les bailleurs de fonds étrangers	**第 544 条:与外国融资银行的贷款协议的递交**
Dans les dix-huit jours ouvrables suivant la signature de toute convention d'emprunt avec un ou des bailleurs de fonds étrangers, le titulaire de droit minier est tenu de déposer auprès de la Direction des Mines quatre exemplaires de la convention d'emprunt ainsi que quatre exemplaires d'un plan d'investissement des fonds reçus en emprunt et quatre exemplaires du plan de financement du projet minier.	与一个或多个外国融资银行签署贷款协议后十八个工作日内,矿权持有人须向矿业局递交其贷款协议、所贷资金投资计划和矿业项目融资计划,上述文件一式四份。
La Direction des Mines réserve à la Banque Centrale du Congo et à la Direction Générale des Impôts une copie de la convention d'emprunt ainsi qu'une copie du plan d'investissement des fonds reçus en emprunt et une copie du plan de financement du projet minier pour les besoins de leur contrôle respectif.	矿业局分别为刚果(金)中央银行和税务总局保留贷款协议、所贷资金投资计划和矿业项目融资计划副本各一份,以备其监管所需。
Article 545: De la vérification des conditions d'emprunt avec les bailleurs de fonds étrangers	**第 545 条:向外国融资银行贷款条款的核查**
Dès réception de toute convention d'emprunt et dans le délai de quinze jours ouvrables suivant le dépôt de la convention d'emprunt, la Direction des Mines, après consultation de la Banque Centrale du Congo et de la Direction Générale des Impôts, vérifie et émet un avis sur la concordance ou la discordance des conditions	一经收到贷款协议,在贷款协议递交后十五个工作日内,矿业局在征求刚果(金)中央银行和税务总局意见后,立即就贷款协议的条款和期限是否符合市场惯例、贷款是否实际用于实施矿业项目以及所贷资金和自有资金的比例是否符合《矿业法典》第 264 条第 1 款第 i 点的规定进行核查并出具意见。

et termes de la convention d'emprunt avec ceux pratiqués sur le marché, sur la destination effective des emprunts destinés à la réalisation du projet minier ainsi que sur la hauteur des ratios des fonds empruntés sur fonds propres au regard de l'article 264, alinéa 1er, point i.	
L'avis dont question à l'alinéa précédent doit être communiqué au titulaire de droit minier ou des carrières avant l'encaissement de fonds emprunté dans son compte principal à l'étranger ou dans un compte ouvert auprès du système bancaire national.	前款规定的意见须在所贷资金汇入矿权或采石权持有人的境外主要账户或向刚果银行系统开立的账户前,向其通知。
Paragraphe 2: Des importations et exportations des biens et services	**第二段:货物和服务的进出口**
Article 546: De la souscription et de la validation des déclarations d'importation ou de l'exportation des biens et services	**第 546 条:货物和服务进出口申报的签署和批准生效**
Conformément aux dispositions des articles 264 litteras a et b, et 266 alinéa 2, du Code minier, les titulaires de droits miniers doivent, pour leurs opérations d'importation et d'exportation de biens et services, souscrire préalablement auprès d'une banque agréée, selon le cas, des Déclarations d'importation et d'exportation des biens ou des services.	根据《矿业法典》第 264 条第 a 项和第 b 项、第 266 条第 2 款的规定,矿权持有人拟进出口货物和服务的,须视情况事先由特许银行签署货物和服务的进出口申报。
Pour éviter la multiplication des documents de change, les titulaires des droits miniers sont autorisés à souscrire des Déclarations modèles IB et EB dits «Formule globale» auprès d'une banque agréée de son choix pour autant que:	为避免外汇文件的大幅增加,矿权持有人有权就被称为"总表"的申报模板 IB 和 EB 由其选定的特许银行进行签署,只要:

• les biens importés proviennent d'un même fournisseur et soient de même nature et de même provenance;	• 货物从同一供应商处进口且性质和来源相同;
• les biens exportés soient de même nature et destinés à un même acheteur étranger.	• 出口货物的性质相同且向同一境外买方出口。
En vue de permettre à la Banque Centrale du Congo d'établir les statistiques relatives à la balance des paiements, les titulaires des droits miniers sont tenus de transmettre trimestriellement à celui-ci dont une copie à la banque agréée intervenante un tableau des importations et des exportations réalisées sous la formule globale reprenant les données suivantes:	为供刚果(金)中央银行编制关于支付平衡的统计表,矿权持有人须每季度向相关特许银行移交进出口表格副本,该季度表根据总表编制,包含下列数据:
• nature exacte des biens importés ou exportés;	• 进口或出口货物的具体性质;
• numéro du tarif douanier de ces biens;	• 该等货物的海关编码;
• quantité;	• 数量;
• valeur FOB;	• 离岸价格;
• coût du fret;	• 运费;
• frais connexes;	• 相关费用;
• n° B/L;	• 提单号;
• coût de l'assurance;	• 保险费;
• pays d'origine et de provenance pour les importations et de destination pour les exportations.	• 原产国、进口货物来源国和出口货物目的国。
Cette transmission doit s'accompagner en annexes des copies desdits documents pour valoir des preuves à l'émargement auprès de la banque agréée intervenante et justification auprès de la Banque Centrale.	移交该表格时,须在附件中附随上述文件的副本,以便从相关特许银行处得到签名证明,向中央银行证明其合理性。

Article 547: Du respect des dispositions relatives à la compétitivité	**第 547 条:有关竞争性规定的遵守**
La Banque Centrale du Congo ainsi que l'Office Congolais de Contrôle veilleront, conformément à leurs normes et procédures, au respect par les titulaires, sous-traitants et détenteurs d'agrément au titre d'entité de traitement des dispositions du change relatives à la compétitivité des biens et services faisant l'objet d'importation par rapport au marché local.	刚果(金)中央银行和刚果管制局根据其标准和程序,确保持有人、分包商、处理实体资质持有人遵守关于进口货物和服务在本地市场的竞争性的外汇交易规定。
Toutefois et sans préjudice des compétences légales de ces organismes publics l'importation des biens et services par les titulaires, sous-traitants et détenteurs d'agrément au titre d'entité de traitement ne peut en aucun cas être conditionnée par l'obligation d'en justifier les prix et le bien fondé. Le contrôle de ces éléments s'effectuera à posteriori sur base des documents justificatifs usuels en matière de commerce international et des dispositions réglementaires en vigueur en République Démocratique du Congo.	但是,在不违反该等公共机构法定管辖权的前提下,持有人、分包商和处理实体资质持有人对货物和服务的进口,在任何情况下,不得以要求证明货物和服务的价格及其根据为条件。对该等事项的监管须在国际贸易惯用的证明文件和刚果民主共和国现行规章规定的基础上,在事后进行。
Article 548: De la contestation relative aux importations et/ou exportations des biens et des services	**第 548 条:货物和服务进口和/或出口的异议**
Sous réserve de cas de fraude, toute contestation relative aux importations et/ou aux exportations de biens et services réalisées par les titulaires, sous-traitants et détenteurs d'agrément au titre d'entité de traitement, sera portée à l'attention de la Banque Centrale du Congo et de l'Office Congolais du	除欺诈外,对持有人、分包商、处理实体资质持有人进行的货物和服务的进口和/或出口存在异议的,最长须在十五日内提交刚果(金)中央银行和刚果管制局作决定。

Contrôle pour décision dans un délai maximum de quinze jours.	
Paragraphe 3: De la Redevance de Suivi de Change	**第三段:外汇监管费**
Article 549: Du paiement de la Redevance de Suivi de Change	**第 549 条:外汇监管费的支付**
Les titulaires, sous-traitants et détenteurs d'agrément au titre d'entité de traitement est tenu de payer à la Banque Centrale du Congo ou à toute personne mandatée par elle, une redevance de suivi de change de 2‰ (deux pour mille) sur tout paiement vers ou en provenance de l'étranger, à l'exception:	持有人、分包商、处理实体资质持有人须就所有向境外支付或从境外收取的款项,向刚果(金)中央银行或其所委托的任何人支付 2‰(千分之二)的外汇监管费,下列情况除外:
• des rapatriements des recettes provenant du Compte Principal;	• 来自主要账户的汇回收入;
• des virements en faveur des comptes de service de la dette étrangère réalisés à partir du Compte Principal;	• 由主要账户向境外债务偿还账户进行的转账;
• des paiements du service de la dette étrangère réalisée à partir des comptes pour le service de la dette ouverts auprès d'une banque étrangère.	• 由向境外银行开立的债务偿还账户进行的境外债务偿还的支付。
Les titulaires, sous-traitants et détenteurs d'agrément au titre d'entité de traitement est tenu d'instruire son banquier pour calculer la redevance de change suivant les modalités fixées par la Banque Centrale du Congo et d'en virer le montant au profit du compte indiqué par cette dernière.	持有人、分包商和处理实体资质持有人须指令其银行人员按照刚果(金)中央银行确定的方式,计算外汇监管费,并向刚果(金)中央银行指定的账户汇入相应款项。
Article 550: Du rapatriement et de la gestion des recettes d'exportation	**第 550 条:出口收入的汇回和管理**
Les recettes d'exportation doivent être reçues par le titulaire dans les quarante-	货物装运后四十五日内,持有须收取出口收入。

cinq jours à dater de l'embarquement des biens.	
Les titulaires des droits miniers et de l'AECP de production de ciment, en phase d'amortissement de leurs investissements, sont autorisés à garder:	矿权持有人和水泥产品的永久性采石许可持有人在其投资收回阶段有权:
• 40% des recettes d'exportation dans le Compte Principal ouvert auprès d'une banque à l'étranger. Ne peut garder cette quotité des recettes d'exportation à l'étranger que le titulaire des droits miniers et de l'AECP de production de ciment qui a communiqué les coordonnées bancaires et qui transmet régulièrement à la Banque Centrale le rapport de ses activités enregistrées dans le compte principal;	• 在其向境外银行开立的主要账户内保留 40% 的出口收入。仅已向刚果(金)中央银行提交其银行账户信息且每季度定期向刚果(金)中央银行提交其主要账户中记录的业务流水报告的矿权持有人和水泥产品的永久性采石许可持有人,可在境外保留该等份额的出口收入;
• 60% dans le Compte ouvert auprès de la banque agréée de domiciliation des exportations. Le montant représentant au moins ce taux doit être reçu dans ce compte dans les quinze jours de leur encaissement dans le Compte Principal à l'étranger.	• 在为出口地特许银行开立的账户内保留 60%的出口收入。该款项须在境外主要账户入账之日起十五日内汇回。
Quel qu'en soit les termes du contrat de vente, les titulaires des droits miniers et de l'AECP de production de ciment veillent à ce que la durée de rapatriement ne dépasse 60 jours calendrier.	无论销售合同期限如何,矿权持有人和水泥产品的永久性采石许可持有人须确保汇回期限不超过六十个日历日。
Les titulaires des droits miniers et de l'AECP de production de ciment sont soumis au régime commun après la phase d'amortissement.	矿权持有人和水泥产品的永久性采石许可持有人在投资收回阶段后,须遵守一般制度。

L'Etat et la Banque Centrale du Congo se réservent le droit de racheter les devises des recettes d'exportation, aux taux et hauteur à négocier entre parties, en cas de nécessité pour l'économie nationale.	为国民经济的需要,国家和刚果(金)中央银行保留按照双方商定的汇率和金额,回购出口收入外汇的权利。
Lors des opérations de rachats des devises, les besoins exprimés par les titulaires des droits miniers et des carrières sont traités et servis en priorité. Une instruction de la Banque Centrale en détermine les modalités d'exécution.	进行外汇回购时,优先处理并满足矿权或采石权持有人的需求。执行方式由中央银行的指令确定。
Article 551: De la gestion des recettes reçues dans le compte principal	**第 551 条:主要账户收入的管理**
Les titulaires, sous-traitants et détenteurs d'agrément au titre d'entité de traitement est autorisé à gérer la part des recettes reçues dans son Compte Principal pour le service de la dette conformément aux modalités retenues dans les conventions d'emprunt conclues entre l'emprunteur et les bailleurs de fonds étrangers.	持有人、分包人和处理实体资质持有人有权根据借款人与外国融资银行缔结的贷款协议中规定的方式,管理其主要账户中偿债准备资金。
Section II: Du contrôle des transferts de fonds en faveur des sociétés affiliées du titulaire	**第二节:向持有人关联公司转移资金的监管**
Article 552: Des justifications des transferts de fonds en faveur des sociétés affiliées	**第 552 条:向关联公司转移资金的理由**
En application des dispositions de l'article 265 du Code minier, le titulaire du droit minier est tenu de:	为适用《矿业法典》第 265 条的规定,矿权持有人须:
• déposer auprès de la Direction des Mines, dans les dix jours ouvrables après sa signature, une copie certifiée conforme de tout contrat conclu avec une société affiliée;	• 在与关联公司订立的合同签署后十个工作日内,向矿业局递交经证明与原件一致的合同副本一份;

• transmettre, dans les quinze jours suivant la fin de chaque mois à la Banque Centrale du Congo et à la Direction des Mines, le rapport mensuel retraçant le transfert de fonds effectué au bénéfice des sociétés affiliées en paiement des biens fournis ou des services rendus dûment appuyés par les pièces justificatives requises.	• 每月结束后十五日内,向刚果(金)中央银行和矿业局移交就关联公司供应的货物或提供的服务向其支付款项而进行资金转移的月度报告,所供应的货物或提供的服务须按规定通过相关文件予以证明。
Le défaut pour le titulaire des droits miniers de transmettre le rapport mensuel susvisé dans le délai prescrit l'exposé au paiement d'une astreinte de l'équivalent en Francs Congolais de 1.000 USD par jour de retard, conformément aux prescrits de l'article 295 du Code minier.	矿权持有人未在规定期限内移交月度报告的,根据《矿业法典》第 295 条的规定,将被处以每日等值于 1000 美元的刚果法郎的延迟罚款。
Article 553: Des éléments de justification	**第 553 条:证明合理性的材料**
Tout marché des fournitures des biens ou des prestations des services ou tout prêt entre un affilié et le titulaire doit faire l'objet d'un contrat.	持有人与关联企业间的货物供应、服务提供或任何借贷均须订立合同。
En justification des conditions et termes du contrat déposé à la Direction des Mines, le titulaire fournit à cette dernière l'un des éléments suivants:	为证明该等合同的条款和条件的合理性,持有人须向矿业局提供下列材料:
• si le contrat a été conclu à la suite d'un appel d'offres, il dépose auprès de la Direction des Mines une copie certifiée conforme de l'appel d'offres comportant les termes de référence ainsi qu'une copie certifiée conforme de toutes les offres reçues;	• 若以招标方式订立合同的,向矿业局递交经证明与原件一致的含有参考条款的招标书副本,以及经证明与原件一致的所有收取的投标书副本;

• il fournit la preuve de deux autres contrats exécutés entre personnes non affiliées comportant des termes et conditions similaires pour des biens ou prestations similaires;	• 提供其他两份就相似货物或服务,非关联企业间以相似条款和条件进行交易的合同的证明;
• il justifie le prix des biens ou prestations des services ou les taux d'intérêt ou autres conditions d'emprunt prévus dans le contrat avec son affilié, en l'absence des éléments de justification susvisés.	• 无上述证明材料的,须证明与其关联企业的合同中所规定的货物价格、服务的提供价格、利率或其他贷款条件的合理性。
Au rapport mensuel retraçant les transferts des fonds effectués au bénéfice des sociétés affiliées sont jointes les pièces justificatives.	记录向关联企业进行资金转移的月度报告中,须附随相关证明文件。
Article 554: De la vérification des justifications des transferts au bénéfice des sociétés affiliées et de l'avis motivé de la Direction des Mines	**第 554 条:向关联企业转账合理性和矿业局附理由意见的核查**
Le contrôle des transferts au bénéfice des sociétés affiliées par la Direction des Mines se fait a posteriori. L'approbation préalable des paiements au bénéfice des sociétés affiliées n'est pas requise.	矿业局对向关联企业转账的监管在事后进行。向关联企业的支付无须事先获得批准。
Dans un délai de quinze jours ouvrables à partir de la réception des justifications du titulaire et sous réserve des demandes d'informations complémentaires au titulaire, de fourniture des biens ou des prestations des services ou du contrat d'emprunt, la Direction des Mines vérifie les informations et justifications fournies par le titulaire et émet:	自收到持有人证明材料后十五个工作日内,除要求持有人就货物供应、服务提供或贷款合同提供补充信息外,矿业局对由持有人提供的信息和证明文件予以核实,并:

• soit un avis considérant les conditions et termes du contrat de fourniture des biens ou des prestations des services ou du contrat d'emprunt entre le titulaire et son affilié comme justifiés par rapport à ceux du marché pour les biens, services ou capitaux similaires;	• 或出具意见认为,相较于市场上类似货物、服务或资金合同而言,可证明持有人与其关联企业间的货物供应、服务提供或贷款合同的条款和条件具有合理性;
• soit un avis considérant les conditions et termes du contrat entre le titulaire et son affilié non justifiés par rapport à ceux pratiqués sur le marché pour les biens, les services ou capitaux similaires en indiquant les conditions excessives ou léonines.	• 或出具意见认为,相较于市场上类似货物、服务或资金合同而言,无法证明持有人与其关联企业间合同的条款和条件具有合理性,并指明不合理或对一方片面有利的条款。
La vérification des informations et justifications fournies par le titulaire consiste à constater la concordance ou la discordance entre les conditions et termes fixés dans le contrat entre le titulaire et une société affiliée d'une part et ceux pratiqués sur le marché pour les biens, services ou capitaux similaires.	对持有人提供的信息和证明文件的审查旨在对持有人与关联企业间合同的条款和条件与市场上类似货物、服务和资金合同的条款和条件之间的一致或不一致予以认定。
Article 555: De la possibilité d'enquête par la Direction des Mines	**第 555 条:矿业局调查的可能性**
La Direction des Mines peut mener toute enquête s'il n'existe aucune concordance entre les conditions et termes du contrat et ceux pratiqués sur le marché pour les biens et services similaires, ou par les marchés des capitaux ou si les éléments de justification ou d'explication ne démontrent pas que les conditions et termes sur le marché sont similaires aux prix qui sont librement négociés entre parties non-affiliées pour des biens, services ou capitaux similaires	若该等合同条款和条件与市场上类似货物、服务和资金合同的条款和条件之间不存在任何相符之处,或若证明或解释材料未能显示市场上的条款和条件与非关联企业之间就类似货物、服务和资金,在相同的交易、提供或授予条件下,自愿协商的价格相似的,矿业局可进行调查。

dans les mêmes conditions de livraison, de prestation ou d'octroi.	
Toutefois, la Direction de Mines peut recourir à l'expertise de la Banque Centrale Congo.	但是,矿业局可委托刚果(金)中央银行进行鉴定。
Article 556:De la notification au titulaire et de la transmission au Ministre de l'avis motivé de la Direction des Mines	**第 556 条:矿业局附理由的意见通知持有人并向矿业部部长移交**
Dans un délai de quinze jours ouvrables à compter de la date du dépôt de la copie du contrat avec les preuves fournies par le titulaire, la Direction des Mines notifie son avis motivé au titulaire sans frais par le moyen le plus rapide et le plus fiable.	自持有人提供合同副本及证明文件之日起十五个工作日内,矿业局将其说明理由的意见以最为迅速可靠的方法无偿通知持有人。
Au cas où la Direction des Mines demande des informations complémentaires au titulaire au cours de la procédure de vérification, le délai pour la notification de l'avis est étendu par le nombre de jours entre la date de délivrance de la demande et la date de la réponse du titulaire, qui ne peut pas excéder quinze jours.	若矿业局在审查程序期间要求持有人提供补充信息,通知意见的期限按照签发该要求的日期与持有人回复日期之间的天数延长,不得超过十五日。
La Direction des Mines transmet une copie de l'avis motivé au Ministre des Mines avec le projet de lettre de mise en demeure de régulariser les conditions et termes du contrat.	矿业局将其说明理由的意见副本,连同责令对合同条款和条件予以调整的催告函草案,一并移交矿业部部长。
Article 557:De la mise en demeure par le Ministre	**第 557 条:矿业部部长的催告**
Dans le délai de trois mois à compter de la date de notification de l'avis motivé de la Direction des Mines, le Ministre met, s'il juge l'avis motivé de la Direction des Mines justifié, le titulaire en demeure de	自矿业局将其附理由的意见予以通知之日起三个月内,若矿业部部长认为矿业局的意见合理,则催告持有人对其合同条款和期限予以调整。矿业部部长将该催告函副本发送税务总局。

régulariser les termes et conditions du contrat. Le Ministre envoie une copie de la mise en demeure à la Direction Générale des Impôts.	
Si dans un délai de trente jours à compter de la date de la réception de l'avis de la Direction des Mines, le Ministre ne réagit pas, les paiements effectués ou à effectuer en faveur de l'affilié sont réputés conformes aux termes et conditions pratiqués sur le marché.	自收到矿业局意见之日起三十日内,若矿业部部长未予以反馈,已向关联企业进行的支付或拟向其进行的支付被视为符合市场通行的条款和期限。
Article 558: De la sanction	**第 558 条:处罚**
A défaut pour le titulaire de régulariser la situation dans les trois mois de la notification de la mise en demeure, l'excédent des paiements à la société affiliée est considéré comme avantage anormal et bénévole qu'il consent à cette dernière et qui est par conséquent à ajouter à ses propres bénéfices imposables à l'impôt sur les bénéfices et profits conformément à la législation relative aux impôts cédulaires sur les revenus.	若持有人未在催告通知的三个月内对相关情形予以调整,向关联企业的超额付款被视为给予该企业的不当得利,从而将根据定额所得税的法律,增加其应缴纳企业所得税的利润。
Le titulaire défaillant paie une astreinte dont la hauteur est déterminée aux articles 295 et 296 du Code minier.	违约的持有人须根据《矿业法典》第 295 条和第 296 条规定的金额缴纳罚款。
Section III: Du contrôle des mouvements des recettes des exportations	**第三节:出口收入周转的监管**
Article 559: Des comptes bancaires	**第 559 条:银行账户**
Tout titulaire des droits miniers est autorisé à détenir des comptes à l'étranger ouverts auprès des banques de réputation internationale, dont:	矿权持有人有权持有在国际知名银行开立的境外账户,包括:

-un compte dénommé «compte principal» pour la gestion des fonds qu'il est autorisé à détenir en dehors du territoire national;	-称为"主要账户"的账户,用于管理其有权在境外持有的资金;
-d'autres comptes où il gère ou fait gérer les fonds versés de son compte principal pour le service de la dette étrangère, ainsi que pour les provisions et réserves légales, statutaires et libres.	-其他账户,用于管理或委托管理从其主要账户汇出的用于偿还境外债务的资金,以及用于提取法定的、章程规定的和自由约定的准备金和储备金。
Le titulaire des droits miniers est également autorisé à détenir un ou plusieurs comptes en monnaies étrangères auprès du système bancaire national.	矿权持有人亦有权在本国银行系统里持有一个或多个外币账户。
Le compte principal est crédité des recettes d'exportation, des préfinancements reçus, des emprunts et de tout autre financement à recevoir à quelque titre que ce soit.	主要账户可贷记收取的出口收入、预供资金、贷款和以任何理由收取的其他资金。
Dans les trente jours suivant l'ouverture du compte à l'étranger, le titulaire de droit minier est tenu de communiquer à la Banque Centrale du Congo, à la Direction ayant la gestion des opérations du change dans ses attributions, les références y relatives à savoir:	自境外账户开立之日起三十日内,矿权持有人须向刚果(金)中央银行、外汇管理局提供相关参考信息,如:
• le nom et les coordonnées de la banque à l'étranger;	• 境外银行的名称和联系方式;
• le numéro du compte principal;	• 主要账户号码;
• le nom du principal contact du titulaire de droit minier auprès de cette banque étrangère.	• 矿权持有人在境外银行的主要联系人姓名。
Article 559 bis: Du contrôle de la quotité de production	**第 559(2)条:产品份额的监管**

En application des dispositions de l'alinéa 2 de l'article 266 du Code minier, la quotité de la production que le titulaire doit vendre à l'industrie nationale est déterminée par voie d'arrêté interministériel des Ministres des Mines et de l'Industrie, en tenant compte des besoins exprimés dans le Plan Stratégique d'Industrialisation de la République Démocratique du Congo.	为适用《矿业法典》第 266 条第 2 款的规定,持有人须向国内工业出售的产品份额,由矿业部部长和工业部部长在考虑刚果民主共和国工业化战略计划中的需求后,发布的联合部长令确定。
Article 560: Du rapport mensuel des mouvements de fonds	**第 560 条:资金周转月度报告**
Dans les quinze jours suivant la fin de chaque mois, le titulaire de droit minier est tenu de transmettre à la Direction ayant la gestion des opérations du change de la Banque Centrale du Congo et à la Direction des Mines en cinq exemplaires le rapport mensuel retraçant les mouvements des fonds passés dans le compte principal.	矿权持有人须于每月末后十五日内,向刚果(金)中央银行外汇管理局和矿业局移交其主要账户中资金周转的月度报告,一式五份。
A ce rapport, il est annexé, les références des dossiers d'exportation sur les recettes versées dans ce compte, une copie du relevé bancaire dudit compte, les contrats d'emprunt encaissé dans le mois, la preuve de paiement de la Redevance de Suivi de Change sur les opérations réalisées dans le compte principal à l'étranger, les preuves douanières et de l'OCC des exportations réalisées.	该报告后须附随与汇入该账户内的收入相关的出口文件证明以供参考:该账户银行对账单副本、本月汇入贷款的合同、境外主要账户中业务活动外汇监管费的缴纳证明、已完成的出口的海关证明和刚果管制局证明。
La Banque Centrale se réserve le droit de vérifier la régularité des opérations inscrites sur le compte principal à l'étranger du titulaire des droits miniers après l'en avoir préalablement informé par écrit le titulaire dudit compte.	在事先书面通知矿权持有人后,中央银行有权核查其境外主要账户所记载的操作的合规性。

Pour ce faire, le titulaire des droits miniers a l'obligation, dans les trente (30) jours dès réception de cette correspondance, d'accuser réception et de transmettre à la Banque Centrale du Congo la copie légalisée de la lettre adressée à son banquier autorisant la vérification des opérations effectuées sur son compte principal.	为此,矿权持有人自收到该通知起三十(30)日内有义务通知刚果(金)中央银行收到通知并将发送至其银行工作人员的允许刚果(金)中央银行核查主要账户的操作的信函的认证件的副本提交至刚果(金)中央银行。
Le titulaire des droits miniers ou des carrières communique également à la Banque Centrale du Congo, le plan d'amortissement de ses investissements en annexe de son rapport mensuel sur les mouvements de fonds du compte principal.	矿权或采石权持有人亦须向刚果(金)中央银行提交其投资收回计划,并附随于其主要账户的资金周转月度报告后。
TITRE XXI: DES SANCTIONS POUR LES MANQUEMENTS DU TITULAIRE A SES OBLIGATIONS	**第二十一编:矿权人未履行义务的处罚**
Chapitre I: DE LA DECHEANCE DES DROITS MINIERS ET DE CARRIERES	***第一章:矿权和采石权的丧失***
Article 561: De la notification au titulaire des causes ou de la décision de déchéance	**第561条:权利持有人失权的理由或决定的通知**
Dans le délai légal prescrit, le Cadastre Minier central ou provincial notifie au titulaire par le moyen le plus rapide et le plus fiable:	在法定期限内,中央矿权登记局或省级矿权登记局应以最为迅速可靠的方法通知持有人:
• le non-paiement des droits superficiaires annuels par carré, constatés conformément aux dispositions de l'article 287 du Code minier;	• 未予缴纳根据《矿业法典》第287条规定所认定的年度区块面积税;
• le défaut de commencer les travaux dans le délai légal constaté, conformément aux dispositions de l'article 288 du Code minier;	• 根据《矿业法典》第288条规定所认定的,未在法定期限内启动工程;

• le non-respect des engagements vis-à-vis des obligations sociales constaté conformément au chronogramme repris dans le cahier des charges, conformément aux dispositions de l'article 288 bis du Code minier;	• 根据《矿业法典》第288(2)条的规定,未根据任务书中设定的时间表,遵守其关于社会义务的承诺;
• le défaut de correction dans un délai de soixante jours après la mise en demeure prévue à l'article 292 du Code minier, conformément aux dispositions de l'article 286 du Code minier.	• 根据《矿业法典》第286条的规定,未在《矿业法典》第292条规定的催告之日起六十日内予以改正。
Les créanciers hypothécaires enregistrés sont notifiés de la même façon.	应以同样的方法通知经登记的抵押权人。
Le titulaire concerné dispose d'un délai de quarante-cinq jours à dater de l'affichage du constat des manquements sus visés pour présenter ses moyens de défense, conformément aux dispositions des articles 287, alinéa 2, 288, et 288 bis alinéa 4 du Code minier.	自上述未履行(义务)的认定张贴之日起四十五日内,相关权利持有人有权根据《矿业法典》第287条第2款、第288条和第288(2)条第4款的规定,提交其抗辩理由。
La décision de déchéance est prise par le Ministre, conformément aux dispositions de l'article 289 du Code minier, et notifiée par le Cadastre Minier.	失权决定由矿业部部长根据《矿业法典》第289条规定作出,由矿权登记局予以通知。
Il dispose d'un délai de trente jours à dater de l'affichage de la décision de déchéance au bureau du Cadastre Minier du ressort pour exercer le recours administratif auprès du Ministre.	自失权决定在所属辖区矿权登记局办公室张贴之日起三十日内,持有人有权向矿业部部长提起行政救济。
Article 562: De l'inscription des décisions de déchéance et des recours	**第562条:失权决定的登记及救济**

Toute décision de déchéance ou à défaut de recours dans le délai de trente jours qui suivent l'affichage de la décision de déchéance dans le bureau du Cadastre Minier du ressort, ce dernier procède à l'inscription de cette décision dans le registre des déchéances et des retraits et publication en est faite au journal officiel.	作出失权决定的,或该等决定在所属辖区矿权登记局办公室张贴之日起三十日内未提起救济的,该矿权登记局将该决定在丧失及吊销权利登记簿上予以登记,并在官方公报上予以公布。
Article 563: Du retrait des droits miniers et de carrières	**第 563 条:矿权和采石权的吊销**
Le retrait des droits miniers et de carrières est faite conformément aux dispositions de l'article 290 du Code minier.	矿权和采石权的吊销,根据《矿业法典》第 290 条的规定进行。
A cet effet, le Cadastre Minier central prépare un projet d'arrêté de retrait qu'il soumet à la signature du Ministre lorsqu'il s'agit d'un droit minier et/ou d'une Autorisation d'Exploitation de carrières Permanente portant sur des matériaux autres que ceux de construction à usage courant.	为此,涉及矿权和/或常用建筑材料以外的永久性采石许可的,由中央矿权登记局编制吊销裁决的草案,并提交矿业部部长签署。
En cas de retrait d'une Autorisation d'Exploitation de Carrières Permanente ou Temporaire de matériaux de construction à usage courant, le Cadastre Minier Provincial prépare un projet de décision de retrait qu'il soumet à la signature du Ministre provincial des mines du ressort.	吊销常用建筑材料永久性的采石许可或临时性采石许可的,由省级矿权登记局编制吊销裁决的草案,并提交所属辖区省级矿业部部长签署。
Les périmètres miniers ou de carrières d'exploitation faisant l'objet de retrait par le Ministre reviennent au domaine public de l'Etat et constituent des zones réservés à la recherche géologique, conformément à l'article 290 du Code minier.	根据《矿业法典》第 290 条的规定,被矿业部部长吊销的矿权或采石权所覆盖的矿山或采石场的矿区重新归于国家公有,为地质勘探预留区。

Ces zones sont reportées sur la carte de retombes minières du Cadastre Minier sous le nom de Zone de Recherches Géologiques, en sigle "ZRG", portant un numéro cadastral ainsi que le nombre des carrés y afférents.	该等区域在矿权登记局的矿区定位图上,以地质勘探区("ZRG")为名进行标注,同时注明矿权登记编号以及相关的区块数量。
Le Service Géologique National du Congo se livre à des activités d'investigation sur les zones de recherches géologiques afin d'améliorer la connaissance géologique desdites zones.	刚果(金)国家地质处在该等地质勘探区内进行调查活动,以便增进对该等区域地质情况的了解。
Article 564: Du défaut de la notification de la cessation du cas de force majeure	**第 564 条:未就不可抗力事件终止而通知**
En cas de non déclaration de la cessation du cas de force majeure, la période de prorogation de la validité des droits miniers ou de carrières est réduite de moitié.	未就不可抗力事件的终止予以声明的,矿权或采石权有效期的延长期限减半。
Chapitre II: DE LA SUSPENSION DES TRAVAUX POUR FAUTE GRAVE	***第二章:因严重过错中止工程***
Article 565: De la faute grave	**第 565 条:严重过错**
Sans préjudice des dispositions de l'article 569 du présent Décret, commet une faute grave et s'expose ainsi à la suspension de ses travaux, le titulaire qui manque gravement aux obligations lui imposées par le Code minier et le présent Décret notamment lorsqu'il:	在不违反本法令第 569 条规定的前提下,有下列情形的,持有人严重违反《矿业法典》和本法令规定其应承担的义务,构成严重过错,可中止其工程:
• cause aux communautés locales ou aux autres titulaires intentionnellement un préjudice matériel ou moral pendant ou à l'occasion de l'exécution de ses activités autorisées;	• 在从事允许其实施的活动时,故意给当地社区或其他持有人造成物质或精神损害;

• compromet la sécurité des employés, des tiers ou des communautés locales voisines;	• 危害工作人员、第三人或相邻当地社区的安全;
• omet de prendre les mesures nécessaires visant la sécurité et la santé du personnel, la sécurité et la salubrité publiques, la solidité des édifices publics et privés, ou la conservation des voies de communication et des autres mines;	• 未针对工作人员的安全和健康、公众卫生和安全、公共建筑和私人建筑的稳固、道路或其他矿山的维护采取必要措施;
• omet de construire un bâtiment devant abriter son siège social selon les normes des standards internationaux au chef-lieu de la province d'exploitation dans les cinq ans à dater de la délivrance du titre minier d'exploitation ou de l'Autorisation d'Exploitation de Carrières Permanente.	• 未在其采矿证或永久性采石许可颁发之日起五年内,根据国际标准在开采所在地的省会城市建设其公司总部的建筑。
Article 566: De la mise en demeure	**第 566 条:催告**
Sauf dérogation prévue dans le Code minier et dans d'autres dispositions du présent Décret, toute mesure de suspension des travaux pour faute grave est précédée d'une mise en demeure.	除有《矿业法典》和本法令其他条款规定的例外情形外,经催告后,须采取所有因严重过错而应对工程进行的中止措施。
La mise en demeure est faite par écrit et est notifiée au titulaire sur support papiers. Elle comprend un libellé clair de ses motifs et surtout les attitudes ou les actes attendus du titulaire pour remédier à ses causes.	催告须以书面形式作出,以纸质形式通知持有人,其上应包含措辞清楚的理由说明和持有人为改正违法情形应有的态度和行为。
En cas de nécessité, la mise en demeure est faite par l'huissier de justice à l'initiative de l'administration.	必要时,催告可在行政机关的建议下,由司法执达员作出。
Article 567: De la durée de la suspension des travaux pour faute grave	**第 567 条:因严重过错而中止工程的期限**

La décision de suspension immédiate des travaux prise par le Ministre fixe la durée de suspension en fonction de la gravité de la faute commise.	矿业部部长作出立即中止工程的决定，根据所犯过错的严重程度，规定中止期限。
Dans tous les cas, la durée de suspension des travaux ne peut excéder un an. La suspension peut être levée à tout moment lorsque le titulaire a satisfait aux conditions de rectification dont question à l'article suivant.	无论在何种情形下，中止工程的期限不得超过一年。当持有人满足下条规定的补正条件时，可随时解除中止。
Article 568 : De la rectification des conditions ayant justifié la suspension des travaux	**第 568 条：中止工程条件的补正**
La décision de suspension impose au titulaire les travaux à réaliser pour rectifier les dommages causés par sa faute grave.	中止决定应规定持有人为修复其严重过错所造成的损失而需实施的工程。
La Division provinciale des Mines du ressort est chargée de veiller à la réalisation de ces travaux et d'en faire un rapport au Ministre en cas de rapport non concluant, le Ministre peut confier la réalisation des travaux à un tiers au frais du titulaire.	所属辖区的省级矿业处负责监督该类工程的实施，并就此向矿业部部长编制报告。报告该类工程未完成的，矿业部部长可委托第三人完成该类工程，由持有人承担相应的费用。
Chapitre III : DES SANCTIONS POUR LES CONTRAVENTIONS AUX OBLIGATIONS ENVIRONNEMENTALES	***第三章：违反环境义务的处罚***
Article 569 : Du constat et de l'instruction des manquements aux obligations environnementales	**第 569 条：未履行环境义务的认定和审查**
Les manquements aux obligations relatives à la réglementation environnementale sont constatés et notifiés au titulaire par les Inspecteurs et Agents de la Direction chargée de la Protection de l'Environnement Minier en collaboration avec l'Agence Congolaise	危害迫在眉睫的，由矿业环保局监察人员和工作人员会同刚果（金）环境署立即对未履行环境法规义务予以认定，并通知持有人。其他情形下，认定和审查期限不得超过十日。

de l'Environnement immédiatement en cas de danger imminent ou dans un délai n'excédant pas dix jours pour les autres cas.	
Le titulaire dispose d'un délai de dix jours à dater de la notification pour présenter ses moyens de défense, sans préjudice de l'exercice du recours administratif.	自收到通知之日起十日内,持有人可提交其抗辩理由,且不影响其提起行政救济。
Article 570: De la suspension des opérations minières ou de carrières	**第 570 条:矿业或采石活动的中止**
Sans préjudice des dispositions de l'article 292 du Code minier, toute personne qui, sans justification de force majeure, contrevient à ses obligations environnementales telles que décrites au Titre XVIII du présent Décret et contenues dans son plan environnemental est soumise à la procédure et aux sanctions suivantes:	在不违反《矿业法典》第 292 条规定的前提下,任何人违反本法令第十八编及其环境计划中规定的环境义务,且未能证明有不可抗力情形的,根据下列程序予以处罚:
• le manquement est notifié au titulaire du droit minier ou de carrières avec mention du délai de quatre-vingt-dix jours pour y remédier sous peine de suspension des opérations minières;	• 向矿权或采石权持有人通知未履行情形,并要求其在九十日期限内予以改正,否则将中止其矿业作业;
• si, à l'issue de ce délai de quatre-vingt dix jours, le titulaire du droit minier ou de carrières n'a pas remédié au manquement, l'Inspecteur ou l'Agent ordonne la suspension des activités minières ou de carrières pendant trente jours;	• 若九十日期限届满后,矿权或采石权持有人未对未履行情形予以改正,监察人员或工作人员责令矿业活动或采石活动中止三十日;
• si le titulaire du droit minier ou de carrières n'a pas tenté de remédier au manquement pendant les trente jours de la suspension, la suspension des opérations minières ou de carrières est	• 若矿权或采石权持有人未在三十日中止期内,尝试对未履行情形予以改正,矿业作业或采石作业中止延长六十日,并对监察人员或工作人员作出的最初处罚,予以加倍惩处;

prorogée de soixante jours et la pénalité initiale défini par l'inspecteur ou l'Agent est doublée;	
• si, à l'issue des soixante jours, le titulaire du droit minier ou de carrières n'a toujours pas remédié au manquement, la suspension des opérations minières ou de carrières est prorogée de quatre-vingt-dix jours et la pénalité initiale est triplée;	• 若六十日后,矿权或采石权持有人仍未对未履行情形予以改正,矿业活动或采石活动中止延长九十日,对作出的最初处罚,予以三倍惩处;
• si, à l'issue des quatre-vingt-dix jours, le titulaire du droit minier ou de carrières persiste dans le manquement, soit la suspension des opérations minières ou de carrières est prorogée de quatre-vingt-dix jours et la pénalité initiale est quadruplée, soit les opérations minières ou de carrières sont définitivement suspendues pour les cas graves.	• 若九十日后,矿权或采石权持有人仍处于未履行情形,矿业活动或采石活动中止延长九十日,根据初次作出的处罚,予以四倍惩处。情形严重的,矿业活动或采石活动永久终止。
Pour tout manquement mettant directement en danger la vie ou la santé d'une ou plusieurs personnes, le Ministre peut immédiatement, dès sa constatation, suspendre temporairement les opérations minières ou de carrières, pour le temps nécessaire à la mise en place des mesures adéquates pour sauvegarder la vie et la santé.	因未履行环境义务而直接危及一人或多人生命或健康的,一经认定,矿业部部长可立即暂时中止其矿业活动或采石活动,直至其采取保护生命和健康的充分的措施。
Article 571: De la confiscation de la sûreté financière de réhabilitation de l'environnement	**第 571 条:环境修复财务担保金的没收**
En cas de manquement aux obligations environnementales incombant au titulaire, il est procédé à la confiscation de la sûreté	持有人未履行其环境义务的,根据本法令第 411 条至第 414 条的规定,没收环境修复财务担保金。

financière de réhabilitation de l'environnement conformément aux dispositions des articles 411 à 414 du présent Décret.	
TITRE XXII: DES DISPOSITIONS DIVERSES	**第二十二编:其他条款**
Article 572: Du recours administratif provincial	**第 572 条:省级行政救济**
Pour l'application des dispositions de l'article 314 du Code minier, la réclamation préalable du requérant qui demande de rapporter ou modifier un acte du Chef de Division provinciale des Mines est introduite auprès du Gouverneur de la province concernée.	为适用《矿业法典》第 314 条的规定,请求撤销或修改省矿业处处长的文书的申请人,须事先向相关省份的省长提出请求。
Article 573: De la procédure d'ajustement des montants	**第 573 条:金额调整的程序**
Les montants exprimés en dollars américains dans le Code minier sont ajustés en fonction des fluctuations dans la valeur du dollar américain. L'ajustement est annoncé chaque année en décembre pour l'année civile suivante. L'ajustement est effectué en multipliant chaque montant exprimé en dollars par le ratio «In / I_0» dans lequel:	《矿业法典》中以美元表示的金额应根据美元价值的波动作出相应调整。每年十二月,宣布下一年度的调整。该调整根据以美元表示的各项金额乘以"I_n/ I_0"的比率进行,其中:
• «I» représente l'indice du taux d'échange effectif nominal du dollar américain, tel que publié mensuellement par le Fonds Monétaire International, séries neuf;	• "I"表示国际货币基金组织每月公布的美元的票面实际汇率指数,系列九;
• «I_n» représente la valeur de l'indice «I» pour le mois le plus récent pour lequel le Fonds Monétaire International l'a publié au moment de l'ajustement;	• "I_n"表示调整时,国际货币基金组织公布的最近一个月"I"指数的价值;

• «I_0» représente la valeur de l'indice «I» pour le mois de juillet 2002, tel que publié par le Fonds Monétaire International le plus récemment par rapport au moment de l'ajustement.	• "I_0"表示相对于调整时,2002 年 7 月国际货币基金组织公布的最新"I"指数的价值。
Le Cadastre Minier central fixe les montants ajustés conformément aux dispositions du présent article par décision motivée. La décision est affichée dans les salles de consultation publique du Cadastre Minier central et des Cadastres Miniers provinciaux et publiée sur papier ou électroniquement dans le Journal officiel, le journal du Cadastre Minier, le cas échéant, et des revues spécialisées de l'industrie minière.	中央矿权登记局根据本条规定,通过附理由的决定确定所调整的金额。该决定在中央和省级矿权登记局的公共咨询大厅内予以张贴,以纸质或电子形式在官方公报、矿权登记局公报、(如需要)矿业专业期刊上公布。
Article 574: Des jours ouvrables	**第 574 条:工作日**
Dans la détermination des délais précisés au présent Décret, le samedi compte comme jour ouvrable.	本法令明确规定的期限,将周六确定为工作日。
Article 575: De l'interdiction de l'utilisation du mercure dans l'exploitation artisanale	**第 575 条:在手工开采中汞的禁止使用**
L'utilisation du mercure par les exploitants artisanaux est interdite.	禁止手工开采者使用汞。
En revanche, l'utilisation de toutes les méthodes de valorisation des minerais notamment par séparation gravimétrique et de procédés faisant usage des réactifs qui ne causent pas de préjudices graves auxécosystèmes, est autorisée.	相反,在使用所有开发利用矿石的方法,尤其是在使用重力分离法,以及不会严重危害生态系统的反应剂的工序时,可以使用汞。
Article 575 bis: De la propriété des biens mobiliers et immobiliers	**第 575(2)条:动产及不动产所有权**

En application de l'article 326 bis du Code minier, la propriété des biens immobiliers de toute nature acquis par le titulaire des droits miniers et/ou des carrières dans le cadre de ses activités et se trouvant sur le périmètre, est transférée à l'Etat en cas d'expiration, de retrait, d'annulation ou de renonciation totale du titre minier et/ou de carrières.	为适用《矿业法典》第 326(2)条,矿权和/或采石权期限届满、吊销、撤销或全部放弃的,矿权和/或采石权持有人在其活动框架下和其矿区内取得的任何性质的不动产所有权转归国家所有。
Le rapport de l'audit de fermeture du site effectué par l'Agence Congolaise de l'Environnement en collaboration avec la Direction de Protection de l'Environnement Minier contient l'inventaire des biens immobiliers laissés sur le périmètre minier par le titulaire d'un permis ayant sollicité la libération des obligations environnementales.	刚果(金)环境署会同矿业环保局所做的场地关闭审计报告应包含对申请免于环境义务的矿权证持有人在矿区内留置的不动产清单。
La liste des biens sera transmise au service compétent en la matière pour toute disposition utile.	该财产清单将移送至相关主管机关,由其予以处置。
Article 576: Des annexes au présent Décret	**第 576 条:本法令的附件**
Les dispositions des annexes au présent Décret font partie intégrante de celui-ci. Sont considérées annexes au présent Décret:	本法令附件的规定为本法令的组成部分,包括下列附件:
• Annexe I: Autorités compétentes pour l'institution des zones de restriction.	• 附件一:有权设立限采区的主管机关。
• Annexe II: Directive sur la sûreté financière de réhabilitation de l'environnement.	• 附件二:关于环境修复财务担保金的指令。
• Annexe III: Réglementation sur les sites d'entreposage des produits miniers et de carrières.	• 附件三:矿产品和采石产品仓储场地的规定。

• Annexe IV: Code de conduite de l'exploitant artisanal.	• 附件四:手工开采者的行为规范。
• Annexe V: Déclaration de l'exploitant artisanal.	• 附件五:手工开采者的申报。
• Annexe VI: Le Plan d'Atténuation etde Réhabilitation (PAR).	• 附件六:环境减排和修复计划(PAR)。
• Annexe VII: Directive pour l'élaboration du Plan d'Atténuation et de Réhabilitation.	• 附件七:关于编制环境减排和修复计划的指令。
• Annexe VIII: Directive sur l'Etude d'Impact Environnementale et Social (EIES).	• 附件八:关于环境和社会影响研究的指令(EIES)。
• Annexe IX: Les mesures de fermeture du site des opérations.	• 附件九:作业场地的关闭措施。
• Annexe X: De la classification des rejets des mines et leurs caractéristiques.	• 附件十:尾矿的分类及其特性。
• Annexe XI: Les milieux sensibles.	• 附件十一:敏感环境。
• Annexe XII: Méthode de mesure du bruit.	• 附件十二:噪声测量方法。
• Annexe XIII: De la stabilité structurale des aires d'accumulation des rejets miniers.	• 附件十三:尾矿堆积区的结构稳定性。
• Annexe XIV: Glossaire.	• 附件十四:术语汇编。
• Annexe XV: Réglementation spéciale sur les produits explosifs en l'occurrence l'Ordonnance n° 16/051 du 03 mai 2016 portant Organisation Fonctionnement d'un Service Public dénommé Africaine des explosifs «AFRIDEX» et d'autres dispositions règlementaires ultérieures.	• 附件十五:2016 年 5 月 3 日关于名为非洲炸药“AFRIDEX”的公共部门运行组织的第 16/051 号法令项下关于爆炸物的特别规定及后续其他规定。

• Annexe XVI: Directive du ministère des mines précisant le contenu de l'étude de faisabilité et la procédure de son approbation.	• 附件十六:矿业部关于可行性研究内容及其批准程序的指令。
• Annexe XVII: Directive relative au Modèle-type de Cahier des charges de responsabilité sociétale.	• 附件十七:关于《社会责任书》范本的指令。
• Annexe XVIII: Directive relative à la Délocalisation, à l'indemnisation, à la compensation, au déplacement et à la réinstallation des communautés affectées par les projets miniers.	• 附件十八:关于受矿业活动影响的社区的迁移、赔偿、补偿、搬迁及重新安置的指令。
Les annexes environnementales précisées dans le Titre XVIII au présent Décret peuvent être modifiées par arrêté du Ministre, sur avis technique de la Direction chargée de la Protection de l'Environnement Minier.	本法令第十八编中明确规定的环境相关附件可由矿业部部长征求矿业环保局的技术意见后,发布部长令予以修改。
Article 577: Des formulaires et des documents stéréotypés	**第 577 条:标准表格及文件**
Les formulaires, registres et autres documents prévus dans le présent Décret utilisés par le Cadastre Minier sont établis par le Cadastre Minier central.	本法令中规定的,矿权登记局使用的表格、登记簿及其他文件,由中央矿权登记局编制。
Les formulaires, registres et d'autres documents prévus dans le présent Décret utilisés par la Direction de Géologie, la Direction des Mines et la Direction chargée de la Protection de l'Environnement Minier sont établis par arrêté du Ministre.	本法令中规定的,地质局、矿业局和矿业环保局使用的表格、登记簿及其他文件,由部长令编制。

TITRE XXIII: DES DISPOSITIONS TRANSITOIRES	第二十三编:过渡性条款
Article 578: Des demandes relatives aux droits miniers et/ou de carrières en instance	**第 578 条:正在审查的矿权和/或采石权申请**
Les dispositions transitoires afférentes aux demandes relatives aux droits miniers et/ou de carrières en instance sont fixées par voie d'arrêté Ministériel ou Interministériel conformément aux articles 328 et 334 alinéa d du Code minier.	涉及正在审查的矿权和/或采石权申请的过渡性条款,由部长令或联合部长令根据《矿业法典》第 328 条和第 334 条第 d 款予以确定。
Article 579: abrogé	**第 579 条:废除**
Chapitre II: DE L'OBLIGATION ET DE LA FACULTE DE TRANSFORMER, CONFORMER OU REFORMULER LES DROITS EXISTANTS ET LES DEMANDES EN INSTANCE	***第二章:对现有权利进行转化、遵守或重新拟定的义务和权利以及正在审查的申请***
Article 580: abrogé	**第 580 条:废除**
Article 581: abrogé	**第 581 条:废除**
Article 582: abrogé	**第 582 条:废除**
Article 583: abrogé	**第 583 条:废除**
Article 584: abrogé	**第 584 条:废除**
Article 585: abrogé	**第 585 条:废除**
Article 586: abrogé	**第 586 条:废除**
Article 587: abrogé	**第 587 条:废除**
Article 588: abrogé	**第 588 条:废除**
Chapitre III: DE LA PROCEDURE DE TRANSFORMATION DES DROITS MINIERS OU DE CARRIERES	***第三章:矿权或采石权的转化程序***
Article 589: abrogé	**第 589 条:废除**
Article 590: abrogé	**第 590 条:废除**

Article 591 : abrogé	**第 591 条 : 废除**
Article 592 : abrogé	**第 592 条 : 废除**
Chapitre IV : DE LA PROCEDURE DE MISE EN CONFORMITE	***第四章 : 合规程序***
Article 593 : abrogé	**第 593 条 : 废除**
Article 594 : abrogé	**第 594 条 : 废除**
Article 595 : abrogé	**第 595 条 : 废除**
Article 596 : abrogé	**第 596 条 : 废除**
TITRE XXIV : DES DISPOSITIONS ABROGATOIRES	**第二十四编 : 废除条款**
Article 597 : Les Articles suivants sont abrogés : 16, 17, 18, 19, 20, 21, 22, 23, 24, 25 du Titre II, 72, 73, 79, 81, 82 du Titre III, Chapitres IV, V, 167, 168, 169, 170, 171, 172 du Titre V, Chapitre I, 201 du Titre VI, Chapitre II, 282 du Titre XI, Chapitre I, 408, 409, 415, 425, 426, 427 du Titre XVII, Chapitre II, 466, 467, 468, 469, 470, 471 du Titre XVIII, Chapitre VI, 532, 534, 535, 536 du Titre XX, Chapitre IV, 579, 580, 581, 582, 583, 584, 585, 586, 587, 588, 589, 590, 591, 592, 593, 594, 595, 596 du Titre XXIII, Chapitre I, II, III, IV.	**第 597 条 : 下列条款予以废除 : 第二编第 16、17、18、19、20、21、22、23、24、25 条，第三编第四章、第五章第 72、73、79、81、82 条，第五编第一章第 167、168、169、170、171、172 条，第六编第二章第 201 条，第十一编第一章和第 282 条，第十七编第二章第 408、409、415、425、426、427 条，第十八编第六章第 466、467、468、469、470、471 条，第二十编第四章第 532、534、535、536 条，第二十三编第一章、第二章、第三章、第四章第 579、580、581、582、583、584、585、586、587、588、589、590、591、592、593、594、595、596 条。**
Sont également abrogées toutes les dispositions antérieures contraires au présent Décret.	所有与本法令不符的旧条款均予以废除。
TITRE XXV : DES DISPOSITIONS FINALES	**第二十五编 : 最后条款**
Article 598 : De l'entrée en vigueur du présent Décret	**第 598 条 : 本法令的生效**

Le Ministre des Mines est chargé de l'exécution du présent Décret qui entre en vigueur à la date de sa signature.	本法令自签署之日起生效,由矿业部部长负责实施。
Fait à Kinshasa, le 08 juin 2018	二零一八年六月八日,于金沙萨
Bruno TSHIBALA NZENZHE	布鲁诺・齐巴拉・恩赞泽
Martin KABWELULU	马丁・卡布韦路路
Ministre des Mines	矿业部部长

RÉPUBLIQUE DÉMOCRATIQUE DU CONGO

LOI N° 17/001 DU 08 FÉVRIER 2017 FIXANT LES RÈGLES APPLICABLES À LA SOUS-TRAITANCE DANS LE SECTEUR PRIVÉ

刚果民主共和国

2017 年 2 月 8 日确定私营领域分包适用规则的第 17/001 号法律

L'Assemblée nationale et le Sénat ont adopté;	**经国民议会和上议院通过;**
Le Président de la République promulgue la Loi dont la teneur suit:	**共和国总统颁行法律:**
TITRE I:DES DISPOSITIONS GENERALES	**第一编:总则**
Chapitre I: De l'objet et du champ d'application	**第一章:法律宗旨和适用范围**
Section Ière:De l'objet	**第一节:法律宗旨**
Article 1:	**第 1 条:**
La présente loi fixe les règles applicables à la sous-traitance entre personnes physiques ou morales de droit privé.	本法确定适用于私法项下自然人或法人之间的分包规则。
Elle vise à promouvoir les petites et moyennes entreprises à capitaux congolais, à protéger la main-d'œuvre nationale.	本法旨在促进有刚果(金)资本的中小型企业的(发展)并保护本国劳工。
Section 2:Du champ d'application	**第二节:适用范围**
Article 2:	**第 2 条:**
La sous-traitance concerne tous les secteurs d'activités, sauf dispositions légales régissant certains secteurs d'activités ou certaines professions. Elle porte sur les activités connexes, annexes ou sur une partie de l'activité principale.	除特定活动领域或特定职业的另有法律规定外,分包涉及所有活动领域,包括关联活动、辅助活动或部分主要活动。
Elle peut prendre l'une des formes suivantes:	分包可以采取下列形式之一:
1.la sous-traitance de capacité;	1.产能分包;
2.la sous-traitance de spécialité;	2.专业分包;

3.la sous-traitance de marché.	3.合同分包。
Chapitre II：Des définitions	**第二章：定义**
Article 3：	**第 3 条：**
Au sens de la présente loi，on entend par：	在本法中，定义如下：
1.**activité principale**：activité signalée à titre principal dans le Registre du Commerce et du Crédit Mobilier de l'entreprise ou celle faisant l'objet du marché；	1.**主要活动**：在企业商业和动产信用登记簿中所指明的主要经营活动，或作为合同标的的主要活动；
2.**activité annexe**：toute activité qui concourt de manière indirecte à la réalisation de l'activité principale en fournissant les biens et services notamment le transport des produits ou du personnel，la restauration du personnel，la buanderie，la garde industrielle，la police anti-incendie，la prise en charge des soins de santé du personnel；	2.**辅助活动**：任何通过提供商品和服务而间接有助于执行主要活动的活动，特别是产品或人员的运输、人员的餐饮、洗衣、工业防护、消防、工作人员的医疗；
3.**activité connexe**：tout service，toute production dont l'entreprise a besoin et qui sont liés à la réalisation de l'activité principale；	3.**关联活动**：企业所需的、与实施主要活动有关的任何服务或生产；
4.**co-traitance**：contrat par lequel deux ou plusieurs entreprises sont sous-traitées par le même entrepreneur principal pour la réalisation des ouvrages ou services；	4.**共同分包**：两家或多家企业通过同一总包商的分包以执行工程或服务的合同；
5.**entreprise principale ou entrepreneur principal**：personne physique ou morale qui a mobilisé les ressources financières，humaines et techniques en vue de la production des biens ou de la prestation des services；	5.**总包商或总承包商**：为生产商品或提供服务调动财力、人力和技术资源的自然人或法人；

6. **maître d'ouvrage**: personne physique ou morale qui confie l'exécution des travaux ou une prestation des services à une entreprise principale;	6. **业主**:委托总包商实施工程或提供服务的自然人或法人;
7. **prêt illicite de la main-d'œuvre**: opération frauduleuse qui fait disparaître la qualité de salarié entre le prêteur et l'emprunteur dans le but de tirer bénéfice sur le prix qu'il aurait dû payer pour l'emploi similaire;	7. **非法借用劳工**:以支付类似工作酬劳中获利为目的,出借人和借用人实施的消除雇员身份的欺诈行为;
8. **sous-traitant ou entreprise sous-traitante**: personne physique ou morale dont l'activité, à titre habituel, temporaire ou occasionnel, est liée, par un contrat ou une convention, à la réalisation de l'activité principale ou à l'exécution d'un contrat d'une entreprise principal;	8. **分包商或分包企业**:根据合同或协议,执行总包商主要活动或合同相关联的定期的、临时的或偶尔的活动的自然人或法人;
9. **sous-traitance**: activité ou opération effectuée par une entreprise dite sous-traitante, pour le compte d'une entreprise dite entreprise principale et qui concourt à la réalisation de l'activité principale de cette entreprise, ou à l'exécution d'une ou de plusieurs prestations d'un contrat de l'entreprise principale;	9. **分包**:分包企业代表总包商进行有助于总包商开展主要活动或提供总包合同项下一种或多种服务的活动或行为;
10. **sous-traitance de capacité ou conjoncturelle**: opération par laquelle l'entreprise principale fait appel temporairement à une autre société pour la réalisation d'une tâche ou la fabrication d'un produit qu'elle peut exécuter elle-même afin de faire face à des commandes supplémentaires;	10. **产能或联合分包**:为满足额外订单需要,总包商临时要求另一家企业执行其可以完成的任务或制造其可自行生产的产品;

11. **sous-traitance de spécialité**: opération par laquelle l'entreprise principale recourt aux services d'une société spécialisée pour l'exécution d'une tâche requérant des équipements ou des compétences spécifiques dont elle ne dispose pas, aux fins de la réalisation de l'activité principale;	11. **专业分包**:为实施主要活动,总包商通过专业公司执行需要使用总包商不具备的特定设备或技能的任务;
12. **sous-traitance de marché**: opération par laquelle une entreprise principale titulaire d'un marché recourt à une autre entreprise pour l'exécution de certaines obligations du contrat ou du marché.	12. **合同分包**:为履行合同项下特定义务,作为合同签约方的总包商委托另一企业的行为。
TITRE II: PRINCIPES ET CONDITIONS D'EXERCICE DE LA SOUS-TRAITANCE	**第二编:分包的实施原则和条件**
Chapitre 1er: Des principes	**第一章:原则**
Article 4:	**第 4 条:**
La sous-traitance est un contrat d'entreprise, consensuel, onéreux et écrit. Il est prouvé par toute voie de droit.	分包是一种企业的、合意的、有偿的和书面的合同。分包可通过任何法律途径证明。
Article 5:	**第 5 条:**
L'activité de sous-traitance est libre sur toute l'étendue du territoire national, y compris dans les espaces maritimes sous juridiction de la République Démocratique du Congo.	在刚果(金)国家领土范围(含刚果(金)的领海)内可以自由开展分包活动。
Toute entreprise est libre de sous-traiter dans le secteur de ses activités.	任何企业都可在其经营领域内自由分包。

Article 6:	**第 6 条:**
L'activité de sous-traitance est réservée aux entreprises à capitaux congolais promues par les congolais, quelle que soit leur forme juridique, dont le siège social est situé sur le territoire national.	分包活动保留给刚果(金)人所发起的刚果(金)资本的、企业的注册地址位于刚果(金)境内的企业,而无论其企业形式为何。
Toutefois, lorsqu'il y a indisponibilité ou inaccessibilité d'expertise énoncée à l'alinéa ci-dessus, et à condition d'en fournir la preuve à l'autorité compétente, l'entrepreneur principal peut recourir à toute autre entreprise de droit congolais ou à une entreprise étrangère pour autant que l'activité ne dépasse pas six mois; à défaut, elle crée une société de droit congolais.	当刚果(金)企业专业资质无法达到或不符合上述要求,在向主管机关提供相应的证据材料后,总包商则可分包给刚果(金)法律设立的企业或外国企业。分包给外国企业的条件是该分包活动不得超过六个月;否则,该外国企业应设立一家刚果(金)公司。
Le Ministre sectoriel ou l'autorité locale en est préalablement informé.	应事先通知行业部长或当地主管机关。
Article 7:	**第 7 条:**
Sauf dispositions contractuelles contraires, le sous-traitant peut sous-traiter. Dans ce cas, le sous-traitant de second rang est soumis aux mêmes conditions de forme et de fond que le sous-traitant originel conformément à la présente loi.	除合同另有规定外,分包商可以进行(二次)分包。在这种情况下,根据本法之规定,二级分包商应遵守与一级分包商①相同的形式要件和实质要件。
Article 8:	**第 8 条:**
Les relations entre le sous-traitant et sa-main-d'œuvre sont régies par la législation du travail.	分包商与其雇佣劳工的关系适用劳动法律的规定。

① 中伦注:法文原文为"原分包商"。为了方便理解,本所统一为"一级分包商",下同。

Chapitre II : Des conditions d'exercice de la sous-traitance	**第二章：执行分包的条件**
Article 9 :	**第 9 条：**
Pour être éligible, tout sous-traitant est tenu de :	为获得分包资格，所有分包商应：
1. avoir un Registre de Commerce et du Crédit Mobilier, une identification nationale et un numéro d'impôt ;	1. 在商事和动产信誉登记簿登记、国民编码和税号；
2. produire un document établissant qu'il est en règle avec l'administration fiscale ;	2. 提供文件证实其在税务机关有良好的记录；
3. présenter l'affiliation à un organisme de sécurité sociale.	3. 出具加入一个社会保障组织的证明文件。
Toutefois, une formation médicale même non commerçante est éligible à la sous-traitance si elle est constituée conformément à la loi.	但是，依法所设立的医疗培训机构，即便是非商业性，也可对外分包。
Article 10 :	**第 10 条：**
Toute sous-traitance fait l'objet soit d'un appel d'offre, soit d'un marché de gré à gré.	分包通过招标或自由议标方式进行。
Elle se fait par appel d'offre lorsque le coût du marché est supérieur ou égal à cent millions de francs congolais.	若分包合同标的额超过一亿刚果法郎，则分包以招标的方式进行。
Dans ce cas, la publicité se fait par les moyens ci-après :	在这种情况下，应通过下列方式进行公告：
1. la presse écrite ou audiovisuelle tant au niveau national qu'en province ;	1. 全国和各省的纸质或视听媒体；
2. les sites internet ;	2. 网站；
3. l'affichage des avis de recrutement d'un sous-traitant dans l'enceinte de l'entreprise principale ;	3. 在总包商的场所张贴招标通知；

4. la transmission de l'information aux bureauxles plus proches des structures spécialisées et spécifiques qui encadrent l'exercice des activités commerciales, industrielles, agricoles et des petites et moyennes entreprises pour affichage par les soins de ces derniers dès le lancement des offres.	4. 在招标开始后将信息转交给最近的监管商业、工业和农业活动以及中小企业的专门和特定机构的办公室，以便其发布招标信息。
Elle se fait de gré à gré lorsque le coût du marché est inférieur à cent millions de francs congolais.	当合同标的额不足一亿刚果法郎时，分包以自由议标的方式进行。
Article 11:	**第 11 条：**
Est interdite, la sous-traitance de plus de quarante pourcent de la valeur globale d'un marché.	禁止分包超过合同总额的百分之四十。
Article 12:	**第 12 条：**
Toute entreprise installée sur le territoire national a l'obligation de publier annuellement le chiffre d'affaires réalisé avec les sous-traitants ainsi que la liste de ces derniers.	在刚果(金)领土内所设立的任何企业有义务每年公布其与分包商共同实现的营业额以及分包商名单。
Elle met en œuvre, en son sein, une politique de formation devant permettre aux Congolais d'acquérir la technicité et la qualification nécessaire à l'accomplissement de certaines activités.	该等企业需要负责实行一套内部培训政策，以使得刚果(金)籍人获得完成特定活动所需的专业技能和资质。
Article 13:	**第 13 条：**
Le contrat de sous-traitance précise notamment:	分包合同应载明：
1. l'identité et l'adresse de chaque partie contractante;	1. 每个缔约方的身份和地址；

2.les travaux et les services sous-traités et leur rémunération;	2.分包的工程、服务及其报酬;
3.la fourniture des biens;	3.货物的供应;
4.la main-d'œuvre sollicitée;	4.所需劳工;
5.les spécifications techniques;	5.技术规格;
6.le délai et les lieux d'exécution des travaux;	6.工程实施的期限和地点;
7.les obligations réciproques des parties;	7.各方的义务;
8.les conditions de paiement;	8.付款条件;
9.le coût global des travaux.	9.工程的总成本。
Article 14:	**第 14 条:**
Deux ou plusieurs sous-traitants peuvent co-traiter.	两个或数个分包商可以共同实施分包。
En cas de co-traitance, chacun des co-contractants est tiers aux contrats passés par l'autre avec l'entrepreneur principal et est responsable de ses propres prestations.	在共同分包的情形下,每个分包商都是另一个分包商与总包商所缔结合同的第三人,并且其仅对其自己提供的服务负责。
TITRE III: DES DROITS ET DES OBLIGATIONS DES PARTIES	**第三编:各方的权利和义务**
Article 15:	**第 15 条:**
L'entrepreneur principal dispose d'un délai de quinze jours, à partir de la réception des pièces justificatives servant de base au paiement pour les revêtir de son acceptation ou pour signifier au sous-traitant son refus.	总包商应在收到支付证明文件之日起十五日内在证明文件上签字接受或向分包商送达其拒绝意见。
Passé ce délai, l'entrepreneur principal est réputé avoir accepté tout ou partie des pièces justificatives qu'il n'a pas expressément et formellement refusées.	该期限届满后总包商未明示且正式拒绝,则总包商视为已经全部或部分接受支付证明文件。

Article 16:	**第 16 条:**
L'entrepreneur principal ne peut obliger le sous-traitant de préfinancer totalement le coût de l'opération ou de l'activité faisant l'objet de la sous-traitance. Il verse, avant le début des travaux, un acompte couvrant au moins les trente pourcent du contrat de sous-traitance.	总包商不得要求分包商为分包作业或活动的费用预先垫资,并应在开工前支付至少占分包合同标的额百分之三十的预付款。
A la fin de l'opération ou de l'activité, un procès-verbal provisoire de réception est signé. Celui-ci ne devient définitif qu'après paiement par l'entrepreneur principal du solde endéans trente jours de remise de l'ouvrage à compter de la réception.	在(分包)作业或活动结束时,要签署一份临时验收报告。临时验收报告只有在总包商自验收之日起三十日内移交工程且支付余款后方可成为最终验收报告。
A défaut dudit procès-verbal, la mise en service ou la viabilité de l'ouvrage suffit pour obliger l'entrepreneur principal de se conformer aux dispositions de l'alinéa précédent.	在没有上述(临时验收)报告的情况下,工程的试运行或可行性足以要求总包商遵守上一款之规定。
Article 17:	**第 17 条:**
L'entrepreneur principal a l'obligation de payer au sous-traitant le prix de l'activité sous-traitée conformément aux modalités et conditions convenues. Il en est de même pour le sous-traitant originel vis-à-vis du sous-traitant de second rang.	总包商有义务根据约定条款和条件向分包商支付分包活动的金额。一级分包商与二级分包商同样适用本条之规定。
L'entrepreneur qui entend exécuter un contrat d'entreprise ou un marché en recourant à un ou plusieurs sous-traitants doit, au moment de la conclusion et pendant toute la durée du contrat ou du marché, faire accepter chaque sous-traitant par le maître de l'ouvrage.	通过一个或数个分包商来履行服务合同或合约的总包商,应在分包合同缔结之时和合同履行期间,取得业主对每个分包商的认可。

Article 18:	**第 18 条:**
Sans préjudice de la responsabilité délictuelle ou quasi-délictuelle, le sous-traitant est tiers au contrat passé entre l'entrepreneur principal et le maître de l'ouvrage.	在不影响侵权或准侵权责任承担的情况下,分包商是总包商和业主所缔结的总包合同的第三人。
Article 19:	**第 19 条:**
L'entrepreneur principal ne peut céder ou nantir les créances résultant du marché ou du contrat passé avec le maître de l'ouvrage qu'à concurrence des sommes qui lui sont dues au titre des travaux qu'il effectue personnellement.	总包商仅可转让或抵押因合同或与业主签订总包合同所产生的债权,但以其所提供的总包服务所应得的金额为限。
Toutefois, il peut nantir l'intégralité de ses créances sous réserve d'obtenir, préalablement et par écrit, le cautionnement solidaire de sous-traitants.	但在获得分包商事先、书面的连带保证的情形下,总包商可抵押其在分包合同项下的债权。
TITRE IV: DES ELEMENTS ET DU CONTROLE DU CONTRAT DE LA SOUS-TRAITANCE	**第四编:分包合同的内容和监管**
Section 1ère: Des éléments du contrat de la sous-traitance	**第一节:分包合同的要素**
Article 20:	**第 20 条:**
Font partie du contrat de sous-traitance par ordre de primauté dans l'interprétation des engagements des parties:	下述为分包合同的组成部分,且按照如下优先顺位来解释各方之间的承诺:
1.la convention;	1.分包合同;
2.le cahier de charges;	2.分包细则;
3.les annexes.	3.附件。
La convention définit les principales obligations contractuelles des parties.	分包合同规定了各方主要合同义务。

Le cahier des charges comporte les clauses administratives, les spécificités techniques, les conditions d'exploitation ainsi que les droits et obligations des parties dans la réalisation des travaux ou ouvrages et de la prestation des services.	分包细则应包括行政条款、技术规格、开发条件以及各方在实施工程或作业和提供服务中的权利和义务。
Les annexes sont constituées de toutes les pièces jointes à la convention et au cahier des charges et y sont mentionnées comme telles.	附件应包含分包合同和分包细则所提及及附随的全部文件。
Pour tous les éléments non prévus par la présente loi, le contrat de sous-traitance est soumis au droit commun.	对于本法未规定的事项,分包合同适用一般法的规定。
Section 2 : Du contrôle de la sous-traitance	**第二节:分包的监管**
Article 21 :	**第 21 条:**
L'autorité nationale, provinciale ou locale compétente, chacune en ce qui la concerne, est chargée du contrôle de la sous-traitance dans les entreprises sous-traitantes.	国家、省级或地方主管机关各自负责监管其负责范围内的分包企业的分包活动。
Article 22 :	**第 22 条:**
Sont nuls, quelle qu'en soit la forme, les clauses, stipulations et arrangements qui violent les dispositions de la présente loi.	无论何等形式,任何违反本法规定的(分包合同)条款、约定和安排,均属无效。
TITRE V : DU REGIME SOCIAL, FISCAL, DOUANIER, COMMERCIAL ET FINANCIER	**第五编:社会、税收、关税、商业和财政制度**
Article 23 :	**第 23 条:**
Les entreprises sous-traitantes telles que définies par la présente loi, sont, au plan social, régie par la législation du travail.	本法所定的分包企业在劳动方面应遵守劳动法律的规定。
Sont interdits :	禁止:

1.le prêt illicite de la main-d'œuvre;	1.非法借用劳工;
2.le travail dissimulé.	2.隐蔽工作。
Article 24:	**第 24 条:**
Est interdit tout débauchage du personnel du sous-traitant par l'entrepreneur principal ou par le maître d'ouvrage.	禁止总包商或业主解雇分包商的雇员。
Article 25:	**第 25 条:**
Les entreprises sous-traitantes restent assujetties à la législation fiscale et douanière.	分包企业仍应遵守税收和关税法律法规。
Article 26:	**第 26 条:**
Les paiements effectués au bénéfice des sous-traitants ou ceux effectués par ceux-ci au bénéfice des tiers, en rémunération d'un travail exécuté sur le territoire national, se font, de préférence, dans les banques ou autres institutions financières congolaises.	作为在刚果(金)境内开展工作的报酬,向分包商支付的款项或分包商向第三方支付的款项优先通过刚果(金)的银行或其他金融机构进行。
Article 27:	**第 27 条:**
Les entreprises sous-traitantes souscrivent leurs assurances auprès des sociétés d'assurances installées en République Démocratique du Congo.	分包企业应向在刚果(金)设立的保险公司购买保险。
TITRE VI:DES SANCTIONS	**第六编:处罚**
Article 28:	**第 28 条:**
Est puni d'une peine d'amende de 50.000.000 à 150.000.000 de francs congolais, tout entrepreneur principal qui sous-traite avec une entreprise en violation de l'article 6 de la présente loi.	总包商向违反本法第 6 条之规定的企业进行分包,应处以 50,000,000 至 150,000,000刚果法郎的罚款。

En outre, une mesure administrative de fermeture momentanée de l'entreprise est prise, selon le cas, par les Ministres ayant l'Economie, l'Industrie et les Petites et Moyennes Entreprises dans leurs attributions, le Gouverneur de province ou l'autorité administrative locale pour une durée ne dépassant pas six mois.	此外,经济、工业和中小企业部部长、省长或地方行政当局可视情况采取临时关闭公司的行政措施,期限不得超过六个月。
Est nul de plein droit, tout contrat de sous-traitance conclu en violation de l'article 6 de la présente loi.	任何违反本法第 6 条之规定而签订的分包合同自始无效。
Article 29:	**第 29 条:**
Est punie d'une peine d'amende de 10.000.000 à 50.000.000 de francs congolais, toute partie à un contrat de sous-traitance en violation de l'article 23, alinéa 2 de la présente loi.	违反本法第 23 条第 2 款分包合同的任何一方,应处以 10,000,000 至 50,000,000 刚果法郎的罚款。
Article 30:	**第 30 条:**
Est puni des peines prévues pour le détournement de main-d'œuvre, l'entrepreneur principal ou le maître d'ouvrage qui viole les dispositions de l'article 24 de la présente loi.	违反本法第 24 条规定的总包商或业主,应根据挪用劳工的规定进行处罚。
TITRE VII: DES DISPOSITIONS TRANSITOIRE, ABROGATOIRE ET FINALE	**第七编:过渡条款、废止条款和其他条款**
Article 31:	**第 31 条:**
Dans les douze mois de l'entrée en vigueur de la présente loi, les entreprises étrangères titulaires des contrats de sous-traitance se constituent en sociétés de droit congolais aux fins de mener à terme l'exécution desdits contrats.	本法生效后十二个月内,持有分包合同的外国公司应根据刚果(金)法律设立公司,以执行此类(分包)合同。

Endéans le même délai, les entreprises de droit congolais ayant des contrats de sous-traitance en cours de validité conforment ceux-ci aux dispositions de la présente loi.	在同一期限内，持有有效分包合同的刚果(金)公司应遵守本法之规定。
Article 32:	**第 32 条**:
Sont abrogées toutes les dispositions antérieures contraires à la présente loi.	废除与本法相冲突的在先规定。
Article 33:	**第 33 条**:
La présente loi entre en vigueur trente jours après sa publication au Journal officiel.	本法自官方公报上公布之日起三十日后生效。
Fait à Kinshasa, le 08 février 2017	2017 年 2 月 8 日，于金沙萨签署
Joseph KABILA KABANGE	**Joseph KABILA KABANGE**

RÉPUBLIQUE DÉMOCRATIQUE DU CONGO

DÉCRET N°18/018 DU 24 MAI 2018 PORTANT MESURES D'APPLICATION DE LA LOI N° 17/001 DU 08 FÉVRIER 2017 FIXANT LES RÈGLES APPLICABLES ÀLA SOUS-TRAITANCE DANS LE SECTEUR PRIVÉ

刚果民主共和国

2018 年 5 月 24 日第 18/018 号关于 2017 年 2 月 8 日确定私营领域分包适用规则的第 17/001 号法律的实施措施法令

LE PREMIER MINISTRE,	总理,
Vu le Traité de Port Louis du 17 octobre 1993 relatif à l'Organisation pour l'Harmonisation du droit des affaires en Afrique, tel que révisé par celui de Québec du 17 octobre 2008;	鉴于经 2008 年 10 月 17 日的《魁北克条约》修订的 1993 年 10 月 17 日的关于非洲统一商法组织的《路易港条约》的规定;
Vu la Constitution, telle que révisé par la Loi n° 11/002 du 20 janvier 2011 spécialement en son article 92;	鉴于刚果民主共和国宪法,特别是经修订的 2011 年 1 月 20 日第 11/002 号法律第 92 条的规定;
Vu la Loi n° 015 /2002 du 16 octobre 2002 portant code du travail;	鉴于 2002 年 10 月 16 日关于《劳动法典》的第 15/2002 号法律;
Vu la Loi n° 08/012 du 31 juillet 2008 portant principes fondamentaux relatifs à la libre administration des provinces;	鉴于 2008 年 7 月 31 日关于各省自由管理的基本原则的第 08/012 号法律;
Vu la Loi n° 15 /005 du 17 mars 2015 portant code des assurances;	鉴于 2015 年 3 月 17 日关于《保险法典》的第 15 /005 号法律;
Vu la Loi n° 17/001 du 08 fevrier 2017 fixant les règles applicables à la sous-traitance dans le secteur privé;	鉴于 2017 年 2 月 8 日关于确定私营领域分包合同适用规则的第 17/001 号法律;
Vu l'Ordonnance n° 17/004 du 07 avril 2017 portant nomination d'un Premier Ministre;	鉴于 2017 年 4 月 7 日关于总理任命的第 17/004 号条例;
Vu l'Ordonnance n° 17/005 du 08 mai 2017 portant nomination des Vice-Premiers Ministres, des Ministres d'Etat, des Ministres, des Ministres Delegués et des Vice-Ministres telle que modifiée par l'Ordonnance n° 18/014 du 15 février 2018 portant réaménagement technique du Gouvemement;	鉴于经 2018 年 2 月 15 日关于中央政府技术调整的第 18/014 号条例所修订和补充的 2017 年 5 月 8 日关于副总理、国家部长、部长级代表和副部长任命的第 17/005 号条例;

Vu l'Ordonnance n° 17/024 du 10 juillet 2017 portant organisation et fonctionnement du Gouvemement, modalités pratiques de collaboration entre le Président de la République et le Gouvernement ainsi qu'entre les membres du Gouvemement;	鉴于2017年7月10日关于中央政府的组织和运行、共和国总统和中央政府间以及中央政府各成员间合作的模式的第17/024号条例;
Vu l'Ordonnance n° 17/025 du 10 juillet 2017 fixant les attributions des Ministres;	鉴于2017年7月10日确定部长职权的第17/025号条例;
Considerant l'option prise par le législateur congolais de promouvoir les entreprises à capitaux congolais et a protéger la main d'oeuvre nationale;	鉴于刚果民主共和国立法者希望促进并保护刚果民主共和国本土企业和劳工;
Sur proposition du Ministre des Petites et Moyennes Entreprises, le Conseil des Ministres entendu;	根据中小企业部部长的提议,经内阁委员会同意;
DECRETE:	**作出如下法令:**
TITRE 1:DISPOSITIONS GENERALES	**第一编:总则**
Chapitre 1er①: De l'objet et du champ d'application	**第一章:法律宗旨和适用范围**
Section Ière:de l'objet	**第一节:法律宗旨**
Article 1er	**第1条**
Le présent Décret fixe les mesures d'application de la Loi n° 17/001 du 08 fevrier 2017 fixant les règles applicables à la sous-traitance dans le secteur privé.	本法令旨在明确2017年2月8日确定私营领域分包合同适用规则的第17/001号法律的实施措施。
En application des dispositions des articles 22 et 28 alinéa 3 de la loi sus évoquée les règles relatives à la sous-traitance sont impératives.	根据上述法律第22条和第28条第3款的规定,有关分包的规定是强制适用的。

① 中伦注:刚果民主共和国政府公报版本只有第一章。

Au sens du présent Décret, le terme «loi» renvoie à la Loi n° 17/001 du 08 février 2017 fixant les règles applicables à la sous-traitance dans le secteur privé.	在本法令中,"《分包法》"系指 2017 年 2 月 8 日关于确定私营领域分包合同适用规则的第 17/001 号法律。
Section II: Champs d'application	**第二节:适用范围**
Article 2	**第 2 条**
La sous-traitance régie par la loi dont mesures d'application concerne tous les secteurs d'activités sauf dispositions légales contraires.	除非法律条款另有相反规定,否则分包受《分包法》管辖,实施措施适用于所有经营领域。
Par dispositions légales, il faut entendre celles résultant d'un traité international auquel la République démocratique du Congo est partie, une loi ou un acte ayant force de loi.	"法律条款"指刚果民主共和国加入的国际条约、法律或具有法律效力的文件。
La non-application de la loi sur la sous-traitance dans le secteur privé ne peut se justifier que par l'existence d'une législation particulière régissant un secteur donné. Toutefois, ladite loi constitue le droit commun en matière de sous-traitance.	私营领域《分包法》不适用于受特殊法律规制的特定领域。《分包法》为分包领域的一般法。
Section III: Des définitions	**第三节:定义**
Article 3	**第 3 条**
Outre les définitions reprises par l'article 3 de la loi dont les concepts gardent le même sens dans le présent décret, on entend par:	除《分包法》第 3 条规定的定义(其概念在本法令中保留相应的含义)外,下述术语定义如下:
- **Petite et Moyenne Entreprise**: toute entité économique considérée en tant que telle par les administrations fiscales, douanières et autres à l'instar de la Direction Générale des Impôts, de l'Office de Promotion des Petites et	-**中小企业**:任何被税务、关税和其他管理机关,如税务总局、刚果(金)中小企业促进局、国家投资促进局、关税和税务总局、工业促进基金,认定为中小企业的经济实体;

Moyennes Entreprises Congolaises, de l'Agence Nationale pour la Promotion des Investissements, la Direction Générale des Douanes et Accises, du Fonds de Promotion de l'Industrie;	
-**Société à capitaux congolais promue par les congolais** celle qui réunit les critères ci-après:	-符合以下条件的公司为由**刚果(金)籍人发起的刚果(金)资本的公司**:
1.Le siège social est situé en Republique Democratique du Congo;	1.注册地位于刚果民主共和国;
2.La majorité du capital social est détenue par des personnes physiques ou morales de nationalité congolaise;	2.股本多数是由刚果(金)籍的自然人或法人持有;
3.Les organes de gestion sont majoritairement administrés par des personnes physiques congolaises;	3.其管理机构成员大多数为刚果(金)自然人;
4.Le personnel est essentiellement constitué des personnes physiques de nationalité congolaise.	4.员工基本上由刚果(金)籍的自然人构成。
Le Ministre sectoriel: c'est le Ministre Provincial ayant dans ses attributions le secteur dont relève la sous-traitance étant entendu qu'au niveau national la structure de contrôle est placée sous la tutelle du Ministre des Petites et Moyennes Entreprises.	**行业部长**:在省级,指分包所属领域的省级部长;在国家级,指受中小企业部部长监督的管理机构。
L'autorité compétente: c'est l'autorité au niveau national, provincial ou local chargé du contrôle de la sous-traitance.	**主管机关**:为国家、省级或地方主管分包的机关。

TITRE II:CONDITIONS D'EXERCICE	第二编:执行条件
Article 5	**第 5 条**[①]
La déclaration de l'entreprenant[②] faite conformément à l'article 62 de l'acte uniforme portant sur le droit commercial général de l'Organisation pour l'Harmonisation du Droit des Affaires vaut immatriculation au Registre de Commerce et du Crédit Mobilier.	个体工商户根据非洲统一商法组织的《一般商法统一法案》第 62 条作出的声明等同于在商事和动产信誉登记簿上登记。
Article 6	**第 6 条**
Sont considérées au même titre que les formations médicales éligibles à la sous-traitance, les entités exerçant leurs activités dans le cadre d'une profession réglementée.	在受监管的职业范围内开展活动的实体被视为与医疗培训具备同等资格进行分包。
Article 7	**第 7 条**
L'autorité provinciale fixe les modalités de publicité prévues par l'article 10 de la loi sur la sous-traitance dans le secteur privé.	省级主管机关确定《分包法》第 10 条所规定的公开宣传方式。
Article 8	**第 8 条**
Sauf dispositions contractuelles contraires, le sous-traitant a la liberté de sous-traiter.	除非合同中另有规定,分包商可以自由二次分包[③]。
Toutefois, il ne peut sous-traiter plus de quarante pourcent de la valeur globale d'un marché.	但是,二次分包不得超过合同标的额的百分之四十。

① 中伦注:刚果(金)政府公报版本中没有载明第 4 条。

② 《一般商法统一法案》第 30 条:个体工商户是指是指完成《一般商法统一法案》规定的简单声明,从事民事、商业、手工业或农业专业活动的自然人。

③ 中伦注:此处法文直译为"自由分包",但是从实践操作的角度,为方便理解,本所调整为"二次分包"。

Article 9	第 9 条
L'obligation annuelle de publication du chiffre d'affaires prévue à l'article 12 alinéa 1er de la loi est suffisamment remplie par le dépôt des états financiers de synthèse conformément à l'article 269 de l'acte uniforme révisé relatif au droit des sociétés commerciales et du groupement d'intérêt économique.	《分包法》第 12 条第 1 款规定的每年公布营业额的义务可以根据《商事公司和经济利益集团统一法》第 269 条的规定提交简要的财务报表备案的方式履行。
Toutefois, la liste des sous-traitants doit être communiquée à l'autorité compétente dans les formes et délais qu'elle fixera.	但是,应以主管机关确定的形式和时限要求向其告知分包商的名单。
Article 10	**第 10 条**
L'autorité compétente veille à ce que toute entreprise installée sur territoire national développe, en son sein, une structure de formation spécialisée dans les activités pour lesquelles il y a indisponibilité ou inaccessibilité de l'expertise locale.	主管机关应监督确保在刚果(金)国家领土上设立的(分包)公司内部设置一个培训架构,专门就在当地没有或无法获得的专业技能进行培训。
TITRE III:DES DROITS ET OBLIGATIONS DES PARTIES	**第三编:各方的权利和义务**
Article 11	**第 11 条**
L'article 16 alinéa 2 de la loi qui prévoit un délai de 30 jours pour le paiement du solde par l'entrepreneur principal au sous-traitant pose le principe. Ce délai peut être prolongé compte tenu de la spécificité du marché.	《分包法》第 16 条第 2 款总包商向分包商支付尾款的期限为三十日的规定为原则性规定。该等期限可以根据合同特性予以延长。

TITRE IV: CONTROLE DE LA SOUS-TRAITANCE	第四编:分包的监管
Article 12	**第 12 条**
Le contrôle de la mise en œuvre de la sous-traitance dans le secteur privé est assuré par une structure dont la création, l'organisation et le fonctionnement sont prévus par Décret du Premier Ministre délibéré en Conseil des Ministres sur proposition du Ministre en charge des Petites et Moyennes Entreprises.	私营领域分包活动由特定机构管理。该机构的建立、组织和运作规则根据中小企业部部长的建议,经内阁委员会颁布总理令予以规定。
TITRE V: DU REGIME FINANCIER	**第五编:财务制度**
Article 13	**第 13 条**
Les entreprises sous-traitantes ont l'obligation de souscrire leurs assurances auprès des sociétés d'assurances installées en République Démocratique du Congo.	分包企业有义务向在刚果(金)设立的保险公司购买保险。
TITRE VI: DES SANCTIONS	**第六编:处罚**
Article 14	**第 14 条**
La loi prévoit des sanctions de trois ordres en cas de violation de l'obligation de sous-traiter avec les entreprises à capitaux congolais promues par les congolais: les amendes dont les taux sont fixés, la mesure administrative de fermeture momentanée et la nullité du contrat de sous-traitance.	《分包法》规定违反与刚果(金)籍人发起的刚果(金)资本的公司签订分包合同的义务的三类处罚:固定费率的罚金、临时关闭公司的行政措施和认定分包合同无效。
Les modalités d'application de ces sanctions sont fixées par décision de l'autorité chargée du contrôle de la sous-traitance dans le secteur privé après approbation du Ministre des Petites et moyennes Entreprises.	该等处罚的具体实施方法在中小企业部部长批准后由私营领域分包监管机构的决定而确定。

TITRE VII:DES DISPOSITIONS FINALES	第七编:其他条款
Article 15	**第 15 条**
Sont abrogées toutes les dispositions antérieures contraires au présent Décret.	废除与本法令相冲突的在先规定。
Article 16	**第 16 条**
Le Ministre ayant dans ses attributions les Petites et moyennes Entreprises est chargé de l'exécution du présent Décret qui entre en vigueur à la date de sa signature.	中小企业部部长负责执行该法令,该法令自签署之日起生效。
Fait à Kinshasa, le 24 mai 2018	2018 年 5 月 24 日,于金沙萨签署
Bienvenu LI YOTA NDJOLI	**Bienvenu LI YOTA NDJOLI**
Ministre des Petites et Moyennes Entreprises	中小企业部部长

RÉPUBLIQUE DÉMOCRATIQUE DU CONGO

ARRÊTÉMINISTÉRIEL N° 020/CAB/MIN-PME /01/BLN/2018 DU 19 SEPTEMBRE 2018 RELATIF À LA MISE EN ŒUVRE DE L'ARTICLE 3 DU DÉCRET N° 18/018 DU 24 MAI 2018 PORTANT MESURES D'APPLICATION DE LA LOI N° 17/001 DU 08 FÉVRIER 2017 FIXANT LES RÈGLES APPLICABLES À LA SOUS-TRAITANCE DANS LE SECTEUR PRIVÉ

刚果民主共和国

2018 年 9 月 19 日第 020/CAB/MIN-PME/01/BLN/2018 号关于适用 2018 年 5 月 24 日第 18/018 号法令(关于 2017 年 2 月 8 日确定私营领域分包适用规则的第 17/001 号法律实施措施之法令)第 3 条规定的部长令

Vu la Loi n° 17/001 du 8 février 2017 fixant lesrègles applicables à la sous-traitance dans le Secteur privé;	鉴于2017年2月8日确定私营领域分包适用规则的第17/001号法律;
Vu l'Ordonnance n° 17/004 du 7 avril 2017 portant nomination d'un Premier ministre;	鉴于2017年4月7日关于总理任命的第17/004号条例;
Vu l'Ordonnance n° 17/005 du 8 mai 2017 portant nomination des Vice-premiers Ministres, des Ministres d'Etat, des Ministres, des Ministres délégués et des Vices-ministres;	鉴于2017年5月8日关于副总理、国务部长、部长、部长级代表和副部长任命的第17/005号条例;
Vu l'Ordonnance n° 17/024 du 10 juillet 2017 portant organisation et fonctionnement du Gouvernement, modalités de collaboration entre le Président de la République et le Gouvernement ainsi qu'entre les membres du Gouvernement;	鉴于2017年7月10日关于中央政府的组织和运行、共和国总统和中央政府间以及中央政府各成员间合作模式的第17/024号条例;
Vu l'Ordonnance n° 17/025 du 10 juillet 2017 fixant les attributions des Ministères;	鉴于2017年7月10日确定部长职权的第17/025号条例;
Vu le Décret n° 18/018 du 24 mai 2018 portant mesures d'application de la Loi n° 17/001 du 8 février 2017 fixant les règles applicables à la sous-traitance dans le secteur privé;	鉴于2018年5月24日关于制定2017年2月8日关于私营领域分包适用规则的第17/001号法律实施措施的第18/018号法令;
Vu le Décret n° 18/019 du 24 mai 2018 portant création, organisation et fonctionnement de l'Autorité de Régulation de la Sous-traitance dans le secteur privé, ARSP en sigle;	鉴于2018年5月24日关于私营领域分包监管局(ARSP)的成立、组织和运行的第18/019号法令;

Vu l'Arrêté ministériel n° 010/CAB/MIN-PME/01/BLN/2018 du 30 janvier 2018 portant création d'un comité de pilotage du programme de vulgarisation et de mise en œuvre de la loi sur la sous-traitance en République Démocratique du Congo tel que modifié;	鉴于2018年1月30日关于成立刚果民主共和国分包法普及和实施计划指导委员会的第010/CAB/MIN-PME/01/BLN/2018号部长令(经修订);
Vu l'Arrêté ministériel n° 015/CAB/MIN-PME/01/BLN/2018 du 7 avril 2018 modifiant l'Arrêté ministériel n° 013/CAB/MIN-PME/01/BLN/2018 du 9 mars 2018 portant désignation des membres du comité de pilotage du programme de vulgarisation et de mise en œuvre de la Loi sur la sous-traitance en République Démocratique du Congo;	鉴于2018年4月7日关于修订2018年3月9日第013/CAB/MIN-PME/01/BLN/2018号刚果民主共和国分包法普及和实施计划指导委员会成员任命的部长令的第015/CAB/MIN-PME/01/BLN/2018号部长令;
Vu le procès-verbal de la réunion du comité de pilotage relative à la mise en œuvre de la Loi sur la sous-traitance tenue le 06 aout 2018;	鉴于分包法实施指导委员会于2018年8月6日召开会议的会议纪要;
Considérant l'option prise par le législateur congolais de promouvoir les entreprises à capitaux congolais et de protéger la main d'œuvre nationale;	鉴于刚果民主共和国立法者希望促进并保护刚果民主共和国本土企业和劳工;
ARRETE:	**作出如下命令**:
Article 1	**第1条**
Les personnes morales de nationalité congolaise qui détiennent la majorité du capital social dans les sociétés éligibles à la sous-traitance doivent remplir les critères repris à l'article 3 deuxième tiret du Décret n° 18/018 du 24 mai 2018 portant mesures d'application de la Loi n° 17/001	在符合分包资质的公司中持有大部分股本的刚果(金)籍法人,必须满足2018年5月24日第18/018号法令第3条第2款规定的条件,该法令旨在制定2017年2月8日第17/001号关于私营领域分包适用规则的法律的实施措施。

du 08 février 2017 fixantles règles applicables à la sous-traitance dans le secteur privé.	
Article 2	**第 2 条**
Sont réputées remplir les critères posés à l'article deuxièmetiret du Décret n° 18/018 du 24 mai 2018 portant mesures d'application de la Loi n° 17/001 du 8 février 2017 fixant les règles applicables à la sous-traitance dans le secteur privé, les personnes morales dont la majorité du capital social est détenue par des personnes physiques et/ou morales dont le patrimoine provient d'activités majoritairement exercées en République Démocratique du Congo;	如果法人的注册资本大部分由资产主要来自在刚果民主共和国开展活动的自然人或法人持有,则被视为满足 2018 年 5 月 24 日第 18/018 号法令第 3 条第 2 款规定的条件,该法令旨在制定 2017 年 2 月 8 日第 17/001 号关于私营领域分包适用规则的法律的实施措施;
Ces personnes morales doivent avoir leur siège social en République Démocratique du Congo et embaucher du personnel essentiellement constitué des personnes physiques de nationalité congolaise.	这些法人的注册地址必须在刚果民主共和国境内且雇佣的人员也必须主要由刚果(金)籍自然人组成。
Les sociétés réputées remplir les critères exposés supra, lesquels sont cumulatifs et exclusif de toute autre condition, se verront établir l'attestation de conformité visée à l'article 3 ci-dessous.	被视为符合上述标准(全部符合且不包括其他任何条件)的公司将获得下文第 3 条规定的合规证明。
Article 3	**第 3 条**
Toute personne morale, non certifiée en qualité de PME par le Guichet de certification crée par l'Arrêté ministériel n° 006/CAB/MIN-PME/01/BLN/2018 du 14 septembre 2017, est tenue de se faire établir une attestation de conformité délivrée par le Ministre national en charge	任何未经 2017 年 9 月 14 日第 006/CAB/MIN-PME/01/BLN/2018 号部长令设立的认证窗口认证为中小型企业的法人,均须获得中小企业部部长颁发的合规证明,以批准其持有一家或多家有资格在私营领域分包的公司的多数股份。

des PME l'autorisant à détenir la majorité du capital social d'une ou plusieurs sociétés éligibles à la Sous-traitance dans le secteur privé.	
Cette autorisation est assortie des conditions suivantes:	该批准须满足以下条件:
-Avoir existé en République Démocratique du Congo depuis dix ans au moins;	-在刚果民主共和国成立至少十年;
- Justifier d'une politique de formation devant permettre aux congolais d'acquérir la technicité et la qualification nécessaire;	-能够证明其培训政策旨在使刚果国民获得必要的技术技能和资质;
L'attestation de conformité a une validité de cinq ans renouvelables, après un avis motivé de l'Autorité de Régulation de la Sous-Traitance dans le secteur Privé, ARSP.	合规证明的有效期为五年,可根据私营领域分包监管局(ARSP)的同意意见获得续展。
Article 4	**第 4 条**
La demande de l'attestation de conformité est adressée à l'Autorité de Régulation de la Sous-traitance dans le Secteur Privé qui, après analyse, la soumet pour signature au Ministre national en charge des PME. Cettedemande doit être accompagnée des documents suivants : Statuts de la société, copie du Registre du Commerce et du Crédit Mobilier, identification nationale, numéro d'impôt, preuve de l'affiliation à un organisme de sécurité sociale et attestation fiscale.	合规证明的申请应向私营领域分包监管局提出,并由该局在分析后提交给中小企业部部长签署。申请必须随附以下文件:公司章程、商事和动产信用登记簿摘要副本、国家认证、税号、社会保障机构成员证明和纳税证明。

Article 5	**第 5 条**
Le Secrétaire général aux Petites et Moyennes Entreprises et Artisanat est chargé de l'exécution du présent Arrêté qui entre en vigueur à la date de sa signature.	本部长令自签署之日起生效,由中小企业和手工业秘书长负责执行。
Fait à Kinshasa, le 19 septembre 2018.	2018 年 9 月 19 日,于金沙萨。

RÉPUBLIQUE DÉMOCRATIQUE DU CONGO

DÉCRET N° 20/024 DU 12 OCT 2020 MODIFIANT ET COMPLÉTANT LE DÉCRET N°18/018 DU 24 MAI 2018 PORTANT MESURES D'APPLICATION DE LA LOI N°17/001 DU 08 FÉVRIER 2017 FIXANT LES RÈGLES APPLICABLES À LA SOUS-TRAITANCE DANS LE SECTEUR PRIVÉ

刚果民主共和国

2020 年 10 月 12 日关于修订和补充 2018 年 5 月 24 日确定 2017 年 2 月 8 日关于私营领域分包适用规则的第 17/001 号法律实施措施的第 18/018 号法令的第 20/024 号法令

LE PREMIER MINISTRE,	总理,
Vu la Constitution, telle que modifiée à ce jour par la Loi n°11/002 du 20 janvier 2011 portant révision de certains articles de la Constitution de la République Democratique du Congo du 18 février 2006, spécialement en ses articles 58, 92 et 93;	鉴于刚果民主共和国宪法,特别是经2011年1月20日第11/002号法律予以修订的2006年2月18日的刚果民主共和国宪法第58条、第92条和第93条的规定;
Vu la Loi n° 015/2002 du 16 octobre 2002 portant Code du Travail, telle que modifiée et complétée par la Loi n° 16/010 du 15 juillet 2016;	鉴于经2016年7月15日第16/010号法律予以修订和补充的2002年10月16日关于《劳动法典》的第15/2002号法律;
Vu la Loi n°08/012 du 31 juillet 2008 portant principes fondamentaux relatifs à la libre administration des provinces;	鉴于2008年7月31日关于各省自由管理的基本原则的第08/012号法律;
Vu la Loi n° 15/005 du 17 mars 2015 portant Code des assurances;	鉴于2015年3月17日关于《保险法典》的第15/005号法律;
Vu la Loi n°17/001 du 08 février 2017 fixant les règles applicables à la sous-traitance dans le secteur privé;	鉴于2017年2月8日关于私营领域分包合同适用规则的第17/001号法律;
Vu l'Ordonnance n° 19/056 du 20 mai 2019 portant nomination d'un Premier Ministre;	鉴于2019年5月20日关于总理任命的第19/056号条例;
Vu l'Ordonnance n° 19/077 du 26 août 2019 portant nomination des Vice-Premiers Ministres, des Ministres d'Etat, des Ministres, des Ministres Delegués et des Vice-Ministres;	鉴于2019年8月26日关于副总理、国家部长、部长级代表和副部长任命的第19/077号条例;
Vu l'Ordonnance n°20/016 du 27 mars 2020 portant organisation et fonctionnement du Gouvemement, modalités de collaboration entre le Président de la République et le Gouvernement ainsi qu'entre les membres du Gouvemement;	鉴于2020年3月27日关于中央政府的组织和运行、共和国总统和中央政府间以及中央政府各领域间合作模式的第20/016号条例;

Vu l'Ordonnance n° 20/017 du 27 mars 2020 fixant les attributions des Ministres, spécialement à son article 1er, litéra B, point 40;	鉴于2020年3月27日规定部长权力的第20/017号条例的第1条第B款第40点;
Revu le Décret n°18/018 du 24 mai 2018 portant mesures d'application de la Loi n° 17/001 du 08 février 2017 fixant les règles applicables à la sous-traitance dans le secteur privé;	鉴于2018年5月24日关于制定2017年2月8日关于私营领域分包合同适用规则的第17/001号法律实施措施的第18/019号法令;
Considérant les conclusions des concertations entre les parties prenantes, telles qu'initiées par le Gouvernement sur l'applicabilité de la Loi n°17/001 du 08 février 2017 fixant les règles applicables à la sous-traitance dans le secteur privé, et l'adoption du Rapport y afférent par le Conseil des Ministres en date du 05 juin 2020;	鉴于刚果民主共和国政府已发起并与利益相关者之间就2017年2月8日关于私营领域分包合同适用规则的第17/001号法律的适用性协商达成一致,以及内阁委员会于2020年6月5日通过相关报告;
Considérant la nécessité de modifier le Décret n°18/018 du 24 mai 2018 portant mesures d'application de la Loi n°17/001 du 08 frévrier 2017 fixant les règles relatives à la sous-traitance dans le secteur privé, sur la base des conclusions contenues dans le Procès-Verbal ayant sanctionne lesdites concertations;	鉴于有必要修订2018年5月24日关于制定2017年2月8日关于私营领域分包合同适用规则的第17/001号法律实施措施的第18/018号法令,基于根据记载上述协商的会议纪要的批准结论;
Sur proposition du Ministre des Classes Moyennes, Petites et Moyennes Entreprises et Artisanat;	根据中型企业、中小企业和手工业者部部长的提议;
le Conseil des Ministres entendu;	**内阁委员会同意;**
DECRETE:	**作出如下法令:**
Article 1er	**第1条**

Les articles 2, 12 et 14 du Décret n°18/018 du 24 mai 2018 portant mesures d'application de la Loi n°17/001 du 08 février 2017 fixant les règles relatives à la sous-traitance dans le secteur privé sont modifiés comme suit:	2018年5月24日关于确定2017年2月8日关于私营领域分包合同适用规则的第17/001号法律实施措施的第18/018号法令的第2条、第12条和第14条修订为:
«Article 2	**"第2条**
En application des dispositions des articles 2 et 3 de la Loi n°17/001 du 08 février 2017 fixant les règles relatives à la sous-traitance dans le secteur privé, les services privés de placement, les assurances (réassurance, coassurance et courtage d'assurance), les banques et les professions libérales (avocats, experts comptables, notaires, huissiers, médecins, pharmaciens, etc.) sont, en principe, exclus du champ d'application de la sous-traitance.	*根据2017年2月8日关于私营领域分包合同适用规则的第17/001号法律第2条和第3条的规定,私人就业服务、保险(再保险、共同保险和保险经纪)、银行和自由职业(律师、注册会计师、公证员、法警、医生、药剂师等)原则上不在分包的适用范围。*
Toutefois, si dans l'exécution de son activité principale, de l'objet d'un marché ou d'un contrat nommé au sens du Code des contrats ou des obligations conventionnelles, une entreprise donnée sous-traite une partie de son activité ou devient sous-traitante d'une autre entreprise, ce nouveau lien juridique se conforme à la législation sur la sous-traitance».	*但是,在履行作为《合同法》项下有名合同或无名合同的标的的主要活动时或履行合同义务时,某个企业将其部分活动进行分包或者成为另一家企业的分包商,则这种新的法律关系应遵循分包的法律规定。"*
«Article 12	**"第12条**
Le contrôle de la sous-traitance dans le secteur privé se fait conformément aux prescrits de l'article 21 de la Loi n°17/001 du 08 février 2017 fixant les règles relatives à la sous-traitance dans le secteur privé.	*分包的管理应遵循2017年2月8日关于私营领域分包合同适用规则的第17/001号法律第21条的规定。*

A ce titre, lecontrôle effectué par l'Autorité de Régulation de la Sous-traitance dans le Secteur Privé (ARSP) se déroule suivant un calendrier bien déterminé, afin de ne pas donner lieu à des contrôles multiples et simultanés sur un même opérateur économique par deux ou plusieurs services publics».	基于此,私营领域分包监管机关(ARSP)应根据既定的时间表进行监管,避免两个或数个公共服务机构对同一经营者的重复和同时监管。"
«Article 14	**"第 14 条**
La Loi prévoit des sanctions de trois ordres en cas de violation de l'obligation de sous-traiter avec les entreprises à capitaux congolais promues par les congolais: les amendes dont les taux sont fixés par la Loi, la mesure administrative de fermeture momentanée et la nullité du contrat de sous-traitance.	《分包法》规定违反与刚果(金)籍人发起的刚果(金)资本的公司签订分包合同的义务的三类处罚:《分包法》所规定费率的罚金、临时关闭公司的行政措施和认定分包合同无效。
Les infractions ainsi que toute autre violation à la Loi pouvant donner lieu à l'application des amendes prévues en ses articles 28 alinéa 1er et 29 sont constatées par les Officiers de Police Judiciaire assermentés, conformément aux dispositions légales en vigueur en la matière.	违法行为以及可能导致适用第 28 条第 1 款和第 29 条所规定的罚款的任何其他违反《分包法》的行为,应由宣誓就职司法警察的警员根据现行法律的有关规定予以证实。
Conformément aux dispositions de l'article 28 de la Loi, la sanction administrative de fermeture momentanée de l'entreprise est prise, sur requête motivée de l'ARSP et selon le cas, par arrêté des Ministres ayant l'Economie, l'Industrie et les Petites et Moyennes Entreprises dans leurs attributions, par arrêté du Gouverneur de Province ou par decision de l'autorité administrative locale, pour une durée ne dépassant pas six mois.	根据《分包法》第 28 条的规定,临时关闭公司的行政处罚是根据私营领域分包监管机关(ARSP)附理由的申请,视情况由经济、工业和中小企业部部长的部长令,或由省长令或由地方行政机关决定,期限不得超过六个月。

Les autorités visées à l'alinéa précédent sont tenues de communiquer leurs arrêtés ou décisions à l'ARSP endéans sept jours, pour application.	*前款所提机关有义务在七日内将其命令或决定传达给私营领域分包监管机关(ARSP),供其执行。*
II peut être formé un recours contre la mesure administrative de fermeture momentané de l'entreprise, dans les conditions prévues par la Loi organique n° 16/027 du 15 octobre 2016 portant organisation, compétence et fonctionnement des juridictions de l'ordre administratif.	*可根据2016年10月15日关于行政法院的组织、职能和运作的第16/027号组织法规定的条件就临时关闭公司的行政措施进行救济。*
La sanction de nullité de plein droit d'un contrat de sous-traitance, visée à l'article 28 alinéa 3 de la Loi est prononcée par le Juge compétent, saisi par l'ARSP dans les quinze jours à dater de la connaissance des faits.»	*《分包法》第28条第3款提到的认定分包合同完全无效的处罚,应由主管法官根据私营领域分包监管机关(ARSP)在知悉事实之日起十五日内的起诉而作出宣告。"*
Article 2	**第2条**
II est inséré un article 10 bis libellé comme suit:	增加如下第10(2)条:
«Article 10 bis:	**"第10(2)条:**
En application des dispositions del'article 6 de la Loi, les modalités de gestion des dérogations, du fait de l'indisponibilité ou de l'inaccessibilité de l'expertise locale, sont fixées par Arrêté du Ministre de Tutelle, sur proposition de l'ARSP.»	*根据《分包法》第6条的规定,由于当地专业技能缺少或无法获得而求助于(境外分包商的)例外规定的管理方式,应由主管部委根据私营领域分包监管机关(ARSP)的建议以部长令予以明确。"*
Article 3	**第3条**
Sont abrogées toutes les dispositions antérieures contraires au présent Décret.	废除与本法令相冲突的在先规定。

Article 4	**第 4 条**
Le Ministre ayant les Petites et Moyennes Entreprises dans ses attributions est chargé de l'exécution du présent Décret qui entre en vigueur à la date de sa signature.	中小企业部部长负责执行该法令,该法令自签署之日起生效。
Fait à Kinshasa, le 12 oct 2020	2020 年 10 月 12 日,于金沙萨签署
Sylvestre ILUNGA ILUNKAMBA **Justin KALUMBA MWANA-NGONGO**	**Sylvestre ILUNGA ILUNKAMBA** **Justin KALUMBA MWANA-NGONGO**
Ministre des Classes Moyennes, Petites et Moyennes Entreprises et Artisanat	**中型企业、中小企业和手工业者部部长**